Recht und Wirtschaft in Stadt und Land

Law and Economics in Urban and Rural Environment

Rechtshistorische Reihe

Band 488

Zur Qualitätssicherung und Peer Review der vorliegenden Publikation

Die Qualität der in dieser Reihe erscheinenden Arbeiten wird vor der Publikation durch einen der Herausgeber der Reihe geprüft.

Notes on the quality assurance and peer review of this publication

Prior to publication, the quality of the work published in this series is reviewed by one of the editors of the series.

Marju Luts-Sootak / Frank L. Schäfer (Hrsg.)

Recht und Wirtschaft in Stadt und Land
Law and Economics in Urban and Rural Environment

Neunter Rechtshistorikertag im Ostseeraum
9th Conference in Legal History in the Baltic Sea Area
16.-20. Mai 2018 in Tallinn, Sagadi und Tartu, Estland
16-20 May 2018 in Tallinn, Sagadi and Tartu, Estonia

PETER LANG

Bibliografische Information der Deutschen Nationalbibliothek
Die Deutsche Nationalbibliothek verzeichnet diese Publikation in der Deutschen Nationalbibliografie; detaillierte bibliografische Daten sind im Internet über http://dnb.d-nb.de abrufbar.

Der Druck wurde von der Freiburger Rechtshistorischen Gesellschaft e.V. unterstützt, die Druckvorbereitung von der Estnischen Wissenschaftsagentur (Grant IUT20-50) und der Gelehrten Estnischen Gesellschaft.

Die vorliegende Arbeit wurde von F. L. Schäfer zur Aufnahme in die Reihe empfohlen.

Umschlagabbildung:
Justitia. Allegorie der Gerechtigkeit. Druck aus dem 17. Jahrhundert.

Gedruckt auf alterungsbeständigem, säurefreiem Papier.
Druck und Bindung: CPI books GmbH, Leck

ISSN 0344-290X
ISBN 978-3-631-80034-8 (Print)
E-ISBN 978-3-631-81057-6 (E-PDF)
E-ISBN 978-3-631-81058-3 (EPUB)
E-ISBN 978-3-631-81059-0 (MOBI)
DOI 10.3726/b16496

Peter Lang – Berlin · Bern · Bruxelles · New York · Oxford · Warszawa · Wien

Diese Publikation wurde begutachtet.

www.peterlang.com

Inhaltsverzeichnis

Autorenverzeichnis

1. Andres Andresen: Dr. phil., Dozent für estnische Geschichte, Institut für Geschichte und Archäologie, Universität Tartu, Jakobi 2, 51005 Tartu, Estland

2. Karol Dąbrowski: Dr. iur., Adjunkt, Lehrstuhl für Staats- und Rechtsgeschichte, Institut für Geschichte und Theorie des Staates und des Rechts, Fakultät für Rechts- und Verwaltungswissenschaft, Maria-Curie-Skłodowska-Universität Lublin, Pl. M.C. Sklodowskiej 5, 20–031 Lublin, Polen

3. Thomas Duve: Dr. iur., Professor für vergleichende Rechtsgeschichte, Direktor am Max-Planck-Institut für europäische Rechtsgeschichte, Hansaallee 41, 60323 Frankfurt am Main, Deutschland

4. Thomas Hoffmann: Dr. iur., Professor für Bürgerliches Recht, Institut des Rechts, Wirtschaftswissenschaftliche Fakultät, Technische Universität zu Tallinn; wissenschaftlicher Mitarbeiter, Under- und Tuglas-Literaturzentrum an Estlands Akademie der Wissenschaften, Väikese Illimari 12, 11623 Tallinn, Estland

5. Danuta Janicka: Dr. iur., Professorin, Lehrstuhl für Geschichte der politisch-rechtlichen Doktrinen und des deutschen Rechts, Fakultät für Rechtswissenschaften, Nikolaus-Kopernikus-Universität, W. Bojarskiego 3, 87–100 Toruń, Polen

6. Anna Klimaszewska: Dr. iur., Adjunkt, Lehrstuhl für Rechtsgeschichte, Rechts- und Verwaltungswissenschaftliche Fakultät, Universität Gdańsk, ul. Jana Bażyńskiego 8, 80–309 Gdańsk, Polen

7. Hans-Georg Knothe: Dr. iur., Professor emeritus für Bürgerliches Recht und Rechtsgeschichte, Univerität Greifswald, Wolfgang-Koeppen-Str. 1, 17489 Greifswald, Deutschland

8. Tatyana Krasnova: Ph.D. (Recht), Dozentin, Lehrstuhl für Umweltschutzrecht, Staatliche Universität St. Petersburg, Mytninsky pereulok 5, App. 36, 197198 Sankt Petersburg, Russland

9. Thomas Krause: Dr. iur., Oberbibliotheksrat, Juristisches Seminar, Christian Albrechts-Universität zu Kiel, Leibnizstr. 6, 24118 Kiel, Deutschland

10. Jānis Lazdiņš: Dr. iur., Professor für Rechtsphilosophie, lettische Rechtsgeschichte und Steuerrecht, Rechtsfakultät, Universität Lettlands, Raiņa blv. 19, Rīga, Lettland

11. Marju Luts-Sootak: Dr. iur., Professorin für Rechtsgeschichte, Rechtsfakultät, Universität Tartu, Näituse 20, 50409 Tartu, Estland

12. Marcin Łysko: Dr. iur. hab., Lehrstuhl für Rechtsphilosophie und Rechtsgeschichte, Rechtsfakultät, Universität zu Białystok, Mickiewicza 1 p. 105, 15–213 Białystok, Polen

13. Andrzej Madeja: Dr. iur., Adjunkt, Lehrstuhl für Geschichte der politisch-rechtlichen Doktrinen und des deutschen Rechts, Fakultät für Rechtswissenschaften, Nikolaus-Kopernikus-Universität, W. Bojarskiego 3, 87-100 Toruń, Polen

14. Andrei Novikov: Ph.D. (Recht), Dozent, Lehrstuhl für Zivilrecht, Rechtsfakultät, Staatliche Universität St. Petersburg, 22-я линия В. О., д. 7, 199106 Sankt Petersburg, Russland

15. Sanita Osipova: Dr. iur., Professorin für Europäische Rechtsgeschichte und Rechtssoziologie, Rechtsfakultät, Universität Lettlands; Vizepräsidentin des lettischen Verfassungsgerichts, Raiņa blv. 19, Rīga, Lettland

16. Evgeny Potseluev: Ph.D. (Geschichte), Inhaber des Lehrstuhls für Theorie und Geschichte des Staats und des Rechts; Leiter des interhochschulischen Zentrums für das Deutsche Recht, Juristische Fakultät, Staatliche Universität Iwanowo, Per. Posadsky 8, 153002 Iwanowo, Russland

17. Alexander Rogatschewski: Dr. iur., Professor an der Rechtsfakultät der Staatlichen Ökonomischen Universität St. Petersburg, Postf. 146, 191186 Sankt Petersburg, Russland

18. Anton Rudokvas: Dr. iur. habil., Professor, Lehrstuhl für Zivilrecht, Rechtsfakultät, Staatliche Universität St. Petersburg, 22-я линия В. О., д. 7, 199106 Sankt Petersburg, Russland

19. Joachim Rückert: Dr. iur. Dr. h.c., Professor emeritus für Neuere Rechtsgeschichte, Juristische Zeitgeschichte, Zivilrecht und Rechtsphilosophie, Institut für Rechtsgeschichte, Johann Wolfgang Goethe-Universität Frankfurt, Theodor W. Adorno-Platz 4, 60323 Frankfurt am Main, Deutschland

20. Frank L. Schäfer: Dr. iur., Professor, Direktor des Instituts für Rechtsgeschichte und geschichtliche Rechtsvergleichung, Albert Ludwigs-Universität Freiburg, Platz der Alten Synagoge, 79085 Freiburg, Deutschland

21. Mathias Schmoeckel: Dr. iur., Professor, Direktor des Instituts für Deutsche und Rheinische Rechtsgeschichte und Bürgerliches Recht sowie des Rheinischen Instituts für Notarrecht, Rheinische Friedrich-Wilhelms-Universität Bonn, Adenauerallee 24–42, 53113 Bonn, Deutschland

22. Werner Schubert: Dr. iur., Professor emeritus für Rechtsgeschichte der Neuzeit, Römisches Recht, Bürgerliches Recht und Zivilprozessrecht, Hermann Kantorowicz-Institut für juristische Grundlagenforschung, Christian Albrechts-Universität zu Kiel, Leibnizstr. 6, 24118 Kiel, Deutschland

23. Hesi Siimets-Gross: Dr. iur., Dozentin für Römisches Recht und Rechtsgeschichte, Rechtsfakultät, Universität Tartu, Näituse 20, 50409 Tartu, Estland

24. Petra Skřejpková: Dr. iur. hab., Hauptredaktorin der rechtshistorischen Zeitschrift, Institut für Rechtsgeschichte, Rechtsfakultät, Karls-Universität zu Prag, nám. Curieových 7, 116 40 Praha 1, Tschechien

25. Anna Tarnowska: Dr. iur., Adjunkt, Lehrstuhl für Geschichte der politisch-rechtlichen Doktrinen und des deutschen Rechts, Fakultät für Rechtswissenschaften, Nikolaus-Kopernikus-Universität, W. Bojarskiego 3, 87-100 Toruń, Polen

26. Andreas Wacke: Dr. iur. Dr. h.c. mult., LL.D. h.c., Professor emeritus für Römisches Recht, Bürgerliches Recht, Zivilprozessrecht, Universität zu Köln, An Haus Vendel 4, D-50321 Brühl, Deutschland

Marju Luts-Sootak und Frank L. Schäfer

Einleitung

Abstract: Introduction The introduction presents the history of the conference series. It also documents the ninth conference in Legal History in the Baltic Sea Area on which the proceedings are based, its locations, participants and topics.

Keywords: Baltic Sea Area, conference in legal history, conference series

I. Die Rechtshistorikertage im Ostseeraum

Der Rechtshistorikertag im Ostseeraum ist eine Wandertagung, die abwechselnd von den verschiedenen Ostseeanrainern veranstaltet wird. Die Kieler Kollegen Jörn Eckert (1954–2006) und Hans Hattenhauer (1931–2015) organisierten in Zusammenarbeit mit Kjell Åke Modéer aus Lund die erste Tagung zum März 2000 im Landeskulturzentrum Salzau im Kreis Plön in Schleswig-Holstein (Deutschland). Im Jahr 2002 tagten wir im südschwedischen Lund und genossen das Ambiente einer Universitäts- und Bischofsstadt. Die dritte Tagung im Jahr 2004 führte uns in zwei finnische Haupt- und Universitätsstädte: nach Helsinki und Turku, wo die Rechtshistorikerinnen und Rechtshistoriker der jeweiligen Universität die Organisation übernahmen. Im Jahr 2006 tagten wir in Greifswald und konnten das 550jährige Universitätsjubiläum mitfeiern. Die fünfte Tagung fand im Jahr 2008 in der dänischen Hauptstadt Kopenhagen statt. Im Jahr 2010 wurde die Tagung wieder von zwei Universitäten organisiert – von der estnischen Universität zu Tartu und von der Lettischen Universität zu Riga – und fand dementsprechend teilweise in der estnischen Universitätsstadt Tartu und teilweise in der lettischen Hauptstadt Riga statt. Die siebte Tagung wurde im Jahr 2012 wieder von den Kollegen der Universität Kiel ausgetragen, diesmal an verschiedenen Orten und Städten im Bundesland Schleswig-Holstein: in Schleswig, Lübeck und Sehlendorf. 2015 waren die Kolleginnen und Kollegen der Universität zu Toruń (Thorn) in Polen an der Reihe. Die bisher letzte, neunte Tagung wurde wieder unter Führung der Rechtshistorikerinnen und Rechtshistoriker der Universität Tartu in Estland veranstaltet.

Vom anfänglichen 2-Jahres-Rhythmus sind wir bei den letzten Tagungen zu einem 3-Jahres-Rhythmus übergegangen. Auch der Teilnehmerkreis hat sich erweitert – wir haben außer den Wissenschaftlerinnen und Wissenschaftlern aus unmittelbaren Ostseeanrainerstaaten oder -universitäten auch diejenigen eingeladen, die zu dieser Region bzw. zum Generalthema der jeweiligen Tagung forschen. Die Tagungen haben nämlich immer auch ein Generalthema, das einerseits möglichst viele Kolleginnen und Kollegen ansprechen, andererseits einen einigenden Rahmen bilden soll. Die bisher abgehandelten Themenkreise lassen sich gut anhand der publizierten Sammelbände nachzeichnen:

- Jörn Eckert/Kjell Åke Modéer (Hg.), Geschichte und Perspektiven des Rechts im Ostseeraum. Erster Rechtshistorikertag im Ostseeraum, Salzau 8.-12. März 2000, Frankfurt am Main u.a. 2002 (Rechtshistorische Reihe 251)
- Jörn Eckert/Kjell Åke Modéer (Hg.), Juristische Fakultäten und Juristenausbildung im Ostseeraum. Zweiter Rechtshistorikertag im Ostseeraum, Lund 12.-17. März 2002, Stockholm 2004 (Rättshistoriska Skrifter 6)
- Jörn Eckert/Pia Letto-Vanamo/Kjell Åke Modéer (Hg.), Juristen im Ostseeraum. Dritter Rechtshistorikertag im Ostseeraum, Helsinki und Turku 20.-22. Mai 2004, Frankfurt am Main u. a. 2007 (Rechtshistorische Reihe 342)
- Hans-Georg Knothe/Marc Liebmann (Hg.), Gerichtskultur im Ostseeraum. Vierter Rechtshistorikertag im Ostseeraum, Greifswald 18.-20. Mai 2006, Frankfurt am Main u.a. 2007 (Rechtshistorische Reihe 361)
- Ditlev Tamm/Helle Vogt (Hg.), Nationalismus und Rechtsgeschichte im Ostseeraum nach 1800. Beiträge vom 5. Rechtshistorikertag im Ostseeraum, Kopenhagen 3.-4. November 2008, Kopenhagen 2010 (Bibliothek für Recht und Kultur/Bibliotek for ret og kultur 4)
- Marju Luts-Sootak/Sanita Osipova/Frank L. Schäfer (Hg./eds.), Einheit und Vielfalt in der Rechtsgeschichte im Ostseeraum – Unity and Plurality of Law in the Legal History of the Baltic Sea Area. Sechster Rechtshistorikertag im Ostseeraum, Tartu und Riga, 3.-5. Juni 2010, Frankfurt am Main u. a. 2012 (Rechtshistorische Reihe 428)
- Frank L. Schäfer/Werner Schubert (Hg./eds.), Justiz und Justizverfassung – Judiciary and Judicial System. Siebter Rechtshistorikertag im Ostseeraum, Schleswig-Holstein 3.-5. Mai 2012, Frankfurt am Main u. a. 2013 (Rechtshistorische Reihe 446)
- Danuta Janicka (ed.), Judiciary and Society between Privacy and Publicity. 8th Conference on Legal History in the Baltic Sea Area. Toruń 3.-6. September 2015, Toruń 2016.

Der Rechtshistorikertag im Ostseeraum will vor allem die bereits promovierten Rechtshistorikerinnen und Rechtshistoriker sowie rechtshistorisch interessierte Historikerinnen und Historiker dieser Region verbinden. Auch sollen sie die Möglichkeit zum Einblick in die jeweiligen Forschungsprojekte und

-ergebnisse der Kolleginnen und Kollegen erhalten. Außer der Pflege der kollegialen Beziehungen und Netzwerke bieten diese Tagungen den gerade graduierten Nachwuchswissenschaftlerinnen und Nachwuchswissenschaftlern eine hervorragende Möglichkeit, die meisten Fachkollegen des ganzen Ostseeraums umgehend auf einer Tagung kennenzulernen und dadurch ein solides Fundament für eigene Netzwerke zu legen.

Der neunte Rechtshistorikertag des Ostseeraumes fand vom 16. bis 20. Mai 2018 in Estland statt und brachte einen großen Teilnehmerkreis mit 73 Kollegen aus elf verschiedenen Ländern zusammen: außer den Ostseeländern Lettland, Litauen, Polen, Deutschland, Dänemark, Schweden, Russland und Estland waren auch Norwegen, Tschechien und Österreich vertreten. Die neunte Tagung war auch selbst buchstäblich eine wandernde Tagung. Wir begannen unsere Konferenz in Estlands Hauptstadt Tallinn, um der Verleihung des lübischen Rechts an die Stadt Reval vor 770 Jahren zu gedenken.[1] Die ehemalige Hansestadt Reval/Tallinn mit gut erhaltener Altstadt hat für die Tagung ein passendes Ambiente geboten und hat uns in das imposante mittelalterliche Rathaus geführt. Weil es diesmal um Recht und Wirtschaft in Stadt und Land gehen sollte, führten wir einen weiteren Teil der Tagung in einem der herrlichen baltischen Landgüter inmitten des Nationalparks an Estlands Nordküste durch. Der Gutskomplex Sagadi/Saggad mit Herrenhof und Nebengebäuden verlieh den Vorträgen illustrative Plastizität, in denen es um die Landwirtschaft sowie um die Verhältnisse der Gutsherren zu Bauern und Kirche ging. Dass Estland fortwährend ein Land mit wilder Natur ist, konnte vor allem Albrecht Cordes aus Frankfurt am Main erfahren, der auf seinem Spaziergang einem der 700 estnischen Braunbären begegnete. Alle übrigen Tagungsgäste mussten sich mit weniger attraktiven, aber sonnig frühlingshaften Aussichten begnügen, als uns eine Busfahrt durch das Land nach Südestland, in die Universitätsstadt Tartu führte. Da konnten wir das ziemlich strapaziöse Tagungsprogramm zu Ende führen und die Atmosphäre einer Traditionsuniversität inmitten der Stadt erleben, wo die Anwesenheit der Universität die Umgebung derart dominiert, dass die Stadt selbst wie ein großer Campus erscheint.

---

1 Fast alle Ortsnamen in Estland besitzen neben den estnischen Namen auch einen deutschen, weil seit der Eroberung und Christianisierung des Landes im 13. Jahrhudert durch die aus Deutschland stammenden Kreuzritter über die Jahrhunderte die Oberschicht – Adel, aber auch Stadtbürger – deutsch, oder nach Eigenbezeichnung deutschbaltisch war.

II. Das Generalthema „Recht und Wirtschaft in Stadt und Land" des IX. Rechtshistorikertages im Ostseeraum in Estland

Recht und Wirtschaft sind beides sehr starke Faktoren, die das gesellschaftliche und politische Leben immer gesteuert haben und steuern werden. Ihre gegenseitige Beziehung verdient deshalb besonderes Interesse. Da weder das Recht noch die Wirtschaft sich experimentell erforschen lassen bzw. besser keinen Experimenten unterzogen werden sollten, bleibt für beide vor allem die historische Vergangenheit als wissenschaftliches ‚Experimentierfeld'. Die Geschichte bietet einen reichhaltigen Erfahrungsschatz, der sich durch die historische Forschung aufarbeiten lässt. Einen besonders gut geeigneten Zugriff auf die Interaktion zwischen Recht und Wirtschaft bietet das Fach Rechtsgeschichte, weil es das Instrumentarium zur historischen Erforschung der rechtlichen Phänomene in ihrer jeweiligen wirtschaftlichen Umwelt bereitstellt – wie auch umgekehrt für die Erforschung der wirtschaftlichen Entwicklungen in ihrer jeweiligen rechtlichen Umwelt. Als eine interdisziplinäre Disziplin *per se* verbindet die Rechtsgeschichte Perspektiven und Herangehensweisen, die in der sog. allgemeinen Geschichte bzw. in der spezifisch wirtschaftshistorischen Forschung auf diese Weise nicht vorkommen. Das ist der Grund, warum wir auf der vorhergehenden Tagung in Toruń/Thorn für den IX. Rechtshistorikertag im Ostseeraum das Verhältnis von Recht und Wirtschaft in der Geschichte dieser Region als Generalthema vereinbarten.

In der europäischen bzw. westlichen Geschichte haben über die Jahrhunderte vor allem die Städte zum wirtschaftlichen Austausch und zur Belebung des Handels wie überhaupt der Wirtschaft beigetragen. Aus guten Gründen kann man immer noch mit Max Weber von einem besonderen Typus der europäischen Stadt in der Geschichte sprechen. Diese europäischen Städte waren nicht nur ein Konglomerat der Produktions- und Kaufmannsbranchen sowie der Gebäude und Stadtbürger. Die Besonderheit einer europäischen Stadt bestand seit dem Mittelalter in der Tatsache, dass sie gleichfalls oder sogar vor allem ein Rechtsgebilde war – durch einen Rechtsakt gegründet, durch das Recht verwaltet und selbst eine sehr wichtige Quelle des Rechts und der Rechtsentwicklung, auch der Rechtsverbreitung. Wenn die Landesherren eine Stadt gründeten oder neu belebten, verliehen sie ihrer Stadt zumeist ein spezifisches Stadtrecht. Die Landesherren und ihre Kanzleien hatten diese Stadtrechte zumeist nicht originär entworfen. In der Regel geschah die Bewidmung mit den Statuten einer ‚Mutterstadt' durch Rechtsakt des Landesherrn oder auf die Bitte der ‚Tochterstadt' hin. Die Stadtrechtsfamilien stellten nicht nur einen Rechtszug zum Stadtrat der Mutterstadt als Oberhof bereit, sondern sie schufen darüber hinaus durch Vereinheitlichung der Rechtsnormen den Rahmen für besondere Wirtschaftsräume, die erheblich zum interregionalen Austausch beitrugen. Die Tagung bot einen höchst passenden Anlass, die weltgrößte und unschätzbar wertvolle Sammlung zum lübischen Recht zu bewundern. Das Stadtarchiv zu Tallinn präsentierte dem dafür besonders qualifizierten Publikum die dort aufbewahrten fünf Handschriften des lübischen Rechts. Alles stand unter dem Zeichen der facettenreichen Forschung zu Stadtrechten und städtischer Wirtschaft.

Die Verbindungen der Städte trugen erheblich zur Bildung und Verstärkung der Stadtrechtsfamilien und der damit einhergehenden wirtschaftlichen Beziehungen bei. In Nordeuropa und im Ostseeraum spielte die Hanse eine entscheidende Rolle. Gerade die Hanse-Geschichte zeigt, wie sehr die Ostsee ein europäisches Binnenmeer war und ist und wie sehr die Meere die Völker durch Wirtschaft und Recht verbinden, auch über die politischen Verbände und Auseinandersetzungen hinaus. Unsere beiden Tagungsstädte, Tallinn und Tartu, haben in der Hanse eine Schlüsselrolle im Russlandhandel gespielt: Tallinn/Reval mit seinem Seehafen in der Sommerzeit und Tartu/Dorpat mit Estlands größtem Fluss, der in den Peipussee zwischen Estland und Russland mündet, in der Winterzeit, wenn der finnische Meerbusen eingefroren ist.

Dass die Städte immer auch für die unmittelbare Umgebung zuständig waren, versteht sich von selbst. In der historischen baltischen Region – Alt-Livland, später die baltischen Provinzen des schwedischen, polnisch-litauischen und russischen Reichs – hat neben den Städten die Gutswirtschaft auf dem flachen Lande lange Zeit das Land- und Gesellschaftsgebilde geprägt, u.a. die ersten Industrieunternehmen hervorgebracht. Wenn die Städte in der Geschichte vor allem als wichtige Marktplätze im Fernhandel wirkten, waren auf dem flachen Lande die Bauern- und Gutshöfe die wirtschaftlichen Produktionseinheiten und -zentren. Um diese Dimension gebührend zu würdigen, hielten wir einen Teil der Tagung auf dem für Nordestland recht typischen Herrenhof ab. Damit konnten wir einen der ehemaligen zahlreichen Gutshöfe mit seiner eigentümlichen Wirtschafts- und Baukultur hautnah erleben. Die Fahrten von Tallinn nach Sagadi und von Sagadi nach Tartu waren einerseits als Exkursion gedacht, sollten aber darüber hinaus einen besonders guten Einblick in die rechtlich wie wirtschaftlich geprägte Siedlungsstruktur des nach wie vor dünn besiedelten Landes ermöglichen. Der Besuch des Herrenhauses bzw. viktorianischen Schlosses zu Alatskivi/Allatzkiwwi veranschaulichte das Gutsleben in einem ehemals livländischen Gutshof. Die Visite der beiden Gutshöfe verdeutlichte im Vergleich plastisch den Unterschied der ehemaligen Ostseeprovinzen Estland und Livland. Die rechts- und wirtschaftshistorischen Perspektiven ließen sich auf diese Weise sehr gut mit der weiteren Perspektive der Mentalitätsgeschichte verbinden. Diese Dimension ist auch in Tartu immer noch anschaulich, weil die historische Innenstadt noch sehr von den ehemaligen Stadthäusern der livländischen Adligen geprägt ist.

Obwohl dem Lehrstuhl für Rechtsgeschichte der Universität Tartu der größte Teil der Organisation oblag,[2] wurde die Tagung in einer engen Kooperation mit dem Stadtarchiv zu Tallinn, dem Under- und Tuglas-Zentrum der Estnischen Akademie der Wissenschaften[3] und dem Institut für Geschichte und Archäologie der Universität Tartu durchgeführt, die alle auch finanziell zum Gelingen beitrugen. Partiell finanzierte das Deutsch-Baltische Hochschulkontor aus Riga die Tagung mit. Die Hauptorganisatorin, Professorin der Rechtsgeschichte an der Universität Tartu, Marju Luts-Sootak, bedankt sich beim Stadtarchiv zu Tallinn mit Direktor Küllo Arjakas an der Spitze für die Gastfreundschaft sowohl im Archiv als auch im historischen Höpfner-Haus sowie im Rathaus. Die Kolleginnen Tiina Kala und Juhan Kreem aus dem Stadtarchiv zu Tallinn bereicherten die Tagung entschieden durch ihre interessanten und lebhaften Archiv-, Stadt- und Rathausführungen. Der Tartuer Professor der allgemeinen Geschichte Mati Laur wirkte u.a. als Reiseleiter mit und sorgte für die polnisch-estnische musikalische Unterhaltung. Der allergrößte Dank gebührt den Mitarbeiterinnen am Lehrstuhl für Rechtsgeschichte: den Dozentinnen Merike Ristikivi, Hesi Siimets-Gross und Lea Leppik, der Doktorandin Karin Visnapuu und der überaus hilfreichen Sekretärin Aive Suik. Obwohl alles Frauen, sind sie eine ausgezeichnet gute ‚Mannschaft', die zusammen zum Gelingen der Tagung mit ihrem großen Engagement beitrug. Es sei hier auch auf die Tatsache hingewiesen, dass die Stadt Tartu unsere Konferenz als hervorragendes Ereignis des Jahres 2018 ausgezeichnet hat.

III. Aktueller Tagungsband

Die Rechtshistorikertage des Ostseeraums sind niemals bloß ein Forum für die unmittelbaren Teilnehmer geblieben, da die Tagungsbände die Vorträge in publizierter Form einem viel breiteren Publikum zugänglich machen. Eine besondere eigene Reihe haben diese Tagungen nicht hervorgebracht; die Wahl des Verlages oder der Reihe ist dem freien Ermessen der jeweiligen Organisatoren

2 Unterstützt wurde die Tagung durch die Juristenfakultät und den Forschungsgrant IUT20–50 der Estnischen Wissenschaftagentur.

3 Teilweise wurde die Tagung durch Mittel des von Kristi Viiding geleiteten Forschungsgrants PUT1030 der Estnischen Wissenschaftsagentur finanziert, wofür wir sehr dankbar sind.

überlassen. Die Rechtshistorische Reihe des Peter Lang-Verlags ist schon mehrfach als Publikationsorgan für die Rechtshistorikertage gewählt worden, und wir freuen uns sehr, auch diesmal wieder in der ‚gelben Reihe' zu sein. Da wir diesmal außerordentlich viele Teilnehmer und Referenten auf dem Rechtshistorikertag hatten, erscheinen manche Beiträge in Zeitschriften wie den *Hansischen Geschichtsblättern*.

Die Beiträge im Tagungsband decken unter dem Dach des Generalthemas vom Mittelalter bis in die Neuzeit, vom Privatrecht bis zum Strafrecht, die gesamte Bandbreite der Rechtsgeschichte des Ostseeraums ab. Zunächst ist Thomas Duve (Frankfurt am Main, Deutschland) mit seinem strategisch ausgerichteten Beitrag über „Rechtsgeschichte und Rechtsräume: wie weit reicht die Schule von Salamanca?" zu nennen. Er greift auf seine Studien zum Rechtsraum der spanischen Spätscholastik zurück, um den Ostseeraum zu konturieren. Konstruktion, Kommunikation und Komparation, so Duve, seien die entscheidenden Faktoren der rechtshistoriographischen Raumbildung. Die folgenden Rechtshistorikertage im Ostseeraum werden sicherlich an vielen Stellen die von Duve zum Rechtsraum der Schule von Salamanca gewonnenen typologischen Erkenntnisse aufgreifen und auf den Ostseeraum anwenden.

Die weiteren Beiträge des Sammelbandes fokussieren sich primär auf den Ostseeraum. Den Auftakt bildet die Geschichte wichtiger Rechtsquellen des Ostseeraums, insbesondere der Stadtrechte, die unmittelbar aus dem Generalthema den Aspekt der Stadt dokumentieren. Frank L. Schäfer (Freiburg im Breisgau, Deutschland) fasst unter dem Titel „Codices Iuris Lubecensis: A Comparison of Mediaeval Manuscripts" die mittelalterlichen Rechtshandschriften zum lübischen Recht zusammen. Er betont die Unterschiede der lübischen Codices gegenüber modernen Kodifikationen und gelangt zu dem Ergebnis, dass die Entstehung und die Fortschreibung der Codices einem laufenden Computerprogramm ähnle, das fortwährend durch zusätzliche Codezeilen ergänzt werde. Petra Skřejpková (Prag, Tschechien) unterstreicht in ihrer Studie „The beginning of the Codification of Municipal Law in Bohemia (16th Century)" den Wandel der böhmischen Stadtrechte durch die Rezeption des römischen Rechts an der Schwelle zur Frühen Neuzeit. Im Zentrum steht Paul Christian von Koldín auf Martinitz (tschechisch: Pavel Kristián z Koldína), der 1579 parallel zu den Stadtrechtsreformationen in den deutschsprachigen Teilen des Heiligen Römischen Reichs das Stadtrecht des Königreichs Böhmen kodifizierte. Hesi Siimets-Gross und Thomas Hoffmann (Tartu und Tallinn, Estland) referieren über „David Hilchen (1561–1610) und das ‚Kolonenrecht' des *Codex Justinianus*". Sie untersuchen aus Hilchens Landrechtsentwurf von 1599 exemplarisch die Regelung der Leibeigenschaft und deren Zusammenhang mit dem römischen Kolonenrecht.

Damit ist auch für diesen Beitrag die Rezeption des römischen Rechts von besonderer Bedeutung.

Das Thema Leibeigenschaft leitet zu Beiträgen über die Geschichte der Gesellschaftsordnung des Ostseeraums und somit zu den Aspekten Stadt und Land des Generalthemas über. Andres Andresen (Tartu, Estland) wendet sich folgender Frage zu: „Can a clergyman possess serfs? The interventionist state and particularistic privilege clashing in the courts of the Estland province during the Regency era (1783–1796)". In ihrem Anspruch auf die einheimischen Leibeigenen ähnelten die evangelischen Geistlichen der führenden Oberschicht – den landbesitzenden Adligen – der baltischen Ostseeprovinzen. Mathias Schmoeckel (Bonn, Deutschland) schreibt in seinem Beitrag „Die Reformation in Livland und die Patronatsrechte" ebenfalls über die deutschbaltische Oberschicht. Er beleuchtet die Doppelstellung des Adels mit weltlicher und geistlicher Herrschaft und seiner Rechtsstellung gegenüber der örtlichen evangelischen Kirche. Das Patronatsrecht wird über den Bereich des Ostseeraumes hinaus rechtsvergleichend betrachtet. Auf eine viel tiefere, prekäre soziale Ebene begibt sich dann Danuta Janicka (Toruń/Thorn, Polen). Sie analysiert „Rechtliche Maßnahmen gegen Bettelei und Landstreicherei in der Neuzeit (bis zum ausgehenden 19. Jahrhundert)". Der Beitrag nimmt ein soziales Phänomen in den Blick, das die Rechtsgeschichte mit der Gegenwart verbindet. Janicka gelangt zum Ergebnis, dass der Staat nach dem Mittelalter den Kampf gegen Bettelei und Landstreicherei immer mehr mit dem Mittel der Repression verschärft habe, ohne aber das zugrundeliegende soziale Problem lösen zu können. Anna Tarnowska (ebenfalls Toruń/Thorn, Polen) erzählt in „Wie Städter und Bauern zu Bürgern wurden: Von der Nation, der Repräsentation und der Delegation in Polen in der Epoche des Großen Sejm (1788–1792)" von der ältesten modernen Verfassung Europas, die der polnisch-litauische Sejm am 3. Mai 1791 im Warschauer Königsschloss verabschiedete. Die wegweisende Verfassung geriet zunächst in Mitteleuropa in Vergessenheit, steht nun aber in jüngerer Zeit wieder im Fokus der europäischen Verfassungsgeschichtsschreibung.

Der nächste Themenbereich des Tagungsbandes handelt von der Rechtsgeschichte der Wirtschaft, d.h. vom Aspekt Wirtschaft des Generalthemas. Anna Klimaszewska wertete für ihre Studie „The Application of the 1807 French Commercial Code in Polish Territories: An Attempt to Establish an Anonymous Partnership in Lublin" die Bestände des Staatsarchivs Lublin aus, um die Praxis zum frühen Gesellschaftsrecht lebensnah zu schildern. Das historische polnische Handelsgesetzbuch, das dazu die normative Grundlage liefert, hatte eine lange Geschichte. Das Herzogtum Warschau übernahm 1809 das französische Handelsrecht, es blieb in Polen bis 1933 in Kraft und zeugte für eine sehr lange Zeit von der großen Strahlkraft der französischen Jurisprudenz. Hans-Georg Knothe (Greifswald, Deutschland) schreibt dann über das Thema „Recht und Eisenbahnbau in den nordöstlichen Provinzen Preußens im 19. Jahrhundert". Er erzählt die Expansion der Eisenbahn in Pommern sowie in West- und Ostpreußen. Knothe befasst sich eingehend mit den aktien- und kreditrechtlichen Problemen der Eisenbahngesellschaften während der preußischen Industrialisierung. Auch Werner Schubert (Kiel, Deutschland) berichtet vom Aufbruch in das Industriezeitalter. Sein Beitrag „Das Gewerberecht in den Herzogtümern Schleswig und Holstein (Reformprojekte von 1844/46 und Einführung der Gewerbefreiheit 1867/69) sowie in Lübeck (Gewerbefreiheit ab 1867)" führt dem Leser die Liberalisierung der Berufe vor Augen, die für die moderne Industrie- und Dienstleistungsgesellschaft unabdingbare Voraussetzung ist. Alexander Rogatschewski (Sankt Petersburg, Russland) liefert einen Beitrag über „Die Kolonisations- und Wirtschaftspolitik Schwedens in Ingermanland (1617–1704) im Spiegel der Rechtsdenkmäler aus dem Estnischen Historischen Archiv in Tartu". Zuletzt sei aus dem Bereich Wirtschaft auf Joachim Rückert (Frankfurt am Main, Deutschland) hingewiesen. Er legt eine ebenso perspektivisch weit angelegte wie detaillierte Studie zum „Recht als ökonomischer Faktor – Chancen und Risiken eines Forschungsfeldes" vor. Das ökonomische Dreieck von Land, Stadt und Handel analysiert er vergleichend für Großbritannien, Frankreich und Preußen bzw. Deutschland. Rückert arbeitet vier historische Typen heraus und problematisiert die Großtheorien zum Zusammenhang von Wirtschaft und Recht.

Im weiteren Sinne zum Bereich der Wirtschaft zählt der Beitrag zu den „Anforderungen an das Notarsamt: Garantie für die Sicherheit von Rechtsgeschäften auf dem Gebiet Lettlands (Ende 19. Jh. – erste Hälfte des 20. Jh.)" von Sanita Osipova (Riga, Lettland). Sie weist die großen Einflüsse des französischen Notariats auf das lettische Notariat nach und skizziert die Auswirkungen der Herrschaftswechsel in Lettland während der beiden letzten Jahrhunderte. Dabei hebt sie die Sonderrolle des Notariats bei der Ausbildung gegenüber anderen juristischen Berufen hervor.

Beiträge zum klassischen Kernprivatrecht dürfen zum Thema Recht und Wirtschaft selbstverständlich nicht fehlen. Tatyana Krasnova (Sankt Petersburg, Russland) widmet sich „Servitude as an Instrument for Solving Real Estate Problems", Andrei Novikov (ebenfalls Sankt Petersburg, Russland), den „Conditional testaments in old Russia: the effect of the social and economic order on modernisation" und Anton Rudokvas (wiederum Sankt Petersburg, Russland) den „Social and Economic Consequences of the Possessory Remedies in Imperial Russia". Krasnova stellt die Rechtsgeschichte der Dienstbarkeiten im russischen Privatrecht vor und ordnet sie in ihren größeren europäischen Kontext ein. Novikov greift sich das Erbrecht heraus, um die Einflüsse des römischen Rechts und anderer ausländischer Rechtsordnungen auf das russische Privatrecht des Zarenreichs zu verdeutlichen. Rudokvas legt einen kritischen Beitrag zur Geschichte des possessorischen Besitzschutzes im russischen Privatrecht des 19. Jahrhunderts vor. Er untersucht die Bedeutung dieses Instituts und geht der Frage nach, ob es tatsächlich zur Lückenfüllung im System des Eigentumsschutzes erforderlich ist.

Weitere Beiträge untersuchen die Geschichte der Transformation von Staaten und Gesellschaften und dem damit zusammenhängenden Schicksal von Rechtsinstituten. Jānis Lazdiņš (Riga, Lettland) widmet sich „Lettlands Erfahrungen mit der Restitution des Privateigentums nach der sowjetischen Besatzung". Das ist ein Thema, das alle europäischen Staaten auf dem Gebiet des ehemaligen Warschauer Paktes betrifft. Lazdiņš setzt sich ausführlich mit den Schwierigkeiten auseinander, beim Restitutionsverfahren einen allgemein akzeptierten Interessensausgleich zu erzielen. Marju Luts-Sootak (Tartu, Estland) wendet sich einem sehr anpassungsfähigen Überlebenskünstler zu: „Das geteilte Eigentum – ein zäher Überlebender in Estlands Rechtsgeschichte des 19. und 20. Jahrhunderts". Der Beitrag illustriert die Versuche, ein mittelalterliches Rechtsinstitut für die Lösung der neuen Regelungsprobleme einzusetzen. Pragmatismus und ein an Antiquitäten interessierter Gesetzesredaktor, so Luts-Sootak, seien die entscheidenden Faktoren dabei gewesen.

Im Bereich des Strafrechts bewegen sich drei Beiträge. Das Strafrecht bildet für die Regulierung von Recht und Wirtschaft die letzte Verteidigungslinie. Thomas Krause (Kiel, Deutschland) analysiert die Ausbreitung der Freiheitsstrafe in der Frühen Neuzeit. Bereits der Titel „Zwischen Merkantilismus und Strafvollzug – norddeutsche Zuchthäuser im 17. und 18. Jahrhundert" deutet an, dass sich der Strafzweck nicht in der heute bekannten Prävention erschöpfte. Marcin Łysko (Białystok, Polen) stellt unter dem Titel „Adjudicating in Petty Offences relating to the Compulsory Delivery of Agricultural Products in the Polish People's Republic" den gescheiterten Versuch vor, Produktivitätssteigerungen in der Landwirtschaft durch harte Sanktionen zu erzwingen. Evgeny Potseluev (Iwanowo, Russland) stellt in seinem Beitrag „The Penal Legislation Policy of the 1917 Russian Provisional Government" die These auf, die russische Provisorische Regierung sei unter anderem an ihrer Strafgesetzgebung gescheitert. Die Wiedereinführung der Todesstrafe sowie die Unterdrückung der Bauernrevolte seien unter der Bevölkerung sehr unpopulär gewesen.

Der vorletzte Beitrag präsentiert das deutsche Besatzungsrecht in Polen während des Zweiten Weltkrieges. Karol Dąbrowski (Lublin, Polen) greift sich dazu „Das Jagdrecht im Generalgouvernement 1939–1945" heraus. Er breitet im Detail die zahlreichen deutschen Besatzungsnormen aus, die zwischen Besatzern und Besetzten unterschieden, d.h. die polnische Bevölkerung diskriminierten. Der letzte Beitrag rückt noch näher an unsere Zeit heran. Andrzej Madeja (Toruń/Thorn, Polen) legt eine Studie mit dem Titel „The Law, Economics, and European Integration“ vor. Er schlussfolgert aus der Geschichte der Europäischen Union und einer Analyse ihrer Institutionen, sie müsse zu ihrer Legitimation dieselben Ziele wie die Regierungen der Mitgliedstaaten erreichen: eine effiziente Verwaltung und nationales Wirtschaftswachstum. Damit endet der Gang vom Mittelalter in die Gegenwart.

Nicht im Tagungsband vertreten sind folgende Vorträge des Rechtshistorikertages: Albrecht Cordes (Frankfurt am Main, Deutschland), Seerecht im historischen Vergleich: Vier seerechtliche Codices des späten 13. Jahrhundert; Bruno Debaenst (Uppsala, Schweden), The Flemish Human Waste Industry: The Case of Bruges; Piotr Fiedorczyk (Białystok, Polen), Polish pre-war law on economic activity and its foreign roots; Dina Gailīte (Riga, Lettland), Die erste lettische juristische Zeitschrift „Tiesu Vēstnesis“ (1880–1884) und ihr Herausgeber Māteru Juris (1845–1885) als Erwecker des Rechtsbewusstseins lettischer Bauern; Ewa Gajda (Szczecin/Stettin, Polen), Fiscal policy of Justinian I. Reconstruction of law based on literary sources; Michał Gałędek (Gdańsk/Danzig, Polen), Industrialisation as a program of transformation rural country of Poland at the beginning of 19th century; Andrzej Gulczyński (Poznań/Posen, Polen), Visualisierung des Wirtschaftsrechts in Stadt und Land; Hans-Peter Haferkamp (Köln, Deutschland), Das Reichserbhofgesetz zwischen konkreter Ordnung und ökonomischer Wirklichkeit; Aldona Rita Jurewicz (Olsztyn/Allenstein, Polen), qui colonus … erit, is aedificium, quod non sit minus tegularum CCC, habeto in biennio proxumo, quo ea colonia deducta erit; Inna Jürjo (Tallinn, Estland), Die Burspraken als Quellen und Lenkungsinstrumente des Wirtschaftslebens der livländischen Stadt; Tiina Kala (Tallinn, Estland), The Corpus of Medieval Tallinn Law Texts from the Perspective of Manuscript Studies; Sören Koch (Bergen, Norwegen), Hanseatischer Einfluss auf das norwegische Recht im 16. Jahrhunderts – Am Beispiel des Kreditsicherungsrechts; Mati Laur (Tartu, Estland), Der Bauerlandverkauf im Livland zwischen den deutschbaltischen und russischen Rechtsräumen; Lea Leppik (Tartu, Estland), Wirtschaftlicher Kampf zwischen Esten und Deutschen in den Städten (Anfang 20. Jahrhundert); Madis Maasing (Tartu, Estland), Das Problem des Kirchenguts im Rechtsstreit zwischen dem Erzbischof und der Stadt Riga (während 1520er bis 1550er Jahre); Elena Makarova (Nischni Novgorod, Russland), Novgorod Model of Capital-Regions Interaction in Medieval Democracy; Olaf Mertelsmann (Tartu, Estland), Die Bedeutung privater wirtschaftlicher Aktivitäten im Stalinismus am Beispiel

Estlands; Tilman Repgen (Hamburg, Deutschland), Recht im Land der Sachsen – christliche Prägung des Sachsenspiegels; Steffen Schlinker (Würzburg, Deutschland), Die Rentenschuld in Reval; Thomas Simon (Wien, Österreich), Der Staat als „großer Haushalt". Zur Durchsetzung ökonomischer Denkmuster und Leitbilder im politischen Denken der frühen Neuzeit; Jurgita Spaičienė (Vilnius/Wilna, Litauen), Insolvency Law in Interwar Lithuania; Ditlev Tamm (København/Kopenhagen, Dänemark), Bier und Bierregelung; Adam Świętoń (Olsztyn/Allenstein, Polen), Recruitment of the soldiers and the rural economy in the Later Roman empire; Age Värv (Tallinn, Estland), Development of condiction of expenditures in German and Estonian enrichment law; Kristi Viiding (Tallinn, Estland), David Hilchens Vereinigungspläne von Stadt und Land in Riga um 1599; Jacek Wiewierowski (Gdańsk/Danzig, Polen), The universality of Rhodian maritime law from the standpoint of neoevolutionism. Der Vortrag Andreas Wackes (Köln) über „Das Bernsteinregal im Baltikum" wird auf Wunsch des Autors in den Tagungsband nur als Abstract aufgenommen. Der Volltext soll an anderer Stelle veröffentlicht werden.

Wir danken abschließend der Freiburger Rechtshistorischen Gesellschaft für die großzügige Unterstützung dieses Tagungsbandes.

Andres Andresen

Can a clergyman possess serfs? The interventionist state and particularistic privilege clashing in the courts of the Estland province during the Regency era (1783–1796)

Abstract: The self governing of Baltic German elites in the Baltic provinces of Estland and Livland reached its peak during the early 18th century. Among other things, the wide-ranging privileges of the noble and clerical estate included the possession of serfs. Imperial Russia started to intervene in local matters on a wider scale only during the period of Catherine II. Under the so-called regency system (1783–1796), the Empress extended the reforms that she had started several years earlier in the core territory of the Empire, to the Baltic provinces. These reforms, which tried to modernise the Empire administratively, judicially and fiscally, partly followed the ideas of the French Enlightenment. Later mainstream Baltic German historiography judged the unprecedented devastation which had been caused to the local Baltic German self-rule as unlawful, as its concept of legality was rooted in the idea of the continuation of those privileges that had been confirmed by Russia after the capitulation of 1710 and the Treaty of Nystad (1721). All the major reforms of the regency era were based on state legislation; however, the Baltic German view was not in agreement with the modern position that the central government had the sovereign right to pass universal laws for the state. The case study that this article deals with reveals that Estland's clergy found effective help against the arbitrary attempt of the Kameralhof (state treasury) in the provincial capital Tallinn (Reval) to strip the Lutheran clergy of their age-old privilege of possessing serfs and manors. All three court instances in Estland came to the decision that this privilege should prevail, as the Kameralhof's judgement lacked any proper legal foundation. Thus, this case clearly demonstrates the rule of law during the Regency era and provides a necessary update to the previous, dominant, historiography.

Keywords: Estonian history, Baltic German privileges, legal continuity, reforms of Catherine II, Lutheran clergy of Estland province

I. Introduction

The early eighteenth century Baltic provinces of Estland and Livland,[1] under the political supremacy of Russian rulers, present a case of exceedingly extensive

---

1 In English also known as the Province of Estonia and the Province of Livonia, but following Toivo U. Raun's example, to avoid confusion with the Republic of Estonia,

particularistic estate privileges. Baltic German elites in both rural and urban areas enjoyed autonomy in administrative, judicial, ecclesiastical as well as economic matters. This system of corporative self-government – later also called the Baltic Landesstaat – had suffered seriously from the onslaught of the absolutist Swedish kings since the 1680s, especially due to the *stora reduktionen*, which brought a great deal of land property to the crown.[2] The change of political supremacy on Baltic soil during the Great Northern War, as Estland and Livland shifted from Sweden to the Russian tsars in 1710, brought about a deep change in province–centre relations. The period of the widest ever autonomy of the Baltic Landesstaat followed.

The Estonian and Latvian peasant class, which formed the vast majority of the population, was personally dependent on Baltic German landowners. The serfdom of the peasants had evolved gradually over the centuries, but the peasants' hard social and economic conditions hit rock bottom during early Russian rule. The tsars took virtually no interest in Baltic internal matters, leaving the peasants to the arbitrary power of local manor owners. This stood in stark contrast to the last decades of Swedish supremacy when absolutist King Charles XI had, among other reforms, put significant effort into improving the economic as well as education conditions of the peasants on the Baltic littoral. The majority of all serfs belonged to the seigneurial estates of the nobles. A significant number of the serfs in the province Livland belonged to state-owned manors.[3]

The economic and social relations of the Baltic German pastors with the peasants were similar to those of the noble landowners. The office of the Lutheran pastor in the countryside was equipped with a manor called a parsonage (Pastorat).[4] The revenue from the parsonage made up a significant part of the clergyman's total income. While the serfs of the parsonage belonged to the office of the pastor, not to the person holding the office, the Lutheran pastor in the

---

which covers an area roughly twice as large as the historical Province of Estland, the Swedish and later Russian province in the northern part of the Baltic littoral will be referred to by its Swedish and German name: Estland (see *Toivo U. Raun,* Estonia and the Estonians, 1987, p. 238). Again following Raun's example, to avoid confusion with the medieval Livonia, the province south to Estland will be referred to by its Swedish and German name: Livland.

2 See for instance *Michael Haltzel*, Der Abbau der deutschen ständischen Selbstverwaltung in den Ostseeprovinzen Rußlands. Ein Beitrag zur Geschichte der russischen Unifizierungspolitik 1855–1905, 1977, pp. 1–23.

3 See for instance *Raun*, Estonia (supra fn. 1), pp. 32–42; *Gert von Pistohlkors* (ed.), Baltische Länder, 1994, pp. 195–278.

4 Marju Luts-Sootak has researched the clergy's right to use parsonage land in the 19th century (*Marju Luts-Sootak*, Pre-modern divided ownership in the modern legal

countryside could also possess serfs of his own. It was up to him and his interest in economic activities, how many serfs he possessed, if at all. The clergy valued highly their right to possess serfs as an important economic privilege. In comparison with the total number of peasants in Estland, the number of peasants belonging directly to the pastors was small, even smaller than the number of parsonage peasants.[5] No statistical data are available.

The reign of Empress Catherine II (1762–1796) introduced significant reforms and reform attempts both to the Russian 'inner gouvernements' (*vnutrennye gubernii*) as well as to the Baltic provinces. Hooked on the European Enlightenment as Catherine was, she tried to model her reform of gouvernement administration at least partly on Montesquieu's ideas on the separation of executive and judiciary branches of power. Starting in 1783, the central government launched major changes in the Baltic Landesstaat. The time of intensive state intervention in local matters lasted until Catherine's death in 1796. This period of regency (*Statthalterschaft*) in Estland and Livland brought about alterations to the administration of towns as well as to the corporate bodies of the nobility, the Ritterschaften, decimating the privileges of the former elites. A new judicial system was set up. A new state tax – the poll tax – had to increase state income, the customs border with the inner gouvernements was abolished. Among other goals, securing the state's financial interests was a vital point. Unification, rationalisation, centralisation and bureaucratisation are the keywords that characterise the reform.[6] Governor-general or Regent (*Statthalter*) in Riga, George Browne, supervised the innovations as the highest local representative of the Crown.[7]

---

history of Estonia, in: Marju Luts-Sootak, Irene Kull, Karin Sein, Hesi Siimets-Gross (eds.), Legal Pluralism – *cui bono*?, 2018, pp. 98–106.

5 In 1782, the total number of peasants in the province of Estland was ca 180 000 and 1.1 % of them inhabited the parsonages (*Sulev Vahtre*, Eestimaa talurahvas hingeloenduste andmeil (1782–1858) [Mit Zusammenfassung: Die Bauernbevölkerung Estlands nach Angaben der Seelenrevisionen (1782–1858], 1973, p. 78).

6 For an introduction, see *Lea Leppik*, The provincial reforms of Catherine the Great and the Baltic common identity, Ajalooline Ajakiri/The Estonian Historical Journal 2012, 1/2, pp. 55–76 (also accessible online, https://ojs.utlib.ee/index.php/EAA/article/view/583).

7 The empress's confidant, the Irishman George Browne (1698–1792) was the official head of the province of Livland from 1762, and of the province of Estland from 1775. For biographical data on 18th-century political figures on the Baltic littoral, DBBL is still the first choice (Deutschbaltisches biographisches Lexikon 1710–1960. Im Auftrag der Baltischen Historischen Kommission begonnen von Olaf Welding und unter Mitarbeit

Mainstream Baltic German and Estonian historiography has depicted the Regency era of Estland and Livland largely in a similar spirit, and specifically as a rather isolated period of time when central power devastated local privileges on an unprecedented scale.[8] The majority of earlier Baltic German authors regarded the Regency as a time of lawlessness, when central state power arbitrarily broke the good old law of the Baltic provinces.[9] Or as Otto-Heinrich Elias puts it in his comprehensive study on the town of Tallinn (Reval) during the Regency, "*[Friedrich] Bienemann's Verurteilung der Statthalterschaftszeit als einer Zeit der Rechtsverachtung […] bestimmt seither die deutschsprachige Literatur*."[10] This viewpoint did not accept the cornerstone principle of modern state – the sovereign right of central government to pass a law which universally applies to all citizens and regions of the state.

However, if one digs deep enough into the archival sources, one can find some interesting material that illuminates the aforementioned complex events from quite a different angle. The aim of this article is to update the previous dominant historiographic view of the 'unlawful' state intervention in the Baltic German estate privileges during the late 18th century. This paper takes up a specific aspect of Estland's provincial law during these times of change and examines a court case that was dealt with by a variety of judicial bodies over four years. These included Estland's courts of all levels and the imperial Senate as the highest court of the Empire. At stake was nothing less than the corporative right of the clerical estate to possess serfs.

II. Historiography and sources

Previously I have briefly touched upon this theme in my PhD thesis as well as in its slightly revised edition. I have also used this court case to support the argument in my recent piece of research into the principle of legal continuity in 18th-century Estland.[11] Earlier historiographic information is scarce. A contemporary

---

von Erik Amburger und Georg von Krusenstjern hg. von Wilhelm Lenz, 1998. It is also accessible online, https://bbld.de/).

8 See *Leppik*, The Estonian Historical Journal 2012 (supra fn. 6).

9 *Friedrich Bienemann*, Die Statthalterschaftszeit in Liv- und Estland (1783–1796). Ein Capitel aus der Regentenpraxis Katharinas II, 1886.

10 *Otto-Heinrich Elias*, Reval in der Reformpolitik Katharinas II, 1978, pp. 4–5. Bienemann's book, which has remained the only monograph on the Regency as a whole in the Baltic provinces, is severely biased.

11 *Andres Andresen*, Luterlik territoriaalkirik Eestimaal 1710–1832. Riigivõimu mõju kirikuvalitsemisele, -institutsioonidele ja -õigusele [Lutheran territorial church in Estland, 1710–1832. The influence of state power on church governance, institutions

witness, Lutheran pastor in Livland and distinguished Enlightenment writer August Wilhelm Hupel (1737–1819), has made a very brief and vague note of the events in two of his publications.[12] In the weekly publication *Inland* from 1839, an anonymous author – probably Carl Julius Albert Paucker (1798–1856), a lawyer and avid historian – published a few relevant documents.[13] He probably used the same source materials as the author of this article, that is, the handwritten collection of Estland's church ordinances by Arnold Friedrich Johann Knüpffer (1777–1843), Lutheran pastor and assessor (later ecclesiastical head) of the provincial consistory. A copy of these materials is preserved in the National Archives of Estonia, in Tartu.[14]

III. Kameralhof's initiative to increase state income and authority

The imperial ukase to Governor-general Browne (3 July 1783) explained the main principles of the future reforms, what had to change and what had to remain untouched.[15] In the course of subsequent events, Browne maintained a supportive attitude towards the local Baltic German estates and consistently

and law], 2004, pp. 145–147; *Andres Andresen*, Eestimaa kirikukorraldus 1710–1832. Riigivõimu mõju institutsioonidele ja õigusele [Church constitution in Estland 1710–1832. The influence of state power on institutions and law], 2008, pp. 150–152; *Andres Andresen*, Õigusliku järjepidevuse küsimusest Eestimaal asehalduskorra ajal kapitulatsioonide ja Uusikaupunki rahulepingu taustal [Some aspects of the legal continuity principle in the province of Estland during Regency period (1783–1796), with reference to 1710 capitulations and 1721 Treaty of Nystad], Rahvusarhiivi Toimetised/Acta et Commentationes Archivi Nationalis Estoniae, 2 (33), 2018, pp. 89–105.

12 *August Wilhelm Hupel*, Die gegenwärtige Verfassung der Rigischen und der Revalschen Statthalterschaft. Zur Ergänzung der topographischen Nachrichten von Lief- und Ehstland, 1789, p. 106; *August Wilhelm Hupel*, Von den Rechten der lief- und ehstländischen Landgüter. Nebst andern kürzern Aufsätzen etc, Nordische Miscellaneen, 22stes und 23stes Stück, 1790, p. 319 (13–340).

13 Urkunden, betreffend das Recht der Esthländischen Geistlichkeit, Landgüter zu erwerben, Das Inland. Eine Wochenschrift für Liv-, Esth- und Curland's Geschichte, Geographie, Statistik und Litteratur 1839, nr. 20, cols. 305–311.

14 RA, EAA [The National Archives of Estonia, Estonian Historical Archive in Tartu] 854.1.841. In the following text, all facts on the right of Estland's clergy to possess serfs and manors derive from this archival record, pp. 42–62, if not indicated otherwise.

15 Polnoe Sobranie Zakonov Rossiĭskoĭ Imperii [Complete collection of laws of the Russian Empire] (in the following text: PSZ), 1830, no. 15 776. For a German translation see *Hupel*, Verfassung (supra fn. 12), pp. 16–19.

tried to pursue a policy of harmonisation.[16] This antagonised the Senate in St. Petersburg, not only the highest judicial institution but also an important administrative body of the Russian Empire, and its Procurator general, Aleksandr Vyazemsky (1727–1793), an uncompromising reformer. Browne, however, a former Russian army general, decorated with several orders for his excellent military service and personal bravery, was not a man to be intimidated by any dignitary. Thus, the confrontation between Governor-general Browne and the Senate continued in time.

The regency saw the establishment of new state institutions in provincial capital towns. The Kameralhof in Tallinn, itself subordinated to the relevant central institutions in St. Petersburg, was in charge of state finances and fiscal administration.[17] The Vice-governor of the province headed the Kameralhof. During the early years of the Regency era, Heinrich Johann von Wrangell (1736–1813), a former officer of Baltic German descent in the imperial army and later (from 1786) Governor of Estland province, occupied this post.[18]

Looking for new possibilities to increase state income and to expand state influence, the Kameralhof in Tallinn turned its attention to the serfs possessed by the clergy. In Russian inner gouvernements during the 1760s, Catherine II had finished the long-term process of nationalising the huge land property that previously belonged to the Russian Orthodox Church. The former peasants of the church were turned into state peasants.[19] Thereafter the Senate started to restrict the right of other non-nobles to possess serfs. It issued two ordinances (19 August 1784 and 21 November 1785) prohibiting town burghers from possessing serfs.

The Kameralhof gave itself the liberty of interpreting these ordinances in its own way and decided in late 1785 that the clergy of Estland province could no longer possess manors, and that those serfs who had previously been in the possession of the clerical estate had to be sequestered and taken under state control. The task of executing the sequestration had to be carried out by the local Niederlandgerichte.[20] As the jurisdiction of the Kameralhof in Tallinn was

16 *Elias*, Reformpolitik (supra fn. 10), pp. 70, 115.

17 *Axel von Gernet*, Geschichte und System des bäuerlichen Agrarrechts in Estland, 1901, p. 5; Hupel, Verfassung (supra fn. 12), pp. 25–26, 594.

18 [*Carl Julius Albert Paucker*], Die Civil- und Militär-Oberbefehlshaber in Ehstland zur Zeit der Kaiserlich Russischen Regierung von 1704 bis 1855, 1855, p. 22.

19 *Igor Smolitsch*, Geschichte der russischen Kirche 1700–1917, 1964, pp. 141–277.

20 The Niederlandgericht was a district level police court with a very wide variety of duties, among other things the execution of various orders and judgments coming

restricted to Estland, neighbouring Livland was spared the chain of events that followed.

IV. The clergy's privilege under scrutiny by the new court system

The Lutheran pastors of Estland gathered in Tallinn for their yearly synod at the beginning of 1786. Among other matters, the judgment of the Kameralhof was discussed and the clergy decided to try to protect their estate privileges via the provincial consistory of Estland. Indeed, the consistory sent the clergy's protest to Estland's provincial government (*Statthalterschaftsregierung*). From there, the protest was forwarded to Governor-general Browne, who in turn addressed the Civil-Departement des Oberlandgerichts, for a justified opinion (26 March 1786).[21] The Oberlandgericht passed the judgment (2 April 1786), according to which without any doubt the existing law permitted the clergy to possess serfs, and sent it to Browne for confirmation. Governor-general Browne, who by this time had already experienced the sharp criticism of the St. Petersburg authorities on his own interpretation of local law several times, sent the Oberlandgericht judgment to the Senate.

The Senate did actually find a significant shortcoming in the previous legal proceeding. The protest of Estland's clergy was directed against the Kameralhof's decision to sequester the serfs, who had previously been in the possession of the Lutheran pastors, although the Kameralhof had given the task of executing its order to the local Niederlandgerichte. The Senate's response (19 October 1786) states that thus far the wrong institutions had dealt with the case. Because, according to the new court system the Niederlandgerichte were subordinated to the Kreisgerichte[22] and these in turn to the Oberlandgericht, this complaint regarding the estate privilege of the clergy had to be first addressed to

---

from higher institutions. *Hupel*, Verfassung (supra fn. 12), pp. 27sq. This institution is not to be confused with the earlier court of a different kind, which had exactly the same name and came into being during the Swedish supremacy (since 1724 also called Niederland- und Landwaisengericht).

21 The Oberlandgericht, itself divided into civil and criminal departments, was the second level court for the noble estate. The five assessors of the civil department were appointed to office for three years, the monarch appointed the chairman based on the Senate's proposal. *Hupel*, Verfassung (supra fn. 12), p. 26.

22 First level courts for nobles. Kreisgerichte were situated in district towns (*Kreisstädte*). *Hupel*, Verfassung (supra fn. 12), p. 27.

the Kreisgerichte of the province. The Senate also pointed out that it had not been correct to send an Oberlandgericht judgement to the Senate because from this instance the appeal had to be addressed to the Gerichtshof bürgerlicher Rechtssachen in Tallinn.[23]

In the following months all five of Estland's Kreisgerichte – in Tallinn, Rakvere (Wesenberg), Paldiski (Baltischport), Paide (Weissenstein) and Haapsalu (Hapsal) – discussed the matter and gave their ruling in this case. All five decided unanimously in favour of Estland's clergy. The provincial government sent the summary of these judgments to Browne (24 July 1787), who informed the Gerichtshof bürgerlicher Rechtssachen that the privilege of Estland's clergy from olden times, to possess manors and serfs, had to prevail without disruption (11 September 1787). Browne sent the same info to the provincial government, who notified the consistory. More than two years later the Gerichtshof (or more exactly the Tribunal der Civil-Rechtssachen, as this institution was now called), passed a judgement which once again confirmed that Estland's clergy could possess serfs and manors (31 October 1789).[24]

V. The justification of court rulings

So, all the courts of Estland province consented to the validity of this clergy estate privilege. Which legal norms were presented to justify the ruling at the beginning and end of these legal proceedings? The justifications of the Civil-Departement des Oberlandgerichts and of the Tribunal der Civil-Rechtssachen partly overlap, but also differ substantially. Both courts comprised members of Estland's Ritterschaft.

Both courts refer initially to the earlier sources of provincial law in the judgment's justification. The lawbook of Estland's nobility talks about manors, which a pastor acquires by marriage, purchase, or in some other way.[25] The Priest Privilege Act of 1675 gives conditions regarding pastors' manors that are

23 The highest provincial court in Tallinn in civil matters (from 1789 called the Tribunal der Civil-Rechtssachen Revalscher Statthalterschaft). The assessors were appointed to office by the Senate, the chairman by the monarch based on the Senate's proposal. *Hupel*, Verfassung (supra fn. 12), p. 26.

24 It remains unclear why it took the Gerichtshof two years to reach this final act.

25 *Johann Philipp Gustav Ewers* (ed.), Des Herzogthums Ehsten Ritter- und Land-Rechte. Sechs Bücher. Erster Druck. Mit erläuternden Urkunden und ergänzenden Beilagen, 1821, Erstes Buch, II. Tit., Art. 6.

inherited, purchased or obtained in other ways. The pastor's widow can divide her husband's inheritance, both movable as well as immovable property, according to town law.[26] It should be pointed out that obviously the lawbook of Estland's nobility gives only indirect clues regarding the clergy's right to possess serfs. The same applies – to an even stronger degree – to the Priest Privilege Act, in connection with which one has to remember that in Sweden proper serfdom of the peasants was non-existent, hence it was impossible for the Swedish and Finnish clergy to possess serfs. Only in the historical context of Est- and Livland could the possession of manors by the clergy be associated with the possession of serfs.

The judgments of both courts also mention the new imperial Charter to cities (1785),[27] according to which the clergy does not belong to any class or guild of the citizens, and the General Regulation of 1720. The latter stipulates in article 27 the obligation of all Colleges to abide by provincial laws and privileges, confirmed by Russian monarchs, in governing the territories of the realm.[28] Thus, both courts concluded firstly, that the Kameralhof had made a mistake by arguing that the prohibition for town burghers to possess serfs also applied to the clergy; and secondly, pursuant to Petrine law, the local legal practice of clergy possessing serfs and manors had to remain uninterrupted by provincial government.

The Oberlandgericht also brings in the traditional main arguments of the Baltic German estates in safeguarding their privileges against government intervention, i.e. the capitulations of 1710 and the Peace Treaty of Nystad (1721). As Estland and Livland fell to Russian supremacy during the course of the Great Northern War, Tsar Peter I decided to confirm the comprehensive rights of the local elites. Their respective political, administrative, legal, economic, social, and religious privileges were meticulously stipulated in a number of different

26 Privilegia, zuerst von Ihro Königl. Majest. der Königin Christina; nachgehends aber von dem Groβmächtigsten Fürsten und Herrn, Herrn CARL dem Eilften, der Schweden, Gothen, und Wenden König, etc. Im Jahre 1675, auf dem Reichstage zu Upsal übersehen, und auf das neue confirmiret, vor denen Bischofen und sämtlicher Priesterschaft in Schweden, und darunter gehörigen Landschaften, in: [Heinrich Johann Derling (ed.)], Auswahl derer wichtigsten in denen Landes- und Stadtgerichten des Herzogthums Ehstland, auch noch jetzt geltenden Königl. schwedischen Verordnungen, 1777, pp. 144–166, Art. 8, 10, 13.

27 PSZ, nr. 16 188.

28 The General Regulation provided rules for the Colleges (PSZ, nr. 3534). The Colleges were the executive agencies of the Russian state administrative apparatus, founded by Peter I. See for example *James Cracraft*, The Petrine Revolution in Russian Culture, 2004, p. 157.

capitulations. The Russian side concluded separate capitulations with the Swedish authorities in Riga, Pärnu and Tallinn, with the Ritterschaften of Estland and Livland, and with the towns of Riga and Tallinn. The Nystad Treaty refers briefly but clearly enough to the special privileges of the Baltic provinces. Overall, the capitulations and the Treaty of Nystad formed the legal basis of Est- and Livland's autonomy within the Russian Empire.[29]

The judgment of the Oberlandgericht indicates that the petition of the Consistory had an excerpt from the capitulation of the Swedish garrison in Tallinn attached; in the course of the proceeding the court also examined the original document of this capitulation. Article 16 of this capitulation demands that all privileges of the clergy, which are stipulated in the Priest Privilege Act of 1675, in the Church Law of 1686 and other royal ordinances, remain intact. In article 9 of the Nystad Treaty the Russian monarch promises to guarantee all provincial rights and privileges of the inhabitants of Estland, Livland, and the province of Saaremaa (Ösel), dating back to the period of Swedish supremacy.[30]

The Tribunal der Civil-Rechtssachen notes neither the capitulation nor the Nystad Treaty in its ruling. In the time span which separates the two court judgments (i.e. between 2 April 1786 and 31 October 1789), the self-rule of Baltic German estates in town and land had undergone profound reforms. After such changes, it was apparently not appropriate for the court to apply legal norms, which seriously bounded the Russian monarch's freedom of action in the Baltic provinces.

---

29 This idea has achieved its most vigorous expression in the treatise of the historian and publicist *Carl Schirren*, Livländische Antwort an Herrn Juri Samarin, 1869, *passim*. For a relevant mainstream Baltic German historical analysis, see *Reinhard Wittram*, Peter I. Czar und Kaiser, 1964, vol. I, pp. 323–361, vol. II, pp. 79–98. See also *Marju Luts-Sootak*, Die baltischen Kapitulationen von 1710 und die Gesetzbücher des 19. Jahrhunderts, in: Karsten Brüggemann, Mati Laur, Pärtel Piirimäe (eds.), Die baltischen Kapitulationen von 1710. Kontext – Wirkungen – Interpretationen, 2014, pp. 153–182; *Andres Andresen*, Der Systemwechsel in der Kirchenleitung Estlands nach 1710 und seine Bedeutung für ein Paradigma der deutschbaltischen Geschichtsschreibung, in: Karsten Brüggemann/Mati Laur/Pärtel Piirimäe (eds.), Die baltischen Kapitulationen von 1710. Kontext – Wirkungen – Interpretationen, 2014, pp. 87–117.

30 Eduard Winkelmann (ed.), Die Capitulationen der estländischen Ritterschaft und der Stadt Reval vom Jahre 1710 nebst deren Confirmationen. Nach den Originalen mit andern dazu gehörigen Documenten und der Capitulation von Pernau, 1865, pp. 36, 109.

VI. Conclusion

The reforms of Russian state power in the province of Estland during the Regency era greatly depleted the age-old privileges of the Baltic German nobility and town elites. Understandably, among the affected contemporaries this caused resentment, which is also to varying degrees manifest in relevant Baltic German history writing.

These reforms were based on the legislation of the imperial government. However, the earlier Baltic German historians particularly have linked the general concept of legality with local estate privileges, thus condemning this part of state legislation, which collided with Baltic German special rights, as unlawful and adopting for the years 1783–1796 the general pejorative evaluation of Zeit der Rechtsverachtung (Friedrich Bienemann).

This article examines the attempt of the Kameralhof – a state treasury in the provincial capital Tallinn – to strip Estland's Lutheran clergy of their age-old privilege of possessing serfs and manors. While the Kameralhof's action followed the rationale of major Regency era reforms in its aim to increase state income and authority, it lacked proper legal foundation. After Estland's clergy protested against what they perceived as a violation of their rights, the case was scrutinised in all three court instances in Estland. All court rulings – which were based on legal norms deriving for the most part from Estland's provincial law and to a lesser extent from the recent legislation of the imperial government – concluded that the said privilege had to prevail. Hence, Estland's clergy found effective help against the arbitrary intervention of state authorities from the court system. It cannot be disputed that even according to the hardline Baltic German standard of legality, which rests on the assumption that estate privilege more or less equals lawfulness, it should be obvious that the research case of this article is clear proof of the rule of law during the Regency era.

Appendix

Judicial and administrative institutions of the Estland province (Revaler Statthalterschaft) during the Regency*

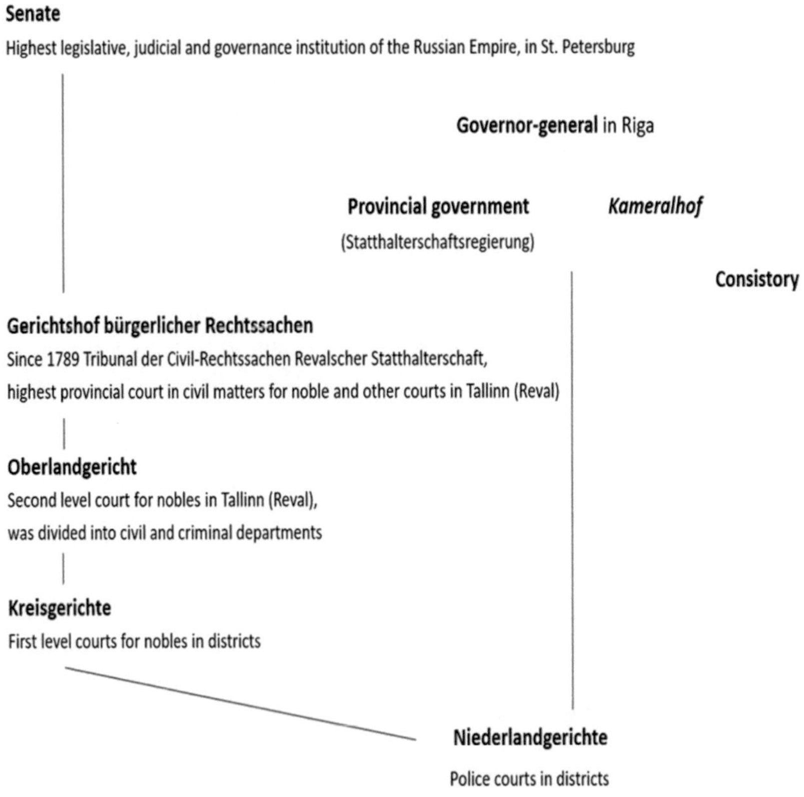

* Only courts of the province Estland which are relevant for this article are depicted in this figure.

Karol Dąbrowski

Das Jagdrecht im Generalgouvernement 1939–1945

Abstract: The Hunting Law in the General Government 1939–1945 After the defensive war the Nazis created the General Government from the middle part of the Polish territories. The Nazis introduced their own normative regulations in the areas of public and private law. Some pre-war Polish legal rules remained in force, but the majority were repealed, changed or replaced. An example of the individualisation of the occupation policy within the legal arena is the game law. The Nazis publicised their own regulations, transferring German standards. *Polski Związek Łowiecki* – the organisation for Polish hunters – was closed down. The right to hunt was available only to Germans. The new forestry administration was created (*Forstaufsichtsämter*) and one of the *Forstschutzkommando's* tasks was the combating of partisans. Poaching was punishable by death.

Keywords: forestry, Poland, German occupation, General Government, hunting, poaching

I. Einführung

Das Generalgouvernement war ein unter der Hoheit des Deutschen Reichs stehendes Gebilde mit unklarer strukturell-rechtlicher Position. Die deutsche Besatzungsmacht wollte die Interessen des Reichs mittels Gesetzgebung durchsetzen, ohne aber auf völkerrechtliche Normen zu achten. Die Wirtschaft auf dem Lande hing vollkommen von der Politik und der Gesetzgebung der Besatzungsbehörden ab. Das Jagdwesen ist für die Rechtsgeschichte von besonderem Interesse, weil sich hier exemplarisch die allgemeinen Tendenzen als auch die spezifische Politik der Regierung Hans Frank (1900–1946) darstellen lassen. Frank war Generalgouverneur des Generalgouvernements, Mitschöpfer und Vollstrecker der Politik, die zur Vernichtung großer Teile der polnischen und jüdischen Bevölkerung, Zerstörung der Kultur und Plünderung der Wirtschaft führte. Das Jagdwesen war eine Domäne der nationalsozialistischen Würdenträger, die sich als passionierte Jäger aufspielten. Das Jagdrecht war beinahe ein ‚Regal', das dem Generalgouverneur zustand. Gleichwohl boykottierte die polnische Bevölkerung die Besatzernormen über das Jagen, weil sie selbst die Wilderei auszuüben pflegte. Die Vorschriften der Besatzer waren von der Hauptabteilung Forsten im Amt des Generalgouverneurs (ab Dezember 1940 der Regierung des Generalgouvernements) vorbereitet worden. Der Beitrag soll also die Vorschriften aus dem Bereich des Jagdwesens erkunden, die im Generalgouvernement in den Jahren 1939–1945 erlassen wurden. Die Studie will auch beispielhaft die stufenweise Ersetzung polnischer Normen aus der Vorkriegszeit durch Besatzungsrecht analysieren.

Die Deutschen schätzten den Wildbestand des Generalgouvernements als „mäßig" ein.[1] Im Walde lebten vor allem Baummarder, Fasane, Feldhasen, Füchse, Hausmarder, Iltisse, Rehe, Rebhühner, Wildschweine, Wiesel und Wölfe. Die Population der Edelhirsche war klein. Als überraschend – im Vergleich zur heutigen Lage – erscheint es, dass man Biber und Elche sehr selten in damaligen Zeiten beobachtete.[2] Die Richtlinien der Besatzungspolitik im Bereich des Jagdwesens wollten dreierlei: Die Jagd sollte grundsätzlich „nur für Deutsche" gestattet sein, die Wilderei sollte bekämpft werden und – wenigstens formell – wollte man Wildschutz betreiben. Es ging darum, die Anzahl und den Artenreichtum der Wildtiere zu vergrößern.[3] Das Wetter brachte ein besonderes Problem. Die Jahre 1940 bis 1942 zeichneten sich durch große Frühjahrsüberschwemmungen, übermäßige Winterniederschläge und einen frühen Wintereinbruch aus.[4] Am 11. Januar 1941 wurde in Siedlce eine Temperatur von sage und schreibe –41° aufgezeichnet. Der Sommer 1941 war der wärmste seit 20 Jahren, auch regnete es sehr stark. Das Wetter behinderte nicht nur die Soldaten an der Ostfront, sondern dezimierte auch die Tiere.[5] Der Rehbestand wurde beispielsweise „durch den harten Winter 1939/1940 schwer beschädigt".[6]

---

1 *Friedrich Gollert*, Warschau unter deutscher Herrschaft. Deutsche Aufbauarbeit im Distrikt Warschau, 1942, S. 210 f.

2 *Gollert*, Warschau (o. Fn. 1), S. 211.

3 *Олег Проців* [Oleh Protsiv], Мисливське законодавство в Галичині під час німецької окупації [Die Jagdgesetzgebung in Galizien in der Zeit der deutschen Okkupation], Науковий вісник НЛТУ. Збірник науково-технічних праць [Wissenschaftliche Abhandlungen der Staatlichen Universität der Forstwirtschaft der Ukraine. Sammlung der wissenschaftlich-technischen Beiträge] 2011/21.11, S. 44 f.

4 *Jan Tyszkiewicz*, Geografia historyczna. Zarys problematyki [Die Historische Geographie. Problemabriss], 2014, S. 240.

5 Populärwissenschaftlich: *Erik Durschmied*, The Weather Factor: How Nature Has Changed History, 2014; *Laura Lee*, Blame it on the rain. How the weather has changed history, 2009. Die Temperaturänderungen beschrieb der Krakauer Bakteriologe Odo Bujwid: Osamotnienie. Pamiętniki z lat 1932–1942 [Vereinsamung. Memoiren aus den Jahren 1932–1942], 1990, S. 142 f.

6 *Kurt Eissfeldt*, Forst- und Holzwirtschaft, in: Max du Prel (Hg.), Das Generalgouvernement, 1942, S. 133.

II. Jagdverwaltung

Die Angelegenheiten der Jagd wurden von der Hauptabteilung Forsten in der Regierung des Generalgouvernements und den Abteilungen Forsten an den Ämtern des Distriktgouverneurs verwaltet. Die Hauptabteilung Forsten war nach dem Vorbild des Reichsforstamtes organisiert und vereinigte vier Sektoren: Forstwesen, Holzwirtschaft, Jagd und Naturschutz. Darunter befand sich die Abteilung IV Jagd. Polnische Forstverwaltungsinstitutionen, d.h. *Naczelna Dyrekcja Lasów Państwowych* (Hauptdirektion für staatliche Forsten) und regionale *dyrekcje lasów państowowych* (Direktionen für staatliche Forsten), wurden aufgelöst. Die Regierung des Generalgouvernements beschlagnahmte das Vermögen der bestehenden polnischen forst- und holzwirtschaftlichen Organisationen. Jedoch musste sich die Besatzerregierung zur Forstverwaltung auf die vorhandenen polnischen und ukrainischen Forstmänner stützen.[7]

Die Belange der Jagd sollten die forstlichen Außenstellen, die in der Praxis als Forstinspektionen bezeichnet wurden, wahrnehmen.[8] Die Distrikte wurden, nach Bedarf, in Forstinspektionsbezirke aufgeteilt. Sie umfassten ein paar Kreise. Im Fall des Distrikts Warschau betrug die durchschnittliche Gesamtwaldfläche eines Inspektionsbezirkes 25.000 bis 30.000 ha. „Jede Inspektion wurde von einem reichsdeutschen Forstmeister geleitet, dem – je nach Arbeitsumfang – ein bis drei reichsdeutsche Forstbetriebsbeamte beigegeben waren".[9] Im Jahre 1941 gestaltete man die Inspektion um und es wurden Forstaufsichtsämter gebildet.

Auf der Distriktebene arbeiteten die Abteilungen Forsten und in den Kreisen die Forstaufsichtsämter. Letztere bildeten keine selbständigen Verwaltungsorgane, sondern waren nur den Kreishauptmannschaften angegliederte Verwaltungseinrichtungen. Deshalb standen sie unter der Aufsicht seitens der Kreishauptmänner. Jedoch entsprach die Zahl der Forstaufsichtsämter nicht der Zahl der Kreise, weil manche Kreise den Forstaufsichtsämtern aus anderen Nachbarkreisen angehörten. Jedem Forstaufsichtsamt unterstanden die Oberförstereien und – auf der niedrigsten Ebene – die Förstereien. „Die Durchschnittswaldfläche einer Oberförsterei beträgt 5.000–8.000 ha Wald aller Besitzkategorien, das Personal der Oberförsterei besteht durchweg aus ehemals

7 *Kurt Eissfeldt*, Die Forst- und Holzwirtschaft des Generalgouvernements, in: Josef Bühler (Hg.), Das Generalgouvernement. Seine Verwaltung und seine Wirtschaft, 1943, S. 159.

8 Vgl. *Albert Weh*, Prawo Generalnego Gubernatorstwa [Das Recht des Generalgouvernements], 1941, D 601 (polnische Ausgabe).

9 *Gollert*, Warschau (o. Fn. 1), S. 212.

polnischen Forstbeamten".[10] Im Jahre 1943 gab Eissfeldt – Leiter der Hauptabteilung Forsten – an, dass es im Gouvernement 22 Ämter, 300 Oberförstereien und 1800 Förstereien gab.[11] Im Durchschnitt fiel ein Amt auf zwei Kreise.

III. Polnische Jäger

Der Polnische Jagdverein (*Polski Związek Łowiecki*) wurde aufgelöst. Am Sitz des Vereins in Warschau eröffneten die Besatzer ein Restaurant „nur für Deutsche". Die Jäger mussten die Jagdgewehre - auch alte und wertvolle - abgeben. Die deutschen Offiziere nahmen die Waffen an sich und benutzten sie für die Jagd auf Rebhühner und Hasen. Gleichwohl organisierte der Hauptjagdrat konspirative Versammlungen - die erste bereits am 24. Dezember 1939 und seit dem Jahre 1942 zweimal pro Monat, natürlich in privaten Wohnungen.[12] Die Aktivisten des Jagdvereins hielten geheime Kontakte mit den Bevollmächtigten in den Kreisen. Die Erhaltung der Jagdkultur war für sie wichtig.[13] Man berief drei Problem-Kommissionen: Kriegsschäden, Rechtsfragen und Jagdliteratur. Besonders wichtig war die Arbeit der Kommission für Rechtsfragen. Ihre Mitglieder bearbeiteten neue Projekte wie das Vereinsstatut oder das Jagdgesetz. Dank dieser Arbeit konnte man nach dem Krieg schneller bei der Neuregelung der Materie voranschreiten. Die Literaturkommission arbeitete an Lehrbüchern und Examensmaterialien für die Jägerkandidaten. Die Mehrheit dieser Literatur wurde leider während des Warschauer Aufstandes vernichtet. Im Alltagsleben war es auch ein Problem, Jagdhunde zu unterhalten.[14] Interessant ist daneben die Tatsache, dass sich die in Offizierslagern eingesperrten Vereinsmitglieder an der Bildungsarbeit in den Lagern beteiligten. Sie wurden in die Offizierslager für kriegsgefangene Offiziere (Oflager) eingesperrt, nachdem sie während des Polenfeldzuges 1939 in Gefangenschaft geraten waren. 1944 wurden sie in vier Lagern (Woldenberg, Groß Born, Dössel, Murnau) untergebracht. Im Oflag

10 Ibidem.

11 *Eissfeldt*, in: Bühler, Das Generalgouvernement (o. Fn. 7), S. 160.

12 *Albin Kryński*, Z kart łowiectwa polskiego [Aus den Karten der polnischen Jägerei], 1991, S. 186; *Halina Nehring*, Z historii Polskiego Związku Łowieckiego. Lata 1936–1943 [Aus der Geschichte des Polnischen Jagdvereins. Die Jahre 1936–1943], Łowiec Polski [Polnischer Jäger] 1998/8, S. 35.

13 Vgl. *Roman Dziedzic*, Łowiectwo: historia, kultura, funkcjonowanie, znaczenie [Die Jägerei: Geschichte, Kultur, Betrieb, Bedeutung], Studia Wrocławskie [Breslauer Forschungen] 2014/16, S. 90–105.

14 Krótka historia łowiectwa w Polsce [Eine kurze Geschichte der Jägerei in Polen], http://kola.lowiecki.pl/priv/rs/www/lowpol/index.htm.

VII A Murnau organisierten sie sogar einen 137-Stunden-Jagdkurs mit rund 20 Referenten und 70 thematischen Vorträgen.[15] Im Oflag II C Woldenberg schrieb Wiesław Szczerbiński (künftiger Dekan der Fakultät der Forstwissenschaft an der Adam-Mickiewicz-Universität Posen) sein Lehrbuch über die Jagdwissenschaft.[16] Die polnischen Jäger mussten in den Untergrund gehen. Viele von ihnen traten der Widerstandsbewegung und *Armia Krajowa* bei. Die Jäger traten naturgemäß – dank ihrer Kenntnis der Waldgebiete – den Partisanenverbänden bei. Sie zeigten den Partisanen, wie sie günstige Verstecke finden, Feldflugplätze organisieren und die „grüne Grenze" überschreiten konnten.[17] „Das Wild verblieb nicht nur ohne Schutz, sondern es wurde zur Nahrungsquelle für Bevölkerung und Wilderer".[18]

Mazaraki kommentierte den Zustand der Besatzungszeit wie folgt:

> „Überall, wo die Besatzungsverwaltung und ihre Truppen auf Dauer herrschten, wurde das Wild fast vollständig ausgerottet, man nahm keine Rücksicht, man beachtete keine Schonzeit und nicht einmal grundlegendste Grundsätze des Naturschutzes. An dieser totalen Ausrottung nahmen auch die Stadt- und Dorfbewohner teil, ausgehungert durch unzureichende Nahrungsmittelrationen. [...] Auch die Partisanenverbände in den Wäldern dezimierten den Wildbestand, da Wild für sie die einzige, verhältnismäßig leicht zu beschaffende Fleischsorte war – neben Vorstößen gegen die deutschen Nahrungslager und die Ämter, welche die Lebensmittelkarten verteilten."[19]

Polnische Forstwirte schützten die Aufenthaltsorte des Wilds, täuschten die deutsche Verwaltung, fütterten die Tiere heimlich an Orten, die den Forstbehörden

---

15 Łowiectwo Polskie w okresie międzywojennym i podczas II wojny światowej [Polnische Jägerei in der Zwischenkriegszeit und während des 2. Weltkrieges], in: Wanda Sarnowska/Jan Fabiański, Łowiectwo na ziemiach polskich [Die Jägerei in den polnischen Gebieten], 1976, gab es keine Informationen über das Jagdwesen während des 2. Weltkrieges. S. http://www.kulturalowiecka.pl/artykuly_prasowe/pzl_miedzywojnie.pdf (3.1.2019).

16 Vgl. *Stefan Mądrzykowski*, Leśnicy w niemieckim obozie jeńców wojennych Oflag II C – Woldenberg (Dobiegniew) [Die Forstwirte im deutschen Lager für Kriegsgefangene Oflag II C – Woldenberg (Dobiegniew)], Sylwan [Silvanus] 1983/12, S. 11–31.

17 Vgl. die auf den Seiten der Zeitung „Łowiec Polski" publizierten Lebensläufe der polnischen Jäger, z.B. über Włodzimierz Korsak – Łowiec Polski [Polnischer Jäger] 1973/21, S. 2.

18 *Hubert Wański*, Odrodzenie wielkopolskiego łowiectwa w latach 1945–1949 [Die Erneuerung der Jägerei im Großpolen der Jahre 1945–1949], Studia i Materiały Ośrodka Kultury Leśnej [Studien und Materialien des Waldkulturzentrums] 2017/16, S. 228.

19 *Mieczysław Mazaraki*, Łowiectwo w Polsce [Jägerei in Polen], 1993, S. 144 f.

unbekannt waren, verscheuchten Wild vor der Jagd, informierten über das Großwild nicht u.s.w.[20]

IV. Jagdrecht

Das Forst- und Jagdwesen des Generalgouvernements zeichnete sich durch einen rechtlichen Dualismus aus. Die Verordnungen über das Forst- und Jagdwesen im Generalgouvernement regulierten Angelegenheiten wie die Zuständigkeit der Hauptabteilung Forsten und Forstaufsichtsämter,[21] die Forstdiebstähle,[22] die Situation der Forst- und Holzwirtschaftsbetriebe,[23] die Erlaubnis für den Holzhandel und das holzverarbeitende Gewerbe,[24] die Ausfuhr forst- und holzwirtschaftlicher Erzeugnisse,[25] die Bewirtschaftung des Waldbesitzes[26] sowie die Erhaltung der Arten im Forst[27]. Dazu

20 *Krzysztof J. Szpetkowski* et alt., Niepołomice w historii i tradycji polskiego łowiectwa [Niepołomice in der Geschichte und der Tradition der polnischen Jägerei], 2005, S. 99.

21 Vgl. Verordnung (weiterhin: VO) über das Forst- und Jagdwesen im Generalgouvernement, 31. Oktober 1939, Verordnungsblatt des Generalgouverneurs für die Besetzten Polnischen Gebiete (weiterhin: VBlGG) 1939, S. 25.

22 VO zum Schutze des Waldes und Wildes im Generalgouvernement, 13. April 1940, VBlGG 1940 I, S. 137.

23 VO zur Änderung der VO über das Forst- und Jagdwesen im Generalgouvernement, 23. April 1940, VBlGG 1940 I, S. 159; Zweite Durchführungsvorschrift zur VO vom 31. Oktober 1939 über das Forst- und Jagdwesen im Generalgouvernement, 24. April 1940, VBlGG 1940 II, S. 247.

24 Erste Durchführungsvorschrift zur VO v. 31. Oktober 1939 über das Forst- und Jagdwesen im Generalgouvernement, 10. Januar 1940, VBlGG 1940 II, S. 60.

25 VO über die Ausfuhr forst- und holzwirtschaftlicher Erzeugnisse aus dem Generalgouvernement, 24. Januar 1940, VBlGG 1940 I, S. 35; Erste Durchführungsvorschrift zur VO v. 24. Januar 1940 über die Ausfuhr forst- und holzwirtschaftlicher Erzeugnisse aus dem Generalgouvernement, 25. Januar 1940, VBlGG 1940 II, S. 63. Zwei Fehler sind in diesem Zusammenhang zu nennen: 1) Das Verordnungsblatt verwechselte den Titel der fünften Durchführungsverordnung über Verwaltung des Post- und Fernmeldewesens mit den Titeln der genannten Vorschriften. 2) Die VO im Lexikon des Rechts des Generalgouvernements von Weh ist auf S. 218 falsch bezeichnet. Weitere Vorschriften: Anordnung über die Gebühr für die Ausfuhrgenehmigung bei forst- und holzwirtschaftlichen Erzeugnissen, 30. Juni 1940, VBlGG 1940 II, S. 400.

26 Dritte Durchführungsvorschrift zur VO v. 31. Oktober 1939 über das Forst- und Jagdwesen, 18. Juni 1941, VBlGG 1941, S. 395.

27 VO über die Sicherung und Erhaltung der forstlichen Arten, 2. Dezember 1940, VBlGG 1940 I, S. 362.

kamen zahlreiche Vorschriften über den Preis und die Einordnung von Holz.[28]

Die Jagd wurde zunächst von der Verordnung über die vorläufige Regelung der Jagdausübung im Generalgouvernement vom 2. Dezember 1939[29] und dann von der Jagdverordnung vom 13. Juni 1940[30] mit ihren Änderungs- und Durchführungsvorschriften geregelt. Trotzdem waren die Normen des Jagd- und Forstrechts miteinander verbunden. Dazu kamen Einzelregelungen wie das Ablieferungsgebot für Wild,[31] die Ausdehnung oder die Änderung der Jagdzeit für Auer-, Rackel- und Birkhähne,[32] Fasane,[33] Rebhühner,[34] Rot- und Rehwild im Distrikt Galizien.[35] Die Vorschriften über die Jagdzeit sind gesetzgeberisch betrachtet recht interessant, weil sie auf den Regelungen aus dem Altreich beruhten. Die Normierung der Jagdzeit war also von den Reichsvorschriften abhängig, die sich zyklisch änderten. Die strafrechtliche Seite der Normierungen ging in

---

28 Vgl. *Weh*, Prawo [Das Recht], 1941, D 615 ff.; *Albert Weh*, Das Recht des Generalgouvernements, 1941, D 620 ff. (deutsche Ausgabe).

29 VBlGG 1939, S. 74.

30 Jagdverordnung für das Generalgouvernement, 13. Juni 1940, VBlGG 1940 I, S. 203.

31 Anordnung über die Ablieferung von Wild im Generalgouvernement, 22. Mai 1942, VBlGG 1942, S. 278.

32 Z.B. ging es im Jahre 1942 um die Verlängerung der Jagdzeit, aber mit kurzem Zeitraum – nur zwei Wochen, weil die Anordnung am 14. Mai ausgegeben, am 22. Mai veröffentlicht wurde und bereits zum 14 Mai in Kraft trat (also wider die Regel *lex retro non agit*); die Jagdzeit wurde bis zum 31. Mai verlängert. Anordnung über die Ausdehnung der Jagdzeit für Auer-, Rackel- und Birkhähne, 14. Mai 1942, VBlGG 1942, S. 254. Vgl. auch die Anordnung über die Ausdehnung der Jagdzeit für Auer-, Rackel- und Birkhähne, 14. Mai 1941, VBlGG 1941, S. 284.

33 Anordnung über die Ausdehnung der Schonzeit für Fasanenhennen im Generalgouvernement und für weibliches Rehwild im Distrikt Warschau, 12. Oktober 1940, VBlGG 1940 II, S. 511.

34 Anordnung über Ausdehnung der Schonzeit für Rebhühner, 21. August 1940, VBlGG 1940 II, S. 469; Anordnung über Ausdehnung der Schonzeit für Rebhühner, 21. August 1941, VBlGG 1941, S. 493; VO über die Änderung der Jagdzeit für Rebhühner. 12. August 1942, VBlGG 1942, S. 454; Anordnung über Ausdehnung der Schonzeit für Rebhühner, 18. August 1943, VBlGG 1943, S. 462. Im ersten Fall betraf die Ausdehnung das ganze Jahr. Im zweiten fiel die Jagdzeit auf Oktober. Im dritten Fall war die Jagd auf Rebhühner nur im Distrikt Radom und nur im Monat September zugelassen.

35 Anordnung über die Ausdehnung der Schonzeit für Rot- und Rehwild im Distrikt Galizien, 6. Oktober 1941, VBlGG 1941, S. 580.

zwei Linien vor sich: 1) die Bestrafung der Verstöße gegen die Jagdregulierung; 2) die Bestrafung für Wilderei.

Der Bereich des Jagdwesens war besonders streng reguliert. § 1 der Verordnung über die vorläufige Regelung der Jagdausübung im Generalgouvernement vom 2. Dezember 1939 lautete wie folgt: „Für die Ausübung der Jagd gelten die Grundsätze deutscher Waidgerechtigkeit". § 3 dieser Verordnung bestimmte: „Im übrigen gelten die Bestimmungen des Reichsjagdgesetzes vom 3. Juli 1934 […] über die Schonzeiten". Außerdem wurde in der Verordnung u.a. das Schrotschießen auf Schalenwild, das Aufstellen von Fallen und die Vergiftung von Wild verboten. Die Jagd auf Schalenwild „aller Art mit Ausnahme von Schwarzwild", Bibern und Murmeltieren war ebenfalls verboten. In dieser Weise zeigte sich das Jagdrecht als bemerkenswerte Mischung des Reichsrechts mit dem Recht des Generalgouvernements. Kościelniak-Marszał behauptet, dass die Normen zum Jagen im Generalgouvernement sogar strenger als im Reich waren.[36] Die polnische Verordnung vom 3. Dezember 1927 über das Jagdrecht galt nicht mehr.

Die „deutschen Forstbehörden", die Hauptabeilung Forsten, die Kreis- oder Stadthauptmänner und die Forstmeister (sog. Inspektionsforstmeister) übernahmen die Zuständigkeit über das Jagdwesen. Auch die Mitglieder des Forstschutzes konnten die Kontrolle ausüben.[37] Auf dem Gebiet des Generalgouvernements galten deutsche Jagdscheine uneingeschränkt, polnische Jagdscheine hingegen nur mit einer zusätzlichen vom Kreis- oder Stadthauptmann ausgestellten Bescheinigung (§ 5). Verstöße wurden mit Entziehung des Jagdscheines oder mit einer Ordnungsstrafe geahndet. Der Leiter der Abteilung Forsten im Amt des Distriktgouverneurs (Distriktchef) legte die Strafen fest (§ 6).[38]

Die Wilderei war in der Regel mit einer Geld- oder Gefängnisstrafe bis zu einem Jahre bedroht. Die erschwerenden Umstände waren allerdings so weit definiert, dass in der Praxis jede Wilderei mit einer längeren Gefängnis-, Zuchthaus- oder Todesstrafe endete. Eine mildere Bestrafung wurde nur gewährt,

---

36 *Miłosz Kościelniak-Marszał*, Dzieje łowiectwa a ochrona przyrody w Polsce [Die Geschichte der Jägerei und des Naturschutzes in Polen], 2014, S. 108.

37 Vgl. die VO über das Waffentragen der polnischen Forstbeamten im Generalgouvernement, 14. Dezember 1939, VBlGG 1939, S. 223.

38 In der öffentlichen Übersetzung des Verordnungsblattes findet sich ein Fehler: im Text handelt es sich nicht um den Leiter der Abteilung Forsten im Amt des Generalgouverneurs, sondern um den Leiter der Abteilung Forsten im Amt des Distriktsgourverneurs. *Albert Weh*, Prawo Generalnego Gubernatorstwa [Das Recht des Generalgouvernements], 1940, S. 213 (polnische Ausgabe).

wenn der Wilderer Tiere mit bloßen Händen bei Tageslicht fing und er die Wilderei nur sporadisch beging. Nach § 7 Abs. 2 der Verordnung über die deutsche Gerichtsbarkeit im Generalgouvernement vom 19. Februar 1940[39] unterlagen die Straftaten der deutschen Gerichtsbarkeit, weil sie zu den Taten zählten, die „in Verordnungen des Generalgouverneurs oder der von ihm ermächtigten Dienststellen unter Strafe gestellt" waren.

Die Verwahrung und der Verkauf von Fallwild, Abwurfstangen und Vogeleiern wurde mit einer Geld- oder Gefängnisstrafe bis zu 6 Monaten bedroht. Die Jagdgeräte und Hunde, die zur Wilderei verwendet wurden, waren einzuziehen.[40] Seit der Änderungsverordnung vom 20. Februar 1941[41] wurde die Verwahrung mit einer Geldstrafe bedroht, aber der Hauptmann konnte außerdem auf eine zusätzliche Strafe erkennen, d.h. die Zwangsarbeit im Wald bis zur Höchstdauer von drei Monaten. Der Hauptmann setzte die Höhe der Geldstrafe fest und verhängte eine Zwangsarbeit. „Im Falle der Nichtbeitreibbarkeit tritt an die Stelle der Geldstrafe die Zwangsarbeit im Walde" – so bestimmt es § 1 Abs. 3 der Änderungsverordnung. Wenn jedoch der Hauptmann die Bestrafung für „nicht ausreichend" hielt, konnte er die Sache an die deutsche Anklagebehörde abgeben. Das Gericht konnte dann auf eine Gefängnisstrafe erkennen.

Die Verordnung über die vorläufige Regelung der Jagdausübung wurde durch die oben genannte Jagdverordnung aufgehoben. Die Jagdverordnung normierte das Jagdrecht („untrennbar mit dem Eigentum am Grund und Boden verbunden"), das Jagdausübungsrecht, die Arten der jagdbaren Tiere, die Jagdbezirke, den Status der Jagdaufseher, die Jagdausweise und die Wildschäden. Die Jagd- und Schonzeiten wurden in den Ausführungsvorschriften festgelegt. Besonders wichtig war, dass das Jagdausübungsrecht nur von den „deutschen Staatsangehörigen und deutschen Volkszugehörigen" ausgeübt werden durfte (§ 5), das Jagen durch Nicht-Volkszugehörige war also Wilderei. Die Anwendung verbotener Mittel bei der Jagd wurde mit einer Geldstrafe „bis zu unbegrenzter Höhe" bestraft (§ 17 Abs. 2). Nochmals wurden z.B. der Schrotschuss, das Vergiften, das Ausstellen von Schlingen und Netzen (§ 17 Abs. 1) verboten. Der Leiter der Hauptabteilung Forsten konnte außerdem die „zeitweise oder dauernde Entziehung des Jagdscheines" verfügen (§ 17 Abs. 3). Aus legislativer Sicht hielt die Verordnung „die Grundsätze deutscher Weidgerechtigkeit" (§ 3 Abs. 1) aufrecht,

39 VBlGG 1940 I, S. 57.

40 §§ 8–10 der Verordnung zum Schutz des Waldes und Wildes im Generalgouvernement.

41 VO zur Änderung der Verordnung v. 13. April 1940 zum Schutze des Waldes und Wildes im Generalgouvernement, 20. Februar 1941, VBlGG 1941, S. 54.

das polnische Vorkriegs-Jagdrecht und die Verordnung vom 2. Dezember 1939 wurden hingegen aufgehoben (§ 18 Abs. 2).

Die Jagdzeiten und die Formalitäten über die Ausgabe des Jagdscheines wurden u.a. in der Ersten Durchführungsvorschrift vom 13. Juni 1940 geregelt.[42] In dieser Verordnung fällt folgender charakteristischer Satz auf: „für ehemalige polnische Staatsangehörige [ist] die Jagdausübung ausnahmslos verboten". Die zweite Durchführungsvorschrift vom 30. Juni 1941 bestätigte, dass die Jagd auf Auerhähne, Bären, Biber, Elche, Gämse, Großtrappen, Kolkraben, Kraniche, Luchse, Muffelwild, Murmeltiere und Steinböcke völlig verboten war.[43] Die Besatzer erklärten die wertvollsten Jagdreviere zu Staatsjagdrevieren, besonders in der Kielce-Region, im Urwald Niepołomice und im Karpatenvorland.[44] Bemerkenswert ist, dass die Jagdreviere auch eine Naturschutzaufgabe hatten; tatsächlich nutzten sie polnische Biologen, die in der Hauptabteilung Forsten arbeiteten.

Es gab drei Arten an Jagdbezirken: 1) staatliche; 2) für deutsche Staatsangehörige und deutsche Volkszugehörige; 3) und andere (gemeindliche, ehemalig private oder Bezirke der Vereine). Die unter 2) und 3) fallenden Bezirke galten als „nichtstaatlich". Die letztere Gruppe wurde von den Forstmeistern aus der Forstinspektion verwaltet. Sie wiesen die Jagdbezirke zu und sollten über den Ersatz von Wildschäden entscheiden.[45] Der Forstmeister konnte z.B. auch „örtlich und zeitlich begrenzte Erlaubnisscheine, die auf bestimmte Wildarten und gegebenenfalls auf eine bestimmte Stückzahl" lauteten, ausstellen (§ 6 Abs. 4 der Jagdverordnung). In den nichtstaatlichen Jagdbezirken konnten die Jagdaufseher arbeiten, um dort zu patrouillieren. Sie wurden von den Kreis- oder Stadthauptmännern eingesetzt (§ 8 Abs. 1).

Die Entschädigungen für die Wildschäden sollten aus den von den Jagdausübungsberechtigten entrichteten Jagdgeldern bezahlt werden. Der Forstmeister konnte „bei Aufstellung der […] Jagdgelder" solche Grundeigentümer benennen, die durch Wildschäden besonders geschädigt wurden (§ 16 Abs. 3 der Jagdverordnung). Das Jagdgeld war – wenn man die Inflation berücksichtigt – sehr niedrig. Das Jagdgeld für ein Kilo Wildschwein (60 Groschen) war fast gleich hoch wie der Stundenlohn eines Arbeiters in der Forstwirtschaft (50 Groschen)

---

42 Erste Durchführungsvorschrift zur Jagdverordnung, 13. Juni 1940, VBlGG 1940 II, S. 388.

43 Zweite Durchführungsvorschrift zur Jagdverordnung für das Generalgouvernement, 13. Juni 1940, v. 30. Juni 1941, VBlGG 1941, S. 413.

44 VO über die Einrichtung von Staatsjagdrevieren, 24. Mai 1940, VBlGG 1940 I, S. 191.

45 § 1 der ersten Durchführungsvorschrift zur Jagdverordnung.

bzw. entsprach einem halben Kilo Reh.[46] Am teuersten war die Jagd auf den Auerhahn. Es kostete 6 Zloty Jagdgeld für ein Stück.[47] Die Preise stiegen im Juni 1940 an: für Wildschein 1 Zloty, Rehwild 1,40 Zloty, Hase 6 Zloty pro Stück und Auerhahn 10 Zloty.[48]

Verletzungen der Durchführungsvorschriften zum Jagdrecht wurden im Vergleich zu Wilderei und der Verletzung des Forstrechts milde bestraft, nämlich mit Gefängnis- oder Geldstrafe und als Zusatzstrafe mit der Einziehung der Gegenstände, die der Täter verwendet hatte.[49] Nach den Ergänzungsvorschriften aus dem Jahr 1942 konnte der Leiter der Hauptabteilung Forsten den Jagdschein einziehen und „die Ausübung der Jagd im Generalgouvernement oder in bestimmten Gebieten des Generalgouvernements für die Dauer oder für bestimmte Zeit untersagen".[50] Verstöße gegen die Jägerehrengerichtsordnung des Generalgouvernements und gegen die Verordnung über die Jägerehrengerichtsbarkeit wurden mit Geldstrafe bis zu 1.000 Zloty (bei leichten Verstößen) oder mit Geldstrafe bis zu 6.000 Zloty und der Entziehung des Jagdscheines für bestimmte oder unbestimmte Zeit geahndet.[51] Allgemein gab es drei Wege für die Bestrafung der Jagdverstöße: vor einem deutschen Gericht durch gerichtliche Strafverfolgung, im Verwaltungsstrafverfahren durch Strafbescheid[52] oder – wie oben – durch selbständige Entscheidung des Leiters der Hauptabteilung Forsten.

Im Jahre 1940 wurde das Forstschutzkommando gegründet. Es wurde dem Leiter der Hauptabteilung Forsten unterstellt. Seine Befugnisse ähnelte denen der Polizeitruppen nach dem Preußischen Polizeiverwaltungsgesetz vom Jahre 1931. Außerdem galten die Angehörigen des Kommandos als Forstpolizeibeamte im Sinne des Gesetzes zur Gewährleistung des Rechtsfriedens vom Jahre

46 Bei Reh entsprach 1 Kilo Fleisch 1 Zloty des Jagdgeldes.

47 Vgl. § 5 der ersten Durchführungsvorschrift zur Jagdverordnung und Tarifordnung für Arbeiter und Arbeiterinnen in der Forstwirschaft, 7. Februar 1941, VBlGG 1941, S. 46. Leicht zu vergleichen dank: *Weh*, Prawo, 1941, B 375 und D 641.

48 Zweite Durchführungsvorschrift zur Jagdverordnung für das Generalgouvernement 13. Juni 1940, 30. Juni 1941, VBlGG 1941, S. 413.

49 Zweite VO über das Forst- und Jagdwesen im Generalgouvernement, 13. Juni 1941, VBlGG 1941, S. 343.

50 VO zur Ergänzung der Zweiten VO v. 13. Juni 1941 über das Forst- und Jagdwesen im Generalgouvernement, 21. Mai 1942, VBlGG 1942, S. 273.

51 VO über die Jägerehrengerichtsbarkeit im Generalgouvernement, 17. August 1943, VBlGG 1943, S. 537; Jägerehrengerichtsordnung für das Generalgouvernement, 20. August 1943, VBlGG 1943, S. 538.

52 Vgl. VO über das Verwaltungsverfahren im Generalgouvernement, 13. September 1940, VBlGG 1940 I, S. 300.

1933.[53] Gesetzlich sicherte es den Mitgliedern des Kommandos ein ungemein hohes Schutzniveau zu: Jeder Angriff auf ein Mitglied wurde praktisch mit dem Tode bestraft. Das Forstschutzkommando bekam am Anfang des Jahres 1941 eine vorläufige Dienststrafordnung[54] und kurz danach wurde es in Forstschutzkorps umbenannt. Die Aufgaben dieser Formation waren wie folgt: „Bekämpfung der Forst- und Holzdiebstähle sowie der Jagdfrevel, ferner Schutz des forstlichen Verwaltungsapparates und der durch Banden gefährdeten Waldgebiete und Sägewerke".[55] Das Korps vereinigte polizeiliche, wirtschaftliche und forstpolitische Funktionen, um „große kolonisatorische Aufgaben" zu erfüllen.[56]

Die Änderungsverordnung vom 30. Juni 1941 präzisierte die Zuständigkeit des Kreishauptmanns, glich den Reichsjagdschein mit dem Jagdschein des Generalgouvernements ab und gewährte den Inhabern von Seen und Teichen nach vorheriger schriftlicher Ermächtigung das Recht zum Fangen und Töten der Vögel und Bisamratten, „wenn sie der Fischerei erheblichen Schaden zufügen".[57] Diese Vorschriften wurden im Jahre 1943 ein wenig modifiziert, man tauschte die Bisamratten mit Fischottern aus. Ferner glich man die Strafe für den Missbrauch der Ermächtigung an die Strafe für die Anwendung verbotener Jagdmittel an.[58] Die Regelungen des Jagdrechts wurden im August 1941 im Distrikt Galizien eingeführt;[59] die Dritte Durchführungsvorschrift aus dem Jahre 1943 betraf die Jagdaufseher.[60] Bis dahin hatte man die Vorschriften über Jagdaufseher in anderen Regelungen verstreut. Diese *Durchführungsvorschrift* – faktisch Ausführungsbestimmung – war also erst dreieinhalb Jahre nach Bekanntmachung der Jagdverordnung erlassen worden.

---

53 VO über den Einsatz des Forstschutzkommandos des Reichsforstmeisters im Generalgouvernement, 24. Mai 1940, VBlGG 1940 I, S. 190.

54 VO über die vorläufige Dienststrafverordnung für das Forstschutzkommando, 20. Februar 1941, VBlGG 1941, S. 57.

55 *Eissfeldt*, in: Bühler, Generalgouvernement (o. Fn. 7), S. 159.

56 *Eissfeldt*, in: du Prel, Generalgouvernement (o. Fn. 6), S. 134.

57 VO zur Änderung der Jagdverordnung für das Generalgouvernement, 13. Juni 1941, VBlGG 1941, S. 411.

58 Zweite VO zur Änderung der Jagdverordnung für das Generalgouvernement vom 13. Juni 1940, 17. August 1943, VBlGG 1943, S. 535.

59 VO über das Forst- und Jagdwesen im Distrikt Galizien, 1. August 1941, VBlGG 1941, S. 446. Vgl. Anhang. Das Recht des Distrikts Galizien, in: Albert Weh, Das Recht des Generalgouvernements, Bd. 2, 1941.

60 Dritte Durchführungsvorschrift zur Jagdordnung für das Generalgouvernement vom 13. Juni 1940, 15. November 1943, VBlGG 1943, S. 652.

V. Zusammenfassung

Der Wildbestand im Generalgouvernement sank infolge der Wetterbedingungen (strenge Winter) und der Wilderei. Die Hauptabteilung Forsten in der Regierung des Generalgouvernements, die Abteilungen Forsten in den Ämtern der Distriktsgouverneure und die Forstaufsichtsämter in den Kreisen regelten die Jagdsachen. Im Jahr 1940 wurde das Forstschutzkommando (Forstschutzkorps) gegründet. Der Polnische Jagdverein wurde aufgelöst, polnische Jäger und Forstbeamte waren in den Strukturen des Polnischen Untergrundstaats tätig. Die Besatzer erließen bereits 1939 erste Regeln zur Jagd. Die Jagdgesetzgebung im Generalgouvernement war *lex specialis* im Verhältnis zum Reichsjagdgesetz, zum Beispiel, wenn es um Jagdscheine oder Schonzeit ging. Das Jagdrecht durfte nur von den deutschen Staatsangehörigen und deutschen Volkszugehörigen ausgeübt werden. Für die Wilderei drohte eine lange Gefängnis- oder Zuchthausstrafe und in schweren Fällen die Todesstrafe. Die deutsche Gerichtsbarkeit war für die Verurteilung zuständig.

Thomas Duve

Rechtsgeschichte und Rechtsräume: wie weit reicht die Schule von Salamanca?

Abstract: Legal History and Legal Spaces: How far does the School of Salamanca reach? As the Baltic Sea can be considered a vast space of communication, the Baltic Sea legal history conferences have always been aware of the fact that the legal spaces which underlie legal historical research cannot be confined to the boundaries of Nation states. In other fields, however, it seems more difficult to be emancipated from the national perspective and determine the relevant legal spaces for legal historical research. In the article, I present some thoughts about how to reconstruct an adequate legal space for what has been called the "School of Salamanca", a 16th and early 17th century intellectual movement developed at the University of Salamanca. After reconstructing the making of the "School of Salamanca" concept in the late 19th and early 20th centuries, I suggest considering the intellectual movement addressed under this denomination as a community of discourse as well as a community of practice that reached out far beyond the borders of Salamanca, Spain or the Iberian peninsula. More adequately, it can be understood as part and one of the centres of a global network of knowledge creation in the field of normativity.

Keywords: law, moral, Spain, Portugal, Ibero-America, church law

I. Einführung

Rechtshistorikerinnen und Rechtshistoriker des Ostseeraums sind daran gewöhnt, ihre Rechtsgeschichten in eine flexible Rechtsgeographie einzuschreiben. Ein dänischer König verlieh lübisches Recht an die heutige estnische Hauptstadt Tallinn. Land-, Lehn- und Ritterrechte waren niederdeutsch beeinflusst. Die Schwertbrüder und der Deutsche Orden hinterließen tiefe Spuren im Recht. Recht der Hanse, deutsches, schwedisches und russisches Recht, gelehrtes Recht, kanonisches und später reformiertes Recht überlagerten sich in vielfältiger Weise. Die Archive in Tallinn enthalten eindrucksvolle Zeugnisse dieser Vielfalt.[1] Selbst dem Außenseiter wird schnell klar, wie sehr die Ostsee ein ins

1 Vgl. dazu die Einleitung in der Transkription und Übersetzung von *Tiina Kala*, Lübecki õiguse Tallinna koodeks 1282 – Der Revaler Kodex des lübischen Rechts, 1998. Auch im Spiegel der Siegel erkennt man diese historischen Schichten, vgl. Marian Habicht/Juhan Kreem/Sille Feldberg (Hg.), Pitsereid Tallinna Linnaarhiivist – Siegel aus dem Tallinner Stadtarchiv, 2013.

Landesinnere der Küstenregionen offener, großer Kommunikationsraum war.[2] Ein manchmal trennender, manchmal verbindender Raum, der Kommunikation ermöglichte oder abschnitt – und als Meer zugleich spezifische Regulierungen hervorbrachte.

Doch die Räume, die wir unseren Rechtsgeschichten zugrunde legen, sind nicht allein Ergebnisse einer Rekonstruktion von Kommunikationsprozessen, zum Beispiel zwischen Handels- und Küstenstädten. So grundlegend Kommunikation, vermittelt durch Medien, Institutionen, Personen, für die Herausbildung von Rechtsräumen auch ist, so zeitgebunden ist zugleich jede historiographische Rekonstruktion von Kommunikationsräumen. Sie wird von politischen Vorgaben geprägt, von der Suche nach einer nationalen, regionalen oder auch imperialen Identität. Welchen Teil der vielfältigen und wechselvollen Kommunikationsbeziehungen, welche historischen Traditionsbestände man betont, hängt auch davon ab, wie man sein will. Auch dafür dürfte die wechselvolle Geschichte des Baltikums und Ostseeraums nicht wenige Beispiele bereithalten.[3] Das lübische Recht, so liest man etwa 1998, „was one of the components which made Tallinn an indisputably European city",[4] und im Vorwort der Publikation der Beiträge des ersten Rechtshistorikertags im Ostseeraum unterstreichen die Herausgeber, wie sehr unsere Sicht auf die Geschichte des Rechts von der Gegenwart sich neu öffnender Räume geprägt ist: Die „rechtshistorischen Fragen sind zugleich Schicksalsfragen der Rechtskulturen der Staaten im Ostseeraum".[5] Die Räume der Rechtsgeschichte sind also keineswegs Produkte einer sterilen historiographischen Rekonstruktion. Sie sind immer auch eine Konstruktion.[6]

---

2 Zur Integration des Ostseeraums in das Alte Reich vgl. zum Beispiel die Beiträge in: Nils Jörn/Michael North (Hg.), Die Integration des südlichen Ostseeraumes in das Alte Reich, 2000. Eher holzschnittartig *Helmut Heiss*, Eine Region – drei Rechtskulturen: rechtsvergleichende Aspekte der Integration im Ostseeraum, in: Helmut Heiss (Hg.), Brückenschlag zwischen den Rechtskulturen des Ostseeraums. Referate und Diskussionsberichte der gleichnamigen Tagung am 29. und 30. Juni 2000 in Greifswald, 2001, S. 15–43.

3 Dietrich André Loeber/V. Stanley Vardys/Laurence P. A. Kitching (Hg.), Regional Identity under Soviet Rule: The case of the Baltic States, 1990.

4 *Kala*, Der Revaler Kodex 1282 (o. Fn. 1), S. 7.

5 Jörn Eckert/Kjell Å. Modéer (Hg.), Geschichte und Perspektiven des Rechts im Ostseeraum. Erster Rechtshistorikertag im Ostseeraum, 8.-12. März 2000, 2002, Vorwort, S. 5–7, Zitat 6.

6 Zu Rechtsräumen vgl. die Beiträge in Massimo Meccarelli/Solla Sastre/María Julia (Hg.), Spatial and Temporal Dimensions for legal History, 2016; *Caspar Ehlers*, Rechtsräume. Ordnungsmuster im Europa des frühen Mittelalters, 2016.

Das Bild, das entsteht und an dem wir weiterarbeiten, ist auch von analytischen Traditionen der Rechtshistoriographie selbst und den aus diesen erwachsenen Pfadabhängigkeiten geprägt. Einer analytischen Tradition folgt nicht zuletzt der Rechtsbegriff, den wir unserer rechtshistorischen Forschung zu Grunde legen. Er hat weitreichende Folgen. So wird eine historische Rechtsgeographie, die sich an der Ausbreitung des magdeburgischen oder lübischen Rechts orientiert, andere Landkarten hervorbringen als jene, die das gelehrte Recht kartiert; auch deswegen sind Teile des Ostseeraums erst spät in das Blickfeld der europäischen Rechtsgeschichtsschreibung des 20. Jahrhunderts geraten.[7]

Die Geschichte des gelehrten Rechts und seiner Rezeption verweisen schließlich auf ein weiteres, mit dem Raum der Rechtsgeschichte zusammenhängendes Phänomen. Sah man in der Verwissenschaftlichung des Rechts, die auf die Kodifikationen hinführte, die große Leistung – oder vielleicht auch: eine tragische Rationalisierung – der neueren Rechtsgeschichte, so lag es nahe, eine Geschichte zu schreiben, deren Raum sich in diesen kulturhistorischen Prozess einfügte. Wenn Franz Wieacker in seiner Privatrechtsgeschichte suggestiv wie stets beschreibt, es sei „[…] kein zu gesuchtes Bild, wenn man sagt, Holland habe die Fackel der großen Rechtswissenschaft unserem Lande weitergereicht, die einst in Italien entzündet wurde und von dort nach Frankreich und weiter nach den Niederlanden gewandert war",[8] dann zeichnet er damit zugleich bestimmte Regionen in eine sich in der Zeit verändernde Karte Europas ein: Es entsteht eine raum-zeitliche Rechtsgeographie, bei der Italien für das Mittelalter, Frankreich, die Niederlande und Holland für die Frühe Neuzeit und Deutschland für die juristische Moderne stehen. Die Fackel erleuchtet, langsam fortschreitend, einen Korridor. Was jenseits dieses Korridors liegt, bleibt im Schatten, wird vielleicht zum Raum des Epigonalen, vielleicht zum Ort des ‚noch nicht'. Dort, wo die Fackel vorbeigezogen war, konnte es auch wieder dunkel werden. Andere Regionen wurden zum Objekt einer asymmetrischen Komparatistik. Zugespitzt

7 Vgl. zu der Konstruktion einer europäischen Rechtsgeschichte *Thomas Duve*, Von der Europäischen Rechtsgeschichte zu einer Rechtsgeschichte Europas in globalhistorischer Perspektive, Rechtsgeschichte – Legal History 20 (2012), S. 18–71, http://dx.doi.org/10.12946/rg20/018-071; sowie die Beiträge im The Oxford Handbook of European Legal History, insbesondere *Thomas Duve*, Global Legal History: Setting Europe in Perspective, in: Heikki Pihlajamäki et al. (Hg.), The Oxford Handbook of European Legal History, 2018, S. 115–139.

8 *Franz Wieacker*, Privatrechtsgeschichte der Neuzeit unter besonderer Berücksichtigung der deutschen Entwicklung, 2. Aufl., 1967, S. 169.

formuliert: Erst die Selektivität und historische Flexibilität des Raumes ermöglichte die Stabilität einer großen Erzählung.

Kommunikation, Konstruktion und Komparation: über diese Faktoren für die Herausbildung der Räume, die wir unserer rechtshistorischen Forschung zu Grunde legen, geht es in diesem Beitrag. Ich beziehe mich dabei auf Überlegungen aus meinem eigenen Forschungsgebiet, konkret der Schule von Salamanca. Ich hoffe, dass dies auch für den Rechtshistorikertag des Ostseeraums interessant ist, der seinen Raum in der Vergangenheit auch über die Vorstellung der ‚Rechtskultur', insbesondere der ‚Gerichtskulturen' zu definieren versucht hat.[9]

II. Die Rechtsgeschichte der Schule von Salamanca

Beginnen möchte ich mit einer Bemerkung zur Schule von Salamanca – und zu der scheinbar einfachen Frage, was eigentlich der angemessene Raum für eine Rechtsgeschichte dieser Schule ist. Über die ‚Schule von Salamanca' ist viel geschrieben worden, auch aus rechtshistorischer Perspektive. Blickt man auf die jüngere Forschung, so stehen die Bedeutung der Schule für die Geschichte des Völkerrechts, aber auch ihr Beitrag zur Rechtsquellen- und Methodenlehre, zur Strafrechtstheorie und -dogmatik sowie zum Privatrechtsdenken in der kontinentaleuropäischen Tradition im Mittelpunkt.[10] Tilman Repgen schrieb in einer Rezension zu Nils Jansens wichtigem Buch zur Restitutionslehre davon, die Texte der Autoren der Schule von Salamanca böten „Schlüssel zu manchen Gefängniszellen unserer Dogmatik".[11] Wim Decocks Arbeiten haben die theologische Gründung des Vertragsrechtsdenkens offengelegt,[12] und so unterschiedliche Autoren wie James Gordley oder Martti Koskenniemi haben die Bedeutung

9 Vgl. Hans-Georg Knothe/Marc Liebmann (Hg.), Gerichtskultur im Ostseeraum. Vierter Rechtshistorikertag im Ostseeraum, 18.-20. Mai 2006 in Greifswald, 2007.

10 Für einen Rückblick auf die Forschungstraditionen und manche weiteren Überlegungen vgl. *Thomas Duve*, Salamanca in Amerika, Zeitschrift der Savigny-Stiftung für Rechtsgeschichte. Germanistische Abteilung (ZRG GA) 132 (2015), S. 116–151.

11 *Tilman Repgen*, Theologie, Philosophie und Jurisprudenz in der spätscholastischen Lehre von der Restitution. Außervertragliche Ausgleichsansprüche im frühneuzeitlichen Naturrechtsdiskurs (Rezension), ZRG GA 131 (2014), S. 605 (604–606).

12 *Wim Decock*, From Law to Paradise: Confessional Catholicism and Legal Scholarship, Rechtsgeschichte – Legal History 2011, S. 12–34; *Wim Decock*, Theologians and Contract Law. The Moral Transformation of the Ius Commune (ca. 1500–1650), 2013.

für die Geschichte der juristischen Dogmatik und des internationalen Rechts, letztlich aber der Sprache des Rechts hervorgehoben.[13]

Sie konnten auf vielen Arbeiten aufbauen: in der deutschsprachigen Tradition zum Beispiel Wilhelm Endemann, Josef Kohler, Carl Schmitt, Hans Thieme, Ernst Reibstein, Gerhard Otte. In den mehrere Tausend Eintragungen zählenden jüngeren Bibliografien zur Schule von Salamanca findet man massenhaft spanisch-, italienisch- und portugiesisch-sprachiges Schrifttum.[14] Angesichts dessen erstaunt es nicht, dass die Theologenschule von Salamanca inzwischen selbst in Überblicksdarstellungen zur Geschichte von Recht und Gerechtigkeit einen Platz gefunden hat – insbesondere in solchen, die aus der ‚katholischen Welt' stammen: In Paolo Prodis ‚Geschichte der Gerechtigkeit' oder bei Manlio Bellomo, der in seiner Darstellung der Europäischen Rechtsgeschichte hervorhebt, dass sich mit dem Entstehen der „neue[n] Jurisprudenz" im Spanien des 16. Jahrhundert das Panorama der europäischen Rechtsgeschichte grundlegend ändere, weil sich dort „eine neue, eigenständige Rechtskultur entwickelt" habe, „die sich über ganz Europa unter den herrschenden Richtungen des Rechtsdenkens ausbreiten und behaupten konnte".[15]

Dass die Universität Salamanca in diesem Jahr ihren 800. Geburtstag feiert, rückt auch die Schule von Salamanca in das Licht der Aufmerksamkeit. Doch über einen grundlegenden Aspekt herrscht Uneinigkeit:[16] wer gehört eigentlich

---

13 *James Gordley*, The Philosophical Origins of Modern Contract Doctrine, 1991; *Martti Koskenniemi*, International Law and Empire: The Real Spanish Contribution, University of Toronto Law Journal 2011, S. 1–36, https://doi.org/10.3138/utlj.61.1.001.

14 Vgl. *Miguel Anxo Pena González* (2008), Aproximación bibliográfica a la(s) «Escuela(s) de Salamanca», 2008; zur Universitätsgeschichte *Luis E. Rodríguez-San Pedro Bezares/ Juan Luis Polo Rodríguez*, Bibliografía sobre la Universidad de Salamanca (1800–2007), in: Luis E. Rodríguez-San Pedro Bezares/Juan Luis Polo Rodríguez (Hg.), Historia de la Universidad de Salamanca. Vestigios y entramados, 2009, S. 639–836.

15 *Manlio Bellomo*, Europäische Rechtseinheit. Grundlagen und System des Ius Commune, 2005, S. 231.

16 Vgl. zu den folgenden Fragen z.B. *Juan Belda Plans*, Hacia una noción crítica de la „Escuela de Salamanca", Scripta Theologica 1999, S. 367–411; *Ignacio Jericó Bermejo*, ¿Escuela de Salamanca y Pensamiento hispánico? Ante una propuesta, Salmanticensis 2012, S. 83–114; *María Idoya Zorroza*, Hacia una delimitación de la Escuela de Salamanca, Revista Empresa y Humanismo 2013, S. 53–72, http://dadun.unav.edu/bitstream/10171/35256/1/Zorroza%20REYH%20XVI-1.pdf; *Roberto H. Pich, Alfredo S. Culleton*, SIEPM Project: *Scholastica colonialis*. Reception and Development of Baroque Scholasticism in Latin-American Countries, 16th-18th Centuries (2010–2012), Bulletin de Philosophie Médiévale 2012, S. 59–74, https://doi.org/10.1484/J.BPM.1.103400.

zu ihr? Wie weit reicht die Schule von Salamanca? Gehört zu ihr nur, wer in Salamanca lernte und lehrte, wie viele Experten in Salamanca meinen? Oder auch, wer in Évora oder Coimbra lehrte, wie man dort hervorhebt? Und was ist mit Lima, Mexiko und Manila? Ist es sinnvoll, von einem *pensamiento hispánico* zu sprechen? Soll zwischen europäischer Scholastik und *scholastica colonialis* unterschieden werden, wie ein brasilianisches Forschungsprojekt es versucht? – Solche Fragen sind kein leerer Streit um den Begriff. Letztlich geht es darum, was die Schule von Salamanca ausmacht: der Ort ihrer Entstehung, eine bestimmte Lehrer-Schüler-Beziehung, eine Disziplin, ein Referenzsystem, eine Theorie, Methode, bestimmte Inhalte? – Alles das wird vertreten.

Die Frage hat schließlich auch eine ganz praktische Dimension: in Frankfurt z.B. fragen wir uns, welche Werke wir in unsere Digitale Edition, die Grundlage unseres Wörterbuchs zur Schule von Salamanca und ihrer juristisch-politischen Sprache sein soll, einbeziehen. Mehr als einhundert Texte sollen digital ediert werden – geben diese ein repräsentatives Bild der Schule ab? Woher stammen die Texte, die wir einstellen? Salamanca, Lima, Manila?[17]

III. Warum ‚Schule von Salamanca'?

Angesichts dessen liegt es nahe, nach dem Ursprung des Begriffs ‚Schule von Salamanca' zu fragen. Die Frage führt uns zur Konstruktion der Schule von Salamanca und damit der des räumlichen Bezugs.

Der Begriff ‚Schule von Salamanca' in der spanischen Sprache als ‚*escuela de Salamanca*' etabliert, dürfte als Forschungsbegriff erst Anfang des 20. Jahrhunderts und vielleicht sogar von einem Deutschen geprägt worden sein. Martin Grabmann verwandte ihn in einem Beitrag anlässlich des 300. Todestages von Francisco Suárez im Jahr 1917, in dem er sich auf frühere Arbeiten des deutschen Jesuiten Ehrle aus der Vatikanischen Bibliothek bezog. Grabmann spricht hier von der ‚Theologenschule zu Salamanca', in einer Fußnote und im weiteren Text von Arbeiten zur „Schule von Salamanca und über die spanische und portugiesische Scholastik".[18] Später taucht der Begriff in Arbeiten zur Wirtschaftsgeschichte und an anderen Orten auf.[19]

17 Vgl. die Seite des Projekts: https://www.salamanca.school/.

18 *Martin Grabmann*, Die Disputationes metaphysicae des Franz Suarez in ihrer methodischen Eigenart und Fortwirkung, in: Karl Six et al. (Hg.), P. Franz Suárez S. J.: Gedenkblätter zu seinem dreihundertjährigen Todestag (25. September 1617). Beiträge zur Philosophie des P. Suárez, 1917, S. 29–73.

19 *Marjorie Grice-Hutchinson*, El concepto de la Escuela de Salamanca: Sus orígenes y su desarrollo, Revista de Historia Económica 1989, S. 21–26.

Die Verwendung des Begriffs der ‚Schule' lag nahe, war doch in vielen Quellen von der *schola* zu lesen, mit der sich die Scholastiker bezeichneten. Autoren wie Domingo de Soto oder Melchior Cano konstruierten selbst in ihren Texten einen Schulzusammenhang unter Bezug auf ihren Lehrer Francisco de Vitoria.[20]

Dieser habe, so Melchior Cano, einer der berühmtesten Schüler des Francisco de Vitoria, seinen Studenten zu Beginn der Vorlesungen erklärt, dass Thomas von Aquin alle Studenten zum Gebrauch der *ratio* angehalten und vor einem blinden Gehorsam gegenüber dem Lehrer gewarnt habe; er selbst, Vitoria, werde das ebenfalls praktizieren; auch er, so schreibt Cano, folge seinem Lehrer - doch schwöre er nicht auf dessen Worte: *nec iurare in verba magistri*, eine berühmte Wendung des Horaz aufnehmend. Auch durch solche Aussagen werden historische Schulzusammenhänge konstituiert, durch die Flexibilisierung mit der *ratio* vielleicht sogar erst möglich.

Es war aber natürlich kein Zufall, dass jemand wie Martin Grabmann sich um 1917 mit Salamanca beschäftigte und die Universitätsstadt als den Ort einer „Regeneration der Scholastik" – so wörtlich – bezeichnete, die von Francisco de Vitoria ausging.[21] Denn dieser hatte nach seiner Ankunft in Salamanca 1526 damit begonnen, den Unterricht in der *prima* der Theologie nicht mehr am Sentenzenkommentar, sondern an der Summe des Thomas von Aquin auszurichten. Genau an einem solchen Wendepunkt sah man sich seit dem letzten Drittel des 19. Jahrhunderts erneut: mitten in der Blüte der sog. Neuscholastik und des Neo-Thomismus. Sie hatten ihren Ausdruck in der Thomas-Enzyklika *Aeterni Patris* von 1879 gefunden, in der *Leonina* Edition der Summe des Thomas, in einem spürbar gestiegenen Interesse an der Theologie und Philosophie der Scholastik. Man arbeitete selbst an einer Regeneration, an der Konstruktion eines Schulzusammenhangs über die Jahrhunderte – und das in bewegten Zeiten: 1917.

Die Daten 1879 und 1917 verweisen darauf, dass dieses gestiegene Interesse an der Schule von Salamanca zusammenfiel mit der faszinierenden Parallelität – um nicht zu sagen: Dialektik – von Nationalisierung und Globalisierung, auch des Rechts und des Rechtsdenkens.[22] Es sind die Jahrzehnte einer neuen europäischen Expansion, des Eintritts Amerikas in die Weltpolitik, der Herausbildung einer Wissenschaft vom internationalen Recht, bald des Ersten Weltkriegs. Es

---

20 *Melchor Cano*, De locis Theologicis, Lib. XII, Salmanticae: Mathias Gast, 1563, c. 1, S. 385.

21 *Grabmann*, in: Karl Six et al., Gedenkblätter (o. Fn. 18), S. 30 (29–73).

22 Vgl. als Panorama *Duncan Kennedy*, Three Globalizations of Law and Legal Thought: 1850–2000, in: David M. Trubek/Alvaro Santos (Hg.), The New Law and Economic Development. A Critical Appraisal, 2006, S. 19–73.

ist dieses Umfeld, in dem der nie gänzlich vergessene, aber kaum mehr gelesene Francisco de Vitoria zum Vater des Völkerrechts erklärt und zur Verkörperung der Schule von Salamanca wurde. Vor allem in Spanien und Amerika erinnerte man sich seiner, in Spanien angesichts des drohenden Verlusts der letzten Kolonien im Kontext einer Hinwendung zum *Hispanismo*, einer Art kulturellen Projektion der gescheiterten imperialen Hoffnungen.

In diesem Klima hielt kein geringerer als Eduardo Hinojosa 1889 anlässlich seiner Aufnahme in die *Real Academia de la Historia* in Madrid[23] – also zu einem besonderen Anlass und an bedeutsamen Ort – einen Vortrag zur Bedeutung des juristischen Werks von Francisco de Vitoria. Trotz der vielen verstreuten Referenzen auf Vitoria, die dem polyglotten und nicht zuletzt die deutschsprachige Debatte verfolgenden Rechtshistoriker geläufig waren – er nennt neben Grotius und Wheaton auch Conring, Gierke, Holtzendorff – konnte Hinojosa damals noch zu recht feststellen, dass Vitorias Rechtsdenken viel zitiert, aber kaum wirklich untersucht worden sei. Er legte eine erste, viele *Relectiones* einbeziehende Analyse vor, in der fast alle bis heute klassischen *topoi* der Forschung zu Francisco de Vitoria und seiner Bedeutung für die Geschichte des Völkerrechts – bis hin zur Bedeutung für protestantische Autoren – bereits vorkommen.[24]

Die nächsten Jahrzehnte – ich kürze notgedrungen ab – führten geradezu zu einem Boom der Vitoria-Forschung. Der Zusammenhang dieser Vitoria-Renaissance mit der Herausbildung von Institutionen und Wissenschaft des Völkerrechts in der Zeit vor, während und nach dem Ersten Weltkrieg ist durch Martti Koskenniemi und seine Schule herausgearbeitet worden,[25] der spanische Kontext jüngst durch Ignacio de la Rasilla,[26] der panamerikanische durch Juan Pablo Scarfi.[27] Überall waren es nun Vitoria und sein Völkerrechtsdenken, die geradezu für die Schule von Salamanca standen. Dann kamen Franco, der zweite Weltkrieg, nach dem Krieg erschien Carl Schmitts *Nomos der Erde*, in dem dieser den Beginn des *ius publicum europaeum* auf die iberische Expansion datierte – und wie fast alle anderen Autoren ebenfalls Francisco de Vitoria in den

23 *Eduardo de Hinojosa y Naveros*, Discursos leídos ante la Real Academia de la Historia en la recepción pública de D. Eduardo de Hinojosa el día 10 de marzo de 1889, 1889.

24 Vgl. dazu *Ignacio de la Rasilla del Moral*, In the Shadow of Vitoria. A History of International Law in Spain (1770–1953), 2018, S. 85 ff.

25 *Martti Koskenniemi*, The Gentle Civilizer of Nations. The Rise and Fall of International Law 1870–1960, 2002.

26 *Rasilla del Moral*, In the Shadow of Vitoria (o. Fn. 24).

27 *Juan Pablo Scarfi*, The Hidden History of International Law in the Americas. Empire and Legal Networks, 2017.

Mittelpunkt seiner Darstellung rückte. Vitoria und Salamanca markierten auch für ihn die „Epoche des neuzeitlichen europäischen Völkerrechts, die erst im 20. Jahrhundert enden sollte".[28] Diese Sicht wird bis heute vielfach reproduziert, nicht zuletzt im anglo-amerikanischen Schrifttum mit seiner für einen Deutschen schwer verständlichen unbefangenen Schmitt-Begeisterung. Selbst die postkolonial inspirierte Kritik der Völkerrechtswissenschaft und der ‚historical turn', aber auch die neueren Werke, die Vitoria weiterhin zum ‚Father of International Law' erklären, folgen diesen etablierten Pfaden.[29]

Wichtig ist für unsere Frage allerdings noch ein Aspekt, der vom Völkerrecht wegführt: auf dieser Grundlage und im Klima der deutschen Naturrechtsrenaissance begann man im Blick auf die Theologen aus Salamanca schließlich auch zu fragen, ob nicht „unter dieser Flagge" – also der Theologie – „in Wahrheit Jurisprudenz getrieben" werde – so Hans Thieme in einem vielzitierten Beitrag von 1953.[30] Als ‚Beichtstuhljurisprudenz' bezeichnet, konnten die Texte aus Salamanca fortan auch rechtshistorisch gelesen werden. Doch auch diese Erweiterung des Interesses an der Schule folgte, was Autoren, Texte und Orte anging, den angelegten Pfaden, die letztlich nur aus dem historischen Kontext der spanischen Vitoria-Renaissance im letzten Drittel des 19. Jahrhunderts zu erklären sind. Auch am Gründungsmythos änderte sich nichts. Ein Mann und ein Ort standen am Anfang von allem: Francisco de Vitoria und Salamanca.

---

28 *Carl Schmitt*, Der Nomos der Erde im Völkerrecht des Jus Publicum Europaeum, 1988, insbes. S. 69–96.

29 Vgl. die Übersicht über die postkoloniale Kritik und den sog. ‚historical turn' bei *Martti Koskenniemi*, Vitoria and Us. Thoughts on Critical Histories of International Law, Rechtsgeschichte – Legal History 22 (2014), S. 119–138, http://dx.doi.org/10.12946/rg22/119-138; Beispiele für die Kritik, aber auch für die ungebrochene Inanspruchnahme Vitorias enthält der Band José María Beneyto/Justo Corti Varela (Hg.), At the Origins of Modernity. Francisco de Vitoria and the Discovery of International Law, 2017, http://dx.doi.org/10.1007/978-3-319-62998-8; zur dekonstruktiven Relevanz der Geschichte für das heutige Völkerrecht vgl. z.B. *Anne Orford*, The Past as Law or History? The Relevance of Imperialism for Modern International Law, IILJ Working Paper. History and Theory of International Law Series 2012, S. 1–17, http://dx.doi.org/10.2139/ssrn.2090434.

30 *Hans Thieme*, Natürliches Privatrecht und Spätscholastik, ZRG GA 70 (1953), S. 236 (230–266), http://dx.doi.org/10.7767/zrgga.1953.70.1.230.

IV. Salamanca: Anfang von allem oder Teil eines Netzwerks?

Inzwischen wird dieses Bild in vielen Einzelbefunden korrigiert – durch den erwähnten dekonstruktiven *impetus* der kritischen Völkerrechtsgeschichte,[31] weniger aufsehenerregend, aber mit überzeugenden Überlegungen im Bereich der Theologie- und Philosophiegeschichte,[32] in bisher noch eher verstreuten Einzelstudien von der Rechtsgeschichte.[33] Immer deutlicher wird, dass Francisco de Vitoria selbst Teil einer breiteren intellektuellen Strömung war, die gerade nicht in Salamanca begonnen hatte, sondern im Gegenteil erst mit seiner Ankunft auch dort ankam – das heißt auch: später als in Paris, vielleicht auch später als in Köln oder Löwen.[34] Je intensiver andere Autoren erforscht werden, umso deutlicher werden die Traditionsbezüge. Die Überwindung einer lokalen – Salamanca – und nationalen – Spanien – Perspektive und die Integration in einen breiteren europäischen und interdisziplinären Kontext relativieren also zunehmend die Sonderstellung der Schule. Nur zögerlich, aber mit immer besseren Argumenten wird also auch in diesem Bereich die ‚*medieval-modern-divide*' überwunden[35]

---

31 *Koskenniemi*, Gentle Civilizer (o. Fn. 25); *Antony Anghie*, Imperialism, Sovereignty and the Making of International Law, 2005; *Valentina Vadi*, International Law and Its Histories: Methodological Risks and Opportunities, Harvard International Law Journal 2017, S. 311–352; *Rasilla del Moral*, In the Shadow of Vitoria (o. Fn. 24).

32 *Marco Toste*, Invincible Ignorance and the Americas: Why and How the Salamancan Theologians Made Use of a Medieval Notion, Rechtsgeschichte – Legal History 26 (2018), S. 284–297, http://dx.doi.org/10.12946/rg26/284-297; *Jacob Schmutz*, From Theology to Philosophy: The Changing Status of the *Summa Theologiae*, 1500–2000, in: Jeffrey Hause (Hg.), Aquinas's *Summa Theologiae*. A Critical Guide, 2018, S. 221–241, https://doi.org/10.1017/9781316271490; *Jörg Alejandro Tellkamp*, Vitorias Weg zu den legitimen Titeln der Eroberung Amerikas, in: Kirstin Bunge et al. (Hg.), Die Normativität des Rechts bei Francisco de Vitoria, 2011, S. 147–170.

33 Vor allem *José Luis Egío Garcia/Christiane Birr*, Before Vitoria: Expansion into Heathen, Empty or Disputed Lands in Late-Mediaeval Salamanca Writings and Early 16th-Century Juridical Treatises, in: Jörg Alejandro Tellkamp (Hg.), A Companion to Early Modern Spanish Imperial Political and Social Thought (im Erscheinen); *José Luis Egío Garcia/Christiane Birr*, Alonso de Cartagena y Juan López de Palacios Rubios. Dilemas suscitados por las primeras conquistas atlánticas en dos juristas salmantinos (1436–1512), in: Azafea. Revista de Filosofía 20 (2018), S. 9–36.

34 *Schmutz*, in: Hause, Aquinas's *Summa Theologiae* (o. Fn. 32), S. 221–241.

35 Vgl. dazu James Muldoon (Hg.), Bridging the Medieval-Modern Divide. Medieval Themes in the World of the Reformation, 2013; auf die spätmittelalterlichen Erfahrungen etwa bei der Expansion zu den kanarischen Inseln weisen auch hin *Egío Garcia, Birr*, in: Tellkamp, Companion (o. Fn. 33); *Egío Garcia/Birr*, Azafea (o. Fn. 33).

und der Blick richtet sich auch auf Zeiten *before Columbus*.[36] Nicht zuletzt vergleichende Studien mit der in denselben Jahren sich formierenden protestantischen Lehre zeigen vergleichbare Argumentationsstrukturen.[37]

Auch die absolute Alleinstellung Vitorias in Salamanca selbst wird damit immer häufiger in Frage gestellt. Einige Arbeiten zeigen, wie sehr Vitoria sich auf frühere Autoren stützte und in umfassende Diskurskontexte eingebunden war – insbesondere mit Domingo de Soto, inzwischen als der wirkungsvollere Autor angesehen.[38] Viele von Vitorias Argumenten gegen die *conquista* waren bereits früher vorgebracht worden, und manche der ihm zugeschriebenen Erfindungen waren fest in der Tradition verankert: selbst die vielleicht berühmteste Argumentation mit dem *ius communicationis* findet sich *mutatis mutandis* bei Cicero und Thomas von Aquin.[39] Kurz: Francisco de Vitoria war zweifellos eine Ausnahmeerscheinung, ein eindrucksvoller Lehrer, aber letztlich war auch er ein Schüler von anderen und ein Gesprächspartner von vielen.[40] Er nahm – ganz Scholastiker – *auctoritates* auf, fügte sie im Blick auf die Bedingungen seiner Zeit zusammen und integrierte sie in einer besonderen Zeit in ein einheitliches

---

36 *Felipe Fernández-Armesto*, Before Columbus. Exploration and Colonization from Mediterranean to the Atlantic, 1229–1492, 1994; *Klaus Herbers*, Die Eroberung der Kanarischen Inseln – Ein Modell für die spätere Expansion Portugals und Spaniens nach Afrika und Amerika?, in: Heinz Duchhardt et al. (Hg.), Afrika. Entdeckung und Erforschung eines Kontinents, 1989, S. 51–95; *David Abulafia*, Discovery of Mankind. Atlantic Encounters in the Age of Columbus, 2009; rechtshistorisch *Antonio Pérez Voituriez*, Problemas juridicos internacionales de la conquista de Canarias, 1958; *Santiago Olmedo Bernal*, El dominio del atlántico en la baja edad media. los títulos jurídicos de la expansión penínsular hasta el tratado de tordesillas, 1995.

37 *Mathias Schmoeckel*, Die Reformation als Grundlage des modernen Völkerrechts, in: Michael Germann/Wim Decock (Hg.), Das Gewissen in den Rechtslehren der protestantischen und katholischen Reformationen, 2017, S. 226–267.

38 Vgl. *Merio Scattola*, Domingo de Soto e la fondazione della scuola di Salamanca, Veritas 2009, S. 52–70, http://revistaseletronicas.pucrs.br/ojs/index.php/veritas/article/view/6416/4682; auch *Andreas Wagner*, Zum Verhältnis von Völkerrecht und Rechtsbegriff bei Francisco de Vitoria, in: Bunge et al., Normativität des Rechts (o. Fn. 32), S. 255–286; *Tellkamp*, in: Bunge et al., Normativität des Rechts (o. Fn. 32), S. 147–170.

39 *Merio Scattola*, Die Systematik des Natur- und Völkerrechts bei Francisco de Vitoria, in: Bunge et al., Die Normativität des Rechts (o. Fn. 32), S. 351–391; *Anthony Pagden*, The Christian Tradition, in: Allen Buchanan/Margaret Moore (Hg.), States, Nations and Borders. The Ethics of Making Boundaries, 2003, S. 103–126.

40 Vgl. etwa auch *Merio Scattola*, Das Ganze und die Teile. Menschheit und Völker in der naturrechtlichen Kriegslehre von Francisco de Vitoria, in: Norbert Brieskorn/Gideon Stiening (Hg.), Francisco de Vitorias ›De Indis‹ in interdisziplinärer Perspektive, 2011.

Schema des Natur- und Völkerrechts.[41] Vor allem war, was er vortrug und als er es vortrug, politisch brisant, und es stand in einem theologie- und ordensgeschichtlichen Kontext, der von Konflikten und Schulstreitigkeiten geprägt war.[42] Er wurde schon von seinen Schülern zum Objekt einer Schulkonstruktion, die in Zeiten der Vitoria-Renaissance des späten 19. Jahrhunderts erneuert wurde und bis in die Gegenwart reicht.

Was bedeutet das nun für die Vorstellung einer Schule von Salamanca? War die Schule, um die eingangs zitierten, für die allgemeine Anschauung repräsentativen Worte von Manlio Bellomos aufzunehmen, wirklich der Ort, an dem sich „eine neue, eigenständige Rechtskultur" entwickelte, „die sich über ganz Europa unter den herrschenden Richtungen des Rechtsdenkens ausbreiten und behaupten konnte"[43]? Müssen wir sie nicht vielmehr als Teil eines großen Netzwerkes begreifen? Als einen, aber eben nur *einen* wichtigen Knotenpunkt in einem Netz?

Die Dekonstruktion der Historiographie wirft damit ein grundlegendes Problem auf, das über den Bezug auf den Ort, über die Konstruktion einer Sonderstellung, lange Zeit umgangen werden konnte: die Frage danach, was eigentlich die Schule von Salamanca ausmacht. Dieser schwieriger zu beantwortenden Frage möchte ich mich nun zuwenden. Denn von ihr hängt auch ab, wer dazugehört – und wie sich der Raum der Schule von Salamanca bestimmt.

V. Die Schule von Salamanca: eine Diskursgemeinschaft

Ein wichtiger Lösungsansatz stammt von dem Kenner der Geschichte der europäischen politischen Theorie der frühen Neuzeit, dem früh verstorbenen Merio Scattola. Er hat die Schule von Salamanca unter Rückgriff auf einen in den Literaturwissenschaften entwickelten Begriff vor einigen Jahren als ‚Diskursgemeinschaft' bezeichnet.[44] Er versteht darunter eine Gemeinschaft der gelehrten Kommunikation, in der das verfügbare Wissen nach den Normen derselben literarischen Gattungen dargestellt wurde, unter Anwendung desselben wissenschaftlichen Stils, unter Berufung auf dieselben Autoritäten und Anwendung

---

41 *Scattola*, in: Bunge et al., Die Normativität des Rechts (o. Fn. 32), S. 351–391.

42 Zur Theologiegeschichte der Zeit vgl. *José Barrientos García*, La Teología, siglos XVI-XVII, in: Luis Enrique Rodríguez-San Pedro Bezares (Hg.), Historia de la Universidad de Salamanca. aberes y confluencias, Bd. 3/1, 2006, S. 203–249.

43 *Bellomo*, Europäische Rechtseinheit (o. Fn. 15), S. 231.

44 *Merio Scattola*, Zu einer europäischen Wissenschaftsgeschichte der Politik, in: Christina Antenhofer et al. (Hg.), Werkstatt Politische Kommunikation. Netzwerke, Orte und Sprachen des Politischen, 2010, S. 32 (23–54).

derselben Regeln. Die Konstellation der in einer solchen Diskursgemeinschaft verwandten Autoritäten hat er anschaulich als ‚Fingerabdruck' bezeichnet, der sich durch intensives Studium der Texte herauspräparieren lasse.

Der Vorteil dieser Systematisierung liegt auf der Hand: die Orientierung der frühneuzeitlichen Scholastik an der Summe des Thomas von Aquin und damit einem gemeinsamen System der Wissensordnung, die Herausbildung bestimmter literarischer Traditionen wie etwa der Traktate *De iustitia et iure* oder *De legibus*, die besondere Rolle der *auctoritates* im Argumentationsgang, die an der Schulbildung zum Ausdruck kommende wechselseitige Referenz sowie eine Reihe anderer Faktoren lassen es möglich und sinnvoll erscheinen, eine Diskursgemeinschaft zu rekonstruieren.[45] Vor allem aber – und darauf kommt es in unserem Kontext an – überwindet die Zuordnung von Autoren zu einer Diskursgemeinschaft die Fixierung auf einen festen Ort oder eine Institution. So wird es möglich, Texte, die in Salamanca, aber eben auch solche, die in Löwen, in Mexiko oder in Manila produziert wurden, in einen sinnvollen Zusammenhang zu bringen.

Dieses Kriterium hat noch einen weiteren Vorteil. Da sich Diskursgemeinschaften nicht notwendigerweise durch direkte Kommunikation etablieren, sondern auch durch den gemeinsamen Bezug auf bestimmte Autoritäten, Methoden, Denkstile konstituieren können, ermöglicht dieser Zugriff auch die Einbeziehung von Autoren, die ganz unabhängig voneinander arbeiteten und nicht durch wechselseitige Zitate, Bezugnahmen oder institutionelle Faktoren in Zusammenhang gebracht werden können. Scattola hat entsprechende Verbindungen zwischen Autoren der Schule von Salamanca und protestantischen Autoren aufgewiesen, etwa zu Althusius. Über die Frage nach ihrer Zugehörigkeit zu einer nach bestimmten Kriterien bestimmten Diskursgemeinschaft ließen sich auch Hinweise aufnehmen, wie sie Ditlev Tamm vor inzwischen über 30 Jahren im Blick auf den dänischen Theologen Niels Hemmingsen gemacht hat, dessen Werk er in mancher Hinsicht in einen Zusammenhang mit der Schule

45 Vgl. zu Textstrukturen *Jörg Meier*, Textstrukturen und Textmuster. Zum Modell einer historischen Textlinguistik, in: Claudia Wich-Reif (Hg.), Strukturen und Funktionen in Gegenwart und Geschichte. FS für Franz Simmler zum 65. Geburtstag, 2007, S. 605–627; zu Sprachgeographie und Sprachgeschichte *Reiner Hildebrandt*, Der Beitrag der Sprachgeographie zur Sprachgeschichtsforschung, in: Werner Besch et al. (Hg.), Sprachgeschichte. Ein Handbuch zur Geschichte der deutschen Sprache und ihrer Erforschung, 2. Aufl., 1998, S. 495–519, https://doi.org/10.1515/9783110112573.1.3.495.

von Salamanca sah.[46] Ähnliches würde für die Krakauer Kanonisten Stanislas de Skarbimierz (1360–1431) und für Pawel Wlodkowicz – Paulus Vladimiri (1370–1436)[47] gelten, dessen gegen die *haeresis Prussiana* gerichtetes Werk ebenfalls gelegentlich in einen Zusammenhang mit Salamanca gesetzt worden ist, zuletzt von Alfred Dufour.[48] Natürlich sind diese Autoren nicht Teil der Schule von Salamanca, doch könnten sie charakteristische Merkmale mit Autoren etwa aus Salamanca verbinden, die sie von anderen zeitgenössischen Diskursgemeinschaften unterscheiden – vor allem, wenn man nicht allein auf die Ergebnisse ihrer Erörterungen blickt, sondern auf Autoritäten, Textstrukturen, Referenzrahmen. Der Raum wird damit zu einem Faktor, der für die Zugehörigkeit zu einer Diskursgemeinschaft wichtig sein kann – zum Beispiel, weil die Verfügbarkeit normativer Information von räumlichen Faktoren beeinflusst wird: etwa der Zirkulation von Menschen und Objekten. Er ist aber nur noch ein Faktor, nicht mehr das definierende Kriterium.

Merio Scattola hat im Zusammenhang mit seinen Überlegungen zur Schule von Salamanca ausdrücklich von einem wissensgeschichtlichen Ansatz gesprochen.[49] Ihm ging es darum, eine Geschichte der Formen der Produktion gelehrten Wissens zu schreiben, nicht der Ergebnisse. Das entspricht nicht nur dem, was in den letzten Jahren in der *History of knowledge* diskutiert wird. Es erscheint mir besonders wichtig für die Schule von Salamanca, denn gerade diese dürfte sich weniger durch die von ihr verarbeitete normative Information auszeichnen, die Autoritäten, auch nicht durch die Ergebnisse – also etwa inhaltliche

---

46 *Ditlev Tamm*, Rechtswissenschaft im Dienste der Theologie. Zur Stellung der Rechtswissenschaft an den nordischen Universitäten im 17. Jahrhundert, in: Inger Dübeck et al. (Hg.), Med lov skal land bygges og andre retshistoriske afhandlinger, 1989, S. 185–195.

47 *Stanislaus F. Belch*, Paulus Vladimiri and his doctrine concerning international law and politics, vol. 1–2, 1965.

48 *Alfred Dufour*, Droit international et chrétienté: des origines espagnoles aux origines polonaises du droit international. Autour du sermon De bellis justis du canoniste polonais Stanislas de Skarbimierz (1360–1431), in: Pierre-Marie Dupuy/Vincent Chetail (Hg.), The Roots of International Law. Liber Amicorum Peter Haggenmacher, 2014, https://brill.com/view/book/edcoll/9789004261655/B9789004261655_005.xml; *Belch*, Paulus Vladimiri, vol 1 (o. Fn. 47).

49 *Merio Scattola*, Krieg des Wissens – Wissen des Krieges. Konflikt, Erfahrung und System der literarischen Gattungen am Beginn der Frühen Neuzeit, 2006.

Aussagen, die häufig sehr unterschiedlich waren – als vielmehr durch die Form der Verarbeitung der normativen Information.[50]

Das gilt umso mehr, als sich über diesen wissensgeschichtlichen Ansatz nicht nur die Schule bzw. ihre Teile als Phänomen gelehrter Praxis erfassen ließe, sondern auch eine weitere, bisher wenig beachtete, vielleicht aber mindestens ebenso wichtige Dimension der Schule von Salamanca selbst: nämlich ihre Funktion als ‚Gemeinschaft pragmatischer Normerzeugung'.

VI. Die Schule von Salamanca: eine Gemeinschaft pragmatischer Normerzeugung?

Was meine ich damit? – Es ist bekannt und gerade auch in den letzten Jahren deutlicher herausgearbeitet worden, dass die Theologen in Salamanca zwar wichtige Beiträge zur Jurisprudenz formuliert haben, ihr eigentliches Anliegen aber ein soteriologisches und auf den Einzelfall bezogenes war.[51] Es ging ihnen um die Rettung des Seelenheils, um die dafür notwendige Beratung und Lösung von Einzelfällen, die je nach ihren konkreten Umständen zu beurteilen waren. Francisco de Vitoria drückt diese eigentliche Aufgabe der *cura animarum* klar aus, wenn er im Blick auf die abstrakt formulierten Konstellationen, die ihm vorgelegt wurden, hervorhob: „Es ist kein Dienst an Gott, auf Fälle zu antworten, sondern denen, die fragen, um ihr Gewissen zu entlasten, und die sich an das halten, was man ihnen rät."[52] Auch wenn dieses pragmatische Anliegen zum Teil auch in den großen Traktaten selbst zum Ausdruck kommt, etwa wenn Domingo de Soto an verschiedenen Stellen seines *De iustitia et iure* darauf hinweist, dass es die mit dem Wucher einhergehenden Gefährdungen des

---

50 Mit der Formulierung der ‚normativen Information' beziehe ich mich auf Überlegungen H. P. Glenns, die auch für die Schule von Salamanca weiterführend sein könnten; vgl. *Thomas Duve*, The School of Salamanca – a common law?, in: Helge Dedek/William Twining (Hg.), Sustainable Diversity in Law (im Erscheinen).

51 *Thomas Duve*, Katholisches Kirchenrecht und Moraltheologie im 16. Jahrhundert: Eine globale normative Ordnung im Schatten schwacher Staatlichkeit, in: Stefan Kadelbach et al. (Hg.), Recht ohne Staat? Zur Normativität nicht-staatlicher Rechtssetzung, 2011, 147–174.

52 Vgl. 'Disensiones del reverendo padre maestro fray Francisco de Vitoria sobre ciertos tratos de mercaderes', in: *Francisco de Vitoria*, Disensiones del reverendo padre maestro fray Francisco de Vitoria sobre ciertos tratos de mercaderes, in: María Idoya Zorroza Huarte (Hg.), Francisco de Vitoria. Contratos y usura, 2006, S. 302 (301–306): "Y no es servicio de Dios responder a los casos, sino a los que preguntan por sanear sus conciencias y hacen lo que se les dice".

Seelenheils waren, die ihn zum Verfassen seines Traktats animiert haben,[53] so gerät diese eigentliche Ausrichtung manchmal in Vergessenheit. Die sogenannte Beichtstuhljurisprudenz[54] war, um es plakativ zu fassen, eben mehr ‚Beichtstuhl' als ‚Jurisprudenz'. Die Theologie war eine praktische Wissenschaft, die Theologen hatten ein pragmatisches Anliegen:[55] Es ging um die richtige Entscheidung, und für dieses Ziel der Herstellung einer richtigen Entscheidung stützten sie sich auf ein besonderes Verfahren.

Dieses Verfahren war gekennzeichnet durch eine bestimmte Verbindung von Autoritäten und *ratio*. Der Vorrang gebührte dabei eindeutig der *ratio*. Denn mit der *ratio* war ein Verfahren zur Herstellung einer richtigen Auswahl zwischen den *auctoritates* gemeint. Das Zusammenstellen der relevanten Autoritäten und ein besonderes Verfahren der Herstellung einer Entscheidung, Topik und Dialektik, kennzeichnen deswegen das Erkenntnisverfahren der Schule von Salamanca. Es war ein Verfahren der Erzeugung einer Handlungsanweisung, an die man sich zu halten hatte, einer Norm – man könnte unter Rekurs auf einen von Wolfgang Fikentscher vor vielen Jahren entwickelten Begriff von einer ‚Fallnorm' sprechen. Der bereits erwähnte Merio Scattola beschreibt den in diesem topischen Verfahren zurückgelegten Weg anschaulich als „spiralartige Bewegungen" um ein „unbestimmtes Zentrum", die „fortwährend unterbrochen werden, aber immer wieder von neuen, peripheren Punkten ansetzen".[56] Anders als bei

53 Zu Beginn des 6. Buchs schreibt Domingo de Soto, dass es gerade die *usura* und die Ungerechtigkeit der Verträge gewesen sei, die ihn motiviert habe, sein Werk zu verfassen: „Eo denique destinati operis perventum nobis est, cuius praecipue gratia de illo coepimus cogitare. Haec inquam usurarum, contractuum, cambiorumque ac simoniarum sylva in animum potisssime nobis induxit, ut tantam operem molem aggrederemur Domingo de Soto, De iustitia et iure, Tomus Segundo, Lib. VI, Prooemium, Madrid [Salamanca] 1968 [1557], fol. 505; ähnlich auch im *Prooemium* zum Gesamtwerk: „[…] peperit tamen humana libido per temporum iniquitatem, parturitque in dies novas fraudulentiae formas, quibus contra ius & fas suam quisque expleat insatiabilem avaritiam. Quapropter nihil aliud quam operae pretium arbitrandum est si iniqua pacta & conventa, & cambia, tamquam adeo multa usurae simoniaeque recentia genera in animum nobis induxerunt, nova de re veteri volumina aedere", Domingo de Soto, De iustitia et iure, Libri decem, Tomo Primero, Lib. I, Prooemium, Madrid [Salamanca] 1967 [1556], fol. 5.

54 *Mathias Schmoeckel*, Beichtstuhljurisprudenz, in: Albrecht Cordes, et al. (Hg.), Handwörterbuch der deutschen Rechtsgeschichte, 2. Aufl., Bd. 1, 2013, Sp. 505–508, http://www.hrgdigital.de/.download/pdf/beichtstuhljurisprudenz.pdf.

55 Vgl. dazu z. B. *Duve*, Kirchenrecht und Moraltheologie (o. Fn. 51); *Duve*, ZRG GA 132 (o. Fn. 10), S. 116–151; *Decock*, Theologians and Contract Law (o. Fn. 12).

56 *Scattola*, Krieg des Wissens (o. Fn. 49), S. 22.

der modernen Logik, die in stringenten und geschlossenen Systemen denkt, ging es also darum, das an unterschiedlichen Orten vorhandene Wissen in den Reflexionsgang einzubeziehen.

Hinter diesem Erkenntnisverfahren stand die Überzeugung, dass es viele Teilwahrheiten aufzufinden gebe, deren scheinbare Widersprüchlichkeit nicht als Konflikt bewertet wurde, sondern als unterschiedlicher Zugang zu einer letzten gemeinsamen Ordnung. Diese wurde vorausgesetzt, musste als Ganze dem menschlichen Erkenntnisvermögen jedoch unzugänglich bleiben. Sie ließ sich nicht in ein in sich kohärent abgeschlossenes System von Begriffen zwängen, aus dem alle notwendigen Antworten abgeleitet werden konnten. Vielmehr mussten bestimmte Punkte definiert werden, um die herum das relevante Wissen angeordnet war: die *loci communes*. Für die Bewertung einer konkreten Frage musste es aber darum gehen, im Rahmen der zu lösenden *Quaestio* die in diesem Fall als relevant anzusehenden Autoritäten in den Erkenntnisgang einzubeziehen. Deswegen war die kunstgerechte Sammlung und Anordnung der Autoritäten wichtig, war sie doch der Ausgangspunkt jeder eigenen Argumentation. Doch zwischen diesen Autoritäten war nun nach den Regeln der praktischen Vernunft, also Klugheitslehren, zu entscheiden – und dies vor allem im Blick auf den konkreten Einzelfall.

Ich betone dieses Verfahren zur Herstellung einer Entscheidung deswegen, weil dieses für die historische Bedeutung der Schule von Salamanca besonders wichtig gewesen sein dürfte. Die großen Traktate sind zu Recht in ihrer Bedeutung für die Wissenschaftsgeschichte erkannt worden, dienen sie doch bis heute als Inspirationsquellen für das Nachdenken über große Probleme auch des Rechts. Für die Zeitgenossen dürften diese großen Traktate aber vor allem funktional hilfreich gewesen sein, für die intensive Gutachtentätigkeit, die Beratung, auch die Jurisdiktion im *forum internum*. Die für die politische und soziale Kommunikation des 16. und im 17. Jahrhunderts auf der iberischen Halbinsel geradezu charakteristische Kultur der Konsultation und Beratung brachte es mit sich, dass in Salamanca, aber auch an anderen Orten, unaufhörlich Gutachten verfasst, Ratschläge erteilt und über praktische Fragen entschieden wurde. Wir sehen dies auf höchster Ebene in den vor dem König abgehaltenen *Juntas*, in der wichtigen Rolle der Beichtväter, an Institutionen wie der 1532 eingerichteten *Mesa da Consciência e Ordens* der portugiesischen Krone oder an den Anfragen, die von der Krone an die Gelehrten von Salamanca gerichtet wurden.[57] Im Alltag

57 Vgl. zur Mesa da Consciência e Ordens *Giuseppe Marcocci,* Conscience and Empire: Politics and Moral Theology in the Early Modern Portuguese World, Journal of Early Modern History 2014, S. 473–494.

waren es Priester und Moraltheologen, die mit einer Fülle von Anfragen konfrontiert wurden.[58] Nicht immer waren sie davon begeistert: „Ich habe eigentlich keine Lust, auf diese Fälle der Wechsler zu antworten, ohne zu wissen, wer Auskunft haben will und weswegen. Denn viele fragen doch nur, um einen Vorteil zu haben, und sich zu freuen, wenn man ihnen eine Erlaubnis gibt. Und wenn man etwas sagt, das gegen ihre Interessen geht, kümmern sie sich nicht darum und machen sich über die Lehre und ihren Autor lustig", schrieb Francisco de Vitoria an den Beginn einer seiner Antworten auf typisierte Fragen nach der Zulässigkeit bestimmter Handelsbräuche.[59] Priester entschieden aber auch im Nachhinein, als *iudices animarum* im *forum internum*, bei der Beichte;[60] sie wurden also *tam in consiliis quam in judiciis* tätig, wie es in der Tradition der Beichtsummen hieß.[61]

Neben die große Literatur, auf die sich unsere Aufmerksamkeit bisher konzentriert hat, müssen wir deswegen auf einen anderen Literaturtypus achten, den ich als pragmatische Literatur bezeichnen möchte. Es handelt sich nicht zuletzt um pastorale und katechetische Literatur, vor allem natürlich um Beichtliteratur. Es dürfte kein Zufall sein, und auch nicht bloß ökonomischen Interessen geschuldet, dass führende Köpfe der Schule von Salamanca gerade auch solche Werke verfassten. Der erste Text, der mit dem Namen von Francisco de Vitoria im Druck publiziert wurde, ist ein ihm zugeschriebener Beichtspiegel, und auch gelehrte Kanonisten wie Martín de Azpilcueta und viele andere verwandten erhebliche Energie auf die Abfassung solcher pragmatischer Literatur, den ‚*bestsellern*' insbesondere des Buchhandels mit den Missionsgebieten.[62]

58 Vgl. *Antonio González Polvillo*, El gobierno de los otros. Confesión y control de la conciencia en la España Moderna, 2010; *Patrick J. O'Banion*, The sacrament of penance and religious life in golden age Spain, 2013.

59 'Disensiones del reverendo padre maestro fray Francisco de Vitoria sobre ciertos tratos de mercaderes', in: *Vitoria*, in: Huarte, Francisco de Vitoria (o. Fn. 52), S. 302 (301–306).

60 Vgl. *Adriano Prosperi*, Die Beichte und das Gericht des Gewissens, in: Paolo Prodi/Wolfgang Reinhard (Hg.), Das Konzil von Trient und die Moderne, 2001, S. 175–197; *Miriam Turrini*, Il giudice della coscienza e la coscienza del giudice, in: Paolo Prodi (Hg.), Disciplina dell'anima, disciplina del corpo e disciplina della società tra medioevo ed età moderna, 1994, S. 279–294.

61 Vgl. zu dieser Tradition *Joseph Goering*, The Internal Forum and the Literature of Penance and Confession, in: Wilfried Hartmann/Kenneth Pennington (Hg.), The history of medieval canon law in the classical period, 1140–1234. From Gratian to the Decretals of Pope Gregory IX, 2008, S. 379–428.

62 *Otto Danwerth*, La circulación de literatura normativa pragmática en Hispanoamérica (siglos XVI-XVII), in: Thomas Duve (Hg.), Actas del XIX Congreso del Instituto

Ich kann auf die vielen, mit dieser Literatur verbundenen Fragen nicht eingehen.[63] Mir scheint allerdings, dass wir das eigentliche Anliegen und wohl auch die historische Bedeutung der Schule von Salamanca nicht angemessen einschätzen, wenn wir sie aus unserer auf die Wissenschaftsgeschichte konzentrierten Perspektive vor allem mit den großen gelehrten systematischen Traktaten identifizieren. Ihr soteriologisches Anliegen, ihr topisches Verfahren, nicht zuletzt aber auch der Stellenwert, den die pragmatische Literatur für die Autoren selbst und am Buchmarkt und damit für die Vermittlung normativer Information hatte, legt es nahe, die Schule von Salamanca auch als eine Gemeinschaft pragmatischer Normerzeugung anzusehen. ‚Normerzeugung' im Sinne von Fallnormen, in moderner Diktion also konkret individuellen Normen – und ‚pragmatisch' im Sinne der Ausrichtung auf die Praxis. Die Anregung, diese Literatur als pragmatisch zu bezeichnen, habe ich übrigens einem Autor entnommen, der sich mit der Bedeutung dieser populären Literatur im Spätmittelalter beschäftigt hat und die entsprechende Literatur als ‚Hülfsmitttel der Halbgelehrten' bezeichnete, der pragmatici: Roderich Stintzing.[64]

Was bedeutet es nun für die Frage nach dem Raum der Schule von Salamanca, wenn wir sie also nicht allein als gelehrte Diskursgemeinschaft, sondern mindestens gleichberechtigt als Gemeinschaft pragmatischer Normerzeugung verstehen? – Einiges: denn diese pragmatische Normerzeugung fand nicht nur an Orten gelehrter Kommunikation statt, sondern überall dort, wo diese pragmatische Normerzeugung unter Bezug auf ein bestimmtes Verfahren, bestimmte Autoritäten und in einer bestimmten Weise durchgeführt wurde, wahrscheinlich überall dort, wohin dominikanische Missionare kamen, innerhalb, aber auch jenseits der spanischen oder portugiesischen Monarchien. Die räumliche Dimension der Schule von Salamanca würde dadurch deutlich erweitert und abgelöst von den Zentren, an denen in großen Seminaren oder an Universitäten gelehrt wurde.

Internacional de Historia del Derecho Indiano. Berlin 2016, vol. 1, 2017, S. 359–400, http://hdl.handle.net/10016/25729.

63 Vgl. dazu Thomas Duve/Otto Danwerth (Hg.), Knowledge of the pragmatici: Legal and Moral Theological Literature and the Formation of Early Modern Ibero-America (im Erscheinen).

64 *Johann August Roderich von Stintzing*, Geschichte der populären Literatur des römisch-kanonischen Rechts in Deutschland am Ende des fünfzehnten und im Anfang des sechszehnten Jahrhunderts, 1867, XXXVII.

VII. Konstruktion, Kommunikation und Komparation als Faktoren der rechtshistoriographischen Raumbildung

Konstruktion, Kommunikation und Komparation, so die Überlegung am Beginn, sind drei wichtige Faktoren für die Herausbildung der Räume, die wir unserer rechtshistorischen Forschung zu Grunde legen.

Über die Konstruktion des Raumes der Schule von Salamanca habe ich einiges gesagt: warum die Schule als Anfang von allem erschien – und welche anderen Kriterien zur Konstruktion eines Raumes geeignet sein könnten. Die Konstruktion eines aus meiner Sicht angemessenen Raumes begann deswegen mit einer Dekonstruktion der analytischen Tradition und der aus ihr resultierenden Pfadabhängigkeiten. Doch Dekonstruktion ist leicht, Konstruktion schwieriger. Für diese habe ich ein wissensgeschichtliches Vorgehen skizziert und zunächst die Schule von Salamanca als Diskursgemeinschaft identifiziert, die anhand von bestimmten Argumentationsformen, Referenzautoren, Wissensstrukturen von anderen Phänomenen gelehrter Praxis zu unterscheiden ist.

Neben diese Sicht als Diskursgemeinschaft habe ich eine zweite Dimension der Schule gestellt: die Schule als Gemeinschaft pragmatischer Normerzeugung. Diese lässt sich nicht allein durch gelehrte Praktiken, sondern vor allem durch ein Verfahren der Herstellung einer Fallnorm für einen konkreten Fall kennzeichnen.

Mit diesen beiden ‚Gemeinschaften' habe ich auch den Aspekt der Kommunikation angesprochen: denn Diskursgemeinschaften oder auch Gemeinschaften pragmatischer Normerzeugung stehen in einem kommunikativen Zusammenhang: Er kann über gemeinsame Ausbildung, Ordenszugehörigkeit, meist über Medien vermittelt sein. Er kann unmittelbar oder mittelbar sein, also durch wechselseitige Bezugnahmen aufeinander oder auf gemeinsame Referenzpunkte. Der Ort selbst ist in beiden Fällen aber nicht mehr definierendes Kriterium, sondern nur noch ein Faktor, der auf die Verfügbarkeit normativer Informationen Einfluss haben kann.

Als letztes die Komparation: bei der Bestimmung des Raumes unserer Forschung dürfte es sinnvoll sein, auch solche Orte einzubeziehen, bei denen keine unmittelbare synchrone Kommunikation mit anderen Punkten im Raum bestand. Doch Diskursgemeinschaften können auch durch gemeinsamen Rückbezug auf bestimmte intellektuelle Tradition, Autoren, also vermittelt über einen gemeinsamen Dritten entstehen. Gerade solche Fälle mögen auf Phänomene der Koevolution aufmerksam machen. Diese Orte lassen sich aber nicht über die Rekonstruktion von Kommunikationsbeziehungen ermitteln. Dafür bedarf es eines Katalogs von Kriterien.

Für diese Vergleiche, aber auch zur Rekonstruktion von Diskursgemeinschaften, dürften die Methoden der digitalen Humanwissenschaften eine nicht zu unterschätzende Hilfe bieten, können Sie uns doch helfen, die Fingerabdrücke der Texte klarer sichtbar zu machen.

VIII. Schluss

Ein Wort zum Schluss: In seiner eindrucksvollen Studie zu den rechtshistorischen Folgen der schwedischen Herrschaft in Livland kam Heikki Pihlajamäki zu dem Ergebnis, dass auch nach 80 Jahren das Recht der schwedischen Herrscher in Livland nur geringe Spuren hinterlassen hat.[65] Schon vorher war Livland ein Laboratorium des Rechtspluralismus – der Deutsche Orden, die weltliche Herrschaft von Bischöfen, die Eingliederung als Großherzogtum in das Königreich Polen, der intensive Kontakt mit den deutschen Ländern, die Aneignung von Rechtsbüchern, die Hanse, das gemeine Recht: Alles das hatte die Rechtsgeschichte der Region geprägt. Gegenüber der nicht gelehrten schwedischen Rechtskultur blieb man, so habe ich seine Ausführungen verstanden, offenbar weitgehend *resilient*. Es scheinen nicht zuletzt die Praktiken gewesen zu sein, die dem neuen Recht und den Reformen Grenzen setzten. Praktiken sind stärker als jedes Gebot. Sie steuern die gelehrte Praxis oder auch die gerichtliche oder legislative Praxis – und eben auch die Herstellung einer Fallnorm.

Warum ist das so wichtig? Am Beginn des Vortrags habe ich davon gesprochen, dass die Konstruktion unserer Rechtsräume häufig von Pfadabhängigkeiten, innerhalb dieser insbesondere den analytischen Traditionen abhängt, vor allem dem Rechtsbegriff. Wir sind es gewohnt, historische Rechtsräume nach der Präsenz von Rechtsbüchern, von Gesetzen, oder auch dem Grad der Verwissenschaftlichung, also nach den als relevant angesehenen Rechtsquellen, vielleicht auch als Parallele zu politischen Räumen – Nationalstaaten oder Imperien – zu definieren. Das ist ein wichtiger und richtiger Zugriff. Die Praxis – hier: die Praxis der Normerzeugung im Bereich der Gewissensverwaltung, aber auch darüber hinaus – scheint demgegenüber in geringerem Maß Verallgemeinerungen zugänglich. Doch hinter dieser Praxis stehen neben Rechtsquellen

---

65 *Heikki Pihlajamäki*, Conquest and the Law in Swedish Livonia (ca. 1630–1710). A Case of Legal Pluralism in Early Modern Europe, 2017.

oft auch stabile und rekonstruierbare Praktiken. Sie stehen hinter Normengeschichte, Wissenschaftsgeschichte und Praxisgeschichte.[66]

Vielleicht sollten wir diesen Praktiken größere Aufmerksamkeit widmen und fragen, ob wir Rechtsräume nicht vielleicht auch als Räume von Praktiken des Normativen konstruieren können. Das Bild unserer Rechtsgeschichten würde dadurch sicher reicher, und vielleicht auch anders. Für die Schule von Salamanca ändert sich jedenfalls dadurch die Karte, in die wir sie einzeichnen, gewaltig.

Statt eines Zentrums, von dem sternförmig Strahlen in alle Weltregionen ausgehen, erscheint diese nun als ein Netz mit vielen Knotenpunkten, größeren und kleinen, das sich jedenfalls im 16. und 17. Jahrhundert über die Welt gelegt hat und gerade wegen der alltäglichen Normerzeugung zur Herausbildung dessen beigetragen hat, wofür die Schule von Salamanca von vielen bewundert und von nicht wenigen kritisiert wird: dass sie dazu beigetragen hat, eine juristisch-politische Sprache herauszubilden, in der noch heute weltweit über Fragen von Recht und Gerechtigkeit kommuniziert wird.

---

66 *Peter Oestmann*, Normengeschichte, Wissenschaftsgeschichte und Praxisgeschichte. Drei Blickwinkel auf das Recht der Vergangenheit, Max Planck Institute for European Legal History Research Paper Series 2014, https://ssrn.com/abstract=2526811.

Danuta Janicka

Rechtliche Maßnahmen gegen Bettelei und Landstreicherei in der Neuzeit (bis zum ausgehenden 19. Jahrhundert)

Abstract: Legal measures against begging and vagrancy in modern times (until the late 19th century) The subject of this article is the legal measures related to combating beggary and vagrancy in the chosen European countries in modern times, until the 19th century. The main analysis is preceded by a historical introduction. The author reiterates that ancient and medieval societies and public authorities widely tolerated beggars and vagrants. She explains that this attitude towards the 'dregs' of society resulted from some religious precepts and the positive attitude of the Church. She subsequently asks when the first attempts to restrict, restrain and inspect beggars and vagrants took place. Simultaneously she asks what the reasons for those restrictions were. The author focuses on the period from 16th to 19th century inclusive. In the 16th century a fight against beggars and vagrants began in many European countries. Beggary in public places was prohibited, beggars were directed to their birthplace or to one of the poorhouses, and those able to work were sent to workhouses. The author proposes that the fight against beggars and vagrants primarily arose for religious and economic reasons. In modern Europe new rules of Protestantism were developed that attached great importance to human work. Furthermore, rapid economic growth in many countries was associated with periodic labour shortages. Gradually beggary and vagrancy became considered a breach of moral rules and public safety. In the 19th century beggary and vagrancy were placed in criminal codes and special legislation acts as delinquencies. Almost every European criminal code imposed penalties for the abovementioned acts, in particular the short-term arrest penalties were often combined with the forced labour.

Keywords: history of beggary, history of vagrancy, combating begging, workhouses, criminalisation of begging

I. Vorbemerkungen

„Bettler sterben nie aus" – schrieb Ende des 19. Jahrhunderts ein polnischer Jurist, einer der Sachkenner auf diesem Gebiet und fügte hinzu: „Denn die Geschichte lehrt, wo sie im Altertum angetroffen wurden, an der Schwelle der Tempel oder Paläste, sind sie auch heute noch dort zu treffen".[1] Obwohl seit

1 *Aleksander Męciński*, O żebractwie i włóczęgostwie ze stanowiska historycznego, socjalno-ekonomicznego i prawnego [Über Bettelei und Landstreicherei aus der

dieser Feststellung etwa 125 Jahre vergangen sind, ist sie weiterhin aktuell, auch wenn sich teilweise die Orte änderten, wo die Bettler um Almosen bitten.

Meine Studie[2] beschäftigt sich mit der Frage der Bettelei und Landstreicherei im Lichte der Maßnahmen, die von den Behörden einiger ausgewählter europäischer Staaten, besonders auf dem Felde der Gesetzgebung, getroffen wurden. Der Hauptteil widmet sich der Neuzeit bis zum Ende des 19. Jahrhunderts. Der Darstellung ist eine knappe geschichtliche Übersicht vorangestellt, welche die Beziehung der Gesellschaft und des Staates zur Bettelei und Landstreicherei im Altertum und Mittelalter beleuchtet. Der Zeitrahmen ist durch die geschichtlichen Fakten bestimmt. Bis zum Ende des 19. Jahrhunderts trafen die öffentlichen Behörden intensive Maßnahmen, die ohne Zweifel zwischen der Sicherung der sozialen Fürsorge und der Strafverfolgung von Bettlern und Landstreichern wankten. Das 20. Jahrhundert und besonders dessen zweite Hälfte gebar die Wohlstandsgesellschaft und den Sozialstaat. Damit entstanden mehrere neue soziale Sicherungs- und Fürsorgesysteme. Gleichzeitig milderte man die Strafverfolgung der Bettler und Landstreicher. Diese Änderungen gehören jedoch der Gegenwart an und als solche werden sie nicht als Gegenstand im Rahmen dieser Studie analysiert.

Erstens stellt sich die Autorin die Aufgabe, die Motive zur Bekämpfung der Bettelei zu ermitteln und insbesondere festzustellen, welche Rolle ökonomische Bedingungen bzw. andere Faktoren spielten. Ein weiteres Ziel ist es, eine Antwort darauf zu finden, ob und wie sich die Strafverfolgung im Laufe der Zeit änderte. Weiterhin will die Autorin feststellen, ob sich die europäischen Staaten ähnlicher Methoden zur Bekämpfung der Bettelei und Landstreicherei bedienten.

II. Die Bettelei und Landstreicherei im Altertum und Mittelalter

Im Altertum bildeten Bettler einen sichtbaren Bestandteil der Gesellschaft. So hatten beispielsweise im Nahen Osten die armen Juden das Recht auf Unterstützung, darunter auf einen Teil der Ernte. Die jüdischen Religionsbestimmungen

---

geschichtlichen, sozial-ökonomischen und rechtlichen Perspektive], 1893, S. 208. Der Verfasser dieses umfangreichen Buches (314 Seiten) stützte seine Ausführungen auf die westeuropäische Fachliteratur.

2 Die Geschichte des modernen Strafrechts und der Strafrechtswissenschaft, vornehmlich zur Verfolgung sowie zur Bestrafung der Bettler, wurde von der Autorin im Rahmen des staatlichen Zuschusses Nr. 2014/15/B/HS5/03161 des Nationalen Wissenschaftszentrums [Narodowe Centrum Nauki] in Krakau untersucht.

sahen auch ein Sonderbudget zugunsten der Mittellosen und sogar die Spendenpflicht von Almosen für sie vor. Der Koran ordnete an, von reichen freien und volljährigen Personen ein Zehntel ihrer Einkünfte für Unterstützung des Islams und der Armen einzuziehen. Die Bettelei war nur dann zugelassen, wenn ein Moslem keine ausreichenden Lebensmittel besaß, um den Tag überleben zu können.[3]

In der Odyssee von Homer findet man unter den vielen Nebenfiguren einen Berufsbettler namens Arnaios mit dem Spitznamen Iros.[4] Sogar Odysseus selbst kam nach Ithaka als Bettler verkleidet und zeigte sich dort in Fetzen, mit einem Stock in der Hand und übergehängter Tasche.[5] Dabei ist auch daran zu erinnern, dass sowohl im griechischen als auch im römischen Altertum die Armen eine Hilfe vom Staat bezogen. Nach den Peloponnesischen Kriegen bekamen Kriegsinvaliden, später auch alle armen arbeitsunfähigen Athener, eine tägliche Unterstützung in Höhe von 2 Obolus. Die Gracchische Reform der römischen Republik ordnete u.a. die Verteilung von Getreide an die Ärmsten an. Julius Caesar empfahl eine Beschränkung dieser Hilfe auf 150.000 Betroffene. Unabhängig von der weiter praktizierten Verteilung von Brot und Getreide begann man in der römischen Republik mit dem Bau von Armenhäusern für Greise und Behinderte, die mit öffentlichen Mitteln finanziert wurden.[6] Manchmal kam es zwar zu Vorkommnissen, die auf eine grausame Behandlung der Bettler schließen lassen, doch das geschah nur selten. Als Beispiel für ein solch unmenschliches

---

3 *Męciński*, Über Bettelei (o. Fn. 1), S. 101 f.

4 *Homer*, Odyssee, 18. Gesang, 1–6 (Faustkampf zwischen Odysseus und Iros): „Aber von Ithaka kam ein Bettler hinzu, der die Gassen/ Haus bei Haus durchlief, ein weitberüchtigter Vielfraß:/ Immer füllt' er den Bauch mit Essen und Trinken, und hatte/ Weder Stärke noch Kraft, so groß auch seine Gestalt war./ Dieser hieß Arnaios; denn also nannt' ihn die Mutter/ Bei der Geburt; allein die Jünglinge nannten ihn Iros,/ Weil er gerne mit Botschaft ging, wenn es einer verlangte". Quelle: http://www.gottwein.de/Grie/hom/od18de.php (letzter Zugriff 12.03.2018).

5 *Homer* (o. Fn. 4), 13. Gesang, 434–438 (Athene gibt Odysseus die Gestalt eines bettelnden Greises): „Statt der Gewand' umhüllt' ihn ein hässlicher Kittel und Leibrock/ Beide zerlumpt und schmutzig, vom hässlichen Rauche besudelt./ Auch bedeckt' ihn ein großes Fell des hurtigen Hirsches,/ Kahl von Haaren. Er trug einen Stab und garstigen Ranzen,/ Allenthalben geflickt, mit einem geflochtenen Tragband". Quelle: http://www.gottwein.de/Grie/hom/od18de.php (120.03.2018). Vgl. *Christian Bonale*, Bettelei bei Homer. Die Darstellung eines gesellschaftlichen Phänomens im frühen Griechenland, 2012. Eingehende Leseprobe: https://www.grin.com/document/191589 (letzter Zugriff: 26.03.2018).

6 *Męciński*, Über Bettelei (o. Fn. 1), S. 102 f.

Verhalten kann die Tat des Kaisers Commodus dienen, der eine gewisse Zahl von Bettlern fangen und sie als Ungeheuer verkleiden ließ. Später tötete er alle eigenhändig als Herkules verkleidet.[7]

Das Mittelalter und die zeitgenössische christliche Ethik brachten eine gewisse neue Haltung gegenüber der Armut und was daraus folgt, der Bettelei. Die Armut wurde zu einem fundamentalen geistigen Wert und die Kirche ermutigte ihre Gläubigen, in Armut zu leben und auch Almosen zu spenden.[8] So versammelten sich die Bettler um die Klöster und Kirchen herum, besonders in den Städten, wo die Almosen leichter zu bekommen waren.[9] Über das ganze Mittelalter hindurch konnten sie auf die breite Unterstützung der Herrscher, der kirchlichen Einrichtungen und der Stadtbehörden setzen, was im Einklang mit dem Barmherzigkeitsgebot stand. Seit dem 13. Jahrhundert begann man unter dem Einfluss von Papst Innozenz III., zahlreiche Kranken- und Armenhäuser für Notleidende und Behinderte zu gründen. Getrennt baute man Herbergen für Wanderpilger. Die Einrichtungen entstanden nicht nur als Folge der Kreuzzüge, sondern auch aus der neuen Sichtweise auf die Armut, wie sie sich allmählich herausbildete. Während man aber den armen Mönchen aus den Bettelorden und den Einsiedlern mit Achtung begegnete, geriet die einfache Bettelei in den Ruf, eine würdelose Tätigkeit zu sein. Gleichzeitig etablierte sich die Überzeugung, die Gesellschaft müsse ehrliche Bettler von unehrlichen unterscheiden. Unabhängig davon war der Bettlerstatus ungefähr bis zum 13. Jahrhundert äußerst attraktiv, auch wenn erste Regulierungen die Landstreicherei verurteilten.[10]

Die ersten Anordnungen, die sich direkt gegen die Bettelei richteten, entstanden ungefähr an der Schwelle des 13. zum 14. Jahrhundert. Einige von ihnen schränkten die Orte ein, wo man betteln durfte, andere die Zeitspanne, in der die Bettelei zugelassen war. Einen großen Schub für ein entschiedenes Vorgehen gegen Bettelei brachte die zweite Hälfte des 14. Jahrhunderts, als sich infolge

---

7 *Męciński*, Über Bettelei (o. Fn. 1), S. 14–15.

8 *Bronisław Geremek*, Geschichte der Armut. Elend und Barmherzigkeit in Europa, 1991, S. 26 f. Vgl. auch den Überblick bei: *Eberhard Eichenhofer*, Geschichte des Sozialstaats in Europa. Von der „sozialen Frage“ bis zur Globalisierung, 2007, S. 20 f. (christliche Wurzeln), S. 22–24 (Armenfürsorge und Kampf gegen das Betteln).

9 *Męciński*, Über Bettelei (o. Fn. 1), S. 20–28. Vgl. *Helmut Bräuer*, Bettler in frühneuzeitlichen Städten Mitteleuropas, in: Beate Althammer (Hg.), Bettler in der europäischen Stadt der Moderne: Zwischen Barmherzigkeit, Repression und Sozialreform, 2007, S. 23–58.

10 *Geremek*, Geschichte der Armut (o. Fn. 8), S. 52 f. Vgl. *Męciński*, Über Bettelei (o. Fn. 1), S. 105.

einer Reihe von Epidemien und Bevölkerungsrückgang das Angebot an Arbeitskräften verkleinerte.[11] König Eduard III. von England ergriff als einer der ersten entschiedene Maßnahmen in diese Richtung; er erließ 1349 die *Ordinance of Labourers*, welche alle gesunden Männer mit einer Arbeitspflicht belegte, und zwar unter Androhung der Gefängnisstrafe. Einen ähnlichen Charakter hatte die Ordonnanz von Johann dem Guten aus dem Jahr 1351 und auch die weitere Ordonnanz von 1354. Beide ordneten eine Arbeitspflicht unter Androhung von Pranger, Geißelung und Verbannung an.[12]

Im 14. und besonders im 15. Jahrhundert folgten viele europäische Städte mit dem Verbot der Bettelei. Insbesondere gesundheitliche und hygienische Gründe begünstigten die Verbote; sie sollten Seuchen vorbeugen und ihre Verbreitung verhindern. Das Nürnberger Verbot ist beispielhaft. Die Reichsstadt Nürnberg bestimmte, dass niemand betteln darf, ohne ein Sonderabzeichen aus Metall zu tragen. Auf diese Weise versuchte man die Bettler zu kontrollieren und sogar ein Register über diese zu führen. Das alles waren die ersten Versuche zur Regulierung der Bettelei, was Historiker heute als konzessionierte Bettelei bezeichnen.[13]

III. Die neuzeitliche Politik der staatlichen und gemeindlichen Behörden gegenüber der Bettelei und Landstreicherei

Der Kampf gegen die Bettelei intensivierte sich im 14. Jahrhundert deutlich. Man führte ihn zu dieser Zeit gleichzeitig von zwei Richtungen: von der Seite der Staatsbehörden und der städtischen Behörden der Großstädte aus. Die neue protestantische Religion, die sowohl den Bettelorden als auch den gewöhnlichen Bettlern gegenüber feindlich gesinnt war, verschärfte ab dem 16. Jahrhundert unmittelbar die Repression.[14] Auch die katholische Kirche begann die öffentliche

---

11 *Geremek*, Geschichte der Armut (o. Fn. 8), S. 94–98.

12 Vgl. *Eichenhofer*, Geschichte des Sozialstaats (o. Fn. 8), S. 22; *Paul Felix Aschrott*, Das englische Armenwesen in seiner historischen Entwicklung und in seiner heutigen Gestalt, 1886. Ähnliche Anordnungen wurden in Portugal und Aragonien erlassen – vgl. *Geremek*, Geschichte der Armut (o. Fn. 8), S. 99–101.

13 *Geremek*, Geschichte der Armut (o. Fn. 8), S. 57 f. Vgl. *Eberhard Isenmann*, Die deutsche Stadt im Mittelalter 1150–1550: Stadtgestalt, Recht, Verfassung, Stadtregiment, Kirche, Gesellschaft, Wirtschaft, 2. Aufl., 2014, S. 574–585 (Das Fürsorgewesen), S. 585–604 (Almosen und Betteln).

14 Martin Luther kritisierte in seiner Schrift „An den christlichen Adel deutscher Nation von des christlichen Standes Besserung" von 1520 sowohl die Bettelei als auch Bettelorden; er empfahl die Organisation der Sozialfürsorge in den Städten. Vgl. ausführliche Kommentare von *Thomas Kaufmann*, An den christlichen Adel deutscher Nation von

Bettelei und Landstreicherei zu verbieten, indem sie gleichzeitig ein zentralisiertes System der Armenfürsorge propagierte.[15]

England schritt mit Pioniertaten voran. Bereits im Jahre 1531 erließ König Heinrich VIII. ein Statut, in dem er die Überprüfung der Armen anordnete, um Personen zu identifizieren, die wirklich Unterstützung brauchten. Und nur solche sollten dann eine Bewilligung zur Bettelei bekommen. Die anderen ließ er gefangen nehmen und erlegte ihren Unterstützern eine Geldstrafe auf. Ein weiteres Statut desselben Herrschers aus dem Jahre 1535 errichtete eine Stiftung, welche die Armenhilfe finanzieren sollte. Die englischen Reformen fanden ihre Krönung in einer Reihe von Verordnungen Königin Elisabeths aus den Jahren zwischen 1597 und 1601. Sie stellte darin einige fundamentale Grundsätze auf. Erstens sollte die Armenfürsorge durch eine Sonderbehörde geleitet werden, zweitens sollte das Kapital aus einer getrennten Abgabe stammen und drittens sollten die arbeitsfähigen Bettler und Landstreicher zur Arbeit gezwungen werden. Bereits vor 1557 gründete man auf Anregung Königs Eduard VI. und des Londoner Bischofs Nicholas Ridley in der ehemaligen königlichen Residenz Bridewell in London ein Zwangsarbeitshaus, das sog. *workhouse*. Es handelte sich um eine eigenartige Manufaktur, in die man alle Bettler, Landstreicher und andere Faulenzer zwangsweise schickte und der Gefängnisdisziplin unterwarf. Kranke wurden in Krankenhäuser geschickt, die eine Art von Herberge waren. Bridewell wurde zu einer Mustereinrichtung. Bis Ende des 18. Jahrhunderts entstand ein Netz solcher Häuser, wo sich meistens Spinnereien befanden.[16] Dem englischen Vorbild folgten andere Staaten, vor allem die Niederlande und das

des christlichen Standes Besserung, 2014. Vgl. auch *Geremek*, Geschichte der Armut (o. Fn. 8), S. 215 f.; *Sebastian Schmidt*, Religiöse Dimensionen der Armenfürsorge vom Mittelalter bis ins 20. Jahrhundert, in: Andreas Gestrich/Lutz Raphael (Hg.), Inklusion/Exklusion: Studien zu Fremdheit und Armut von der Antike bis zur Gegenwart, 2008, S. 385–396.

15 *Geremek*, Geschichte der Armut (o. Fn. 8), S. 251. Das radikale Edikt „Über die Versorgung der armen Bettler" wurde 1561 von Papst Pius IV. erlassen. Öffentliche Bettelei wurde unter Androhung der Gefängnis- oder Galeerenstrafe bzw. der Verbannung verboten.

16 *Geremek*, Geschichte der Armut (o. Fn. 8), S. 172 und 256–259. Die am Anfang des 17. Jahrhunderts eingeführten Regeln überdauerten in England bis ins 19. Jahrhundert, als das Parlament ein Gesetz von 1834 beschloss, das im Rahmen dieser Bearbeitung im Folgenden behandelt wird – vgl. unten Fn. 30–31.

Heilige Römische Reich, wo man ebenfalls besondere Zwangsarbeitshäuser errichtete, die an die späteren neuzeitlichen Gefängnisse erinnerten.[17]

Andere europäische Staaten entschlossen sich ebenfalls zu Initiativen gegen die Bettelei. Auf deutschem Boden traten im 16. Jahrhundert der römisch-deutsche Kaiser und der Reichstag in Aktion.[18] Der Dreißigjährige Krieg (1618–1648) verschärfte die Repression gegen die immer größer werdende Schar von Bettlern und Landstreichern.[19] Auch die französischen Könige versuchten, die öffentliche Bettelei zu bekämpfen.[20] Die königliche Anordnung von 1656 bewirkte einen regelrechten Umbruch. Auf ihrer Grundlage gründete man in Paris das sog. Generalspital (*L' Hôpital général*). Dort wurden Bettler, Landstreicher und andere Mittellose verwahrt und zur Arbeit gezwungen. Ein Netz solcher Spitäler verbreitete sich über ganz Frankreich und überdauerte bis zur Revolution von 1789. Die französischen Spitäler erinnerten an Zwangsarbeitsbetriebe mit einer Gefängnisordnung. Die Bettler hatten die Pflicht, sich dort zu melden, und zwar unter Anordnung rigoroser Strafen, u. a. durch das Brandmarken mit dem Buchstaben „M" (als *mediant* – Bettler auf Französisch) oder sogar durch die Verurteilung zur Galeere als Galeerensträfling.[21]

Dabei lohnt es sich auch, Russland zu erwähnen, wo die Bettelei unter der Herrschaft von Peter I. völlig verboten wurde. Dafür drohten körperliche Züchtigung und Verbannung nach Sibirien. Diese Sanktionen begleitete eine

---

17 Am Ende des 16. Jahrhunderts wurden in Amsterdam ein Männerhaus (*Raphuis*) und ein Frauenhaus (*Spinhuis*) gegründet. Nach diesem Vorbild entstanden später weitere Häuser; am Anfang des 17. Jahrhunderts auch auf deutschem Boden und zwar in Bremen, Lübeck sowie in Hamburg. Vgl. *Geremek*, Geschichte der Armut (o. Fn. 8), S. 259 f.

18 Die kaiserliche Verordnung Karls V. von 1530 befahl die Überwachung der Bettler und Landstreicher und Bestrafung der sog. starken Bettler, d.h. der berufsmäßigen Bettler. Vgl. *Geremek*, Geschichte der Armut (o. Fn. 8), S. 172–176; *Eichenhofer*, Geschichte des Sozialstaats (o. Fn. 8), S. 24. In Niederösterreich erließ Kaiser Ferdinand I. 1552 eine Ordnung, die Bettelei verbot, ausgenommen Notleidende und Körperbehinderte sowie Personen, die Bettelpässe besaßen (Bettelpässe wurden verteilt, wenn eine Gemeinde über keine Mittel für Armen verfügte). Vgl. *Męciński*, Über Bettelei (o. Fn. 1), S. 158–159. Vgl. auch *Karl Weiss*, Geschichte der öffentlichen Anstalten, Fonde und Stiftungen für die Armenversorgung in Wien, 1867.

19 *Męciński*, Über Bettelei (o. Fn. 1), S. 57–60.

20 *Geremek*, Geschichte der Armut (o. Fn. 8), S. 177.

21 Die neuen repressiven Maßnahmen wurden in der Geschichtsschreibung als „große Einsperrung" der französischen Armen bezeichnet. Vgl. *Geremek*, Geschichte der Armut (o. Fn. 8), S. 261–264.

Verordnung über die Gründung von öffentlichen Spitälern und Armenhäusern für Arbeitsunfähige in den Städten und auf dem Lande.[22]

Unabhängig von den oben erwähnten Maßnahmen, die von den Staatsbehörden unternommen wurden, begannen ungefähr im 16. Jahrhundert auch die Behörden der Großstädte die Bettelei und Landstreicherei entschieden zu bekämpfen. Einer der Beweggründe war dabei der Versuch, die Ausbreitung der Pestseuche zu beschränken, die nicht selten in Europa ausbrach. So haben beispielsweise die Stadtbehörden von Paris, Venedig oder Ypres eine zentral organisierte Fürsorge für Arme eingeführt und gleichzeitig die öffentliche Bettelei verboten.[23]

Bei der Beurteilung der Anfänge des Kampfes gegen Bettler an der Schwelle der Neuzeit ist festzustellen, dass die Gewinnung neuer Arbeitskräfte für die staatlichen und lokalen Behörden ein wichtiges Motiv war. Gleichzeitig deutet der Kampf gegen die Bettelei und Landstreicherei auf eine allmähliche Abkehr von der traditionellen, auf die christliche Barmherzigkeit gestützte Einstellung zur Bettelei hin. Die ständig und in großer Anzahl verfassten Rechtsakte beweisen mittelbar die Ratlosigkeit der Behörden gegenüber dem besprochenen gesellschaftlichen Phänomen. Nicht zuletzt muss unterstrichen werden, dass man zu derselben Zeit die sog. konzessionierte Bettelei tolerierte, indem man eine gewisse Anzahl von Genehmigungen erteilte, die es ermöglichten, das Betteleigewerbe zu treiben. Solche Regelung blieb in einigen Ländern sogar bis zum 19. Jahrhundert erhalten.[24]

An der Schwelle des 18. zum 19. Jahrhundert festigte sich die allgemeine Überzeugung, dass Bettelei und Landstreicherei strafrechtlich verfolgt werden sollten. Wesentliche Faktoren dabei waren die Unterordnung der Kirche unter die Staatsgewalt[25] sowie die Entstehung der modernen Strafgesetzgebung.

---

22 *Aleksander R. Sokołow*, Rosyjska dobroczynność w zwierciadle historii [Russische Wohltätigkeit im Spiegel der Geschichte], 2002, S. 20 f. und 30–39. Vgl. *Hubertus F. Jahn*, Armes Russland. Bettler und Notleidende in der russischen Geschichte vom Mittelalter bis in die Gegenwart, 2010; in dem letzten Buch erörtert der Verfasser vor allem die Frage der Wahrnehmung von Armen und Bettlern – bis ins 20. Jahrhundert.

23 *Geremek*, Geschichte der Armut (o. Fn. 8), S. 158–176.

24 *Męciński*, Über Bettelei (o. Fn. 1), S. 49 weist beispielsweise auf Ungarn hin.

25 Trotz verschiedener Begrenzungen waren kirchliche Institutionen und Vereine auf dem Gebiet der Armen-, Kranken- und Behindertenpflege bis zum 18. und in manchen Ländern sogar bis zum 19. Jahrhundert tätig.

IV. Die Strafbarkeit der Bettelei und Landstreicherei im 19. Jahrhundert

Zusammen mit der französischen Revolution und der Menschenrechtserklärung begann eine neue Epoche in der sozialen Fürsorge, die der Staat übernahm. Dies geschah in unterschiedlichem Umfang und verschiedenen organisatorischen Formen.[26] In Frankreich beschlagnahmten die revolutionären Kräfte vorläufig das Vermögen der Wohltätigkeitsorganisationen. Kurz danach aber wurden sie wieder reaktiviert. Man übertrug die Ausübung der Sozialfürsorge auf lokale Verbände und Vereine.[27] Parallel dazu führte man strenge Maßnahmen im Bereich des Strafrechtes ein. 1808 diktierte Kaiser Napoleon Bonaparte persönlich das Dekret über die Ausrottung der Bettelei – *sur el'extirpation de la mendicitè*. Seinen Vorschriften gemäß sollten in jedem Departement drei Arten von Anstalten gegründet werden: Häuser für Greise und Kranke, Zwangsarbeitshäuser für Gesunde und Gefängnisse für Bettler und Landstreicher.[28] In der Praxis aber selektierte der französische Staat nicht unter den Alten, Obdachlosen und Herumziehenden, so dass das Dekret weitestgehend folgenlos blieb.[29]

In England funktionierte die staatliche Armenfürsorge, wie bereits erwähnt, schon seit dem 17. Jahrhundert. Sie wurde von der gewöhnlich eingetriebenen Steuer, der sog. Armentaxe finanziert. Organisiert hat man sie auf lokaler Ebene in den Kirchengemeinden, das heißt auf der niedrigsten Stufe der territorialen Selbstverwaltung. Das 19. Jahrhundert brachte formelle Verbote gegen Obdachlosigkeit und strenge Strafen für Bettelei. Maßgebend war der *Vagrancy Act* von 1824, der in den folgenden Jahrzehnten mehrmals novelliert und verschärft

26 *Arwed Emminghaus*, Das Armenwesen und die Armengesetzgebung in europäischen Staaten, 1870. Das Buch ist im Internet zugänglich: https://archive.org/details/dasarmenwesenund00emmiuoft (letzter Zugriff: 12.12.2018).

27 Die Armenpflege in Frankreich oblag nicht den Gemeinden, was eine Ausnahme in Europa darstellte. Vgl. *Leon Dydusiak*, Zagadnienie żebractwa w Polsce [Die Betteleifrage in Polen], 1938, S. 31.

28 *Henryk Karnecki*, Walka z włóczęgostwem i żebractwem a rozporządzenie o przytułkach i domach pracy [Der Kampf gegen Landstreicherei und Bettelei und die Verordnung über die Armen- und Arbeitshäuser], Przegląd Więziennictwa Polskiego [Überblick über das Polnische Gefängniswesen] 1933, Nr. 3, S. 7–10. Das Gefängnis für Bettler (Dêpot de Mendicité) wurde 1807 eröffnet – vgl. *Elżbieta Kaczyńska*, Ludzie ukarani. Więzienia i system kar w Królestwie Polskim 1815–1914 [Bestrafte Menschen. Gefängnisse und Strafsystem in Königreich Polen 1815–1914], 1989, S. 324.Vgl. auch *Męciński*, Über Bettelei (o. Fn. 1), S. 142–144.

29 *Karnecki*, Überblick über das Gefängniswesen (o. Fn. 28), S. 8.

wurde.[30] Einige Jahre später beschloss das Parlament ein neues Gesetz für das Armutsproblem, den *Poor Law Amendment Act* von 1834. Das Gesetz wurde aus ökonomischen Gründen erlassen, um die Kostenexplosion für die Fürsorge wegen des rapiden Bevölkerungszuwachses zu dämpfen. Diese Korrektur hatte zum Ziel, die bisherige Unterstützung der Armen durch die Kirchengemeinden zu beschränken. Die staatliche Fürsorge wurde in den Zwangsarbeitshäusern zentralisiert, die mit Strenge und rigoroser Disziplin geführt wurden. Das Gesetz über Arme wurde erst 1929 formell aufgehoben und letztendlich 1946 durch die modernen Prinzipien der Sozialversicherung ersetzt.[31]

Auf deutschem Boden, sowohl in Österreich als auch in Preußen, wurde gegen Ende des 18. Jahrhunderts der Grundsatz eingeführt, dass die Unterstützung der Armen durch die Gemeinden zu erfolgen hat. Parallel verbot man die Ausstellung der sog. Bettelpässe. In den preußischen Provinzen gründete man sogar Landeseinrichtungen, die sog. Landarmenverbände, welche die Armenfürsorge in geschlossenen Anstalten und Zwangsarbeitshäusern durchführten. Das bekannte Allgemeine Landrecht für die Preußischen Staaten von 1794[32] ordnete an, aus Faulheit nicht arbeitende Personen in die Zwangsarbeitshäuser einzuweisen und fremde Bettler an ihren Geburtsort zurückzuschicken. Bettelnde Ausländer sollten dagegen außer Land verbannt werden.[33]

Im 19. Jahrhundert stufte die Mehrheit der europäischen Länder die Bettelei und Landstreicherei formell als Verbrechen ein.[34] Die rechtliche Ausgestaltung

---

30 Voller Gesetzestext: www.legislation.gov.uk/ukpga/1824/83/pdfs/ukpga_18240083_en.pdf (letzter Zugriff: 12.12.2018). Vgl. *Paul Lawrence*, The Vagrancy Act (1824) and the Persistence of Pre-emptive Policing in England since 1750, The British Journal of Criminology 2017, Vol. 57, Issue 3, S. 513–531; *Męciński*, Über Bettelei (o. Fn. 1), S. 114–117.

31 *Geremek*, Geschichte der Armut (o. Fn. 8), S. 282–283.

32 Vgl. vollständige Ausgabe des preußischen Landrechts mit ausführlicher Einführung und Bibliographie: Hans Hattenhauer/Günther Bernert (Hg.), Allgemeines Landrecht für die Preußischen Staaten von 1794, 1970 (2. Aufl. 1994). Eine andere digitalisierte Ausgabe ist in der Open-Access-Plattform OpinioIuris zugänglich: https://opinioiuris.de/quelle/1623#Neunzehnter_Titel._Von_Armenanstalten_und_andern_milden_Stiftungen (letzter Zugriff: 12.12.2018).

33 Preußisches Landrecht Teil II, Tit. XIX, § 4 f.; Tit. XX, § 4. Vgl. *Friedrich Eberhard von Rochow*, Versuch über die Armen-Anstalten und Abschaffung aller Betteley, 2017 (Nachdruck). Vgl. auch *Męciński*, Über Bettelei (o. Fn. 1), S. 152 f. und 168–173; *Beate Althammer*, Vagabunden. Eine Geschichte von Armut, Bettel und Mobilität im Zeitalter der Industrialisierung, 1815–1933, 2017, S. 46–49.

34 Vgl. *Beate Althammer/Andreas Gestrich/Jens Gründler*, The Welfare State and the „Deviant Poor" in Europe 1870–1933, 2014; *Beate Althammer*, Armut und Fremdheit

unterschied sich zwar, doch waren sich die Gesetzgeber weitestgehend einig, dass die genannten Taten die öffentliche Sitten und die allgemeine Sicherheit gefährden. Gesetzliche Definitionen der Landstreicherei und der Bettelei waren recht selten und dabei umstritten. Sie finden sich nur in wenigen Strafgesetzbüchern und anderen Gesetzen.[35] Viele Gesetzgeber begnügten sich mit der Bestimmung der Strafen, indem sie oft sehr kasuistische Vorschriften schufen. Nicht selten hat man die Strafwürdigkeit der Bettelei von der Existenz der Fürsorgeanstalten abhängig gemacht. Auf diese Weise vermischte man die Strafvorschriften mit der Verwaltung der Armut. Dies geschah u. a. in Frankreich und in Österreich.[36]

Das französische Strafgesetzbuch *Code pénal* empfahl die strenge Bestrafung nur für Bettler, welche die Behörden außerhalb ihres Geburtsorts gefangen nahmen oder die sich Almosen durch Drohung oder Vorzeigen von Behinderungen erlangen wollten. Dafür drohte ihnen eine Strafe von bis zu 2 Jahren Gefängnis. Bettler mit einer Waffe in der Hand oder mit einem Diebstahlwerkzeug bestrafte man mit bis zu 5 Jahren und Landstreicher sogar mit bis zu 6 Jahren Gefängnis.[37] Die Zahl der im Laufe des 19. Jahrhunderts Verurteilten wuchs kontinuierlich und erreichte in den achtziger Jahren jenes Jahrhunderts die Zahl von etwa 18.000 Landstreichern und 14.000 Bettlern jährlich.[38] Einen direkten Einfluss auf diese bedeutende Zahl an Verurteilungen hatte der Kampf der staatlichen

im europäischen Nationalstaat der Moderne, in: Lutz Raphael/Herbert Uerlings (Hg.), Zwischen Ausschluss und Solidarität. Modi der Inklusion/Exklusion von Fremden und Armen in Europa seit der Spätantike, 2008, S. 277–291.

35 Vgl. beispielsweise das österreichische Gesetz gegen Vagabunden vom 10.5.1873 und eine direkte Norm gegen Landstreicherei: „Wer ohne bestimmten Wohnort oder mit Verlassung seines Wohnortes geschäfts- und arbeitslos umherzieht und sich nicht auszuweisen vermag, dass er Mittel zu seinem Unterhalte besitze und redlich zu erwerben suche, ist als Landstreicher […] zu bestrafen“. Vgl. auch das österreichische Gesetz vom 29.5.1885, das in § 2 nur eine unmittelbare Bestimmung enthielt: „Wegen Betteln ist zu bestrafen 1) wer an öffentlichen Orten oder von Haus zu Haus bettelt oder aus Arbeitsscheu die öffentliche Mildtätigkeit in Anspruch nimmt; 2) Wer Unmündige zum Betteln verleitet, ausschlicht oder einen anderen überlässt“. Vgl. die ausführliche Kritik bei *Męciński*, Über Bettelei (o. Fn. 1), S. 278–282 und die statistischen Daten bei *Hermann Stursberg*, Die Vagabundenfrage, 1882.

36 *Męciński*, Über Bettelei (o. Fn. 1), S. 229.

37 Code pénal de 1810, Art. 269–273 (Vagabondage); art. 274–282 (Mendicité). http://www.koeblergerhard.de/Fontes/CodePenal1810.htm (letzter Zugriff am 12.12.2018). Vgl. *Althammer*, Vagabunden (o. F. 33), S. 49–52.

38 *Męciński*, Über Bettelei (o. Fn. 1), S. 261. Der Verfasser zitiert statistische Daten aus der Zeitschrift „L'Économiste français“ von 1889. Die Statistik zeigt, dass in der Mitte des 19. Jahrhunderts die Einwohnerzahl Frankreichs 35 Millionen betrug, darunter

Behörden gegen die Wanderarbeiter, die oft auf der Suche nach Beschäftigung waren. Man nannte sie „hungriges Proletariat“ und betrachtete sie als Plage des alten Frankreichs.[39] Erst am Ende des 19. Jahrhunderts milderte der französische Gesetzgeber die Vorschriften und verfügte, dass die Bettler nur dann strafrechtlich verfolgt werden, wenn sie durch arglistige Täuschung Almosen erschleichen.[40]

Die österreichischen Strafgesetzbücher aus den Jahren 1803 und 1852 betrachteten die Bettelei und Landstreicherei als Ordnungswidrigkeit und machten die Bestrafung davon abhängig, ob es in der gegebenen Gemeinde Sozialhilfeeinrichtungen gab. Gleichzeitig ordneten sie entschlossen die Verfolgung jener Bettler an, die ihre Behinderung zeigten oder beim Betteln mehrmals auf frischer Tat ertappt wurden.[41] 1885 erließ man in Österreich das Gesetz gegen Landstreicherei, das sog. Gesetz gegen die Vagabunden, das die rechtlichen Sanktionen verschärfte.[42] Die neuen Repressionen führten zu sichtbaren Resultaten. Im Laufe einiger Jahre verdoppelte sich die Anzahl der verurteilten Landstreicher.[43] Ähnliche Vorschriften wie in Österreich galten auch in Deutschland. Das deutsche Strafgesetzbuch von 1871 betrachtete die Bettelei und Landstreicherei als Ordnungswidrigkeit und empfahl, diese mit Arrest zu bestrafen und danach mit Einweisung zur Zwangsarbeit.[44]

---

fast 340.000 Bettler (einschließlich 95.000 Landstreicher). Vgl. *Męciński*, Über Bettelei (o. Fn. 1), S. 145.

39 *Męciński*, Über Bettelei (o. Fn. 1), S. 145. Auch die Schweizer unternahmen verschiedene Versuche, um die Bettelei zu kontrollieren und zu begrenzen. Als Beispiel kann die Tätigkeit einer im Jahre 1853 in Lausanne gegründeten Gesellschaft gelten. Sie hieß Société pour reprimer les abus de la mendicite und verteilte unter ihre Mitglieder gedruckte Karten für 2–10 Cent. Diese Karten wurden später den Bettlern übergeben. Auf ihrer Grundlage wurde den Bedürftigen das Essen ausgegeben und bei dieser Gelegenheit auch ihre Identität überprüft. Die Karten sollten Spenden ersetzen. Vgl. *Męciński*, Über Bettelei (o. Fn. 1), S. 202.

40 *Męciński*, Über Bettelei (o. Fn. 1), S. 62.

41 Strafgesetz über Verbrechen, Vergehen und Übertretungen von 1852, RGBl. Nr. 117/1852, §§ 517–519. https://www.sbg.ac.at/ssk/bgbl/Strafgesetz%201852-wiki.pdf (letzter Zugriff: 12.12.2018).

42 Gesetze gegen die Vagabunden vom 10.5.1873 (RGBl. Nr. 108); vom 24.5.1885 (RGBl. Nr. 89).

43 Die Zahl der verurteilten Landstreicher stieg von 60.000 im Jahre 1882 auf 114.000 im Jahre 1886. Vgl. *Męciński*, Über Bettelei (o. Fn. 1), S. 271 f.

44 Strafgesetzbuch für das Deutsche Reich vom 15.5.1871, RGBl. 1871, S. 127, §§ 361 f. https://de.wikisource.org/wiki/Strafgesetzbuch_f%C3%BCr_das_Deutsche_Reich_(1871)#%C2%A7._360. (letzter Zugriff: 12.12.2018). Vgl. *Paul Chuchul*, Zum Kampf

Ein Beispiel für eine mehr humanitäre und fortschrittlichere Regelung war das italienische Strafgesetzbuch von 1889, in das man das Gesetz über die öffentliche Sicherheit von 1888 integriert hatte. Der italienische Gesetzgeber machte dabei die Bestrafung der Bettelei von dem Kriterium der Arbeitsfähigkeit abhängig. Arbeitsfähige Menschen, die beim Betteln ertappt wurden, bestrafte man mit bis zu einem Monat Arrest. Den Arbeitsunfähigen drohte diese Strafe nur dann, wenn sie sich bei der Sozialhilfeeinrichtung nicht gemeldet hatten, um ihren Gesundheitszustand und die Arbeitsfähigkeit überprüfen zu lassen.[45]

Die Behörden der Mehrheit der europäischen Staaten sahen separat strengere Strafen vor, wenn jemand Kinder zur Bettelei nötigte.[46]

Derart scharfe strafrechtliche Repressionen waren der gesetzgeberischen Überzeugung geschuldet, dass die Bettelei und Landstreicherei gesellschaftlich schädlich und kriminogen sind. Die Juristen wiesen darauf hin, dass solche Verhaltensweisen zum Verbrechen verleiteten, besonders zu Diebstahl, Raub und Brandstiftung. Sie erschwerten auch die Erkennung von Straftätern.[47] Ein Teil der Rechtswissenschaftler, insbesondere die Anhänger der italienischen positiven Strafrechtsschule sowie die Befürworter der soziologischen Strafrechtsschule, sahen in den Bettlern und Landstreichern eine spezifische Verkörperung gewisser psychisch-physiologischer Persönlichkeiten.[48] Erst am Anfang des 20. Jahrhunderts rang man sich zur Einsicht durch, dass die besprochenen Phänomene mehr einen asozialen als einen kriminellen Charakter tragen.[49] Dies

---

gegen Landstreicher und Bettler, 1881; *Robert von Hippel,* Die strafrechtliche Bekämpfung von Bettel, Landstreicherei und Arbeitsscheu. Eine Darstellung des heutigen Deutschen Rechtszustandes nebst Reformvorschlägen, 1895; Vgl. auch *Althammer,* Vagabunden (o. F. 33), S. 63–71.

45 Strafgesetzbuch vom 30.12.1889, §§ 453–456; Gesetz vom 23.12.1888 über die öffentliche Sicherheit §§ 80 f.

46 Einige Beispiele: Deutschland (StGB von 1871, § 361), Österreich (StGB von 1852, §§ 520 f.), Niederlande (StGB von 1818, Art. 253), Italien (StGB von 1889, § 456). Vgl. *Męciński,* Über Bettelei (o. Fn. 1), S. 231–235.

47 *Lucjan Czarnecki,* Szkic zwalczania włóczęgostwa i żebractwa [Abriss der Bekämpfung von Landstreicherei und Bettelei], Gazeta Sądowa Warszawska [Warschauer Gerichtszeitung] 1928, Nr. 21, S. 323.

48 *Dydusiak,* Betteleifrage (o. Fn. 27), S. 3 f.

49 *Leon Radzinowicz,* Przestępczość w Polsce w latach 1924–1933 na podstawie policyjnej statystyki kryminalnej [Die Kriminalität in Polen in den Jahren 1924–1933 auf der Grundlage der Kriminalstatistik], Archiwum Kryminologiczne [Kriminologisches Archiv] 1935, Vol. 2, Hf. 1–2, S. 23. Radzinowicz vertrat in dieser Zeit die Ansichten der westeuropäischen, überwiegend der französischen und italienischen Wissenschaft.

führte in fast ganz Europa aber nicht zur Abschaffung der Betteleiverbote.[50] Man verabschiedete sogar neue Sondergesetze zur Verfolgung und Bestrafung dieser Gruppe, vor allem in ärmeren Ländern. Als Beispiel hierfür kann Polen in der Zwischenkriegszeit genannt werden. Hier erließ der Staatspräsident 1927 eine besondere Verordnung zur Bekämpfung der Bettelei und Landstreicherei.[51]

V. Schlussfolgerungen

Im Mittelalter wurde die Bettelei und Landstreicherei prinzipiell toleriert. Die Milde gegenüber diesen Verhaltensweisen ergab sich aus den Geboten des Evangeliums, welche die Armut verherrlichten und als vorbildhaft empfahlen. Auch die Kirche hatte eine positive Einstellung zur Vergabe von Almosen. Allmähliche Änderungen brachte erst das 14. und 15. Jahrhundert, als man den Versuch unternahm, gegen die Landstreicherei zu kämpfen und die Bettelei zu beschränken. Man begann zu jener Zeit die letzte Gruppe sogar zu registrieren, indem man an Bettler ein bestimmtes Metallabzeichen vergab. Diese Maßnahmen ergaben sich oft aus hygienisch-epidemiologischen Gründen, aber auch aus dem vorläufigen Rückgang des Angebots an Arbeitskräften. Sie hatten meistens einen administrativen Charakter polizeilicher Natur, aber brachten keine größeren Ergebnisse. Ein gezielter Kampf gegen die Bettelei und Landstreicherei entfaltete sich in Europa ungefähr seit dem 16. Jahrhundert. Er beruhte auf der Einweisung der Bettler und Landstreicher in eine Zwangsarbeitsanstalt und der Anwendung von anderen polizeilichen Repressionen. Dahinter standen wieder hauptsächlich religiöse und ökonomische Gründe, diesmal die evangelische Arbeitsmoral und die faktische Suche nach fehlenden Arbeitskräften. Neue Formen der Diskriminierung der besprochenen Personen aus den sozialen Randgruppen brachte das 18. und besonders das 19. Jahrhundert. Bettelei und Landstreicherei wurden formell als Vergehen und rechtswidriges Verhalten eingestuft und gesetzlich verfolgt. Man unternahm Klassifizierungsversuche, wo man oft die strafrechtliche Verantwortlichkeit eines Bettlers von seiner Arbeitsfähigkeit abhängig machte.

---

50 Eine interessante Ausnahme bildete Schweden, wo Bettelei zwar verboten, aber sehr mild behandelt wurde. Hier waren keine Arbeitshäuser vorhanden. Vgl. *Męciński*, Über Bettelei (o. Fn. 1), S. 126–129.

51 Vgl. *Ziemowit Grzegorzewski*, Zwalczanie żebractwa i włóczęgostwa (Rozporządzenie Prezydenta Rzplitej z 14 października r. 1927) [Bekämpfung der Bettelei und Landstreicherei (Verordnung des Staatspräsidenten vom 14. Oktober 1927)], Gazeta Administracji i Policji Państwowej [Zeitung für Verwaltung und Staatspolizei] 1927, Nr. 11, S. 965–979.

Für die angesprochenen Taten drohte überwiegend der Freiheitsentzug als Strafe, der meistens mit der Zwangsarbeit verbunden war. Vor allem die Entwicklung der kapitalistischen Verhältnisse und auch die Kodifizierung des Strafrechts in fast allen europäischen Ländern beeinflusste die Verschärfung der strafrechtlichen Repression. Einen bestimmten zusätzlichen Einfluss hatte die Entwicklung der Strafrechtswissenschaft, darunter das kriminologische Konzept der italienischen Strafrechtsschule und der soziologischen Strafrechtsschule. Die Vertreter beider Schulen wiesen auf die Notwendigkeit und Zweckmäßigkeit der Verfolgung der Bettler und Landstreicher hin.

Henry Fielding, ein berühmter englischer Schriftsteller und Jurist in der Zeit der Aufklärung, schrieb in seiner Denkschrift zur effektiven Unterstützung der Armen von 1753: „Die Leiden der Armen springen weniger ins Auge als ihre Verbrechen, deshalb empfinden wir weniger Mitleid mit ihnen. Wenn sie vor Hunger und Kälte sterben, sind sie unter sich, und den Begüterten fallen sie nur auf, wenn sie betteln, stehlen und rauben“.[52] Das ist ein tiefgründiger Gedanke, der nichts von seiner Gültigkeit eingebüßt hat.

52 *Henry Fielding*, A proposal for making an effectual provision for the poor, for amending their morals, and for rendering them useful members of the society, in: Works, Bd. 13, 1902, S. 141 – zitiert nach *Geremek*, Geschichte der Armut (o. Fn. 8), S. 283.

Anna Klimaszewska

The Application of the 1807 French Commercial Code in Polish Territories: An Attempt to Establish an Anonymous Partnership in Lublin*

Abstract: The French Commercial Code of 1807 was in all certainty not a masterpiece of legislation. It was nevertheless adopted shortly after the Civil Code at the beginning of the nineteenth century in the Polish territories. Nonetheless, its shortcomings in Polish circumstances, in particular in the context of the lack of preparation for its implementation on the part of the legislator as well as the absence of an intentional and well-considered strategy for its application, and a lack of interest on the part of legal scholars in the first decades it was in force, often left people engaged in commercial activity considerable room for manoeuvre. The example presented in this article shows how attempts could be made in the Polish territories to cope with the restrictive requirements – that were problematic for French entrepreneurs and traders alike – regarding the establishment of joint-stock companies in the first years the Code was in force.

Keywords: Commercial Code, commercial law, Polish territories, law in practice, joint-stock company, case-study, *association en participation*

I. Introduction

The French Commercial Code (hereinafter: CC) of 1807 was promulgated in 1809 on the territory of the newly founded Duchy of Warsaw established as a protectorate of Napoleon, which was the first ersatz of a Polish state following the complete partition of its lands. Despite the Emperor's demise, the CC was upheld in the Kingdom of Poland and remained in force in the Polish territories until the implementation of the 1933 Commercial Code drafted by the Codification Commission. Thus, the CC functioned within the Polish reality for over 120 years. It

* This publication was prepared as a part of the project "Implementation of the French principles of commercial law in the Duchy of Warsaw, constitutional Kingdom of Poland and the Republic of Krakow – Code de commerce vis-à-vis the Polish reality" financed from the funds of the National Science Center granted based on decision no. DEC-2013/09/B/HS5/02617. I would like to thank Michał Gałędek for his invaluable help in collecting archive materials and rewriting the manuscripts used in this project.

must therefore be clearly emphasised that it was thanks to its introduction that commercial law developed on the Polish lands as a separate branch of law and legal studies.[1] The practice of its implementation, due to certain deformations of its principles and institutions by the Polish (Russian) legislator,[2] as well as owing to lack of real support in the understanding of its solutions by local scholars not yet well versed in the science of commercial law, offers a very interesting research opportunity, especially as regards the first decades after its promulgation.

It must be remembered that the CC was officially adopted in its original wording; the translation made by notary Walenty Skorochód-Majewski, actually ridden with errors, had a purely informational value. Moreover, it was transplanted from post-revolutionary France into the Polish feudal and largely customary reality, in which no code had ever functioned before. Additionally, in France, the shortcomings of this legal act were balanced by additional legislation that gradually developed outside the CC, which was not adopted in Poland, and by the centuries-long output of legal science and judicial (Fr.) *jurisprudence*. The situation in the Polish territories was just the opposite – due to the abovementioned lack of preparation to adopt the CC on the part of both the legislator and representatives of legal science, Polish entrepreneurs were left on their own in numerous matters, which in turn resulted in an ununiformed application of the norms of the CC. Some commercial activities were transacted in full compliance with the CC[3], but there were also numerous breaches of its norms, attesting to a

---

1 See *Anna Klimaszewska*, Influence of French Legalese on the Development of Polish Legal Language Within the Area of Commercial Law, in: Emőd Veress (ed.), Multilingualism and Law, 2016, pp. 173–184; *Anna Klimaszewska*, The Reception of the French Commercial Code in Nineteenth-Century Poland: A Hollow Legal Shell, in: Michał Gałędek/Anna Klimaszewska (eds.), Modernisation, National Identity, and Legal Instrumentalism. Studies in Comparative Legal History, 2020, vol. I, pp. 143–163.

2 Depending on the period, these deformations were introduced as the decision-making power of the Poles waxed and waned. For example, freedom of commerce was abolished in 1817 during the period of the constitutional Kingdom of Poland, the relative autonomy of which was gradually limited over time. The decision on the implementation of the merchant guilds modelled after the solutions in place in the Russian Empire, by way of the ukase dated 29 May (9 June) 1851, was made without the participation of the Poles and aimed to modify laws due to the abolition of a customs border between the Empire and the Kingdom.

3 One such positive example was certainly the contract concluded between Count Jan Nepomocen Kwilecki, Ludwik Hirschman and Jan Chryzostom Kijewski, which took effect on 1 January 1830: State Archives in Warsaw [*Archiwum Państwowe w Warszawie*] (hereinafter referred to as: SAW), Notary Office of Aleksander Engelke, notary in Warsaw, 39, 5358, fols. 216–221v.

fairly careless approach to its application. This might seem to have been caused by the typical problems of the interim period, which came only after the ad hoc introduction of the new code, containing unknown solutions and institutions, the adoption of which required time, especially since the extant economy based on manor houses and servitude, as well as – in the initial period after the implementation of the CC – wars and marching army troops, seriously hampered economic development and the full use of the newly adopted legal instruments.

Nevertheless, this publication aims to show that in some cases circumventing or distorting the CC's provisions was not the result of misunderstanding its institutions; it was sometimes intentional. An example of this is the attempt to organise a business endeavour, specifically a broadcloth factory, in Lublin 19 years after the promulgation of the French CC on Polish territories.[4] It is an interesting example of navigating the provisions and of trying to take advantage of the CC's frameworks by lawyers, who certainly knew its norms and who had been refused a government permit to establish a joint stock company – an anonymous partnership[5] (*la société anonyme*) – as the legal form of their planned endeavour. This is all the more significant since this was the sole attempt to establish a company like this until the early 1830s in Polish lands about which source materials have survived.

II. Economic and factual background

The unstable economic situation lingered throughout the first years after the establishment of the Kingdom of Poland as well. Along with the gradual stabilisation, the development path of the country's economic life, as well as the functioning of the legal reality around it, began to normalise. The capital of the

---

4 This topic is addressed by *Aleksander Kierek*, Towarzystwo akcjonariuszy do wspierania fabryk w Lublinie (1827–1834) [Association of Stockholders for Supporting Factories in Lublin (1827–1834)], Rocznik Lubelski [Lublin Yearbook], vol. 1, 1958, pp. 117–128. Nevertheless, the author, an economist, did not perform a legal analysis of the preserved partnership's articles of association drafted by notary Aleksander Dąbrowski. Some partial information about this endeavour is also to be found in: *N.*, Krótki rys historyczno-statystyczny Województwa Lubelskiego przez N [...] [A Brief Historical and Statistical Outline of the Lublin Voivodship by N...], in: Nowy Kalendarzyk Polityczny na rok zwyczayny 1829 [New Political Calendar for the Ordinary Year 1829], 1829, p. 565.

5 After the translation by John Rodman. See *John Rodman*, The Commercial Code of France, With the Motives, Discourses of the Counsellors of State, Delivered before the Legislative Body, Illustrative of the Principles and Provisions of the Code, 1814, p. 93.

Polish bourgeoisie and landowners grew and was increasingly employed in economic undertakings. The character of the contracts, and certain elements of the organisation of economic endeavours, changed despite the extant, albeit enfeebled, feudal relations that hampered the growth of the domestic market.[6] New perspectives opened up, especially for the advancement of the textile industry.[7]

Real estate located in Lublin, universally referred to as "post-Franciscan property", attracted the interest of investors in the early 19th century. One of the very first of them was broadcloth manufacturer Antoni Domański. Nevertheless, even though he had bought the property for the very affordable price of PLN 10,000 and received a government loan of PLN 5,000,[8] he did not manage to keep the plant, opened in October 1823, operational.

In 1827, an attempt was made to save the failing business by finding external investors, at which point Jan Wasiutyński, Jan Czyński and Serafin Konwicki played an important role. On 18 August 1828, the partnership's articles of association were signed at the notary's office of Aleksander Dąbrowski, naming the three men as directors (art. 35). As per the articles, it was them who made a deal with Domański to buy his building with the purpose of turning it into a factory and a fulling mill, in return for which they took over his liabilities to the state treasury resulting from the aforementioned real estate sale price and the loan that Domański had received.[9] These arrangements were made based on an authorisation from the Government Commission of Internal Affairs and Police (*Komisja Rządowa Spraw Wewnętrznych i Policji*). Wasiutyński, Czyński and Konwicki "obtained the Government Commission's authorisation [...] dated 29 September 1827 to establish a partnership under a collective name[10] [*la société en nom collectif*]" and, once they "were allowed to buy back the building, they fitted out the rooms to make them into workshops, equipped them with machines

6 *Ryszard Kołodziejczyk*, Kształtowanie się burżuazji w Królestwie Polskim (1815–1850) [Shaping of the Bourgeoisie in the Kingdom of Poland (1815–1850)], 1957, p. 100.

7 *Gryzelda Missalowa,* Studia nad powstaniem łódzkiego okręgu przemysłowego 1815–1870 [Studies on the Emergence of the Łódź Industrial Area 1815–1870], 1964, pp. 16 ff.

8 These amounts are confirmed by many documents, such as: State Archives in Lublin [*Archiwum Państwowe w Lublinie*] (hereinafter: SAL), Not. Dąbrowski, 1828, 7, notarial deed [hereinafter: nd] no. 289, fols. 788–788v; Letter to the Lublin Voivodeship Commission of 13 July 1832, SAL, Magistrate of the City of Lublin [*Magistrat Miasta Lublina*] (hereinafter: MCL), 2361, fol. 108.

9 SAL, Not. Dąbrowski, 1828, 7, nd no. 289, fol. 788.

10 After the translation by *Rodman*, Commercial Code (supra fn. 5), p. 93.

and adopted other necessary resolutions. Based on private arrangements with Antoni Domański, they set the factory in motion."[11] This was a peculiar situation, because the French CC required an agreement between partners to set up a partnership under a collective name, while a government permit was needed to establish an anonymous partnership (art. 37).[12] The fact that a government permit was applied for, as well as the contents of the articles of association drafted at Dąbrowski's office, indicate that the real purpose of the partners was to start an anonymous partnership, and the construction of the agreement they signed was meant to get around the refusal of the Government Commission, which suggested the partnership under a collective name be chosen as the legal form for the planned enterprise. This legal form, however, entailed the joint and several liability of all the partners (art. 22 of the CC). The Commission's guidelines were ignored, however, and ultimately, the partners decided to set up a joint concern (*association en participation*) based on art. 47 of the CC (this was the legal form indicated in the notary's deed).

11 SAL, Not. Dąbrowski, 1828, 7, nd no. 289, fol. 788v. "Art. 37. [...] actions taken by these directors to the benefit of this partnership are hereby confirmed by the partners, with accounts to be submitted as per the provisions of this deed.", ibidem, p. 789.

12 The formalities were complex (cf. regulation of 21 December 1807 (Règlement de son excellence le ministre de l'intérieur, du 21 décembre 1807, sur l'exécution de l'article 37 du Code de Commerce, relatif aux sociétés anonymes); *Jean-Guillaume Locré*, La législation civile, commerciale et criminelle de la France, ou commentaire et complément des codes français, 1829, vol. XVIII, pp. 461 ff. Cf. also ministerial circulars of 22 December 1817 and 9 April 1819. The Conseil d'État had its specific and very restrictive criteria. See *Émile Vincens*, Des sociétés par actions, 1837, passim; *Anne Lefebvre-Teillard*, L'intervention de l'État dans la constitution des sociétés anonymes (1807–1867), Revue historique de droit français et étranger 1981, vol. LIX, pp. 402 ff. This system was accompanied by a permanent control and the continuous risk that the company would have be dissolved if the permit were reversed. Cf. also *Anne Lefebvre-Teillard*, La société anonyme au XIXe siècle. Du Code de commerce à la loi de 1867, histoire d'un instrument juridique du développement capitaliste, 1985. More about this: *Anna Klimaszewska et al.*, Spółka z ograniczoną odpowiedzialnością (société à la résponsabilité limitée) we francuskim Kodeksie handlowym. Tekst przepisów wraz z tłumaczeniem oraz porównaniem do polskiego Kodeksu spółek handlowych [Limited Liability Company (société à la résponsabilité limitée) in the French Commercial Code. Wording of the Provisions With Their Translation and Comparison to the Polish Code of Commercial Companies and Partnerships], 2017, pp. 13–24.

III. *Association en participation* as a legal form for organising a business enterprise

It must, however, be clearly emphasised that a joint concern (commercial association in participation)[13] was, pursuant to the CC, a form that "related to one or more commercial operations" (art. 48).[14] Nevertheless, the rules of establishment and of functioning of joint concerns were not in any way specified in the CC; on the contrary, the sanctioned rule was that "commercial associations in participation, or joint concerns, are not subject to the formalities prescribed for the other partnerships" (art. 50),[15] while their establishment may be verified by the publication of the books, correspondence or by parol testimony, if tribunal finds it admissible (art. 49). There wasn't even a requirement to draught written articles of association,[16] which evidently left a lot of room for abuse. The problems that this defective legislative construction generated in practice were patched up in France with the abundant *jurisprudence*, although even the French Court of Cassation in the early 20th century avoided issuing clear criteria that would differentiate a joint concern from other types of partnership. It consistently emphasised that solving the question of whether a given association is a joint concern or an actual commercial partnership is entirely up to the judges who rule on the merits of the case, and this resolution cannot serve as grounds for cassation.[17]

---

13 After the translation by *Rodman*, Commercial Code (supra fn. 5), p. 101.

14 Ibidem.

15 Ibidem.

16 "Verification of joint concerns may be done by parol testimony, and also established by way of presumption (art. 1353 of the Civil Code)" (une association en participation [...] peut être constatée par témoins et par présomptions); judgement of the Court of Cassation dated 30 July 1877, [in:] Jurisprudence générale, recueil périodique et critique de jurisprudence, de législation et de doctrine en matière civile, commerciale, criminelle, administrative et de droit public, recueil fondé par M. Dalloz ainé et par M. Armand Dalloz, son frère, continué sous la direction de MM. Édouard Dalloz fils, Charles Vergé, 1878, p. I, p. 290 (hereinafter: D. 78. 1. 290); see also the judgement of 8 January 1906 (D. 1906. 1. 263).

17 Une association commerciale en participation qui, ayant pour objet un genre particulier d'industrie, telle que la fabrication de coiffures et équipemens militaires, embrasse toutes les affaires qui en dépendent, peut être déclarée constituer non une société en nom collectif, mais une association en participation, sans que cette décision, qui ne contient qu'une appréciation de fait, tombe sous la censure de la cour de cassation; judgement of the Court of Cassation dated 7 December 1836 (D. 37. 1. 219); La question de savoir si une association commerciale constitue une pure association en participation, comme ayant seulement pour objet une ou plusieurs opérations de commerce

The French Court of Cassation finally expressed a clear opinion in its judgement of 28 November 1904, which stated: "a partnership which is not established in a final way according to the provisions in force, but nevertheless has a name, a main office, paid-up capital, printed statutes and operates through its engineer, by using his patents, or by its delegated administrator, who take turns signing correspondence, is not a joint concern but an actual commercial partnership, the commercial nature of which results from the operations for which it has been established and which it performed throughout its existence".[18]

Evidently, a clear position from the legislator on the joint and several responsibility of the associates in joint concerns (who were not referred to as partners) was also lacking. Even in the 1920s, the Court of Cassation was still not certain on this point. Sometimes it ruled that "associated in a joint concern are jointly and severally liable for the debts incurred by one of them",[19] while other times it found that "associates in a joint concern are not jointly and severally liable for the liabilities incurred by one of them, even if it was done in the interest of the joint concern".[20] With time, the latter opinion became the dominant

---

déterminées, ou bien une véritable société ayant pour objet de faire le commerce d'une manière générale, c'est une question de fait exclusivement dévolue à l'appréciation des juges du fond. 8 January 1840 (D. 40. 1. 52); Une société peut être qualifiée de société en nom collectif, et non d'association en participation d'après son objet [...]. 8 May 1867 (D. 67. 1. 226). See also judgements dated: 21 March 1876 (D. 76. 1. 198), 26 August 1879 (D. 80. 1. 101), 20 June 1881 (D. 83. 1. 262), 31 July 1893 (D. 94. 1. 261), 28 April 1903 (D. 1904, 1, 110).

18 Une société qui, bien que n'ayant jamais été définitivement et régulièrement formée, a une raison sociale, un siège social, un capital versé, des statuts imprimés et agit soit par son ingénieur don't elle exploite les brevets, soit par son administrateur délégué, lesquels signent tour à tour la correspondance, constitue non pas une association en participation, mais une société de fait don't le caractère commercial resort des opérations en vue desquelles elle est fondée et qu'elle a réellement faites pendant son existence. (D. 1906. 1. 109).

19 Tous les associés en participation sont solidairement tenus des engagemens contractés par l'un d'eux, même en son nom personnel seulement, lorsque l'engagement a été contracté dans l'intérêt de la société.; judgement of the Court of Cassation dated 26 March 1817, [in:] Recueil général des lois et des arrêts: en matière civile, criminelle, commerciale et de droit public, J.-B. Sirey (ed.), 1818, p. I, p. 53 (hereinafter: S. 18. 1. 53).

20 Les membres d'une société en participation ne sont pas tenus solidairement des engagemens contractés par l'un des associés, même pour l'objet de l'association.; judgement of the Court of Cassation dated 9 January 1821 (S. 22. 1. 77); Des associés (en participation) ne sont pas tenus solidairement des actes passés par l'un d'eux

one.[21] At the same time, it was clearly stressed that "third parties who entered into a contract with only one of the associates do not have direct claims against other associates, even if they benefited from the transaction".[22] Toward the end of the 19th century, the Court of Cassation began to make the character of liability conditional on whether the associate could be deemed a person who performs management activities: in any case, if in principle the associates were not jointly and severally liable for debts incurred by an associate-manager, this joint and several liability was still applicable to the associates who participated in management activities.[23]

Establishment of a joint concern did not result in the creation of a legal entity, nor in the isolation of "shared assets [or] liabilities, different from the personal property of the associates, who are liable toward each other in terms of only the results of activity that each one of them, acting in their own name,

---

antérieurement à la société, quoique ces actes aient eu pour objet l'achat de la chose depuis devenue commune. 7 March 1827 (D. 27. 1. 164).

21 Judgements of the Court of Cassation dated: 8 January 1840 (D. 40. 1. 52); 21 March 1876 (D. 76. 1. 198); 26 August 1879 (S. 79. 1. 454).

22 L'association en participation étant constituée sans publicité et sans raison sociale, et n'ayant pas de personnalité distincte de celle des participants, les tiers qui ont traité avec un des associés, dont ils sont demeurés créanciers, n'ont aucun compte à demander de leur chef aux autres participants; en conséquence, ils ne peuvent prétendre à aucune action directe, et, à plus forte raison, à aucune action solidaire, contre les autres participants, alors même que ceux-ci auraient profité de l'opération [...]; judgement of the Court of Cassation dated 21 March 1876 (D. 76. 1. 198); [...] les tiers qui ont contracté avec l'un des participants ne peuvent prétendre à aucune action directe et à plus forte raison à aucune action solidaire contre les autres participants, alors même que ceux-ci auraient profité de l'opération. 26 August 1879 (S. 79. 1. 454). See also judgement of 30 March 1885 (D. 86. 1. 110).

23 Les membres d'une association en participation peuvent choisir un mandataire non participant, et le charger de traiter avec les tiers, notamment de contracter un emprunt dans l'intérêt des affaires de la participation. Lorsque ce mandataire a fait connaître au préteur la nature et les conditions des pouvoirs pour emprunter qui lui ont été confiés par ses mandants, il n'oblige que ses derniers vis-à-vis dudit préteur, et en conséquence, il n'est pas personnellement tenu de la dette. C'est au juge du fond qu'il appartient de rechercher, d'après les circonstances de la cause, si un membre de la participation s'est ou non immiscé dans les affaires de l'association, spécialement dans l'emprunt contracté par celle-ci; et lorsqu'il affirme qu'il n'en a pas été ainsi, l'associé échappe, de ce chef du moins, à l'action en remboursement du prêt intentée contre lui par le préteur; judgement of the Court of Cassation dated 3 December 1890 (D. 91. 1. 117).

has undertaken with third parties".[24] This is because by its very nature, and in absence of an agreement to the contrary, "a joint concern does not give rise to any bonds of shared property between the associates".[25] If such an agreement is made, "the assets contributed to the joint concern become shared property of the associates".[26]

The aforementioned problems were additionally aggravated by the exemption, pursuant to art. 50 of the CC, of joint concerns from the formalities prescribed for partnerships. Publication of announcement of establishment or dissolution of a joint concern was not required,[27] which, if understood literally, made it potentially possible for such joint concerns to operate in the grey area.

The ambiguity of French case law concerning joint concerns, especially in the first half of the 19th century, was examined by Polish author August Heylman. According to his very critical and simplified opinion:

> "cassation *jurisprudence* in the case of commercial law remains in chaos. The reason for this chaos [...] is [...] also the almost complete disregard that French lawyers have for the historical science of law, which customary laws, including commercial laws, require even more than Roman law, primarily because the former are not well developed in

---

24 L'association en participation, par sa nature et en l'absence de stipulations contraires, n'établit entre les contractants aucun lien de copropriété susceptible de donner lieu, après la dissolution, à des opérations divisoires; il n'existe, sous ce regime, ni actif, ni passif social, disctincts des patrimoines personnels des participants, lesquels sont seulement comptables les uns envers les autres des résultats d'opérations que, vis-à-vis des tiers, chacun d'eux est réputé avoir suivies de son propre et privé nom; judgement of the Court of Cassation dated 7 May 1902 (D. 1902. 1. 286).

25 L'association en participation ne contitue pas une personne morale distincte de la personne des associés, et, en absence d'une stipulation formelle, elle n'etablit entre les coparticipants aucune copropriété sur leur apports respectifs; judgement of the Court of Cassation dated 22 December 1874 (D. 76. 1. 72), and 7 May 1902 (D. 1902. 1. 286). See also judgement of 13 November 1872 (D. 73. 1. 126).

26 En principe, chaque participant conserve la propriété de l'apport qu'il a fait à l'association; mais il en est autrement en cas de convention contraire: l'objet qu'un des participants déclare transmettre à l'association devient la propriété commune des participants; judgement of the Court of Cassation dated 21 June 1894 (D. 95. 1. 166).

27 La convention par laquelle chacun des parties s'engage à l'entreprendre aucune opération commerciale pour son compte, sans proposer aux autres parties d'y prendre part, en demeurant libre, en cas de refus de ses dernières, de la faire à son profit personel, crée entre ces parties, non une société en nom collectif, mais une serie d'associations en participation dont la formation et la dissolution ne sont pas soumises aux conditions de publicité prescrites par l'art. 42 c. com; judgement of the Court of Cassation dated 21 June 1864 (D. 64. 1. 389).

> terms of details, and their acts of law and provisions are not well separated ones from the another. The French lawyers, who have very little knowledge of the historical legal method, usually confine themselves to deducing the thought, purpose and scope of a law directly from the text itself, and from the connections and comparisons between individual acts and code provisions. They didn't know that Pothier, whose treatises on French law systematically drew from Roman and customary laws that had been in force in the France of the old days, served the draughters of new codes as a direct source of material, both civil and commercial. Thus, [Pothier's treatises] are a direct historical source of these codes, and whenever they are compared with the new code treatises, they turn out a more solid interpretative guide than conclusions taken solely from a few bare code articles. What is more, French commentaries, and even the *jurisprudence* of the Cassation Court, reveal a certain lack of knowledge of codification elements, such as remarks, observations, discussions, analyses and motives behind the drafting of the code, which Locré collected as the keeper of legislative discussion minutes. Yet these arguments and motives, which directly resulted in the drafting of acts and code provisions, deserve the status of authentic interpretation: who should know better than the draughters what has been adopted in the code system and why? Who could provide a better explanation of the meaning, purpose and scope of these acts and provisions? [...] This way, backtracking toward increasingly old sources, customs, acts, institutions and legal systems, and then back again to the law currently in force, we reach its historical significance, which cannot be replaced by any other way of reasoning based on the legal text alone. Only the historical method allows us to understand the circumstances and reasons for the emergence of legal principles and institutions, as well as the subsequent changes and modifications, which in turn makes it possible to apply them with the highest accuracy. If the French commentaries or cassation *jurisprudence*, which gladly make use one of the other, knew the historical method and were willing to engage in verification, or historical critique, of diverging opinions and views in the matter of partnerships, they would spare themselves many contradictory judgements, which undermine the stability and certainty of the law, and thus the very reliability of the justice system."[28]

Heylman was critical of the abuse of exegetic analysis of the statutory text, which gave rise to particularly serious consequences for the level of code regulation of *association en participation*, the essence of which could only be understood upon having analysed the materials from legislative works on the CC and of the treatises based on which it was draughted. The murky situation on the Polish lands was made even worse by the fact that following the collapse of the Duchy of Warsaw, decisions of French court authorities were no longer binding (which does not mean they were not followed and analysed). Moreover, all

28 *August Heylman*, O wspólce handlowéj prostéj (association en participation) [On Joint Concern (Association en Participation)], Biblioteka Warszawska, vol. IV, 1849, pp. 270–272.

this concerned an institution that had never before functioned in these lands and which had been transplanted from a foreign legal system. The unfortunate wording "the joint concerns relate to one or more commercial operations", applied by the CC's draughters in art. 48 could lead to a blurring of the dividing line between a joint concern and a commercial endeavour organised as a partnership under a collective name (general partnership), limited partnership (*la société en commandite*) or anonymous partnership, the establishment of which, in the case of the former two, required a written form (whether it was a private document or a notarised one), and registration with the commercial tribunal, with an extract from articles of association to be announced publicly, not to mention that anonymous partnerships had to be approved by the government.

This institution was also mentioned by Jacques Savary, author of the 1673 draft of the *Ordonnance du commerce*, in his famous commentary to the ordinance, pointing out that traders and merchants had been establishing so-called *sociétés anonymes* (anonymous partnerships)[29], also referred to as *comptes en participation* (accounts in participation).[30] He asserted that these partnerships were established "en conditions en sont bien souvent breves n'y ayant qu'un seul & unique article, & elles finissent quelquefois le mesme jour qu'elle sont faites" and that merchants created them in the following forms: "il y en a qui sont verbales, d'autres par écrit, & la plupart se sont par lettres missives que les marchands s'écrivent respectivement l'un à l'autre".[31] Among the cited examples, later repeated by Robert Joseph Pothier and his avid fan August Heylman, Jacques Savary mentioned a letter sent from one merchant who did not have sufficient funds, to

---

29 Which have nothing to do with the modern joint-stock company, which since 19th century has been called *société par actions* or *société anonyme*. More on this topic: *Anna Klimaszewska*, Spółki osobowe we Francji w XVII i XVIII wieku – zderzenie regulacji ustawowej z rzeczywistością kupiecką [Partnerships in France of 16th and 17th Century – A Clash of Statutory Regulations and the Merchant Reality], Gdańskie Studia Prawnicze XXXVI (2016), pp. 201–211.

30 *Jacques Savary*, Le parfait négociant, ou instruction générale pour ce qui regarde le commerce des marchandises de France, et de pays éstrangers ; pour la banque, le change, et rechange ; pour les sociétéz ordinaires, en commandites, et anonymes ; pour les faillites, banqueroutes, séparations, cessions & abandonnements de biens ; pour la manière de tenir les livres journaux d'achapts, de ventes, de caisse & de raison ; des formulaires de lettres et billets de change, d'inventaire, et de toutes sortes de sociétéz. Et application des ordonnances & arrêsts rendus sur toutes les questions les plus difficiles qui arrivent entre les marchands, négocians & banquiers, sur toutes sortes de matières concernant le commerce des lettres, & billets de change, seconde édition, 1679, p. 20 ff.

31 Ibidem, pp. 20–21.

another, in which he proposed that they pool their money in order to buy rare goods that were about to enter the port, or to buy movables at the market or by way of auction, and to divide these goods following the transaction.[32] Owing to the short-lived nature of such partnerships, the ordinance did not contain any rules that would apply to them, which was later evaluated negatively. This is because these partnerships, successfully functioning, in practice were often used for all kinds of abuses.[33]

During works on the CC, which was largely composed of Louis' ordinances of 1673 and 1681, the legislators tried to fill in this gap by including the so-called *société en participation*,[34] originally proposed by the code's drafters. This solution was not supported by the Council of State, whose member Michel Regnaud argued that "parce que la société en participation, n'étant qu'un acte passager, qu'une convention qui s'applique à un objet unique, et ne repose pas sur les mêmes bases, ne peut avoir les mêmes résultats que les trois autres genres d'association".[35] Ultimately, this institution was included in the code, and in the course of legislative work, its character did not raise any doubts. As underscored by member of the Tribunal Louis-Alexandre Jard-Panvillier,

> "la loi reconnait aussi [apart from a partnership under a collective name, limited liability partnership and anonymous partnership] une espèce de société qu'on appelle association commercial en participation; mais comme cette association n'est que momentanée, qu'elle n'a pour objet qu'une ou un petit nombre d'opérations déterminées, et qu'elle n'est point sujette aux formalités prescrites pour les autres sociétés."[36]

It was also emphasized that

> "que les sociétés en participation ne se forment pas toujours entre des négocians, qui aient des livres, ni par correspondance. Dans les foires, par exemple, dans les marchés des grandes villes, la convention est verbale. Des marchands de chevaux, de bestiaux, de comestibles etc., conviennent d'acheter en commun, et rien n'est écrit. Il est donc indispensable de permettre aux contractans de prouver le marché par témoins. Au surplus, les tribunaux seront, sans doute, très réservés à admettre ce genre de preuve, quand il ne sera pas appuyé d'un commencement de preuve par écrit."[37]

32 Ibidem, pp. 20–23; *Robert-Joseph Pothier*, Traité du contrat de société, 1807, pp. 41–42; *Heylman*, On Joint Concerns (supra fn. 28), pp. 282 sq.

33 *Gabriel Argou*, Institution au droit français, 1771, vol. II, p. 327.

34 The name *société anonyme* has been reserved for joint-stock companies, as already mentioned.

35 *Locré*, La législation civile (supra fn. 12), 1837, vol. XI, p. 165.

36 Ibidem, p. 170.

37 Ibidem, p. 100.

The short-lived, one-off nature of a joint concern has been emphasised a number of times by various people. Jacques Defermon pointed out that "que, peut-être, il conviendrait de rendre plus exactes les définitions contenues dans l'article, afin qu'on ne pût jamais confondre la société en participation avec la société ordinaire. Il faudrait dire, qu'indépendamment des sociétés énoncées dans cet article, la loi reconnaît encore la société entre plusieurs pour une seule affaire".[38] M. Regnaud described joint concerns as "des sociétés formées pour une suite d'opérations, et que la société en participation n'est qu'une association pour une affaire du moment".[39]

IV. "Association of stockholders" in Lublin

As J. Defermon said, "it could not be mistaken for a regular type of partnership". Thus, it was entirely against the law to establish an operation planned for at least 10 years as a joint concern. Especially since the long-term nature of the operations resulted directly from the articles of association.

The joint concern was set up by the following people:[40] Antoni Radzimiński, former general of the Polish army, justice of the peace in the Lublin poviat and landowner of Biskupice; Joachim Wasiutyński, voivodeship councilman and landowner of Borowa village; Franciszek Brzeziński, lessee of land in Bełżyce; Ignacy Brzeziński, lessee of land in Strzeszkowice; Ignacy Bartlewicz, court bailiff in Lublin; Kajetan Wysocki, former major of the Polish army and landowner of the village Niezabitowo; Tomasz Chmielowski, landowner of the village Łukawka;[41] Wincenty Rozwada, attorney of the Lublin Tribunal; prince Karol Jabłoński; Ludwik Preszl, voivodeship councilman and landowner of Żółkiewki; Samuel Baczyński, attorney of the Lublin Tribunal; Karol Rozemberg, voivodeship physicist and doctor; Jan Wasiutyński, notary of the land chancellery and lessee and later landowner of Palikij, who transacted with the Polish and Russian armies; Feliks Doliński, voivodeship councilman, Sejm deputy and landowner of Modliborzyce; Jan Czyński, attorney of the Lublin Tribunal; Karol Zarański, attorney of the Tribunal and attorney of the General Prosecutor's Office; Feliks Bieczyński, engineer of the Lublin voivodeship; Marcin Olszewski, attorney of the Lublin Tribunal; Ferdynand Braum, inspector of the Administration of Tobacco Factories

38 Ibidem, p. 101.

39 Ibidem, p. 126.

40 The anonymous author of Brief Historical and Statistical Outline (supra fn. 4), p. 565, published in 1829, claimed that also Antoni Domański joined the concern, but this information is not reflected in the contents of the notary's deed.

41 He was omitted by A. Kierek.

(*Administracja Fabryczna Tabaczna*); Karol Hincz, pharmacist; Teofil Gerlitz, brewery owner and lessee of propination profits; Józef Skwarczyński, owner of a carpenter's shop; Wojciech Węgliński, councilman of the Lublin Voivodeship Directorate of the Landowners' Credit Association (*Dyrekcja Szczegółowa Towarzystwa Kredytowego Ziemskiego Województwa Lubelskiego*) and landowner of Siedliszczki; and Jakob Koope, treasury controller of the Administration of Consumption Income (*Administracja Dochodów Konsumpcyjnych*).[42]

Surprisingly, the notary did not list Serafin Konwicki[43] as one of those entering into the articles of association, even though he was to be a member of the directors' board of the joint concern along with Wasiutyński and Czyński (art. 35),[44] and who actively participated with them in the organisation of the endeavour (application for the permit of the Government Commission, obtaining the right to buy back the building, equip the workshops, enter into private agreements with Domański within this scope). Nevertheless, he did sign the articles of association. Moreover, it is clear from various documents that Konwicki, along with Jan Wasiutyński, was called upon to give explanations regarding various dealings of the joint concern.[45] In the official correspondence of state authorities, they were referred to as "stockholders of the factory partnership", which not only means that Konwicki was deemed to be one by the administrative organs, but also that the actual legal form of this business endeavour was an open secret.

Pursuant to art. 1 of the "partnership contract": "The appearers, pursuant to the rescript of the high Government Commission of Internal Affairs and Police dated 15 April 1828 […] within the meaning of Article 47, part 1 of the Commercial Code read in conjunction with Article 1842 of the Civil Code, hereby establish a particular partnership for the purpose of starting and maintenance of a broadcloth factory and others in the City of Lublin, at the premises granted by the government to Antoni Domański and assigned by him to the joint concern,

---

42 SAL, Not. Dąbrowski, 1828, 7, nd no. 289, fols. 783–783v.

43 Attorney of the Lublin Tribunal; *Seweryn Zenon Sierpiński*, Historyczny obraz miasta Lublina, wydanie powtórne, powiększone kroniką miasta i dodatkami [Historical Picture of the City of Lublin, New and Expanded Edition with City chronicle and Additions], 1843, p. 163.

44 SAL, Not. Dąbrowski, 1828, 7, nd no. 289, fol. 788.

45 Letter dated 13 April 1833 contains the information that "stockholders of the factory partnership" Wasiutyński and Konwicki had been called upon to give explanations regarding the post-Franciscan buildings; SAL, MCL, 2361, fols. 151–151v. They were referred to in the same way in many other documents of state authorities, among others: ibidem, fols. 158, 165 or 171.

with liabilities toward the government to be satisfied by the joint concern".[46] Thus, the articles of association clearly indicated a joint concern as the legal form of the undertaken endeavour. Apart from this one phrase, evidently used in order to get around the law, the partnership established by virtue of these articles of association had nothing to do with a joint concern. This is because the objective of the partnership's operations (starting and maintenance of a broadcloth factory) cannot be deemed a short-term or one-off undertaking.

Above all, the articles of association provided for a share capital of PLN 60,000, "to be contributed in portions of PLN 500 by each of the associates".[47] The partnership's assets were also to include "the post-Franciscan building located near Lublin, with meadows, fields and appurtenances, obtained from the government for a consideration of PLN 10,000, the owner of which, Domański, received an additional PLN 5,000 for the purposes of renovation."[48] The share capital was to be divided into units alternately referred to as "shares" or "stock".[49] The people who signed their names under the articles of association were also called by two different names: "associates" or "stockholders". The articles of association stipulated the issuance of registered shares, subject to trade.[50] Pursuant to art. 35 of

46 SAL, Not. Dąbrowski, 1828, 7, nd no. 289, fol. 784.

47 Ibidem.

48 Ibidem.

49 Art. 3. Shares shall amount to 500 Polish zlotys in silver. Each associate entering the partnership shall contribute the entire amount [...], for which he shall receive a certificate specified under Article 13. [...] Art. 13. Shares from the book of association [...] shall specify: 1) date of entering into the articles of association, 2) main principles of participation in profits, 3) the date on which annual meetings of associates are to be held, 4) first name and surname of the owner, 5) signatures of the directors and supervisors [...], 6) a place for filling in the amount paid for the share, 7) seal of the signing associates. Ibidem, fols.784–785v.

50 Art. 14. The share owner [shall be] entered in the book of association and in the sale register. Such shares may be sold by way of simple transfer recorded on the reverse of the share, against notification of the sale to directors, and recorded in the sale register; this record to be made and signed personally either by the seller or by the buyer. Art. 15. The directors, having a doubt as to the identity of a person or writing, as to the place or time of the transfer, are entitled to suspend the transfer of ownership in the book of association and to verify whether the transfer is valid. Art. 16. Each associate has the right to secure his capital, [...] by way of a reservation written on each share that its transfer may be affected personally or by power of attorney recorded in the book of association; every buyer also has the right to demand such security, and in such case the buyer shall be recorded as owner of shares only by virtue of an official power of attorney or transfer. Art. 17. If a share is damaged, a duplicate may be issued at the

the CC, "shares in the association may be evidenced by certificates in favour of the bearer"; the CC did not in any way address registered shares, but the opinion of the Court of Cassation admitted their issuing.[51] These particular articles of association excluded the possibility of issuing bearer shares.[52] Provision of art. 14 of the articles of association, which stipulated that right to shares would be established by way of "entries in the book of association and in the sale register", was in compliance with art. 36 of the CC, but another provision of the articles of association, pursuant to which transfer required a registered sale announcement to be made and signed personally "either by the seller or by the buyer" was in contravention of this article, which stated that transfers were to be effected by a declaration entered on the register and signed by the person who made the transfer or by his attorney duly authorised. Thus, the signature of the buyer was not sufficient in this case. Another problem which later translated into a poor functioning of the partnership in practice was the fact that the articles of association did not stipulate the number of shares per associate, nor the time limit for paying up for the shares.[53]

The partnership was established for a period of ten years, throughout which none of the partners could leave, as the articles of association deprived them of the option to withdraw their capital before the lapse of this prescribed period.[54]

---

associate's cost, against return of the damaged share which is to be redeemed by the directors. In the event of loss or misplacement of a share, its owner may report it to the directors who, at the associate's costs, shall announce this occurrence three times to the Lublin public and record a relevant remark in the book of association. Upon the lapse of 6 months, if no dispute has arisen, the associate recorded in the book shall be issued a duplicate, and the reason for its issuing shall be recorded in the register and in the book of association. Ibidem, fols. 785v-786.

51 The law recognises bearer shares or registered shares as the only form of shares or bonds in commercial partnerships; each of these forms has the effects specified therein as regards the manner of their issuing. (La loi ne reconnaissant d'autres instruments d'action ou d'obligation, dans les sociétés de commerce, que des titres au porteur et des titres nominatifs, et chacune de ces qualifications emportant par elle-même, quant au mode de transmission des titres, des conséquences déterminées […]). Judgement of the Court of Cassation dated 31 May 1881 (D. 81. 1. 289).

52 Art. 18. The sole possession of a share without having effected a transfer does not carry the rights to which associates are entitled. SAL, Not. Dąbrowski, 1828, 7, nd no. 289, fol. 786.

53 By 11 October 1828 only 23 shares had been bought. *Kierek*, Association of Stockholders (supra fn. 4), pp. 124–125.

54 Art. 7. The partnership's duration shall be of ten years, regardless of the cases referred to in art. 1865 of the Civil Code. Art. 8. No associate who has paid up for shares

Profits were to be paid out to the partners only after three years, and before this all available revenues were to be used toward investments in the factory.[55] The articles of association also provided for the option to extend the period of planned operations, which was to be done by way of a separate contract, to be drafted two years before the expiry of the original articles of association.[56] Any divergence from the articles of association "shall be made by majority of the votes of the present stockholders" (art. 4).[57]

---

can request that the capital be returned to him for a period of ten years.; SAL, Not. Dąbrowski, 1828, 7, nd no. 289, fol. 784v.

55 Art. 9. Profits and benefits from the partnership cannot be paid out for a period of three years; they are to be used for investments in the factory and for increasing the value of shares. Art. 10. Upon the lapse of three years, the proxies, upon closing and presentation of accounts [...], shall each year calculate the profits to be paid out to the stockholders [from their] shares. The payment shall be effected by the proxy designated for this purpose within the specified time limit. Art. 11. If an associate does not report within the specified time limit for his dividend, it shall be deemed that he is willing to leave it until the next year, and he shall not be able to claim it sooner than on the prescribed date of the next year, along with the dividend due to him for that year; ibidem, fols. 784v-785.

56 Art. 40. Upon the lapse of eight years since the establishment of the joint concern, the associates shall be obliged to make new arrangements as regards the continuation of its term or to decide on its dissolution. They shall set the date for making these arrangements and shall call upon the associates through a notary, who shall make a relevant announcement in the voivodeship journal. Once the dissolution of the joint concern is arranged or decided, the directors shall draft a plan within six months concerning the manner of liquidation of all the assets and shall submit this plan to the supervisory body, which shall either correct or accept it within three months. In the event of a dispute, the directors and the supervisory body shall draft plans containing the conditions under which the factory is to be liquidated, and shall bring the plan to the general meeting, which shall decide. Art. 41. Upon a decision being made, the directors, along with the supervisory body, shall be obliged to liquidate all the assets of the joint concern, within the last year of its existence, and in accordance with the conditions of the said decision. The new buyer cannot enter into possession before the last day of the partnership's existence. Art. 42. Following the sale and liquidation of the assets, the directors and the supervisory shall divide the collected capital in proportion to the shares held and pay it out to the associates.; ibidem, fols. 789–790.

57 Ibidem, fol. 784v.

As already mentioned, the partnership's management was to be handled by three of the "associates" (art. 19).[58] The three appointees were Wasiutyński, Czyński and Konwicki, with the latter not listed among the people entering into articles of association, although his signature was on the document. Pursuant to the articles of association, "the directors are to agree upon the division of tasks and labours that they will find most fitting to the good of the partnership" (art. 20).[59] Nevertheless, the joint presence of all three was required for such activities as: "issuing and sale of shares, entering into contracts with manufacturers; concerning both premises and land and making advance payments, in wool and in money, for products and maintenance of machines, buying wool, making arrangements with workers" (art. 21).[60]

At the same time, the articles of association clearly stated that agreements signed by the directors with craftsmen were to protect the joint concern in such a manner that all costs of the manufacture and sale of manufactured goods were to be borne by the manufacturers under their own firm (art. 22).[61] Pursuant to the articles of association, the "associates" were also liable for the liabilities incurred by the joint concern only up to the value of the contributions made by them (art. 23).[62]

Interestingly, despite such a significant contribution to the organisation of the entire endeavour, the positions of Wasiutyński, Czyński and Konwicki were not strong enough for them to receive any remuneration for their work. Pursuant to art. 34: "The duties of directors [and of the] supervisors are discharged without remuneration, yet, if their devotion bring success to the partnership resulting in the net profit on capital to reach over 20%, the supervisors shall be entitled to pay them remuneration, which however cannot exceed 1% of the annual net profit."[63]

---

58 Ibidem, fol. 786. Moreover, pursuant to art. 24, directors cannot be dismissed without just cause. In the event of dismissal or resignation of any of the directors, the associates residing or staying in Lublin, shall replace them with proxies by way of a written instrument, pursuant to art. 1856 of the Civil Code. The chosen proxies shall be approved or dismissed at the first meeting; ibidem, fol. 784v.

59 Ibidem, fol. 786.

60 Ibidem, fols. 786–786v. Moreover, they shall be authorized to enter into any and all contracts, to acquire real estate and to give statements to be recorded in the land and mortgage registers; ibidem, fol. 786v.

61 Ibidem.

62 Ibidem. The nature of the partners' liability was additionally emphasized in art. 12: Each associate submits only the capital contributed by him to the partnership's liabilities, and does not risk anything beyond this contribution; ibidem, fol. 785.

63 Ibidem, fols. 787v-788.

The articles of association also provided for the appointment of a supervisory body, also composed of three members who would "select from among them one to watch over the thorough and dutiful discharge of the directors' obligations; including monitoring of their ongoing activities, revisions of the enterprise, cash, identification of irregularities and defects" (art. 27)[64] and receive the annual accounts from the directors.[65] The appointed members of the supervisory board were Ferdynand Braum, Marcin Olszewski and Franciszek Brzeziński (art. 38).[66]

Moreover, the articles of association directly stipulated the organisation of "stockholders' meetings". They were to be held "once a year, on 1 July, at 3:00 p.m. in the factory building located in Lublin at number 777, without any additional convening" (art. 30),[67] and "each stockholder who enjoys civil rights, who owns at least one share, may look into the accounts and ledgers and vote" (art. 31).[68] The articles of association also stipulated that "a stockholder who holds at least five shares is entitled to two votes; a stockholder who holds at least ten shares is entitled to three votes, including shares of the stockholder represented by virtue of a power of attorney."[69] A stockholder could be represented at the meeting based on a "personally signed power of attorney" given only to another stockholder (art. 32).[70]

The chosen method of settling disputes between the directors, the supervisory board and the partners[71] was arbitration, provided by the CC for companies and partnerships (art. 51 sqq.).[72] The arbitrators and chairmen were not indicated

64 Ibidem, fol. 787.

65 Art. 28. The supervisory board shall receive the annual accounts from directors on January 1 of each year. Any irregularities identified by the supervisory board shall be notified to the directors, who shall be obliged to explain them; ibidem.

66 Ibidem, fol. 789. Art. 29. Members of the supervisory board may only be dismissed for an important reason; and at the same time, new ones are to be appointed by way of a written instrument signed by the associates residing or staying in Lublin, pursuant to art. 24; ibidem, fols. 787–787v.

67 Ibidem, fol. 787v.

68 Ibidem.

69 Ibidem.

70 Ibidem.

71 There were also three different categories of partner: special partner, active partner and choosing partner (Art. 33), although the particulars of these categories were not explained anywhere in the articles; ibidem.

72 Ibidem. The French Court of Cassation underscored that the arbitration mode applies also to disputes resulting from activities in connection with the operation of a joint concern. Cf. judgement of 4 December 1839 (D. 40. 1. 42).

in the articles of association, however. They were to be selected in the course of later activities.

V. The final result

The available archive documents clearly show that despite this legal trick, the business did not succeed. Since the articles of association did not precisely regulate the issue of the number of shares per associate and the time limit for contributing the capital to pay up for them, many shareholders dragged their feet.[73] Other problems were the controversies between the partnership and Domański,[74] and the unregulated right of ownership to the post-Franciscan property and related perturbations.[75] The Government Commission of Religious Affairs did not accept the bonds of security offered by the managers,[76] and the factory buildings were even put up for auction.[77] In the aftermath of the endeavour's failure, Domański, who resided in Lublin, "having secretly removed all his movable property and machines, fled the city of Lublin to Biskupice" without paying his debts to state, municipal or private creditors.[78] The partnership's directors were also called upon multiple times, even after the November Uprising, to buy the real estate as they had said they would, although neither they, nor Domański, who tried to regain the right to the buildings once war activities ceased, managed to secure the government support for which they applied in connection with the losses incurred.[79] In a letter dated 5 April 1834, the directors notified the Lublin City Hall of the partnership's dissolution.[80]

VI. Conclusions

The case-study presented accentuates a problem that is well known and described in French literature,[81] specifically of legislative construction of the *société*

73 See supra fn. 53.
74 SAL, MCL, 2362, fols. 8–8v, 13.
75 Cf. Letter of 25 January 1833 calling upon Wasiutyński to follow the rescript of the Lublin Voivodeship Commission concerning the acquisition of the post-Franciscan building, which had not been done yet, despite being provided for in the partnership's articles of association submitted to the Government; SAL, MCL, 2361, fol. 132v.
76 Ibidem, fol. 155.
77 Ibidem, fol. 134 sqq.
78 Letter from the Lublin Voivodeship Commission dated 13 July 1832; ibidem, fol. 108.
79 More about this: *Kierek,* Association of Stockholders (supra fn. 4), pp. 127 sq.
80 SAL, MCL, 2362, fols. 23–27.
81 See supra fn. 12 and a bibliography provided in these publications.

anonyme, which, naturally, was meant to raise funds for large-scale endeavours, but was blocked by the rules of its establishment prescribed in the CC. As a result of this, entrepreneurs, not only French ones as it turns out, frequently circumvented these provisions.

The period from the establishment of the Kingdom of Poland until the November Uprising (1830–1831) was a time of relative political and economic peace as compared to the turmoil that surrounded both the establishment and the collapse of the Duchy of Warsaw and the repercussions that followed the suppression of the anti-Russian insurgence. Moreover, some time had already passed since the introduction of the CC, and by then the society became more accustomed to it. These factors favoured the use of more complex legal instruments than those of the period of the Duchy, rather dominated by forms based on individual undertakings or partnerships under a collective name. What is surprising, however, is that the herein discussed attempt to establish a joint stock company in Lublin was the only such case until the early 1830s in respect of which source materials still exist, even though, in principle, the capitalistic forms had gained most currency in Warsaw, the largest and economically most important region. This cannot even be explained by the tremendous destruction that Polish archives suffered as a result of World War II, as records of notaries' offices survived, and it is hard to imagine that anyone would bypass the notarisation of articles of association of a joint stock company, as merchants and investors keenly availed themselves of notarial deeds even in respect of much simpler instruments establishing companies.

The above-discussed articles of association certainly represent an attempt to circumvent the fact that the government refused its permission for the establishment of an anonymous partnership. This attempt in reality was not overly concealed, even though a large group of lawyers, who applied legal terminology rather loosely, were engaged in its organisation. The signed articles of association evidently stipulated the appointment of the partnership's bodies and capital involvement typical of an anonymous partnership. The choice of joint concern as the form under whose guise the planned endeavour was to be organised seems to have been intentional, as it guaranteed plenty of room for abuse – much more so than partnership under a collective name, suggested by the state organs, which was burdened by the joint and several liability of all partners.

Hans-Georg Knothe

Recht und Eisenbahnbau in den nordöstlichen Provinzen Preußens im 19. Jahrhundert

Abstract: Law and the Construction of Railroads in Prussia's Northeastern Provinces in the 19th Century Railroads are among the most important technological achievements of the 19th century industrial revolution. Because of its economic and social significance, the world of railroads is closely connected to the legal system. Since the German federal legislature lacked competence, the states had the sole legislative power to regulate the railroads; thus, with regard to the extension of railroads to the eastern Prussian provinces on the Baltic Sea – i.e. Pomerania, East and West Prussia – that competence lay with the Kingdom of Prussia. One of the most prominent issues under discussion was whether the construction and operation of railroads should be left to private initiative or rather be put in the hands of the state, and Prussia initially decided the question in favour of the private sector. The legal foundation was the Railroad Act, passed in 1838. The stock corporations considered for operation were subject to strict state control; in particular, their founding required a state license. At the dawn of the railroad age, the eastern provinces of Prussia were still largely agrarian and the population's standard of living was low. Thus, one of the government's objectives in building railroads was to increase the level of wealth by promoting economic development. In the Prussian Baltic Sea provinces the two most important railroad networks were the Berlin–Stettin Railway and the so-called Eastern Railway, which ran from Berlin to East Prussia. The Berlin–Stettin Railway was built under private leadership by the homonymous company between 1840 and 1848 and operated by that company until it was taken over by the state in 1880. The Eastern Railway, which, after completion ran from Berlin via Danzig and Königsberg all the way to the Russian border, was state operated from the very beginning. Its construction was repeatedly delayed because of political problems during the 1848 revolutionary period and lasted from 1845 through to 1867. The railway network in Prussia's northeastern provinces made a significant contribution to the connection of these regions to other parts of Prussia and, after the foundation of the Empire in 1871, to the German Reich.

Keywords: Berlin-Stettin Railway, Eastern Railway, state-owned Railway, Railroad Act 1838, Pomerania, constitutional question, East and West Prussia

I. Einleitung

Die Eisenbahn gehört zu denjenigen technischen Errungenschaften der im 19. Jahrhundert stattgefundenen ersten industriellen Revolution, die den Übergang von der traditionellen Agrargesellschaft zur Industriegesellschaft ganz maßgeblich beeinflusst haben. Durch die Steigerung der Mobilität von Menschen und Gütern veränderte das neue Verkehrsmittel nicht nur grundlegend die wirtschaftlichen und sozialen Verhältnisse als wichtiger Motor des Industrialisierungsprozesses, sondern trug zusammen mit den vielfachen sonstigen Umwälzungen auf wissenschaftlichem und technischem Gebiet auch zum Wandel von Lebensgefühl und Bewusstsein der Zeitgenossen und damit der Kultur überhaupt nicht unerheblich bei. Besonders eng waren und sind naturgemäß die Beziehungen des Eisenbahnwesens zur Rechtsordnung. Denn es ist klar, dass Errichtung und Betrieb von Eisenbahnen eine Fülle rechtlicher Fragen unterschiedlichster Art aufwerfen, die einer gesetzlichen Regelung bedürfen. Je nach Art dieser Regelungen kann das Eisenbahnsystem der einzelnen Staaten ein sehr unterschiedliches Gepräge aufweisen. Unter diesem Aspekt des Verhältnisses zwischen Rechtsordnung und damit verbunden zu Staat und Politik einerseits und den tatsächlichen, insbesondere ökonomischen Notwendigkeiten des Eisenbahnwesens andererseits behandeln meine nachfolgenden Ausführungen die eisenbahnmäßige Erschließung der im 19. Jahrhundert an die Ostseeküste grenzenden Gebiete des damaligen preußischen Staates, also der Provinzen Pommern, West- und Ostpreußen. In zeitlicher Hinsicht umfasst mein Beitrag die Jahrzehnte beginnend mit den Anfängen des Eisenbahnbetriebs in Deutschland bis zur weitgehenden Überführung der preußischen Eisenbahnen in Staatseigentum seit den späten 70er Jahren des 19. Jahrhunderts. Ich beschränke mich auf die beiden wichtigsten Bahnlinien für diesen Raum, die Berlin-Stettiner Eisenbahn und die sog. Ostbahn, jeweils mit deren größeren Nebenstrecken.

II. Anfangszeit

Als Anfangszeit des preußischen und überhaupt des deutschen Eisenbahnwesens soll hier etwa der Zeitraum von der Mitte der 30er Jahre des 19. Jahrhunderts bis zum Vorabend der Revolution von 1848 angesehen werden.

1. Staatsrechtliche Grundlagen

Eine Eigenart des deutschen Eisenbahnsystems ist darauf zurückzuführen, dass gerade in den Jahrzehnten der Herausbildung von dessen Grundzügen eine einheitliche deutsche Staatsgewalt nicht vorhanden war. Der 1815 gegründete Deutsche Bund war nur ein lockerer Staatenbund aus größenmäßig höchst unterschiedlichen 38 souveränen Mitgliedsstaaten (die Großmächte Österreich und Preußen, einige mittlere sowie zahlreiche kleine und kleinste Staaten und vier freie Städte).[1] Jeder Einzelstaat konnte deshalb völlig frei über das Ob und Wie der Errichtung von Eisenbahnen auf seinem Gebiet bestimmen. Ein auf einem einheitlichen Plan beruhendes gesamtdeutsches Eisenbahnnetz konnte sich daher nicht herausbilden.[2]

Der preußische Staat war bis 1848 noch eine absolute Monarchie. Es existierte kein gesamtstaatliches Parlament, sondern nur in jeder der damals acht Provinzen ein nach Ständen gegliederter Provinziallandtag mit lediglich beratender Funktion. Die Gesetzgebungsbefugnis lag allein beim König.[3] Diesem stand mithin auch für den Bereich des Eisenbahnwesens das Letztentscheidungsrecht zu.

2. Grundfrage: Privat- oder Staatsbahnen

In den meisten deutschen Staaten umstritten war die grundlegende Frage, ob Bau und Betrieb der Eisenbahnen der privatwirtschaftlichen Initiative überlassen werden oder in staatlicher Hand liegen sollten. In der Frühzeit des Eisenbahnwesens entschieden sich die meisten deutschen und auswärtigen Staaten gegen das Staatsbahn- und für das Privatbahnsystem. Dies galt nicht zuletzt für Preußen. Hier lag der Grund für einen Verzicht auf einen Eisenbahnbau unmittelbar durch den Staat außer auf Vorbehalten von Teilen der damaligen preußischen Machteliten gegenüber dem neuartigen Verkehrsmittel vornehmlich darin, dass der Staat die für die Errichtung von Eisenbahnen notwendigen enormen Kapitalaufwendungen nicht aus dem laufenden Haushalt hätte tätigen können und deshalb durch Anleihen hätte beschaffen müssen. Anleihen sollten aber nach einer königlichen Kabinettsordre von 1820[4] nur mit Zustimmung und unter Mitgarantie einer dort als eine letzte Nachwirkung der Stein-Hardenbergischen Reformpolitik versprochenen „reichsständigen Versammlung“ aufgenommen

1 Vgl. Deutsche Bundesakte v. 8.6.1815, Art. I, in: Günter Dürig/Walter Rudolf (Hg.), Texte zur deutschen Verfassungsgeschichte, 3. Aufl. 1996, S. 12 f. (11–20); Wiener Schlussakte v. 15.5.1820, Art. I u. II, in: Dürig/Rudolf, a.a.O., S. 66 (65–77).

2 Eingehende Darstellung bei *Richard Haas*, Die Abhängigkeit des deutschen Eisenbahnnetzes von seiner geschichtlichen Entwicklung, Archiv für Eisenbahnwesen 63 (1940), S. 369–428; ferner *Albert v. Mühlenfels*, Geschichtliche Entwicklung des deutschen Eisenbahnwesens, in: Das deutsche Eisenbahnwesen der Gegenwart, Bd. 1, 1911, S. 16 f. (15–41); *Erik Kießling*, Eisenbahnbau und Industrialisierung als Katalysator des Aktienrechts, in: Walter Bayer/Mathias Habersack (Hg.), Aktienrecht im Wandel, Bd. I, Entwicklung des Aktienrechts, 2007, S. 111 f. (98–125).

3 Zu den preußischen Verfassungsverhältnissen vor 1848 umfassend *Ernst Rudolf Huber*, Deutsche Verfassungsgeschichte seit 1789, Bd. II, 3. Aufl. 1988, § 2 I.

4 Verordnung v. 17.1.1820, Preußische Gesetzsammlung, S. 9.

werden können. Die Beschaffung der Mittel für ein staatsgetragenes Eisenbahnsystem im Kreditwege hätte mithin die bisher unterbliebene Errichtung einer solchen Versammlung erfordert, die der Staat aber in der mittlerweile eingetretenen Reaktionsperiode des „Vormärz" zwecks Aufrechterhaltung des absolutistischen Regierungssystems gerade vermeiden wollte. In der etwa bis 1848 reichenden ersten Phase der preußischen Eisenbahngeschichte wurden daher Eisenbahnen ausschließlich in privater Trägerschaft betrieben.

3. Preußisches Eisenbahngesetz von 1838

Preußen gehörte zu den ersten deutschen Staaten, die schon zu einer Zeit, in der in ganz Deutschland erst sehr wenige Eisenbahnlinien in Betrieb waren (Nürnberg – Fürth 1835, Teil von Leipzig – Dresden seit 1837, Berlin – Potsdam seit 1838), das rechtliche Verhältnis der Eisenbahngesellschaften zum Staat wie zum Publikum umfassend normiert haben. In Preußen geschah dies mit dem 1838 ergangenen Eisenbahngesetz (EG).[5]

Als Eisenbahngesellschaften kamen nach dem EG nur Aktiengesellschaften in Betracht. Die Beschränkung der möglichen Träger und Betreiber von Eisenbahnen auf diesen damals neuartigen Gesellschaftstyp begegnet in den Eisenbahnrechten aller deutschen Staaten, soweit diese dem Privateisenbahnsystem gefolgt sind. Denn die AG erwies sich ihrer Struktur nach als Rechtform für die sich im Industriezeitalter herausbildenden Großunternehmen besonders geeignet, konnte sie doch mit ihrem Zuschnitt auf eine große Mitgliederzahl als Sammelstelle des für solche Unternehmen erforderlichen umfangreichen Kapitals dienen, ohne dass die Aktionäre das Risiko einer ihre Kapitalbeteiligung übersteigenden Haftung für die Gesellschaftsverbindlichkeiten eingingen. Den historisch zu den frühesten industriellen Großunternehmen zählenden Eisenbahnen kam deshalb für die Entwicklung und Verbreitung des modernen Aktienrechts eine gerade in Preußen signifikante Pionierfunktion zu. Denn eine die Rechtsform der AG auch für andere Gewerbezweige als den Eisenbahnen zulassende und regelnde gesetzliche Grundlage gab es in dem auch die hier behandelten Ostseegebiete Preußens umfassenden Geltungsbereich des Allgemeinen

5 Gesetz über die Eisenbahn-Unternehmungen v. 3.11.1838, Preußische Gesetzsammlung, S. 505. Eingehende Darstellung von Entstehung und Inhalt des Gesetzes bei *Werner Schubert*, Das preußische Eisenbahngesetz von 1838, ZRG GA 116 (1999), S. 152–203, der das EG als „zu den wohl wichtigsten deutschen Wirtschaftsgesetzen des 19. Jhs." gehörig bezeichnet (S. 198).

Landrechts (ALR) zunächst noch nicht.[6] Die Errichtung einer Aktiengesellschaft als voll rechtsfähiger Verein ohne persönliche Haftung der Mitglieder war im landrechtlichen Gebiet nur möglich durch Erteilung eines entsprechenden landesherrlichen Privilegs (Oktroi) an eine „erlaubte Privatgesellschaft" (ALR II 6 §§ 11 ff., 22 ff.); die Gewährung eines solchen Oktroi war ein Gnadenakt, auf den keinerlei Anspruch bestand.[7] Die allgemeine wirtschaftliche, insbesondere industrielle Entwicklung ließ den Fortbestand des auf das Manufakturwesen des 17./18. Jahrhunderts zugeschnittenen Oktroisystems auch für die übrigen Wirtschaftszweige neben dem Eisenbahnwesen bald als anachronistisch erscheinen. Schon 1843 wurde daher das preußische Aktiengesetz erlassen, dessen Grundsätze mit denjenigen des fünf Jahre älteren Eisenbahngesetzes im Wesentlichen übereinstimmten.[8]

Mit dem EG, dessen Bestimmungen nach § 48 auch für die Eisenbahngesellschaften galten, deren Statuten bereits genehmigt worden waren, waren die Eisenbahn-Aktiengesellschaften nicht mehr bloße atypische Ausnahmeinstitute gegenüber dem allgemeinen Gesellschaftsrecht des ALR, deren Errichtung erst ein besonderes königliches Privileg erfordert hatte, sondern sie gehörten jetzt zum Kreis der vom staatlichen Recht zugelassenen Gesellschaftstypen. Die zur Gründung einer Eisenbahngesellschaft nunmehr erforderliche staatliche Konzession war im Gegensatz zum bisherigen Privileg kein bloßer Gnadenakt, sondern – nach moderner Terminologie – ein gesetzlich geregelter Verwaltungsakt. Das preußische Eisenbahnrecht war damit vom Oktroisystem zum Konzessionssystem übergegangen.

Die zur Entstehung einer Eisenbahn-AG notwendige staatliche Konzession wurde aufgrund eines komplizierten und aufwendigen Verwaltungsverfahrens erteilt. In einem ersten Verfahrensabschnitt prüfte das Handelsministerium nach § 1 EG die von der Gesellschaft beantragte Eisenbahnunternehmung zunächst

---

6 In der preußischen Rheinprovinz, wo die in der napoleonischen Zeit eingeführten cinq codes auch nach dem Erwerb des Gebietes durch Preußen fortgalten, regelte dagegen der Code de Commerce in seinen Artt. 29 ff. das Recht der der AG entsprechenden société anonyme.

7 Vgl. *Theodor Baums*, Gesetz über die Aktiengesellschaften für die Königlich Preussischen Staaten vom 9. November 1843, 1981, S. 15 ff., 17.

8 Gesetz über die Aktiengesellschaften v. 9.11.1843, Preußische Gesetzsammlung, S. 341. Das Gesetz galt im gesamten Umfang der preußischen Monarchie, also auch in der Rheinprovinz, wo es an die Stelle der Artt. 29 ff. des Code de Commerce trat. Text und Materialien des Gesetzes bei *Baums*, Gesetz über die Aktiengesellschaften (o. Fn. 7) mit Einleitung.

im Allgemeinen und sodann den Unternehmensplan, zu dem es besondere Instruktionen erteilen konnte. Nach Erteilung der landesherrlichen Genehmigung des Plans hatte das Ministerium unter Erteilung eventuell für nötig befundener diesbezüglicher Bedingungen und Maßgaben der Gesellschaft eine Frist für den Nachweis der erfolgten Zeichnung des festgelegten Aktienkapitals und des Zusammentritts der Gesellschaft nach einem von den Zeichnern vereinbarten Statut zu setzen. Durch die landesherrliche Bestätigung des eingereichten Statuts erlangte die bis dahin nach Gesellschafts- und Auftragsrecht behandelte Gesellschaft die Rechte einer Korporation oder anonymen Gesellschaft mit der Folge ihrer Rechtsfähigkeit (§ 3 EG). Die Konzessionserteilung war hiernach materiell und verfahrensmäßig von einer sehr starken Präponderanz der Staatsgewalt gegenüber der Eisenbahngesellschaft gekennzeichnet. Voraussetzungen, bei deren Vorliegen die Gesellschaft einen Anspruch auf die Genehmigung hatte, waren inhaltlich kaum normiert. Schließlich behielt sich der König in § 49 EG vor, die Vorschriften der ursprünglichen Fassung des Gesetzes „durch allgemeine Anordnungen oder durch künftig zu ertheilende Konzessionen zu ergänzen und abzuändern und nach Umständen denselben auch andere ganz neue Bestimmungen hinzuzufügen" und bei angenommener Notwendigkeit „auch den bereits konzessionirten oder in Gemäßheit dieses Gesetzes zu konzessionirenden Gesellschaften die Beobachtung dieser Ergänzungen, Abänderungen oder neuen Bestimmungen aufzu(er)legen", wobei allerdings künftig zu konzessionierenden Gesellschaften, die durch danach erlassene Bestimmungen eine Minderung ihrer Einnahmen oder eine Vermehrung ihrer Ausgaben erleiden würden, eine angemessene Geldentschädigung zu gewähren war. Nach Ablauf von 30 Jahren seit der Transporteröffnung konnte der Staat das Eigentum der Bahn nebst dem Zubehör gegen vollständige Entschädigung der AG ankaufen (§ 42 EG).

Mit seiner Normierung von weitgehenden Befugnissen des Staates bei der Konzessionserteilung und der Beaufsichtigung der konzessionierten privaten Gesellschaften, deren Rechtspositionen gegenüber dem Staat andererseits relativ schwach und wenig gesichert ausgestaltet wurden, beruhte das Eisenbahngesetz noch durchaus auf dem Geiste des Spätabsolutismus. Das Gesetz stieß deshalb von Anfang an auf teilweise scharfe Kritik besonders von (wirtschafts-)liberaler Seite, die ihm vorwarfen, die Bereitschaft des privaten Kapitals zu einem Engagement im Eisenbahnsektor durch mangelnde Berechenbarkeit der staatlichen Maßnahmen und kleinliche Gängelung gedämpft und dadurch die weitere Entwicklung des Verkehrsmittels Eisenbahn zunächst eher gebremst als gefördert zu haben.[9] Auch ein Großteil des späteren Schrifttums konstatiert rückblickend eine stark etatistische Ausrichtung des EG.[10] Von orthodoxer marxistischer Seite wurde sogar die These vertreten, die reaktionäre Junkerklasse, dessen Werkzeug der preußische Staat vor 1848 ausschließlich gewesen sei, habe mit dem Eisenbahngesetz das Ziel verfolgt, im Klassenkampf gegen die die Herrschaft der Junkerklasse bedrohende aufstrebende Industriebourgeoisie die von dieser getragene Entwicklung des Eisenbahnwesens nach Kräften zu behindern.[11] Die Annahme einer solchen ratio legis ist sicher unhaltbar. Es wäre dann kaum erklärbar, warum ausgerechnet Preußen als einer der ersten deutschen Staaten ein Eisenbahngesetz erlassen hat, das zudem die Regelungen der anderen Staaten an Ausführlichkeit und Detailliertheit erheblich übertraf. Die preußische Regierung hätte stattdessen einfach an dem bisherigen Oktroisystem festhalten können mit der Folge einer fortbestehenden völligen Freiheit des Königs in der Entscheidung über Erteilung oder Verweigerung eines Oktroi.

Andere Autoren beurteilen das Eisenbahngesetz dagegen mehr oder weniger positiv. Treitschke nannte es „eines der letzten denkwürdigen Werke des alten Beamtenstaates", v. Mayer „einen Stolz der preussischen Gesetzgebung", H. Lehmann sieht es an als brauchbaren Kompromiss zwischen den Interessen von Eisenbahnunternehmern und Staat, das sich offensichtlich recht gut bewährt

9 Vgl. vor allem *David Hansemann*, Kritik des Preußischen Eisenbahngesetzes vom 3. November 1839, 1841, S. 124 f. u. passim, bes. S. 126 Fn.: „[…] ein Gesetz, das jeden Unternehmer abzuschrecken geeignet ist"; *Carl Schreiber*, Die preußischen Eisenbahnen und ihr Verhältnis zum Staat 1834–1874, 1874, S. 7; Referat weiterer kritischer Stimmen aus der Entstehungszeit des EG bei *Helmut Paul*, Die preußische Eisenbahnpolitik von 1835–1838, phil. Diss. Rostock 1938.

10 Neuestens *Markus Patt*, Der „Mißerfolg" des preußischen Eisenbahngesetzes von 1838. Von mangelnder Rechtssicherheit bei der gesetzlichen Zulassung der Eisenbahngesellschaft, in: Matthias Maetschke/David v. Mayenburg/Mathias Schmoeckel (Hg.), Das Recht der Industriellen Revolution, 2013, S. 144 ff. (131–160); *Schubert*, ZRG GA 116 (1999), S. 198 ff. hält das EG „weit von wirtschaftsliberalen Grundsätzen entfernt" gewesen und habe als „Instrument des Staates" zur Kontrolle und Reglementierung des Eisenbahnwesens gedient; ferner *Lothar Gall*, Eisenbahnen in Deutschland: Von den Eisenbahnen bis zum Ersten Weltkrieg, in: ders./Manfred Pohl (Hg.), Die Eisenbahnen in Deutschland: Von den Anfängen bis zur Gegenwart, 1999, S. 19 (13–70); *Edwin Koch*, Geschichte der deutschen Eisenbahnpolitik, 1911, S. 47 f.

11 In diesem Sinne *Dietrich Eichholtz*, Junker und Bourgeoisie vor 1848 in der preußischen Eisenbahngeschichte, 1962, bes. S. 85 ff. u. passim; ähnlich *Elfriede Rehbein*, Zum Charakter der preußischen Eisenbahnpolitik von ihren Anfängen bis zum Jahre 1879, Diss. Dresden 1953, S. 65 ff.

habe. Selbst der das Gesetz grundsätzlich als „Mißerfolg“ bezeichnende Patt hebt als dessen Leistung die Entscheidung zugunsten der „gesellschaftsrechtlichen Zulässigkeit der Aktiengesellschaft als Unternehmensform für die Eisenbahnen“ hervor, wodurch die Rechtssicherheit erhöht worden sei.[12]

Eine angemessene Bewertung des preußischen Eisenbahngesetzes darf nicht außer Acht lassen, dass es sich bei dessen Regelungsgegenstand um ein damals völlig neuartiges Verkehrsmittel handelte, das erstmals in der Geschichte nicht von menschlicher oder tierischer Kraft angetrieben wurde, sondern auf der ebenfalls erst kurz vorher entwickelten Technik der Dampfmaschine beruhte. Die vielfältigen Auswirkungen dieses Verkehrsmittels auf Individuum und Gesellschaft waren damals noch kaum absehbar. Das in den ersten Anfängen steckende Eisenbahnwesen dem freien Spiel der Marktkräfte, einem laissez faire, zu überlassen wäre unter diesen Umständen geradezu ein Sprung in unbekanntes Gewässer gewesen. Mit dem Gesetz von 1838 wollte sich der Staat daher die Möglichkeit korrigierender Eingriffe weitestgehend offenhalten.[13] Hierbei ist er allerdings mit der möglichst schwachen Ausgestaltung der Rechtsstellung der privaten Eisenbahnunternehmen über das Ziel hinausgeschossen.

Unabhängig von der Gesamtbeurteilung des Eisenbahngesetzes ist jedenfalls die in dessen § 25 normierte Gefährdungshaftung der Eisenbahngesellschaft zum Ersatz aller bei der Beförderung auf der Bahn anderen Personen entstandenen Personen- und Sachschäden uneingeschränkt positiv zu bewerten. Die Verantwortlichkeit erforderte kein Verschulden der Gesellschaft, deren Haftung vielmehr nur bei einem der Gesellschaft obliegenden Beweis einer Entstehung des Schadens durch eigene Schuld des Geschädigten oder unabwendbaren

---

12 *Heinrich v. Treitschke*, Deutsche Geschichte im 19. Jh., 4. Aufl., Bd. 4, 1897, S. 593; *Arthur v. Mayer*, Geschichte und Geographie der Deutschen Eisenbahnen von ihrer Entstehung bis auf die Gegenwart (1890), Bd. 1, 1891, S. 108; *Helmut Lehmann*, Eisenbahnen in Preußen, 1998, S. 18; *Patt*, in: Maetschke/v. Mayenburg/Schmoeckel, Recht der Industriellen Revolution (o. Fn. 10), S. 145 ff.; ausgewogene, aber nicht unkritische Bewertung bei *Paul*, Eisenbahnpolitik (o. Fn. 9), S. 299 ff.; günstige Beurteilung auch bei *Stumpf*, Die Entstehung des preußischen Eisenbahngesetzes v. 3. Nov. 1838, Die Reichsbahn 1938, S. 1096 f. (1056–1097).

13 Treffend insoweit *Volker Then*, Eisenbahn und Eisenbahnunternehmer in der Industriellen Revolution, 1997, S. 103: (Mit dem EG) „wurde der Versuch gemacht, einen Rechtsgegenstand allgemeingültig zu regeln, zu dem nur begrenzte Erfahrungen vorlagen, der in vielerlei Hinsicht noch ungeklärt war und für den deshalb [...] eine Vielzahl von Genehmigungen [...] vorgesehen werden mussten, wobei jeweils nur allgemeinen Ermessensspielräumen Tür und Tor öffnende Bestimmungen möglich waren“.

Zufall entfiel.[14] Mit dieser Statuierung einer Haftung des Eisenbahnbetreibers, deren Grundlage – abweichend vom allgemeinen Deliktsrecht – nicht in einem Verschulden des Betreibers besteht, sondern in der typischen Gefährlichkeit der Anlage als solcher, war dem preußischen Gesetzgeber eine zukunftsweisende Regelung gelungen, deren Prinzip im Laufe der folgenden nunmehr fast zwei Jahrhunderte auf zahlreiche weitere mit der Entwicklung der Technik entstandene gefährliche Anlagen ausgedehnt werden sollte. Der nach Inkrafttreten des Eisenbahngesetzes gegen § 25 erhobene Vorwurf einer das Eisenbahnwesen (gezielt?) benachteiligenden Ausnahmenorm[15] erscheint daher aus heutiger Sicht als besonders erstaunlich.

4. Anfangszeit des Eisenbahnwesens in den Provinzen Pommern und Preußen

Nach dieser knappen Darstellung der politischen, ökonomischen und rechtlichen Rahmenbedingungen für die Entstehung eines Eisenbahnverkehrs auch in Deutschland und besonders in Preußen soll nunmehr zur Errichtung der ersten Eisenbahnlinien im Gebiet der damaligen preußischen Ostseeküste übergegangen werden. Es handelt sich um die Provinz Pommern und die Provinz Preußen, zu der Ost- und Westpreußen von 1829 bis1878 vereinigt waren. Diese Provinzen wiesen bei Beginn des Eisenbahnzeitalters noch eine überwiegend agrarische Wirtschaftsstruktur auf, und der Lebensstandard der Masse der Bevölkerung war relativ niedrig.[16] Der Bau von Eisenbahnen in den östlichen Provinzen sollte daher neben einer stärkeren Anbindung dieser Gebiete an das preußische Zentrum der Provinzen Brandenburg und Sachsen auch zur Anhebung des Wohlstandsniveaus der Bewohner durch Förderung der industriellen Entwicklung beitragen. Das Eisenbahnnetz im preußischen Nordosten nahm seinen Ausgang

14 Zur Entstehungsgeschichte des § 25 EG ausführlich *Schubert*, ZRG GA 116 (1999), S. 181–183; ferner *Stumpf*, Die Reichsbahn 1938, S. 1094.

15 In diesem Sinne *Hansemann*, Kritik (o. Fn. 9), S. 68–71, der stattdessen für die Anwendung des gemeinen Rechts (Verschuldenserfordernis) eintrat oder sogar zur Erwägung stellte, „ob nicht für Eisenbahn-Unternehmungen gerade wegen ihrer Natur und allgemeinen Nützlichkeit vom gemeinen Recht abweichende, günstigere (!) Bestimmungen zu erlassen sein dürften“ (S. 71).

16 Einen detaillierten Überblick über Größe, geographische Verhältnisse, Bevölkerungszahl und Wirtschaft in den östlichen Provinzen vor Beginn des Eisenbahnbaus gibt *Kurt Born*, Die Entwicklung der Königlich Preußischen Ostbahn, Archiv für Eisenbahnwesen 34 (1911), S. 879–885 (879–939).

von zwei Linien, der Berlin-Stettiner Bahn und der sog. Ostbahn, die allmählich durch zahlreiche Zweig- und Nebenbahnen ergänzt wurden.

a) Berlin-Stettiner Eisenbahn und Nebenlinien

Für die Herstellung einer Eisenbahnverbindung zwischen Berlin und Stettin, der Hauptstadt der Provinz Pommern, die schon 1833 von dem bekannten Nationalökonomen und Eisenbahnpionier Friedrich List als Teil eines sich über ganz Deutschland erstreckenden Eisenbahnnetzes angeregt worden war,[17] sprachen neben verwaltungsmäßigen vor allem wirtschaftliche Gründe. Die Bedeutung von Stettin als Umschlagplatz für den von der Stadt ausgehenden Überseehandel, der sich durch das Aufkommen der Dampfschifffahrt bis über den Atlantik und zum Mittelmeer ausgedehnt hatte, erforderte auch einen Eisenbahnanschluss zwecks Transports der Handelsgüter von und nach Stettin auf dem Landweg. Nicht zuletzt sollte hierdurch der Alternative einer Eisenbahnverbindung von Berlin nach Hamburg statt nach Stettin Paroli geboten werden.[18] Die Initiative für das Bahnvorhaben ging daher in erster Linie von Stettiner Wirtschaftskreisen aus. Auf Antrag des in Stettin am 1. März 1836 unter dem Vorsitz des dortigen Oberbürgermeisters Masche gebildeten „Berlin-Stettiner-Eisenbahnkomitees" wurde daher 1836 die vorläufige Konzession für die Gründung der „Berlin-Stettiner Eisenbahngesellschaft" erteilt. Von dem ursprünglich auf 2,5 Mio. Taler festgesetzten Aktienkapital der Gesellschaft, dessen vollständige Zeichnung Voraussetzung für die königliche Bestätigung des Statuts war, konnten jedoch infolge der Zurückhaltung der Berliner Finanzkreise bis Oktober 1839 nur rund 1 Mio. Taler gezeichnet werden. Um das Vorhaben gleichwohl zu verwirklichen, übernahm die Provinz Pommern für rund 1,6 Mio. Taler eine Zinsgarantie von 4% für die ersten sechs Betriebsjahre der Bahn und die Stadt Stettin zeichnete Aktien in Höhe von 600.000 Talern.[19] Am12. Oktober 1840 bestätigte der König das Statut der Gesellschaft, die dadurch die Rechtsstellung einer AG erlangte.[20]

17 Hierzu *Horst Regling/Dieter Grusenik/Erich Morlok*, Die Berlin-Stettiner Eisenbahn, 1996, S. 7.

18 Zum Ganzen *G. Fleck*, Studien zur Geschichte des preußischen Eisenbahnwesens, Archiv für Eisenbahnwesen 19 (1896), S. 862 f. (858–868); auch *Regling/Grusenik/Morlok*, Berlin-Stettiner Eisenbahn (o. Fn. 17), S. 7 f.

19 *Rudolf Küll*, Geschichte der Reichsbahndirektion Stettin, 1933, S. 8, 13; *Regling/Grusenik/Morlok*, Berlin-Stettiner Eisenbahn (o. Fn. 17), S. 9 f.; auch *Schreiber*, Eisenbahnen (o. Fn. 9), S. 8.

20 Bestätigungsurkunde v.12.10.1840 nebst Statut in Preußische Gesetzsammlung, S. 305 ff.

Der 1841 begonnene Bau der 134,5 km langen Hauptstrecke Berlin – Stettin vollzog sich in den drei Teilstrecken Berlin – Eberswalde (Eröffnung Juli 1842), Eberswalde – Angermünde (Eröffnung November 1842) und Angermünde – Stettin (Eröffnung der Gesamtstrecke August 1843).[21] Wirtschaftlich erwies sich die Linie in der Folgezeit als sehr erfolgreich: So belief sich schon im Kalenderjahr1844 die Zahl der beförderten Personen auf über 272.000 und die Menge der transportierten Güter auf fast 40.000 t; die Ausgaben machten nur 51,8% der Einnahmen aus.[22] Bemerkenswert war besonders der Aufschwung auch des Güterverkehrs, der bei der Planung der Strecke als gegenüber dem Personenverkehr weniger bedeutend prognostiziert worden war. Die Eisenbahnverbindung mit Berlin wirkte sich nicht zuletzt auf die industrielle Entwicklung der Hafenstadt Stettin fördernd aus.[23] Diese günstige Entwicklung der Hauptstrecke bewog die Berlin-Stettiner Gesellschaft zur Errichtung einer konzessionierten Zweigbahn von Stettin nach Stargard in Pommern. Mit dieser 1846 eröffneten 35 km langen Linie dehnte sich das preußische Eisenbahnnetz erstmals auf das östliche Ufer der Oder aus. Da die Stettin-Stargarder Linie aber zunächst nicht rentabel war, übertrug die Berlin-Stettiner AG 1847 den Betrieb und die Unterhaltung dieser Strecke bis 1860 auf die zur Herstellung einer Bahnverbindung von Stargard nach Posen gegründete Stargard-Posener Eisenbahngesellschaft.[24]

b) Auseinandersetzungen um den Bau der Ostbahn Berlin – Königsberg

An einer Eisenbahnverbindung zwischen dem Zentrum der preußischen Monarchie und den hiervon weit entfernten und geographisch exponierten östlichen Provinzen West- und Ostpreußen sowie Posen war der preußische Staat aus politischen Gründen, einschließlich solchen der Landesverteidigung, sowie zwecks Förderung der in diesen Gebieten noch schwachen Wirtschaft besonders interessiert.[25] Gerade dieses Projekt führte aber schon wegen seines großen Umfangs

---

21 Zu Bau und Eröffnung der Hauptstrecke vgl. *M. Roloff*, Aus der Geschichte der Berlin-Stettiner Eisenbahngesellschaft, Archiv für Eisenbahnwesen 39 (1916), S. 883 (882–891); *Küll*, Reichsbahndirektion Stettin (o. Fn. 19), S. 13 f.; eingehend *Regling/Grusenik/Morlok*, Berlin-Stettiner Eisenbahn (o. Fn. 17), S. 15–22.

22 Zahlenangaben bei *Roloff*, Archiv für Eisenbahnwesen 39 (1916), S. 883 f.

23 Vgl. *Otto Wehde-Textor*, Die Berlin-Stettiner Eisenbahn, in: Wolfram Bäumer/Siegfried Bufe (Hg.), Eisenbahnen in Pommern,1988, S. 13 (7–22).

24 Näheres bei *Roloff*, Archiv für Eisenbahnwesen 39 (1916), S. 884; *Küll*, Reichsbahndirektion Stettin (o. Fn. 19), S. 14 ff., 23; *Wehde/Textor*, in: Bäumer/Bufe, Eisenbahnen (o. Fn. 23), S. 13.

25 Zusammenfassende Darstellungen der Geschichte der Konzeption und des Baus der Ostbahn bei *Born*, Archiv für Eisenbahnwesen 34 (1911), S. 879–939, S. 1125–1172,

mit entsprechender Kostenintensität zu erheblichen Kontroversen im Vorfeld, die vor allem die Finanzierungsfrage betrafen, die wiederum hochpolitische, die Verfassung der damals noch absoluten Monarchie berührende Probleme aufwarf. Die Streitigkeiten entzündeten sich an der angesichts des Umfangs des Vorhabens besonders relevanten Grundfrage, ob auch die Ostbahn von einer privaten Gesellschaft, allenfalls mit staatlichen Zinsgarantien an die Aktionäre, oder als Staatsunternehmen errichtet und getragen werden sollte. Der Staat, der das Ostbahnprojekt seit 1842 ernsthaft zu verfolgen begann, wollte auch hier zunächst an seiner dem Eisenbahngesetz 1838 zugrundeliegenden Politik des – staatlich kontrollierten – Systems der Privateisenbahn festhalten. Diese Haltung war hier in besonderem Maße auf den schon allgemein erwähnten Umstand zurückzuführen, dass der Staat die gewaltigen Kosten einer in eigener Regie zu errichtenden Eisenbahnlinie nur durch Aufnahme von Anleihen aufbringen konnte, hierfür aber nach dem Gesetz von 1820[26] die Zustimmung einer Ständevertretung erforderlich war, deren Einberufung aber auch der seit 1840 regierende neue König Friedrich Wilhelm IV. als Einschränkung des Absolutismus unbedingt vermeiden wollte. Der Bau der Ostbahn durch eine private Gesellschaft erwies sich aber bald als unmöglich, da eine solche Bahn für die private Wirtschaft wegen der hier geringen Renditeaussichten nicht interessant war und überdies eine Mitte der 40er Jahre ausbrechende Wirtschafts- und Finanzkrise allgemein eine empfindliche Kapitalknappheit hervorrief. Die preußische Regierung entschloss sich daher etwa seit 1846 doch für eine staatliche Trägerschaft der Ostbahn und damit für die Aufnahme einer Anleihe zur Finanzierung des Baus der Strecke. Zur Erteilung der hierzu erforderlichen ständischen Zustimmung berief der König 1847 erstmals den aus den acht Provinziallandtagen bestehenden Vereinigten Landtag in Berlin ein. Diese Zustimmung verweigerte der Landtag in dem Beschluss vom 8. Juni 1847 mit deutlicher Mehrheit. Der Beschluss beruhte aber keineswegs auf einer ablehnenden Haltung gegenüber dem Projekt einer vom Staat getragenen Ostbahn überhaupt, eine solche Bahn hielten die meisten Mitglieder des Landtags vielmehr für durchaus notwendig. Der eigentliche Grund für die Verweigerung der Kreditaufnahme lag vielmehr in dem immer stärker werdenden Bestreben der liberalen Kräfte der preußischen Gesellschaft, das hauptsächlich vom Adel getragene absolutistische Herrschaftssystem durch ein konstitutionelles Staatswesen zu ersetzen, das Grundrechte, die

1431–1461; auch *Peter Paul Dahms*, Die Anfänge des Personenverkehrs per Eisenbahn in Preußen 1835–1860, phil. Diss. TU Berlin 2015, S. 89–95.

26 Vgl. o. Fn. 4.

Rechtsgleichheit aller Bürger, eine an der Gesetzgebung beteiligte Volksvertretung und eine unabhängige Justiz aufwies. Das Kreditbewilligungsrecht wollte die Landtagsmehrheit einsetzen, um die Regierung zu Konzessionen in dieser Richtung zu veranlassen, insbesondere um als Nahziele dem Landtag ein Kontrollrecht über die Verwendung der Kredite sowie ein Recht auf periodische Einberufung einzuräumen.[27]

Die Reaktion des Königs auf die Verweigerung des Bahnkredits bestand in dem Befehl zur sofortigen Einstellung der bereits begonnenen Bauarbeiten an der Bahnstrecke, wovon nur die Strom- und Deicharbeiten zur Überbrückung der Flüsse Weichsel und Nogat zwecks Verhinderung einer sofortigen Entlassung der dort beschäftigten Arbeiter ausgenommen waren. Tatsächlich beendet wurden die Arbeiten Anfang Oktober 1847 mit der Folge der Kündigung von 8.000 Arbeitern.[28] Damit war der erste Versuch zur Schaffung einer Bahnlinie von Berlin nach Königsberg zunächst gescheitert.

III. Zeitraum von 1848 bis 1866

1. Revolution von 1848: Preußen wird Verfassungsstaat

Die Revolution von 1848 scheiterte in Deutschland zwar mit ihrem politischen Hauptziel der Errichtung eines bundesstaatlich strukturierten Deutschen Reiches als konstitutionelle Monarchie unter einem Kaiser, wie dies die von der nach dem anfänglichen Erfolg der Revolution gewählten deutschen Nationalversammlung in Frankfurt a. M. konzipierte Reichsverfassung[29] vorgesehen hatte. Vielmehr wurde der Deutsche Bund in seiner alten Gestalt mit im Innenverhältnis voller Unabhängigkeit der Einzelstaaten wiederhergestellt, womit auch die Schaffung eines einheitlichen deutschen Eisenbahnnetzes weiterhin unmöglich war. Die vor 1848 absolut regierten Einzelstaaten kehrten aber – abgesehen zunächst von Österreich – nicht wieder zur Allgewalt des Monarchen zurück. Dies galt auch für Preußen. Nach der seit 1850 geltenden preußischen

---

27 Zum Ganzen vgl. die detaillierten Ausführungen bei *Born*, Archiv für Eisenbahnwesen 34 (1911), S. 208 ff.; ferner *Fleck*, Archiv für Eisenbahnwesen 21 (1898), S. 676 f.; *Koch*, Geschichte der Eisenbahnpolitik (o. Fn. 10), S. 52 f.; *Eichholtz*, Junker und Bourgeoisie (o. Fn. 11), S. 119, 122 f.

28 Zur Einstellung des Bahnbaus und seinen Folgen *Fleck*, Archiv für Eisenbahnwesen 21 (1898), S. 678 f.; *Born*, Archiv für Eisenbahnwesen 34 (1911), 909 ff.; *Eichholtz*, Junker und Bourgeoisie (o. Fn. 11), S. 123 f.; *Wolfgang Klee/Günther Scheingraber*, Preußische Eisenbahngeschichte, Teil 1: 1838–1870/71, 1992, S. 56.

29 Verfassung des Deutschen Reiches v. 28.3.1849.

Verfassungsurkunde bedurfte der König zum Erlass eines Gesetzes der Zustimmung beider Kammern des Landtags und damit auch der vom Volk, wenn auch nach dem berüchtigten Drei-Klassen-Wahlrecht, gewählten zweiten Kammer.[30]

2. Weiterer Ausbau des nordöstlichen Eisenbahnnetzes

a) Erweiterung des Streckennetzes der Berlin-Stettiner Eisenbahngesellschaft

Die Berlin-Stettiner Eisenbahngesellschaft expandierte in diesem Zeitraum durch die Errichtung weiterer wichtiger Zweigbahnen. Die von Stargard ausgehende, zunächst bis nach Köslin reichende hinterpommersche Bahn (135 km), die mit einer staatlichen Zinsgarantie erbaut worden war, wurde 1859 eröffnet. Mit dem Auslaufen des Vertrages über die Verwaltung der Strecke Stettin-Stargard durch die Stargard-Posener Gesellschaft (s. o. II 4 a) am 1. Januar 1860 fiel die Verwaltung dieser Linie wieder an die Berlin-Stettiner Eisenbahngesellschaft als Eigentümerin zurück.[31] Die Eröffnung der gleichfalls mit staatlicher Zinsbürgschaft errichteten vorpommerschen Eisenbahn von Angermünde nach Stralsund (170 km) erfolgte 1863.[32]

b) Bau der Ostbahn

Mit der Einführung eines ständigen gesamtpreußischen Landtages, dessen Zustimmung zum Erlass von Gesetzen erforderlich war, einer Errungenschaft der Revolution, die auch in der Reaktionsperiode der 1850er Jahre nicht mehr rückgängig gemacht werden konnte, war auch die Mitwirkungsbefugnis des Parlaments bei der Aufnahme von Anleihen endgültig institutionalisiert und das bisher der Darlehensaufnahme für den Eisenbahnbau durch den Staat entgegenstehende politische Hindernis beseitigt. Infolgedessen gewann ein unmittelbar vom Staat getragenes Eisenbahnsystem in der Öffentlichkeit wieder stark an Boden. Dies galt besonders für die Wiederaufnahme des am Vorabend der Revolution eingestellten Baus der Ostbahn, da hier mit einem Engagement des Privatkapitals weiterhin nicht zu rechnen war. Es erging daher das von der Zweiten

30 Verfassungsurkunde für den Preußischen Staat v. 31.1.1850, Preußische Gesetzsammlung, S. 17, Artt. 62, 71, 72.

31 *Roloff*, Archiv für Eisenbahnwesen 39 (1916), S. 886; *Küll*, Reichsbahndirektion Stettin (o. Fn. 19), S. 27.

32 *Roloff*, *Küll* jeweils a.a.O.

Kammer initiierte Gesetz vom 7. Dezember 1849[33] betreffend u.a. den Bau der Ostbahn als Staatsbahn. Als Ausgangspunkt der Bahnlinie sah das Gesetz aber noch nicht Berlin vor, sondern eine knapp nördlich der Netze gelegene Stelle an der kurz zuvor eröffneten, von der Stargard-Posener Eisenbahngesellschaft errichteten Bahn von Stargard nach Posen; dieser Ort der Kreuzung der beiden Bahnen erhielt daher den Namen „Kreuz". Das fast 200 km östlich von Berlin liegende Kreuz wurde außer aus finanziellen Gründen auch deshalb zur vorläufigen Anfangsstelle der Ostbahn gewählt, um die für das Vorhaben erforderlichen Arbeiter, die sich während der erst kurz zurückliegenden Revolution als besonders radikal erwiesen hatten, auf dem flachen Land fern der Heimat einsetzen zu können.[34] Der Weg von Berlin nach Kreuz musste vor der entsprechenden Verlängerung der Ostbahn auf der Linie Berlin – Stettin – Stargard – Kreuz zurückgelegt werden, was gegenüber einer Direktverbindung Berlin – Kreuz einen Umweg von ungefähr 100 km bedeutete.

Der Bau der Ostbahn schritt in der Folgezeit zügig voran und schon 1851 konnte der Verkehr auf der ersten Teilstrecke Kreuz – Schneidemühl – Bromberg (145 km) dem Verkehr übergeben werden.[35] Im August 1852 folgte der Abschnitt Bromberg – Danzig (161 km).[36] Der weitere Bau in Richtung Königsberg konnte aber zunächst noch nicht unmittelbar von Dirschau bei Danzig auf dem linken Weichselufer fortgesetzt werden, da der hierzu erforderliche Bau der beiden Brücken über Weichsel und Nogat schwierige technische Probleme aufwarf und seine Fertigstellung deshalb erst einige Jahre später möglich war. Zunächst wurde daher im Oktober 1852 östlich des Weichseldeltas die Strecke Marienburg – Elbing – Braunsberg (84 km) mit Festlichkeiten in jedem der betreffenden Bahnhöfe feierlich eröffnet.[37] Bei dem Fest in Elbing am 18. Oktober 1852 kam es zu einem in der Presse breit ausgewalzten und von den Behörden untersuchten Zwischenfall, der darin bestand, dass die Festkapelle im Rahmen eines Potpourris auch die Marseillaise intonierte, und dies in der Zeit der härtesten Reaktion nach der Revolution von 1848. Die bei der Feier anwesenden Beamten wurden daher vom Minister scharf getadelt, dass sie die Feier nicht sofort verlassen hatten.[38] Die letzte östliche Teilstrecke Braunsberg – Königsberg (62 km)

33 Preußische Gesetzsammlung, S. 437. Vorgeschichte und Inhalt des Gesetzes werden eingehend geschildert bei *Born*, Archiv für Eisenbahnwesen 34 (1911), S. 919 ff., 923.

34 Vgl. *Born*, Archiv für Eisenbahnwesen 34 (1911), S. 912.

35 Ibidem, S. 924 ff. (Bau), 928 ff. (Betriebsbeginn).

36 Ibidem, S. 1125 f.

37 Ibidem, S. 1126 f.

38 Ibidem, S. 1127.

wurde 1853 in Betrieb genommen.[39] Der Bau der 837 m langen Weichsel- und der 279,5 m langen Nogatbrücke und damit die Verbindung Dirschau – Marienburg (17 km) konnte erst 1857 fertiggestellt werden. Beide Brücken wurden damals als „technische Wunderwerke“ bezeichnet.[40]

Im gleichen Jahr wurde die Hauptstrecke der Ostbahn auch in westliche Richtung von Kreuz bis Küstrin unter Überwindung beträchtlicher Geländehindernisse in den Tälern von Warthe, Netze und Oder verlängert, wodurch der für die Fahrt nach Berlin notwendig gewesene Umweg von Kreuz über Stargard nach Stettin entfiel. Allerdings existierte zunächst noch keine Direktverbindung von Küstrin nach Berlin, sondern die Hauptstadt war von Küstrin nur über Frankfurt/Oder und von dort auf der seit 1852 in Staatseigentum stehenden Niederschlesisch-Märkischen Bahn erreichbar, um die Kosten der Errichtung einer Bahn unmittelbar von Küstrin nach Berlin zu ersparen und die Messestadt Frankfurt an der Oder an die Ostbahn anzubinden.[41] Die durch die Aufnahme auch des Ostbahnverkehrs bewirkte Überlastung der Strecke Frankfurt/O – Berlin machte schließlich doch eine Verlängerung der Ostbahn von Küstrin unmittelbar nach Berlin notwendig. Der Bau dieser Strecke verzögerte sich jedoch ganz erheblich wiederum aus politisch-ideologischen Gründen, nämlich durch den sich seit 1862 hinziehenden schweren Verfassungskonflikt zwischen der preußischen Regierung unter dem Ministerpräsidenten Bismarck und dem Abgeordnetenhaus des Landtags sowie durch eine in den 1860er Jahren wieder virulent gewordene generelle Abneigung der liberalen Öffentlichkeit gegen Staatseisenbahnen überhaupt. So konnte erst 1865 mit den Bauarbeiten begonnen und die Verbindung Berlin-Küstrin im Oktober 1867 endlich eröffnet werden.[42]

Von den zahlreichen Nebenstrecken der Ostbahn sollen hier nur die 1860 eröffnete Linie Königsberg über Stallupönen bis zur russischen Grenze bei Eydtkuhnen (ca. 150 km) und damit zu der Eisenbahnlinie nach St. Petersburg[43] sowie die 1861 eröffnete Linie Bromberg – Thorn bis zur Grenze von Russisch Polen und damit zur Bahnstrecke nach Warschau[44] erwähnt werden.

---

39 Ibidem, S. 1127 f.

40 Ibidem, S. 1152.

41 Ibidem, S. 1146 ff.

42 Zum Ganzen *Born*, Archiv für Eisenbahnwesen 34 (1911), S. 1431 ff., 1447; *Schreiber*, Preußische Eisenbahnen (o. Fn. 9), S. 25; *Koch*, Geschichte der Eisenbahnpolitik (o. Fn. 10), S. 57 f.

43 Eingehende Darstellung bei *Born*, Archiv für Eisenbahnwesen 34 (1911), S. 1153 ff.

44 Ibidem, S. 1162 ff., 1172.

IV. Reichsgründung und Verstaatlichung der Eisenbahnen

1. Verhältnis des Eisenbahnwesens zur Reichsgewalt

Der Deutsche Bund zerbrach 1866 durch den Krieg zwischen Preußen und Österreich. Als Ergebnis des preußischen Sieges schied Österreich aus dem Bund aus. Der 1867 unter preußischer Führung gegründete Norddeutsche Bund wurde 1871 nach dem deutschen Sieg über Frankreich im Krieg von 1870/71 durch den Beitritt der süddeutschen Staaten zum Deutschen Reich erweitert. Das Reich war im Gegensatz zum Deutschen Bund kein bloßer Staatenbund, sondern ein Bundesstaat, in dem der König von Preußen die Stellung des erblichen Deutschen Kaisers innehatte.[45] Die Reichsverfassung enthielt auch einen Abschnitt VII. über das Eisenbahnwesen,[46] der die Länder zwar zu einer weitgehenden Vereinheitlichung des deutschen Eisenbahnsystems verpflichtete, jedoch die Eisenbahnhoheit als solche weiterhin bei den Bundesstaaten beließ. Um das Ziel der Schaffung eines sachlich möglichst einheitlichen deutschen Eisenbahnsystems zu fördern, wurde durch Reichsgesetz v. 27. Juni 1873 (RGBl. S. 164) ein Reichseisenbahnamt mit Aufsichtsrecht über das Eisenbahnwesen geschaffen.[47] Der von Bismarck als Reichskanzler unternommene Versuch, die deutschen Eisenbahnen in die Hoheit des Reiches zu überführen, scheiterte am Widerstand der um ihre Eigenstaatlichkeit besorgten Mittelstaaten.[48]

2. Überführung der Eisenbahnen des preußischen Ostseegebiets in Staatseigentum

Wenn es auch im Kaiserreich zur Übertragung der Eisenbahnhoheit auf das Reich („Verreichlichung") nicht gekommen ist,[49] so wurde doch in Preußen

---

45 Verfassung des Deutschen Reichs v. 16.4.1871 (RGBl. S. 64), bes. Präambel und Art. 11, auch in: Dürig/Rudolf (Hg.), Verfassungsgeschichte (o. Fn. 1), S. 153–175.

46 Artt. 41–47 RV.

47 Hierzu *Schreiber*, Preußische Eisenbahnen (o. Fn. 19), S. 80 ff.; *v. Mühlenfels*, Geschichtliche Entwicklung (o. Fn. 2), S. 25.

48 Vgl. hierzu ausführlich *Alfred von der Leyen*, Die Eisenbahnpolitik des Fürsten Bismarck, 1914; *Huber*, Deutsche Verfassungsgeschichte (o. Fn. 3), Bd. 4, 2. Aufl. 1969, § 68 III 3 (S. 1060 ff.); S. 718 f. (709–724); ferner *Theodor Kittel*, Eisenbahn und Staat in Deutschland, Archiv für Eisenbahnwesen 63 (1936), S. 718 f. (709–724).

49 Die Überführung der Staatseisenbahnen der Länder in die Trägerschaft des Reiches und damit die Gründung der Deutschen Reichsbahn gelang erst am Anfang der Weimarer Republik durch den Staatsvertrag v. 31.3.1920, genehmigt durch Reichsgesetz v. 30.4.1920 (RGBl. S. 773).

wie in den meisten deutschen Staaten die Mehrzahl der bisherigen Privatbahnen seit Ende der 1870er Jahre in Staatseigentum überführt und damit das in Preußen seit 1848 bestehende „gemischte System" aus Privat- und Staatsbahnen weitgehend durch das Staatsbahnsystem abgelöst.[50] Die Hauptstrecke der Berlin-Stettiner Eisenbahn (Netz A) wurde in ihrer vollen Länge von Berlin nach Stargard bis 1873 zweigleisig ausgebaut.[51] Die zunächst nur von Stargard nach Köslin als Netz B reichende Hinterpommersche Zweigbahn wurde 1870 von Köslin über Stolp nach Danzig fortgesetzt (Netz C).[52] Mit dem 1. Januar 1878 ging die gesamte Zweigbahn zunächst in die Verwaltung des Staates über.[53] Die Verstaatlichung der Berlin-Stettiner Bahn mit ihrem gesamten Streckennetz von 956 km, also einschließlich aller Nebenstrecken, erfolgte durch Vertrag des preußischen Staates mit der Berlin-Stettiner Bahngesellschaft, der durch Gesetz vom 20. Dezember 1879 (Preußische Gesetzsammlung. S. 635) genehmigt wurde.[54] Die Überführung der Eisenbahnen in Staatseigentum geschah in Preußen wie in den anderen deutschen Staaten nicht etwa auf hoheitlichem Wege durch Enteignung, sondern rechtsgeschäftlich durch Ankauf der Bahnen von den Gesellschaften. Die gewaltigen Mittel, die der Staat hierfür aufzuwenden hatte, wurden jedoch durch die ihm nunmehr zufließenden enormen Gewinne aus dem Eisenbahnbetrieb nicht nur kompensiert, sondern diese Gewinne bildeten für die öffentlichen Hände eine der wichtigsten Einnahmequellen. In Preußen war der Übergang zum Staatsbahnsystem Ende der 1880er Jahre im Wesentlichen abgeschlossen: Standen 1878 Staatsbahnen mit einer Länge von 4.800 km Privatbahnen mit 12.800 km gegenüber, so betrug das Verhältnis zehn Jahre später 22.420 km Staatsbahnen zu nur noch 1.300 km Privatbahnen.[55]

---

50 Vgl. hierzu ausführlich *Alfred von der Leyen*, Die Durchführung des Staatsbahnsystems in Preußen, (Schmollers) Jahrbuch für Gesetzgebung, Verwaltung und Volkswirtschaft im Deutschen Reich, 7 (1883), S. 461–511.

51 *Roloff*, Archiv für Eisenbahnwesen 39 (1916), S. 886, 887.

52 *Roloff*, Archiv für Eisenbahnwesen 39 (1916), S. 886 f.; *Küll*, Reichsbahndirektion Stettin (o. Fn. 19), S. 35.

53 *Roloff*, Archiv für Eisenbahnwesen 39 (1916), S. 889; *Küll*, Reichsbahndirektion Stettin (o. Fn. 19), S. 36, 37.

54 *Roloff*, Archiv für Eisenbahnwesen 39 (1916), S. 889; *v. Mühlenfels*, Geschichtliche Entwicklung (o. Fn. 2), S. 26; *Küll* Reichsbahndirektion Stettin (o. Fn. 19), S. 37.

55 Eingehend zum Ganzen *Huber*, Verfassungsgeschichte (o. Fn. 3), S. 1065; ferner *v. Mühlenfels*, Geschichtliche Entwicklung (o. Fn. 2), S. 26 f.

V. Schlussbetrachtung

Die Ausdehnung des Eisenbahnnetzes auf die preußischen Provinzen Pommern, West- und Ostpreußen hat erhebliche Bedeutung nicht nur für die genannten Gebiete, sondern auch darüber hinaus in mehrfacher Hinsicht gezeitigt. Die dadurch erreichte engere Anbindung des geographisch abgelegenen preußischen Nordostens an das Zentrum des Königsreichs Preußen hat die Integration der genannten Provinzen und deren Bevölkerung in den preußischen Staat und damit in Deutschland insgesamt wesentlich gefördert. Dies gilt nicht zuletzt für den Bereich der durch die Eisenbahnen erheblich geförderten Wirtschaft des fast rein agrarisch strukturierten preußischen Nordostens. Die landwirtschaftlichen Produkte konnten per Bahn wesentlich schneller und in größerem Umfang transportiert werden als vorher mit Pferdefuhrwerken oder auf den im Winter häufig meist unpassierbaren Strömen (Oder, Weichsel usw.) und Entsprechendes galt umgekehrt für die zu importierenden Industriegüter. Die Dampfschifffahrt von und nach den Ostseehäfen Stettin und Danzig hat die Anbindung der Städte an die Eisenbahn nicht nur nicht gehindert, sondern sogar wesentlich gefördert.[56]

Entsprechend erhöhte sich auch die Mobilität der Bewohner der Ostprovinzen, insbesondere lagen nunmehr auch für ärmere Bevölkerungskreise größere Reisen in den auch über eine dritte und sogar vierte Wagenklasse verfügenden Zügen nicht mehr außerhalb des Möglichen. So beruhte der starke Zuwachs der Einwohnerzahl von Berlin in der zweiten Hälfte des 19. Jahrhunderts nicht zuletzt auf Zuwanderung aus den Ostgebieten.

Besondere Bedeutung kam der eisenbahnmäßigen Erschließung des preußischen Nordostens auch für die Verbindung in das benachbarte Ausland zu, also nach Russland, vor allem in die bis 1918 zum Zarenreich gehörenden Länder des Baltikums und nach (Russisch-)Polen zu, wo in dieser Zeit ebenfalls Eisenbahnen entstanden, an welche die deutschen Linien angeschlossen werden konnten. Andererseits spielten die Bahnen auch in militärischer Hinsicht eine nicht unerhebliche Rolle. Denn der geographisch exponierte langgestreckte, aber schmale Gebietsstreifen zwischen Ostsee und dem im Süden und Nordosten angrenzenden russischen Riesenreich war im Kriegsfall schwer zu verteidigen.

---

56 Dies bezeugt z. B. ein Artikel in der Stettiner *Ostseezeitung* v. 29.10.1858; aus dem späteren Schrifttum s. *Konrad Koschinski*, Die Königliche Ostbahn, in: Andreas Geißler/ders. (Hg.), 130 Jahre Ostbahn: Berlin – Königsberg – Baltikum, 1997, S. 10 f., *ders.*, Verkehr auf der Ostbahn, a.a.O., S. 49.

Die Eisenbahn erlaubte nunmehr wesentlich schnellere Truppentransporte in das nordöstliche Preußen, als dies bisher möglich gewesen war.

Besonders deutlich ist in der Untersuchung die enge und beständige Verflechtung des Eisenbahnwesens mit den schweren politischen und verfassungsmäßigen Problemen und Streitfragen in Preußen und Deutschland während des 19. Jahrhunderts geworden. Der Gegensatz zwischen der bis 1848 absoluten monarchischen Gewalt in Preußen, der auch danach gegenüber dem Landtag noch die stärkere Position zukam, prägte die Eisenbahnpolitik ebenso wie nach der Gründung des Deutschen Reiches die Auseinandersetzung zwischen Reich und Einzelstaaten betreffend die Hoheit über das sich immer stärker entwickelnde Eisenbahnnetz.

Die Errichtung des Eisenbahnnetzes in den nordöstlichen Provinzen Preußens hat letztendlich einen nicht unwesentlichen Beitrag geleistet zur Entwicklung des gesamten deutschen Eisenbahnsystems. Das Eisenbahnnetz des Deutschen Reiches war mit rd. 50.000 km um 1900 das größte in Europa und die wirtschaftliche Situation und Bedeutung der deutschen Eisenbahnwirtschaft befand sich in einem äußerst günstigen Zustand.[57]

57 Vgl. *Gall*, ders./Manfred Pohl, Die Eisenbahn in Deutschland (o. Fn. 10), S. 37 (13–70).

Tatyana Krasnova

Servitude as an Instrument for Solving Real Estate Problems

Abstract: The conventional civil law doctrine regards servitude as a limited property right to use a neighbouring land parcel (servient land) which belongs to the owner of a land parcel (dominant land). The appearance of servitude and its evolution as a legal institute is usually traced back to Roman law. In the ensuing time servitude was accepted by continental legal frameworks and Anglo Saxon law. The Russian civil law of the pre-revolutionary period was not devoid of this category either.
Over the course of history servitude has been used as an effective tool for solving a number of real estate problems in urban and rural environment. On the one hand, servitude allows someone to use a dominant real estate more efficiently, on the other hand, servitude restricts servient real estate only to a certain extent and under certain conditions. This is what creates the great economic value of this institute.
The pre-revolutionary Russian legislation did not contain clear provisions on an institute corresponding to the Roman notion of *iura in re aliena*; nor did it use the term "servitude" when relying on provisions on restrictions for public or private participation and on the Russian counterpart of "*profit à prendre*". Meanwhile, there are doubts as to whether some of the above mentioned rights should be regarded as easements.
Therefore, there was need for an improvement in servitude law. A comprehensive set of regulations of servitudes was put forward in the Draft of the Civil Code of the Russian Empire. In addition, the Draft was not adopted and the experience of pre-revolutionary regulation of servitudes is extremely valuable. Certain issues of servitude law did not receive a proper solution at the time when the civil legislation of pre-revolutionary Russia was being formed, although they could still be resolved during the modernisation of the Russian regulations on real rights now in process.

Keywords: servitude, easement, restrictions of ownership for public or private participation, Russia

I. Introduction

Academic papers support show the significance of the inviolability of ownership, and how owners were granted the maximum authority possible. At the same time ownership is not regarded as an absolute value and its advantages do not rule out its limitations. In particular, in civil transactions it is often necessary that certain people, certain categories of people or any number of unspecified people should make limited use of another person's immovable property. However, the owner of immovable property might be against permitting its restricted use by third parties. To solve such conflicts a balance of interest in immovable property between owners and third parties should be reached.

As a result of this, most legal systems have suggested two types of restriction of the right of ownership of immovable property: limits of right and encumbrances of right. Limits of ownership are not associated with granting legal rights to anyone, inter alia vesting legal property right – in order to exercise restricted use of another person's immovable property – in third parties. Limits of ownership are a set of limitations imposed on a particular legal right. Encumbrances of ownership encompass legal rights, including the legal rights of third parties to exercise restricted use of another person's immovable property, i.e. easements.

Despite the fact that legal regimes of limits and encumbrances of immovable property ownership are substantially different, the borderline between them is often ignored or incorrectly drawn. This results in numerous negative consequences of both a doctrinal and practical nature. In servitude law such consequences emerge both when settling "classical neighbours' problems" and when solving the tasks involved in implementing major infrastructure projects.

The current situation in servitude law in Russia can be connected with the lack of any profound theoretical development of relevant issues and with the disregard of history and foreign experience as well as Russia's practice-based approach. Given this, there is no doubt that comprehensive research into both issues of ownership restrictions and those of servitude law is necessary. Such research should be based primarily on systematic study of historic materials because this problem has existed in Russian law for a long time (for example, it was widely discussed during the reform of pre-revolutionary civil legislation). Research would allow us to understand the consistent pattern of emergence and development of social interaction in this sphere and would promote the creation of the best possible set of well-balanced statutory concepts designed to govern such interaction.

II. The Concept of Servitude and its Economic Value

Conventional civil law regards servitude as a limited property right that allows the owner of one land parcel (dominant land – *praedium dominans*) use of a neighbouring land parcel (servient land – *praedium serviens*).

The appearance of servitude and its evolution as a traditional legal institute is usually traced back to Roman law. In the ensuing time, servitude was accepted and formalised by some continental legal frameworks and common law, especially in the era of the great codifications, the Napoleonic Code of 1804 and the German Civil Code of 1896. The Russian civil law of the pre-revolutionary period was not devoid of this category either.

Over the course of history servitude has been used as an effective tool for solving a number of real estate problems in both urban and rural environments.

On the one hand, servitude allows people to use dominant real estate more efficiently. For example, a servitude can be established (1) to provide passage to the dominant land plot; (2) to ensure that cattle from the dominant land plot have access to the servient plot for watering; (3) for the construction, operation or repair of a water supply system, gas pipeline, electricity lines, etc., for the dominant land, (4) as well as for other needs of the dominant land which are difficult or impossible to meet without establishing a servitude. Thus, servitude allows dominant land not to be excluded, which would bring certain disadvantages to civil transactions, and for this land to be used more productively.

On the other hand, servitude only restricts servient real estate to a certain extent and under certain conditions. The burdening of a servient land by servitude does not deprive its owner of the rights of possession, use, disposal of this land. Servitude should be established and carried out under conditions that are least onerous for the owner of the servient land, in accordance with its intended purpose and permitted use. As a general rule the owner of the servient land is entitled to demand from the owner of the dominant land a substantial fee for servitude. This is what creates the great economic value of this institute.

III. Servitude is the Right of Restricted Use

In accordance with servitude law a dominant tenement proprietor acquires the right to exercise restricted use of another person's immovable property. But what does 'restricted use' mean?

Unlike the category of possession, the category of utilisation rarely causes legal debates and almost never constitutes an independent subject for academic research. This could be because utilisation in the first place embodies the characteristics of economic practicability. From this perspective it means deriving benefit from a property while making personal or productive use of it.

Restrictions on use in the case of an easement means that the right of the dominant tenement proprietor does not impede the servient tenement proprietor from possessing, using and disposing of their property, it only limits the exercising of their power and authority of utilisation. There is supposed to be a certain demarcation between the dominant tenement proprietor and servient tenement proprietor in terms of power and authority of utilisation, whereby the dominant tenement proprietor independently and for the purpose of serving their own interests uses another person's property to a certain extent while the servient tenement proprietor abstains from taking any actions within the same outline. Thus, if an easement is established, the dominant tenement proprietor is entitled to a certain portion of the benefit derived from the property notwithstanding the servient tenement proprietor's right.[1]

IV. Restrictions on the Right of Ownership in Pre-Revolutionary Russia

Pre-revolutionary Russian legislation did not contain clear provisions on an institute corresponding to the Roman notion of *iura in re aliena*; nor did it use the term 'servitude' when relying on provisions for restrictions on public or private participation and on the Russian counterpart of *profit à prendre*.

Meanwhile, there are doubts as to whether some of these rights should be regarded as easements. It can be argued that in pre-revolutionary Russian law there was a mixture in limits and encumbrances of the rights both of a servient tenement proprietor and of a dominant tenement proprietor.

According to scholars, certain provisions on restriction of the right of immovable property ownership were formulated back in *Russkaya Pravda* (Russian Justice) of XII century, *Sudebniks* (Codes of Law) of 1497 and 1550, *Sobornoye Ulozheniye* (the 1649 Code of Law). However, The Statute Book of the Russian Empire 1832, as of 1912 (et seq. the Statute Book), was the document wherein this notion reached its highest point of development.

Pursuant to art. 423 part 1 vol. X of the Statute Book the right of ownership was admitted to be absolute when, within the ambit of law, possession, utilisation and disposal were associated with securing the property on one person or on one person's social class to the exclusion of all third parties. The terms "the ambit of law" and "all third parties" referred, in the first place, to restrictions on public and private participation. The restriction was seen to be for public participation when participation in the benefit from use of a property was established

1 *Alexey Babayev* [Алексей Бабаев], Система вещных прав [The System of Property Rights], 2006, p. 250; *Yurij Gambarov* [Юрий Гамбаров], Особенная часть. Вещное право [Specific Part. Property Law], 1909, p. 10; *I. Goronovich* [И. Горонович], Исследование о сервитутах [A Study on Easements], 1883, pp. 10–12; *Dmitrij Meyer* [Дмитрий Мейер], Русское гражданское право [Russian Civil Law], 1902, pp. 261 sq.; *Konstantin Pobedonostsev* [Константин Победоносцев], Курс гражданского права. Ч. 1: Вотчинные права [A Course in Civil Law. Part 1: Patrimonial Rights], 1968, reprint 2002, p. 82.

for everyone without exception, and was regarded to be for private participation when such participation was established solely and exclusively for the benefit of private possessors (art. 433 part 1 vol. X of the Statute Book).

According to the majority of pre-revolutionary scholars, the term 'restriction for participation' was ill-considered as it pointed to the participation of people in the utilisation of another person's property when this coincided with neither the essence of the "restriction for participation" notion nor with the general scope of relations that were covered by the law under the heading "restriction for participation". Thus G. F. Shershnevich explained that restrictions on participation "imply only impeding the owner from exercising their right because of third parties rather than granting third parties the right to another person's property".[2]

Trying to define the difference between restrictions on participation and rights to another person's property, V. I. Sinaysky wrote that the difference can be seen from the perspective of the goals that were to be achieved. By restricting the rights of ownership the former make it possible to exercise the rights of ownership for the benefit of the owners themselves as well as for the benefit of public order (security, adherence to sanitary and construction norms); the latter vest civil rights to another person's property in third parties and extend the sphere of

---

2 *Gabriel Shershenevich* [Габриэль Шершеневич], Учебник русского гражданского права [Textbook of Russian Civil Law], 1907, reprint 1995, p. 175. See also: Законы гражданские с разъяснениями Правительствующего Сената и комментариями русских юристов [Civil Laws with the Commentaries by the Governing Senate and those by Russian Lawyers] ed. by Igor Tyutryumov [Игорь Тютрюмов], Vol. 2, 1905, reprint 2004, pp. 122 sq., 126 sq.; *Alexey Guliayev* [Алексей Гуляев], Право участия частного в практике Гражданского Кассационного Департамента Правительствующего Сената [Restriction for Private Participation in the Practice of the Cassational Department of the Governing Senate], Вопросы права. Журнал научной юриспруденции [The Issues of Law, A Journal of Academic Justice] 1912, Vol. X (2), pp. 3 (1–50); *Alexey Kartsov* [Алексей Карцов], К вопросу о правотворческой деятельности Правительствующего Сената: проблема «права участия частного» [On Legislative Activity of the Governing Senate: the Issue of "the Restriction for Private Participation"], Цивилистические исследования: Ежегодник гражданского права [Civil Studies: Annals of Civil Law (et seq. Civil Studies)] 2007, 3, p. 160 (147–172); *Meyer*, Russian Civil Law (supra fn. 1), p. 265; *Konstantin Nevolin* [Константин Неволин], История российских гражданских законов [History of Russian Civil Laws], Part 2, 1857, reprint 2006, pp. 315–320; *Vasilij Yeliashevich* [Василий Ельяшевич], Право участия частного и его защита [Restriction for Private Participation and its Protection], 1914, p. 7.

their private dominion to cover another person's property. Given such an interpretation restrictions on participation cannot be viewed as easements.[3]

To either prove or refute these arguments we shall analyse restrictions on public participation and restrictions on private participation.

V. Restriction on Public Participation

The Statute Book dedicated art. 434–441 part 1 vol. X to restriction on public participation. In accordance with these provisions restrictions on the right of ownership were expressed (1) in prohibiting owners of land through which major roads and waterways run from preventing passage across them; (2) in prohibiting owners of real properties adjacent to major roads from destroying the grass growing on the road shoulder so that the grass could be used to pasture passing cattle, and in obliging owners to fence their land or to dig ditches around it; (3) in prohibiting owners of land adjacent to navigable rivers from building mills, dams, weirs or other partitions resulting in river clogging; (4) in prohibiting owners from building bridges across small unnavigable rivers supported by trestles, poles or weak stilts, however, allowing them to build permanent bridges that do not make it difficult to drift timber or firewood, or to build drawbridges or ferry crossings; (5) on the banks of rivers and other waterways land tracts were allocated for hauling towed vessels and rafts, as well as for other shipping necessities. The Statutes on Railways of 1857 and on Agriculture of 1903 contained detailed clarification of the Statute Book provisions on restrictions on public participation.

Restrictions on public participation were set with regard to shared facilities. Restrictions for public participation were created and terminated by prescription of regulatory legal acts; their implementation and protection were monitored by administrative authorities. Moreover, restrictions on public participation were generally governed by civil law rules and their detailed explanation presented in public law rules. Consequently, there are good grounds for the opinion that a restriction on public participation is not a real right but only the limit of immovable property ownership established for public benefit.[4]

---

3 *Vasilij Sinaysky* [Василий Синайский], Русское гражданское право, Выпуск первый: Общая часть, Вещное право, Авторское право [Russian Civil Law, Issue One: General Part, Property Law, Copyright Law], 1917, p. 208.

4 *Nevolin*, History of Russian Civil Laws (supra fn. 2), pp. 315–318; *Sinaysky*, Russian Civil Law (supra fn. 3), p. 150.

VI. Restriction for Private Participation

As consistent with the provisions of art. 442–451 part 1 vol. X of the Statute Book restrictions on private participation were divided into urban and rural. The former set restrictions prohibiting the owner of a house (1) from attaching kitchens, stoves, etc., to the wall of another person's house; (2) from pouring water and sweeping rubbish into someone else's house or yard; (3) from angling the pitch of a roof towards another person's house; (4) from making windows and doors in a firewall that separates the roofs of adjacent buildings; (5) when building a house on the land boundary from making windows that overlook the neighbour's house or roof without his or her consent, etc.

The latter set restrictions prohibiting the owner of land (1) from raising water by creating dams and inundating meadows, ploughing lands, stopping the mills of an upstream land owner; (2) from attaching a dike to the opposite bank of the river without the consent of the owner of that land; (3) granted owners using state-owned and private lands or trades rights of way to gain access to them as well as right of way to gain access to greater or smaller rivers serving as the tenements' borderlines if watering-place was lost due to a change in their stream, etc.

The 1899 Special Provisions for the Law on Estates of and the 1903 Statute on Agriculture contained detailed clarification of the Statute Book provisions on restrictions for private participation.

It seems that the majority of the listed restrictions for private participation were not independent *iura in re aliena*, as also with the restrictions for public participation. The right to demand that a neighbour should abide by certain bans did not go beyond the scope of legal authority possessed by another neighbour as an immovable property owner, but was solely the embodiment of the rule that an immovable property owner was allowed to protect his or her property against illegal invasion. As civil law scholars of the pre-revolutionary period pointed out, "all these are limits that the law imposes on the owner in exercising his right of ownership. And it is for the benefit of the neighbours that they are imposed. Such restrictions are advantageous for the neighbours; according to the rationale of our legislation they provide for their 'participation in the benefits from another person's property'. However, thus restrictions do not broaden the spheres of the neighbours' enjoyment of the rights. Thus restrictions do not entitle the neighbours to use another person's property. The law imposes restrictions on the owner, although these restrictions are inherent in their right of ownership rather than a result if the existence of a third persons' rights to their property. This is what theory calls legal property restrictions for the benefit of neighbours".[5] On the contrary, a restriction on private participation would constitute a servitude-type legal authority if, and only if, the possessor of the lands located in the lower reaches of a river were granted the right to inundate another possessor's lands situated at the riverhead, and also if that person were allowed to attach a dike to the opposite bank of the river notwithstanding the consent of the owner of that land.[6]

VII. Servitudes in Pre-Revolutionary Russian Law

To develop the previous statement, it should be pointed out that a restriction for private participation could be terminated at the discretion of the people for whose benefit it was established (e.g. see art. 446 part 1 vol. X of the Statute Book). In such a case the restriction on private participation could be terminated and an easement could arise since, for example, the lifting of the ban on attaching a dike to another person's bank vested the right to attach a dike to a neighbour's bank, i.e. to use another person's land parcel in a certain way.[7]

Moreover, the restriction for private participation included the rights of owners using state-owned and private lands or trades to gain access to them. According to V. B. Yeliashevich it is an institute quite different from the traditional restrictions for private participation. "In this case, under certain conditions, a person is granted the right of way across another person's land, the right that possesses all the signs of a right to another person's property [...] Here we face what is called an easement; and since this easement is established by law, by coercion, that is a compulsory easement, or legal easement".[8] Such legal easement

---

5 *Yeliashevich*, Restriction for Private Participation (supra fn. 2), p. 7. See also: *Guliayev*, Restriction for Private Participation (supra fn. 2), p. 3; *Nevolin*, History of Russian Civil Laws (supra fn. 2), pp. 319 sq.

6 Civil Laws with the Commentaries (supra fn. 2), pp. 122 sq., 126 sq.; *Kartsov*, On Legislative Activity of the Governing Senate (supra fn. 2), p. 160.

7 *Goronovich*, A Study on Easements (supra fn. 1), pp. 56–58, 65–74; *Guliayev*, Restriction for Private Participation (supra fn. 2), pp. 3 sq.; *Aleksandr Kopylov* [Александр Копылов], Вещные права на землю в римском, русском дореволюционном и современном российском гражданском праве [Property Rights to Land in Roman Law, Russian Pre-Revolutionary and Contemporary Law], 2000, p. 45; *Yeliashevich*, Restriction for Private Participation (supra fn. 2), pp. 8, 15.

8 *Yeliashevich*, Restriction for Private Participation (supra fn. 2), pp. 8 sq., 14 sq.. See also: *Babayev*, The System of Property Rights (supra fn. 1), pp. 66 sq.; Civil Laws with the Commentaries (supra fn. 2), pp. 122 sq., 126 sq., 137–139; *Goronovich*, A Study on Easements (supra fn. 1), pp. 65–71; *Kopylov*, Property Rights to Land (supra fn. 7),

also emerged when the right was established for priests and church servers at a long-term service in a church to enter forests owned by the parish excluding protected groves, and to do that only with a view to using the forest for their own needs (not for sale) (art. 458 part 1 vol. X of the Statute Book).

The rule of art. 648 part 2 vol. X of the Statute Book (the Statute Book on Land Surveying) should also be pointed out here. This provision stipulated that if there were any other agreements apart from the exchange of land made between land owners, for example those on the right of watering place, on the right of driving cattle, etc., they would have to be scrupulously implemented with just two reservations: that they should not contradict the law or violate any third parties' rights. When analysing this rule, civil law scholars admitted that it was possible to establish easements at any moment, and not only at the point of tenement demarcation. Moreover, the creation of easements was allowed not only in the form of rights listed in art. 648 part 2 vol. X of the Statute Book (the Statute Book on Land Surveying), but also in the form of other rights not vested in the owners of immovable properties in the form of restrictions on participation when required by agricultural needs or by need of the immediate neighbourhood in urban areas. Examples of such easements given by K. N. Annenkov are the right not only to use another person's land for animal watering places or to take water from the plot, but also to use the water found on this land; the right to channel water across another person's land or to such a plot; the right to create balconies, sheds and other structures over another person's land; the right to give out smoke, vapour, soot, dirty water and the like onto another person's land parcel, etc.[9]

The legislation of the pre-revolutionary period included yet another servitude-type category, a set of regulations similar to *profit à prendre*: beaver chase (the right to hunt beavers without totally exterminating the animals in the given area), apicultural right (the right to place bee-hives in another person's wood, to arrange them in tree hollows, to procure honey), the right to animal and bird hunting and fishing as well as the right to enter another person's wood. According to researchers, such types of easement were unknown in Roman law

---

p. 46; *Shershenevich*, Textbook of Russian Civil Law (supra fn. 2), pp. 229 sq.; *Evgenij Vaskovsky* [Евгений Васьковский], Учебник гражданского права [Textbook of Civil Law], 1896, p. 179.

9 *Konstantin Annenkov* [Константин Анненков], Система русского гражданского права, Введение и общая часть [The System of Russian Civil Law, Introduction and General Part], 1895, pp. 400–402. See also: *Guliayev*, Restriction for Private Participation (supra fn. 2), p. 9.

or in the legislations contemporary to them (in particular, the Saxon Code of 1863 or the Italian Code of 1865).

It was believed that the Russian counterpart of *profit à prendre* was such an original feature of the Russian legal system that distinguished it from foreign equivalents and was a consequence of a special type of relations between land owners in Russia.[10] But we should mention that these rights were close to the institute of *profit à prendre*, which had functioned in common law for centuries, except for the fact that *profit à prendre* can be established not only for the benefit of the dominant property but also for the benefit of the individual.[11]

The reason why the right to enter was seen as a real easement was that initially such a right was granted in favour of a tenement with a view to meeting domestic needs and passed with the transfer of title to the tenement in question pursuant to the Guidelines for the provincial surveying registers and provincial offices of May 25, 1766 (et seq. the Guidelines for Surveying). The right to enter endowed a person with the possibility to use private or state-owned woods in another person's tenements in cases when such right had been previously established and legally proved by means of cadastres, letters of grant as well as agreements between individuals. The right to enter private woods terminated when the trees were felled in the area wherein the access was granted while the right to enter state-owned woods terminated by the transfer of the area into the property of the entering person.[12]

As for the apicultural right, beaver chase, hunting, fishing and other kinds of cropping, art. 6 chapter XXV of the Guidelines for Surveying stipulated that if the possessors of tenements had a record of some kind of cropping, such

10 *Annenkov*, The System of Russian Civil Law (supra fn. 9), pp. 377–403; *Goronovich*, A Study on Easements (supra fn. 1), pp. 6 sq., 60–65; *Guliayev*, Restriction for Private Participation (supra fn. 2), pp. 8 sq.; *Lev Kasso* [Лев Кассо], Русское поземельное право [Russian Land Law], 1906, pp. 206–208; *Nevolin*, History of Russian Civil Laws (supra fn. 2), pp. 306–312, 368–375; *Pobedonostsev*, A Course in Civil Law (supra fn. 1), pp. 526, 529–534; *Shershenevich*, Textbook of Russian Civil Law (supra fn. 2), pp. 174 sq., 228 sq.; *Vaskovsky*, Textbook of Civil Law (supra fn. 8), pp. 169, 176–179.

11 Regarding *profit à prendre* see, for example: *Martin Dixon*, Modern Land Law, 2009, pp. 363 sq.; *Judith Anne MacKenzie/Mary Phillips*, Textbook on Land Law, 2012, pp. 488 sq.; *Roger Smith*, Property Law, 2014, pp. 637 sq.; *Sjef Van Erp/Bram Akkermans*, Cases, Materials and Text on National, Supranational and International Property Law, 2012, pp. 329–331.

12 *Annenkov*, The System of Russian Civil Law (supra fn. 9), pp. 387–403; *Goronovich*, A Study on Easements (supra fn. 1), pp. 60–65; *Pobedonostsev*, A Course in Civil Law (supra fn. 1), pp. 529–534.

croppings were retained by those landlords to whose tenements they belonged, i.e. the croppings, just as the right to enter, were granted to a certain tenement rather than to a certain person.[13]

Yet not all civil law scholars agreed that the Russian counterparts of *profit à prendre* were to be viewed as easements. For example, V. I. Kurdinovsky claimed that the Russian counterparts of *profit à prendre* had never been easements because historically they belonged to privileged people rather than tenements (especially fishing and beaver chases) and could be alienated notwithstanding the tenement of the person to whom they belonged.[14]

We can conclude that the following items could be regarded as easements that existed in pre-revolutionary legislation: (1) the counterparts of *profit à prendre*; (2) the rights that came into being as a result of termination of certain restrictions on private participation by mutual agreement; (3) other easements that came into being by mutual agreement; (4) legal easements, the range of which was provided for by regulatory acts.

VIII. The Reform of the Russian Empire's Civil Law

However, it was difficult to make such a comprehensive conclusion on the basis of the statutes of the time – there was a need for improvement in servitude law. The legislator's aspiration to reform servitude-type legal relations was reflected in the attempts at codification of the Civil Law of the Russian Empire. For example, in 1810 M. M. Speransky suggested articulating specific rules on easements in the Draft Civil Code, although these rules were seen as those dealing with abstract principles of law concerning only formal aspects. Consequently they did not gain the approval of the State Council.[15] Later on, a more comprehensive set of

13 *Annenkov*, The System of Russian Civil Law (supra fn. 9), pp. 387–403; Civil Laws with the Commentaries (supra fn. 2), pp. 144–148; *Goronovich*, A Study on Easements (supra fn. 1), pp. 60–65; *Nevolin*, History of Russian Civil Laws (supra fn. 2), pp. 306–312, 368–375; *Pobedonostsev*, A Course in Civil Law (supra fn. 1), pp. 529–534.

14 *Viktor Kurdinovsky* [Виктор Курдиновский], К учению о легальных ограничениях права собственности на недвижимость в России [On the Doctrine of Legal Restrictions of Ownership of Immovable Property in Russia], 1899, pp. 247–276.

15 Гражданское уложение, Кн. 3: Вотчинное право: Проект Высочайше учрежденной Редакционной комиссии по составлению Гражданского уложения (с объяснениями, извлеченными из трудов Редакционной комиссии) [The Civil Code, Vol. 3: Patrimonial Rights Law: the Draft Made by Imperial Majesty's Editorial Commission on Drafting the Civil Code of the Russian Empire (with commentaries extracted from the documents of the Editorial Commission)], ed. by Igor Tyutryumov [Игорь Тютрюмов], 1910, reprint 2008, p. 321; *Goronovich*, A Study on Easements

regulations of servitudes was put forward in the Draft made by Imperial Majesty's Editorial Commission on Drafting the Civil Code of the Russian Empire of 1905 (et seq. the Civil Code Draft), and we are going to explore this below.

Section II of book III of the Civil Code Draft viewed the right of ownership as the right of absolute and exclusive dominion over a property to the extent to which this right is not restricted by the law or by other persons' rights (art. 755). As for the first type of restriction, section II of book III of the Civil Code Draft defined them as "restrictions of ownership for the public benefit" and "restrictions of ownership for neighbours' benefit". These restrictions were supposed to outline limits of ownership that granted no one any rights to a person's property. "Patrimonial rights in another person's property" were defined by section IV of book III of the Civil Code Draft as the second type.

For this reason, section II of book III called "The Right of Ownership", had separate chapters dedicated to the limits of ownership (art. 777–815), while section IV of book III, called "Patrimonial Rights in Another Person's Property", stipulated independent provisions on easements (art. 994–1028). Thus, the authors of the Civil Code Draft were trying to eliminate the mixture of regulations on limits of immovable property ownership and those on easements that existed in the Statute Book.

Section II of book III of the Civil Code Draft envisaged the main restrictions on ownership as being "for the public benefit": (1) the right of access to another person's land to any person whose property has found itself within the borders of the land plot; (2) the prohibition on the owner of a land plot crossed by a public road to take actions aimed at making it difficult to use; (3) the prohibition on the owner of a land plot on a bank to pollute rivers and lakes or to take actions aimed at creating difficulties for navigation or drifting timber and firewood on rivers, lakes and canals of communal use; (4) the allocation of land tracts on the banks of waterways of communal use for hauling towed vessels and rafts, as well as for discharging goods, other necessities of navigation and drifting timber, etc. Recognising restrictions of ownership for public benefit as institutes of public law, section II of book III of the Civil Code Draft only provided for general guidelines in this area presupposing that particular provisions should be formulated by special legal acts.

Restrictions of ownership "for the neighbours' benefit" included the following main types: (1) the right to conduct water through another person's land

---

(supra fn. 1), pp. 4 sq.; *Guliayev*, Restriction for Private Participation (supra fn. 2), pp. 8–21, 50; *Vaskovsky*, Textbook of Civil Law (supra fn. 8), pp. 167–171.

by means of canals and pipes, to divert water from their land through another person's land to a river or another water reservoir; (2) the right to attach facilities necessary to deliver water for household needs, for agriculture, for the purposes of industry to the opposite bank belonging to another person; (3) the right to use someone else's land to install scaffolding, or deliver or store building materials; (4) the prohibition on erecting a building so that any part of it should stand out in the space above a neighbour's land, or on making the pitch of a roof, to direct rainwater pipes, to sweep rubbish or drain dirty water onto a neighbour's land or structures; (5) the prohibition on creating openings, light apertures, windows, balconies and other projections towards an adjacent immovable property, etc.

Listing the rules for servitude as independent patrimonial right, section IV of book III of the Civil Code Draft first contained general provisions (art. 994–1004) that determined the essence of servitude and then stipulated particular provisions on land easements (art. 1005–1018) and on personal easements (art. 1019–1028).

Art. 994 of section IV of book III of the Civil Code Draft for the first time articulated the definition of servitude as a patrimonial right to another person's property, a right that bound the owner to endure something, or not to do something.

As regards various types of easement, according to art. 1005 and 1006 of section IV of book III of the Civil Code Draft real easements included: (1) right of way; (2) the right to use water, to supply or to drain water; (3) the right to attach a dike to another person's bank; (4) the right to pasture and drive cattle; (5) the right to make the pitch of a roof towards another person's property; (6) the right to have windows overlooking another person's property; (7) the right to build balconies and other projections over the immovable property of a neighbour; (8) to raise water by creating dams and to inundate neighbouring land, as well as (9) other easements arising from an immovable property owner's renunciation of the ownership restrictions established by law for the benefit of neighbours, etc.

IX. Correlation Between Servitude and Restrictions on Right of Ownership in the Civil Code Draft

On the basis of the above mentioned a question of correlation between provisions on servitude and provisions on restrictions on right of ownership for the benefit of neighbours arises. For both art. 1005–1006 of section IV of book III of the Civil Code Draft and art. 787–815 of section II of book III of the Civil Code Draft contained rules on the right of way, the right to use water, the right to attach a structure to the opposite bank, etc.

Following the logic of section II of book III of the Civil Code Draft, art. 787–815 provided for the cases in which, under strictly defined conditions, restrictions on neighbours' ownership emerged by operation of law. It is possible that such restrictions emerged with a view to eliminating the critical situation of an immovable property owner who found him or herself completely unable to meet their needs without such restrictions or could meet their needs but with great difficulty. In fact these articles listed the cases when the law granted rights to another person's property without mutual agreement of the parties, calling them restrictions on ownership for the neighbours' benefit.[16] In all other cases, according to section IV of book III of the Civil Code Draft, rights to another person's property could only emerge in the form of servitude.

For example, art. 795 of section II of book III of the Civil Code Draft entitled a person to arrange water supply across a neighbour's land parcel, however, such a right could only appear under a number of conditions. Firstly, water had to be necessary for the purposes of the immovable property towards which it was supplied, for housekeeping, agricultural or industrial needs; secondly, water was to be supplied by means of special canals and pipes; thirdly, the owner of the servient immovable property was to be paid a fee. As regards art. 1005 of section IV of book III of the Civil Code Draft, it stipulated a general rule that, by means of servitude, a person could acquire the right to supply water or to drain it. Consequently, in all cases that failed to meet the requirements of art. 795 the creation of a water supply line across another person's land parcel could only be implemented by means of making an easement agreement. The right to arrange water supply as set by the law was determined by art. 795 of section II of book III of the Civil Code Draft while the content of the easement could be defined in each particular case on the basis of the parties' agreement.

In essence the restriction established by the law that enabled a person to arrange water supply (art. 795) was only different from an easement granting a similar possibility (art. 1005) in that the former was seen as the exercise of the right of ownership restricted by the law for the benefit of a neighbour while the latter was a restriction of ownership of one piece of immovable property for the benefit of another piece of immovable property by means of making a voluntary agreement.[17]

Here it should be pointed out that art. 787–815 of section II of book III of the Civil Code Draft established limits of ownership for the benefit of neighbours

---

16 The Civil Code (supra fn. 15), pp. 85–88.

17 The Civil Code (supra fn. 15), pp. 100–103.

in the form of bans on activity. Such bans were compulsory until neighbouring tenement owners reached an agreement that one of them refused certain restrictions for the benefit of the other. In the case of such a refusal an easement under art. 1006 of section IV of book III of the Civil Code Draft was established for the neighbour who benefited from that refusal.[18]

For example, art. 813 and 814 of section II of book III of the Civil Code Draft provided restrictions on the right of immovable property ownership by means of granting the owner with the right to make openings and windows of specific size only, at a specific height and at a specific distance from the adjacent land parcel. If an immovable property owner refused such restrictions for the benefit of a neighbour, an easement was established that was stipulated for by art. 1006 and detailed, in particular, in art. 1011 and 1012 of section IV of book III of the Civil Code Draft (the right to make openings and windows without detailed restrictions providing light and view to the dominant tenement proprietor).

Another kind of easement provided for by the Civil Code Draft was the right to enter woods. In accordance with art. 1018 of section IV of book III of the Civil Code Draft it was forbidden to establish the right to enter for the future; private and state-owned woods were subject to this right, where the right had been previously created and legally proven without being subsequently terminated. The rights to hunting and fishing in another person's tenement, if established for the benefit of certain people, were regarded as personal easements according to art. 1027 and 1028 of section IV of book III of the Civil Code Draft.

X. The Dogmatic Approach

The aforesaid facts give grounds to conclude that the Civil Code Draft made a step towards the development of servitude law in pre-revolutionary Russia. Consistent use of the term 'easement' was introduced; general provisions on patrimonial rights and on easements were formulated; an attempt was made to eliminate the confusion of terms that arose when defining the legal relations of servitude types. This was typical of the legislation of that time as the limits of ownership were defined in the Civil Code Draft as restrictions for public benefit or for the benefit of neighbours while patrimonial rights to another person's property were regarded as easements (including the terms 'restriction for private participation' and '*profit à prendre*').

18 The Civil Code (supra fn. 15), pp. 117 sq., 458 sq. See also: *Vaskovsky*, Textbook of Civil Law (supra fn. 8), p. 84.

However, the Civil Code Draft did not eliminate the drawback inherent in the Statute Book. Equal relations dealing with private interest in using another person's immovable property that could be terminated, inter alia, by mutual agreement of the parties and that were protected by judicial procedure only depending on the grounds for their emergence (the rule of law or expression of personal will) were classified as the limits of ownership or easements. In other words the formal grounds for the emergence of the legal relationship was emphasised, but not the essence.

Thus, particular provisions of the Statute Book on restrictions for private participation and those of the Civil Code Draft on the neighbouring tenements, governed relations in a similar way to that in which relations were governed by servitude law rules. For example, the right of way granted to a neighbour in cases provided for by the law and the right of way granted by mutual agreement of the parties in fact created the same right for a person to exercise restricted use of another person's immovable property. And, on the contrary, the adopted general rules which dealt with the institute of servitude were accompanied by casuistic rules from historic laws relating to legal relations that were not of a servitude nature.[19]

As a result some scholars, who used the same statutory material, arrived at opposite conclusions. For example, K. N. Annenkov believed that all restrictions on participation (both those that established bans on public benefit or on the benefit of neighbours and those that granted the right to exercise restricted use of another person's immovable property) constituted the limits of ownership because they emerged by statutory provision.[20] For instance, banning the owner from building certain bridges across small unnavigable rivers, banning the owner from attaching kitchens or stoves to the wall of another person's house, and the right of way for an owner across another person's land were the limits of ownership and did not establish servitude-type legal relations.

In addition, in K. N. Annenkov's opinion, the limits established for the benefit of neighbouring owners could be terminated by mutual agreement of the parties, although it could not entail the creation of any servitude-type legal relations.[21] For example, when making an agreement that, despite the legislative ban

---

19 *Kartsov*, On Legislative Activity of the Governing Senate (supra fn. 2), p. 152.

20 *Annenkov*, The System of Russian Civil Law (supra fn. 9), pp. 331 sq., 345, 364–367. See also: Civil Laws with the Commentaries (supra fn. 2), p. 124; *Meyer*, Russian Civil Law (supra fn. 1), pp. 268–270; *Sinaysky*, Russian Civil Law (supra fn. 3), pp. 154–156.

21 *Annenkov*, The System of Russian Civil Law (supra fn. 9), pp. 345, 364–367. See also: *Meyer*, Russian Civil Law (supra fn. 1), pp. 268–270.

in effect, one neighbour was allowed to attach kitchens or stoves to the wall of another person's house no servitude-type legal relations were created, notwithstanding the fact that such agreement led to the practical use of another person's immovable property.

Other researchers, for instance, I. Goronovich, thought that the restrictions on participation that set bans for the public benefit or for the benefit of neighbours were the limits of ownership, while those that granted the right to use another person's immovable property were limited property rights established by law, i.e. legal easements.[22] If we compare that to the above mentioned examples, banning the owner from building bridges across small unnavigable rivers, then banning the owner from attaching kitchens or stoves to the wall of another person's house is the limit of ownership, while the right for an owner to pass across another person's land in certain cases is a legal easement.

In addition, in I. Goronovich's opinion, where the limits of ownership for the benefit of neighbours were annihilated by mutual agreement of the parties, easements could appear. The limits of right are nothing more than a distribution of neighbouring rights, which serves as a starting point for the establishment of servitude at the discretion of individuals.[23] In particular, when making an agreement that, despite the legislative ban in effect, one neighbour was allowed to attach kitchens or stoves to the wall of another person's house, a servitude-type legal relation was created.

It should be mentioned that certain well-grounded difficulties in correlating restrictions for private participation and easements were not only faced by the doctrine of the pre-revolutionary period but also by established practice in applying the law. This is confirmed by incongruent decisions made by the Governing Senate.[24] Here we must cite a quote from A. S. Kartsov's work stating that

---

22 *Goronovich*, A Study on Easements (supra fn. 1), p. 7. See also: *Guliayev*, Restriction for Private Participation (supra fn. 2), pp. 2–5, 8 sq.; *Kartsov*, On Legislative Activity of the Governing Senate (supra fn. 2), pp. 160 sq., 164 sq.; *Kurdinovsky*, On the Doctrine of Legal Restrictions (supra fn. 14), pp. 8 sq., 230–239; *Shershenevich*, Textbook of Russian Civil Law (supra fn. 2), p. 180; *Yeliashevich*, Restriction for Private Participation (supra fn. 2), pp. 6–9.

23 *Goronovich*, A Study on Easements (supra fn. 1), pp. 7, 56–58, 65–71, 79–81. See also: *Guliayev*, Restriction for Private Participation (supra fn. 2), pp. 6, 23–26, 33 sq.; *Kartsov*, On Legislative Activity of the Governing Senate (supra fn. 2), pp. 168 sq.; *Kurdinovsky*, On the Doctrine of Legal Restrictions (supra fn. 14), pp. 239–246; *Yeliashevich*, Restriction for Private Participation (supra fn. 2), pp. 6–9.

24 *Guliayev*, Restriction for Private Participation (supra fn. 2), pp. 1–50; *Kartsov*, On Legislative Activity of the Governing Senate (supra fn. 2), pp. 146–172; *Alexey*

"despite all its instability and controversial character the Senate's work during the second half of the 19th and the beginning of the 20th centuries may be assessed as successful completion of the reception of the servitude institute with simultaneous correction of the defects of its legislative reception. This way, in the specific circumstances of old Russia, was the only possible one, for the attempt of the Commission on Drafting the Civil Code to complete the reception of the institute of servitude through legislation, as we know, did not take place. From this point of view, the fact that cassation practice in the field of restriction for private participation was reproached for its conservatism and inconsistency is the evidence of the purposeful selectivity of the reception held by the Senate in the field of regulation of rights to someone else's property, and of the fact that Russian law enforcers cared more about the successful strengthening of borrowings introduced into the national legal practice than lawmakers".[25]

XI. Conclusion

Although the Statute Book and the Civil Code Draft had several defects, the experience of pre-revolutionary regulation of servitudes is extremely valuable. Certain issues of servitude law did not receive proper solutions at the time when the civil legislation of pre-revolutionary Russia was being formed, although they could still be resolved in the current modernisation of Russian regulations on real rights. We believe that without taking into account legal traditions it is hardly possible to ensure well-balanced regulation of servitude legal relations. For example, looking at the pre-revolutionary regulation of servitudes in Russia we should conclude that in contemporary civil law restrictions of ownership should be distinctly differentiated into encumbrances of ownership and limits of ownership. In this light servitudes should not only be distinguished from restrictions for the benefit of any number of unspecified people, but also from restrictions for the benefit of certain groups of people (in particular, neighbours). The confusion between norms on servitudes and norms on related institutions is unacceptable.

Kartsov [Алексей Карцов], К вопросу о правотворческой деятельности Правительствующего Сената: проблема «права участия частного», [On Legislative Activity of the Governing Senate: the Issue of "the Restriction for the Private Participation"] (continuation), Civil Studies 2007–2009, Issue 4, pp. 136–194; *Sinaysky*, Russian Civil Law (supra fn. 3), pp. 154 sq.

25 *Kartsov*, On Legislative Activity of the Governing Senate (continuation) (supra fn. 24), pp. 192 sq.

Here it is possible to conclude that in accordance with Russian pre-revolutionary civil law:

- the prohibitions, rules or duties regarding certain actions for the benefit of any number of unspecified people or for the benefit of neighbouring owners imposed on an owner by the law constituted the limits of ownership;
- the rights of any number of unspecified people to exercise restricted use of another person's immovable property established by the law constituted the limits of ownership;
- the rights of neighbours to exercise restricted use of another person's immovable property established by the law constituted legal easements;
- the rights of neighbours to exercise restricted use of another person's immovable property established by agreement of the parties (such as the renunciation of prohibitions, rules, duties to perform certain actions for the benefit of neighbouring owners or in all other cases) were private easements.

This classification plays an important role in the formulation of the provisions on the limits and encumbrances of ownership of immovable property in modern Russian law.

Thomas Krause

Zwischen Merkantilismus und Strafvollzug – norddeutsche Zuchthäuser im 17. und 18. Jahrhundert

Abstract: Houses of correction in Northern Germany during the seventeenth and eighteenth centuries – factories serving mercantilism or penitentiaries? Shaped on the model of the Amsterdam houses of correction established there around 1600 the first institutions of this kind in Germany were founded in the Hanseatic cities of Bremen, Hamburg, Lübeck, and Danzig in the first third of the seventeenth century. From around 1670 onwards and even more during the course of the eighteenth century further houses of correction came into existence in Prussia as well as in the smaller territories of northern Germany. The Prussian institutions soon began to serve the purposes of mercantilism rather than putting the emphasis on the rehabilitation of the criminal offenders incarcerated and forced to work there. It has long been maintained that the first factor became more and more dominant especially, but not only, in Prussian houses of correction. By looking at the various institutions in the different territories and cities in northern Germany this essay, however, shows that this statement is not entirely true. Instead there were considerable differences concerning the purposes the various houses of correction were supposed to serve. The focus on work profit and mercantilism was in fact mainly a Prussian phenomenon whereas institutions elsewhere in northern Germany predominantly served as penitentiaries aiming to rehabilitate their inmates.

Keywords: house of correction, mercantilism, penitentiary, Prussia, northern Germany

I. Einleitung

Zuchthäuser wurden ab der zweiten Hälfte des 16. Jahrhunderts zunächst in England (erstmals in Bridewell um 1555) und den Niederlanden (zuerst 1595 in Amsterdam) als Institutionen der Armenpflege gegründet.[1] Anstatt wie vorher von Almosen zu leben, wurden dort vor allem Bettler, aber auch sonstige arbeitsfähige Arme zur Zwangsarbeit angehalten, um nunmehr auf diese Weise ihren Lebensunterhalt zu verdienen. Von Anfang an wies man daneben aber auch Kleinkriminelle, vor allem Diebe, dort ein, um auch sie an ein Leben mit Arbeit

1 Siehe hierzu und zum Folgenden statt vieler *Thomas Krause*, Art. „Zuchthaus", Handwörterbuch zur deutschen Rechtsgeschichte (HRG), Bd. 5, 1998, Sp. 1777–1780 sowie *ders.*, Geschichte des Strafvollzugs, 1999, S. 30–37, jeweils m.w.N.

und ohne die Begehung von Straftaten zu gewöhnen. Seit der zweiten Hälfte des 17. und in verstärktem Maße im Verlaufe des 18. Jahrhunderts nahmen die Zuchthäuser auf diese Weise immer mehr den Charakter von Strafanstalten an.[2]

Die ersten Zuchthäuser auf deutschem Boden wurden im ersten Drittel des 17. Jahrhunderts – unter direktem niederländischen Einfluss – in den norddeutschen Hansestädten Bremen, Lübeck, Hamburg und Danzig etabliert. Ab dem letzten Viertel des 17. und vor allem im Verlauf des 18. Jahrhunderts erfolgten dann zahlreiche weitere Gründungen in allen norddeutschen Territorien und auch in den anderen Teilen des Heiligen Römischen Reiches deutscher Nation, so dass dort am Jahrhundertende insgesamt etwa 70 Zuchthäuser vorhanden waren.[3]

Wie Eberhard Schmidt vor gut 100 Jahren in seiner grundlegenden Untersuchung über „Entwicklung und Vollzug der Freiheitsstrafe in Brandenburg-Preußen bis zum Ausgang des 18. Jahrhunderts" dargelegt hat, gerieten die preußischen Zuchthäuser schnell in den Sog des Merkantilismus, indem versucht wurde, die Zuchthausarbeit möglichst profitabel für den Staat zu gestalten und Gewinne zu erzielen.[4] Diese Erkenntnis wurde in der Folge nicht nur von neueren Regionalstudien für einzelne weitere Territorien bestätigt[5] und dann von – überwiegend marxistisch beeinflussten – Historikern aufgenommen und verallgemeinert,[6] sondern nicht zuletzt auch von Eberhard Schmidt selbst. Dieser fasste nämlich in seiner nach wie vor als Standardwerk geltenden „Einführung in die Geschichte der deutschen Strafrechtspflege" aus dem Jahre 1965 die

---

2 *Krause*, Zuchthaus (o. Fn. 1), Sp. 1779 und *ders.*, Geschichte des Strafvollzugs (o. Fn. 1), S. 45–54. Vgl. außerdem auführlich *Pieter Spierenburg*, The Prison Experience – Disciplinary Institutions and their Inmates, 2007, S. 135–170.

3 *Krause*, Geschichte des Strafvollzugs (o. Fn. 1), S. 50.

4 *Eberhard Schmidt*, Entwicklung und Vollzug der Freiheitsstrafe in Brandenburg-Preußen bis zum Ausgang des 18. Jahrhunderts, 1915, insbes. S. 6–9.

5 Vgl. etwa *Hannes Stekl*, Österreichs Zucht- und Arbeitshäuser 1671–1920 – Institutionen zwischen Fürsorge und Strafvollzug, 1978, S. 88–91, 298–303 und *Helga Schnabel-Schüle*, Überwachen und Strafen im Territorialstaat – Bedingungen und Auswirkungen des Systems strafrechtlicher Sanktionen im frühneuzeitlichen Württemberg, 1997, S. 135–138.

6 Siehe in diesem Sinne z.B. *Georg Rusche/Otto Kirchheimer*, Sozialstruktur und Strafvollzug, 1974, insbes. S. 36–61; sowie neuerdings *Dario Melossi*, „The Prison and the Factory" Revisited (2017) – Penalty and the Critique of Political Economy between Marx and Foucault, in: Dario Melossi/Massimo Pavarini (Hg.), The Prison and the Factory (40th Anniversary Edition) – Origins of the Penitentiary System, 2018, S. 1–24.

Zuchthausentwicklung in Deutschland während des 17. und 18. Jahrhunderts folgendermaßen zusammen:

> „Die Frage, was im Sinne des Resozialisierungsgedankens zu geschehen habe [...] ist fast überall zurückgedrängt worden hinter die Frage, wie mit den Zuchthäusern größtmöglicher Nutzen wirtschaftlicher Art zu erzielen sei [...] (wobei vor allem) die Entwicklung zum Merkantilismus bedenkliche Folgen [...] zeitigte".[7]

Auch neuere und neueste Lehrbücher und Darstellungen zur Strafrechtsgeschichte[8] sowie zum Strafvollzug[9] halten bis heute im Wesentlichen an dieser Sichtweise fest ohne die Frage näher zu thematisieren, ob diese Entwicklung wirklich ausschließlich oder überwiegend ein preußisches Phänomen war. An dieser Stelle setzt der vorliegende Beitrag an, der am Beispiel der preußischen und nichtpreußischen Zuchthäuser in Norddeutschland überblicksartig darstellen möchte, ob die merkantilistische Zielsetzung wirklich so dominant war und wie sie sich gegebenenfalls mit den Zielen des Strafvollzugs vertrug. In diesem Zusammenhang wird auch auf die immer noch verbreitete These einzugehen sein, dass „zweckfremde Ideen (zunehmend) [...] die Anstalten [...] überwucherten [...] und im ganzen (für) die Entwicklung der Anstalten im 18. Jahrhundert eine rückläufige Bewegung (zu verzeichnen sei)", die erst ab dem Jahrhundertende unter dem Einfluss der Gefängnisreformbewegung zum Stillstand gekommen und einer Rückbesinnung auf die ursprünglichen Ziele des Strafvollzuges gewichen sei.[10] Im Anschluss an Ausführungen in dem einflussreichen Buch des französischen Philosophen Michel Foucault über die „Geburt des Gefängnisses"[11] setzen manche Autoren diese auch für Deutschland erst in das späte 18. Jahrhundert, in dem ein Strafvollzug in Zuchthäusern und anderen Anstalten überhaupt erst entstanden sei.[12] Gerade, um diese These überprüfen zu

---

7 *Eberhard Schmidt*, Einführung in die Geschichte der deutschen Strafrechtspflege, 3. Aufl., 1965, S. 192.

8 *Wolfgang Sellert*, Studien- und Quellenbuch zur Geschichte der deutschen Strafrechtspflege, Bd. 1: Von den Anfängen bis zur Aufklärung, 1989, S. 260–262; *Hinrich Rüping/ Günter Jerouschek*, Grundriss der Strafrechtsgeschichte, 6. Aufl., 2011, S. 78 f.; *Thomas Vormbaum*, Einführung in die moderne Strafrechtsgeschichte, 3. Aufl., 2016, S. 103.

9 *Klaus Laubenthal*, Strafvollzug, 7. Aufl., 2015, S. 65.

10 *Schmidt*, Einführung (o. Fn. 7), S. 193, 253–255.

11 *Michel Foucault*, Überwachen und Strafen – Die Geburt des Gefängnisses, 8. Aufl., 1989, insb. S. 295–301. Zum Hintergrund der Foucaultschen Theorie von der „Geburt des Gefängnisses", die er auch in anderen Schriften niederlegte, siehe z.B. *Ulrich Johannes Schneider*, Michel Foucault, 2004, S. 118–135.

12 Stark beeinflusst von Foucault ist etwa die Studie von *Thomas Nutz*, Strafanstalt als Besserungsmaschine – Reformdiskurs und Gefängniswissenschaft 1775–1848, 2001.

können, behandelt der vorliegende Überblick lediglich die Zeit vor der Gefängnisreformbewegung. Diese nahm Ende der 1770er Jahre mit dem Wirken sowie den Schriften des englischen Philanthropen John Howard (1726–1790) ihren Anfang und griff dann in den letzten beiden Jahrzehnten des 18. Jahrhunderts auch auf Deutschland über, wo der Hallenser Zuchthausprediger Heinrich Balthasar Wagnitz (1755–1838) als ihr Hauptprotagonist gilt.[13]

Aus Zeit- und Raumgründen beschränken sich die nachfolgenden Ausführungen auf Norddeutschland, das hier in einem pragmatischen Sinne so verstanden wird, dass es neben Brandenburg-Preußen als größtem Territorium die weiteren in etwa auf demselben Breitengrad oder nördlich davon befindlichen deutschen Länder und Reichsstädte umfasst. Eine Beschränkung auf Nord- und Ostseeanrainer oder gar nur auf letztere erscheint demgegenüber nicht sinnvoll, weil sich die stattfindenden Entwicklungen dann kaum angemessen darstellen ließen. Am Beginn der Ausführungen soll zunächst ein Überblick über die einzelnen Zuchthausgründungen im norddeutschen Raum stehen.

II. Zuchthäuser in Norddeutschland – ein Überblick

1. Frühe Zuchthausgründungen in norddeutschen Reichs- und Hansestädten während des ersten Drittels des 17. Jahrhunderts: Bremen, Lübeck, Hamburg, Danzig

Zwischen 1604 und 1629 kam es – unter mehr oder weniger direktem Amsterdamer Einfluss – zur Gründung der ersten Zuchthäuser auf deutschem Boden. Abgesehen von Kassel (um 1617), das hier außer Betracht bleiben soll, weil es bereits nach 50 Jahren wieder geschlossen wurde, erfolgten sie alle in norddeutschen Reichs- und Hansestädten. Den Anfang machte dabei Bremen (1604–1609), gefolgt von Lübeck (um 1613), Hamburg (1618) und Danzig (1629).[14]

---

13 Zur Gefängnisreformbewegung z.B. *Krause*, Geschichte des Strafvollzugs (o. Fn. 1), S. 67 f. und *Nutz*, Strafanstalt (o. Fn. 12), S. 23–39, jeweils m.w.N. Zum Wirken John Howards speziell in Deutschland vgl. *Albert Krebs*, John Howards Einfluss auf das Gefängniswesen Europas vor allem Deutschlands, in: Heinz Müller-Dietz (Hg.), Albert Krebs: Freiheitsentzug – Entwicklung von Praxis und Theorie seit der Aufklärung, 1978, S. 41–65. Zur Biografie sowie zum Werk und Wirken von Heinrich Balthasar Wagnitz siehe *Monika Schidorowitz*, H. B. Wagnitz und die Reform des Vollzugs der Freiheitsstrafe an der Wende vom 18. zum 19. Jahrhundert, 2000.

14 *Krause*, Geschichte des Strafvollzugs (o. Fn. 1), S. 38–41 m.w.N. Vgl. außerdem für Bremen, Lübeck und Hamburg ausführlich *Dirk Brietzke*, Arbeitsdisziplin und Armut in der frühen Neuzeit – Die Zuchthäuser in den Hansestädten Bremen, Hamburg

2. Zuchthausgründungen in den norddeutschen Territorien ab dem letzten Viertel des 17. Jahrhunderts

a) Preußen

Die älteste Zuchthausgründung auf preußischem Boden erfolgte zwischen 1668 und 1670 im schlesischen Breslau,[15] wobei allerdings zu beachten ist, dass dieses Zuchthaus erst ab 1741 zu einer preußischen Anstalt wurde, nachdem Schlesien von Österreich-Ungarn an Preußen gefallen war. In den preußischen Kernlanden erfolgten die ersten Gründungen in Magdeburg und Spandau (jeweils im Jahre 1687) sowie in Königsberg (1691).[16] Im 18. Jahrhundert machte die Etablierung einer Zuchthausanstalt in Halle an der Saale den Anfang (1708–1712), der sich in relativ rascher Folge entsprechende Gründungen im pommerschen Stargard (1710–1720), in Frankfurt an der Oder (1713), Stettin (1724), Stolp (1726) und Küstrin (1728) anschlossen. Das erste Zuchthaus in einer der neu zu Preußen gekommenen westlichen Provinzen wurde dann 1741 in Minden etabliert, später allerdings im Jahre 1778 nach Herford verlegt.[17] Weitere Zuchthausgründungen in den 1740er Jahren gab es noch in Halberstadt (1744) sowie in den schlesischen Städten Brieg und Jauer (jeweils 1745). In den 1750er und 1760er Jahren folgten das ostfriesische Greetsiel (1755, später nach Emden verlegt), Allenstein-Rössel in Ostpreußen (1760–1770) sowie Luckau in der Lausitz (um 1767). Im letzten Viertel des 18. Jahrhunderts kam es schließlich noch zu einer weiteren Zuchthausgründung in den preußischen Westprovinzen, nämlich im Jahre 1776 im niederrheinischen Wesel.[18]

b) Welfische Länder: Kurfürstentum Hannover und Herzogtum Braunschweig-Wolfenbüttel

Die erste Zuchthausgründung in den welfischen Territorien erfolgte nicht durch den Landesherrn, sondern durch den Magistrat der Stadt Lüneburg im Jahre

---

und Lübeck und die Durchsetzung bürgerlicher Arbeitsmoral im 17. und 18. Jahrhundert, 2000.

15 *Stekl*, Zucht- und Arbeitshäuser (o. Fn. 5), S. 62 m.w.N.

16 Der immer noch beste Überblick über die Gründung und Entwicklung der preußischen Zuchthäuser bis 1800 findet sich bei *Herbert Lieberknecht*, Das altpreußische Zuchthauswesen bis zum Ausgang des 18. Jahrhunderts, insbesondere in den Provinzen Pommern und Ostpreußen, Diss. jur. Göttingen, 1920.

17 *Stephanie Reekers*, Die Manufakturen in den Zucht- und Fabrikhäusern in Westfalen im 18. Jahrhundert, Westfälische Forschungen 31 (1981), S. 35–72 (52–63) m.w.N.

18 *Reekers*, Manufakturen (o. Fn. 17), S. 66.

1675. Ursprünglich als lokale Einrichtung der Armenpflege überhaupt nicht für Zwecke des Strafvollzugs vorgesehen, geriet die Anstalt im Laufe des 18. Jahrhunderts zwar teilweise unter landesherrliche Kontrolle, blieb aber dennoch im Wesentlichen eine kleine und relativ unbedeutende städtische Anstalt, die für den Strafvollzug im Lande keine nennenswerte Rolle spielte.[19] Im Gegensatz dazu geht die Einrichtung des multifunktionalen Zucht-, Werk- und Waisenhauses in Braunschweig auf eine Initiative des Herzogs zurück und zielte von vornherein auf das gesamte Territorium.[20] Den Übergang zum Zuchthaus als Strafanstalt markiert dann die Gründung des in den Jahren 1710 bis 1732 als repräsentativer und den Herrschaftsanspruch der Kurfürsten unterstreichender Barockbau neu errichteten „Zucht- und Tollhauses“ im kurhannoverschen Celle.[21] Von vornherein konzipiert als Landesstrafanstalt für das gesamte, nach Preußen zweitgrößte Territorium im norddeutschen Raum, war es zwar mit einem Irrenhaus verbunden, intern erfolgte aber eine strikte organisatorische und im Wesentlichen auch räumliche Trennung der verschiedenen Insassengruppen.[22]

c) *Kleinere weltliche Territorien in Norddeutschland: Herzogtümer Oldenburg, Mecklenburg-Schwerin und Schleswig-Holstein, Grafschaften Lippe und Schaumburg-Lippe*

Nicht alle kleineren weltlichen norddeutschen Länder besaßen im Untersuchungszeitraum eigene Zuchthäuser und über einzelne von ihnen ist zudem sehr wenig bekannt. Dies betrifft insbesondere Oldenburg, das zwar über eine solche

---

19 *Thomas Krause*, Die Strafrechtspflege im Kurfürstentum und Königreich Hannover vom Ende des 17. bis zum ersten Drittel des 19. Jahrhunderts, 1991, S. 54 f., 210 f. m.w.N.

20 *Wilhelm Ahner*, Die Entwicklung des Gefängniswesens im Lande Braunschweig – ein Beitrag zur Geschichte der Freiheitsstrafe, Diss. jur. Göttingen 1921 (maschinenschriftlich), S. 4–29.

21 *Krause*, Geschichte des Strafvollzugs (o. Fn. 1), S. 45–48; *ders.*, „Ueber Gefaengnisse und Zuchthäuser“ – Freiheitsstrafe und Strafvollzug im Kurfürstentum und Königreich Hannover, in: Peter Götz von Olenhusen (Hg.), 300 Jahre Oberlandesgericht Celle, 2011, S. 77–89 (82 f.), jeweils m.w.N.

22 Zum Strafvollzug im Celler Zuchthaus während des 18. Jahrhunderts siehe ausführlich *Krause*, Strafrechtspflege (o. Fn. 19), S. 41–54, 227–233 m.w.N. Zur Gründungsgeschichte der in teilweise denkmalgeschützten Gebäuden untergebrachten Anstalt, die zu den ältesten immer noch in Betrieb befindlichen Strafanstalten in Deutschland gehört, vgl. neuerdings außerdem *Uta Schäfer-Richter*, Hinter Schloss und Riegel – An der Wiege zur Freiheitsstrafe: das „Zucht- und Tollhaus“ zu Celle in seinen Gründungsjahren (1706–1732), 2018.

Anstalt verfügte, über die aber bisher nähere Nachrichten fehlen.[23] Für Mecklenburg-Schwerin ist demgegenüber gesichert, dass es dort ab 1753 auf Befehl des Herzogs zur Einrichtung eines Zuchthauses durch Aus- und zum Teil Neubaumaßnahmen auf der Landesfestung Dömitz an der Elbe kam, die endgültig erst im Jahre 1757 beendet werden konnten.[24] Die Besonderheit bestand darin, dass es dort seit Anfang des 18. Jahrhunderts bereits eine Strafanstalt gab, nämlich das für den Vollzug öffentlicher Arbeitsstrafen (*opera publica*) in Form der Festungsbaustrafe eingerichtete Stockhaus. Mit der Gründung des Zuchthauses wurde Dömitz damit zu einer Kombinationsstrafanstalt, in der sowohl öffentliche Arbeits- als auch Zuchthausstrafen vollzogen wurden. Damit deutet sich an, dass eine Betrachtung der Entwicklung der modernen Freiheitsstrafe als Kombination von Freiheitsentzug und Arbeitszwang sich sinnvollerweise nicht auf die Zuchthausstrafe beschränken sollte, sondern die *opera publica* miteinbeziehen müsste. Dies ist allerdings vor allem aus Raumgründen im Rahmen des vorliegenden Beitrages nicht zu leisten, sondern es muss diesbezüglich auf andere Schriften des Verfassers verwiesen werden.[25]

Zu „reinen" Zuchthausgründungen, die im wesentlichen Zwecken des Strafvollzuges dienten, kam es während des 18. Jahrhunderts zunächst in den Herzogtümern Schleswig und Holstein, wo 1729 in Neumünster und in den Jahren 1736–1738 in Glückstadt an der Elbe entsprechende Anstalten eingerichtet bzw.

---

23 Laut Aussage des Gefängnisreformers Wagnitz besaß Oldenburg ein Zuchthaus, über das er aber „kaum Nachrichten" habe erhalten können. *Heinrich Balthasar Wagnitz*, Historische Nachrichten und Bemerkungen über die merkwürdigsten Zuchthäuser in Deutschland, Bd. 2/2, 1794, S. II. An diesem Befund hat sich leider bis heute nichts geändert, so dass Untersuchungen über die Geschichte der oldenburgischen Strafrechtspflege und des dortigen Zuchthauses weiterhin ein Desiderat bleiben.

24 *Andreas Wagner*, Zur Geschichte des Strafvollzuges in Mecklenburg und Pommern – Überblick zum strukturellen Wandel und den sich verändernden Haftbedingungen bis 1945, in: Politische Memoriale e. V. Mecklenburg-Vorpommern (Hg.), Beiträge zur Geschichte des Strafvollzuges und der politischen Strafjustiz in Mecklenburg-Vorpommern, 2006, S. 11–51 (13 f.). Vgl. außerdem ausführlich *Carl Heinrich Glatz*, Die Entwicklung des Freiheitsstrafvollzuges in Mecklenburg, Diss. jur. Rostock, 1940, S. 28–54.

25 Siehe z.B. das auf dem VIII. Rechtshistorikertag im Ostseeraum gehaltene Referat des Verfassers: *Thomas Krause*, Strafvollzug und Öffentlichkeit – die Sanktion der öffentlichen Arbeitsstrafe, in: Danuta Janicka (Hg.), Judiciary and Society between Privacy and Publicity – 8th Conference on Legal History in the Baltic Sea Area, 2016, S. 523–540. Vgl. außerdem *Thomas* Krause, Art. „Opera publica", HRG, 2. Aufl., 2017, Sp. 153–157 m.w.N.

neu erbaut wurden.[26] Erst in der zweiten Jahrhunderthälfte folgten dann noch Gründungen in den Grafschaften Lippe (Detmold 1752–1754) und Schaumburg-Lippe (Bückeburg 1772), die vorher ihre verurteilten Straftäter gegen Erstattung von Kost und Logis in Zuchthäusern der Nachbarterritorien untergebracht hatten.[27]

d) Geistliche Territorien in Norddeutschland: Fürstbistümer Hildesheim, Münster, Paderborn und Osnabrück

Die vier geistlichen Territorien im norddeutschen Raum weisen die Besonderheit auf, dass sie ab den 1720er Jahren einen gemeinsamen Landesherrn hatten, indem der aus dem Hause Wittelsbach stammende Kurfürst und Erzbischof von Köln, Clemens August, in Personalunion zusätzlich Fürstbischof von Hildesheim, Münster, Paderborn und Osnabrück war. Insofern überrascht es nicht, dass drei von den dort während des 18. Jahrhunderts erfolgten Zuchthausgründungen in relativ rascher Folge stattfanden, nämlich im hildesheimischen Peine (1728–1730), in Münster (1732–1734) sowie in Paderborn (1731–1739).[28] Verspätet kam dann noch Osnabrück hinzu, wo das Zuchthausprojekt noch während der Regentschaft des Wittelsbacher Kurfürsten Clemens August initiiert

---

26 *Thomas Krause*, Die Geschichte der Freiheitsstrafe in Schleswig-Holstein, Schleswig-Holsteinische Anzeigen, Teil A 2007, S. 359–365 (362). Vgl. außerdem ausführlich *Wolfgang Kröner*, Freiheitsstrafe und Strafvollzug in den Herzogtümern Schleswig, Holstein und Lauenburg von 1700 bis 1864, 1988, insb. S. 39–50 m.w.N.

27 Zur Entwicklung des Detmolder Zuchthauses von seiner Gründung bis zum Ende des 18. Jahrhunderts siehe *Michael Frank*, Kriminalität, Strafrechtspflege und sozialer Wandel – das Zuchthaus Detmold 1752–1801, Westfälische Forschungen 42 (1992), S. 273–308. Über die Geschichte des Bückeburger Zuchthauses informiert *Stefan Meyer*, Das Zuchthaus in Bückeburg, Schaumburg-Lippische Mitteilungen 32 (1996), S. 131–150.

28 Über die Geschichte der Peiner Anstalt in hildesheimischer Zeit (1815 wurde das Fürstbistum Hildesheim nach dem Wiener Kongress hannoverisch) ist bisher bedauerlicherweise nicht allzu viel bekannt. S. *Friedrich Haberland*, Die Freiheitsstrafe in Hannover, 1931, Neudruck 1977, S. 22. Vgl. einstweilen die Hinweise bei *Krause*, Strafrechtspflege (o. Fn. 19), S. 56 f. m.w.N. Ein knapper Überblick über das Münsteraner Zuchthaus in fürstbischöflicher Zeit findet sich bei *Dieter Wewer*, 150 Jahre Justizvollzugsanstalt Münster – Einblick in Geschichte und Gegenwart, 2003, S. 7 f. m.w.N. Vgl. außerdem *Reekers*, Manufakturen (o. Fn. 17), S. 35–46. Zur Historie des Paderborner Zuchthauses siehe *Dina van Faasen*, Das Zuchthaus und die Landeswohlfahrt im Hochstift Paderborn, 2007. Vgl. darüber hinaus *Reekers*, Manufakturen (o. Fn. 17), S. 46–52.

wurde, dann aber erst im Jahre 1768 zum Abschluss kam, als dort bereits der protestantische, aus dem Welfenhaus stammende, Fürstbischof Friedrich von York regierte, ein Sohn des britischen Königs und hannoverschen Kurfürsten Georgs III.[29] Nicht überraschenderweise standen deshalb sowohl die Osnabrücker Zuchthauskonzeption als auch der dortige Strafvollzug stark unter hannoverschem Einfluss und rekurrierten insbesondere auf das Vorbild des Celler Zuchthauses.

Einen Sonderfall stellt die Peiner Einrichtung dar, die schon nach ihrer Bezeichnung „Stock- und Spinnhaus“ eine Kombination von Festungsbau- und Zuchthausstrafvollzug darstellte und damit deutliche Ähnlichkeiten zu den soeben geschilderten Verhältnissen im mecklenburgischen Dömitz aufweist.[30]

III. Zuchthausarbeit: Instrument merkantilistischer Gewerbepolitik oder Straf- und Besserungsmittel im Rahmen des Strafvollzugs

Sowohl bei den Amsterdamer Zuchthäusern als auch bei den ersten deutschen Anstalten stand das Konzept der Besserung und Disziplinierung der Insassen durch Zwangsarbeit im Mittelpunkt, wobei es sich bei letzteren allerdings nur zu einem geringen Teil um verurteilte Straftäter handelte.[31] Dies begann sich indessen allmählich zu ändern, und im Jahre 1669 wurde in Hamburg zusätzlich zum weiterhin bestehenden Werk- und Zuchthaus aus Geldern eines privaten Stifters ein separates Spinnhaus mit reinem Strafanstaltscharakter als erste Einrichtung dieser Art in Deutschland gegründet.[32] Dort sollten „Diebe, Huren, so hiebevor ausgestrichen oder nicht [...] und zum Staupenschlagen verdammet und am Pranger gestrichen, anstatt der Verweisung in gedachtes Spinnhaus [...]

29 Zum Osnabrücker Zuchthaus *Haberland*, Freiheitsstrafe (o. Fn. 28), S. 19–22; *Krause*, Strafrechtspflege (o. Fn. 19), S. 58–60, 238 sowie *Harriet Rudolph*, „Eine gelinde Regierungsart“ – Peinliche Strafjustiz im geistlichen Territorium: das Hochstift Osnabrück (1716–1803), S. 174–182, jeweils m.w.N.

30 *Krause*, Geschichte des Strafvollzugs (o. Fn. 1), S. 56.

31 *Thomas Krause*, Conceptions of penal labour in Germany – a historical overview, in: Rafael Eckert/Jeanne-Marie Tuffey-Andrieu (Hg.), Le Travail en Prison, 2015, S. 56.

32 *Spierenburg*, Prison Experience (o. Fn. 2), S. 147; *Krause*, Geschichte des Strafvollzugs (o. Fn. 1), S. 42–43, jeweils m.w.N. Die solideste und noch immer ausführlichste Darstellung der Geschichte des Hamburger Spinnhauses gibt *Adolf Streng*, Geschichte der Gefängnisverwaltung in Hamburg von 1622–1872, 1890, S. 71–101. Demgegenüber bietet die Arbeit von *Brietzke*, Arbeitsdisziplin (o. Fn. 14) bedauerlicherweise nur einige wenige Hinweise (insb. S. 427–429).

genommen (und dort) zur Gottesfurcht und Arbeit angewiesen und angestrenget werden."[33] Es herrschte Arbeitspflicht, deren Nichtbefolgung mit strengen Disziplinarstrafen geahndet wurde, während davon, dass die Gefangenenarbeit dem Profit der Anstalt dienen sollte, nicht die Rede ist.[34]

Im Gegensatz dazu heißt es im Gründungsedikt des Großen Kurfürsten für eines der ersten preußischen Zuchthäuser in Spandau, dass dieses „zu beförderung der Wollen- und Seyden-Manufacturen, auch zugleich zur verbeßerung der bishero ermangelnden Spinnerey in unseren Churlanden [eingerichtet worden sei]".[35] Die merkantilistische wirtschaftspolitische Zielsetzung war also dominant und ist auch für die meisten anderen preußischen Zuchthäuser charakteristisch.[36] Noch bei den späteren Gründungen entsprechender Anstalten in den preußischen Westprovinzen spielte die dortige Anlegung von Textilmanufakturen eine wichtige Rolle.[37] Die hoch gesteckten Ziele (Förderung der Textilwirtschaft oder zumindest Gewinnerzielung durch die Zuchthäuser) erwiesen sich allerdings als zu optimistisch und wurden in der Praxis vielfach nicht erreicht, da Zwangsarbeiter in der Regel weniger produktiv waren als freie Lohnarbeiter.[38] Trotzdem oder vielleicht auch gerade deshalb gab es immer wieder Versuche, Anstalten an Unternehmer zu verpachten (sogenannte „Entreprise"), die dann vertraglich die Verpflichtung eingingen, das jeweilige Zuchthaus mit allen Rechten und Pflichten zu betreiben.[39] Nicht überraschenderweise ging so das Interesse am eigentlichen Strafvollzug zu Lasten des Strebens nach

33 „Spinnhausordnung von Anno 1669, 12. Mai" (abgedruckt als Anlage 3 bei *Streng*, Gefängnisverwaltung (o. Fn. 32), Dritter Theil, Cap. 1 § 1, S. 205 (S. 202–213)). Aufgrund einer Auswertung der Gefangenenbücher des Hamburger Spinnhauses hat *Spierenburg*, Prison Experience (o. Fn. 2), S. 147–157 die von der Spinnhausordnung postulierte Zweckbestimmung der Einrichtung als reine Strafanstalt bestätigt gefunden. Das älteste Gefangenenbuch mit einer Laufzeit von 1669–1688 ist mittlerweile veröffentlicht worden, wenn auch bedauerlicherweise an recht entlegener Stelle: *Ulf Bollmann*, Das älteste Gefangenenbuch des Hamburger Spinnhauses 1669 bis 1688, Genealogie – Deutsche Zeitschrift für Familienkunde 28 (2006/2007), S. 305–324, 581–592 und 676–687.

34 Spinnhausordnung (o. Fn. 33), Dritter Theil, Cap. 2 (S. 206–207).

35 Das Edikt ist z.B. abgedruckt bei *Sellert*, Studien- und Quellenbuch (o. Fn. 8), S. 304 f. (Qu. 42).

36 *Schmidt*, Strafrechtspflege (o. Fn. 7), S. 192 f.

37 *Reekers*, Manufakturen (o. Fn. 17), S. 52–55, 66.

38 *Reekers*, Manufakturen (o. Fn. 17), S. 63.

39 Siehe hierzu und zum folgenden ausführlich *Schmidt*, Entwicklung und Vollzug der Freiheitsstrafe (o. Fn. 4), S. 29–34.

Gewinnerzielung immer weiter zurück. Kostendruck bestimmte allerdings auch die Verhältnisse in den von staatlichen oder städtischen Betreibern unterhaltenen preußischen Zuchthäusern, die zumindest versuchten, ihre Anstalten nicht defizitär zu betreiben. In Verbindung mit der Problematik, dass es in Preußen keine einheitliche Aufsichtsbehörde für die Zuchthäuser gab, führte dies zu den oft beschriebenen ungünstigen Zuständen, an denen dann vor allem gegen Ende des 18. Jahrhunderts Gefängnisreformer wie John Howard und Heinrich Balthasar Wagnitz Anstoß nahmen. Reformversuche blieben dann allerdings zunächst in den Wirren der napoleonischen Kriege stecken und wurden erst danach wieder aufgenommen.[40] Immerhin zeigen sie, dass selbst die preußische Ministerialbürokratie die Kritik an den Verhältnissen im preußischen Strafvollzug angenommen hatte.[41] Sie wurde sogar von Carl Gottlieb Svarez, dem Schöpfer des Preußischen Allgemeinen Landrechts, geteilt und in seinen „Kronprinzenvorträgen" dem preußischen Thronfolger vorgetragen.[42] Er kritisierte, dass „der Zweck der Beßerung [...] [in den Strafanstalten] noch sehr wenig erreicht, sondern vielmehr gantz verfehlt [werde]".[43] Zwar würden „besonders in den Zuchthäusern, die Züchtlinge zur Arbeit und nützlichen Thätigkeit gewöhnt [...], im übrigen [werde] ihre Moralität [aber] gäntzlich vernachläßigt [...]".[44] Es bleibe „also für die Gesetzgebung und den Staat noch sehr viel zu thun übrig [...], wobei er auf die vorbildhaften „Beyspiele unserer Nachbarn, besonders in Sachsen und Hannover [...]" verweist.[45] Bedenkt man, wie angespannt das politische Verhältnis zwischen Preußen und diesen beiden Staaten während des gesamten 18. Jahrhunderts stets war, ist diese Äußerung umso bemerkenswerter.

Vergleicht man nun die Verhältnisse im hannoverschen Landzuchthaus Celle mit den soeben beschriebenen in den preußischen Anstalten, so fällt zunächst auf, dass die Zuchthausarbeit nicht der Dreh- und Angelpunkt des dort verfolgten, stark lutherisch geprägten Besserungskonzeptes war. Primäres Ziel des Strafvollzuges war stattdessen die „moralische Besserung" der Sträflinge, die in erster Linie durch Ermahnungen und Unterricht erreicht werden sollte, wobei beides die Aufgabe des Zuchthauspredigers war, dessen Amt eine zentrale Bedeutung

40 *Krause*, Geschichte des Strafvollzugs (o. Fn. 1), S. 68.

41 Zu den Anfängen einer Strafvollzugsreform in Preußen siehe *Schmidt*, Strafrechtspflege, S. 253–255 sowie ausführlich *Nutz*, Strafanstalt (o. Fn. 12), S. 98–116 m.w.N.

42 *Peter Krause* (Hg.), Carl Gottlieb Svarez: Die Kronprinzenvorlesungen 1791/1792, Zweiter Teil: das positive preußische Recht, 2000, S. 852–855.

43 Ibidem, S. 854.

44 Ibidem.

45 Ibidem.

zukam.[46] Arbeitspflicht herrschte trotzdem, da die Arbeit als Bestandteil von Zucht und Strafe angesehen wurde, die man geduldig zu erleiden habe.[47] Der Celler Strafvollzug hatte im zeitgenössischen Ländervergleich einen hohen Standard[48] und wurde nicht zuletzt vom Gefängnisreformer Wagnitz außerordentlich gelobt,[49] der vor allem in seiner Schrift „Ueber die moralische Verbesserung der Zuchthaus-Gefangenen" ein ganz ähnliches Konzept entwickelte.[50] Vor allem die „menschenfreundliche Behandlungsart der Gefangenen" mit der Konsequenz, „bey Vertheilung der Arbeit [...] auf ihre Kräfte Rücksicht [zu nehmen]" hebt er in diesem Zusammenhang hervor.[51] Selbst er kritisiert aber den starken Zuschussbedarf der Celler Anstalt, da man sich um eine Kostendeckung der von den Sträflingen zu erbringenden Arbeitsleistungen überhaupt nicht kümmere.[52]

Ähnliches wie für Celle gilt auch für Osnabrück, das, wie oben schon ausgeführt, stark von seinem hannoverschen Vorbild beeinflusst war, allerdings nicht ganz an den hohen Celler Standard heranreichte.[53]

Die Verhältnisse in den Zuchthäusern der übrigen norddeutschen Länder bewegten sich in der Regel zwischen diesen beiden Extremen, können und sollen allerdings aus Raumgründen hier nicht im Einzelnen dargestellt werden.[54]

IV. Zusammenfassung

Als Ergebnis des kursorischen Überblicks über die Verhältnisse in norddeutschen Zuchthäusern während des 17. und 18. Jahrhunderts lässt sich zusammenfassend festhalten, dass deren Profitorientiertheit in einem

---

46 Siehe dazu im einzelnen *Krause*, Strafrechtspflege (o. Fn. 19), S. 48–50 m.w.N. Zu den theologischen Hintergründen der Celler Strafvollzugskonzeption vgl. außerdem *Peter Brandt*, Die evangelische Strafgefangenenseelsorge, 1985, S. 69–71.

47 *Krause*, Strafrechtspflege (o. Fn. 19), S. 50–52 m.w.N.

48 Siehe dazu ausführlich *Krause*, Strafrechtspflege (o. Fn. 19), S. 227–233 m.w.N. Vgl. auch *ders.*, in: Olenhusen (Hg.), 350 Jahre Oberlandesgericht Celle (o. Fn. 21), S. 83.

49 *Wagnitz*, Historische Nachrichten (o. Fn. 23), Bd. 2/1, 1792, S. 67–85.

50 *Heinrich Balthasar Wagnitz*, Ueber die moralische Verbesserung der Zuchthaus-Gefangenen, 1787. Vgl. dazu *Brandt*, Strafgefangenenseelsorge (o. Fn. 46), S. 73–75 und *Schidorowitz*, Wagnitz (o. Fn. 13), insbes. S. 143–158.

51 *Wagnitz*, Historische Nachrichten (o. Fn. 23), Bd. 2/1, 1792, S. 83.

52 Ibidem, S. 83–85.

53 *Krause*, Strafrechtspflege (o. Fn. 19), S. 58–60, 233; *Rudolph*, „Eine gelinde Regierungsart" (o. Fn. 29), S. 174–180, jeweils m.w.N.

54 Siehe näher dazu jeweils die in Abschnitt II dieses Beitrages angeführte Literatur zu den einzelnen Zuchthäusern.

merkantilistisch-wirtschaftspolitischen Sinne – jedenfalls innerhalb Norddeutschlands – im Wesentlichen tatsächlich eine preußische Besonderheit war. Auch andernorts hatte indessen zumindest die Kostendeckung einen hohen Stellenwert und war Zwecken des Strafvollzuges nicht immer förderlich.[55] Die Hauptprobleme des Strafvollzugs in deutschen und norddeutschen Zuchthäusern waren allerdings deren vielerorts auch im 18. Jahrhundert noch immer bestehende Multifunktionalität sowie das vielfach zu beobachtende Fehlen einer in sich schlüssigen Vollzugskonzeption.[56] Vor allem an diesem Punkt setzte dann gegen Ende des 18. Jahrhunderts die Gefängnisreformbewegung an, die freilich erst im 19. Jahrhundert zu durchgreifenden Verbesserungen im Zuchthausstrafvollzug führte.[57] Das ist dann allerdings ein anderes Thema.

---

55 *Sellert*, Studien- und Quellenbuch (o. Fn. 8), S. 261; *Krause*, Geschichte des Strafvollzugs (o. Fn. 1), S. 52, jeweils m.w.N.

56 Ibidem.

57 *Krause*, Geschichte des Strafvollzugs (o. Fn. 1), S. 52. Zur Gefängnisreformbewegung sowie zur Gefängnisreform in Deutschland vgl. etwa *Krause*, Geschichte (o. Fn. 1), Kap. IX und X sowie *ders.*, Conceptions (o. Fn. 31), S. 56–59, jeweils m.w.N.

Jānis Lazdiņš

Lettlands Erfahrungen mit der Restitution des Privateigentums nach der sowjetischen Besatzung

Abstract: The Experience of Restitution of the Right to Private Property after the Soviet Occupation of Latvia The article is dedicated to the analysis of the legal principles related to restitution of property rights and cases of denationalisation that caused an extensive public response in Latvian society after the *de facto* (1990–1991) restoration of national independence.

The author holds that six legal principles were significant in the process of denationalising property: the principle of justice, the principle of equality, the principle of proportionality, the principle of protecting a *bona fide* owner's rights, the principle of legal expectations, and the principle of compensation. The process of restituting property rights demonstrated not only the need to abide by legal principles but also the need for an ability to deal with their collision. Often, in the restoration of historical justice, the right to immovable property collided with the right of a *bona fide* owner or the interests of the State or local governments (residential buildings, infrastructure objects of public use, etc., had been legally built on the land of former owners). With few exceptions defined in law, the legal expectations of a *bona fide* owner regarding retaining the lawfully acquired property rights were respected. Otherwise, new injustice would have been caused in the name of abstract justice. Thus, the right to property could not always be restituted. Therefore, the former owners had the right to receive equivalent property or commensurate compensation.

Although the principle of equality was abided by in the restitution of property rights, denationalisation was not comprehensive. It was oriented towards restituting rights to immovable property. The State of Latvia does not bear responsibility for the damages inflicted by the occupying power upon the former owners. According to the judicature of the Constitutional Court of the Republic of Latvia, the State has the obligation to redress the injustice caused by the totalitarian regimes in the area of property rights only insofar as is possible. Even such limited restitution of property rights caused a collision of law wherein the social protection of apartment tenants in denationalised buildings through the imposition nationally of the so-called "ceiling of rental payment", which existed until 2007, and the existing relationship of the so-called compulsory land lease (multi-apartment buildings owned by another person and built on denationalised land) take a special place.

Keywords: legal principle, justice, equality, nationalisation, denationalisation, property, restitution of property rights, Latvia

I. Einführung

Am 16./17. Juni 1940 okkupierte die UdSSR die Republik Lettland. Die Sowjets gingen dann umgehend daran, das Privateigentum in Lettland größtenteils zu verstaatlichen. Das Ziel der sowjetischen Verstaatlichung war es, die marxistisch-leninistische Ideologie umzusetzen, der zufolge die Produktionsmittel unabhängig von deren Wert, Ziel oder Aufgabe kein Privateigentum sein dürfen.[1] Die Konstitution (Verfassung) der Lettischen Sozialistischen Sowjetrepublik (weiter im Text: die Konstitution der Lettischen SSR bzw. Verfassung) vom 25. August 1940 legte fest:

> „Boden, Bodenschätze, Gewässer, Wälder, Großbetriebe und -fabriken, Bergwerke, Erzabbaustandorte, Eisenbahn-, Wasser- und Lufttransport, Banken, Kommunikationsmittel, vom Staat eingerichtete große landwirtschaftliche Unternehmen (staatliche Landwirtschaftseinheiten,[2] Maschinen- und Traktorenstationen u.a.m.) sowie Kommunalunternehmen, großes Hauseigentum in den Städten und Industriezentren sind Staatsvermögen bzw. Eigentum des gesamten Volkes.“[3]

Nach der Verfassung sollte also nicht das gesamte Eigentum, insbesondere nicht das gesamte Hauseigentum verstaatlicht werden. Als Eigentum des gesamten Volkes galten nur große Häuser in den Städten und Industriestandorten. Ein Erlass vom 28. Oktober 1940 „Über die Verstaatlichung des großen Hauseigentums“[4] konkretisierte den genauen Umfang des „großen Hauseigentums“. Dazu zählten „Wohnhäuser“, deren Gesamtnutzfläche für Rīga, Liepāja, Ventspils, Jelgava sowie Daugavpils 220 qm und in den anderen Städten und Industriezentren 170 qm überstieg.[5] Unabhängig von der Gesamtnutzfläche wurden diejenigen Häuser verstaatlicht, deren Eigentümer aus Angst vor den Repressionen

1 *Kārlis Markss/Frīdrihs Engelss* [Karl Marx, Friedrich Engels], Komunistiskās partijas manifests [Manifest der Kommunistischen Partei], 2008; *Vladimirs Iļjičs Ļeņins* [Vladimir Lenin], Valsts un revolūcija [Staat und Revolution] [o. O. u. J.].

2 Später sog. Kolchosen und Sowchosen.

3 Latvijas Padomju Sociālistiskās Republikas Konstitūcija (Pamatlikums) [Die Konstitution (Verfassung) der Lettischen Sozialistischen Sowjetrepublik (Grundgesetz)], Gesetz vom 25.8.1940, in: Valdības Vēstnesis [Amtsblatt der Regierung], 1940, Nr. 194, Art. 6.

4 Par lielo namu nacionalizāciju [Über die Verstaatlichung des großen Hauseigentums], Erlass vom 28.10.1940, in: Latvijas PSR Augstākās Padomes Prezidija Ziņotājs [Amtsblatt des Präsidiums des Obersten Rats der Lettischen SSR], 1940, Nr. 51; Latvijas PSR Likumu, dekrētu un valdības noteikumu krājums [Sammlung der Gesetze, Verordnungen und Regierungsbestimmungen der Lettischen SSR], 1941, Nr. 6, Unterlagen Nr. 61.

5 Ibidem, Art. 2.

der Sowjetmacht oder vor anderen missgünstigen Folgen ausgezogen waren,[6] die einen historisch-gesellschaftlichen oder künstlerischen Wert hatten oder die von staatlichen Institutionen ohnehin besetzt worden waren.[7] Die sowjetische Verstaatlichungspolitik war schonungslos.

In den Jahren 1990/91 stellte die Republik Lettland ihre Unabhängigkeit *de facto* wieder her.[8] Nach der Erlangung der Unabhängigkeit stellte sich Lettland als Rechtsstaat die Aufgabe, die historische Gerechtigkeit im Bereich des Eigentums wiederherzustellen. Nach mehr als 50 Jahren Besatzung konnte das Eigentum aber nicht allumfassend wiederhergestellt werden. Bei der Restitution des Eigentums war der Gesetzgeber verpflichtet, rechtsstaatliche Prinzipien einzuhalten und Maßnahmen zu treffen, um im Rahmen des Möglichen den durch die Sowjets verursachten Schaden wiedergutzumachen und Gerechtigkeit zu üben.[9] Das von der Sowjetmacht verstaatlichte Eigentum musste sozusagen wieder entstaatlicht werden. Die Restitution des Eigentums reichte weit über die

6 Die Sowjets übernahmen verlassene Privathäuser als herrenloses Vermögen. Deren ehemalige Eigentümer wurden im Rahmen der Entstaatlichung bei der Restitution des ehemaligen Hauseigentums einbezogen. Siehe Par namīpašuma atdošanu likumīgajiem īpašniekiem [Zur Rückerstattung des Hauseigentums (Gebäude) an die rechtmäßigen Eigentümer], Gesetz vom 30.10.1991, Art. 5, 7, 8, zugänglich unter: https://likumi.lv/doc.php?id=70828.

7 Über die Verstaatlichung des großen Hauseigentums (o. Fn. 4), Art. 3.

8 Siehe Latvijas Padomju Sociālistiskās Republikas Augstākās Padomes Deklarācija "Par Latvijas Republikas neatkarības atjaunošanu" [Die Deklaration des Obersten Rats der Lettischen Sozialistischen Sowjetrepublik „Über die Wiederherstellung der Unabhängigkeit der Republik Lettland"], 4.5.1990, in: Latvijas Republikas Augstākās Padomes un Valdības Ziņotājs [Amtsblatt des Obersten Rats und der Regierung der Lettischen Sozialistischen Sowjetrepublik], 1990, Nr. 20, zugänglich unter: https://likumi.lv/doc.php?id=75539; Latvijas Republikas Konstitucionālais likums "Par Latvijas Republikas valstisko statusu" [Verfassungsgesetz der Republik Lettland „Über den staatlichen Status der Lettischen Republik"], Gesetz vom 21.8.1991, in: Latvijas Republikas Augstākās Padomes un Valdības Ziņotājs [Amtsblatt des Obersten Sowjets und der Regierung der Lettischen Sozialistischen Sowjetrepublik], 1991, Nr. 42, zugänglich unter: https://likumi.lv/doc.php?id=69512.

9 Siehe Latvijas Republikas Satversmes tiesas 25.3.2003. spriedums lietā [Urteil des Verfassungsgerichts der Republik Lettland vom 25.3.2003] Nr. 2002-12-01, Schlussfolgerungen Rn. 1, zugänglich unter: https://likumi.lv/doc.php?id=73143; siehe auch *Jānis Lazdiņš*, Besonderheiten des Erbrechts in Bezug auf die Entstaatlichung der Immobilien in Lettland in den neunziger Jahren, in: Danuta Janicka (Hg.), Judiciary and society between privacy and publicity. 8th Conference on Legal History in the Baltic Sea Area, 3rd-6th September 2015, 2016, S. 295 f. (277–299).

Wiederherstellung des historischen Status quo hinaus. Sie war auch ein wesentliches Element, um die staatliche Kontinuität Lettlands *de iure* zu legitimieren.[10]

Eine einzelne Studie vermag nicht alle in Lettland zur Restitution des Eigentums gesammelten Erfahrungen darzustellen. Der Autor wird seine Aufmerksamkeit auf die Analyse der mit Wiederherstellung des Eigentums verbundenen Rechtsprinzipien konzentrieren sowie einige Restitutionsfälle nennen, die ein breites Echo in der Gesellschaft hervorriefen.

Das Antonym des Begriffes „*nacionalizācija*" – Nationalisierung/Verstaatlichung lautet auf Lettisch „*denacionalizācija*" – Denationalisierung/Entstaatlichung. „Denationalisierung" des Eigentums steht für die Wiederherstellung des ehemaligen Privateigentums. Der Autor wird im Folgenden anstatt des Begriffs „Denationalisierung" den Begriff „Entstaatlichung" verwenden. Neben diesem Begriff wird im Lettischen auch der Begriff „Privatisierung" verwendet, der weiter als die Denationalisierung zu fassen ist. Die Privatisierung beinhaltet sowohl die Wiederherstellung des Eigentums für ehemalige Eigentümer (Denationalisierung) als auch die Übergabe staatlicher und kommunaler Eigentumsobjekte in private Hände. Den Privatisierungsbegriff wird der Autor für die allgemeinen Privatisierungsfälle verwenden, die keine Denationalisierung bzw. Entstaatlichung betreffen.

II. Die mit der Wiederherstellung des Eigentumsrechts verbundenen Rechtsprinzipien in Lettland

1. Übersicht

Die Wiederherstellung des Eigentums war ein langer Prozess. Er begann 1990/91, manche rechtliche Probleme sind jedoch bis heute ungelöst geblieben. Selbstverständlich wurden viele Fehler gemacht.[11] Doch insgesamt können wir von einem gelungenen Umgestaltungsprozess sprechen. Die Grundprinzipien der Restitution waren ein wesentlicher Garant für den Erfolg. Darunter sind mehrere wesentliche Rechtsprinzipien zu nennen, die bei der Wiederherstellung des Eigentums eine besondere Rolle spielten:

---

10 *Jānis Lazdiņš*, Īpašuma denacionalizācija Latvijas Republikā [Entstaatlichung des Eigentums in der Republik Lettland], in: Tālavs Jundzis (Hg.), Nepārtrauktības doktrīna Latvijas vēstures kontekstā [Kontinuitätstheorie im Kontext der Geschichte Lettlands], 2017, S. 360–383.

11 Siehe auch *Andris Grūtups/Edmunds Krastiņš*, Īpašuma reforma Latvijā [Eigentumsreform in Lettland], 1995, S. 12–51 (1–367).

1) Gerechtigkeitsprinzip;
2) Gleichheitsprinzip;
3) Prinzip des Vertrauensschutzes;
4) Prinzip des Rechtsvertrauens;
5) Entschädigungsprinzip bzw. Kompensationsprinzip;
6) Prinzip der Verhältnismäßigkeit.

2. Verfahren bzw. Gerechtigkeitsprinzip

Das Gerechtigkeitsprinzip gebot, dass die Entstaatlichung und Privatisierung desselben Eigentums nicht gleichzeitig stattfand, um die Rechte der ehemaligen Eigentümer und derer Erben (weiter im Text – ehemalige Eigentümer) zu schützen.[12] Das heißt, die Anfragen zur Entstaatlichung wurden zuerst zusammengefasst. Erst danach privatisierte man das übrige Vermögen angesichts der staatlichen und Kommunalinteressen. Die Restitution des Privateigentums genoss im Rahmen der allgemeinen Privatisierung den Vorrang.[13]

Die Wiederherstellung der Rechte der ehemaligen Immobilieneigentümer war das Hauptziel der Entstaatlichung des bislang staatlichen Eigentums sowie des Kommunaleigentums. Die Rückgabe von Mobilien und die Entschädigung für Mobilien waren von geringerer Bedeutung. Für Geldeinlagen war überhaupt keine Entschädigung vorgesehen.[14] Somit erfolgte die Wiederherstellung des Vermögens nicht allumfassend, sondern konzentrierte sich auf das Immobiliareigentum. Dies wurde auch bei den internationalen Verpflichtungen des lettischen Staates berücksichtigt. Das Gesetz der *Saeima* [Parlament] der Republik Lettland vom 4. Juni 1997 „Über die Konvention zum Schutz der Menschenrechte und Grundfreiheiten und Ratifizierung der Protokolle 1, 2, 4, 7 und 11" inkorporierte mit § 2 folgenden Vorbehalt: „Die Vorschriften des § 1 beziehen sich nicht auf die Eigentumsreform, welche die Rückerstattung des infolge der Annexion durch die UdSSR verstaatlichten, weggenommenen, kollektivierten oder in anderer Form rechtswidrig entzogenen Vermögens an seine ehemaligen Eigentümer oder deren Erben sowie die Privatisierung der landwirtschaftlichen

12 Par agrāro reformu Latvijas Republikā [Über die Agrarreform in der Republik Lettland], Beschluss vom 13.6.1990, Art. 3, zugänglich unter: http://likumi.lv/doc.php?id=76206; Par valsts īpašuma un tā konversijas pamatprincipiem [Über das Staatseigentum und dessen grundlegende Konversionsprinzipien], Beschluss vom 20.3.1991, Art. 5 Abs. 3 f., zugänglich unter: http://likumi.lv/doc.php?id=65829.
13 *Grūtups/Krastiņš*, Eigentumsreform (o. Fn. 11), S. 132.
14 *Lazdiņš*, in: Jundzis, Kontinuitätstheorie (o. Fn. 10), S. 362 f.

Unternehmen, Kolchosen der Fischer und des staatlichen und Kommunalverwaltungseigentums regelt".[15]

Die uneingeschränkte Entschädigung für Mobilien hätte nur über das Staatsbudget verwirklicht werden können und damit auf Kosten aller steuerpflichtigen Einwohner Lettlands. Die Steuerzahler tragen aber keine Verantwortung für die von der Besatzungsmacht verursachten Verluste. Die Rechtmäßigkeit der lettischen Reformpolitik folgt auch indirekt aus der Rechtsprechung des Verfassungsgerichts der Republik Lettland:

> „Der lettische Staat trägt keine Verantwortung für die Verletzung der Menschenrechte, ebenso nicht für die Verstaatlichung des Eigentums, welche die Besatzungsmacht im Laufe eines halben Jahrhunderts ausübte. Die Republik Lettland hat nicht die Möglichkeit und auch nicht die Pflicht, alle durch die Besatzungsmacht einzelnen Personen zugefügten Verluste zu entschädigen".[16] „[...] Bei der Wiederherstellung des Rechtssystems des unabhängigen Staates Lettlands und des Rechtsstaates war der Gesetzgeber nur verpflichtet, solche Maßnahmen zu treffen, die im Rahmen des Möglichen die Verluste des Sowjetregimes wiedergutmachen und die Gerechtigkeit wiederherstellen."[17]

3. Nationalität bzw. Gleichheitsprinzip

Die Restitution des Eigentums sollte nicht von der Staatsangehörigkeit oder dem Wohnort der ehemaligen Eigentümer abhängig sein.[18] Weder die fehlende lettische Staatsangehörigkeit noch der Wohnort des ehemaligen Eigentümers außerhalb der Republik Lettland sollten die Wiederherstellung des Eigentums

---

15 Siehe Par 1950. gada 4. novembra Eiropas Cilvēka tiesību un pamatbrīvību aizsardzības konvenciju un tās 1., 2., 4., 7. un 11.protokolu [Über die Konvention zum Schutz der Menschenrechte und Grundfreiheiten vom 4. November 1950 und Ratifizierung der Protokolle 1, 2, 4, 7 und 11], Gesetz vom 4.6.1997, zugänglich unter: http://likumi.lv/ta/id/43857-par-1950-gada-4-novembra-eiropas-cilveka-tiesibu-un-pamatbrivibu-aizsardzibas-konvenciju-un-tas-1-2-4-7-un-11-protokolu#p1&pd=1.

16 Urteil des Verfassungsgerichts der Republik Lettland Nr. 2002–12–01, Schlussfolgerungen (o. Fn. 9), Rn. 1.

17 Latvijas Republikas Satversmes tiesas 28.11.2011. spriedums lietā [Urteil des Verfassungsgerichts der Republik Lettland vom 28.11.2011] Nr. 2011–02–01, Rn. 8.1, zugänglich unter: http://www.satv.tiesa.gov.lv/wp-content/uploads/2016/02/2011-02-01_Spriedums.pdf.

18 Siehe z.B.: Über Staatseigentum und dessen grundlegenden Konversionsprinzipien (o. Fn. 12), Art. 5 Abs. 3; Zur Rückerstattung des Hauseigentums (Gebäude) an die rechtmäßigen Eigentümer (o. Fn. 6), Art. 1; Par zemes privatizāciju lauku apvidos [Über die Privatisierung von Grund und Boden (Grundeigentum) in ländlichen Gebieten] (Gesetz vom 9.7.1992), Art. 5, zugänglich unter: http://likumi.lv/doc.php?id=74241.

verhindern. Damit wurde bei der Entstaatlichung des Eigentums das Gleichheitsprinzip konsequent eingehalten.[19]

4. Vertrauensschutz

Die abstrakte Wiederherstellung der historischen Gerechtigkeit der Eigentumsverhältnisse durfte zu keiner neuen Ungerechtigkeit führen. Deswegen wurde bei der Umwandlung des staatlichen Eigentums besonders das Prinzip des gutgläubigen Eigentumserwerbs beachtet. Die Entstaatlichungsgesetze beschützten mit wenigen Ausnahmen[20] das rechtmäßig erworbene Eigentum des redlichen Erwerbers sowie ähnliche dingliche Rechte bei der Grundstücksnutzung (weiter im Text – gutgläubiger Neueigentümer).[21] Das stellte bei der Rückgabe des verstaatlichten Eigentums *in natura* eine bedeutende Einschränkung zu Lasten der Alteigentümer dar. Man unterschied vom gutgläubigen Erwerber ausdrücklich bösgläubige Erwerber, die das Eigentum rechtswidrig erworben hatten oder beizubehalten versuchten. Das Gesetz des Obersten Rates der Republik Lettland „Zur Rückerstattung des Hauseigentums (Gebäude) an die rechtmäßigen Eigentümer" vom 30. Oktober 1991 liefert ein gutes Beispiel für diese Differenzierung. Das Gesetz definierte den bösgläubigen Besitzer als eine Person, „die an Repressionen mitgewirkt hatte, die zur Übergabe des Gebäudes in ihren Besitz geführt hatten" oder die das Hauseigentum erworben hatte, nachdem der ehemalige Eigentümer (Erben) bereits gesetzmäßig einen Entstaatlichungsantrag gestellt hatte.[22]

---

19 *Lazdiņš*, in: Jundzis, Kontinuitätstheorie (o. Fn. 10), S. 362.

20 Z.B. waren die Eigentumsrechte der politisch verfolgten Personen eine Ausnahme. Siehe Grozījums likumā "Par namīpašumu atdošanu likumīgajiem īpašniekiem" [Gesetzesänderung „Zur Rückerstattung des Hauseigentums (Gebäude) an die rechtmäßigen Eigentümer"], Gesetz vom 29.10.1998, Art. 16. Abs. 3, zugänglich unter: http://likumi.lv/ta/id/50603-grozijums-likuma-par-namipasumu-atdosanu-likumigajiem-ipasniekiem.

21 Siehe z.B: Par zemes reformu Latvijas Republikas lauku apvidos [Über die Agrarreform in den ländlichen Gebieten der Republik Lettland], Gesetz vom 21.11.1990, Art. 12, zugänglich unter: http://likumi.lv/doc.php?id=72849; Über die Privatisierung von Grund und Boden (Grundeigentum) in den ländlichen Gebieten (o. Fn. 18), Art. 6; Par zemes reformu Latvijas Republikas pilsētās [Über die Bodenreform in den Städten der Republik Lettland], Gesetz vom 20.11.1991, Art. 12, zugänglich unter: http://likumi.lv/doc.php?id=70467.

22 „[...] die das Hauseigentum erworben hatte, nachdem der ehemalige Eigentümer (Erbfolger) schon einen Entstaatlichungsantrag bei der Staatlichen- oder Verwaltungsbehörde, dem faktischen Besitzer von Hauseigentum oder der Strafverfolgungsbehörde/

5. Rechtsvertrauen

Die Konversion des staatlichen Eigentums beruhte nicht nur auf Gerechtigkeits- und Gleichheitsprinzipien, sondern auch auf dem Prinzip des Rechtsvertrauens.[23] Lettland respektierte die Faktenlage und das öffentliche staatliche Interesse.[24] Der Autor stimmt völlig mit der treffenden Argumentation des Abgeordneten des Obersten Rates der Republik Lettland, Professor Andris Plotnieks, überein:

> „Wenn wir das vor 50 Jahren existente Eigentum als unverletzlich verkünden und dafür das heute bestehende Eigentum in Scherben zerschlagen, ist zu befürchten, dass wir damit in den Augen der Welt keine Autorität mehr haben und keine Zuversicht ausstrahlen".[25]

Das Grundeigentum wurde nicht wiederhergestellt, wenn folgende Fälle vorlagen:

1) rechtmäßig erworbene, gebaute oder im Bau begriffene Wohnhäuser: man durfte dabei das Land für das Haus behalten;[26]
2) vom Staat besonders geschützte Naturreservate Flächen mit historischer, kultureller oder archäologischer Bedeutung;

Restitutionsbehörde gestellt hatte". Siehe: Zur Rückerstattung des Hauseigentums (Gebäude) an die rechtmäßigen Eigentümer (o. Fn. 6), Art. 6 Abs. 3.

23 Näher zum Prinzip des Rechtsvertrauens: *Daiga Rezevska*, Tiesiskās drošības un tiesiskās paļāvības principi – būtiski tiesiskas valsts principi [Prinzipien der Rechtssicherheit und Rechtsvertrauen – wesentliche Prinzipien des Rechtstaates], in: Ringolds Balodis (Hg.) Vispārējie tiesību principi: tiesiskā drošība un tiesiskā paļāvība: valsts pārvalde, bizness, jurisprudence [Allgemeine Rechtsprinzipien: Rechtssicherheit und Rechtsvertrauen: Staatsverwaltung, Business, Rechtswissenschaft], 2017, S. 24–28 (22–30).

24 *Jānis Lazdiņš*, Experience of nationalisation and denationalisation of Land Ownership in Latvia (19th and 20th centuries), Journal of the University of Latvia. Law and Justice: selected articles of 2004–2005, 2007, pp. 15–22 (20–22).

25 1991. gada 29. maija sēdes stenogramma (vakara sēde) [Stenogramm der Sitzung vom 29. Mai 1991 (Abend-Sitzung)], zugänglich unter: http://saeima.lv/steno/AP_steno/1991/st_910529v.htm.

26 Bei der Privatisierung eines bebaubaren Grundstücks wurde die maximal erlaubte Bodenfläche festgelegt: für ein Haus in der Stadt 1200 m^2, für einen Obstgarten 600 m^2. Ausnahmsweise durfte die Bodenfläche vergrößert werden, falls der übrige Teil des Bodens kleiner ausfiel als der gesetzlich für Hausbau oder Obstgartenanbau vorgeschriebene Wert. In diesen Fällen wurde der zusätzliche Teil dem bestehenden Grundstück hinzugefügt. Siehe: Über Bodenreform in den Städten der Republik Lettland (o. Fn. 21), Art. 12.

3) Objekte der technischen Infrastruktur und der Verkehrsinfrastruktur mit staatlicher oder städtischer Bedeutung – Straßen, Brücken, Tunnel, Straßenkreuzungen, Eisenbahnlinien und Häfen;
4) in den ländlichen Gebieten auch vom Ministerrat der Republik Lettland benannte Fundorte industrieller Bodenschätze; Land der Kommunen usw.[27]

Mit der Bodenreform wurden auch die ehemaligen sowjetischen kollektiven landwirtschaftlichen Einheiten – *Kolchose* und *Sowchose* – abgeschafft. Aber noch in der UdSSR waren während des sog. Umbaus *(Perestroika)* in den Jahren 1989/90 ungefähr 8.000 „Bresis[28]-Bauern"-Höfe (Neueigentümer/neuer Bauernhof) entstanden.[29] Zur Lösung der Kollision des Alt- und Neueigentums wurden unterschiedliche Ansichten vertreten. Edvīns Kide, Abgeordneter des Obersten Rates der Republik Lettland, bezeichnete die „Bresis-Bauern als „erste Schwalben, welche die Zerstörung der sozialistischen Landwirtschaft und Prinzipien wagten".[30] Dagegen wollte die Abgeordnete des Obersten Rates der Republik Lettland Anna Seile nicht akzeptieren, dass „die Grenzen [Rechte] der Vorreform-Bauern oder der Bresis-Bauern heilig wie die weiße Kuh Indiens sind".[31] Zum Glück traten die meisten Abgeordneten für die Weiterführung der folgerichtigen Agrarreformen ein. Die Alteigentümer mussten weitere Einschränkungen zur Wahrung der wirtschaftlichen Stabilität hinnehmen. Daher erhielt der Alteigentümer das Grundstück nicht mehr zurück, wenn auf ihm kein Gebäude des Alteigentümers stand, sondern ein neuer Bauernhof errichtet worden war.

6. Alternativen der Eigentumsrestitution

Bei der Ausarbeitung der Entstaatlichungsgesetze wurde klar, dass es unmöglich sein wird, das gesamte verstaatlichte Vermögen den ehemaligen Eigentümern

---

27 Über die Agrarreform in den ländlichen Gebieten der Republik Lettland (o. Fn. 21), Art. 12; Über Bodenreform in den Städten der Republik Lettland (o. Fn. 21), Art. 12.

28 Vilnis Edvīns Bresis war der Vorsitzende des Ministerrates der Lettischen Sozialistischen Sowjetrepublik von 1988 bis 1990.

29 *Jānis Lazdiņš*, Zemes īpašuma nacionalizācijas un denacionalizācijas pieredze Latvijā (19.–21. gadsimts), [Erfahrung mit der Verstaatlichung und Entstaatlichung des Eigentums in Lettland (vom 19. bis 21. Jahrhundert)], Likums un Tiesības [Gesetz und Recht], 7 (2005), Nr. 6 (70), S. 175 (168–178).

30 1992. gada 10. jūnija sēdes stenogramma (vakara sēde) [Stenogramm der Sitzung vom 10. Juni 1992 (Abend)], zugänglich unter: http://saeima.lv/steno/AP_steno/1992/st_920610v.htm.

31 Ibidem.

zurückzugeben.[32] Nach einer 50-jährigen Besatzung des Staates ist eine vollständige Wiederherstellung des historischen Zustandes in der Tat unmöglich.[33] Deswegen waren die ehemaligen Eigentümer nur berechtigt, die Zuteilung gleichwertigen Vermögens oder Entschädigung zu beanspruchen.[34] Die Entschädigung wurde mit Entschädigungszertifikaten beglichen. Diese Zertifikate dienten bei der Privatisierung des staatlichen und Kommunaleigentums als gesetzlich anerkanntes Zahlungsmittel. Ebenso gab es eine Geldentschädigung für das Eigentum politisch verfolgter und zwangsumgesiedelter Personen.

Die ehemaligen Landeigentümer des Kreises Abrene sind aus dem Kreis nichtentschädigter Eigentümer besonders hervorzuheben. Nach der Besetzung Lettlands im Jahr 1940[35] schlugen die Sowjets die Stadt Abrene und sechs Gemeinden des Kreises Abrene[36] (weiter im Text – Kreis Abrene) der Russischen SSR (1944) zu. Der Oberste Rat der Republik Lettland verurteilte zwar die Annexion mit Beschluss vom 22. Januar 1992 („Zur Ablehnung der Annexion der Stadt Abrene und deren sechs Gemeinden").[37] Doch hatte sich die politische Lage Europas grundlegend geändert; Abrene wurde als Gebiet der Russischen

32 Urteil des Verfassungsgerichts der Republik Lettland Nr. 2011–02–01 (o. Fn. 17), Rn. 8.1 f.

33 1991. gada 29. maija sēdes stenogramma (rīta sēde) [Stenogramm der Sitzung vom 29. Mai 1991 (Morgensitzung)], zugänglich unter: http://saeima.lv/steno/AP_steno/1991/st_910529.htm.

34 Siehe: Über die Privatisierung von Boden und Grund (Grundeigentum) in ländlichen Gebieten (o. Fn. 18), Art. 4, Abs 3, Art. 12–14; Über die Bodenreform in den Städten der Republik Lettland (o. Fn. 21), Art. 14; Zur Entstaatlichung des Hauseigentums (Gebäude) in der Republik Lettland (o. Fn. 8), Art. 8–11; Par privatizācijas sertifikātiem [Über die Privatisierungszertifikate], Gesetz vom 16.3.1995, Art. 10–16, zugänglich unter: http://likumi.lv/doc.php?id=34503; Valsts un pašvaldību īpašuma privatizācijas un privatizācijas sertifikātu izmantošanas pabeigšanas likums [Gesetz über die Vollziehung der Entstaatlichung des staatlichen und Kommunaleigentums und zur Nutzung der Privatisierungszertifikate], Gesetz vom 16.6.2005, Art. 28, zugänglich unter: http://likumi.lv/doc.php?id=111962 u. a. Normativakten.

35 *Egils Levits*, Latvija padomju varā [Lettland unter der Sowjetmacht], in: Latvijas valsts atjaunošana. 1986–1993 [Die Wiederherstellung des lettischen Staates. 1986–1993], 1998, S. 42 f.

36 Gemeinden Kacēni, Upmale, Linava, Purvmale, Augšpils und Gauri.

37 Par Abrenes pilsētas un sešu Abrenes apriņķa pagastu aneksijas neatzīšanu [Zur Ablehnung der Annexion der Stadt Abrene und deren sechs Gemeinden], Beschluss vom 22.1.1992, zugänglich unter: https://likumi.lv/doc.php?id=72436.

Föderation anerkannt.[38] Die Anerkennung der Annexion hatte eigentumsrechtliche Folgen – die ehemaligen Landeigentümer aus dem Kreis Abrene konnten ihr Eigentum nicht mehr *in natura* zurückerhalten.

Die Gleichstellung der ehemaligen Bodeneigentümer aus dem Kreis Abrene mit anderen unbefriedigten Eigentümern war eine gerechte Entscheidung. Sie entsprach auch der Rechtsprechung des Verfassungsgerichts, dass der Staat nur im Rahmen des Möglichen die Verluste des Sowjetregimes zu kompensieren hat.[39] Also stellte nur die Einhaltung des Entschädigungsprinzips die historische Gerechtigkeit zu einem gewissen Grad wieder her.

7. Die in der Öffentlichkeit eingehender erörterten Fälle der Wiederherstellung des Eigentums

Der demokratische Staat ist untrennbar mit dem Populismus verbunden. Politiker bedenken während des Wahlkampfes nicht immer die rechtlichen bzw. widerrechtlichen Konsequenzen der Gesetzgebung. Zu den Fällen mit großer öffentlicher Resonanz zählen auf dem Gebiet der Eigentumsrestitution:

1) das Rechtsverhältnis zwischen den Hauseigentümern und Mietern;
2) das zwangsweise Pachtverhältnis zwischen den Bodeneigentümern und den Wohnungsbewohnern.

a) Mietverhältnisse

Für die Eigentümer der entstaatlichten Wohnhäuser waren die sowjetischen Mietverträge verbindlich, die einen staatlich festgelegten Mietpreis bestimmten. Man war der Ansicht, der freie Markt könne die Stabilität des Staates bedrohen, wenn ihm Mietverhältnisse sofort ausgesetzt seien. Die staatlich festgelegte

---

38 Siehe: Latvijas Republikas Satversmes tiesas 29.11.2007. spriedums lietā [Urteil des Verfassungsgerichts der Republik Lettland vom 29.11.2007] Nr. 2007-10-0102, zugänglich unter: http://www.satv.tiesa.gov.lv/wp-content/uploads/2007/04/2007-10-0102_Spriedums.pdf; Par Latvijas Republikas un Krievijas Federācijas līgumu par Latvijas un Krievijas valsts robežu [Abkommen zwischen der Republik Lettland und der Russischen Föderation über die lettisch-russische Staatsgrenze], Gesetz vom 17.05.2007, zugänglich unter: https://likumi.lv/doc.php?id=157792.

39 Urteil des Verfassungsgerichts der Republik Lettland Nr. 2011-02-01 (o. Fn. 17) Rn. 13. Siehe auch Centrālajā zemes komisijā iesniegto pieprasījumu izskatīšanas kārtība [Verhandlung der bei der zentralen Landeskommission vorgelegten Anträge], Regeln des Ministerkabinetts Nr. 1030 vom 16.12.2008, zugänglich unter: https://likumi.lv/doc.php?id=185430.

„Mietdeckelung" verfolgte auf einen ersten Blick ein durchaus legitimes Ziel, wenn man beispielsweise an Bedürftige, Hilflose und Mehrkinderfamilien denkt.[40]

Diese staatliche Sozialpolitik auf Kosten der Hauseigentümer ließ sich jedoch nicht ewig fortsetzen. Der staatlich festgesetzte Mietzins deckte oft nicht einmal die Verwaltungskosten für das Gebäude ab. Der Sozialschutz verwandelte viele Wohnhäuser in heruntergekommene Sanierungsobjekte. Der Gesetzgeber „opferte" das in der Verfassung der Lettischen Republik verankerte Grundrecht auf Eigentum[41] sowie die in § 1[42] der Verfassung verankerten Grundsätze, einschließlich die Grundsätze des Vertrauensschutzes und der Verhältnismäßigkeit[43], öffentlichen Interessen – ein Vermieter, aber viele Mieter.

Am 5. Juli 2001 änderte der Gesetzgeber endlich das Gesetz „Über die Miete von Wohnflächen". Die „Mietdeckelung" sollte zum 31. Dezember 2004 entfallen.[44] Trotz dieses verheißungsvollen Ausblicks verlängerte der Gesetzgeber die Preisregulierung des Mietwohnungsmarktes später bis zum 31. Dezember 2007.[45] Den Hauseigentümern blieb nichts anderes übrig, als eine Verfassungsbeschwerde beim Verfassungsgericht einzureichen.

Das Verfassungsgericht beurteilte die Beschwerde auf der Grundlage seiner Rechtsprechung.[46] Eine der Entscheidungen verwies darauf, dass der Gesetzgeber

---

40 *Lazdiņš*, in: Janicka, Judiciary and Society (o. Fn. 9), S. 293 f.

41 § 105: „Jeder hat das Recht auf Eigentum. Das Eigentum darf nicht entgegen den Interessen der Gesellschaft genutzt werden. Das Eigentum darf allein aufgrund eines Gesetzes eingeschränkt werden. Eine Zwangsenteignung für die Bedürfnisse der Gesellschaft ist nur in Ausnahmefällen aufgrund eines besonderen Gesetzes gegen eine angemessene Entschädigung zulässig".

42 § 1: „Lettland ist eine unabhängige demokratische Republik".

43 Nach der Interpretation der Verfassung durch das Verfassungsgericht. Siehe z.B. Urteil des Verfassungsgerichts der Republik Lettland Nr. 2002–12–01, Schlussfolgerungen, Rn. 1 (o. Fn 9).

44 Grozījumi likumā "Par dzīvojamo telpu īri". Pārejas noteikumi [Die Gesetzesänderung „Über die Miete von Wohnflächen". Bestimmungen der Übergangszeit], Gesetz vom 5.7.2001, Art. 4 f., zugänglich unter: https://likumi.lv/ta/id/26316-grozijumi-likuma-par-dzivojamo-telpu-iri-.

45 Grozījumi likumā "Par dzīvojamo telpu īri" Pārejas noteikumi [Gesetzesergänzung „Über die Miete von Wohnflächen. Bestimmungen der Übergangszeit"], Gesetz vom 20.12.2004, Art. 4, zugänglich unter: http://likumi.lv/ta/id/98777-grozijumi-likuma-par-dzivojamo-telpu-iri-.

46 Latvijas Republikas Satversmes tiesas 8.3.2006 spriedums lietā [Urteil des Verfassungsgerichts der Republik Lettland vom 8.3.2006] Nr. 2005–16–01, zugänglich unter: http://www.satv.tiesa.gov.lv/wpcontent/uploads/2016/02/2005-16-01_spriedums.pdf.

zunächst einen möglich gerechten Ausgleich zwischen den widersprechenden Interessen finden müsse, wenn er Grundrechte einschränken wolle.[47] Im Fall der „Mietdeckelung“ lässt sich aber eindeutig feststellen, dass der Gesetzgeber keinen gerechten Ausgleich zwischen den Interessen der Eigentümer und der Mieter der entstaatlichten Wohnhäuser erreichen wollte.

Das Verfassungsgericht urteilte zu Recht, dass das Sozialstaatsprinzip auf den Schultern der gesamten Gesellschaft ruht. Es ist nicht verhältnismäßig, die Wohnungsfrage auf Kosten nur einer gesellschaftlichen Gruppe, d.h. zu Lasten der Eigentümer der entstaatlichten Wohnhäuser zu lösen. Es gibt keinen plausiblen Grund, weshalb sich die Mieter der entstaatlichten Wohnungen auf ewig auf einen staatlich geregelten Mietpreis verlassen dürfen und somit einen wesentlich niedrigeren Mietzins bezahlen als Mieter anderer Wohnungen gleichwertiger Qualität. Das ist mit marktwirtschaftlichen Prinzipien unvereinbar. Die Wohnungsmiete muss dem Vermieter einen angemessenen Erlös gewähren. Daher hob das Verfassungsgericht die sogenannte „Mietdeckelung“ auf. Seit dem 1. Januar 2007 existiert in Lettland kein staatlich geregelter Mietwohnungsmarkt mehr.[48] Stattdessen schützt die Sozialhilfe arme und sozial schwache Menschen.

b) Zwangspacht

Eine ähnliche Problematik ist beim sog. „zwangsweisen Pachtverhältnis“ zwischen den Wohnungseigentümern (Bewohnern) und den Eigentümern des entstaatlichten Bodens anzutreffen. Dieses Verhältnis „verursachte“ die eigenartige Konstruktion des geteilten Eigentums. Das Gesetz des Obersten Rates der Republik Lettland vom 7. Juli 1992 „Über das Inkrafttreten (Zeit und Ordnung) der Einleitung, des Erbrechtteils und Sachenrechtteils des erneuerten Zivilgesetzbuchs Lettlands der Republik Lettland von 1937“ legalisierte das geteilte Recht auf Immobilien.[49] Die tatsächlichen Wohnverhältnisse wurden zwar legalisiert, das künftige Verhältnis zwischen den Eigentümern blieb indessen leider

47 Urteil des Verfassungsgerichts der Republik Lettland Nr. 2002–12–01, Schlussfolgerungen, (o. Fn. 9), Rn. 1.

48 Urteil des Verfassungsgerichts der Republik Lettland Nr. 2005–16–01 (o. Fn. 46), Rn. 15.8, 17.4, 17.5.

49 Par atjaunotā Latvijas Republikas 1937. gada Civillikuma ievada, mantojuma tiesību un lietu tiesību daļas spēkā stāšanās laiku un kārtību [Über das Inkrafttreten (Zeit und Ordnung) der Einleitung, des Erbrechtteils und Sachenrechtteils des erneuerten Zivilgesetzbuchs der Republik Lettland von 1937], Gesetz vom 7.7.1992, Art. 14, zugänglich unter: http://likumi.lv/doc.php?id=75530.

ungeregelt. Nicht umsonst regelte man die Landpacht in der Bodenreformgesetzgebung.[50]

Das zwangsweise Pachtverhältnis kann nur als eine vorläufige Regelung eingestuft werden. Das Verfassungsgericht traf dazu zwei wichtige Beschlüsse:

1) „[...] politische Entscheidungen werden von der Verfassung begrenzt, deswegen müssen alle Handlungen des Gesetzgebers der Verfassung und den allgemeinen Rechtsprinzipien entsprechen“[51];
2) die zwangsweise Landpacht ist eine besondere Pachtform. Aber auch in diesem Fall „[...] soll der Pachtpreis dem Marktwert in angemessener Weise angeglichen werden“.[52]

Das Urteil gelangte zum Schluss, der Gesetzgeber habe keinen angemessenen Ausgleich zwischen dem Grundrecht auf Eigentum bzw. dem Recht auf einen angemessenen Erlöse aus dem Pachtverhältnis einerseits und den Interessen der Wohnungsbewohner andererseits erzielt, weil „[...] der Gesetzgeber nur die Interessen der Bewohner der Mehrfamilienhäuser[53] beachtet hatte, ohne an die Rechte der Bodeneigentümer [Verpächter] zu denken“[54]. Deshalb stufte das

50 Siehe Grozījumi likumā "Par zemes privatizāciju lauku apvidos" [Die Gesetzesergänzung „Über die Privatisierung von Grund und Boden (Grundstückeigentum) in ländlichen Gebieten“], Gesetz vom 5.12.1996, Art. 6 Abs. 4–6, zugänglich unter: https://likumi.lv/ta/id/41651-grozijumi-likuma-par-zemes-privatizaciju-lauku-apvidos-; Grozījumi likumā [Die Gesetzesergänzung „Über die Bodenreform in den Städten der Republik Lettland“], Gesetz vom 8.5.1997, Art. 12 Abs. 2, zugänglich unter: https://likumi.lv/ta/id/43579-grozijumi-likuma-par-zemes-reformu-latvijas-republikas-pilsetas-.

51 Latvijas Republikas Satversmes tiesas 27.1.2011. spriedums lietā [Urteil des Verfassungsgerichts der Republik Lettland vom 27.1.2011], Nr. 2010–22–01, Rn. 13.3., zugänglich unter: http://www.satv.tiesa.gov.lv/wp-content/uploads/2016/02/2010-22-01_Spriedums.pdf; Siehe siehe auch Latvijas Republikas Satversmes tiesas 1.12.2010. spriedums lietā [Urteil des Verfassungsgerichts von der Republik Lettland vom 01.12.2010] Nr. 2010–21–01, Rn. 13.2, zugänglich unter: http://www.satv.tiesa.gov.lv/wp-content/uploads/2016/02/2010-21-01__Spriedums.pdf.

52 Urteil des Verfassungsgerichts der Republik Lettland Nr. 2010–22–01, (o. Fn. 51), Rn. 13.4.

53 Gezwungenes Mietverhältnis galt auch für Künstlerateliers. Siehe "Par valsts un pašvaldību dzīvojamo māju privatizāciju" [Über die Privatisierung der staatlichen und Kommunalhäuser], Gesetz vom 21.6.1995, zugänglich unter: https://likumi.lv/doc.php?id=35770.

54 Latvijas Republikas Satversmes tiesas 15.4.2009. spriedums lietā [Urteil des Verfassungsgerichts von Republik Lettland vom 15.4.2009] Nr. 2008–36–01, Rn. 15.1, zugänglich

Gericht die beiden Gesetze „Über die Bodenreform in den Städten der Republik Lettland“ und „Über die Privatisierung der staatlichen und Kommunalhäuser“ als verfassungswidrig ein, weil sie § 105 Satz 1[55] und 3[56] der Verfassung widersprachen. Das Gericht argumentierte, die Gesetze schränkten die Möglichkeit zum Gewinn aus den Anlagen bzw. auf einen angemessen Erlös aus dem Pachtverhältnis unangemessen ein.[57]

Im April 2018 hat die *Saeima* in der ersten Lesung den zweiten Gesetzesentwurf über die Abschaffung des geteilten Eigentums verabschiedet.[58] Beide vorgelegten Entwürfe sind nicht eindeutig zu beurteilen. Die Entwürfe schreiben ein kompliziertes Verfahren zur Neuverteilung des Bodens vor. Das größte Problem ist aber, dass viele Pächter über keine ausreichenden Geldmittel verfügen.[59] Es ist schwer vorherzusagen, wie die Endversion des Gesetzes laussehen wird. Folglich

---

unter: http://www.satv.tiesa.gov.lv/wp-content/uploads/2016/02/2008-36-01_Spriedums.pdf; Siehe auch Urteil des Verfassungsgerichts von der Republik Lettland vom 27.1.2011 Nr. 2010–22–01, (o. Fn. 51), Rn. 12.3.

55 „Jeder hat das Recht auf Eigentum“.

56 „Die Eigentumsrechte dürfen allein gemäß dem Gesetz eingeschränkt werden“.

57 Urteil des Verfassungsgerichts der Republik Lettland Nr. 2008–36–01 (o. Fn. 54) und Urteil des Verfassungsgerichts der Republik Lettland Nr. 2010–22–01 (o. Fn. 51). Siehe auch Par zemes reformu Latvijas Republikas pilsētās [Über die Bodenreform in den Städten der Republik Lettland] Art. 12 Abs. 2, 2[1]. Pārejas noteikumi [Bestimmungen der Übergangszeit], Gesetz vom 20.11.1991, Art. 7, zugänglich unter: https://likumi.lv/doc.php?id=70467 [Stand 31.12.2011]; Par valsts un pašvaldību dzīvojamo māju privatizāciju [Über die Privatisierung der staatlichen und Kommunalhäuser], Art. 54, Abs 2,. Pārejas noteikumi [Bestimmungen der Übergangszeit] Art. 40, zugänglich unter: https://likumi.lv/doc.php?id=35770 [Stand 31.12.2011]

58 Saeima konceptuāli atbalsta regulējumu dalītā īpašuma izbeigšanai [Parlament hat konzeptionell die Regelung über das Ende des geteilten Eigentums unterstützt], zugänglich unter: http://www.saeima.lv/lv/aktualitates/saeimas-zinas/24561-saeima-konceptuali-atbalsta-regulejumu-dalita-ipasuma-izbeigsanai; Piespiedu dalītā īpašuma attiecību tiesisko attiecību privatizētajās daudzdzīvokļu mājās izbeigšanas likums (likumprojekts) [Gesetz zur Beendigung des zwangsweisen geteilten Eigentums in privatisierten Mehrwohnungshäusern (Gesetzentwurf)], verabschiedet 17.3.2016, Art. 11 Abs. 2, zugänglich unter: http://titania.saeima.lv/LIVS12/saeimalivs12.nsf/0/CD1A6440A69EB8BAC2257ED1003CBA2C?OpenDocument; Piespiedu dalītā īpašuma privatizētajās daudzdzīvokļu mājās izbeigšanas likums (Likumprojekts) [Gesetz zur Beendigung des zwangsweisen geteilten Eigentums in privatisierten Mehrfamilienhäusern (Gesetzentwurf)] (verabschiedet 19.4.2018). zugänglich unter: http://titania.saeima.lv/LIVS12/saeimalivs12.nsf/webSasaiste?OpenView&restricttocategory=1211/Lp12.

59 Siehe z. B. *Lidija Dārziņa*, Dalītā īpašuma un piespiedu nomas problēmu risinājumi – pagaidām daļēji [Problemlösungen (z.Z. nur teilweise) zum geteilten Eigentum und

sind immer noch nicht alle Probleme im Zusammenhang mit der Reform der Immobiliareigentums in Lettland gelöst.

III. Zusammenfassung

1. Die Praxis der Wiederherstellung des Privateigentums in Lettland zeigt, wie wichtig es ist, die Grundsätze des Rechts bei der Erreichung eines legitimen Ziels zu beachten.
2. Die Wiederherstellung des Eigentums ist ein wesentlicher Aspekt für die Begründung der staatlichen Kontinuität Lettlands *de iure*. Es ist die Pflicht des Rechtsstaats, die Entstaatlichung des Eigentums im Rahmen des Möglichen zu betreiben.
3. Eine gerechte Entstaatlichung darf nur aufgrund des Gleichheitsprinzips verwirklicht werden und muss die Restitution der Rechte der ehemaligen Eigentümer gegenüber der allgemeinen Privatisierung des staatlichen und des Kommunaleigentums priorisieren.
4. Im Entstaatlichungsverfahren ist der Staat verpflichtet, die Rechte des gutgläubigen Erwerbers zu wahren, widrigenfalls würde im Namen der Wiederherstellung einer abstrakten Gerechtigkeit eine neue Ungerechtigkeit entstehen.
5. Nach mehr als 50 Jahren sowjetischer Besatzung ist es nicht möglich, das Eigentum vollständig wiederherzustellen, so dass die Reformgesetzte Entschädigungen für nicht restitutionsfähiges Eigentum einarbeiten mussten, um die Verluste im Rahmen des Möglichen wiedergutzumachen und historische Gerechtigkeit mehr oder weniger wiederherzustellen.

---

zur zwangsweisen Pacht], zugänglich unter: http://www.lvportals.lv/visi/likumi-prakse/251355-dalita-ipasuma-un-piespiedu-nomas-problemu-risinajumi-pagaidam-daleji/; *Lidija Dārziņa*, Piespiedu dalītā īpašuma izbeigšanu noteiks īpašā likumā [Das Ende des zwangsweisen geteilten Eigentums wird gesetzlich angeordnet], zugänglich unter: http://m.lvportals.lv/visi/likumi-prakse/273863-piespiedu-dalita-ipasuma-izbeigsanu-noteiks-ipasa-likuma/?size=1.

Marju Luts-Sootak

Das geteilte Eigentum – ein zäher Überlebender in Estlands Rechtsgeschichte des 19. und 20. Jahrhunderts*

Abstract: Divided ownership – a tough survivor in Estonia's legal history of the 19th and 20th centuries The forms of premodern divided ownership could vary, but they were based on the theory of ius commune that had developed from the Middle Ages onwards into a coherent concept of dominium divisum or dominium duplex in Early Modern legal dogmatic. The modern economics and law, developed in the 19th century, have other values – free market, mobilisation of real estate in the capital market, etc. – and do not recognise the division of ownership. From the legal history of Estonia, formerly one of the Baltic provinces of the Russian Empire, we know of some examples from the 19th and 20th centuries where the concept of divided ownership was utilised in addition to full ownership as a way of solving economic or social problems. This Baltic and Estonian "special path" will be examined in the following: how did the extensive regulation of divided ownership come about in a codification of private law from the middle of the 19th century (Baltic Private Law Act, 1864); how did Baltic legal doctrine and legal practice deal with this pre-modern institute of private law; and how was divided ownership used in the Republic of Estonia, founded in 1918, to solve the social and economic problems of the young nation state? In the end, an attempt is made to explain these strange deviations of the Baltic and Estonian legal developments from general European trends.

Keywords: premodern divided ownership, Baltic private law, Estonian land reform, Baltic provinces of Russian Empire, Republic of Estonia

I. Einleitung

Die italienischen Glossatoren[1] hatten seit dem 13. Jahrhundert das geteilte Eigentum in die europäische Rechtslandschaft eingepflanzt, um die zeitgenössischen

---

* Die Forschungen zur vorliegenden Abhandlung wurden von der estnischen Wissenschaftsagentur (IUT20–50) finanziell unterstützt.

1 Zu den Anfängen des Konzepts in der Lehre der Glossatoren: *Bernhard Diestelkamp*, Frühe urkundliche Zeugnisse für ‚*dominium directum*' und ‚*dominium utile*' im 13. Jahrhundert, in: Richard H. Helmholz u. a. (Hg.), Grundlagen des Rechts, 2000, S. 391–403. In Großlinien zur Geschichte dieses Konzepts in der Rechtsgeschichte z. B. *Dieter Strauch*, Das geteilte Eigentum in Geschichte und Gegenwart, in: Gottfried

bodenrechtlichen Verhältnisse durch die Doktrin besser zu bewältigen. Dieses Rechtsinstitut büßte später durch die Modernisierungsreformen vor allem des 19. Jahrhunderts seine Existenzberechtigung ein.[2] Nicht nur in der Rechtswissenschaft,[3] sondern auch im praktischen Rechts- und Wirtschaftsleben habe die „Aufzehrung des Obereigentums durch das Untereigentum" ihren Vollzug vor allem durch die Bodenreformen, d.h. durch die Befreiung des Bodens im Sog der allgemeinen Bauernemanzipation erlebt.[4]

Das Territorium der heutigen Republiken Estland und Lettland gehörte in dieser Zeit dem Russischen Reich an, administrativ wie rechtlich von der heutigen Einteilung abweichend in die sog. Ostseeprovinzen Estland, Livland und Kurland eingeteilt. In diesen baltischen Provinzen des Zarenreichs wurde die Bauernbefreiung früher als in anderen Gouvernements des Zarenreichs (1861)[5] durchgeführt: Estland 1816, Kurland 1817 und Livland 1819.[6] Die Reformkräfte

---

Baumgärtel u.a. (Hg.), Festschrift für Heinz Hübner zum 70. Geburtstag, 1984, S. 273–293.

2 Nach wie vor grundlegend *Justus Wilhelm Hedemann*, Die Fortschritte des Zivilrechts im XIX. Jahrhundert: Ein Überblick über die Entfaltung des Privatrechts in Deutschland, Österreich, Frankreich und Schweiz, Teil 2: Die Entwicklung des Bodenrechts von der französischen Revolution bis zur Gegenwart, 1. Hälfte: Das materielle Bodenrecht, 1930, ND 1968, S. 16 ff.

3 Beginnend mit A. J. F. Thibauts im Jahr 1801 erschienen Aufsatz „Ueber *dominium directum* und *utile*", erneut abgedruckt in seinen Versuche über einzelne Theile der Theorie des Rechts, 2. Aufl., 1817, S. 67–99; zu F. C. von Savignys Stellung in diesem Punkt *Kenichi Moriya*, Savignys Gedanke im Recht des Besitzes, 2003, S. 20; für die weiteren Autoren des 19. Jahrhunderts s. *Berndt Busz*, Die historische Schule und die Beseitigung des geteilten Eigentums in Deutschland, 1966; ebenso *Frank Martin Krauss*, Das geteilte Eigentum im 19. und 20. Jahrhundert, 1999, S. 31 ff.; zu den Wandlungen der juristischen Eigentumsauffassung im Kontext der liberalen Philosophie *Dieter Schwab*, Art. „Eigentum", in: Geschichtliche Grundbegriffe, Bd. 2, 1975, S. 74 ff.

4 *Hans-Rudolf Hagemann*, Art. „Eigentum", in: Handwörterbuch zur deutschen Rechtsgeschichte (HRG), 2. Aufl., Bd. 1, 2008, Sp. 1275 (1271–1285); so auch schon *Hedemann*, Fortschritte des Zivilrechts (o. Fn. 2), S. 16 ff. zum Prozess der Bodenmobilisierung in Zusammenhang mit der Bauernemanzipation, den er im zweiten Halbband zum formellen Bodenrecht noch einmal unter dem Stichwort „Befreiungswerk" zusammenfasste (Bd. II/2, 1935, S. 329); oder *Heinz Wagner*, Das geteilte Eigentum im Naturrecht und Positivismus, 1935, S. 203 ff.

5 Zu der Bauernemanzipation in Russland mit Vorgeschichte und Wirkung s. *David Moon*, The Abolition of Serfdom in Russia 1762–1907, 2001.

6 Zu der normativen Grundlage der baltischen Agrarreformen s. *Werner Kundert*, Russische Ostseeprovinzen: 3. Kapitel. Einzelgesetzgebung, in: Helmut Coing (Hg.), Handbuch der Quellen und Literatur der neueren europäischen Privatrechtsgeschichte,

dieser Etappe der baltischen Agrarreformen hofften, durch freie Pachtverträge zwischen Gutsherren und Bauern anstatt der bisher streng geregelten bäuerlichen Abgaben und Frondienste eine blühende Vertragsgesellschaft und Marktwirtschaft im Sinn von Adam Smith hervorzubringen.[7] Es fehlten aber vom Mosaik der modernen freien Marktwirtschaft viele notwendige Steinchen, z. B. folgende: Indem das ganze Land zum absoluten Eigentum der Grundherren erklärt wurde, hatten die Bauern gar keine wirtschaftliche Grundlage, um als gleichgestellte Vertragspartner die Verhandlungen zu führen; das Fehlen des Geldes auf der bäuerlichen Seite führte dazu, dass die Pachtsummen durch die Arbeit zu begleichen waren und die neuen freien Pachtverhältnisse sich nur dadurch vom alten Frondienst unterschieden, dass die Arbeitspacht nicht mehr an die vorgegebenen Regeln und Massen gebunden war und die Vertragsparteien (d. h. nur Gutsherren) bei der Bestimmung der Leistungen ganz willkürlich vorgehen konnten. Innerhalb einiger Jahrzehnte hatte man alle Kehrseiten einer solchen ‚Befreiung' verstanden und es kam sowohl in Livland (1849; novelliert 1860) als auch in Estland (1856) zu den neuen Bauer[sic!]verordnungen. Diese neuen Gesetze verboten das Bauernlegen (baltisch „Bauernsprengen"), räumten den Bauern wieder die erblichen Nutzungsrechte an ihren Gesindestellen ein, setzten die Mindestfrist der Pachtverträge auf sechs Jahre und machten den sog. Bauernlandverkauf möglich. Im Unterschied zu den sog. innenrussischen Gouvernements, wo das Bauernland in das Eigentum der Dorfgemeinde überführt wurde, hat man in den baltischen Provinzen ab den 1860er Jahren das bäuerliche Kleingrundeigentum nach dem modernen europäischen Muster geschaffen.[8] Daneben blieb zwar auch Großgrundeigentum der Gutsherren bestehen. Bis 1919, d.h. nach etwa sechzig Jahren, sollte allerdings schon 40% des Agrarlandes

---

Bd. III/2, 1982, S. 2092 ff. Historiographisch vor allem über die jüngere estnische Geschichtsschreibung s. *Kersti Lust*, The Impact of the Baltic Emancipation Reforms on Peasant-Landlord Relations: A Historiographical Survey, Journal of Baltic Studies 2013, S. 1–18.

7 Näher zu den Zielsetzungen und eigentlichen Errungenschaften dieser Reform s. *Mati Laur/Priit Pirsko*, Die Aufhebung der adligen Bevormundung in Liv- und Estland. Eine Besonderheit der Bauernbefreiung im Russischen Reich, in: Horst Wernicke (Hg.), Beiträge zur Geschichte des Ostseeraumes, 2002, S. 103 ff. (103–118).

8 *Mati Laur*, Der Bauernlandverkauf in Livland – das entscheidende Kapitel der Bauernbefreiung im 19. Jahrhundert, Zeitschrift für Ostmitteleuropa-Forschung 52 (2003), S. 85–94.

in das Eigentum der Bauern übergegangen sein, freilich durch die andauernde Tilgung des Kaufpreises belastet.[9]

Man sollte also davon ausgehen, dass – parallel zu den zeitgenössischen europäischen Befreiungswerken und Hand in Hand mit der Gestaltung der neuen Bodenordnung – auch in den baltischen Ostseeprovinzen das geteilte Eigentum aus der Rechtsordnung eigentlich hätte verschwinden müssen. Die Wirklichkeit verhielt sich ganz anders; das geteilte Eigentum blühte im geltenden Privatrecht in einem bislang in der baltischen Rechtsgeschichte kaum bekannten Maße auf. Es soll in Folgendem dieser baltische „Sonderweg“ näher betrachtet werden: Wie kam es zur ausgedehnten Regelung des geteilten Eigentums in einer Privatrechtskodifikation aus der Mitte des 19. Jahrhunderts; wie haben Rechtswissenschaft und -praxis dieses vormoderne Institut des Privatrechts in der Zarenzeit bearbeitet und wie wurde das geteilte Eigentum in der im Jahr 1918 gegründeten Republik Estland eingesetzt, um die sozialen und wirtschaftlichen Probleme des jungen Nationalstaates zu lösen? Am Ende wird der Versuch unternommen, diese merkwürdigen Abweichungen der baltischen und estnischen Rechtsentwicklung vom allgemeinen Trend zu erklären.

II. Das geteilte Eigentum in der baltischen Privatrechtskodifikation

In seinem detaillierten Rückblick auf die „Fortschritte des Zivilrechts im XIX. Jahrhundert“ hat Hedemann für Deutschland, Österreich, Frankreich und die Schweiz nachgewiesen, wie in diesen Ländern spätestens unmittelbar nach dem Revolutionsjahr 1848/49 das mittelalterliche Rechtsinstitut des geteilten Eigentums abgeschafft wurde.[10] Noch fünfzehn Jahre später wurde aber für das baltische Privatrecht dieses Rechtsinstitut auf die prominenteste Weise festgeschrieben – in der Privatrechtskodifikation „Provinzialrecht der Ostseegouvernements. Dritter Theil: Das Privatrecht. Liv-, Esth- und Curländisches Privatrecht“ (LECP), die vom russischen Zar Alexander II. am 12. November 1864 „allerhöchst“ bestätigt und ab 1. Juli 1865 in Kraft gesetzt wurde. Im „Buch II.: Sachenrecht“ im „Fünften Hauptstück: Beschränkungen des Eigentums“ in der „Ersten Abtheilung: Beschränkungen, welche das Eigentum in

---

9 *Tiit Rosenberg*, Agrarfrage und Agrarreform in Estland 1919: Ursachen, Voraussetzungen und Folgen, Eesti Teaduste Akadeemia Toimetised. Humanitaar- ja sotsiaalteadused [Proceedings of Estonian Academy of Sciences. Humanities and Social Sciences] 3 (1994), S. 325 (324–335).

10 *Hedemann*, Fortschritte des Zivilrechts (o. Fn. 2), S. 16 ff.

seinem ganzen Umfange betreffen“ folgt auf den I. Abschnitt zu Miteigentum der Abschnitt „II. Von dem getheilten, oder dem Ober- und Nutzungseigentum“ mit elf Artikeln zu allgemeinen Regeln über das geteilte Eigentum. LECP Art. 942 lieferte zunächst eine Legaldefinition:

> „Wenn das Recht auf die Substanz einer unbeweglichen Sache mit dem Rechte auf die Nutzungen in derselben Person vereinigt ist, so ist das Eigenthumsrecht ein vollständiges und ungetheiltes. Kommt aber Einem nur ein Recht auf die Substanz der Sache, dem Andern dagegen, neben einem Recht auf die Substanz, das ausschliessende Recht auf die Nutzungen derselben zu, so ist das Eigethumsrecht getheilt: jener wird Obereigenthümer (dominus directus), dieser Nutzungseigenthümer (dominus utilis) genannt.“

Dem Wortlaut nach entspricht dies fast der Legaldefinition des geteilten Eigentums im § 357 des österreichischen ABGB aus dem Jahr 1811, die sich ihrerseits angeblich[11] an das Preußische Allgemeine Landrecht aus dem Jahr 1794 anlehnte. Vom ALR bis zum LECP waren freilich schon siebzig Jahre vergangen, und das Inkrafttreten des ABGB lag auch schon etwa fünfzig Jahre zurück. Dazwischen lag aber z.B. die Russische Gesetzessammlung, in deren Band X, Teil 1 (Zivilrecht, 1832) das geteilte Eigentum durch eine ganz ähnliche Legaldefinition festgeschrieben war.[12] Ein Vorentwurf der baltischen Privatrechtskodifikation aus dem Jahr 1831 enthielt gleichfalls eine ähnliche, im Wortlaut nur leicht abweichende Bestimmung.[13] In dem lokalen Kontext und Gesamtrahmen des Zarenreichs war die Aufnahme des geteilten Eigentums neben dem vollen oder absoluten Eigentum (Definition in LECP Art. 707) einerseits also die Fortsetzung der bestehenden Tradition. Andererseits war die ganze Regelung des LECP doch eigenartig: Weder die möglichen aus- und inländischen Vorbilder noch die früheren rechtsdogmatischen Schriften des Hauptredakteurs,[14]

---

11 Die in der Literatur öfters angenommene Priorität des ALR wird von österreichischen Autoren anhand der Quellen widerlegt. Sowohl dazu als allgemein zum geteilten Eigentum im österreichischen ABGB *Johannes W. Pichler*, Das geteilte Eigentum im ABGB, ZNR 1986, S. 26 ff. (23–42).

12 *Anton Rudokvas*, The Impact of Austrian Civil Code (ABGB) of the 1811 on the Concept of Ownership in Russia, in: Michael Geistlinger u.a. (Hg.), 200 Jahre ABGB – Ausstrahlungen, 2011, 242 ff. (239–250).

13 [*Reinhold Johann Ludwig Samson von Himmelstiern*], Darstellung des bürgerlichen Rechts der Ostsee-Provinzen, 2. Buch. [St. Petersburg] 1831, § 926 S. 11.

14 Über die Behandlung des geteilten Eigentums in Bunges Werk vor der Kodifikation eingehend *Marju Luts-Sootak*, Macht und Ohnmacht der juristischen Begriffe. ‚Geteiltes Eigentum‘ als Begriff und Phänomen in der modernen baltischen Rechtsgeschichte, in: Claes Peterson (Hg.), Der allgemeine Teil des Privatrechts: Juristische Systematik,

des ehemaligen Dorpater Provinzialrechtsprofessors Friedrich Georg von Bunge (1802–1897), hatten das geteilte Eigentum so weit ausgedehnt, wie dies durch die Kodifikation geschah.

Nach Art. 943 sollte das geteilte Eigentum entweder durch die Verfügung des Eigentümers oder durch gesetzliche Anordnung entstehen. Für die Wirksamkeit der privatautonomen Eigentumsteilungen war nach Art. 944 die Eintragung in die Gerichtsbücher erforderlich. Art. 945 bestimmte, dass die Pastoratsländereien und Beamtenwidmen die Hauptfälle des durch die gesetzliche Anordnung entstandenen Nutzungseigentums sein sollten. Bei den Pastoratsländereien sollte das Obereigentum nach dem Wortlaut dieses Artikels „der betreffenden Kirchengemeinde (dem Kirchspiel)“[15] und bei Beamtenwidmen der Krone zustehen. Die sog. Pastorats- oder Pastorenwidmen waren im Baltikum wirtschaftlich recht bedeutsam, weil die Pfarrer in den Ostseeprovinzen nicht in erster Linie von den Steuern und Naturalabgaben der Gemeindemitglieder lebten, wie es etwa bei den protestantischen Predigern anderswo meistens der Fall war. Im Baltikum waren die Pfarrer funktional gesehen Gutsbesitzer und hatten ihre Pastoratswidmen, auch Kirchengüter genannt, entweder selbst bewirtschaftet oder öfters auch verpachtet, ganz ähnlich wie adelige Gutsherren. Obwohl ein baltischer Prediger sein Gut nur als ein *dominus utilis* besitzen konnte, sollte er im Vergleich zu seinen Kollegen in Westeuropa relativ vermögend gewesen sein, behauptet die Forschung.[16]

In diesem Abschnitt wurden auch die allgemeinen Rechte und Pflichten der beiden Eigentümer geregelt (Artt. 946–50) sowie die allgemeinen Regeln über

---

Methodik und Didaktik. Zu juristischen Begriffen und der Begrifflichkeit des Rechts, Stockholm 29.-31.5.2014 (im Erscheinen).

15 Diese Unentschlossenheit im Wortlaut – Gemeinde war Personenverband, Kirchspiel eine Verwaltungseinheit – hat später zu erheblichen Diskussionen geführt. Auch sonst hat die Einordnung der Pastoratswidmen als Nutzungseigentum zu scharfer Kritik geführt. Dazu näher *Marju Luts-Sootak*, Pre-modern divided ownership in the modern legal history of Estonia, in: Marju Luts-Sootak u.a. (Hg.), Legal pluralism – *cui bono*? 2018, S. 101 ff. (94–113).

16 Umfangreiche Statistiken zu den wirtschaftlichen Verhältnissen der Kirchengüter bietet *Tiit Rosenberg*, Kiriku maaomand ja maakasutus Eestis 19. sajandil ja 20. sajandi algul [Landeigentum und Landbenutzung der Kirche in Estland im 19. und Anfang des 20. Jahrhunderts], in: Tõnu Tannberg (Hg.), Vene aeg Eestis. Uurimusi 16. sajandi keskpaigast kuni 20. sajandi alguseni [Die russische Zeit in Estland. Forschungen von der Mitte des 16. Jahrhunderts bis zum Anfang des 20. Jahrhunderts], 2006, S. 279–315, mit einer englischen Zusammenfassung S. 316 und wichtigen Hinweisen auf die ältere, meistens deutschsprachige Literatur.

das Erlöschen des Nutzungseigentums aufgestellt. Die speziellen Regeln wurden entsprechend bei den einzelnen Arten des Nutzungseigentums niedergelegt.

Die Artikel 1324–34 regelten *Grund- oder Erbzins* als eine privatautonom bestellte Reallast und Erscheinungsform des Nutzungseigentums. In seiner Gesamtdarstellung des est- und livländischen Privatrechts aus dem Jahr 1838 behauptete Bunge, dass durch die Umwandlung der alten Lehnsgüter in Allodialgüter durch Kaiserin Katharina II. im Jahr 1783[17] und weil die bäuerliche Nutzung des Bodens ausschließlich aufgrund von Pachtverträgen zustande kam, das Erbzinsrecht nur noch die städtischen Grundstücke betreffe.[18] Sein Gesetzbuch sprach aber ganz allgemein und ohne jegliche Einschränkung von den „Grundstücken", die vom „Eigenthümer (Grund- oder Erbzinsherrn) ohne Zeitbeschränkung einem Dritten (Grund- oder Erbzinsmann), gegen Entrichtung eines jährlichen Zinses, zu Benutzung abgegeben" werden konnten (Art. 1323 f.). Die Anmerkung dazu lieferte die Abgrenzungsregel dieses „dinglichen Grundzinsrechts" von dem vertraglichen Miet- und Pachtrecht: Wenn die Zeit bestimmt war, nach deren Ablauf der Grundherr kündigen oder neue Bedingungen setzen durfte, war es ein schuldrechtliches Miet- oder Pachtverhältnis und kein dingliches Nutzungseigentum. Der sachenrechtliche Charakter des Erbzinses sollte auch dadurch klargestellt sein, dass die entsprechenden Regelungen im Sachenrechtsbuch des LECP ihren Platz hatten.

Das „Hauptstück V.: Von dem *Erbpfandbesitz* und den alten Erbpfandgütern" (Art. 1539–68) befand sich gleichfalls im Sachenrecht, in dessen sechstem Titel über das Pfandrecht. Die hier behandelten „alten" Erbpfandgüter waren zu unterscheiden „von dem Pfandbesitz des neuern Rechts" (daselbst Hauptstück IV., Art. 1501–38) und die beiden wiederum „von dem mit Besitz verbundenen Pfandrecht an fruchttragenden Sachen" (daselbst Hauptstück III., Art. 1493–1500). Nur dieses letzte Pfandrecht, in der provinzialrechtlichen Literatur später auch nach dem Vorbild des römischen Rechts als „antichretisches Pfandrecht" bezeichnet,[19] entsprach der den Römern und uns heute bekannten

17 Namentlicher Ukas vom 3. Mai 1783, in: Polnoje Sobranije Zakonov [Vollständige Gesetzessammlung], 1783, Nr. 15.719; deutsche Übersetzung in: *Friedrich Georg von Bunge*, Das liv- und esthländische Privatrecht, wissenschaftlich dargestellt, Bd. 1, 1838, S. 166, Anm. d; im Bd. 2, 1839, S. 249 f. sind die Entwicklungen unter der russischen Herrschaft bis zur allgemeinen Allodifikation der Landgüter näher dargestellt.

18 *Bunge*, Liv- und estländisches Privatrecht I (o. Fn. 17), S. 165.

19 *Carl Erdmann*, Das System des Privatrechts der Ostseeprovinzen Liv-, Est- und Curland, Bd. 2, 1891, S. 212; dort auch näher zur Zwischenform „Pfandbesitz des neueren Rechts", das auf einen sog. namentlichen Ukas des Kaisers vom 24. Dezember 1841 zurückzuführen war.

akzessorischen Verpfändung des Grundstücks für die Gewährleistung der schuldrechtlichen Forderung. Erbpfandbesitz nach LECP dagegen war an gar keine schuldrechtliche Forderung gekoppelt:

> „Der Erbpfandbesitz ist ein [eigenständiges] dingliches Recht, welches der Eigenthümer eines Landgutes – Verpfänder, Pfandherr – an diesem Landgute einem Andern – Pfandbesitzer, Erbpfandbesitzer, Pfandhalter – gegen eine dem Werthe des Landgutes entsprechende Summe, – Pfandschilling, – ohne Zinsenzahlung für letztere, dergestalt übertragen hat, dass der Pfandbesitzer dadurch, gleich einem Nutzungseigenthümer (dominus utilis) auf eine bestimmte Zeit die unumschränkte Disposition und Nutzung des Pfandgutes erworben hat, dem Verpfänder aber das Recht zur Einlösung des Gutes nach Ablauf der Pfandjahre vorbehalten geblieben ist“ (Art. 1541).

In seinem früheren Werk hatte Bunge das Herkommen und Gegenwart des Erbpfandbesitzes in baltischen Provinzen eingehend erklärt.[20] Der baltische ‚Erbpfandbesitz‘ entsprach ungefähr dem durch gerichtliche Auflassung erworbenen Pfandrecht, d.h. der sog. Satzung[21] des alten germanischen Rechts. Von der altgermanischen Satzung sollte sich der baltische Pfandbesitz jedoch schon sehr früh dadurch unterscheiden, dass hier gar keine primäre Forderung vorhanden sein sollte und die Besitzübertragung nicht als eine Sicherung der Kapitalbeschaffung diente. Es handelte sich vielmehr um eine Art der Grundstücksvergabe, um etwa die Formalien des Kaufvertrages (z.B. die gerichtliche Auflassung oder die Einwilligung des Lehnsherren) zu umgehen.[22] Obwohl das Institut auch im früheren Recht bekannt gewesen sein sollte, haben die Kurländischen Statuten aus dem Jahr 1617[23] erheblich zur Verbreitung des Erbpfandbesitzes beigetragen. § 105 dieser Statuten hat den nicht zum indigenen Adel gehörenden Personen das Recht zum Erwerb der „adeligen“ Güter entzogen, wobei allein die Rittergüter gemeint waren. Um solchen Personen ein erbliches dingliches Recht an Rittergütern zu ermöglichen, benutzte man das Institut des Pfandbesitzes.

---

20 *Friedrich Georg von Bunge*, Welche Rechte stehen dem Eigenthümer eines Pfandgutes während der Dauer des Pfandbesitzes zu? Theoretisch-practische Erörterungen aus den in Liv-, Esth- und Curland geltenden Rechten 5 (1853), S. 1–50.

21 *Werner Ogris*, Art. „Satzung (Pfandrecht)“, HRG, Bd. 4, 1990, Sp. 1310–1313.

22 Diese Unterscheidung zur altgermanischen Satzung betonte schon *Carl Otto von Madai*, [Rezension zu:] Das Liv- und Esthländische Privatrecht, wissenschaftlich dargestellt von Dr. Friedr. Georg v. Bunge, Kritische Jahrbücher für deutsche Rechtswissenschaft 5 (1841), S. 840 ff. (830–851). S. auch *Erdmann*, System (o. Fn. 19), S. 209 ff. m. N.

23 Statuta Curlandia, seu Jura et Leges in usum Nobilitatis Curlandiae et Semgallicae, de Anno MDCXVII. Kurländische Statuten, oder Rechte und Gesetze für den Adel in den Herzogthümern Kurland und Semgallen, vom Jahr 1617, 1804.

So ein Pfandbesitz wurde gewöhnlich auf 99 Jahre bestellt. Bunge erklärte die Frist damit, dass auf diese Weise dem Obereigentümer kurz vor dem Ablauf der auf 100 Jahre berechneten Frist der Immemorialverjährung die Möglichkeit zur Ausübung des Einlösungsrechts gewährt werden sollte.[24] Die „Pfandhalter" oder „Pfandherren" sollten für jene 99 Jahre aber alle Rechte der „Erbherren" erlangt haben, sogar die ausschließlich mit den Rittergütern verbundene Landtagsfähigkeit. Andererseits sollten sie dann natürlich auch alle entsprechenden Lasten tragen, darunter z.B. die recht hohen Kriegssteuern. Mit dem Landtagsbeschluss der kurländischen Ritterschaft vom 1727 wurde dieser Praxis der Bestellung des Erbpfandbesitzes an Rittergütern ein Ende gemacht, weil weiterhin die Rittergüter auch als Pfandbesitz nur noch von indigenen und in die örtliche Adelsmatrikel eingetragenen Adeligen erworben werden durften. Den Erbpfandbesitz als solchen hat man damit aber nicht abgeschafft; noch in der Mitte des 19. Jahrhunderts behauptete Bunge, dass es solche Güter „in Curland noch eine nicht unbedeutende Zahl giebt".[25] Zwei Jahre später hat Bunge präzise Angaben für zwei nördlichere Ostseeprovinzen geliefert: In Livland sollte es noch siebzehn und in Estland vierzehn solche Güter geben, bei denen der Pfandbesitz teilweise bis gegen Ende des Jahrhunderts (1890–95) reichen sollte.[26] Nimmt man an, dass in Kurland die Anzahl solcher Güter möglicherweise sogar höher gewesen sein mochte, kommt man auf höchstens 50 Landgüter – anscheinend ein ausreichender Grund, um die entsprechenden Regelungen in die Privatrechtskodifikation noch im Jahr 1864 einzuschalten.

Als eine weitere Unterart des geteilten Eigentums sollte nach Bunge und seinem Gesetzeswerk die *Erbpacht* gelten (Anm. zum Art. 946; Querweis beim Art. 952). Erbpacht war auch im ABGB neben dem Erbzins als ein Fall des geteilten Eigentums geregelt, im sachenrechtlichen Teil des Gesetzbuchs (ABGB §§ 1122–1150). Bunge hatte aber die Erbpacht im LECP in das Schuldrechtsbuch als eine Sonderart der Pachtverträge rubriziert.[27] Für diese Abweichung war wieder die Bestimmung der Frist entscheidend: „Durch den Erbpachtconract wird das Nutzungsrecht eines fruchttragenden Grundstücks von dessen Eigenthümer, gegen einen jährlichen, mit dem Ertrage im Verhältniss stehenden Zins, für

---

24 *Friedrich Georg von Bunge*, Das curländische Privatrecht, wissenschaftlich dargestellt, 1851, S. 271.

25 *Bunge*, Das curländische Privatrecht (o. Fn. 24), S. 274.

26 *Bunge*, Welche Rechte (o. Fn. 20), S. 2; nach der Anmerkung darin sollten die entsprechenden Angaben für Kurland dem Verfasser fehlen.

27 Es folgt in dem Gesetzbuch danach noch eine abgesonderte Art der Pachtverträge: „Sechste Abtheilung. Von der Vieh- oder Holländereipacht" (Artt. 4155–4171).

immer, oder doch auf gewisse Generationen, auf dem Erbpachter übertragen" (Art. 4131).

Bei den Regelungen zur Erbpacht konnte der Redakteur des Gesetzbuchs von den früheren provinziellen Rechtsquellen außer den neueren Bauernverordnungen nur auf die kurländischen Statuten verweisen.[28] Obwohl Bunge anderenorts der Kodifikation manchmal recht pingelig die territorialen Unterschiede angab,[29] findet man in dieser Stelle gar keine Bemerkung darüber, dass die Erbpacht als eine Art des Nutzungseigentums eigentlich nur in Kurland vorkommen konnte. Ebenso fehlte im Gesetzbuch die Beschränkung nur auf die adeligen Güter, wie diese noch ausdrücklich in Bunges Buch über das kurländische Privatrecht stand.[30] Erst durch die Bungesche Kodifikation hatte die Erbpacht als ein privatautonom und schuldrechtlich begründetes Nutzungseigentum ihren Regelungsbereich ausgedehnt und die Bahn in die zwei nördlicheren Provinzen geschlagen.

Es ist nicht zu übersehen, dass die Kodifikation von 1864 das geteilte Eigentum sowohl im Sinn der Begriffsbestimmung als auch in Form der detaillierten Regelung der Erscheinungsarten in den baltischen Privatrechtsordnungen auf eine bemerkenswert Weise ausdehnte. Es bestätigt sich in diesem Bereich ein schon früher angesprochener Befund zur baltischen Rechtsgeschichte des 19. Jahrhunderts, dass die modernisierende Agrargesetzgebung ganz selbständig und ohne jeglichen systematischen Zusammenhang mit der zeitgenössisch parallel laufenden Kodifikation des Privatrechts der oberen Stände verlief.[31] Wie schon erwähnt, sollte die gesetzliche Verfestigung des geteilten Eigentums vor dem Hintergrund der europäischen Rechtsentwicklungen nach 1848 gleichfalls unzeitgemäß erscheinen. Die Unvereinbarkeit mit dem neuen Zeitgeist

---

28 Nach der allgemeinen Kodifikationsideologie des Russischen Reichs sollten auch die baltischen Provinzialgesetzbücher nur das schon vorhandene Recht konsolidieren und kein neues setzen. Deshalb gehörten zu jedem Artikel die Hinweise auf die früheren Rechtsquellen, aus denen man angeblich die Regelungsinhalte geschöpft hatte. Eingehend zu Funktion dieser Quellenverweise *Hesi Siimets-Gross*, Das „Liv-, Est- und Curlaendische Privatrecht" (1864/65) und das römische Recht im Baltikum, 2011, S. 83 ff.

29 So z. B. bei der Regelung der Grunddienstbarkeiten. Näher mit Belegen *Marju Luts*, Textbook of Pandects or New Style of Legislation in Estonia? Juridica International VI (2001), S. 153 ff. (152–158).

30 *Bunge*, Das curländische Privatrecht (o. Fn. 24), S. 254.

31 *Marju Luts-Sootak*, Die baltischen Privatrechte in den Händen der russischen Reichsjustiz, in: Zoran Pokrovac (Hg.), Rechtsprechung in Osteuropa, 2012, S. 269 ff. (267–375).

und parallelen deutschen Rechtsentwicklungen wurde klar thematisiert in der Rechtsliteratur, die der baltischen Kodifikation folgte.

III. Die Rechtsdogmatik zum geteilten Eigentum der baltischen Privatrechtskodifikation

Das Standardwerk zum baltischen Privatrecht nach der Kodifikation von 1864 ist das vierbändige „System des Privatrechts der Ostseeprovinzen Liv-, Est- und Curland" vom Dorpater Provinzialrechtsprofessor Carl Eduard Erdmann (1841–1898), erschienen in den Jahren 1889–94. Erdmann war der erste Autor in der baltischen Rechtswissenschaft, der bewusst und prinzipiell im Fahrwasser der deutschen Pandektenwissenschaft arbeitete.[32] Erdmann fand die Bestimmung des Eigentums[33] im baltischen Gesetzbuch als einer tatsächlichen, nicht aber möglichen bzw. rechtlichen Sachherrschaft, nicht gelungen und ordnete so eine Bestimmung der älteren Tradition der gemeinrechtlichen Tradition zu. Damit konnte man seiner Meinung nach aber noch leben: die sei „practisch unschädlich", „wenn auch als theoretisch unrichtig" zu beurteilen.[34] Was ihm aber völlig unerträglich erschien, war die Aufnahme eines geteilten Eigentums, nachdem im Gesetzbuch schon einmal das absolute Eigentumskonzept postuliert war. Erdmann hatte seine ablehnende Grundposition allein dadurch klar ausgedrückt, dass er im entsprechenden Titel das Wort „sogenannte" benutzte, wie sonst nirgendwo. Es sollte im § 115 lediglich um das „Sog. Ober- und Nutzungseigenthum" gehen.[35] Die ganze Behandlung war aber eindeutig dagegen gerichtet, dass man so etwas wie ein dingliches Nutzungseigentum überhaupt noch annimmt. Die in der baltischen Privatrechtskodifikation behandelten Unterarten des Nutzungseigentums sollten nach Erdmann lediglich *jura in re aliena* sein. Damit stand Erdmann durchaus auf der gleichen Bahn des zeitgenössischen

---

32 Näher, vor allem anhand der Einführung des Allgemeinen Teils in die Behandlung der baltischen Privatrechte, den es im Gesetzbuch selbst nicht gibt, *Marju Luts-Sootak*, Zu der Universalität der Pandektenwissenschaft – am Beispiel der baltischen Privatrechtswissenschaft nach der Kodifikation vom 1864 geprüft, in: Hans-Peter Haferkamp/Tilman Repgen (Hg.), Wie pandektistisch war die Pandektistik? 2017, S. 51–81.

33 Vgl. LECP Art. 707: „Eigenthum ist das Recht der vollständigen Herrschaft über eine Sache, oder die Befugnis, die Sache zu besitzen, zu gebrauchen, alle möglichen Nutzungen daraus zu ziehen, darüber zu verfügen, und sie von jedem Dritten mit der Eigentumsklage zurückzuholen".

34 *Erdmann*, System (o. Fn. 19), S. 8 f.

35 Ibidem, S. 15.

Mainstreams der deutschen Rechtswissenschaft, in seiner klaren Entschlossenheit war er manchen Autoren sogar voraus.[36]

Erdmann hat sowohl im „System" als auch in seinen anderen Schriften den Begriff des geteilten Eigentums konsequent vermieden bzw. dessen Benutzung bestritten. In seinen Ausführungen zum Erbzins hat er den in der Kodifikation benutzten Begriff „Nutzungseigentum" ausdrücklich als unpassend abgelehnt.[37] Ein Erbpfandbesitzer sollte nach dem baltischen Recht viel mehr Rechte haben als ein Nutzungseigentümer und schon deshalb passte für dieses Verhältnis der Begriff des Nutzungseigentums bzw. des geteilten Eigentums nach Erdmann gar nicht.[38] Den Erbpächter dagegen konnte man nach Erdmann deshalb nicht als einen Nutzungseigentümer bezeichnen, weil seine Rechte wiederum viel beschränkter waren als LECP in der Abteilung über das geteilte Eigentum für den Untereigentümer bestimmt hatte.[39] Kurz: Keines der von der Kodifikation als Nutzungseigentum bezeichneten Institute oder Verhältnisse sollte nach Erdmann seinem rechtlichen Charakter nach tatsächlich eines sein. Deshalb wollte er nicht nur den Begriff, sondern die ganze Lehre des geteilten Eigentums aus dem geltenden baltischen Privatrecht tilgen.

Erdmanns Auffassung verbreitete sich in der Literatur zum baltischen Privatrecht erfolgreich. Die folgenden Autoren, vor allem diejenigen der systematischen Gesamtdarstellungen, sind meistens davon ausgegangen, dass die in der Kodifikation als Unterarten des geteilten Eigentums eingeordneten Rechtsfiguren in Wirklichkeit bloß als Rechte an fremden Sachen, *iura in re aliena*, zu betrachten seien.[40] Auch die systematischen Einteilungen Erdmanns wurden in

---

36 Eine nähere Analyse von Erdmanns Standpunkten und einen Vergleich zur zeitgenössischen deutschsprachigen Rechtswissenschaft bietet *Luts-Sootak*, Macht und Ohnmacht (o. Fn. 14).

37 *Erdmann*, System (o. Fn. 19), S. 238.

38 Ibidem, S. 213.

39 Ibidem, S. 247.

40 *Lev Kasso* [Лев Кассо], Обзор остзейского гражданского права [Grundriss des baltischen Zivilrechts], 1896, S. 83; *Alexandr Nevzorov* [Александр Невзоров], Краткое изложение курса местного права Прибалтийских губерний [Kurzgrundriss des lokalen Rechts der baltischen Gouvernements], Часть 1: Общая часть, вещное право и обязательственное право [Teil I.: Allgemeiner Teil. Sachenrecht. Schuldrecht], 2. Aufl., 1919, S. 99; *Igor Tjutrjumov* [Игорь Тютрюмов], Гражданское право [Zivilrecht], 2. Aufl., 1927, S. 176. Der Wechsel vom Deutschen zum Russischen bei der Behandlung der baltischen Rechte war der Russifizierung der Universität ab 1892 geschuldet. Tjutrjumov seinerseits war Professor an der Universität Tartu in der Zeit der Republik Estland (gegründet 1918), als die Universität ab 1919 eine estnische

diesem Genre der Rechtsliteratur allgemein anerkannt und weitergeführt, und das gegen den Wortlaut des Gesetzbuches. Außerhalb derartiger Lehrbuchliteratur, wenn es um die eingehende dogmatische Erörterung der einzelnen Rechtsprobleme ging, ist das Bild etwas bunter. Der Dorpater Bürgermeister und Stadtoberhaupt, daneben ein aktiver juristischer Schriftsteller zu den lokalen baltischen Rechten, Victor Kupffer (1819–1896) hat die Begriffe *ius in re aliena* und „Nutzungseigentum" nach wie vor nicht als sich gegenseitig ausschließende Alternativen, sondern als gleich passend für die Beschreibung der Rechtsstellung des Grundzinsmannes benutzt.[41] Dieser Befund lässt sich aber für die Einzelstudien bei weitem nicht generalisieren, denn auch in diesem Bereich gab es durchaus Abhandlungen, die Erdmanns Negation des Begriffes „geteiltes Eigentum" ausdrücklich unterstützten und mit ihm das Grundzinsrecht als ein Recht an fremden Sachen behandelten.[42] Daneben ganz gesetzestreu die Vindikations- und Negationsklagen als Rechtshilfe des Grundzinsmannes zu bejahen, erschien diesem weiteren baltischen Juristen, Hermann von Lutzau (1867–1915), anscheinend doch nicht systemwidrig.[43]

Es ist immerhin festzuhalten, dass die baltische Rechtsdogmatik sich von den Vorgaben des geltenden Gesetzbuchs befreite und das Konzept eines geteilten Eigentums weder anerkennen noch weiterführen wollte. Die Rechtsdogmatik allein bestimmt freilich nicht, was als geltendes Recht an den Gerichten angewendet werden sollte. Es ist vorab zu vermuten, dass die Praxis die gesetzlichen Bestimmungen eher achtete und dem Wortlaut folgte als die Doktrin.

Universität war. Es gab nicht genügend Esten für die akademischen Berufe und die an der Universität angestellten Ausländer durften auf Russisch oder Deutsch unterrichten.

41 Vgl. *Victor Kupffer*, Zwei Fragen aus dem provinziellen Privatrecht, Zeitschrift für Rechtswissenschaft 1, 1868, S. 123: „Gebührt aber dem Grundzinsmann so an dem zinspflichtigen Boden, wie an den Gebäuden nur ein Nutzungseigentum, also nur ein *jus in re aliena* […]" (111–136); ganz ähnlich auch noch *Victor Kupffer*, Das Grundzinsrecht nach liv-, est- und curländischem Privatrecht, Dorpater juristische Studien 4 (1895), S. 98, 108 und *passim* (83–116).

42 So z.B. *Hermann von Lutzau*, Ein Beitrag zur Interpretation des Art. 1329 Th. III des Provinzialrechts, in: ders., Fünf Fragen aus dem Provincialrecht, 1899, S. 14 (6–16).

43 Lutzau erwähnte diese Möglichkeit der Vindikation, ohne das Problem der Zulässigkeit einer Eigentumsklage im Fall der *iura in re aliena* dabei nachzugehen oder zu erwähnen: *Lutzau*, Interpretation des Art. 1329 (o. Fn. 42), S. 14, Fn. 11.

VI. Die Handhabung des geteilten Eigentums in der Rechtspraxis der Zarenzeit

Es gibt bisher gar keine Untersuchungen zu der entsprechenden Praxis der baltischen Gerichte. Das liegt nicht zuletzt daran, dass Gerichtsurteile meistens nicht publiziert wurden, so dass einer Studie große Hindernisse entgegenstehen.[44] Einzelne publizierte Entscheidungen der höchstrichterlichen Rechtsprechung des Zarenreichs setzen den dirigierenden Senat in ein der Rechtsfortbildung eher abgeneigtes und gesetzestreues Licht. Der Senat tendierte zur Loyalität gegenüber den Prinzipien und gegenüber der Begrifflichkeit der baltischen Privatrechtskodifikation.[45] Beispielsweise hat der Senat festgehalten, dass der Obereigentümer bei der privatautonomen Bestellung des Untereigentums zwar zusätzliche Bedingungen aufstellen, „den Begriff des geteilten Eigentums als solchen" aber nicht zerstören darf.[46] Ebenso hat der Senat betont, dass ein Grundzinsmann nur sein Grundzinsrecht oder dessen Teile, nicht aber das Grundstück oder dessen Teile veräußern darf, indem das Verfügungsrecht über die Sache nur dem Obereigentümer zukomme.[47]

---

44 Zur Publikation der Entscheidungen der ostseeprovinziellen Gerichte als Problem und zu partiellen Lösungen *Luts-Sootak*, Die baltischen Privatrechte (o. Fn. 31), S. 343 ff.

45 Mit dem gleichen Befund für die Rechtsprechung des Senats zu den estländischen Rechtsstreitigkeiten von der Zwischenzeit 1864–1889, als die baltischen Fälle in den alten, d.h. noch nicht reformierten Departements des Senats entschieden wurden: *Luts-Sootak*, Die baltischen Privatrechte (o. Fn. 31), S. 366 f.; die Frage nach dem Rechtsfortbildungsbestreben des Senats stellt sich aufgrund der bisherigen Forschungen zur Rechtsprechung des Senats zu dem russischen Privatrecht, das durch diese höchstrichterliche Rechtsprechung in mehreren Bereichen in die Richtung der Modernisierung fortgebildet werden sein soll. Übersichtlich zu dieser Literatur daselbst, S. 283 ff.

46 Hier nach dem Kommentar von *Vladimir Bukovskij* [Владимир Буковский], Свод гражданских узаконений губерний Прибалтийских, с продолжением 1912–1914 г.г. и с разъяснениями в 2 томах [Sammlung der Zivilgesetze der Ostseegouvernements samt der Fortsetzung 1912–1914 und Kommentare in 2 Bände], Bd. 1, 1914, S. 407 zu LECP Art. 943.

47 Entscheidung des dirigierenden Senats vom 19.4.1900 in der Kassationssache Höppener gegen Frese, in: Сборник решений Гражданского кассационного и общего собрания 1-го и Кассационного департаментов бывшего Правительствующего сената, разъясняющих законоположения, действующие в западной Латвии и в Эстонии [Sammlung der Entscheidungen der ersten zivilistischen Kassation- und Vollversammlung und der Kassationsdepartements des ehemaligen dirigierenden Senats, welche die im westlichen Teil Lettlands und in Estland geltenden Gesetzesbestimmungen erklären], 1932, Nr. 54 S. 186 ff.

Auch in einem anderen Kontext erscheinen die zeitgenössischen Akteure auf der Reichsebene gegenüber dem Konzept des geteilten Eigentums eher tolerant. 1889 wurden für die Ostseeprovinzen neue Justizgesetze erlassen, um die große Gerichtsreform des Reiches aus dem Jahr 1864 auch in diesen Territorien durchzuführen.[48] Die Reform des Jahres 1889 ist in der neueren Literatur als ein radikaler Einschnitt in die überlieferte ständische Verfassung der Ostseeprovinzen, teilweise sogar als ein moderner Konstitutionalismus gedeutet worden.[49] Es sollte zwar vor allem um die Gerichtsverfassung und den Prozess gehen, allerdings in einem sehr weiten Sinn, etwa das notarielle Verfahren[50] und das Grundbuchwesen eingeschlossen. Im Sog dieser Reform kam es u.a. zu erheblichen Veränderungen etwa im materiellen Pfandrecht. Man hat z.B. die stillschweigenden und gesetzlichen Pfandrechte abgeschafft und ein einheitliches Grundbuch mit Konstitutivwirkung eingeführt.[51] Obwohl es nahe lag, zugleich die Absolutheit und Vollständigkeit des Grundeigentums überhaupt durchzusetzen, hat der zarenrussische Gesetzgeber diese Konsequenz nicht gezogen. Stattdessen wurde vorgeschrieben, dass das Nutzungseigentum in das Grundbuch obligatorisch

---

48 Allgemein zur Reform von 1889 in den Ostseeprovinzen: *Toomas Anepaio*, Die Justizreform in der zweiten Hälfte des 19. Jahrhunderts in den Ostseeprovinzen – Russifizierung oder Modernisierung?, Acta Baltica XXXV (1997), S. 257–272; im Kontext der übrigen zeitgenössisch durchgeführten oder angestrebten Reformen in den Ostseeprovinzen: *Marju Luts*, Modernisierung und deren Hemmnisse in den Ostseeprovinzen Est-, Liv- und Kurland im 19. Jahrhundert, in: Thomasz Giaro (Hg.), Modernisierung durch Transfer im 19. und frühen 20. Jahrhundert, 2006, S. 190 ff. (159–200); weitergeführt vor allem aus der Perspektive der lokalen Träger der Reformideologie bei *Marju Luts*, The Ambivalence of Reforms and their Absence: Baltic Lections of the 19th Century, Juridica International XI (2006), S. 68–75.

49 S. *Toomas Anepaio*, Justice Laws of 1889 – a Step in Estonia's Constitutional Development, Juridica International X (2005), S. 150–160.

50 Zur Reform des Notariats, vor allem aber umfassend und kritisch zur Historiographie dieser Reform: *Toomas Anepaio*, Die Gerichtsordnungen Alexander II. – eine Wegmarke in der Geschichte des Notariats. Historiographische Einführung, in: Marju Luts-Sootak/Frank L. Schäfer/Sanita Osipova (Hg.), Einheit und Vielfalt in der Rechtsgeschichte im Ostseeraum, 2012, S. 15–37.

51 Zu diesen Vorgängen eingehend: *Toomas Anepaio*, Die Justizreform von 1889 in den Ostseeprovinzen und das Baltische Privatrecht: die gegenseitige Beeinflussung, in: Jörn Eckert/Kjell Åke Modéer (Hg.), Geschichte und Perspektiven des Rechts im Ostseeraum, 2002, S. 59–78; die englische Fassung ist über Internet frei und leichter zugänglich: *Toomas Anepaio*, Dialogue or Conflict? The Legal Reform of 1889 and Baltic Private Law Code, Juridica International V (2000), S. 168–175.

einzutragen sei.[52] Das Konzept des geteilten Eigentums, wie es in die baltische Privatrechtskodifikation Eingang gefunden hatte, hat damit sogar eine abermalige gesetzgeberische Bestätigung gefunden.

Es ist allerdings nicht ausgeschlossen, dass die lokalen Gerichte der baltischen Ostseeprovinzen sich von der einheimischen Doktrin mehr beeinflussen ließen. So berichtete z.B. Kupffer aufgrund seiner 15- bzw. 22-jährigen praktischen Erfahrung sowohl für die kurländische Hauptstadt Mitau als auch für das livländische Dorpat, dass in diesen beiden Städten der Grundzins kaum noch als ein Fall des geteilten Eigentums behandelt wurde und zwar bewusst gegen die Gesetzesvorschriften:

> „… in den Städten Mitau und Dorpat aber hat die Praxis in Sachen des Grundzinsrechtes einen Standpunkt eingenommen, der thatsächlich zu mehr oder weniger erheblichen Abweichungen von den positiven Vorschriften des codificirten Privatrechts geführt hat, Abweichungen, die im Allgemeinen darauf hinauslaufen, daß das Grundzinsrecht gar nicht mehr als ein zu Gunsten des Grundzinsmannes an dem zinspflichtigen Grundstücke bestelltes *jus in re aliena* betrachtet, das ganze Rechtsverhältniß vielmehr so aufgefaßt wird, als sei der Grundzinsmann Eigenthümer des Immobils, der Grundherr aber nur Inhaber einer das Immobil belastenden Reallast.“[53]

Auch für die estländische Hauptstadt Reval meldete ein Bunge-Schüler, Obersekretär des Rats Thomas Wilhelm Greiffenhagen (1821–1890), die Abweichung von Gesetzesvorschriften: Obwohl die Kodifikation für die Gültigkeit des Grundzinsverhältnisses die Eintragung in die Gerichtsbücher verlangte, sei jene Formalität in der Praxis wie zu Zeiten vor der Kodifikation meistens versäumt worden.[54] In Reval war man also doch nicht so radikal wie in Mitau und Dorpat, wo die Praxis ja in der Tat auf das Konzept des geteilten Eigentums verzichtet hatte.[55] Diese Praxis erweist sich aber nicht nur gegenüber den Vorgaben des Gesetzes als eigenständig, sondern auch gegenüber denjenigen der lokalen

52 Anmerkungen zu Art. 8 der provisorischen Regeln über das Verfahren in Grundbuchsachen. S. näher dazu: *Bukovskij*, Sammlung der Zivilgesetze (o. Fn. 46), S. 406 f; ausführlich auch *Lutzau*, Interpretation des Art. 1329 (o. Fn. 42), S. 11 ff.

53 *Kupffer*, Das Grundzinsrecht (o. Fn. 41), S. 108.

54 *Wilhelm Greiffenhagen*, Ueber das Aftergrundzinsverhältniß nach städtischem, namentlich Revalschem Rechte, Zeitschrift für Rechtswissenschaft 2 (1870), S. 222 f.

55 Es sind in der Tat von Dorpat aus den Anfangsjahrzehnten des 20. Jahrhunderts nur sehr wenige Grundzinsverträge bekannt. *Toomas Mägi*, Obrokiõiguse ja veel mõne piiratud asjaõiguse rakendamisest 20. sajandi esimesel poolel, Tartu näitel [Zur Anwendung des Grundzinsrechtes und noch mancher beschränkter dinglicher Rechte am Beispiel von Tartu], Acta et commentationes archivi historici Estoniae 1(8) (1996), S. 287 f. (285–293).

Doktrin. Erdmann hatte in seiner Kritik ausdrücklich gesagt, dass nur der Obereigentümer als ein „wahrer Eigentümer" gelten könne:

> „Da jedoch [...] auch das ostseeprovincielle Recht das Moment der Ausschließlichkeit in seinen Eigenthumsbegriff aufgenommen hat, so kann in Wirklichkeit von einer Theilung des Eigenthumsrechts hier ebensowenig die Rede sein, wie anderswo. Das "Obereigenthum" bleibt das einzige wahre Eigenthum an der Sache, weil es allein das *jus recadentia* ausübt, sobald das sog. Nutzungseigenthum erloschen ist. Auch zeigt die Codification an mehreren Stellen unzweideutig, daß sie den Obereigenthümer als den wahren Herrn der Sache ansieht. Das Nutzungseigenthum bleibt somit ein bloßes *jus in re aliena* und zwar mit ganz verschiedenartigem Inhalt je nach der Natur des in Frage kommenden Rechtsverhältnisses."[56]

Kupffer dagegen berichtete für seine städtischen Gerichte in Kur- und Livland, dass diese den Grundzinsmann, den sog. Nutzungs- oder Untereigentümer als den Eigentümer oder „wahren Herrn" der Sache behandelten. Diese Stadtgerichte folgten weitaus stärker dem gemeineuropäischen Modernisierungstrend bei der „Aufzehrung des Obereigentums durch das Untereigentum"[57]als die zeitgenössische Literatur zum baltischen Privatrecht.

VII. Geteiltes Eigentum als wirtschaftlich-soziales Bindemittel der Republik Estland nach 1918

Die fast schon zum Aussterben verurteilte Rechtsfigur des geteilten Eigentums sollte in der jungen Republik Estland nach dem Ersten Weltkrieg eine völlig unerwartete Renaissance erleben. Als das bolschewistische Russland den Ersten Weltkrieg verließ, konnten die estnischen Soldaten der ehemaligen zaristischen Armee endlich nach Hause zurückkehren und ihr Land bebauen. Dies galt natürlich nur für diejenigen, die bereits ein Stück Land besessen hatten. Der Frieden hielt jedoch nicht lange an. Deutschbaltischer Adel und Stadtpatriziat, die das Land jahrhundertelang beherrscht hatten, waren nicht geneigt, die Existenz der neuen Republik zu akzeptieren, welche die Esten im Februar 1918 unmittelbar vor der Besetzung durch kaiserlichdeutsche Truppen erklärt hatten. Die Deutschbalten bildeten auf dem Territorium Lettlands eigene Truppen, die sog. Landeswehr. Von Osten her wurde die junge Republik Estland Ende November 1918 von der bolschewistischen Roten Armee angegriffen. Die

56 *Erdmann*, System (o. Fn. 19), S. 16 f.

57 Auch Hedemann beschrieb die Überwindung des geteilten Eigentums im 19. Jahrhundert als „Beseitigung des Obereigentums": *Hedemann*, Fortschritte des Zivilrechts (o. Fn. 2), S. 16.

estnische provisorische Regierung appellierte vor allem an diejenigen Esten, die überhaupt kein Stück Land besaßen. Als Gegenleistung für die Verteidigung des Vaterlandes wurde Land versprochen.[58] Somit konnte man die kriegsmüden Männer noch für einen eigenen Freiheitskrieg mobilisieren.

Für die Esten endete der Krieg mit einem einmalig glorreichen Sieg und der Chance, die eigene Staatlichkeit zu sichern. Nach dem Krieg musste dieser Staat aber sein Versprechen aus der Kriegszeit einlösen, an die Kriegsteilnehmer bzw. an die Familien der Gefallenen Land zu verteilen. Darüber hinaus gab es auf dem flachen Lande viele Leute, die von Herrengütern die Landstellen gepachtet und noch nicht gekauft hatten, dazu noch Landproletariat usw. Kurz: Die Mehrheit der Bevölkerung war ländlich und landeshungrig. Ethnisch waren sie Estnisch, also Namensvolk der jungen Republik. Um den staatlichen nationalen Landfonds zu schaffen, wurden die großen Landgüter der meistens deutschbaltischen Adligen fast ausnahmslos enteignet und in Bauernhöfe aufgeteilt. Die früheren Gutsherren konnten dabei auch Grundstücke zurückerhalten, deren Größe ungefähr den größeren Bauernhöfen entsprach.[59] Neben den Veteranen des Freiheitskrieges wurde Land an das Agrarproletariat oder an sogenannte landlose Leute verteilt, um sie als loyale Bürger in den estnischen Nationalstaat zu integrieren. Bei der Erörterung der sog. Landfrage in der Verfassunggebenden Versammlung wurden zwar unterschiedliche Standpunkte vertreten, aber die Frage wurde für so wichtig gehalten, dass die Sozialisten und bürgerlichen Liberalen relativ schnell zu einem Kompromiss fanden.

Die Rechtsgrundlage der Landreform der Republik Estland wurde durch das Landgesetz vom 10. Oktober 1919 geschaffen.[60] Das Gesetz und dessen Einführungsverordnungen sprachen nur sehr vage über das „Geben“ und „Erwerben“ von Land. In gewissem Maße war das Gesetz das Ergebnis schwieriger Kompromisse zwischen sehr unterschiedlichen politischen Mächten und Ideen in der Verfassunggebenden Versammlung. Der rechtliche Gehalt der Eigentums- oder Nutzungsrechte, die das umverteilte Land annehmen sollte, wurde zunächst einfach offen gelassen. Die Grundstücke wurden vermessen und erstaunenswert

58 Ajutise Valitsuse määrus [Erlass der Provisorischen Regierung] 20.12.1918, Riigi Teataja [Staatsanzeiger] 1918/9.

59 Allgemeinhistorisch über die Rezeption der Landreform in Estland s. *Marju Mertelsmann/Olaf Mertelsmann*, Landreform in Estland 1919. Die Reaktionen von Esten und Deutschbalten, 2012, Kurzbeschreibung der Reform S. 10 f. und historiographischer Überblick S. 19 ff.; für die Historiographie auch *Rosenberg*, Agrarfrage (o. Fn. 9), S. 326 ff.

60 Maaseadus [Landgesetz], Riigi Teataja [Staatsanzeiger] 1919, 79–80.

schnell umverteilt, damit sie möglichst schnell wieder bebaut werden konnten. Niemand wusste aber genau, auf welcher Rechtsgrundlage das Land vom Staat „gegeben" wurde und wie ehemalige Soldaten, Witwen eines Soldaten, Landarbeiter oder ehemalige Pächter es „erwerben" sollten. Klarheit schaffte erst das Gesetz über die Umverteilung von Staatsländereien aus dem Jahr 1925.[61] § 11 jenes Gesetzes spezifizierte, dass das im Gesetz verwendete Konzept der „erblichen Nutzung" durch die allgemeinen Bestimmungen des LECP zum geteilten Eigentum (Art. 942 ff.) und insbesondere durch die Normen über das Erb- oder Grundzins (Art. 1324 ff.) geregelt sei. Damit war eine Rechtsfigur, die ihren Ursprung im mittelalterlichen städtischen Milieu hatte und vielmehr der altrömischen *superficies* entsprechen sollte, in Estland endgültig auf das flache Land umgepflanzt und insoweit an die Stelle der römischen *emphyteuse* gerückt. Obwohl der Erbzins schon in LECP als Emphytheuse bezeichnet worden war, ist er im 19. Jahrhundert im Baltikum doch nur auf die städtischen Grundstücke bezogen geblieben. In der deutschen Rechtsgeschichte wurde der altrömische *emphyteuse* immer mit der Erbleihe bzw. mit der bäuerlichen Bittleihe verbunden.[62] Im alten Rom waren sowohl *superficies* als *emphyteuse* lediglich *iura in re aliena*, der Erbzins in mittelalterlichen Städten wie auch Erb- und Bittleihe in der mittelalterlichen Lehenspyramide dagegen Erscheinungsformen des geteilten Eigentums. Über die baltische Privatrechtskodifikation von 1864 in die estnische Rechtsordnung transportiert, fand der Erbzins und damit das geteilte Eigentum in Estlands ländlicher Bodenordnung ab 1925 zahlenmäßig recht beträchtlich Anwendung. Bereits bis 1926 waren vom Staat über 25.000 Grundstücke (25.530) in Erbzins gegeben worden und nur etwa 6.000 Grundstücke (6.189) waren verpachtet.[63]

Vergleicht man die estnische Lösung etwa mit dem Geschwisterstaat Lettland, dann sind die Unterschiede auffallend. In Lettland hat man gleichfalls Großgrundeigentum veräußert und in kleine Höfe aufgeteilt. Diese sollten sogar kleiner sein als in Estland – in Lettland sollte das Maximum bei 22,2 ha liegen,

---

61 Riigimaade põliseks tarvitamiseks ja omanduseks andmise seadus [Gesetz über die Verteilung der Staatsländereien in erbliche Nutzung und Eigentum] 16.6.1925, Riigi Teataja [Staatsanzeiger] 1925, 109–110.

62 Dazu übersichtlich *Wolfgang Dannhorn*, Römische emphyteuse und deutsche Erbleihe. Ein Beitrag zur Entstehung der Wissenschaft vom deutschen Privatrecht, 2003.

63 *Juhan Janusson*, Maareformi teostamine 1919–26 [Die Verwirklichung der Landreform 1919–26], Requeil Mensuel du Bureau Central de Statistique de l'Estonie 1928, Nr. 3, S. 173 (171–175).

in Estland bei 50 ha.[64] Die Privilegierung bestimmter Gruppen, wie zum Beispiel der Kriegsteilnehmer, kam in Lettland erst 1928 auf die Tagesordnung. Zunächst wurde beschlossen, dass grundsätzlich ein jeder lettische Bürger ein sog. Zwei-Pferde-Gehöft kaufen durfte. Die Zahlungsfrist betrug sechs Jahre. Noch bevor man in Estland einen Beschluss gefasst hatte, erörterte die lettische Verfassungsgebende Versammlung die Möglichkeit, die neu geschaffenen Bauernhöfe lediglich auf Erbzins zu geben. Der Vorschlag wurde aber entschieden zurückgewiesen, weil dies mit dem „Geist des Volkes" unvereinbar sei.[65] In demselben Jahr, 1925, als in Estland die prinzipielle Entscheidung zugunsten der Verwendung der Normen des geteilten Eigentums vom LECP gefallen war, hat man in Lettland durch eine wichtige Zivilrechtsnovelle die Normen des LECP zum geteilten Eigentum für nichtig erklärt.[66] In Estland dagegen wurde im Jahr 1935 der Anwendungsbereich dieser Normen im Vergleich zu früheren noch mehr ausgedehnt, diesmal auf die Ländereien, die administrativ den Territorien der Städte und Flecken angegliedert wurden – auch da sollten die Grundstücke nicht verpachtet, sondern auf Erbzins gegeben werden.[67]

Es sieht so aus, dass die estnischen Regierungskreise die Benutzung der Rechtsfigur des geteilten Eigentums für die Erteilung der Nutzungsrechte an staatseigenem Boden als praktisch einschätzten. Insbesondere in den Anfangsjahren der Republik sollte dies aus mehreren Gründen gar als eine sehr geschickte Lösung erscheinen: 1) Die für Erbzins zu bezahlende Summe war sehr gering und somit sogar für die Klasse von Menschen bezahlbar, die sonst nie das Geld für ein Grundstück, sei es als Eigentum oder als ein Pachtgut, gehabt hätten; 2) als Obereigentümer behielt der Staat ein gewisses Maß an Kontrolle: Wenn der Erbzinsmann für drei Jahre den Zins schuldig blieb, fiel das Grundstück

---

64 In Wirklichkeit entsprachen die Hofmaße in Estland ziemlich genau den lettischen: durchschnittlich 24 ha. S. *Anu Mai Kõll*, The Agrarian Question in Eastern Europa – Some Answers From the Baltic Region, 1999, S. 209 f.

65 *Jānis Lazdinš*, Experience of nationalisation and denationalisation of land ownership in Latvia, in: Law and Justice: Selected Articles of 2004–2005, 2007, S. 19 (15–22).

66 *Helmuth Stegman*, Zur Entwicklung des lettländischen Zivilrechts 1918–1928, in: Baltische Rechtsangleichung: 10 Jahre Gesetzgebung Estlands und Lettlands. Referate des I. Baltischen Juristenkonferenz zu Dorpat (1928), 1929, S. 31 (27–44); *Philipp Schwartz*, Das Lettländische Zivilgesetzbuch vom 28. Januar 1937 und seine Entstehungsgeschichte, 2008, S. 93 ff.

67 Linnades ja alevites ning alevikkude ehituspiirkondades asuvate rendimaade korraldamise seadus [Das Gesetz über die Planung und Benutzung der Pachtländereien in Baugebieten der Städten, Flecken und Fleckchen] 11.12.1935, Riigi Teataja [Staatsanzeiger] 1935, 106.

durch Heimfall dem Staat zurück; 3) die Erbzinsbestellungen sollten nicht regelmäßig erneuert werden, wie dies bei regulären Pachtverträgen der Fall war, die bis zu sechs Jahre befristet waren. Damit waren die Verwaltungskosten und -belastungen für den Staat gering. Dies betraf freilich auch die staatlichen Aufsichtsmöglichkeiten über die andere Partei – mit dem unordentlichen Pächter brauchte man nach sechs Jahren den Vertrag nicht zu verlängern, den Erbzinsmann wurde man nicht los, wenn er seinen winzigen Zins ordentlich bezahlte.

VIII. Ausblick und Erklärungsversuch

Für ewig wollte man in Estland weder die Grundstücke in Erbzins behalten noch das geteilte Eigentum in der Zivilgesetzgebung beibehalten. Ab 1936 begann ein ziemlich intensiver Verkauf der bisherigen Erbzinsstellen ins Eigentum. Im Entwurf zum neuen estnischen Zivilgesetzbuch von 1936/40[68] war kein geteiltes Eigentum mehr vorgesehen. In der Literatur dagegen herrschte immer noch keine Eintracht in der Frage, ob man jene Rechtsfigur abschaffen oder beibehalten sollte. Ein Richter am Obersten Gerichtshof und Lehrbeauftragte an der Universität, Timotheus Grünthal (1893–1955), der auch sonst eher liberale und modernisierungsfreundliche Positionen vertrat, hat das geteilte Eigentum und vor allem die Regelung des Erbzinses im LECP als „umstrittensten und verwirrtesten“ Teil des Sachenrechts getadelt und für die möglichst schnelle Abschaffung plädiert.[69] Ein älterer, gleichfalls praktisch tätiger, aber leider nur unter dem Pseudonym Cato aufgetretener Jurist dagegen plädierte für die Beibehaltung des geteilten Eigentums in der zivilrechtlichen Gesetzgebung. Er sprach nun wieder ausschließlich vom städtischen Erbzinsrecht, das der Stadtverwaltung das Vorkaufsrecht einräumte und dadurch den Erwerb der städtischen Grundstücke „durch das unerwünschte Element“ erfolgreich abwehren sollte.[70] Es ist nicht klar, ob dabei eine bestimmte soziale oder ethnische Gruppe als „unerwünscht“ angesehen werden sollte.

---

68 Zu Estlands Kodifikationsvorhaben und Zielsetzungen *Marju Luts-Sootak/Hesi Siimets-Gross/Katrin Kiirend-Pruuli*, Estlands Zivilrechtskodifikation – ein fast geborenes Kind des Konservatismus, in: Martin Löhnig/Stephan Wagner (Hg.), „Nichtgeborene Kinder der Liberalismus“? Zivilgesetzgebung im Mitteleuropa der Zwischenkriegszeit, 2018, S. 273–316.

69 *Timotheus Grünthal*, Otsese omaniku õigustest kruntrendile (obrokile) antud kinnisvara suhtes [Über die Rechte des direkten Eigentümers auf das in Erbzins gegebene Grundeigentum], Õigus [Das Recht], 1931, Nr. 8, S. 358 (358–364).

70 *Cato*, Uue tsiviilseadustiku ootel [Auf das neue Zivilgesetzbuch wartend], Akadeemia [Die Akademie], 1938, Nr. 5, S. 328 f. (326–329).

Die geschichtlichen Prozesse und rechtlichen Lösungen abschließend zu beurteilen, ist leider nicht möglich, weil die sowjetische Besatzung des Landes im Jahr 1940 einen noch schärferen Einschnitt als die Gründung der Republik Estland mit sich brachte. Sowohl die rechtlichen als wirtschaftlichen Beziehungen wurden völlig aufgelöst und umgestaltet, am Boden gab es bald nur staatliches Eigentum. Nach der Wiederherstellung der staatlichen Unabhängigkeit ab 1991 hat man zwar schnell eine Eigentumsreform nach dem Prinzip der Re-Privatisierung durchgeführt, die ehemalige Rechtsgrundlage aber nicht mittransportiert. Somit ist das geteilte Eigentum auch in Estland endlich der Geschichte überlassen.

Dass die mittelalterlich-frühneuzeitliche Rechtsfigur des geteilten Eigentums sich aber überhaupt so lange behaupten konnte, erklärt sich durch mehrere Faktoren. Erstens waren für die bäuerliche Agrargesetzgebung und die Privatrechtskodifikation der oberen Stände im 19. Jahrhundert verschiedene Institutionen und Personen zuständig, die parallel und ganz unabhängig voneinander wirkten. Die starke Stellung in der Kodifikation verdankte das geteilte Eigentum dem Sammelfleiß und der Prinzipienfremde des Hauptredakteurs des Gesetzbuches. Nachdem die Kodifikation in der Republik Estland ab 1920 auf die ganze Bevölkerung ausgedehnt war, fanden die estnischen Entscheidungsträger es pragmatisch und zweckmäßig, das durch die Landreform in staatlichen Landfonds befindliche Land nicht gleich als Volleigentum zu veräußern. Es kann auch sein, dass dies zuerst gar nicht machbar war: Die potentiellen Käufer, die man durch die Belohnung mit dem Land an den Staat binden wollte, hatten nicht genügend Geld, weder für den Kauf noch für die Pacht der Grundstücke. Der Staat wiederum konnte seine administrativen Kräfte bei anderen Aufgaben einsetzen, weil die Verwaltung der Erbzinsverhältnisse relativ einfach und billig war. Innerhalb von ungefähr zwanzig Jahren hatte sich diese pragmatische Lösung erschöpft und man wollte auf das geteilte Eigentum sowohl in der Gesetzgebung als in der Praxis verzichten.

Marcin Łysko

Adjudicating in Petty Offences relating to the Compulsory Delivery of Agricultural Products in the Polish People's Republic

Abstract: The compulsory delivery of agriculture products in Poland was introduced in 1951. The shortages of food in towns caused big political problem, which the communists tried to solve with the application of severe criminal-administrative repression. In 1952 boards adjudicating in petty offences were established and farmers were punished with fines. These fines were high, especially for richer farmers, or kulaks, although the farmers tried to avoid paying. Then the authorities took the decision to introduce a substitute custodial penalty, applied if the farmer didn't pay the fine. Application of this penalty achieved good results – farmers started fulfilling the deliveries. In 1955, when the first symptoms of the post-Stalin thaw started, the penalties applied by adjudicating boards became less severe. After the breakthrough year of 1956 the range of the compulsory delivery was reduced and primarily economic measures were used against the farmers who didn't fulfil their duty.

Keywords: compulsory delivery, misdemeanour law, adjudicating boards, Polish People's Republic, criminal-administrative repression, substitute custodial penalty

I. The reasons of introducing the compulsory delivery

This article aims to present the practise of solving economic problems by application of criminal-administrative repression, which has been especially overused in the Stalinist period of Polish history in the field of compulsory delivery of agricultural products. During the period of the Polish People's Republic, from 1944 to 1989, the communist authorities used the law as a tool to support the realisation of the state's tasks and to repress people regarded as opponents of the communist system. The practice of the use of the law as an instrument also affected adjudication in petty offences, a model that was based on the Soviet example.[1] The socialistic reform of December 1951[2] created adjudication boards

---

1 *Jerzy Szumski*, Środki penalne w polskim prawie wykroczeń na tle doświadczeń praktyki [Penal measures in the Polish misdemeanor law in the light of experiences of practise], 1995, p. 211.

2 Act of 15 December 1951 on the criminal and administrative case-law, Journal of Laws 1951, No. 66, item 454.

that dealt with petty offences that involved a social component. Deciding adjudicating boards were placed in the local branches of state administrative structures, and thus general guidelines on penalty policy were issued by the Minister for Internal Affairs.[3] In line with the abolition of judicial review for petty offences, adjudicating boards were separated from judicial structures. The dependence of the adjudicating boards on state administration resulted in judgements for petty offences being used as a tool to support the planned compulsory delivery of agricultural products.[4]

The 1951 introduction of this obligatory supply was a consequence of including agriculture in the planned economy and was to be a prelude to gradual collectivisation.[5] Initially, compulsory supply was limited to grain and potatoes, and in 1952 also milk and slaughter animals. In line with the Stalinist trend of solving economic problems by means of coercion, severe sanctions were introduced for failure to comply with obligations.[6] Courts could impose the penalties of arrest or deprivation of liberty for malicious or repeated evasions of supply obligations. In addition, a singular failure to supply within the prescribed period was a misdemeanour punishable by a fine,[7] which in 1952 was fivefold the average salary. In practice, the application of severe repression did not significantly improve the fulfilment of compulsory supply, as the financial administration authorities were unable to enforce effectively the fines imposed by

3 *Marcin Łysko*, Kształtowanie się ustroju kolegiów orzekających w Polsce Ludowej (1952–1956) [Development of the regime of adjudicating boards in the Polish People's Republic between 1952 and 1956], Czasopismo Prawno-Historyczne [Legal Historical Journal] LXIV (2012), No. 2, pp. 250–253 (249–275).

4 *Marcin Łysko*, Polityczne uwarunkowania orzecznictwa karno-administracyjnego Polski Ludowej [Political circumstances of adjudication in petty offences in The People's Republic of Poland], Studia z Dziejów Państwa i Prawa Polskiego [Studies in the History of Polish State and Law] XVI (2014), p. 212 (211–232).

5 *Janusz Kaliński*, Gospodarka Polski w latach 1944–1989. Przemiany strukturalne [Polish industry in the years 1944–1989. Struktural changes], 1995, p. 64.

6 *Marcin Łysko*, Prokuratorski nadzór ogólny w akcji dostaw obowiązkowych płodów rolnych w Polsce Ludowej [General supervison by the public prosecutors office on obligatory delivery of agricultural products in the People's Repubic of Poland], Miscellanea Historico-Iuridica I (2003), pp. 83–85 (81–102).

7 *Piotr Fiedorczyk*, Komisja Specjalna do Walki z Nadużyciami i Szkodnictwem Gospodarczym [Special Committee for the Fight against Fraud nad Economic Injury], 2002, p 139.

boards adjudicating petty offences on a large scale.[8] In order to strengthen the repression, in March 1953 a substitute custodial sentence was introduced. It was imposed together with a fine in the event of delay in payment of the original fine. This solution was in conflict with the socialist idea of educating transgressors, an idea that lay at the basis of the misdemeanour law reform from December 1951.[9]

II. The introduction of the substitute custodial penalty as a tool of increasing the efficiency of adjudicating

The introduction of the substitute custodial penalty was accompanied by increased activity on the part of adjudication boards. In 1953, more than 90,000 farmers who had failed to supply grain were punished and 160,000 fines were imposed for failure to supply slaughter animals, milk and potatoes. The preventive effect of the substitute custody sentence had the desired result, because 44 percent of farmers punished with a fine supplied overdue deliveries in the first year of application this penalty.[10] Even better results were achieved in 1954 when delays in the supply of slaughter animals were improved by 63%, milk by 75%, and grain by 85%. A significant number of farmers had already made up for their arrears by the time they received a summons to trial. The effectiveness of this method of jurisprudence meant that the number of farmers detained was relatively low.[11] In 1954, which was a remarkable year in the number of penalty proposals (174,000), only 5,647, out of more than 103,000 people fined for failure to perform compulsory supply, were detained. More than 70,000 farmers avoided being penalised because they presented documents confirming they had made up for their arrears at the trial.[12]

---

8 *Andrzej Ciszek*, Rozprawa pokazowa w gminie Stromiec [A demonstration trial in the municipality of Stromiec], Biuletyn dla Członków Kolegiów Karno-Administracyjnych [Guide for the Members of Adjudicating Boards], 1954, No. 1, p. 21 (21–22).

9 *Barbara Adamiak*, Ewolucja systemu kar w orzecznictwie w sprawie wykroczeń w PRL [Evolution of penalty system in adjudicating in petty offences in People's Poland], Acta Universitatis Wratislaviernsis, Przegląd Prawa i Administracji [Review of Law and Administration] VIII (1976), p. 107 (105–122).

10 Przed wyborami do kolegiów orzekających [Before the election of the adjudicating boards], Rada Narodowa [The National Council] 1954, nr. 5, p. 30 (29–32).

11 Analiza orzecznictwa karno-administracyjnego w latach 1952–1954 [Analysis of the adjudication in petty offences in the years 1952–1954], The Institute of National Remembrance, resource Ministry of Home Affairs I, sign. 524, pp. 10–12.

12 Analiza udziału orzecznictwa karno–administracyjnego w 1955 roku w realizacji planów dostaw obowiązkowych [Analysis of adjudicating in petty offences concerning

Through ideological influence, the criminal–administrative repression applied in compulsory supply cases was perceived as an instrument of class struggle.[13] The blade of this repression was to be directed against the social class of so-called 'kulaks', meaning owners of farms of over 12 ha. This part of the rural population was regarded by the communist authorities as the main opponent of the collectivisation of agricultural land. The adjudication boards were supposed to treat smallholder farmers (owners of farms with an area of up to 5 ha) differently because they were supported by the authorities; in addition the authorities only tolerated the owners of middle-sized farms (farms with an area of between 5 and 12 ha).[14] If it was impossible to comply with compulsory supply obligations for reasons that were not the farmer's fault, adjudication boards were to impose a small fine without substitute detention, or even just issue a warning.[15]

In practice this variation wasn't adopted because of the pressure exerted by the authorities on adjudication boards to apply severe sanctions as soon as possible. Because of the time constraints agricultural administration bodies only penalised farmers when there was a real risk of the supply plan collapsing in the area concerned. Carelessly prepared motions for punishment were then submitted to the adjudication boards, which accepted in advance the arrangements contained in the motions for punishment without thorough examination of each case.[16] In their hurry to make numerous motions for penalty the adjudication boards punished all farmers who did not meet supply targets, without paying attention to correctness of the motions. Adjudication boards wanted to conduct trials quickly and efficiently, and often they ended with an exemplary punishment. In practice, high fines (substituted with detention) were imposed

---

compulsory delivery of agricultural products in 1955], The Institute of National Remembrance, resource Ministry of Home Affairs I, sign. 11+ 2, p. 327.

13 *Rajmund Rajkowski*, Prawo karno–administracyjne Polski Ludowej [Penal-administrative law of The People's Republic of Poland], 1955, pp. 81 sq.

14 Protokół z odprawy prokuratorów wojewódzkich w Generalnej Prokuraturze w dniu 2 listopada 1953 r. [Report on briefing the voivodship local prosecutors in the General Prosecutor's Office on 2nd November 1953], Archive of Modern Records, resource General Prosecutor's Office, sign. 1387, p. 77.

15 Po wyborach do kolegiów [After election of adjudication boards], Biuletyn dla Członków Kolegiów Karno-Administracyjnych [Guide for Members of Adjudication Boards] 1954, nr. 1, pp. 5 sq.

16 *Zygmunt Orłowski*, O pracy kolegiów orzekających w kampanii obowiązkowych dostaw [About the activity of the adjudication boards concerning compulsory supply the agricultural products], Poradnik dla Kolegiów Orzekających [Guide for Adjudication Boards] 1956, nr. 1, pp. 5 sq. (3–8).

without examination of the circumstances of the case, or even a hearing for the defendant.[17]

III. The influence of post-Stalinist thaw on the activity of adjudicating boards

The automatic imposing of severe fines led to multiple mistakes and suffering brought for the rural population. This was especially soullessness with the punishment of elderly people who, due to poor health, were unable to manage their farms and were in financial difficulties. There were also such paradoxes as the imprisonment of the son of a farmer with supply arrears even though the son did not deal with running the farm.[18] In the opinion of the Ministry of Internal Affairs, which supervised adjudication on petty offences, as a result of the automatic use of repression the idea of treating criminal-administrative repression as an instrument of class struggle had been perverted. There were numerous cases of incorrect political attitude among members of adjudication boards, which manifested themselves in the imposition of small fines on 'kulaks' despite the possibility that they could have fulfilled their supply obligations. Contrary to the assumptions underlying the application of criminal–administrative repression, smallholder farmers were severely punished, even when they were unable to meet their obligations because of difficult material conditions and family circumstances outside of their control. The Ministry of Internal Affairs also reported the occurrence of a number of violations of the law during trials by adjudication boards, particularly violation of defendants' rights.[19] Therefore,

17 *Henryk Chmielewski*, O realizację orzeczeń kolegiów karno-administracyjnych [On the implementation of judgments by adjudication boards], Poradnik dla Kolegiów Orzekających [Guide for Adjudication Boards] 1956, nr. 2–3, p. 6.

18 Analiza orzecznictwa karno–administracyjnego za okres IV kwartału 1954 r. z terenu województwa łódzkiego [Analysis of adjudication on petty offences on the Łódz voivodship in the last quarter of 1954], the Institute of National Remembrance, resource Ministry of Home Affairs I, sign. 526, pp. 291 sq.

19 *Maciej Majster/Edwarda Liberman*, O niektórych zadaniach prokuratora w zakresie nadzoru nad orzecznictwem karno-administracyjnym [On certain tasks of the prosecutor concerning general supervision of adjudication in petty offences], Biuletyn Generalnej Prokuratury. Artykuły wybrane [Bulletin of the General Prosecutor's Office. Selected articles], 1955, pp. 114 sq. (112–119).

starting from 1955, there was a gradual departure from the automatic application of severe penalties without first examining the circumstances of the case.[20]

Particularly in the field of compulsory cereal supply, adjudication boards adopted a new style of work in which the use of repression did not precede any conversation with the defendant farmer. The most important point in these discussion was to inform the defendant about penalties that threatened them if they failed to perform their duties on time.[21] Great attention was paid to investigating whether it was possible for the accused farmer to supply the required goods. Conducting discussions with farmers brought the expected results in the form of voluntary fulfilment of overdue supplies by the majority of defendants.[22] In 1955 adjudication boards issued 40% fewer sentences for fines substituted by detention than in the record year of 1954. The harsh procedure of imposing a substitute arrest sentence also softened, as the possibility of waiving this penalty was introduced if the overdue supply materialised before the farmer was placed in custody. As a result, only 345 farmers were imprisoned, in comparison with 5,647 people arrested in 1954.[23] The turning point for the post-war history of Poland, which was the year 1956, saw the departure of the communist authorities from the treatment of compulsory supply in political terms. The number of cases of non-performance of compulsory supply examined by the boards adjudicating petty offences was considerably reduced, because measures of administrative coercion were first applied against farmers.[24] Criminal–administrative

---

20 *Jerzy Kucharski*, W przededniu kampanii skupu zboża [On the eve of the grain buying campaign], Poradnik dla Kolegiów Orzekających [Guide for Adjudication Boards] 1956, nr. 4, p. 3.

21 *Janina Bielecka*, O skuteczności rozmów z obwinionymi o niewykonanie dostaw [On the effectiveness of discussions with the accused for non-performance of supply], Poradnik dla Kolegiów Orzekających [Guide for Adjudication Boards] 1956, nr. 1, p. 11.

22 Notatka z dnia 17 sierpnia 1955 r. w sprawie trybu wykonania zastępczej kary aresztu [Note from 17 August 1955 concerning the application of substitute detention penalty], The Institute of National Remembrance, resource Home Ministry of Home Affairs II, sign. 6438, pp. 46 sq.

23 Notatka informacyjna dla Kolegium Ministerstwa Spraw Wewnętrznych o przebiegu orzecznictwa karno–administracyjnego w 1955 roku [Note for the Collegium of the Ministry of the Internal Affairs on the course of adjudication in petty offences in 1955], the Institute of National Remembrance, resource Home Ministry of Home Affairs II, sign. 6443, pp. 31 sq.

24 *Barbara Wrzesińska*, Nasze doświadczenia [Our experiences], Poradnik dla Kolegiów Orzekających [Guide for Adjudication Boards]1956, nr. 1, p. 30.

repression was only applied in the event of ineffective administration, which resulted in a drastic drop in the number of punished farmers. From the beginning of 1956 until September 15th only 435 farmers were punished by adjudication boards for overdue grain supplies, in comparison with 9,520 farmers in the same period one year previously.[25] After the breakthrough year of 1956 the substitute arrest penalty was practically abandoned. Against a wave of political change applying this penalty in matters of compulsory supply was evaluated as a manifestation of the excessive repression of the Stalinist system.[26] However, not until 1971 was the compulsory supply of agricultural produce completely abolished.

IV. Conclusions

The penal-administrative repression applied against polish peasants contributed to the improve the realisation of supply plan only after introducing the substitute custodial penalty. The practise of overusing this penalty, accepted by communist authorities, led to strengthen hostile attitude polish peasants to the policy of collectivisation of agricultural industry. Through severe penalties imposed by adjudicating boards famers have been forced to sold the agricultural products on very unfavourable conditions, but they didn't want to join the agricultural farms established by the state. The resistance of rural population was the main reasons of failure the idea of gradual collectivisation of agriculture in Polish People's Republic. Contrary to the other socialist countries in Europe the base of polish agricultural industry after Second World War stayed the farms led by individual peasants. The penal–administrative repression applied against polish peasants in the Stalinist period was unable to replace free market economy rules, which ensure the development and profitability of agricultural production.

25 Notatka informacyjna dla Kolegium Ministerstwa Spraw Wewnętrznych o przebiegu orzecznictwa karno–administracyjnego w roku 1956 [Note for the Collegium of the Ministry of the Internal Affairs on the course of adjudication in petty offences in 1956], The Institute of National Remembrance, resource Home Ministry of Home Affairs II, sign. 4, pp. 283 sq.

26 *Marcin Łysko*, Przełom roku 1956 w Polsce a orzecznictwo karno-administracyjne [The turning point of 1956 in Poland and adjudication on petty offences], Zeszyty Prawnicze UKSW [Legal Notebooks of the University of Cardinal Stefan Wyszyński in Warsaw] 2011, nr. 11.4, pp. 292 sq. (277–305).

Andrzej Madeja

The Law, Economics, and European Integration

Abstract: European integration is a very complex phenomenon of various tiers and facets. Nevertheless, its crucial goal is to provide favourable terms for peaceful coexistence and efficient cooperation between the nations of Europe. These nations decided to open themselves to each other and to establish close bonds. Borders ceased to be impenetrable and impermeable lines of isolation. Simultaneously, various channels were established providing circulation in various ways. Finally, the European landscape was enriched with institutions set up and empowered to realise common interests and values. Such a practice didn't lead to an elimination of social systems, although the price was a limitation of states' latitude. There was no other way to maintain the integrity of the grouping, nor to preserve the positive effects generated by the process. The main measure used to achieve this has been the law. Institutions are based on the law; moreover they consist of the law. Thus the rule of law and legality are of crucial importance for their efficient operation and survival. The on-going process of integration comprises various sectors of public affairs. However, it develops in a special way within the scope of economics. What was planned and achieved is the Internal Market with Economic and Monetary Union. Their existence doesn't put national economies at risk, as the former (superstructure) are based on the latter (infrastructure). National governments agreed to realise at a European level a specific model of market economy, close to the German concept of Ordoliberalismus. This model stressed the significance of the law as a factor providing peace and order. Particular sectors of national economies were regulated, sometimes through coordination between representatives of governments. Therefore, the law serves crucial functions in the economics of European integration, making it a viable and feasible way of reaching of assigned goals.

Keywords: European Union, European Communities, European integration, economics, integration and regulation of economics

I. Introduction

The relation of economics and the law in European integration is quite a complex, controversial, and consequently interesting matter. It can be analysed from various perspectives. In this article I focus on how the law at EU level affects economics and is therefore perceived as a measure of practical application. I try to point out in what ways and modes it is used, what mechanisms it forms, and what purposes it serves. Undoubtedly EU integration is an ample, complicated, multi-faced, and multi-tiered phenomenon, and so analysis must be equally complex. Thus I have decided to present several issues that should be reckoned among the most important.

I start with a brief definition of integration as a phenomenon, its features, and implications. Then I explain briefly what I mean by the European integration process. Here I point out its origins, characteristic, and organisational structures which make the process unique and unprecedented. I base my views on both historical and theoretical findings on European integration. Next, I define the subjects of this process establishing what effect the process has upon national economies (III). To reach this goal I assume a perspective of sociological structuralism and structural functionalism. Further, I present the role the law plays in the process of integration in Europe (IV). I look at the European Community and the European Union as institutional aspects of the process (or its manifestations). I analyse two main matters: origin and competences. The latter comprises measures applied in practice by institutions (i.e. creation, application, and execution of the law). In this part I use a more legal-institutional perspective (analysis of the treaties mainly). Next, I briefly point out how national governments affect economics in capitalism (V). I base my assumptions on contemporary economics theory. Consequently, I look at how the EU affects economics. I reconstruct an economic model assumed and realised at the EU level (VI). I then go on to show the law's function in both negative (the elimination of obstacles to trade and production) and positive economic integration (common policies, coordination of national policies, moderation of laws). I seek potential novelties by comparing the EU methods with those of national governments. In the conclusion I sketch the overall economic complexity of the EU. I try to ascertain whether there is a European economic system governed by the EU and regulated by its law, or whether the picture is far less federal and national economies have in fact retained their independence (something that relates to the regulatory powers that national governments have maintained throughout the process).

II. The notion of integration

In order to avoid misunderstandings, I will start with rudimentary matters, i.e. a basic definition of integration as it relates to the EU. Integration differs from both unification and amalgamation because it does not lead to elimination of previously existing elements nor their identity. It brings about close relations and bonds: existing elements get closer to each other. Their relations become more intimate. People and countries that integrate must adapt to new terms by changing their ways of being and acting, which means their identities transform. Moreover, integration forms new phenomena and new qualities. What appears eventually (as an integration's implication) is far more complex than what existed before the process started. To sum it up: an integration transforms old structures, creates new terms for them, and generates new phenomena. Since that we may say that an integration transforms the reality.

European integration is a process of specific international cooperation which started symbolically on 9 May 1950[1]. On that day French Foreign Minister Robert Schuman presented a surprising declaration on behalf of his government. It was an invitation to the newly born West German state to participate in negotiations. The assumed goal was to set up a 'federal' institution responsible for the common administration of heavy industry sectors. In fact the substance of the document was prepared by Jean Monnet and his collaborators, although history has memorialised it as the Schuman Declaration. This declaration led to the creation of the European Coal and Steel Community, the first structure of a supranational character within Europe.

The process initiated by the Declaration is peaceful, legalistic, voluntary, negotiated, gradual and based on equality and partnership among the participants. Since the process of integration began it has been inextricably connected with the European Community and the European Union, which are structural forms of it. It should be stressed that not every form of cooperation in Europe falls within the scope of integration. For example, the Council of Europe and the OECD are structures of intergovernmental cooperation. The integration pattern is of unique character as to its organisational form and the measures applied in practice. European integration is based on several institutional and procedural solutions that cannot be traced through other European organisations. Above all, the EU (and its predecessor the EC) is of supranational character, which means it was granted and wields a wide range of ruling powers autonomously. Additionally, a special mechanism was set up to facilitate efficiency of EC and EU actions. From this perspective no one can deny that such a process is historically unprecedented and lacks any contemporary counterpart.

III. Subjects of integration

I claim that this is a crucial matter when we try to explain how the law affects economics within the context of integration. To investigate and analyse it properly

1 See Klaus Schwabe (ed.), Die Anfänge des Schuman-Plans, 1950/51, 1988; Andreas Wilkens (ed.), Le plan Schuman dans l'histoire: intérêts nationaux et projet européen [The Schuman Plan in the Historical Perspective: National Interests and European Project], 2004.

we should widen our methodological perspective, for a purely formal and analytical approach is neither sufficient nor produces satisfying results. Thus, let's adopt a more sociological perspective.

The Treaties[2] leave no doubt that the European Union consists of nation states that enjoy the status of member. Therefore, one can assert the answer is obvious: European nation states are involved in integration. However, if we stopped at this it would be a misleading oversimplification. The main thesis reads: these are societies that have engaged in the process. To prove this, we must properly interpret the meaning of 'the state' in contemporary Europe. To do this we should follow the path paved by the brilliant sociologists: structuralists and structural functionalists.

Firstly, we ought to keep in mind that a society is something far more than a simple arithmetic sum of individuals. Actually, it is a network of social groups and social institutions that are closely connected by various linkages. Therefore, this network has a twofold structure. On one hand, it is a so-called relational structure, a structure of relations between groups. On the other hand, we can point out the so-called institutional structure, formed by institutions. Social institutions are the most stable elements of society. They are a source of social relations providing a base and form for them.[3] The two 'halves' of social structure are interdependent and affect each other. Institutions determine social relations, while social practice can transform institutions.[4] One social institution is the state. It is indispensable and irreplaceable, but it can only exist and have meaning within a wider whole, a society.

We may also perceive society as a system – a social system.[5] Such a system has several segments, co-called subsystems,[6] including political, economic,[7] and cultural.[8] Each part (segment) of system comprises various institutions

---

2 Treaty on European Union [henceforth: TEU] and The Treaty on the Functioning of the European Union [henceforth: TFEU], signed December 13th 2007 in Lisbon. Consolidated versions: Official Journal C 326, 26/10/2012 P. 0001–0390.

3 *Jonathan Turner*, The Institutional Order, 1997.

4 They are stable, but not unchangeable: *Talcott Parsons*, On Institutions and Social Evolution, 1982.

5 *Talcott Parsons*, The Social System, 2005, pp. 45–76.

6 *Ramón Flecha/Jésus Gómez/Lídia Puigvert*, Society as a System of Subsystems, Counterpoints, 2001, vol. 250, pp. 7–18.

7 *Talcott. Parsons/Neil J. Smelser*, Economy and Society. A Study in the Integration of Economic and Social Theory, 2010, pp. 39–99.

8 *Helmut Staubmann*, Culture as a Subsystem of Action. Autonomous and Heteronomous Functions, in: Renée C. Fox/Victor Lidz/Harold J. Bershady (eds.), After Parsons. A Theory of Social Action for the 21st Century, 2005, pp. 169–178.

(which represent constituent elements), carries crucial functions, and cannot be substituted by any other. All segments are interconnected and interdependent, and affect each other. The whole system stays in touch with the surrounding world.

Let's focus on the political subsystem.[9] It consists of various elements, including the government (i.e. public authorities) and the law. In modern times this set of institutions is called 'the state'. The political subsystem also comprises more, for example political parties, labour unions, NGOs, but the state is a crucial element. The main function of a political subsystem is to determine common needs and goals (for example peace and order) and satisfy and attain them by taking necessary actions (for example imposing laws and maintaining relations with the external world). Thereby, the decision to enter the integration process is taken by institutions within the political subsystem ('the state'), as integration is a matter of common concern. Yet, this fact must not foreshadow the real state of affairs, specifically the decision affects the whole social system, all its segments. Consequently, the system is opened to the external world, or rather to chosen elements of it, i.e. to other social systems (societies) participating in the process. As I mentioned above, the state has its venue and operates within a society and – as a social institution – is one of that society's constitutive elements. Thus, it is better to say that partaking societies open themselves to each other.

We observe firstly a dwindling of the obstacles, hurdles, and impediments that separate societies, while secondly a simultaneous infrastructure facilitating contacts (cooperation, circulation) is created. These two measures are called negative and positive integration. They are always closely coupled and represent two inseparable aspects of integration. Analytically speaking participating social systems become disproved, 'dis-sealed'. What appears is twofold: openings in the boundaries between social systems (they become permeable) and channels of contacts between them. Consequently, borders and frontiers change their meaning and function.[10]

---

9 *Stephen P. Savage*, Political Power and Political Subsystems: Parsons' Analysis of Politics, Economy and Society, 1978, vol. 7, issue 2, pp. 157–174.

10 Claude Blumann (ed.), Les frontières de l'Union européenne [Frontiers of the European Union], 2013; *Ruben Zaiotti*, Cultures of Border Control: Schengen and the Evolution of European Frontiers, 2011.

IV. The law, integration, and the EU

All integration requires rules. They determine relations between the entities participating in the process. Various kinds of integration have various types of rules. Inter-human integration is based on social rules that originate spontaneously in social interaction. The integration of politically organised societies requires formal rules, i.e. the law.

The law plays a crucial role when we ponder the essence, nature, and character of the EU. Thousands of pages were written on this matter by experts in European law. But I dare to claim that to reach the goal, i.e. to understand how the law affects economics in the case of European integration, we should adopt a less formalist and less analytical, approach: once more a socio-legal perspective seems useful.

The EU had no spontaneous origin. Just the opposite: it is an artificial body intentionally created to serve various purposes.[11] One may assert that it possesses and independently exercises broad ruling powers, yet it lacks its own source of power. The Union (and previously the Communities) has nothing more than granted competences (art. 3 par. 6, art. 5 par. 1–2 TEU, art. 2 TFEU), as national governments have conferred upon it every power it wields. Its institutional structure was shaped through long talks and negotiations. Moreover, just as the EU was set up and has been modified, it may be suppressed or dissolved by governments. The Union is based on legal acts (treaties), which determine it through its competences, institutions, and procedures. This being the case, we can call it a 'legal creation'.

Therefore, the law is the main substratum of the EU. The Union lacks its own territory or citizens, rather it mainly consists of the law. This fact made Walter Hallstein name the EEC *die Rechtsgemeinschaft*.[12] Socio-legally speaking, the EU can be perceived as legal norms that have been obeyed and applied in practice (i.e. 'realised'). Nonetheless, values, representations, symbols, visions, concepts, habits, attitudes, and interests of groups and individuals must not be neglected.[13] They are crucial factors determining efficiency of the law. They make people obey and apply legal norms, as they are sources of legalistic motivations.

---

11 Finn Laursen (ed.), Designing the European Union: From Paris to Lisbon, 2012.

12 *Walter Hallstein*, Die EWG – Eine Rechtsgemeinschaft (12 III 1962), in: idem, Europäische Reden, 1979, pp. 342–348.

13 *Stephen Weatherill*, Law and Values in the European Union, 2016; Furio Cerutti/Sonia Lucarelli, (eds.), The Search for a European Identity: Values, Policies and Legitimacy of the European Union, 2008.

Secondly, the law is the main measure of the EU's activity. There are various types of EU competences. For the matter presented I start with a division: ruling and non-ruling, even though the Treaties have never applied such a terminology. In the case of ruling competences, the EU acts in a commanding and categorical way. Regulations, directives, and decisions are binding for various subjects (governments, particulars) (art. 288 TFEU). Ruling competences comprise legislative powers. Non-ruling competences are very different, as there is no elimination or diminishing of governmental powers. The UE issues opinions and recommendations. Sometimes its operations are of a supportive or supplementary character (art. 2 par. 5, art. 6 TFUE). The EU also performs so-called parallel activity, which is best seen in financial support from structural funds (Social, art. 162, Regional, art. 176 TFEU) and from the European Investment Bank (art. 309 TFEU). The last activity may be called *gestio*.

A Second division[14] is set out in the Treaty (art. 2 TFUE). There are: exclusive, shared, and supportive competences.[15] In the case of exclusive competences (art. 2 par. 1 TFUE) the EU enjoys a privileged position. National governments may not undertake independent legislative activity unless they are empowered by the EU. Thus, governments must follow the path determined by the Union. This allows the assumption that areas in which the EU enjoys exclusive competences (art. 3 TFUE) are completely integrated or even unified. Exclusive competence is of a total character, as it is based on a general empowerment. Yet, there are goals and guidelines set out in the Treaty, so the latitude is not absolute.[16]

Where there are shared competences (art. 2 par. 2 TFUE) there is no general empowerment to issue legal rules. There are singular empowerments within the scope of a given matter, for example agriculture, transport, energy (art. 4 TFUE). Moreover, governments still enjoy regulatory competence, and because of this competences regarding a given matter are shared by the EU and governments.

---

14 The former and the latter divisions overlap.

15 It should be pointed out that this is a novelty introduced in 2008 by virtue of the Lisbon Treaty provisions. For more than 50 years there were very serious doubts and tensions as to which competences are exclusive and which should or can be recognised as such. *Vlad Conctantinesco*, Compétences et pouvoirs dans les Communautés européennes [Competences and Powers in the European Communities], 1974; *Przemysław Saganek*, Podział kompetencji pomiędzy Wspólnoty Europejskie a państwa członkowskie [Division of Competences between the European Communities and the Member States], 2002.

16 Eleftheria Neframi (ed.), Objectifs et compétences dans l'Union européenne [Goals and Competences in the European Union], 2013.

EU legislative action must pass the subsidiarity principle test (art. 5 par. 3 TUE). Once introduced, the EU regulation enjoys primacy over national laws. But the EU may be obliged to take a step back once the terms that justified regulation have disappeared, meaning that these competences are competitive. In practice the EU and national governments must keep talking, as the reality of the situation is dynamic.

Finally, some competences are supportive, coordinative, supplementary (art. 2 par. 5, art. 6 TFUE). Somehow they are similar to and different from shared competences. The main difference is a purpose: the EU is to encourage, not to substitute for, government action. If these actions are regulatory, these are parallel competences, i.e. there is no competition between the EU and governments. No national law harmonisation may be performed that way.

When speaking of competences, we must not omit art. 352 TFEU, the so-called 'flexibility clause'. It is a specific subsidiary empowerment to undertake a necessary action to reach one of the goals when there is no power explicitly granted by the Treaty. The condition is unanimity in the Council and passing the subsidiarity principle test. The provision does not refer to Foreign and Security Policy – neither may serve to harmonise national laws.

This brief analysis of the EU's competences leads to the conclusion that the EU might be perceived as a huge and complex regulatory agency enjoying law-giving powers. As a rule, norms addressing particulars (citizens, entrepreneurs) automatically enter national systems.[17] Therefore, a division of competences between the EU and governments may be perceived generally as a distribution of law-giving powers.[18]

The EU creates the law but – in general – its rules are applied by institutions at a national level. Even in the case of exclusive competences national governments quite often apply EU law.[19] It is worth pointing out that the Union possesses central institutions solely. It lacks any of its own local authorities and is dependent upon the activities of national agencies: public administration and courts.

---

17 It is fully manifested by the so-called directness of the EU regulations. Art. 288 TFUE.

18 Sacha Garben/Inge Govaere (eds.), The Division of Competences between the EU and the Member States. Reflections on the Past, the Present and the Future, 2017; *Emmanuel Auber,* La répartition des compétences. Une comparaison Etats-Unis – Union européenne [Division of Competences. USA – EU Comparison], 2009; *Theodore Konstadinides*, Division of Powers in European Union Law, 2009.

19 An application of the Internal Market competition rules (art. 105 TFEU) is a rare example of an exclusive power to exercise and execute EU law by the Union itself.

It confirms that an issue of EU competence may be perceived as a right to purse legislation.

The significance of the law for the EU has many implications. In particular, legality, the rule of law, and efficiency of the law became a *conditio sine qua non* of the EU's survival. This explains why the Treaties provide a unique mechanism that assures that governments will honour their commitments (art. 258–262 TFEU). Yet, regardless of type of competence, EU law does not put out of force national legislation. Therefore, between the 1960s and 1990s the Court of the Communities (now the Court of the EU) formulated the doctrine of community law (today EU law) to assure its efficiency.[20] This doctrine was forged with the use of various elements borrowed from existing legal concepts, nonetheless it is unique and unprecedented. It was modified over years in order to serve the purpose of changing reality in the Communities and the Union and today comprises two main elements: the directness of EU law (its binding, application, and effect) and its primacy over every (even constitutional) national legal norm.[21] In general, it is oriented to provide efficacy of EU law and to make national authorities obey and apply it uniformly in the whole Union.

However, the EU still lacks its own measures to enforce decisions. There are no EU law-enforcement institutions, such as bailiffs or police (Europol has no such powers) (art. 88 TFEU). Therefore, we can say, in general, that the EU creates the law and declares when it has been breached. This confirms that the EU is 'soft power' in international relations. Or that because of its competences to create norms, it enjoys so-called normative power.[22]

---

20 *Andrew Wilson Green*, Political Integration by Jurisprudence, 1969; *Hjalte Rasmussen*, On Law and Policy in the European Court of Justice, 1986; *Mary L. Volcansek*, Judicial Politics in Europe, 1986; *Joxerramon Bengoetxea*, The Legal Reasoning of the European Court of Justice, 1993; Anne-Marie Slaughter/Alec Stone Sweet/Joseph Weiler (eds.), The European Court and National Courts – Doctrine and Jurisprudence, 1998; *K. J. Alter*, Establishing the Supremacy of European Law. The Making of an International Rule of Law in Europe, 2001; *Marlene Wind*, Sovereignty and European Integration, 2001; *Alec Stone Sweet*, The judicial Construction of Europe, 2004.

21 At one time the legal doctrine coined by the Court was far broader. For example, it comprised the so-called preclusion principle which served to widen the law-giving competence of the EEC: if the Community issued an act regarding a new area, it was 'colonised' and appropriated by it. Therefore, national governments were forbidden to pursue legislation in this area. The introduction of exclusive and shared competences to the Treaty in 2008 (as mentioned above) made the preclusion principle null and void.

22 Richard G. Whitman (ed.), Normative Power Europe. Empirical and Theoretical Perspective, 2011.

V. Governments, the law, and economics

The Contemporary Union is a very complex entity. It comprises diversified segments and spheres of activity. In this paper I'm concerned with two of these aspects only, i.e. economic and monetary. Yet, I should stress that they represent the biggest and the most advanced part of the EU. Therefore, I am referring to the major and dominant element of the whole Union.

Law is an inherent and necessary element of a social reality. It is an indispensable constitutive part of every social order that has ever existed. Consequently, there is no economic order without legal norms. The law cannot be questioned even in the case of a free market economy.

Let's invoke a social system schematic once more: the political subsystem affects the economic subsystem; institutions take various decisions, including issuing legal acts. This is a form of rule (*imperium*).[23] But the government can act as an economic actor (*gestio*), next to enterprises and households. If it does so, it must obey rules it has established for the economic subsystem. Thus, the government's role in economics is double.[24] I'm concerned with how the law affects economics and thus I focus on how *imperium* is exercised.

Governments can affect national economies in various ways depending on accepted and implemented economic doctrine. This determines preferred goals, and coupled with them permitted measures applied by institutions. Today this activity forms a coherent whole, i.e. an economic policy.[25] European societies have market economies[26] that have given rise to diverse interpretations and models of capitalism, within each of which is a cultural segment that acts as a lens through which the world is perceived and estimated. Economic doctrine must therefore be adequate to cultural standards and mentality otherwise its implementation (i.e. economic policy) won't be efficient. We can enumerate several varieties of capitalism in Europe, including: French *dirigisme*, German *Ordoliberalismus*, and British welfare liberalism, etc. Each version emphasises the necessity of different governmental operations, and different frequencies and intensities of these

23 *Anthony Ogus*, Regulation: Legal Form and Economic Theory, 1994.

24 *Krzysztof Makowski*, Rola państwa w gospodarce rynkowej [The State's Role in a Market Economy], 1992.

25 *Jan Kaja*, Polityka gospodarcza: wstęp do teorii [Economic Policy: An Introduction to Theory], 2014; *Dariusz K. Rosati*, Polityka gospodarcza. Wybrane zagadnienia [Economic Policy. Selected Issues], 2017.

26 *Dariusz Rosati/Zenon Marciniak/Dobiesław Tymoczko/Michał Konopczak/Alicja Ryszkiewicz/Henryk Bąk/Tomasz Dołęgowski/Paweł Lesiak*, Polityka gospodarcza w Unii Europejskiej. Wybrane zagadnienia [Economic Policy in the EU. Selected Issues], 2018.

operations. However, there are common features to these governmental operations: necessity, general competence, exclusiveness, ruling and compulsory character, legality (formal and substantial), directness, breadth, continuity.

The main reason is to provide favourable terms for business and in such a way stimulate economic growth. Growth in a nation's economy means higher tax income. Bigger budgets allow higher governmental spending and the financing of various government projects. Put briefly, it pays off for any government to have a thriving national economy.

VI. Ways in which the law affects economics at the EU level

The most important matter here is to ascertain what economic model is applied within the EU, a difficult question that requires profound analysis of the Treaties. Undoubtedly this is a market economy concept (art. 119–120 TFUE), although it has a compromising character because it includes features borrowed from various national traditions. It is not a complete or perfected model, rather it is still in creation, just as the EU adapts to the changing world. Yet, I claim it resembles German *Ordoliberalism*. There are several arguments to support such a point of view. Let's describe the most important. Public authorities are expected to provide and maintain economic order, for this will not happen spontaneously. This order is closely interconnected with political and social order. All three must be based on values that are respected and manifested in social practice (thus they seem 'natural' and 'immanent'). The activity of the authorities is indispensable: they issue legal norms, apply them, execute obligations, and by this carry the co-called *Ordnungspolitik*. These public institutions provide a framework ('edge terms') for economic activity. Here the rules of competition are of crucial importance. However, no excessive indicative planning is performed. And, of course, measurers of production are maintained by private entrepreneurs.[27]

27 We can also retrace how this model was adapted. *Patricia Commun*, La contribution d'Alfred Müller-Armack à l'initiation d'un ordre économie libéral en Europe de 1958 à 1963 [Alfred Müller-Armack's Contribution to the Establishing of a Liberal Economic Order in Europe, 1958–1963], in: Marie-Thérèse Bitsch (ed.), Le couple France-Allemagne et les institutions européennes [France and Germany and the European Institutions], 2001, p. 171–190; *Katja Seidel*, DG IV and the Origins of a Supranational Competition Policy: Establishing an Economic Constitution for Europe, in: Wolfram Kaiser/Brigitte Leucht/Morten Rasmussen (eds.), The History of the European Union: Origins of a Trans- and Supranational Polity 1950–72, 2009, pp. 129–147; *Brigitte Leucht*, How German is It? The Emergence of European Union Competition Policy and the Ordo-liberal Model, in: Sylvain Schirmann (ed.), Intégration

Therefore, it is a capitalism, but a regulated one that is a combination of freedom and efficiency on one hand and order and values on the other. There are a lot of values and goals set out in the Treaties (art. 2–3 TUE) and their realisation serves to organise the desired reality and order. Therefore the role of the law is significant – in fact it can hardly be overestimated. We can speak of the so-called economic constitution of the EU: the set of fundamental treaty rules relevant for economics.[28]

What then is new when compared with the standards of national economic policies? One could say that nothing is new, as public authorities affect economics, it's a case of old wine in new bottles. However, there is a huge novelty: we go beyond the national sphere expanding the scale. This problem is analysed by the theory of economic integration, i.e. how to provide favourable terms for enterprises on a regional scale.[29] The EU is an example of horizontal integration because it is one organisation with internally delimitated segments. Therefore, the Union affects economics in a very broad way. An alternative option is a sectoral approach. As a concept this was very popular in the 1950s because it seemed a reasonable step-by-step solution. In fact it served as the pattern for the first organisation, the European Coal and Steel Community, set up in 1952. However, its practical application undermined previous assumptions. The model was perceived negatively and ultimately rejected.

As I mentioned above, positive and negative aspects of integration are always coupled, something that is reflected in the structure and practice of the EU (e.g. art. 28 TFEU). For example one negative aspect is the liberalisation of trade and production factors between societies, the main purpose of which is to eliminate barriers for business activities. As a result, the free circulation of goods and other production factors (labour, enterprise, capital) is provided for (art. 26–30, 34–37, 45–66 TFEU). This is based on the fact that the goals of liberalisation regarding various goods and factors are set out in the Treaty, thus imposing obligations upon governments. Consequently, national authorities issue legal acts to eliminate obstacles (for example trade tariffs). We should keep in mind that the EU lacks the power to put national legislation out of force. Simultaneously, the Treaty imposes bans: governments may not

---

économique et gouvernance européenne depuis les années cinquante [Economic Integration and European Governance since 1950s], 2014, pp. 39–64.

28 *Tony Prosser*, The Economic Constitution, 2014; Artur Nowak-Far (ed.), Konstytucja gospodarcza Unii Europejskiej: aksjologia [Economic Constitution of the EU: The Axiology], 2010.

29 *Anna Czarczyńska/Katarzyna Śledziewska*, Teoria europejskiej integracji gospodarczej [Theory of European Economic Integration], 2007.

perform specific activities, specifically they are forbidden from restoring removed barriers. As we can see, the EU has no regulatory powers here, yet its institutions are empowered to intervene whenever governments fail to obey the Treaty.

The positive aspects of integration look different. Once more, the goals to be reached are set out in the Treaty, although this time the EU realises them through its own operations (art. 7 TFEU) and therefore undertakes actions, which its institutions are entitled to perform. These activities assume various forms and can be imperative and non-imperative. In the case of imperative, the EU exercises the law or creates legal norms.

Sometimes the Treaty sets up a common policy. It allows the EU to carry out planned, widely arranged and orderly activity. Goals are enumerated and various measures are applied (both non-imperative and imperative, including law-giving).[30] There are various common policies regarding various areas. There is no linking between exclusive competence and the existence of a common policy. Actually, the Treaties set out and determine matters of competences and common policies independently. There are common policies in which the EU exercises shared competences. Moreover, this is a rule (art. 4 par. 2 TFEU). Consequently, I will point out the following linkages and relationships. Exclusive competences mean the EU has a monopoly of regulatory and law-giving activity. In the case of shared competences the ampler a common policy, the broader the powers, the more EU legislation is pursued within a given sector. Therefore, EU regulatory activity looks different and assumes various intensities in different sectors. Exclusive competences lead to the full unification of a sector (art. 2 par. 1; 5 cases set out in art. 3 TFEU). Non-exclusive competence means that national policies are affected (deeply or superficially).

As a rule, the EU enjoys no regulatory competences in those matters in which it supports the operations of national governments (art. 2 par. 5, art. 6 TFEU). Yet, there are exceptions, for example in the case of a social policy (art. 153 TFEU), public health (art. 168 TFEU) or consumer protection (art. 169). In these matters the EU does not issue legal norms but creates common minimum standards that must be obeyed by national governments when they pursue legislation.

We can pose the question, why in some matters does the EU enjoy broad law-giving powers and not in others? And subsequently, why have the chosen sectors

---

30 *Kenneth Dyson/Lucia Quaglia*, European Economic Governance and Policies, vol. I-II, 2010; *Ali M. El-Agraa*, The European Union: Economics and Policies, 2011; *Joanna Dyduch/Monika Klimowicz/Małgorzata Michalewska-Pawlak*, Selected Policies of the European Union, 2012; *John McCormick/Jonathan Olsen*, The European Union: Politics and Policies, 2017.

been fully integrated and others only partially? The answer is not simple, especially as we tend to find the factors that were crucial for a precisely determined sector. However, a general explanation of the status quo is less difficult. Therefore, I would risk invoking two general, interconnected factors: the dynamics of economics (different spheres have to be treated differently), and particular national interests and preferences (leading to staunch government opposition to renouncing any regulatory powers).

Apart from common policies there are areas submitted to coordination,[31] for example there is no common economic policy and no common labour policy. Yet, no one doubts that governments' general economic policies are of the highest importance for the EU. Thus, since the very beginning of integration the Treaty obliges governments to coordinate and approximate national economic (art. 5 TFEU) and labour (art. 146 TFEU) policies[32] despite no final goal ever being set out. Therefore, coordination of this is an endless quest.[33]

In the coordination process the EU serves as a platform or forum for negotiations. In this sphere the Union enjoys non-ruling competences (recommendations of the Council, art. 121 par. 2, art 148 par. 2 TFEU). The Commission offers solutions, presents programs, etc. (art. 121 par. 2, art. 156 TFEU). An unanimity rule is applied and no decision enforcement mechanism is available (art. 121 par. 2–6, art. 148 par. 2 TFEU). Thus, the effects of coordination negotiations are compromises (their proper noun is 'conclusions'). Governments are expected to obey these conclusions at home when they pursue legislation (art. 120, art. 146 par. 1 TFEU) and the EU must also take them into consideration (art. 119, art. 147 par. 2 TFEU).

I would like to note two traits. First, the reluctance of cabinets to adopt binding acts in the coordination process, they prefer an intergovernmental mode. Secondly, a gentle but noticeable trend to make governments play the game (i.e. to tighten the discipline and enforce obedience to the law). A crucial factor that

31 Governments are expected to coordinate policy in the sectors under discussion here, for example transport policies that relate to trans-European networks (art. 171 par. 2 TFEU) and industrial policies (art. 172 par. 2 TFEU).

32 *Armin Steinbach*, Economic Policy Coordination in the Euro Area, 2014.

33 The only alternative is to form one European government that carries the common economic/labour policy. The unavoidable consequence of this would be a disappearance of national economic policies and a transformation of national economies into subsystems of one huge European economic system. Due to the lack of any European government the notion of European economic governance is applied. *Antonio Estella*, Legal Foundations of EU Economic Governance, 2018.

counters here is intervention and dynamics of reality, for example the mortgage and real estate crisis in the USA and the crisis of public finances in the EU. In March 2012 and January 2013 governments signed the so-called Fiscal Stability Treaty.[34] This develops art. 124 TFEU and provides for an enforcement of the rules of convergence (regarding among other things budgetary deficit and public debt). Originally this treaty was a measure situated beyond the EU system. However, a mechanism of enforcement was borrowed from the Treaty.

One of the crucial spheres of the EU's activity is the approximation of national laws, i.e. harmonisation.[35] As a rule, approximation refers to such regulations that are crucial to the set-up and function of the Internal Market (art. 114 TFEU). However, every norm that directly affects the Internal Market could also be modified by this process (art. 115 TFEU).[36] Here the Union enjoys ruling competences. It issues directives that are subsequently implemented at a national level by governments pursuing legislation. Governments are bound as to the aim, while they enjoy a kind of autonomy as to the measures applied. Thus they maintain law-giving power, but must use it to serve a specific purpose. This is a kind of cooperation between the EU and governments. Thus, competence in this sphere is sometimes called conjoint. Nevertheless, the dominant position of the EU is uncontested as it triggers the procedure and determines the goal of regulation.

The harmonisation of laws should be interpreted as a measure that is combined with the coordination of economic policies. In such a way two factors are coupled: general compromise regarding destinations and goals of economic policy on one hand, and effect upon national legislation via implementation of directives on the other.

Finally, there are matters for which governments are exclusively responsible, for example, and particularly, public security, order, and the regulation of property (art. 345, 346 TFEU), which according to art. 5 TEU belong to the *domaine reservé* of national governments. However, what falls beyond the remit of the EU may affect the Union and its structures. Thus, governments must exercise their powers within non-integrated areas in such a way that it does not negatively

---

34 Full proper noun: „The Treaty on Stability, Coordination and Governance in the Economic and Monetary Union". in: https://www.consilium.europa.eu/en/documents-publications/treaties-agreements/agreement/?id=2012008 (11.11.2018).

35 *Isidora Maletić*, The Law and Policy of Harmonisation in Europe's Internal Market, 2013; Mads Andenas/Camilla Baasch Andersen (eds.), Theory and Practice of Harmonisation, 2011.

36 However, unanimity is a necessary condition in the Council.

affect the Internal Market (art. 347, 348 TFUE), a solution that undoubtedly curtails governments' regulatory powers and autonomy.

At the end of this section let us try to specify common features of the EU's activity regarding economics and compare them with a characteristic of governmental operations (which I presented above in pt. IV). Above all, the EU enjoys no general competence, which corresponds fully with a principle of attributed competences. Nonetheless, the scope of the EU's activity is very wide, so speaking of its broadness is fully justified. Undoubtedly, there are matters in which the Union's actions are exclusive, although this is a short list of only five cases (art. 3 par. 1 TFEU). Thus, exclusivity is rather an exception than a rule. We can agree that directness describes the EU's operations, giving an imperative and compulsory character, although – as I tried to show – not always, and the EU cannot freely choose measures of action, as they are often fixed by the Treaty. We can also notice continuity of actions; and the last feature that can be traced is legality (formal and substantial).

As we can see, there are close similarities with features of government economic policy. Yet, it is not the same quality. The main difference is the lack of general competence. Admittedly, the goals of economic policy at the European level are the same as at the national: economic efficiency, growth, and progress. Moreover, they aim to produce positive results at the national level. There are no EU entrepreneurs – rather, they are of a national character and always belong to a given society. And thus the Union's activity should have a positive effect upon subjects operating within each of its societies. This explains the similarity of measures: they serve the same purpose, but must be adequate (suitable) to the scale and level of operations. Consequently, I would also point out one more thing. It is, in my opinion, a crucial novelty. Specifically, the cooperation of governments and co-exercising of EU competences. Which means that although the EU has its own institutions, they comprise functionaries sent there from various countries. Therefore, the operation of these organs represent a collective effort to reach common goals. And this is unprecedented, just as it reflects and confirms the Union's exceptional character.

VII. Conclusions

To understand the EU's economic complexity, we must identify the elements that an economic system consists of. These are: subjects (governments, entrepreneurs, households), rules (formal and informal), and profitable forms of activity. My position is that in the case of the EU we can speak at best of the submission (superiority/inferiority) of the chosen elements. Negative integration does not lead to the submission of national economies to the European system. That's an opening, not a subjugation. But negative integration is always coupled with positive, so let's focus on positive integration.

The EU enjoys non-ruling competences (persuasion, *gestio*). There is no threat to the autonomy of national governments or economies here. The Union has ruling, but still shared, (competitive) competences. That is a majority of EU competences. The EU pursues a legislation, but just when the terms have changed the EU must step back. This represents a submission of national policies regarding various economic matters, yet conditional and temporary. Thus I would not call it a submission of national economies, rather it is a submission of governmental powers to EU powers.

Of course, the EU also has exclusive competences. The five cases mentioned form the only situation in which the Union resembles a genuine unitary economic unit. The EU system comprises national subsystems. It is a multi-level system: actors from the national level operate at the European level. Subjects from various social systems are submitted to one law-giving centre, while national governments and rules are inferior to the EU.

National economies represent basic units, while EU economic institutions and laws are a superstructure. Each national economic system is a part (a subsystem) of a social system. Each of them maintains autonomy, which means an autonomy of national institutions, enterprises, and households. Economic systems are not totally isolated. Rather, they are relatively separated and interconnected. Serving that purpose is the so-called Internal Market (art. 26 TFEU): an area of free circulation of goods and production factors with common rules and policies.[37] This provides connection between national economies. We should remember that the strength of bond appears different in each economic segment and thus any autonomy of government differs in various matters.[38]

It's very important to keep in mind that the Internal Market does not devour national markets or economies. On the contrary, it is built upon them. The Internal Market provides contacts between national markets and economies and facilitates business operations. The very idea of the Internal Market serves to

---

37 *Stephen Weatherill*, The Internal Market as a Legal Concept, 2017; Jacques Pelkmans/Dominik Hanf/Michele Chang (eds.), The EU Internal Market in Comparative Perspective: Economic, Political and Legal Analyses, 2008.

38 The exercising of national governments' powers is also subject to judicial control: Phil Syrpis (ed.), The Judiciary, the Legislature and the EU Internal Market, 2012; Wolf Sauter/Harm Schepel (eds.), State and Market in European Union Law: The Public and Private Spheres of the Internal Market before the EU Courts, 2009.

maintain and protect national economics. The Internal Market is an example of the successful combined application of both negative and positive integration. And thus the Internal Market comprises plenty of elements at various levels. In the majority of cases EU and national policies are parallel and must somehow be agreed.

Nevertheless, there are cases of full submission. Firstly, the Monetary Union with its single currency area, the common currency policy, one currency unit, and the European Central Bank. Secondly, the Customs Union: the Common Commercial Policy and the Common External Tariff. To sum up, cases of full submission are so rare that I cannot admit there is a European economic system. Yet, there are the foundations and rudiments of such a system.

Governments haven't relinquished their powers once and for all. The Treaties may be amended, or the EU could even be dissolved. Moreover, cabinets (i.e. executive branches) have increased their powers. Indeed, crucial competences of the EU are co-exercised by government representatives gathered in the Council. And, if there were no EU, these competences would be exercised by national parliaments, and therefore cabinets are the net gainers in the process having availed themselves at the expense of national parliaments. Therefore, they will do a lot to secure the EU. This also corresponds with motives behind the decision to grant the EU exclusive competences. These five matters represent a *conditio sine qua non* for the Union's survival. The practice of integration showed that without such a solid foundation the EU would collapse because governments would question and undermine the cornerstones of the whole edifice. Consequently, exclusivity in monetary and commercial policy as well as common rules of competition were granted to the EU not for moral or ideological reasons. It was an act of reasonableness in historical circumstances. And it pays off for the governments to maintain the status quo. At last, introduction of exclusive competences eventually put an end to the danger of the extensive (if not excessive) interpretation of previously undefined EU competences by the Court. Therefore, far more is predictable and less risky.

In addition, integration admittedly intensified circulation and opened up national economies, an unavoidable effect of liberalisation. Integration also implied deregulation and a narrowing of national regulatory powers. I agree with Alan S. Milward[39] and John Gillingham[40], who say that integration has confirmed

39 *Alan S. Milward*, The European Rescue of the Nation-State, 1992.

40 *John Gillingham*, European Integration, 1950–2003: Superstate or New Market Economy? 2003.

and re-established a strong governmental position towards businesses. Moreover, integration can be perceived as a restoration or regaining of control over economy in a modern society. It's a submission of economic elements (or the whole subsystem) to political power on a wider scale. Consequently, governments did not resign from regulatory activity. I claim that they abandoned old ways of individual action within society. They started acting collectively at the regional level, using a solid institutional base for doing so.

The economic goals and the needs that the EU has to satisfy remain the same as those of national governments: efficiency and economic growth at the national level. However, the methods the EU uses to do this are innovative. Truly speaking, it could not be different for, as humans, we lack the capacity to create *ex nihilo*. We can at best use, transform, and adapt what already exists around us. Apart from this, every development should be gradual, otherwise the effects are neither stable nor durable. Therefore, the products of such a process can be recognised as conceptual novelties. The EU is a novelty: unprecedented and without a counterpart.

Andrei Novikov

Conditional testaments in old Russia: the effect of the social and economic order on modernisation

Abstract: The effect of foreign laws on the national legal system and their penetration into it was a significant factor in the modernisation of Russia's social and economic order (in which at the time the feudal order was still very strong). So, the question of to what degree foreign (including Roman law) legal experiences influenced Russian legislation, legal doctrine and procedural practice is a significant one. The aim of this article is to examine the effect of so-called 'conditional testaments', or 'conditional testamentary dispositions', on Russian inheritance law as a factor in its modernisation. The conditions in the will allowed people to expand the limits of the freedom of will set up by feudal prohibitions, limits that impeded the modernisation of property relations. We should stress that Russian legislators and judges referred legatum, substitution, fideicommissum to conditional testaments. Due to the predominant agrarian and patriarchal origins, the strong survival of group feudal order and the way in which Russia generally lagged behind industrially developed countries (France, Germany), Russian lawyers had to refer to foreign experience when regulating new bourgeois relations. The Russian legislature's juridical techniques were based on the achievements of Roman and foreign law. Foreign legal influence penetrated legislative practices and legal procedures because Russian lawyers mainly got their education studying Roman law and foreign legislation. Russian scientists, judges, senators, etc., constantly expressed their respect for Roman law, Roman juridical experience and contemporary legal science, especially that of Germany.

Keywords: civil law, conditional testament, legatum, Russian law, Roman law, Russia

I. Introduction

The effect of foreign laws on the national legal system and their penetration into it was a significant factor in the modernisation of Russia's social and economic order (in which at the time the feudal order was still very strong). So, the question of to what degree foreign (including Roman law) legal experiences influenced Russian legislation, legal doctrine and procedural practice is a significant one.

M. M. Speransky, creator of the Statute Book of Russian Law (*Svod Zakonov*; hereinafter: Statute Book), said that "while compiling a detailed contents of issues gathered in the Code, the best examples of Roman, French, Prussian and

Austrian legislation were taken into consideration".[1] Certainly, we cannot deny the great influence that the French Code had on those compiling the Statute Book, who imitated foreign systems, borrowed some norms and even frequently used literal translations. However, even the most superficial comparison of this project with Napoleon's Code proves that the former is not a simple translation of the latter. Therefore, it is important to ascertain what specific legal transplants penetrated into such a conservative part of Civil law as hereditary law.

The aim of this article is to examine the effect of so-called 'conditional testaments', or 'conditional testamentary dispositions', on Russian inheritance law as a factor in its modernisation. The conditions in the will allowed people to expand the limits of the freedom of will set up by feudal prohibitions, limits that impeded the modernisation of property relations. We should stress that Russian legislators and judges referred *legatum, substitution, fideicommissum* to conditional testaments.

In pre-revolutionary Russian practice a testator frequently included a condition leaving legacy to a successor, usually a definition of the successor's qualities, or of the date of the acquisition of legacy, or of an unknown future event relating to the legate's inheritance. In Roman law this is the so-called *modus, dies, conditio*.

The first part of the 10th volume of the Statute Book collects the rules about testament succession. We do not find direct permission for or prohibition against a testament based on conditions. However according to article 1011, "it is allowed that one leave by will one's property to heirs for the full property, and to transfer it for temporary use or possession". This is the article that allows a testator to leave by will inheritance property to his or her heirs on certain conditions. Further, the possibility to include a condition in a testament is mentioned in the note on p. 1011 according to State Council resolution of 1839, and the imperial order of 18 November 1839 on the case of Lopukhina's testament.[2] In the annotation

1 For more detailed information about the creation of the Statute Book of Russian Law and its sources s. *Gabriel Shershenevich* [Габриэль Шершневич], История кодификации гражданского права в России [History of Codification of Civil Law in Russia], 1898, p. 88.

2 In the Russian Empire, the State Council was the supreme consultative council (for the discussion and preparation of bills). The State Council was divided into 4 departments: laws, military affairs, civil and spiritual affairs, state economy. The Department of Civil and Spiritual Affairs considered particularly complex and controversial cases of hereditary, land and other property disputes. Based on the resolution of the State Council, the emperor issued a personal order in particular cases. Most of the civil cases were resolved by the Ruling Senate, which was the highest state legislative

it is said that "a proprietor of an acquired estate (*versus* an estate in tail) has it freely and without restriction, and can gift and leave it by will at his discretion and he has the right by force of testament to impose on his heir, for the period of the life of this heir, of any kind of obligation of a property nature, for example on the question of money payments (art. 1086) etc.; and after an heir's death when an inherited estate becomes hereditary (that is to say an estate in tail), it cannot be managed by the first owner's will in the case of management or its further passing to another person's hands".

We should emphasise that in Russian law, when compared with contemporary European laws, there was a division of properties, based on the old feudal order, into property acquired (*blagopriobretoennoe*, property that was gained by a property owner himself) and ancestral property (*rodovoe*, mainly gained due to hereditary law). Therefore, a testator was only able to dispose of property acquired by purchase. Another peculiarity also connected with Russian feudal group order was majorat, inalienable hereditary estates ascertained in a public procedure, although these were not numerous. Outwardly, it rather resembled Roman family *fideicommissum* but was of a different origin and legal character. So, if a Roman *fideicommissum* was the phenomenon of civil law, i.e. it could be settled freely by testators, Russian majorat was strictly a formation of public law.

The possibility to make a conditional will was admitted by Russian legislation even earlier, for example in the *Sobornoye Ulozhenie* (Civil and Penal Code) of 1649 (chapter XVI articles 9–10 and chapter XVII article 43). This is why it was not necessary for Russian legislators to borrow an adequate norm from any current foreign law or from Roman law. The influence of adoption was revealed in the practice of the Senate's resolutions. The senators' discussions were well preserved in the senatorial session materials.

All the questions connected with testament conditions were interpreted by the resolutions of the Civil Cassation Department of the Ruling Senate of the Russian Empire. We found and examined 22 senatorial solutions in the Russian State Historical Archives that contained the motives of the senators and were connected with contests of conditional testaments. From 1868 to 1908 the cases on conditional testaments appear in the following order: 1868 №25, 1869 №816, 1869 № 11334, 1872 №1223, 1873 №1074, 1873 №1530, 1876 №460, 1879 №27, 1880 №78, 1881 №16, 1882 №63, 1886 №20, 1888 №63, 1890 №29, 1890 №42,

body as well as the highest executive and judicial power in the Russian Empire, subordinated to the emperor and appointed by him. The structure of the Ruling Senate included several departments among which was the Ruling Senate's Civil Cassation Department, which was the supreme civil court (from 1864).

1891 №112, 1901 №111, 1902 №112, 1908 №77. Conditional testamentary dispositions on deposit in banks are: 1870 №981, 1874 №244, 1875 №430.

II. The dogmatic approach

The absence of a direct definition gave the Senate an opportunity to interpret and comment on the question of conditional testament. Many senators and advocates had a juridical education (for example Bogolepov, Pobedonostsev, Pakhman)[3] and had studied Roman and Pandect law at university, and this was an important factor in the senate formulating their resolutions and in the advocate's arguments.

Russian scholars underlined the terminological advantage of Roman law, in which a condition is indicated as *conditio*. Since in Russian law the definition of condition is quite broad, it has to be constantly specified in its technical and juridical meaning.[4]

In the theory of Civil law, and during a judicial investigation, Russian lawyers often use Latin terminology from the *Institutes* by Gaius, and from the *Digests*. In the doctrinal sense, when defining and classifying conditions all Russian lawyers (senators, advocates, and judicial clerks) adopt the Roman division as a model:

- positive and negative;
- suspensive (*negotium juris est in suspenso*) and resolutive (*negotium juris est resolvitur*);
- potestative, accidental, mixed;
- possible and impossible;
- physically impossible and morally impossible.

---

3 Nikolay Pavlovich Bogolepov (1846–1901) was a Minister of National Enlightenment, Rector of the Moscow University and Professor of Roman Law. His thesis was "Formal restrictions on the freedom of will in Roman classical jurisprudence", 1881; Konstantin Petrovich Pobedonostsev (1827–1907) was a Russian jurist and statesman. Though Pobedonostsev was mostly known as a statesman and thinker, his contribution to Russian civil law was significant. He was generally regarded as one of the most educated European jurist of the 19th century. His main work was the three-volume "Course of Civil Law", 1868, 1871, 1880; Semen Vikentevich Pakhman (1825–1910) – Russian jurist and senator of the Ruling Senate's Civil Cassation Department (1884–1896), worked in the commission for preparation of Russian Civil Code. One of his most famous works is "Customary Civil Law in Russia", 2 volumes, 1887, 1889.

4 For example, *Vasily Sinaysky* [Василий Синайский], Русское гражданское право [Russian Civil Law], 1912, reprint 2002, p. 154; *Dmitrij Meyer* [Дмитрий Мейер], Русское гражданское право [Russian Civil Law], 1897, p. 152.

The very intellectual atmosphere was permeated with the spirit of Roman law. For example, professor of Russian Civil law V. I. Sinaysky giving an arbitrary condition in the manual on Russian Civil law says: "if a person wishes to leave for Africa"[5]. He says to Africa, not to Siberia or the Crimea. Although students of Kiev University, who listened to Professor V. I. Sinaysky's lectures on Russian Civil law, could hardly face such a condition in deals that were made in Russia.

According to the Senate's practice we can single out the following conditions, which caused a judicial investigation: the heir's coming of age (№816 of 24.09.1869) or attaining a certain age (№111 of 20.11.1901), prohibition to alienate an inherited property (№22 of 15.03.1889, № 112 of 13.11.1902), money payment to a third person (№ 112 of 06.11.1891), an heiress marrying and having children (№ 63 of 17.03.1882), relatives being influenced to cease claims against the indicated by a testator (№ 460 of 27.10.1876), death or second marriage (№ 1074 of 05.09.1873, № 28 of 30.01.1879, № 20 of 26.03.1886, № 42 of 1890), prohibition to contest a testament (№ 16 of 11.02.1881). We can find all these conditions in Roman law.

III. Judicial Practice

Dispute occurred due to one of the testament's points left by *nadvorny sovetnik* (aulic counsellor; Russian high bureaucracy) Peter Dobrovolsky, where he stressed that "I leave by will my movable property as well as immovables and money resources to my close and distant relatives, and if one of the class lodges a claim this person should be deprived of the inheritance (indicated parts of the property) and these parts of the inheritance should be handed over to my lawyer Mikhail Dobrovolsky".

Plaintiffs, Dobrovolsky's grandsons Ivan and Pavel, inherited 1500 roubles. Natalia Alyavdina (Razumovskaya after marriage), who inherited 3,000 roubles after the testator's death, contested the testament in 1878 in a judicial trial, demanding it be deemed invalid. They lost a lawsuit and an heir (Mikhail Dobrovolsky) appealing to the broken condition of the testament refused to pay the inherited sums.

The plaintiffs attempted to get the payments. They declared that their civil rights, inherent to everyone, meant that no one could be deprived of the right to appeal for judicial protection and to restore a broken right on the grounds of the adequate laws since every civil contest is settled in a judicial investigation, and

5 *Sinaysky*, Russian Civil Law (supra fn. 4), p. 154.

that it was unlawful to deprive a person of a bequeathed property. According to the "common sense and spirit" of Russian laws, plaintiffs cannot be deprived of the leaving by will payments if the persons caused the trial against the testament, which is why the condition that did not allow someone to lodge a claim should be admitted as an unlawful disposition.

A testator leaving part of his property to somebody by will on the condition that they not contest the will does has not made an unlawful disposition. Since it is an heir's will to accept or not to accept the condition, the person obeying the condition or not has not made any unlawful action if he chooses this or that mode of accepting an inheritance provided by law, that is to say he inherits according to the law. In the case of an heir who could succeed under the given conditions being allowed to inherit despite his contesting and failure of the process to deem it invalid, this could mean that the heir might be granted a right which was not left to him according to the testament. Such a statement could lead to the violation of a testator's will, and of art. 1010 of the 10th volume, part 1 of the Statute Book. The Senate resolved that the demand not to contest the will in court was legitimate. If a person contesting the will was not able to show the document's invalidity, this person should obey the testator's will, that is to say if the property is left to him without any conditions he can get the property without conditions; and if the person is to get the property under certain conditions he or she can get it only once those conditions have been met.[6] Here we see that the recognition of the lawful condition on the prohibition against contesting a will makes inheritance by will more stable and undoubtedly contributes to the strengthening of the principle of freedom of the will.

In 1889 Katherine Leblan's will was read. It was said there: "I leave by will to my son Gavriil for a life use the incomes until he is sixty, that is to say until 22 May 1901, and the house in Orel, and 142 desyatins [measurement of land area] with buildings in the village of Afanasyevka; when he is sixty the indicated estate leaving by will for a life use is to become his own full property". In accordance with Katherine Leblan's testament the other son, Victor Leblan, received other property.[7]

---

6 Решения Гражданского Кассационного Департамента Правительствующего Сената. За 1881 год [The Decisions of the Ruling Senate's Civil Cassation Department. For the Period of 1881], 1912, p. 48.

7 Решения Гражданского Кассационного Департамента Правительствующего Сената. За 1901 год [The Decisions of the Ruling Senate's Civil Cassation Department. For the Period of 1901], 1911, p. 219.

The Senate was also encouraged to use an analogous law in order to apply similar norms to gift (articles 937, 938, 976, 977, volume X, part 1 of the Statute Book). There is a rule regarding gifts saying that a given property cannot be transferred until any conditions are fulfilled. To support their position they referred to the norms of Roman law and foreign legislation regarding *legatum*. They tried to prove that before the condition is performed an heir has the right to inherit but not the right to acquire after the heir's acceptance of the inheritance. Since Gavriil Leblan (the heir) had died before he performed the condition he did not acquire the right to leaving by will money sum.

The Senate explained that articles 976 and 977 did not refer to all kinds of uncompensated acquirement of rights for property indicated in the legislation but only to the contract of gift deeds, and cannot be applied to wills in cases of death. Russian Civil legislation does not provide any specific statements on legacy (*legatum*) as a special institution of testamentary law characteristic of Roman law and the foreign legislation which adopted Roman law.[8] In this case, the Senate restricted the freedom of the will and did not recognise the legality of establishing a legacy, although Russian law did not contain a direct prohibition of the establishment of legacy in the will.

On 31 March 1869 in the Kursk Chamber of the Civil Court two testaments were read. They were left by a hereditary honoured citizen Nikolay Chumichyov. In the first testament Chumichyov transferred all his movable property, and in the second, which was a supplement, he gave the following dispositions: he left by will a house with land parcel in Kharkhov for lifetime inheritable possession to his daughter Marya Podkovantseva if she persuades her son-in-law, prince Divlet-Kildeev, and her daughter, princess Anna Divlet-Kildeeva, to cease the suits that they started against the testator and his heirs and not lodge new suits on the inheritance left by her husband, Nikolay Podkovantsev. If Divlet-Kildeevs did not cease the suits the indicated house was to be given to the testator's great grandson, Fyodor Dobrynin as full property.

Answering the suit to have the condition ruled invalid because it restricted an heir's rights of property, the defendant objected that according to the meaning

8 *Grigory Bertholdt* [Григорий Бертгольдт], Сборник решений Гражданского Кассационного Департамента Правительствующего Сената по делам о духовных завещаниях [The Collection of Decisions of the Ruling Senate's Civil Cassation Department on Testaments. For the Period of 1904–1908], 1910, pp. 262 sq.; Решения Гражданского Кассационного Департамента Правительствующего Сената. За 1908 год [The Decisions of the Ruling Senate's Civil Cassation Department. For the Period of 1908], 1912, p. 173–176.

of article 1011 part 1, volume 10 of the Statute Book: "A testator can by his own will transfer his acquired property without conditions or on condition, that is to say that a testator passing on his property is allowed to impose on his successors some obligations; due to this position successors wishing to use the willed property cannot evade the obligations imposed by the testator and should obey them without restriction, and if they find the conditions unfavourable or difficult to perform they are allowed to refuse the rights given to them according to the testament".

We should emphasise here the principle of the universal succession. If we suppose the transfer of property rights to an heir without taking into account conditions under which the rights can be performed, it leads to a singular succession, that is to say, to the succession of rights and refusal of conditional obligations.[9] Judicial practice began to recognise the right of the testator to induce the heirs not to perform certain actions.

The Judicial Chamber of Kharkhov admitted the dispositions (the testator was Rudenko) of a testament to leave by will the immovables and a percentage of the money resources to the testator's wife for a life use till her death or new marriage, not contradicting article 1011 part 1 volume X of Statute Book.[10] The Senate resolved that in this case the testator transferred his estate to an heir for a full property. He had just postponed the term when an heir entered into possession as his own property and left it for the temporary use of another person (1871 № 643). The duration of temporary use or possession is given as a certain term or dependant on any accidental or conditional event. Rudenko left his property for the use of his wife so that in the case of her death or remarriage the church of Akhtyr God Mother could take the estate into property. The testator acted according to the law (article 1011, volume X, part 1 of Statute Book) because he designated only one legal person to accept property under the condition that the

9 *Georgy Bertholdt* [Григорий Бертгольдт], Условные завещательные распоряжения и подназначение наследника (субституция) (ст. 1011 т. X ч. 1 и примечание к ней). Сборник решений Гражданского Кассационного Департамента Правительствующего Сената [Conditional Testaments' Dispositions and Substitute. The Collection of Decisions of the Ruling Senate's Civil Cassation Department], 1897, p. 117; Решения Гражданского Кассационного Департамента Правительствующего Сената. За 1876 год [The Decisions of the Ruling Senate's Civil Cassation Department. For the Period of 1876], 1911, pp. 869 sq.

10 Решения Гражданского Кассационного Департамента Правительствующего Сената. За 1873 год [The Decisions of the Ruling Senate's Civil Cassation Department. For the Period of 1873], 1911, p. 172.

estate was his wife's to use until her death or remarriage, although he laid down no further inheritance after the death of his heir.

The court recognised the possibility of transferring part of the inheritance for provisional use not to the heir, but to another person, but it excluded the possibility of establishing a *fideicommissum*.

On 22 June 1868 Porfiry Filippov Emelyanov made a will according to which his house in Moscow was to become the full and inalienable property of his wife, Marya Ivanovna Emelyanova. In the testament there was also the condition that: "if my wife M. gets married, she is disinherited". The plaintiff's advocate V. Plevako[11] attempted to prove that the condition was in contradiction to the law. The case was that the prohibition on getting married was an immoral disposition and must be declared invalid. Plevako divided the conditions into two groups: the first group combined conditions restricting the right of ownership until it would transfer to another person – the main thing here is that these restrictions were not immoral; the second group combined all the conditions defining the future of the property after it transferred to another person, and these conditions, certainly, are invalid. Substitutes of any kind are considered invalid by the law. Plevako emphasised that the plaintiff admitted the defendant's rights of ownership of the contested property and that his demand should be defined as admitting the testator's right to establish a substitute.

The Court resolved that Emelyanov gave his wife only the right of possession and use of the house while she is a widow and until she remarries, that is to say, the separate right of owner without the main right, that of disposition of his property. The testator's disposition cannot be an invalid condition which could also make the testament's disposition on the house invalid since Emelyanov was not prohibiting his widow from remarrying, rather he says that if she remarries, she would be disinherited.[12]

The Senate admitted that the text of chapter 5, section 1, Book III, part 2, volume 10 of the Statute Book on testaments cannot serve as direct resolution of the question. According to the law (article 1011) property can be left by will as full property or as temporary possession, but there is no prohibition against transferring or leaving by will a full property under a resolutive condition. The Senate deemed that it was not prohibited for a testator to include suspensive

11 Fyodor Nikiforovich Plevako (1842–1909), a famous Russian lawyer and orator.

12 *Bertholdt*, Conditional testaments' (supra fn. 9), p. 122; Решения Гражданского Кассационного Департамента Правительствующего Сената. За 1879 год [The Decisions of the Ruling Senate's Civil Cassation Department. For the Period of 1879], 1911, p. 81.

conditions regarding property or its parts in the will. The legislature's silence on the possibility of willing property with conditions does not give anyone the right to deny this possibility or suppose that, as mentioned in article 1011, two main kinds of the testament exclude all secondary definitions and forms that can reflect a testator's will.[13]

We cannot but notice that the very question of the possibility of adding conditions that curtail the right of property (resolutive) is solved unequally in different legislations; it is solved negatively mainly in those legislations where there is a lawful meaning to appointing an heir, which is alien to Russian law because it does not ascertain a formal difference between the designation of an heir in the testament and *legatum*.

Despite of the fact that article 420, part 1, volume 10 of the Statute Book underlines heredity and permanent (without a time limit) possession, use and disposition of the acquired property (article 420, part 1, volume 10) describes the acquisition of property under a resolutive condition, exactly as in the laws of gift. The opposite interpretation of the question was given by G. F. Shershenevich: "A testament admits only a suspensive condition but not a resolutive one, because the right of property when it is once acquired cannot be changed. That is why we should acknowledge the testament's disposition that prohibits a wife to get married otherwise she is disinherited invalid, because the condition contradicts the sense of the law expressed in article 1011, volume 10, part 1 (*contra* cassation decision 1879, № 27)".[14]

All the conditions mentioned here can be found in Roman law. Accordingly, if someone orders to give a *legatum* by three equal parts to an heir, when he or she comes of age; coming of certain age; the prohibition to alienate inherited property; to pay some money to a third person; if a woman marries and have children; to influence relatives in order to make them stop suits against people indicated by a testator; death or second marriage; the prohibition to contest a testament.

Certainly the conditions included in a will cannot be considered legal transplants. The wish for an owner to influence the future of a property after death is common due to the similar circumstances and intentions in Roman as

---

13 *Bertholdt*, Conditional Testaments (supra fn. 9), p. 126; Решения Гражданского Кассационного Департамента Правительствующего Сената. За 1879 год [The Decisions of the Ruling Senate's Civil Cassation Department. For the Period of 1879], 1911, pp. 83 sq.

14 *Gabriel Shershenevich* [Габриэль Шершеневич], Учебник русского гражданского права [The Textbook on Russian Civil Law], 1901, p. 680.

well as in Russian laws. When solving contests in the Senate parties often used Roman legal constructions, although it was not necessary to refer to them. In some cases the Senate also used the norms of Roman law to support its position.

The expansion of the freedom of the will by the inclusion of conditions in it testifies to the growth of individual economic independence and the weakening of the feudal restrictions available to owners.

IV. Conclusion

Due to the predominant agrarian and patriarchal origins, the strong survival of group feudal order and the way in which Russia general lagged behind industrially developed countries (France, Germany), Russian lawyers had to refer to foreign experience when regulating new bourgeois relations. The Russian legislature's juridical techniques were based on the achievements of Roman and foreign law. Foreign legal influence penetrated legislative practices and legal procedures because Russian lawyers mainly got their education studying Roman law and foreign legislation. Russian scientists, judges, senators, etc., constantly expressed their respect for Roman law, Roman juridical experience and contemporary legal science, especially that of Germany.

We see that many traditional legal institutions acquire another point and colour Russian national soil. Apart from this, we should not forget that the majority of the Russian Empire's population (the Russians and many other populations) lived according to common law. The question of whether to follow customs and people's views on the law, or to apply centuries-old Roman and foreign countries' experiences remained unsolved by the beginning of the First World War.

Sanita Osipova

Anforderungen an das Notarsamt: Garantie für die Sicherheit von Rechtsgeschäften auf dem Gebiet Lettlands (Ende 19. Jh. – erste Hälfte 20. Jh.)

Abstract: Requirements for the Profession of notary: Guarantee of legal certainty in the territory of Latvia (end of 19th century, first half of the 20th) In the 19th century, along with the formation of civil society and the free market a demand for a new regulatory framework emerged, particularly for a better legal security of transactions. The territory of Latvia, which at the time was part of the Russian Empire, was also affected by various substantial reorganisations that took place during the 19th century. Under the Judicial Reform Law of 9 July 1889, the local judicial system in the Baltic governorates was transformed following the Russian model, and, among other things, the Latin-type notarial system (Latin notariat) was introduced. The period covered by the research is divided into three stages of evolution of notariat in the territory of Latvia: (1) the establishment of the Latin notariat in the Russian Empire as part of the judicial reform in 1867; (2) the intention to reform the institution of sworn notaries in the Russian Empire in 1903; (3) the institution of sworn notaries in the Republic of Latvia in the inter-war period of the 20th century. The research examines the institutional independence of notaries, as well as the regulatory requirements for notaries set to ensure legal security of transactions concluded at the notary. The Latin notariat is characterised by the notaries' independence in performing their duties of office, in particular by rules on the incompatibility of offices, and the office candidate is required to have legal education, professional experience, good reputation, as well as to meet the age requirement and to have certain life experience. The research concludes that in none of the three identified periods could the legal security protection level characteristic to the Latin notariat be fully guaranteed in the territory of Latvia, as there were derogations from both the notaries' independence principle and the professional competence requirements. The age threshold for the office candidate (initially set at 21) was impermissibly low, as a person of this age could not possibly be socially mature and have the necessary education or work experience. Yet the most substantial derogation consisted in that the notaries' independence was being increasingly restricted as the executive authorities' competence to decide on notaries' work, and even to displace notaries, expanded.

Keywords: Latin-type notarial system, notariat in the territory of Latvia, legal security of transactions, the institutional independence of a notaries

„Die moralischen Pflichten eines Notars sind Gewissenhaftigkeit und Gründlichkeit, Ordnung und Gewissheit, Diskretion, Amtswürde, Unparteilichkeit, Disziplin, Freundlichkeit, Geduld und Kameradschaftlichkeit.“

(Vilis Lūkins)[1]

I. Einleitung

Gerechtigkeit, Frieden und Rechtssicherheit sind in der Gesellschaft universale Werte. Nachdem die große Französische Revolution Ende des 18. Jahrhunderts die Ideen der Aufklärungsphilosophie in Europa verbreitet hatte, änderte sich im Verlauf des 19. Jahrhunderts die Wahrnehmung vom Menschen, von der Gesellschaft, Staatsverwaltung, Rechtsquellen, Wirtschaft und von vielen anderen für die Gesellschaft wichtigen Erscheinungen wesentlich. Bauern wurden von der Leibeigenschaft befreit und Grundstücke wurden durch die Aufhebung des Lehnsystems frei verkehrsfähig (sog. Bodenmobilisierung). Der Handelsaufschwung und die Zunahme zivilrechtlicher Geschäfte erforderten einen neuen Rechtsrahmen, darunter auch eine größere Rechtssicherheit für Verkehrsgeschäfte. Die Staaten griffen zum Mittel der Kodifikation, reformierten das Zivilrecht sowie Zivilverfahren, modernisierten die Justiz und normierten neue Rechtsgebiete, darunter das Handels-, Gesellschafts- und Wertpapierrecht. Die Gesetzgebung löste das Gewohnheitsrecht auch im Privatrecht schrittweise ab.[2] Der Konstitutionalismus schuf im Verbund mit anderen Institutionen die Grundlage für die moderne Zivilgesellschaft, für den demokratischen Rechtsstaat des 20. Jahrhunderts. Auch die Einwohner der Gebiete Lettlands, die damals ein Teil des Russischen Reichs waren, erlebten im Laufe des 19. Jahrhunderts große Veränderungen in Recht und Gesellschaft. So wurde im Jahre 1817 in Kurland und im Jahre 1819 in Livland (lett. Vidzeme) nach dem Vorbild Polens die Leibeigenschaft aufgehoben, die Agrarreform folgte den preußischen Erfahrungen.[3] In der zweiten Hälfte des Jahrhunderts leitete das Russische Reich die Politik der

---

1 Der Notar Vilis Lūkins (1903–1996) stammt aus der Stadt Tukums. Er diente in der lettischen Kommission zur Vorbereitung des Notariatsgesetzentwurfes. Das Zitat stammt aus seinem Archiv, das der Familie von Imants Žodziks gehört. Die Autorin hat die Materialien am 2. Februar 2012 in Jūrmala gesichtet.

2 *Erik Anners* [Эрик Аннерс], История европейского права [Geschichte des europäischen Rechts], 1994, S. 275–295.

3 *Jānis Lazdiņš*, Baltijas zemnieku privāttiesības (XIX. gs.) [Baltisches bäuerliches Privatrecht (XIX. Jh.)], 2001, S. 101–103.

Reichszentralisierung und -modernisierung ein. In diesem Rahmen wurde auch die Gerichtsreform von 1864 durchgeführt. Das Gesetz vom 9. Juli 1889 über die Justizreform im Baltikum gestaltete die lokale Justiz in den baltischen Provinzen nach russischem Vorbild um.[4]

Das Thema unserer Tagung stellt die Verflechtung von Recht und Wirtschaft, insbesondere das Recht als staatliches Instrument zur Förderung des wirtschaftlichen Aufschwungs in den Mittelpunkt. Es ist in jedem Fall von Interesse, dieses Thema vom Gesichtspunkt der Rechtssicherheit aus zu betrachten. Denn gerade die Rechtssicherheit garantiert die Stabilität des geschäftlichen Umfelds und fördert den wirtschaftlichen Aufschwung. Zur Themenbegrenzung beschränkt sich die folgende Studie auf die Ämtervereinigung und die Anforderungen an die Fachkompetenz der Notare auf dem Gebiet Lettlands.

Ein kompetenter, objektiver und unabhängiger Notar garantiert die Rechtssicherheit bei der Abwicklung von Geschäften. Die Anforderungen, die an den Abwickler, nämlich den Notar, gestellt werden, zeugen von der staatlichen Entscheidung zwischen gebildeten und ehrlichen, aber nicht juristisch gelehrten Personen und hochqualifizierten Juristen. Der Staat muss abschätzen, wer am besten die Rechtssicherheit bei der Abwicklung von Geschäften gewährleisten kann. Zu berücksichtigen ist ferner das Prinzip der Gewaltenteilung, d. h. die funktionale und institutionelle Trennung von Ämtern, das auch für die Justiz gilt und somit die Unterscheidung zwischen Notar und Anwalt einfordert. Der Notar ist ein neutraler „Familienjurist",[5] der Anwalt verteidigt dagegen die Interessen seines Mandanten, d. h. einer einzelnen Person. Gleichwohl kann der Notar in einen Interessenkonflikt geraten, wenn es in der Familie einen Konflikt gibt. Ich vertrete die These, dass ein Staat die Anforderungen an das Notariat strenger ausgestalten und die passenden Instrumente bereitstellen muss, wenn er die Rechtssicherheit der Geschäfte vor dem Hintergrund ihrer öffentlich-rechtlichen Bedeutung erhöhen möchte.

Ende des 18. Jahrhunderts folgte in Frankreich die Justizreform auf die Erklärung der Menschen- und Bürgerrechte.[6] Die Reform führte nicht nur ein modernes und international vielbeachtetes Gerichtssystem mit drei Instanzen

---

4 Ibidem, S. 11.

5 *Vilis Lūkins*, Notargesetz. Text, Erläuterungen und Anhänge. Inoffizielle Ausgabe, 1940. Die von der Autorin verwendete Kopie befindet sich im Archiv von V. Lūkins, das der Familie von Imants Žodziks gehört. Die Autorin hat die Materialien am 2. Februar 2012 gesichtet.

6 *Stephan Meder*, Rechtsgeschichte, 2. Auflage, 2005, S. 260 f., auch *Werner Frotscher/ Bodo Pieroth*, Verfassungsgeschichte, 5. Auflage, 2005, S. 32 f.

ein, sondern sie transformierte auch jene Institute deutlich, die traditionell die Tätigkeit der Gerichte unterstützten und somit die Gerechtigkeit förderten. Frankreich führte das Grundbuchsystem ein, darüber hinaus modernisierte man die bestehenden, mit dem Gerichtsverfahren verbundenen Ämter des Staatsanwalts, Notars, Rechtsanwalts und Gerichtsvollziehers. Unter anderem wurden neue Anforderungen an die Amtsanwärter gestellt und die Kompetenzen dieser Ämter konkretisiert; das Wichtigste aber – es wurden Hürden gegen die Vereinigung von juristischen Ämtern eingeführt. Das französische Modell reformierte die Justiz als ein Ganzes, als System, das nicht nur die Gerichte umfasst, sondern auch die dazu gehörenden „einen fairen Prozess unterstützenden Personen", die noch vor dem Gericht tätig werden: Notare, die öffentlich glaubwürdige Dokumente erstellen, Rechtsanwälte, die einer Person helfen, sich auf den Prozess vorzubereiten, und während des Prozesses diese Person unterstützen, Staatsanwälte, welche staatliche oder öffentliche Anklage erheben, und letztlich – nach dem Inkrafttreten des Urteils – Gerichtsvollzieher, die eine rechtskräftige Durchsetzung des Urteils gewährleisten.[7] Für jedes dieser justiziellen Institute wurden spezifische Zuständigkeiten zur Sicherung der Rechtsstaatlichkeit normiert.[8] Hinzu kamen rechtliche Schranken, welche eine Vereinigung von Ämtern verhindern sollten. Alle diese Normen garantierten seit dem Beginn des 19. Jahrhunderts das Funktionieren der Justiz, die eben nicht nur aus Gerichten, sondern auch aus Staatsanwälten, Notaren, Anwälten und Gerichtsvollziehern besteht. Auch gewährleistet das moderne Justizverfassungsrecht das Recht einer Person auf ein faires Gerichtsverfahren und fördert die wirtschaftliche Stabilität.[9]

II. Einführung des lateinischen Notariats 1867 im Rahmen der Justizreform des Russischen Reichs

Historisch war der Beruf des Notars aus dem des öffentlichen Schriftführers entstanden. Ursprünglich musste der Notar keine juristische Ausbildung vorweisen. In Europa blieben die Pflichten des Notars seit dem Mittelalter unverändert;

---

7 *Ulrike Müßig*, Gesetzlicher Richter ohne Rechtsstaat? Eine historisch-vergleichende Spurensuche, 2011, S. 21–26.

8 *Franck Roumy*, Histoire du notariat et du droit notarial en France, in: Mathias Schmoeckel/Werner Schubert (Hg.), Handbuch zur Geschichte des Notariats der europäischen Traditionen, 2009, S. 157–164.

9 *Martin Avenarius*, Fremde Traditionen des römischen Rechts: Einfluss, Wahrnehmung und Argument des „rimskoe pravo" im russischen Zarenreich des 19. Jahrhunderts, 2014, S. 312.

er hatte juristische Dokumente vorzubereiten und zu beglaubigen. Das setzte selbstredend bestimmte juristische Kenntnisse voraus. Dadurch näherte sich der Notarberuf den juristischen Berufen an, so dass sich in vielen Teilen Europas die Praxis etablierte, die Arbeit des Notars mit den Aufgaben des Anwalts zu verbinden.[10]

Am 16. März 1803 wurde in Frankreich das Notariatsgesetz verabschiedet, das vorsah, dass der Notar als öffentlicher Amtsträger handelt, der rechtsgültige Urkunden abfasst. Frankreich schuf das Notariat des sog. lateinischen Typs.[11] Das Gesetz stellte strenge Anforderungen an Amtsanwärter: französische Staatsbürgerschaft, ein Alter von mindestens 25 Jahren, abgeschlossener Militärdienst, bestimmte Berufserfahrung usw. Eine juristische Ausbildung war für die Amtsanwärter jedoch nicht erforderlich. Bei dem Auswahlverfahren der Notare wurde nämlich der Fokus zunächst nicht auf das Hochschuldiplom, sondern auf die Berufserfahrung des Amtsanwärters gerichtet, die er als Notarassistent angesammelt hatte.[12] Das französische Modell schränkte die Berufsfreiheit der Notare ein: Sie durften nicht zugleich Rechtsanwälte sein.[13] Das Amt des Notars wurde als ein von der Exekutive unabhängiges Amt geschaffen, dessen Vertreter für ihre Tätigkeit nur dem Gericht verantwortlich waren, es nicht mit anderen Ämtern vereinigen durften und Praxiserfahrung bei der Erstellung von notariellen Urkunden vorweisen mussten.

Im Laufe des 19. Jahrhunderts wurde das französische Notariatsmodell in vielen kontinentaleuropäischen Ländern übernommen. Auch Russland schuf im Jahre 1864 ein prinzipiell neues, von der Verwaltung unabhängiges Gerichtssystem. Die Notariatsordnung von 1866 führte noch im Rahmen der Reform der Staats- und Justizordnung unter Alexander II. das Notariat lateinischen Typs ein.[14] Alle Innovationen zielten auf die Schaffung eines modernen, wirtschaftlich starken Staates ab.[15]

---

10 *Christian Neschwara*, Österreichs Notariatsrecht in Mittel- und Osteuropa. Zur Geltung und Ausstrahlung des österreichischen Notariats, 2000, S. 3.

11 *L. Gagneraux*, Commentaire de la loi du 25 ventôse an XI (16 mars 1803): contenant organisation du notariat. Tome 1, 1834, S. 35 f.

12 Ibidem, S. 40–62.

13 *Roumy*, in: Schmoeckel/Schubert, Geschichte des Notariats (o. Fn. 8), S. 157–164.

14 *Toomas Anepaio*, Die Gerichtsordnungen Alexanders II. – eine Wegmarke in der Geschichte des Notariats. Historiographische Einführung, in: Marju Luts-Sootak/ Sanita Osipova/Frank L. Schäfer (Hg.), Einheit und Vielfalt in der Rechtsgeschichte im Ostseeraum, 2012, S. 15 (18–22).

15 *Viktor Rogatschev* [Виктор Рогачев], Развитие ипотечного законодательства в Российской империи второй половины XIX – начала XX века

Bereits am 29. September 1862 stellte man bei der Festlegung der Grundsätze der Justizreform die Forderung, das Notariat als professionelles, staatliches Institut auszugestalten.[16] Die veröffentlichten Arbeitsunterlagen der Gesetzgebungskommission bestätigen, dass der Gesetzesentwurf, mit dem der lateinische Typ des Notariats im Reich eingeführt werden sollte, sich weniger am französischen Original,[17] sondern mehr an den neueren Notariatsgesetzen Österreichs und Bayerns von 1855 bzw. 1861[18] orientierte.[19] Obwohl Frankreich das lateinische Notariat in Europa geschaffen hatte, entschied sich Russland also bei der Einführung des Notariats für die modernste Fortentwicklung des französischen Notariats.[20] Das Russische Reich hatte für seine Entscheidung auch politische Gründe. Das Reich war eine absolutistische Monarchie, die das Prinzip der Gewaltenteilung nicht kannte, daher waren die österreichischen und bayerischen Gesetze passender als das liberale französische Vorbild.[21] Mit dem Inkrafttreten des Gesetzes wurde der Notar *de iure* zur einzigen Amtsperson, die notarielle Urkunden erstellte. *De facto* war der Notar im Russischen Reich aber nicht die einzige Amtsperson, die öffentlich gültige Urkunden ausstellte, da die lokalen Beamten Dokumente und Unterschriften auch weiterhin beglaubigen durften.[22]

Nur diejenigen Bürger des Russischen Reichs durften nach den gesetzlichen Vorgaben Notare werden, die keine Vorstrafen aufwiesen und keine anderen

---

(историко-правовое исследование). Автореферат [Entwicklung der Hypothekengesetzgebung im Russischen Reich in der 2. Hälfte des 19. Jh. – Anfang des 20. Jh. (eine historisch-juristische Studie). Zusammenfassung], in: http://www.dissercat.com/content/razvitie-ipotechnogo-zakonodatelstva-v-rossiiskoi-imperii-vtoroi-poloviny-xix-nachala-xx-vek [05.11.2018].

16 Основные положения преобразования судебной части в России [Grundlegende Bestimmungen für die Umwandlung der Justiz in Russland], Журнал Министерства юстиции [Journal des Justizministeriums] 1862, № 10, S. 11–71.

17 Ibidem, S. 11.

18 Gesetz das Notariat betreffend, München, 10. Dezember 1861, Gesetz-Blatt für das Königsreich Bayern 1861, Nr. 14.

19 *Alexandr Femelidi* [*Александр Фемелиди*], Русский нотариат. История нотариата и действующее нотариальное положение 14 апреля 1866 года [Russisches Notariat. Die Geschichte des Notariats und die aktuelle Notariatsordnung vom 14. April 1866], Bd. 1, 1902, S. 73.

20 *Avenarius*, Fremde Traditionen des römischen Rechts (o. Fn. 9), S. 312.

21 *Lev Mandelshtam* [Лев Мандельштам], Учреждение нотариата и его организация [Institut des Notariats und seine Organisation], Журнал Министерства юстиции [Journal des Justizministeriums] 1899, № 4, S. 11 f.

22 Ibidem.

Ämter im staatlichen oder öffentlichen Dienst innehatten.[23] So behielt die russische Regelung die für das französische Modell charakteristische Beschränkungen bei der Ämtervereinigung zumindest formal bei. Bis zur Einführung des französischen Notariats in den baltischen Provinzen des Russischen Reichs war das Notarsamt dort – wie in den norddeutschen Ländern[24] – grundsätzlich ein Nebenberuf des Anwalts gewesen.[25] Der Notar wurde aufgrund der Empfehlung des Kreisgerichtsvorsitzenden vom Obersten Vorsitzenden des Gerichtskollegiums ernannt, ihn entheben durfte aber nur das Gericht.[26]

Die sog. Notariatsordnung stellte an die Ausbildung bzw. Berufserfahrung von Notaren keine bestimmten Anforderungen. Nach Artikel 15 des Gesetzes sollte ein Amtsanwärter volljährig, also mindestens 21 Jahre alt sein und die Voraussetzungen für den Eintritt in den öffentlichen Dienst erfüllen. Der Amtsanwärter musste seine Kenntnisse durch eine Prüfung nachweisen, an der sich der Vorsitzende des Kreisgerichts, der Oberste Notar und der Staatsanwalt beteiligten. Die Prüfung stellte die Fähigkeit der Person, Gesetze richtig auszulegen, und die Kenntnisse der notariellen Sachführung fest.[27] Ähnliche Anforderungen sahen die Gesetze Bayerns[28] und Österreichs[29] für Amtsanwärter vor. Anders als im Russischen Reich durften in Bayern und Österreich aber nur Personen mit Arbeitserfahrung in einem Notarbüro zur Prüfung zugelassen werden.[30] Bereits

---

23 Временное положение о нотариальной части Российской империи от 14 апреля 1866 года [Provisorische Notariatsordnung des Russischen Reiches vom 14. April 1866], in: https://notariat.ru/ddata/file-file/Polozhenie_o_notarialnoy_chasti_1892.pdf [21.08.2018].

24 *Werner Schubert,* Die Geschichte des Notariats in Schleswig-Holstein, Lübeck, Mecklenburg und Neuvorpommern, in: Marju Luts- Sootak/Sanita Osipova/Frank L. Schäfer (Hg.), Einheit und Vielfalt in der Rechtsgeschichte im Ostseeraum, 2012, S. 240 (235–251).

25 Siehe mehr: *Sanita Osipova,* Notariāta ģenēze un evolūcija Latvijā XIII- XIX gs. [Genesis und Entwicklung des Notariats in Lettland im XIII.-XIX. Jh.], in: Latvijas atjaunotā notariāta desmitgade [Zehn Jahre von der Wiederhergestellung des Notariats von Lettland], 2003, S. 17.

26 Provisorische Notariatsordnung (o. Fn. 23).

27 Ibidem.

28 Nach Artikel 2 des Bayerischen Notargesetzes muss ein Notar mindestens zwei Jahre lang vor der Prüfung bei einem Notar gearbeitet haben. Siehe: Gesetz das Notariat betreffend, München, 10. Dezember 1861, Gesetz-Blatt für das Königsreich Bayern 1861, Nr. 14.

29 *Neschwara*, Österreichs Notariatsrecht (o. Fn. 10), S. 20, 21.

30 Ibidem, S. 5.

im 19. Jahrhundert vertraten die russischen Juristen die Ansicht, dass man für die Amtsanwärter des Notariats eine gewisse Berufserfahrung fordern oder – viel besser – einen Bildungsstandard festlegen sollte, ansonsten werde die juristische Kompetenz des Notarinstituts entwertet.[31] Im Russischen Reich war es aber nicht zweckmäßig, eine Berufserfahrung als Qualifikationsmerkmal festzulegen, da es in den meisten Teilen des Landes vor der Justizreform keinen Notar gab.[32] Deshalb konnten die Amtsanwärter in der Zeit, als das Notarinstitut begründet wurde, die Anforderungen an die Berufserfahrung einfach noch nicht erfüllen. Der Verzicht auf eine anspruchsvolle juristische Ausbildung lässt sich wiederum durch den Mangel an gebildeten Juristen in Russland erklären.[33] Die juristische Kompetenz der Amtsanwärter wurde jedoch vom Staat als wichtig erachtet und überprüft. Aus der Analyse der Anforderungen an die Amtsanwärter des Notariats folgt, dass der Notar im Russischen Reich ein Selbständiger im öffentlichen Dienst, ein öffentlicher Schriftführer war, der über beschränkte juristische Kompetenz verfügen sollte und dessen Kenntnisse vom Richter, Obersten Notar und Staatsanwalt geprüft wurden. Diese Personen hatten meist nur ihre Berufserfahrung vorzuweisen, angesammelt in der juristischen Praxis, und keine akademische juristische Ausbildung. Ein solches Auswahlverfahren der Notare sicherte nur die Glaubwürdigkeit der öffentlichen Urkunde, aber keine ausreichende juristische Qualität, um die Rechtssicherheit zu gewährleisten. Gleichzeitig unterlag der Notar der gerichtlichen Aufsicht und handelte unabhängig von der Exekutive.

III. Reformprojekt 1904 für Russisches Reich

Das Justizministerium erließ im Jahr 1871 ein Rundschreiben, in dem die Vorsitzenden der Kreisgerichte aufgefordert wurden, von den lokalen Notaren Kommentare zur aktuellen Praxis und Vorschläge zur Verbesserung des Systems zu sammeln, um auf deren Grundlage ein neues Gesetz über das Notariat zu erarbeiten. Das Ministerium setzte aber erst 20 Jahre später eine Kommission zur Redaktion eines neuen Gesetzes ein. An den Diskussionen über die

---

31 *Mandelshtam*, Institut des Notariats (o. Fn. 21), S. 8–12.

32 *Martin Avenarius,* Geschichte des Notariats in Russland, in: Schmoeckel/Schubert, Geschichte des Notariats (o. Fn. 9), S. 497, 498.

33 *Lydia Vasil'eva* [*Лидия Васильева*], К вопросу об особенностьях развития юридического оброзования в России в 19 веке [Zu den Besonderheiten der Entwicklung der juristischen Ausbildung in Russland im 19. Jh.], Известия Саратовского Университета [Mitteilungen der Universität Saratov], 2008, S. 59–62.

Gesetzesmängel nahmen herausragende russische Juristen teil, die darauf hinwiesen, dass die Unabhängigkeit des Notars im Reich nicht gesichert war, weil für das Notariat im Gegensatz zu anderen Justizberufen eine wirtschaftliche und soziale Absicherung fehlte.[34] Darüber hinaus vertrat die Wissenschaft die Ansicht, dass man an die Amtsanwärter zwecks Prestige und Arbeitsqualität des Notars höhere Anforderungen an Bildung und Arbeitserfahrung stellen sollte. Es wurde vorgeschlagen, notarielle Räte zu organisieren, damit diese anstelle der Gerichte die interne Kontrolle über die Tätigkeit der Notare ausübten, da das bisherige russische Notariat im Allgemeinen keine korporative Struktur aufwies.[35] Die Rechtswissenschaftler wollten nämlich den Ausbildungsstand der Notare stärken, um hochqualifizierte und erfahrene Anwälte für diesen Beruf zu gewinnen. Man betonte auch, dass die bestehenden Vorschriften nicht die Unabhängigkeit der Notare bei der Erfüllung ihrer Aufgaben gewährleisteten.

Im Jahre 1904 begann die Erörterung des Gesetzesentwurfes. Diesmal beruhte der Gesetzesentwurf auf dem österreichischen Gesetz vom 25. Juli 1871.[36] Die Autoren des Gesetzesentwurfes erklärten: „Als Bezugspunkt bei der Überarbeitung der Regelung des Notariats diente der Wunsch, in dieses wichtige Gesetz möglichst viele den gegenwärtigen Umständen entsprechende Verbesserungen zu integrieren, nicht aber das Gesetz vom 14. April 1866 abzuschaffen […].“[37]

Der Gesetzesentwurf sah vor, dass die Notaranwärter mindestens 25 Jahre alt sein sollten und keine anderen Ämter bekleiden durften.[38] Es war geplant, dass die notariellen Funktionen weiterhin nur durch den Notar wahrgenommen werden, doch sollten zu Notaren nur Juristen mit einer guten theoretischen Vorbildung berufen werden. Die juristischen Kenntnisse sollten durch juristische Ausbildung und eine Aufnahmeprüfung nachgewiesen werden.[39] Ebenfalls geplant war das Institut des Notarassistenten, der als Eingangserfordernis eine

34 *Stanislav Kalmykov, Sergei Čižkov* [Станислав Калмыков, Сергей Чижков], История московского нотариата. Хроника. События. Люди [Geschichte des Moskauer Notariats. Chronik. Ereignisse. Leute], 2013, S. 71 f.

35 *Nikolai Komarov, Dmitri Pašenzev, Svetlana Pašenzeva* [Николай Комаров, Дмитрий Пашенцев, Светлана Пашенцева], Очерки истории права Российской иперии вторая половина XIX начало XX века [Grundriss der Rechtsgeschichte des Russischen Reichs von der 2. Hälfte des 19. Jh. bis zum Anfang des 20. Jh.], 2006, S. 216 f.

36 *Mandelshtam*, Institut des Notariats (o. Fn. 21), S. 11 f.

37 *Evgeni Skripilev* [Евгений Скрипилев], Слово "нотариус" – латинского происхождения [Das Wort „Notar“ – lateinischen Ursprungs], Российская Юстиция [Russische Justiz] 2003, № 5, S. 12–14.

38 Ibidem, S. 13.

39 Ibidem, S. 12–14.

juristische Ausbildung und Arbeitserfahrung im Notarbüro von mindestens sechs Monaten oder bei abgeschlossener Sekundarschulbildung eine Arbeitserfahrung von mindestens einem Jahr voraussetzte. Die Anzahl der Rechtsstudenten und fertig ausgebildeten Juristen hatte zu jener Zeit im Reich bedeutend zugenommen,[40] so dass diese Kriterien umsetzbar gewesen wären.

Im Falle eines Mangels an Notaren war geplant, die notariellen Pflichten vorübergehend auf die Richter des Kreisgerichtes zu übertragen.[41] Gleichzeitig sollte die Unabhängigkeit der Notare eingeschränkt und ihre Bindung an die Gerichte geschwächt werden, wodurch der Justizminister weitreichende Befugnisse zur Entscheidung über die Notare erhalten hätte. Der Justizminister wäre berechtigt gewesen, den Notaren Anweisungen für ihre Tätigkeit zu erteilen, ferner, nach Empfehlung des Kreisgerichts Notare zu ernennen und Notaren zu erlauben, ihre Arbeit mit einem anderen genehmigten notariellen Prüfungsprogramm zu verbinden. Darüber hinaus hätte der Justizminister auch das Recht gehabt, einen Notar seines Amtes zu entheben. Das entsprach § 10 der österreichischen Notariatsordnung von 1871.[42] Die Reform zielte damit darauf ab, die Unabhängigkeit des Notariats erheblich zu reduzieren und das Notariat der Exekutive unterzuordnen.

Während der Diskussionen über den Gesetzesentwurf gelang es allerdings nicht, eine Lösung zu finden, die sowohl die Notare als auch die Regierung zufrieden gestellt hätte. Am Ende scheiterte die Reform des Notariats: Zunächst hemmte die Revolution von 1905 den Fortgang der Reform, danach der Erste Weltkrieg, so dass es beim Wortlaut des Gesetzes von 1866 blieb.[43]

Der Gesetzesentwurf von 1904 wies Licht und Schatten auf. Positiv ist anzumerken, dass die fachliche Kompetenz des Notariats durch die Erhöhung der Mindestaltersgrenze und durch die Forderung nach einer juristischen Ausbildung gestärkt werden sollte. Negativ ist anzumerken, dass die Monarchie ein andersartiges Verständnis von der Unabhängigkeit des Notaramtes und der

40 *Dmitri Saprykin* [Дмитрий Сапрыкин], Образовательный потенциал Российской Империи [Ausbildungspotential des Russischen Reiches], 2009, S. 39–41.

41 *Gennadi Čeremnykh, Igor Čeremnykh* [Геннадий Черемных, Игорь Черемных], Возникновение и развитие нотариата в России в период до 1917 г. [Entstehung und Entwicklung des Notariats in Russland im Zeitraum bis 1917], in: http://notarius-perevod.ru/razvitie_notoriata_v_russia/ [06.12.2017]

42 Notariatsordnung vom 25. Juli 1871, Reichsgesetzblatt für die im Reichsrathe vertretenen Königreiche und Länder. XXXII., 1. Stück. 1. August 1871, S. 165.

43 *Avenarius*, in: Schmoeckel/Schubert, Geschichte des Notariats (o. Fn. 32), S. 511.

absoluten Natur des Vereinigungsverbots von Ämtern hatte, beides Faktoren, welche die Rechtssicherheit für die Mandanten der Notare stärken sollten.

IV. Notarinstitut in der Zwischenkriegszeit des 20. Jahrhunderts in der Republik Lettland

Die Justizverfassung der am 18. November 1918 gegründeten Republik Lettland fußte auf den provisorischen Bestimmungen „Über die Gerichte und Gerichtsordnung in Lettland", erlassen vom Lettischen Volksrat am 6. Dezember 1918. Die endgültige lettische Justizverfassung entwickelte sich aus dem allmählichen Umbau des bestehenden Gerichts- und Rechtssystems.[44] Artikel 1 der Bestimmungen besagte: „Die Gerichte in Lettland und die damit verbundenen Institutionen fungieren nach denjenigen lokalen und russischen Gesetzen, die bis zum 24. Oktober 1917 für Lettland gegolten haben […]".[45]

Für das Notariat bedeutete dies, dass die „Notariatsordnung" vom 14. April 1866 des Russischen Reichs in Kraft blieb. Artikel 366 des Gesetzes über die Justiz des Russischen Reichs ordnete das *expressis verbis* an. Die Republik Lettland änderte diesen Artikel im Gegensatz zu den anderen Artikeln des Gesetzes nicht wesentlich.[46]

Es ist von einiger Bedeutung, dass nicht nur die „Notariatsordnung" des Russischen Reichs, sondern auch die Lehre und Rechtsprechung des Russischen Reichs in der Republik Lettland ihre Bedeutung beibehielten. Die lettische Übersetzung der „Notariatsordnung" belegt das schlagend, da sie die Artikel um die Rechtsprechung des Senats des Russischen Reichs ergänzte.[47] Darüber hinaus

---

44 Latvijas Tautas padomes 1918. gada 6. decembra Pagaidu nolikums par Latvijas tiesām un tiesāšanas kārtību [Provisorische Bestimmungen „Über die Gerichte und Gerichtsordnung in Lettland" vom 6. Dezember 1918 des Lettischen Volksrates], in: Latvijas valsts tiesību avoti. Valsts dibināšana – neatkarības atjaunošana. Dokumenti un komentāri [Rechtsquellen Lettlands. Errichtung eines Staates – die Wiederherstellung der Unabhängigkeit. Dokumente und Kommentare], 2015, S. 302 f.

45 Ibidem, S. 304.

46 Tiesu iekārtas likumi [Regeln des Gerichtssystems], in: Latvijas valsts tiesību avoti. Valsts dibināšana – neatkarības atjaunošana. Dokumenti un komentāri [Rechtsquellen Lettlands. Errichtung eines Staates – die Wiederherstellung der Unabhängigkeit. Dokumente und Kommentare], 2015, S. 372.

47 Notariāta nolikums. Tulkojums ar pārgrozījumiem, papildinājumiem, paskaidrojumiem un pielikumiem. [Notariatsordnung. Eine Übersetzung mit Änderungen, Ergänzungen, Erläuterungen und Anlagen]. Übersetzt und zusammengefasst von Cand. jur. Olga Jurkovska, bearbeitet von Prof. Dr. jur. Vladimir Bukovski, 1933, S. 19.

änderte und ergänzte man den Wortlaut der „Notariatsordnung“ im Einklang mit den Veränderungen des Rechtssystems der Republik Lettland.[48]

So blieb die „Notariatsordnung“, die als Pilotprojekt, nämlich als vorübergehende Lösung im Russischen Reich eingeführt worden war, auf dem Gebiet Lettlands von 1889 bis zum 14. Dezember 1937 in Kraft, bis das Ministerkabinett der Republik Lettland ein eigenes „Notargesetz“ verabschiedete.[49] Das neue „Notargesetz“ war eines der Begleitgesetze zum „Zivilgesetzbuch des Präsidenten Ulmanis von 1937“.[50] Eine Kommission erarbeitete das Notargesetz, zu der auch Senator Professor Vladimir Bukovki (*Буковский, Владимир Иосифович*, 1867–1937), der Direktor der Gerichtsabteilung Aleksandrs Meņģelsons (1896–1941), der Vertreter des Justizministeriums Indriķis Grūbaums (1898–1969), der Notar aus der Stadt Tukums Vilis Lūkins (1903–1996)[51] und die Rigaer Notarin Olga Jurkovska (1901–1944[52]) gehörten.[53]

Der Staat stellte der Notargesetzkommission die rechtspolitische Aufgabe, einen völlig neuen und nationalen Rechtsrahmen für das lettische Notariat zu schaffen.[54] Eine solche Aufgabenstellung entsprach durchaus der damaligen autoritären Diktaturpolitik, die auf die Stärkung nationaler Werte großen Wert legte.[55]

---

48 Ibidem, S. 18.

49 Notāru likums [Notargesetz], Valdības Vēstnesis [Offizielles Amtsblatt], 17. 12. 1937, № 287.

50 Tieslietu ministra paskaidrojumi pie Notāru likuma, pārgrozījumiem Civīlprocesa nolikumā, Zemes grāmatu likumā un pārgrozījumiem Pagasttiesu nolikumā [Erläuterungen des Justizministers zum Notargesetz, zu den Änderungen des Zivilprozessgesetzes, des Grundbuchgesetzes und zu den Änderungen der Bestimmungen für Pfarrgerichte], 1938, S. 40.

51 *Ēriks Jēkabsons, Valters Ščerbinskis*, Latvijas notariāts. Biogrāfiskā vārdnīca [Lettisches Notariat. Biographisches Wörterbuch], 2013, S. 182.

52 Ibidem, S. 150 ff.

53 Ieskats Latvijas notariāta attīstībā [Rat lettischer vereidigter Notare] (Hg.), Latvijas Zvērinātu notāru padome [Einblick in die Entwicklung des lettischen Notariats], 1998, S. 8.

54 *Kārlis Ulmanis*, Runa Tautas vienības svētku aktā Nacionālā operā 1936. gada 15. maijā [Rede auf der festlichen Veranstaltung zur Einheit des Volkes am 15. Mai 1936 in der Nationaloper], in: Latvju radošā gara atdzimšana [Wiederbelebung des lettischen kreativen Geistes], 1936, S. 7.

55 *Olga Jurkovska*, Vortrag. Rechtsstatus der Notare. Aus dem Archiv von V. Lūkins, das der Familie von Imants Žodziks gehört. Die Autorin hat die Materialien am 2. Februar 2012 gesichtet.

Verschiedene Studien der Autorin belegen, dass die beiden in der Kommission beteiligten Notare (Jurkovska und Lukins) im Wesentlichen den Text des Gesetzesentwurfs erarbeiteten. Es war nur logisch, beide Personen in die Kommission zu berufen. Denn Jurkovska hatte zuvor die „Notariatsordnung" des Russischen Reichs 1933 zwei Mal ins Lettische übersetzt, während Bukovski und Lūkins die Redaktion übernommen hatten.[56] Beide Notare hatten sich bereits zuvor für die Fortentwicklung des lettischen Notariats engagiert, ihre Beiträge publiziert und sich an der Verbandsorganisation der Anwälte und Notare beteiligt.[57] Obwohl die neuen Gesetze keine öffentlich-rechtliche Körperschaft für das Notariat einführten, wurde am 16. April 1933 der Lettische Notarverband gegründet.[58]

Jurkovska und Lūkins kannten sich ausgezeichnet in den russischen Notargesetzen sowie in der russischen Gerichtspraxis und Wissenschaft aus.[59] Ebenfalls verfügten sie über Detailkenntnisse des lateinischen Notariats in anderen Ländern Kontinentaleuropas.[60] Jurkovska trat auf der ersten Tagung lettischer Anwälte im Jahre 1932 mit einem Vortrag auf, der im „Amtsblatt des Justizministeriums" veröffentlicht wurde. Sie wies auf die Unzulänglichkeiten in den

---

56 *Vilis Lūkins*, Notariāta nolikums. Tulkojums ar pārgrozījumiem un papildinājumiem, kas izdoti līdz 1933. gada 1. maijam, paskaidrojumiem, Latvijas Senāta civilā kasācijas departamenta spriedumu izvilkumiem, kā arī likumiem un noteikumiem, kuri attiecas uz Notariāta nolikumu [Notariatsordnung. Eine Übersetzung mit Änderungen und Ergänzungen, erschienen vor dem 1. Mai 1933, mit Erläuterungen, Auszügen aus den Urteilen der Abteilung für Zivilkassation des Senats Lettlands sowie mit Gesetzen und Vorschriften mit Bezug auf die Notariatsordnung], 1933.

57 *Olga Jurkovska,* Notāru izglītība un amata stāvoklis Latvijā, [Ausbildung und Position der Notare in Lettland], Tieslietu Ministrijas Vēstnesis [Amtsblatt des Justizministeriums], 1. Januar 1933, Nr. 1/2, S. 1–21. Auch Vilis Lūkins veröffentlichte Artikel über das Notariat und die Grundbücher, z. B. *Vilis Lūkins*, Korroborācija un zemes grāmatu akts [Bestätigung und Grundbuchurkunde], Tieslietu Ministrijas Vēstnesis [Amtsblatt des Justizministeriums], 1. Januar1936, Nr. 1, S. 183–189.

58 Aufgrund Art. 17 des Gesetzes über Vereine, Vereinigungen und politische Organisationen stellt die Registrierungsabteilung des Rigaer Kreisgerichts fest, dass mit ihrer Entscheidung vom 4. April 1933 im Verfahren Nr. 137 der „Lettische Notarverband" eingetragen und in das Register der gemeinnützigen Vereine unter Nr. 3165 eingetragen worden ist. Sk. Latvijas notāru biedrības statūti [Siehe die Satzung des Lettischen Notarverbands], 1933, S. 1.

59 „Eine der vorbildlichsten Notarorganisationen ist die österreichische Notarkammer". Siehe *Jurkovska*, Ausbildung (o. Fn. 57), S. 7.

60 Z. B. *Vilis Lūkins*, Rīcības spēja un notāra pienākumi to pārbaudot [Handlungsfähigkeit und Pflichten eines Notars bei ihrer Überprüfung], Tieslietu Ministrijas Vēstnesis [Amtsblatt des Justizministeriums], 1. März 1938, Nr. 3, S. 685 f.

Anforderungen an das Notarsamt und in den rechtlichen Arbeitsbestimmungen wie folgt hin: „[…] für die Bekleidung eines Notaramts sollten unter anderem als Voraussetzung eine qualifizierte juristische Ausbildung und eine vorherige notarielle Berufserfahrung eingeführt werden. Das entspricht der Meinung in der russischen Rechtsliteratur am Ende des letzten Jahrhunderts [nämlich Ende des 19. Jahrhunderts]. Es verbietet sich, diese Forderungen als zu verfrüht abzulehnen, da Lettland ein höheres kulturelles Niveau als das ehemalige Russland erreicht hat.“[61] Jurkovska hob die im Gesetzesentwurf von 1904 zur Organisierung des Notariats festgelegten Grundsätze zur Verbesserung der Rechtssicherheit hervor. Sie bezeichnete den Gesetzesentwurf von 1904 als einen „ziemlich modernen Entwurf für die Notariatsordnung“.[62] Der Vortrag sollte den größten Teil der Regelungen des nachfolgenden Notargesetzes prägen.

Man muss auch den Kontext beachten. Das neue Notargesetz entstand nach dem Staatsstreich von 1934, also im autoritären Lettland. Dort dominierte die Exekutivmacht durch die Zentralisierung der Staatsgewalt, ein Modell, das der Machtkonzentration im Russischen Reich weitgehend entsprach. Die lettische Gesetzeskommission teilte daher grundsätzliche rechtspolitische Überzeugungen mit den ehemaligen Anwälten des Russischen Reichs: das Modell des Notariats von 1866 sollte in den Grundlinien beibehalten, aber durch die im Gesetzesentwurf von 1904 vorgeschlagenen Neuerungen wesentlich verbessert werden. In der Zeit von 1904 bis 1937 hatte es europaweit keine wesentlichen Änderungen bei den fachlichen Anforderungen oder bei der Organisation des lateinischen Notariats gegeben. Es verwundert daher nicht, dass das neue lettische Notargesetz den im Gesetzesentwurf von 1904 vorgesehenen Regelungen nahe kam.[63]

Das Notargesetz bewahrte die doppelte Natur des Notarinstituts und bestimmte: „Bei ihrer Amtstätigkeit werden die Notare den Beamten des staatlichen Dienstes gleichgestellt.“[64] Justizminister Hermanis Apsītis erklärte dazu: „Es wurde mehrmals die Frage erörtert, ob Notare zu Beamten werden sollten. Das neue Gesetz hat auf die Verbeamtung verzichtet, weil auch das Ausland die Notare nicht zu den Staatsbeamten zählt.“[65] Im Allgemeinen wurden

---

61 *Jurkovska*, Ausbildung (o. Fn. 57), S. 5.

62 Ibidem, S. 1

63 *Komarov et al.*, Grundriss der Rechtsgeschichte (o. Fn. 35), S. 216 f.

64 Notargesetz (o. Fn. 49)

65 Anhang: Die 1. Anlage. Erläuterungen des Justizministers zum Notargesetz, zu den Änderungen des Zivilprozessgesetzes, des Grundbuchgesetzes und zu den Änderungen der Bestimmungen für Pfarrgerichte, 1938, 2.

in das Notargesetz die Ideen aufgenommen, die den Gesetzesentwurf von 1904 kennzeichneten, nämlich die engere Bindung der Notare an den Justizminister (Artikel 2, 3, 4, 139 usw.), was die Anbindung der Notare an die Gerichte und damit die Unabhängigkeit der Notare als Justizbeamte schwächte. Amtsanwärter mussten neue Voraussetzungen erfüllen – das Mindestalter von 25 Jahren, eine abgeschlossene juristische Ausbildung, eine bestimmte Berufserfahrung vor der Kandidatur (zwei Jahre in einem Notarbüro oder fünf Jahre in einem Justizamt) und eine Notarprüfung.[66] Ich kann nur hinzufügen, dass diese Anforderungen bis heute in Lettland erhalten geblieben sind.[67]

Die Vergütung der Notare wurde neu geregelt. An die Stelle eines einvernehmlichen Honorars, das bereits die Anwälte im Russischen Reich als ungenügend empfunden hatten,[68] trat ein vom Justizminister festgelegter Tarif.[69] Im Allgemeinen prägte die dominante Rolle des Justizministers das neue Gesetz und somit die Notartätigkeit. Der Vermerk zu Art. 5 Abs. 2 des Gesetzes veranschaulicht das: „In Ausnahmefällen kann der Justizminister auch eine Person mit Hochschulreife zum Notar ernennen, wenn diese ansonsten die Anforderungen von Art. 5 erfüllt."[70] Die Dispensmöglichkeit erklärt sich durch den Mangel an lettischen Juristen mit einem abgeschlossenen Jurastudium. Gleichwohl muss der Sinn und Zweck des Dispenses kritisch hinterfragt werden, da der Justizminister selbst keinerlei juristische Ausbildung absolviert haben musste. Bei Lichte betrachtet legalisierte diese Norm die viel kritisierte und bereits bestehende Praxis, Personen ohne juristische Ausbildung zu Notaren zu ernennen.

Auf einen ersten Blick setzte das Notargesetz von 1937 die Tradition des russischen Notariats fort, indem es die geplante Novelle von 1904 zur Änderung der „Notariatsordnung" vom 14. April 1866 übernahm. Das trifft sowohl für die Fachkompetenz der Notare als auch für die Organisation des Notariats zu. Es sollte jedoch bedacht werden, dass der russische Gesetzesentwurf von 1904 keine nationale Neuschöpfung russischer Anwälte war, sondern das Ergebnis des Studiums des lateinischen Notariats anderer Länder zu jener Zeit.[71]

---

66 Notargesetz (o. Fn. 49)

67 Latvijas Republikas 17.06.1996. likums Notariāta likums [Gesetz über das Notariat vom 17.06.1996 der Republik Lettland], Latvijas Vēstnesis [Amtsblatt Lettlands], 2. Juli 1996, Nr. 111 (596), S. 1.

68 Obwohl das Russische Reich bereits 1867 die Bestimmungen zum provisorischen Amtsentgelt von Notaren und deren Stellvertretern verabschiedet hatte.

69 Notargesetz (o. Fn. 49).

70 Ibidem.

71 *Femelidi*, Russisches Notariat (o. Fn. 19), S. 73.

Die Arbeitsgruppe für das lettische Notargesetz untersuchte auch die jüngere Notariatspraxis der 30er Jahre des 20. Jahrhunderts. Das neue Notargesetz hatte zum Ziel, das Notariat besser zu organisieren, die rechtlichen Zuständigkeiten zu schärfen und die soziale Realität sowie die Erfahrungen anderer Länder einzuarbeiten. Vilis Lūkins, einer der Autoren des Entwurfs zum Notargesetz, betonte: „Obwohl unser Notargesetz nicht das letzte Wort im Notarrecht beansprucht, basiert es auf den rationalen Grundlagen des modernen Notariats. Das Notargesetz ist – wie das Zivilgesetzbuch des Präsidenten Ulmanis – formell ein völlig neues Gesetz, aber – genau wie das Zivilgesetzbuch von Präsident Ulmanis – behält es neben den neu eingeführten Grundsätzen die Prinzipien bei, die in vielen europäischen Ländern bestehen und völlig zu unseren Lebensbedingungen passen."[72]

Zusammenfassend kann festgestellt werden, dass es in keiner der drei genannten Etappen gelang, das Niveau des Rechtsschutzes des lateinischen Notariats, das Frankreich 1803 eingeführt hatte, zu erreichen. Das französische Modell zeichnete sich durch die Unabhängigkeit der Justiz bei der Erfüllung ihrer Aufgaben, durch das Verbot der Ämtervereinigung und durch das Erfordernis einer hohen Fachkompetenz der Notare aus. Durch das Gesetz von 1866 wurde zwar ein striktes Verbot der Vereinigung von Ämtern und die Verantwortung der Notare vor dem Gericht eingeführt, was eine angemessene Unabhängigkeit der Notare gewährleistete und einem Interessenkonflikt vorbeugte, jedoch verlangte das Gesetz keine berufliche Erfahrung oder juristische Ausbildung.

Darüber hinaus war die Mindestaltersgrenze für einen Amtsanwärter viel zu niedrig, weil sie bereits Personen zum Notariat zuließ, die gerade volljährig geworden waren. Trotz umfangreicher Diskussionen gelang es nicht, diese Mängel zu beseitigen. Als Lettland sein eigenes Notariat schuf, wich es in anderer Art und Weise vom französischen Vorbild ab. Obwohl sich Lettland zu einer juristischen Ausbildung der Notare bekannte, durfte der Justizminister von diesem wichtigen Zulassungskriterium einen Dispens erteilen. Immerhin erhöhte das lettische Notargesetz die Mindestaltersgrenze, so dass unerfahrene Personen vom Notarsamt ausgeschlossen blieben. Im Gegenzug wurde die Unabhängigkeit der Notare geschwächt, da die Exekutive zahlreichen Kontrollrechte über die Notare erhielt, insbesondere das Recht zur Amtsenthebung. Notare und Anwälte

72 *Vilis Lūkins*, Notāru likums. Teksts, paskaidrojumi un pielikumi. Neoficiāls izdevums [Notargesetz. Text, Erläuterungen und Anhänge. Inoffizielle Auflage], 1940, S. 1. Die von der Autorin verwendete Ausgabe befindet sich im Archiv von Vilis Lūkins, das der Familie von Imants Žodziks gehört. Die Autorin hat die Materialien am 2. Februar 2012 gesichtet.

waren sich durchaus bewusst, welche wichtige Rolle das Notariat für die Rechtssicherheit hatte. Die politischen Umwälzungen und die soziale Realität verhinderten es aber, das Notariat ohne rechtspolitische Kompromisse zu normieren und nur den Idealen zu folgen.

V. Zusammenfassung

Russland führte unter Alexander II. im Rahmen der Reform der Staats- und Justizordnung mit der Notariatsordnung von 1866 das Notariat lateinischen Typs ein. In den baltischen Provinzen trat dieses Gesetz im Jahr 1889 in Kraft. Die Notare waren in ihrer Berufsfreiheit beschränkt, d.h. ein und dieselbe Person durfte nicht zugleich Notar und Rechtsanwalt sein. Die Notariatsordnung von 1866 stellte an die Ausbildung oder Berufserfahrung der Notare keine bestimmten Anforderungen. Die Kenntnisse eines Amtsanwärters (Mindestalter 21 Jahre) mussten durch eine Prüfung nachgewiesen werden. Ein solches Auswahlverfahren sicherte nur die Glaubwürdigkeit der öffentlichen Urkunde, aber nicht die Rechtssicherheit, da man auf eine juristische Vorbildung keinerlei Wert legte. Gleichzeitig unterlag der Notar der gerichtlichen Aufsicht und handelte unabhängig von der Exekutive.

Das Russische Reich plante, das Notariat zu verbessern, um seine Effizienz zu erhöhen und die Rechtssicherheit von Geschäften zu gewährleisten. Deshalb plante man mit der Novelle von 1904 nach eingehender öffentlicher Diskussion, die Notariatsordnung von 1866 zu modifizieren. Die Änderungen stellten an die Amtsanwärter im Bereich des Mindestalters und der juristischen Fachkompetenz strengere Anforderungen, um die Rechtssicherheit der Geschäfte zu stärken. Mit der geplanten Novelle von 1904 sollten sich für das Notarsamt nur Personen bewerben dürfen, die mindestens 25 Jahre alt waren. Ebenso forderte man eine juristische Ausbildung und verschärfte die Aufnahmeprüfung. Gleichzeitig sollte die Unabhängigkeit des Notaramtes gegenüber der Exekutive deutlich gestärkt werden. Die kontroverse Diskussion über das Projekt und die nachfolgenden politischen Entwicklungen in Russland verhinderten, dass die Novelle des Notarrechts jemals Gesetzeskraft erlangte.

Das Rechtssystem der am 18. November 1918 gegründeten Republik Lettland entstand durch den allmählichen Umbau des bestehenden Gerichts- und Rechtssystems. Daher blieben zunächst jene russischen Gesetze in Kraft, die bis zum 24. Oktober 1917 oder bis zur bolschewistischen Revolution in Kraft waren. Die „Notariatsordnung", die im Reich als Übergangslösung verabschiedet worden war, blieb in Lettland von 1889 bis zum 14. Dezember 1937 in Kraft, als das Ministerkabinett der Republik Lettland das „Notargesetz" verabschiedete.

Das neue Notargesetz war das Produkt des autoritären lettischen Staates, in dem die Exekutivmacht durch die Zentralisierung der Staatsgewalt dominierte. Dieses Modell ähnelte der Machtzentralisierung des Russischen Reichs. Als Grundlage für den Gesetzesentwurf diente das alte Notariatsmodell von 1866, das man im Wesentlichen um die im Gesetzesentwurf von 1904 vorgeschlagenen Neuerungen ergänzte, d.h. um neue Anforderungen an die Amtsanwärter: um das Mindestalter von 25 Jahren, um eine abgeschlossene juristische Ausbildung, um eine fest definierte Dienstzeit vor der Bewerbung (zwei Jahre in einem Notarbüro oder fünf Jahre in einem Justizamt) sowie um eine Notarprüfung. Außerdem wurde der Einfluss der Exekutive – des Justizministers – auf das Notariat ausgeweitet.

Evgeny Potseluev

The Penal Legislation Policy of the 1917 Russian Provisional Government

Abstract: The results of the proceedings of the Commission on Revision and Implementation of the New Penal Code of Russian Empire (1903) set in 1917 by the Russian Provisional Government are discussed in the article. Various legal sources of penal law used by Russian law-makers between February and October, 1917 are specified. The changes made by the Provisional Government in the fields of Penal Law, Penal Executive Law and partially Penal Procedural Law, as well as of Administrative Law, are analysed. Novelties being introduced into the penal legislation included a temporary abolition of the death penalty and decriminalisation of at least some manifestations of the freedom of speech. Some of the most obsolete repressive regulations of Imperial law were nullified. The author however concludes that the right after the abdication of Emperor Nicholas II the new Russian revolutionary authorities, consisting largely of well-trained legal professionals, tried to liberalise the existing penal legislation, yet as political crisis in the country had deepened, they reversed their policy toward a more repressive pattern.

Keywords: 1917 Russian Provisional Government, Russian penal legislation, death penalty, sources of penal law

I. Significance of the problem

The year 1917 was a pivotal point in Russian history. An analysis of the penal legislation that the Provisional Government introduced between March and October of that year could to some extent help in understanding the reason why one of the two main bodies of the executive power in this country then failed. Professor Elizaveta Frolova of Moscow State University calls the events that took place between February and October, 1917 "a crucial moment in the history" of the Russian state[1] – a view which we share. A prominent Russian legal scholar Orest Martyshin is correct when he says, "A Centennial of the second and third Russian revolutions is not just a reason to try once again to give them a scholarly analysis. This is a political event *per se*", which thus deserves special attention.[2]

1 *Natalia Krotkova* [Наталия *Кроткова*], Государство и революция. К 100-летию Великого Октября (всероссийская научная конференция), [State and revolution. Toward the 100th anniversary of the Great October (all-Russia scholarly conference], Государство и право [State and Law] 2017, No. 11, pp. 5–9.

2 Ibidem, p. 14.

His colleague Professor Arkady Kornev from Moscow State University of Law maintains that "a trend is now clearly seen to treat both the February and the October Revolutions as links of the same chain, and to call them both the Great Russian revolution". Yet Professor Kornev believes that "the February Revolution hardly deserves such estimate", for the policies of the Provisional Government were unproductive, and as a result of its amnesty "the country plunged into the outrage of banditry".[3] Other scholars also notice how controversial some estimates of the Revolution can be when they are given by representatives of different political groups now present in Russia. To quote Orest Martyshin again, "the Liberals will appreciate the February Revolution and condemn the October one. The Monarchists will issue damnation to them both as to a plot of external forces, an attempt at Russian religious, moral and political grounds".

This standpoint essentially coincides with the view expressed by the Russian Minister of culture Vladimir Medinsky. Addressing the scholarly conference held at the Cathedral of Christ the Savior in Moscow in 2017, he said, "The February [Revolution] was the dismantling of a state as a legitimate form of government accepted by Russian people".[4] Professor Martyshin notes that some propaganda materials issued by the Russian ruling political party use the term "Great Russian revolution" somehow combining the two events into a single revolutionary process. Martyshin finds it symbolic that "the first commemorational event took place not in the national Academy of Science, but at the premises of the Russian Orthodox Church".[5]

On March 28th 2017 the department of state, law and political science of Moscow State University, together with the editorial board of the Moscow-based journal *Gosudarstvo i Pravo* held an all-Russian scholarly conference State and Revolution. Observing the Century of the Great October. Some reports delivered there also discussed a number of issues related to the February revolution as well. On May 27th, 2017 the same university conducted the 15th international conference Governing the Russian Federation: Challenges and Prospects. A section of the conference focused on The Actors of Revolution: People and Institutes in a Transitional Epoch (Toward the Centennial of the 1917 Events in Russia). Some reports dealt with a number of issues of the February Revolution.

The year 1917 was a point of bifurcation in Russian history. The country could either remain part of the Entente and eventually find itself on the victorious side,

3 Ibidem, p. 9 sq.
4 Ibidem, p. 15.
5 Ibidem, p. 16.

or strike a separate peace deal with the Central Powers that inevitably led to financial and territorial loss. Russia could either go on as a Christian civilisation, or choose an atheistic option; it could further develop a parliamentary multi-party democracy, or establish a military dictatorship (led by General Lavr Kornilov), or even a Bolshevik-style totalitarian regime (the 'Soviet power').[6] It is well-known what force eventually took the upper hand in Russia for the next 70 years.

An analysis of the penal policies that the Provisional Government put forward between February and October, 1917 can help understand the reasons that eventually led the country's then executive body to its failure. This analysis should take into account the whole complexity of the country's situation. World War I went on with its loss of lives and the influx of army deserters. The authority of the Provisional Government faced challenges from new centres of power – namely the Soviets of workers' and soldiers' deputies. Supply of essential goods to Russian cities and Army units shortened. Maintaining law and order became an issue, since firearms were easily available to all sorts of criminals.

II. The subject, the goals and the targets of the study

The study focuses on the penal policy of the Provisional Government. In particular, it deals with three aspects of the topic: 1). Russian penal legislation that remained in effect after Emperor Nicholas II abdicated; 2). Establishment by the Provisional government of the Commission on development of the New Penal Code and its proceedings; 3). Legal acts of the Provisional government dealing with penal and military penal law.

The goal of the paper is to analyse the penal and military-penal legislation that existed on the Russian territory during the time of the Provisional government. To achieve this goal, a number of tasks were set and fulfilled:

---

6 In 2016 Prof. Igor Levakin of the Moscow Institute of International Relations rightfully wrote, "The coup in October, 1917 in Russia eliminated the possibility of development of bourgeois social relations based on the principle of formal equality. In its early constitutional documents such as The Declaration of rights of toiling and exploited people (1918), the Soviet power in Russia proclaimed the task of "establishing the socialist organization of society and the triumph of socialism in all countries". See *Igor Levakin* [Игорь Левакин], Краткий очерк юридизации свободы в Европе [A Brief Essay on Legalization of Freedom in Europe], Государство и право [State and Law] 2016, No. 11, p. 84 (77–85).

- to define the term 'legislation policies' and to classify their types;
- to identify the sources of penal and military penal law that still existed in Russia after the 1917 February revolution;
- to cover the activities of the 1917 Commission on the revision of the penal code;
- to analyse some legal acts that the Provisional Government issued in the areas of penal law and partly in the areas of penal process law and penal execution law, and to find the reasons behind their adoption;
- to explore the issue of the 1917 peasant revolts and the legal measures taken by the government against their participants.

The author does not deal here with such an important issue as the amnesties declared by the Provisional Government in March 1917, since he published a special work on this topic in 2017.[7]

III. Review of the scholarly literature on the problem

The topic that we deal with is covered in general terms in a number of textbooks on the history of the Russian state and law, as well as in some textbooks on the history of Russian penal law.[8] More extensive treatment of the matter can be found in monographs, PhD dissertations and scholarly articles on the February 1917 revolution, the Provisional Government, the death penalty in Russian history and some other law history issues.[9] The authors of the above-mentioned publications are legal scholars prominent in this country. Take for example Professor Yushkov, who was a member of both Ukrainian and Kazakh Academies of Science and is recognized as "an outstanding Soviet historian of Marxist orientation". Yet another writer on the issue was Doctor of Science (Law) Mikhlin,

7 *Evgeny Potseluev* [Евгений Поцелуев], Амнистии Временного правительства в марте 2017 г. [Amnesties of the Provisional Government in March of 1917], Вестник Ивановского государственного университета) [Ivanovo State University Herald], 2017, pp. 25–30.

8 *Igor Isaev* [Игорь Исаев], История государства и права: Курс лекций [History of state and law: Lecture course], 1993, pp. 233–245; *Vladimir Rogov* [Владимир Рогов], История государства и права России IX – начала XX веков [A History of the state and law of Russia from the 9th to early 20th centuries], 1995.

9 *Evgeny Potseluev* [Евгений Поцелуев], Уголовно-правовая политика Временного правительства России в 1917 году [Criminal policies of the Russian Provisional Government in 1917], Вестник Санкт-Петербургского государственного университета [University of St. Petersburg Herald. Law] 9 (2018), issue 1, pp. 4–22; *Evgeny Potseluev*, Strafrechtliche Politik der Provisorischen Regierung Russlands im Jahr 1917, Jahrbuch der Juristischen Zeitgeschichte 18 (2018), S. 70–102.

who participated in the elaboration of the present Russian Criminal Code and is also the author of 70 monographs and textbooks on Russian penal and penal executive law.

Current Russian law scholars focus their attention on such issues of governmental legislation policy-making as its definition, the forms of its realisation, basic priorities, issues of theory and methodology, its prospects and its interconnection with other categories of law-making nature. New studies appear that discuss such issues in both modern Russia and in the Russian Empire. They also deal with the history, the present state and prospects of penal policies, and their social determination.[10]

This branch of Russian legal science was first pioneered by two scholars representing the Saratov school of law, Professor Matuzov and Professor Mal'ko. Both still display noticeable scholarly activity, including participation in conferences and round-table discussions that are regularly conducted by the editors of the journals *Gosudarstvo i pravo* (Moscow) and *Pravovaia politika i pravovaia zhizn'* (Legal Policies and Legal Life, Saratov); they often cooperate with university periodicals issued in cities like Kostroma, Krasnoyarsk, etc. Proceedings of these events are made public as collections of articles or detailed reviews.[11]

IV. Legal materials and other sources of the study

The legislative acts of the Russian Provisional Government, as well as some pieces of evidence describing the attitude of the country's population and that of a number of institutions towards the policies of the Provisional Government, can be found in official government publications made in 1917, and in several collections of documents issued since that time.[12]

---

10 *Ninel Kuznetsova* [Нинель Кузнецова], Курс уголовного права. Общая часть. Учебник для вузов [A course of penal law. General part. A college textbook], 2002; Aleksandr Mal'ko [Александр Малько] (ed.), Правовая политика. Право. Правовая система [Legal policies. Law. Legal system], 2013.

11 Cf. the reviews of some recent Russian scholarly conferences in: Государство и право [State and Law], 2017, No. 2, pp. 118–124; 2017, No. 3, pp. 105–119.

12 Вестник Временного правительства [The Provisional Government Herald] 1917, 1; Право [Law] 1917, 13, p. 745; 14, pp. 823–826; История России, 1917–1940. Хрестоматия [History of Russia, 1917–1940: A Reader], 1993. pp. 12–60; Российское законодательство IX-XX веков [Russian legislation from 9th to 20th centuries], vol. 9, 1994; Хрестоматия по истории государства и права России [A reader on history of Russian state and law], 2005, pp. 272–285, et al.

V. A notion of legal policy and its types

According to A. Mal'ko, "legal policy is a scholarly-based, consecutive and systematic activity of government and municipal bodies that is aimed at creating a mechanism of legal regulation, at using in a civilized way the legal instruments capable of providing the most complete execution of a citizen's rights and freedoms, of strengthening law and order, of promoting the rule of law, of maintaining high level of legal culture in the life of a society and a person".[13] One might agree with this definition provided it describes the policies of a democratic state.

Legal policy is a system of priorities in law-making. Depending on the area that it regulates, a legal policy of the government could be of constitutional or of penal character, or some other one. The penal policy of a government reflects its attitude toward crime; hence both crime and penal policy appear at the same time.[14]. It is believed that the term 'penal policy' (*strafrechtliche Politik*) was first used by the German Professor Paul Johann Anselm von Feuerbach in his 1804 study *Versuch einer Criminal-Jurisprudenz des Koran*, though he did not define it.

As for the current Russian discourse on a government penal policy, several approaches can be noticed. For example, Professor Nikolai Struchkov believed that penal policy is a system of measures specifically targeting the fight against criminality.[15]

Professor Nikolai Zagorodnikov specified three aspects of a penal policy. One is "a general line of opposing the criminality by means of penal punishment and other tools of government coercion and general influence, a line that is based upon certain principles". Another aspect is "a particular activity of the government, its agencies, its officials and non-governmental organizations aimed at promoting this line, an activity that manifests itself in penal and other legislation, in applying of this legislation in cases of conflicts and in solving the latter on the basis of the existing penal, penal processional and penal enforcement law, as well as labor legislation". Finally, the third aspect of a penal policy is a scholarly interpretation of the strategy used to combat criminality, of the efforts taken

---

13 *Aleksandr Mal'ko* [Александр Малько], Современная российская правовая политика и правовая жизнь [Current Russian legal policies and legal life], Журнал Правовая политика и правовая жизнь [Legal Policies and Legal Life] 2000, November, pp. 15 sq.

14 *Aleksei Aleksandrov* [Алексей Александров], Уголовная политика и уголовный процесс российской государственности: история, современность, перспективы, проблемы [Criminal policies and criminal proceedings in Russia: history, current state, prospects, problems], 2003, p. 57.

15 Ibidem, p. 63.

to execute the former, proposition of recommendations aimed at improving the operation of the government bodies and officials assigned to combat criminality.[16]

Another Russian legal scholar – Professor Stanislav Borodin – included into the notion of penal policy such components as criminal legislation policy, criminal process policy, policy toward offices of justice (which could be constitutional, administrative, penal, civil, etc. – *E.P.*) and penal correction (or rather penal enforcement) policy.[17] Essentially this is the concept that we share.

VI. Sources of the Russian penal legislation before and at the time of the February revolution

Before 1917, Russian penal legislation consisted of a number of acts: the 1845 Code of Criminal and Correction Punishments (with 1857, 1866 and 1885 amendments),[18] the 1864 Code of Punishments applied by Judges of Peace (Part IV of the 1864 court codes that formed the core of Emperor Alexander II reform of the justice system) and the 1903 Criminal Code.[19] These acts remained active after the abdication of Emperor Nicholas II, as was stipulated in the Provisional Government decree On the Adjustment of the Code of Laws with Decrees Issued by the Provisional Government.[20] In this way the new government tried to preserve the systematic nature of the existing Russian penal law and to minimise any possible legal collisions and contradictions (and the government really succeeded with this task).

The Russian army and navy were subject to the Army Code of Punishments and the Naval Code of Punishments, both issued in 1875 and in effect until the Bolshevik seizure of power in 1917. However, during World War I the Army

---

16 Ibidem, pp. 63 sq.

17 Ibidem, p. 67.

18 *Fiodor Dudyrev* [Федор Дудырев], Кодификация уголовного законодательства Российской империи в XVIII-начале XX в. [Codification of the penal legislation of the Russian Empire in the 18th to early 20th centuries], 2011, pp. 106–255.

19 *Evgeny Potseluev,* Das russische Strafgesetzbuch (Ugolovnoje Uloženje) vom 22. März 1903: Ursachen der Verabschiedung und Geschichte der Ausfertigung, Jahrbuch der Juristischen Zeitgeschichte 17 (2016), S. 211–236.

20 *Evgeny Skripelev* [Евгений Скрипилев], Уголовное законодательство Временного правительства (март – октябрь 1917 г.) [Penal legislation of the Provisional Government of 1917], in: Проблемы социалистической законности на современном этапе развития советского государства [Problems of socialist legality at the present stage of development oft he socialist state], 1968, p. 49.

code was significantly changed with over 60% of its paragraphs being either altered or abolished[21]. Army officers were given the right to prosecute their subordinates more strictly.

The law issued in November 1914 introduced some novelties into the military penal legislation. For instance, paragraph 217 established criminal responsibility for supplying the army with armaments, ammunition, or foodstuffs of inadequate quality. Doing so intentionally during wartime was subject to deprivation of estate rights and forced labour for up to 20 years, or even for life. If this culpable conduct affected the army in action, the guilty person might face death penalty. Apart from this, all loss to the exchequer was to be compensated at the expense of the offender. Similar amendments were also made in the Navy Code of Punishments.

On July 26th, 1914 and July 31st, 1915 a new list of classified information concerning external security and the country's military power was confirmed. Divulging such information was to be considered treason by espionage. Another law issued on August 11th, 1915 widened the range of actions that should be treated as a violation of the army subordination; punishment for these was also strengthened. Two other laws signed on March 6th, 1915 and January 12th, 1916 specified the notion of a break-out from an army unit and of absence without official leave; punishment for both were increased. A break-out was now punishable by either hard labour (from 4 to 20 years) or even by death; a flight into the enemy's lines became punishable by death. A six-day absence without leave in time of peace, a three-day absence in time of war, or a day-long absence from the combat zone were subject to administrative sanction; under aggravated circumstances the absentee was to be sent to military prison or an army correction unit. The same sanctions were applied to a person who injured himself to avoid conscription or in order not to be dispatched into a battle zone. Later in 1916 punishment for instigating evasion of army service was raised from four to twenty years' hard-labour, or even the death penalty. If such a crime was conducted in a combat area, the only sanction was execution. Historians of Russian penal law claim that "nearly 300 of the most repressive norms were used".[22]

One more significant source of legal norms between February and October of 1917 consisted of numerous decrees issued by Provisional Government, as well

---

21 *Tatiana Sukhondiaeva* [Татьяна Сухондяева], Российское военно-уголовное законодательство и его эволюция в период абсолютизма (XVIII- начало XX) (историко-правовое исследование) [Russian military penal legislation and its evolution in the era of absolutism], PhD self-abstract, 2006, pp. 21 sq.

22 *Kuznetsova*, A course of penal law (supra fn. 10), p. 23.

as of circular telegrams sent by the Prime Minister and/or other cabinet ministers; such telegrams had a statutory character.

VII. The Commission on Revision and Introduction of the New Penal Code

In March 1917, by Decree of the Provisional Government, the Commission on Revision and Introduction of the New Penal Code was established under the chair of State *Duma* member Vasily Maklakov. The Commission saw the main obstacle to its work in the need "to appease the two contradictory demands: to introduce perhaps the best Code ever and to get rid of old penal laws as quickly as possible". It was stated that the Commission would follow four principles: 1). The principle of freedom of thinking, of speaking and of acting ("It is necessary to eliminate all relics of the past oppression, all old prejudices"); 2). The principle of humanity (to soften the Code's harshness and to do away with peddling and unnecessary severity); 3). The principle of democracy (to provide the "popular element" with its part in law-making, in administration and courts of law, with special provision for the jury's right to determine the severity of punishment); 4). The principle of social justice (to revise all legal norms from the standpoint of the poor). The Commission did not try to write the new Code: it was believed that much should be left unchanged from the existing one, for it contained "a generally good system" and "a proper definition of terms". In this way the Commission wanted to save time and effort.[23]

On April 6th, 1917, the Commission adopted the final wording of paragraphs 100 and 101 of the Code. Paragraph 100 contained punishment for violent attempts against the existing order of state, for an attempt to secede a certain part of the Empire, for impeding the execution of duties by the country's supreme governing bodies or for putting the latter under conditions that might make execution of their duties impossible. Paragraph 101 contained punishment for the planning of crimes listed in the previous paragraph.[24]

The Commission decided to eliminate Paragraph 102 ("participation in a society set to overthrow the existing order") that had been widely used before the Revolution, since such participation was just the manifestation of intent, not action, and intent must not be punishable. Paragraphs 103–107 were considered subject to elimination: they provided for insults against the Tsar, his heir, members of the royal family and the Tsar's ancestors. However, paragraph 134

23 *Skripelev*, Penal legislation (supra fn. 20), p. 320.

24 Ibidem.

was left, because it provided punishment for impostors who assumed the name of the Tsar or of his family member. Paragraph 437 was also left as it provided sanction against the forgery of the orders of supreme authorities. Paragraph 449 (forgery of the Tsar's seal) was amended. The Commission proposed eliminating paragraph 132 (possession of illegal literature) and 133 (praising of unlawful actions).[25]

Paragraph 269 ("*pogroms*, agrarian disorders and unrest on economic and class-related grounds"), which had previously been applied quite often, was removed. In an exchange, Paragraph 122 received a new reading: "A person guilty of joining the others in a violent mob being driven by either hatred of either a religious, tribal, economic, or political nature, or by rumours that violate social order, who 1) committed murder or inflicted severe injuries; 2) committed other violent personal attacks, or robbery of someone's property or destruction of it, is punishable in the case of point 1 of the paragraph with penal labour of up to six years, and in case of point 2 by confinement in a jail or correctional house.[26]

Chapter V ("On *Smuta*") was renamed "On Criminal Actions against the Tranquillity of the State and Foreign States". The Commission spoke in favor of revoking the decree "On confiscation of property of state traitors" which had been adopted on October 8th, 1916, under Article 87 of the Russian Fundamental Law (i.e. without the consent of the State *Duma*).[27]

"So the Commission spoke in favour of abolishing some penal laws of clearly feudal origin. Yet the general terrifying character of the Code was preserved", says Evgeny Skripelev. He goes on, "Though the Commission found that paragraphs 108–109 on state treason should be edited in a new way, it was considered that altering the laws against state treason in time of war might disorganize the work of military courts".[28]

Skripelev thinks that the Commission on Revision and Introduction of the New Penal Code, which was set up under the Ministry of Justice, did nothing essential for the renovation of Russian penal legislation. We consider that by refusing to hastily write the penal legislation from the scratch the Commission

---

25 Российское законодательство X-XX веков [Russian legislation of the 10th to 20th centuries], 1994, pp. 301 sq., 310, 314.

26 *Scripilev* [Скрипилев], Уголовное право и карательная политика [Penal law and penal policy], in: Развитие русского права во второй половине XIX – начале XX века [The Progress of Russian Law during the second half of the 19th and early 20th centuries], 1997, p. 321.

27 Ibidem.

28 Ibidem.

acted correctly, taking into account the conditions of the Great War, and the fact that the Soviets of workers' and soldiers' deputies were challenging the authority of the Provisional Government. The government ministers were also rather busy preparing to convoke the Russian Constitutional Assembly.

VIII. Penal and military penal legislation

Two trends can be clearly seen in this area: a short-lived liberalisation after the fall of the monarchy, and then (from late March and especially after the attempted coup in Petrograd in July[29]) a new toughening of the legislation.

The first trend can be illustrated by such acts of the Provisional Government as abolition of the death penalty (a move that proved short-lived) and of some other forms of retribution such as penal labour, exile to Siberia, and corporal punishment.[30] By a decree of the Provisional Government, issued on March 17th, the following forms of punishment for prison inmates were abolished: blows of the birch, imposition of chains, putting on a straight jacket. In another decree issued on March 25th the government abolished the 1916 ruling of the Council of Ministers that equated attacks on the Emperor's lifeguard with attack on an army sentinel.[31]

On April 26th, 1917 internal exile was replaced with confinement in a fortress for no less than three years. Penal labour as a form of retribution was abolished.[32] It should be noticed that in Imperial Russia confinement in a fortress used to be treated as a rather harsh penalty; for instance, some participants in the 1825 Decembrist revolt were sentenced to fortress confinement. So replacement by the Provisional Government of an exile for an imprisonment in fortress appears to be a hardening of repression. Yet the abolition of corporal punishment and

---

29 The Prosecutor of the Petrograd Chamber of Justice and the government investigation commission described the failed coup in the Russian capital as an armed mutiny organised by the Central Committee of the Social Democratic Workers' Party. For this reason, a judicial investigation was launched into party's leader Vladimir Lenin. In Moscow an order to arrest Lenin was issued by the then district police commissar Andrei Vyshinski, who was later given an Order of Lenin. Cf.: History of Russia (supra fn. 12), pp. 7–29.

30 *Skripelev*, Penal law and penal policy (supra fn. 26) p. 321.

31 *Sergei Ivanov* [Сергей Иванов], Государство и право России в период Февральской буржуазно-демократической революции (февраль 1917 – октябрь 1917) [State and law in Russia at the time of the February revolution], 1967, pp. 642 sq.

32 Ibidem, p. 642.

hard labour should be considered the signs of the liberalisation of Russian penal legislation.

However, an opposite trend in the Provisional Government law-making can also be seen. Already on March 17th it altered paragraph 29 of the Code of Punishments Inflicted by the Judges of Peace. Now non-fulfilment of legitimate orders from government authorities or *zemstvo* (regional) administration was subject to a jail sentence of up to six months or a fine of up to 300 roubles. Previously such wrong-doing was punishable by a fine of 50 roubles. The practice of some bodies of the Provisional Government (its committees, commissariats, etc.), as well as the records of the courts of peace, witness wide use of this new penal norm.[33]

As for the military penal legislation, the principal novelties introduced by the Provisional Government were listed in two documents: the May 29th order of the War Minister Alexander Kerensky, and the government Decree On Strengthening the Punishments for Anti-war Actions at the Front Area issued on May 30th. The first document recommended dealing with Russian army personnel involved in fraternisation with enemy troops in accordance with Paragraph 108 of the Criminal Code.[34] The decree cited several cases of "the most severe military crime: disobedience of single persons, groups of people and whole army units that borders on resistance and open riot, with a refusal to fulfil combat orders, with unauthorised abandonment of frontline positions. Incitement to commit such crimes is also reported. Those guilty are to be sentenced to penal labour and deprived of all their rights. This means they should be deprived of the right to occupy any government or public office, to possess any property (one should notice that such kind of punishment was introduced by the Provisional Government, which some Soviet-time historians labelled 'bourgeois'! – *E.P.*), including the right to own land (a rather harsh repression, for most Russian army servicemen were of peasant origin. – *E.P.*), and families of convicts lost their food rations and state subsidies (this seems rather reasonable, though it borders on collective responsibility. – *E.P.*). Army units that discredited themselves by contempt of duty before their free motherland and revolution are subject to immediate disbandment".[35]

After the mass unrest in Petrograd in early July was suppressed by gunfire, the repressive legislative policy of the Provisional Government became more

33 Ibidem.

34 Ibidem.

35 A reader in history (supra fn. 12), pp. 276 sq.

noticeable. In addition to the existing penal code a series of new draconic criminal laws was issued that Kerensky called in his speech at the State Council in Moscow "the iron laws that must cause fear in anybody, whether there is a sense of conscience or not".[36]

On July 6th an order was issued combining Paragraphs 129 and 131 of the Criminal Code that prosecuted offenders "for inciting overthrow of the existing order", for "public call for murder, robbery, pogroms, and other serious crimes" and for "violence against any part of the population". Any public appeal for non-compliance with the legitimate orders of the authorities was pronounced punishable.[37] Those guilty of such crimes were to be sentenced to three-years' imprisonment in a fortress or in correction house. According to this order those guilty of calling on the army servicemen not to obey the laws of the Provisional Government or the orders of military authorities were to be prosecuted in the same way as for treason. Those who called on others to disobey the orders of the administration relating to operation of the railways were, in time of war, eligible for a three-year prison sentence.[38]

A decree of the Provisional Government issued on July 7th, 1917 ordered all investigations into the 'army mutiny' that erupted in the capital on July 3–5 to be conducted by the prosecutor of the Petrograd Chamber of Justice. All government bodies and officials were to give him every piece of evidence concerning the mutiny known to them. On July 9th the Special investigation commission was set to establish the degree of involvement into the mutiny of every army unit located in Petrograd. The commission was to work under the guidance and supervision of the above-mentioned prosecutor.[39]

On July 12th death penalty by firing squad was reintroduced in the battlefront area for servicemen guilty of such crimes as "military and civic treason, flight to the enemy's side, escape from the battlefield, unauthorised abandonment of station during action or evasion of a combat action, inciting others to become prisoners of war, violate actions against army superiors, resistance to the fulfilment of combat orders, mutiny and incitement to mutiny, attack on a sentinel". Immediately behind the frontlines such crimes as intentional murder, rape, robbery, and theft were pronounced punishable by death. Foreign spies were to be treated equally harshly. The court eligible to judge such crimes consisted of

---

36 *Ivanov*, State and law in Russia (supra fn. 31), p. 642.

37 Ibidem.

38 Ibidem, p. 643.

39 Ibidem, p. 644.

two army officers and three privates; no preliminary investigation was now necessary, and a sentence was to be executed immediately.[40]

The aim of this decree was to stop the spread of the revolution by hitting the most revolutionised part of the army and navy, and to hit the Bolsheviks.

The law of July 12th, 1917, repeated the list of crimes stipulated by Volume XII of the Code of Military Law (1869). Military field courts were re-established under the name of military revolutionary courts; they were given the right to pass the death sentence. Such courts were set up in each army division. The courts had the right to investigate cases of resistance against commanders' orders, of joining or inciting a mutiny, of treason, etc. If a crime was obvious, proceeding in such courts was restricted to a short investigation. A sentence was not eligible for appeal; it took legal force instantly and was to be executed without delay.[41]

The Provisional Government abandoned press censorship, yet military censorship was preserved. On March 13th a list of subjects applicable for military censorship was published. It prohibited publication of data related to the work of Russian defence contractors, as well as to the state of the country's strategic railways. The rules were not followed strictly, and reports on these subjects often leaked to the press. On July 14th the Provisional Government established criminal responsibility for anything published without permission from the military censorship that might inflict damage to Russia and its allies.[42]

On July 16th, 1917 the Provisional Government issued an ordinance On the Way of Inquiry into Cases of Persons Arrested Outside of Court Order. The document acknowledged insufficiency of court prosecution of some criminal cases: "The duty of the government is to prevent criminal schemes from growing into real crimes, since in time of war even the shortest disruption of the tranquillity of the state harbours great threat".[43] To our mind, this magniloquent wording is inappropriate in an act of legislation; rather it would fit a newspaper column or a speech at a popular rally. The document was aimed at the prevention of possible wrongdoing.

On July 26th the War Minister and the Minister of the Interior were given the right to put into custody those Russian citizens whose activities seemed to pose special threat to the defence of the country and its internal security. They were

---

40 Право [Law], 1917, No. 13, p. 745; No. 14, p. 823–826; A reader in history (supra fn. 35), p. 277.

41 Cf.: A reader in history (supra fn. 12), p. 277; *Ivanov*, State and law in Russia (supra fn. 31), p. 638.

42 *Skripelev*, Penal legislation (supra fn. 20), p. 50.

43 Cited from: *Kuznetsova*, A course of penal law (supra fn. 10), p. 23.

also given the authority to expel without trial, in an administrative order, those people whose behaviour was considered dangerous by the ministers or by their provincial representatives. It is obvious that this act reduced the role of courts of justice and unjustifiably increased the power of the two government ministers and their agents. Beside this, the notion 'dangerous' has an estimative nature, thus leaving enough space for arbitrary ruling.

On August 2nd a new decree by the Provisional Government gave the Interior Minister and the War Minister the power to detain people whose activities threatened the "defence of the country, its internal security and freedom conquered by the Revolution". The ministers were also given the right to expel such people from Russia for a limited time; if they refused to leave the country, or tried to return to it, they were to be jailed.[44] In this case however imprisonment of an undesirable can be treated rather as a preventative measure, not as a punishment. Yet the document made such Russian citizens *persona non grata*, something that should not happen in a democratic state even in time of war. Such laws are reminiscent of a soft form of an authoritarian regime.

The conflict between the Provisional Government and the Soviets of workers' and soldiers' deputies, which represented the revolutionary segment of Russian society, became more and more intense over time. Under such conditions, government legislation grew even more rigid. The failed attempt of the Russian Army Supreme Commander, General Lavr Kornilov, to seize power in late August[45] did not support liberalisation of official criminal legislation.

On August 5th the government issued a decree On Responsibility for Insulting of Diplomatic Representatives of Foreign Friendly Powers. According to this, expression or dissemination of unkindly opinion on friendly countries, their governments or their diplomats was punishable by a three-year prison sentence. To our mind, this is a clear crack-down on the freedom of speech. Apart from this, "unkindly opinion" is an estimative expression; it appears that any criticism of Russian allies, say for their mistakes or miscalculations, might lead a person to jail. It looks a rather odd situation for a European country at the start of the 20th century. Russia's participation in a war alliance with Entente nations may explain this ban, but not excuse it.

Two other laws announced on August 21st should also be mentioned. One threatened punishment for embezzlement of military property and weapons in

44 History of Russia (supra fn. 12), p. 31.

45 The Provisional Government described Gen. Kornilov's failed attempt as a mutiny. See: History of Russia (supra fn. 12), p. 47.

time of war; another deterred army servicemen from playing cards. Although both acts were of only limited meaning, they still had an extraordinary character and were adopted under the pressure from the army generals.[46]

IX. Conclusion

The Provisional Government tried to give an adequate answer to the challenges of the time in the area of penal legislation. Making of penal laws was in the hands of highly skilled legal experts with degrees obtained from the leading Russian universities. Some of the lawmakers also gained an experience as legal professionals. Others had been members of the State *Duma*, the Russian parliament. This could not but improve the quality of the laws that they wrote. Not all the decrees were absolutely perfect, but one should keep in mind how demanding the conditions of this legislative work were. The Provisional Government and its *ad hoc* legislative bodies tried to rely upon principles of freedom, humanism and democracy. At the climax of the Great War and under pressure from internal political unrest the Provisional Government succeeded in abolishing some outdated norms in the Russian Penal Code that no longer made sense after the abdication of Tsar Nicholas II. The government also revised the set of punishments that had been used in the Russian prison system. Basic sources of Russian penal legislation preserved their power, although with some amendments. The legislative activities of the Provisional Government in the area of penal law and penal correction law were rather productive. The policy of the Provisional Government in the area of penal legislation was determined by both subjective factors (such as the liberal views shared by members of the Russian Constitutional Democratic party who formed the core of the new executive power immediately after the abdication of the Tsar) and objective factors (such as the war, revolution, peasant unrest, prison riots). Two contradictory trends are clearly seen in this area: the liberalisation of penal legislation (e.g. abolition of death penalty, of exile to Siberia, and of the corporal punishment of prison inmates) and its eventual hardening. The latter trend manifested itself in a restoration of the death penalty for a number of crimes, especially in area of the front. This hardening can also be noticed in such legal novelty as making even attempts at certain actions punishable; this widening of criminal responsibility contradicts such fundamental principle of law as the principle of justice. The penal legislation policy of the Provisional Government was to some extent subordinate to its general desire to leave the solution of all

46 *Skripelev*, Penal legislation (supra fn. 20), pp. 50 sq.

burning issues of Russian life to the would-be Constitutional Assembly. Hence, the government tried to prevent peasants from taking nobility estates over before the 'agrarian question' would be dealt with by the Assembly. The post-February government in Petrograd also wanted Russia to remain part of the Entente, and this is why it banned pacifist propaganda and issued laws aimed at restoring discipline in the Army and at preventing any industrial actions by railway workers. I think the fall of the Provisional Government was to a certain degree connected with its penal legislation policy. Re-introduction of the death penalty and suppression of 'agrarian riots' made the new executive power highly unpopular with quite many Russians, who were tired of war and wanted more land immediately. I would still give a rather positive mark to the activities of the Provisional Government in the realm of criminal legislation, since despite the extremely complex situation it faced, it managed to make a number of positive steps.

Alexander Rogatschewski

Zur Geschichte der Handelsregelung in Ingermanland zu schwedischer Zeit: Die „Russische Gasthofs-Ordnung“ von Narva (1652)*

Abstract: On the History of the Trade Regulation in Ingria under Swedish Rule: The Statute of the Russian Merchant Court in Narva (1652) The town of Narva has long been an important centre with economic ties between Russia and European countries. Since 1617 it belonged to the Swedish Province of Ingria. The article deals with some aspects of Narva's history in the middle of the 17th century. The peculiarity of the economic life of Narva was a keen competition with the neighbouring Russian town Ivangorod on the opposite bank of the Narva river. In 1649 the Swedish government liquidated Ivangorod as an independent privileged community and ordered its citizens to move to Narva. Since then the trade was concentrated there. The main attention is paid to the statute of the Russian trade court in Narva issued in 1652. The article considers the historical background of its promulgation in the context of the domestic and foreign policy of the Swedish authorities. The appendix contains the German text of this statute based on two copies from the 17th and 18th centuries from the State Historical Archives of Estonia, in Tartu. The source edition is provided with notes explaining some specific terms included in its text.

Keywords: Ingria, Ivangorod, Narva, Swedish rule, Russian merchant court

I. Vorbemerkung

Im Mai 2018 hielt ich auf der Tagung in Estland einen Vortrag zum Thema „Die Kolonisations- und Wirtschaftspolitik Schwedens in Ingermanland (1617–1704) im Spiegel der Rechtsdenkmäler aus dem Estnischen Historischen Archiv in Tartu“. Er berücksichtigte die zahlreichen schriftlichen Quellen, die in der genannten Sammlung überliefert worden waren. Bei der Vorbereitung des vorliegenden Tagungsbandes wurden die Autoren gebeten, den Umfang der Beiträge

* Abkürzungen: EAA – Eesti Ajalooarhiiv (Estnisches Historisches Archiv in Tartu, später Abteilung des Estnischen Nationalarchivs); *Laucevičius – Edmundas Laucevičius,* Poperius Lietuvoje XV–XVIII a. [Das Papier in Litauen]. T. 1. T. 2. Atlasas [Album der Wasserzeichen], 1967; MCPHI – Monumenta chartae papyraceae historiam illustrantia. Leider konnten nicht alle Autorenvornamen für diesen Beitrag ermittelt werden.

zu beschränken. Deswegen konzentriere ich mich hier auf eine der im Vortrag berührten Rechtsquellen, die meines Wissens noch nicht ausführlich im Schrifttum dargestellt wurde. Etliche weitere Angaben zum behandelten Quellenkreis kann man in meinen anderen Publikationen zum Thema (mit Verweisen auf die relevante Literatur) auffinden.[1]

II. Historischer Hintergrund

Die Stadt Narva,[2] die von Anfang an als Grenzstadt existierte, war jahrhundertelang ein wichtiger Handelsstützpunkt zwischen Russland und dem Baltikum und mit anderen europäischen Ländern.[3] Diese Rolle hat sie im hartnäckigen Kampf mit Reval, Dorpat und anderen baltischen Städten erlangt, obwohl sie keine Hansestadt war. Für die russischen Handelspartner war sie die Stadt, die für internationale Wirtschaftsbeziehungen am nächsten lag.[4] Anders als Dorpat, das auch nicht weit von der Grenze lag, aber nur zu Land oder auf dem Fluss (besonders aus Pleskau) erreichbar war, verfügte Narva über einen eigenen

1 *Aleksandr Rogačevskij* [*Александр Рогачевский*], Юридические памятники Ингерманландии XVII – начала XVIII вв. в Историческом архиве Эстонии в Тарту [Die Rechtsdenkmäler Ingermanlands aus dem 17. – Anfang des 18. Jh. im Historischen Archiv Estlands in Tartu], in: Svetlana Volkova/Natalija Malyševa [Светлана Волкова/Наталия Малышева] (Hg.), Правовая система общества: проблемы теории и практики. Труды международной научно-практической конференции. Санкт-Петербург, 12 ноября 2010 г. [Das Rechtssystem der Gesellschaft: Probleme der Theorie und Praxis. Abhandlungen der internationalen wissenschaftlich-praktischen Tagung. St. Petersburg, den 12. November 2010], 2011, S. 438–447; *ders.*, IX международная конференция историков права прибалтийских государств (16–20 мая 2018) [Die IX. internationale Tagung der Rechtshistoriker der Ostseeregion], Studia Slavica et Balcanica Petropolitana 2018, Nr. 2, S. 223 (220–224).

2 Die Schreibweise des Stadtnamens war in der Frühen Neuzeit nicht einheitlich. In den estnischen und lateinischen Texten erscheint er als „Narva", in der deutschen Tradition war auch „Narwa" üblich. In den deutschsprachigen Urkunden des Estnischen Historischen Archivs aus den 17. und 18. Jh. wird der Stadtname sehr häufig auch „Narva" geschrieben. Deswegen wird diese Schreibweise auch im vorliegenden Beitrag beibehalten.

3 Zusammenfassend s. *Jüri Kivimäe,* Medieval Narva: Featuring a small town between East and West, in: Karsten Brüggemann (Hg.), Narva and the Baltic sea region. Papers presented at the II International conference on political and cultural relations between Russia and the Baltic region states (Narva, 1–3 May 2003), 2004, S. 17–27.

4 S. dazu *Adrian Selin* [*Адриан Селин*], Ивангородская дорога [Die Iwangoroder Straße], 1995.

Seehafen. Diese wichtige Tatsache trug zur Einbeziehung der Stadt in die baltischen und gesamteuropäischen Wirtschaftsnetzwerke bei.

Die Bedeutung Narvas für den russischen Außenhandel nahm bereits im 16. Jahrhundert zu, da diese Stadt 1558–1581 unter russischer Kontrolle stand und viele Russen dorthin zogen.[5] Am Ende des Livländischen Krieges aber wurde die Stadt durch Schweden erobert. Narva wurde dadurch schwer getroffen, viele russische Übersiedler wurden getötet. In der Nachkriegszeit hat die Stadt ihren Wohlstand allmählich wiederhergestellt, es war ein wirtschaftlicher Aufschwung zu beobachten. Im folgenden Jahrhundert setzte sich diese Entwicklung fort, bedingt durch die merkantilistische Politik Schwedens in diesem Gebiet. Wegen der wichtigen strategischen Lage Narvas fasste man den Plan, die Stadt nicht nur neu aufzubauen und zu befestigen, sondern auch zur zweiten Hauptstadt Schwedens zu machen. Das letztere Ziel wurde nie erreicht, aber die immer wichtigere Rolle Narvas im baltischen Transithandel scheint unbestreitbar zu sein. Zwar stand die Stadt in Konkurrenz zu den anderen baltischen Städten und zu den Kaufleuten aus den anderen europäischen Ländern; die Kriegsverhältnisse des 17. Jahrhunderts erschwerten wesentlich den Außenhandel.[6] Die schwedischen

---

5 *Walther Kirchner*, Die Bedeutung Narwas im 16. Jahrhundert. Ein Beitrag zum Studium der Beziehungen zwischen Russland und Europa, Historische Zeitschrift 172 (1951), S. 265–284; *Erik Amburger*, Das neuzeitliche Narva als Wirtschaftsfaktor zwischen Rußland und Estland, Jahrbücher für Geschichte Osteuropas N.F. 15 (1967), S. 197–199 (197–208).

6 S. *Arnold Soom*, Die Politik Schwedens bezüglich des russischen Transithandels über die estnischen Städte in den Jahren 1636–1656, Õpetatud Eesti Seltsi toimetused [Verhandlungen der gelehrten Estnischen Gesellschaft zu Dorpat] 32 (1940), S. 110–111; *ders.*, Die merkantilistische Wirtschaftspolitik Schwedens und die baltischen Städte im 17. Jahrhundert, Jahrbücher für Geschichte Osteuropas N. F. 11 (1963), S. 183–222; *Vasilij Dorošenko* [*Василий Дорошенко*], Русский экспорт через Нарву (по данным Ивангородской таможни 1619–1620 гг.) [Der russische Export über Narva (nach Angaben des Iwangoroder Zollamtes von 1619–1620)], in: Vladimir Pašuto [Владимир Пашуто] (Hg.), Феодальная Россия во всемирно-историческом процессе. Сборник статей, посвящённый Льву Владимировичу Черепнину [Das feudale Russland im weltgeschichtlichen Prozess. Festschrift für Lew Wladimirowitsch Tscherepnin], 1972, S. 339–349; *Pavel Kann* [*Павел Канн*], Нарва. Страницы истории города [Narva. Seiten der Stadtgeschichte], 1979, S. 55–65; *Pierre Jeannin,* Le commerce à Narva au début du XVIIe siécle et le problème de la balance commerciale russe, in: Pierre Jeannin (Hg.), Marchands du Nord: espaces et trafics à l'époque moderne. Textes reunis, 1996, S. 151–163; *Enn Küng,* Handelsverhältnisse für Fremde in Narva im 17. Jahrhundert, in: Aleksander Loit/Helmut Piirimäe (Hg.), Die schwedischen Ostseeprovinzen Estland und Livland im 16.-18. Jh., 1993, S. 179–192; *ders.,* Narvas handels- och ekonomiskrättsliga position i svenska väldet 1581–1670 [Die handels- und

Verwaltungstechniken im Baltikum erregten auch ein gewisses Missvergnügen des überwiegend deutschen Bürgertums der Stadt.[7] Trotzdem kann man das 17. Jahrhundert als Narvas Blütezeit bezeichnen. Als sichtbares Zeugnis firmierte das herrliche Ensemble der Narvaer Innenstadt im zumeist barocken Stil, die im Wesentlichen unter schwedischer Herrschaft (nach dem großen Stadtbrand von 1610) entstand und bis zum Zweiten Weltkriege existierte.[8]

In der „Zeit der Wirren" (die von ca. 1604/05 bis 1618/19 dauerte) eroberten die Schweden große Teile des russischen Territoriums. Zuerst agierten sie als Bündnispartner auf Einladung einer der russischen konkurrierenden politischen Parteien, später nahmen sie strategisch wichtige Gebiete Russlands in Besitz. Nach dem Frieden von Stolbowo (1617) musste Russland seine strategisch wichtigen Grenzgebiete an Schweden abtreten. Es handelte sich um das Ishora-Land (Ingermanland) und um den Kreis Korela (Kexholmer Lehn). In diesen Territorien entstand das Ingermanländische Gouvernement (1611–1703). Damit verlor Russland den Meereszugang zur Ostsee für etwa 90 Jahre.

Der wichtigste Teil des eroberten Territoriums war Ingermanland – eine historische Region, die vor allem an den Ufern der Newa lag. Der Finnische Meerbusen, der Fluss Narva und der Peipussee im Westen sowie der Ladogasee mit den benachbarten Ebenen im Osten bildeten die natürlichen Grenzen. Als Grenze zum Finnischen Karelien galt der Fluss Sestra (finnisch Siestarjoki oder Rajajoki). Narva galt seit 1617 aus Verwaltungssicht auch als Bestandteil Ingermanlands.[9] Die Region behielt die alte Teilung in Kreise (Lehne): Es existierten

---

wirtschaftsrechtliche Stellung Narvas im schwedischen Reich 1581–1670], in: Torkel Jansson, Torbjörn Eng (Hg.), Stat – kyrka – samhälle. Den stormaktstida samhällsordningen i Sverige och östersjöprovinserna [Staat – Kirche – Gesellschaft. Die Gesellschaftsordnung der Großmachtzeit in Schweden und in den Ostseeprovinzen], 2000, S. 283–303; *ders.*, Rootsi majanduspoliitika Narva kaubanduse küsimuses 17. sajandi teisel poolel [Die schwedische Wirtschaftspolitik in der Frage des Narvaer Handels in der 2. Hälfte des 17. Jh.], Tartu, 2001.

7 *Jaak Naber,* Motsättningarnas Narva. Statlig svenskhetspolitik och tyskt lokalvälde i ett statsreglerat samhälle, 1581–1704 [Die Spannungen in Narva. Die schwedische Regierungspolitik und die deutsche Selbstverwaltung in der staatlich geregelten Gesellschaft, 1581–1704], 1995.

8 Ausführlicher dazu s. *Sten Karling,* Narva. Eine baugeschichtliche Untersuchung, 1936; *Gerhard Eimer,* Die Stadtplanung im schwedischen Ostseereich 1600–1715. Mit Beiträgen zur Geschichte der Idealstadt, 1961, S. 296–300; *Oleg Kočenovskij* [*Олег Коченовский*], Нарва. Градостроительное развитие и архитектура [Narva. Die stadtbauliche Entwicklung und Architektur], 1991.

9 *Werner von Schulmann,* Die zivile Staatsbeamtenschaft in Estland zur schwedischen Zeit (1561–1710), Dorpat/Posen, 1939, S. 10, 76.

die Kreise Iwangorod, Jam, Koporje und Nöteborg (russ. Oreschek). Auf diesem Territorium wurde die Provinz Ingermanland (1611–1703) gegründet. Seit 1642 gehörte dazu auch das Lehn Korela (Kexholm). Ein wichtiges Handelszentrum Ingermanlands war Nyen (auf dem Gelände des künftigen St. Petersburg), das im Jahr 1642 das Stadtrecht erhielt und zum Verwaltungszentrum der Provinz wurde. 1656 beschädigte ein russischer Angriff die Stadt schwer. Deshalb wurde der Sitz des ingermanländischen Generalgouverneurs nach Narva verlegt.[10]

Die Wirtschaftsentwicklung Narvas zeichnete sich in der ersten Hälfte des 17. Jahrhunderts durch den Wettbewerb und durch scharfe Auseinandersetzungen mit der Nachbarstadt Iwangorod aus, die jenseits des Narvaflusses lag. Die Politik der schwedischen Krone verursachte diesen Konflikt. Schweden plante, das Stadtleben in seinen Gebieten wiederherzustellen. Dafür bereitete es Privilegien für die dortigen Städte vor. Im Ingermanland kamen Iwangorod, Koporje und Nöteborg, im Kexholmer Lehn die Orte Kexholm, Taipale (jetzt Solowjowo), Kronoborg (jetzt Kurkijoki) und Salmi in Frage. Für die dort wohnenden Russen und Karelier waren jedoch diese Privilegien nicht von Nutzen. Der Vertrag von Stolbowo sah vor, dass die Städter der abzutretenden Territorien das Recht hatten, binnen zwei Wochen ins Herrschaftsgebiet des Moskauer Zaren zu übersiedeln. Viele davon haben dieses Recht in der Tat ausgenutzt. Nach herkömmlicher Auffassung des russischen und sowjetischen Schrifttums haben diese Ereignisse einen fast völligen Bevölkerungswechsel in den Städten verursacht; die erhaltenen Archivalien bezeugen kein so eindeutiges Bild.[11] Im Wesentlichen aber

10 Zur Verwaltung dieser Gebiete zur schwedischen Zeit s. *Carl Öhlander,* Bidrag till kännedom om Ingermanlands historia och förvaltning [Beitrag zur Kenntnis der Geschichte und Verwaltung Ingermanlands], Bd. 1: 1617–1645, 1898; *Kasper Kepsu,* Den besvärliga provinsen. Reduktion, skattearrendering och bondeoroligheter i det svenska Ingermanland under slutet av 1600-talet [Die unruhige Provinz. Reduktion, Steuerverpachtung und die Bauernunruhen im schwedischen Ingermanland gegen Ende des 17. Jahrhunderts], 2014; *Antti Kujala,* Sweden's Russian Lands, Ingria and Kexholm Province, 1617 – ca. 1670: The Interaction of the Crown with Its New Subjects, Jahrbücher für Geschichte Osteuropas N.F. 64 (2016), S. 545–574.

11 So enthält das schwedische Grundbuch vom Jahre 1645 die Angaben über die Stadtbevölkerung von Nöteborg. Es wurden 28 Hofbesitzer aufgezeichnet; 26 davon hatten russische Namen. *Igor' Šaskol'skij* [*Игорь Шаскольский*], Материалы по истории Ижорской земли и Корельского уезда XVII в. в Государственном архиве Финляндии [Die Materialien zur Geschichte des Ingermanlands und des Kareliens aus dem 17. Jahrhundert in dem Staatlichen Archiv Finlands], Вспомогательные исторические дисциплины [Historische Hilfswissenschaften] XI (1979), S. 124 (113–134).

ersetzten Übersiedler mit überwiegend protestantischem Glaubensbekenntnis aus den anderen schwedischen Kronländern und weiteren europäischen Staaten die bisherige Stadtbevölkerung. Die Russen und Karelier, soweit sie in diesen Orten wohnten, waren gewöhnlich nicht als Stadtbürger vollberechtigt. Dennoch ist für die ingermanländischen Städte eine wohl einzige und merkwürdige Ausnahme festzustellen. Es handelt sich um die Bevölkerung von Iwangorod, das direkt an der Grenze zu Schwedisch-Estland lag. Meistens blieben die Iwangoroder in ihrer Stadt. Am 28. November 1617 erhielt diese Gemeinde von Gustav Adolf eine Stadtrechtsurkunde, die den schwedischen Vorbildern weitgehend folgte. Seitdem war sie die einzige russische Stadt, die das schwedische Stadtgesetz anwandte. Seit dem Ende des 16. Jahrhunderts, gemäß dem Friedensvertrage von Teusina, war der internationale Handel nicht in Iwangorod, sondern nur auf dem Narvaer Ufer des Narvaflusses gestattet. Seit 1617 sollte der gesamte örtliche Außenhandel mehr oder weniger gleichmäßig zwischen beiden Städten geteilt werden. Das betraf besonders das passive Stapelrecht. Dieser Faktor bewirkte den wirtschaftlichen Aufschwung Iwangorods. Gegen Mitte des 17. Jahrhunderts entstand hier eine relativ blühende Gemeinschaft, die ihren Reichtum durch Grenz- und Seehandel erlangte. Dies verursachte jedoch einen permanenten Konflikt mit den Narvaer Bürgern, die keine Konkurrenz in ihrem,Hinterhof' dulden wollten. Im Jahr 1645 hat Iwangorod als selbständige Stadt nach langjährigen Beschwerden der Narvenser ihren ursprünglichen Status verloren. Die schwedische Regierung befahl den Bewohnern, Iwangorod zu verlassen und nach Narva zu übersiedeln. Diese Anordnung wurde im Jahr 1649 erfüllt. Zwar erlaubte später Karl XI. Iwangorodern per Dekret, ihre ursprünglichen Hofstellen wieder zu belegen (1662, 1664) und sogar dort eine Schänke zu öffnen (1674, 1676), doch wurde die Stadt Iwangorod rechtlich nicht erneut gegründet. Iwangorod wurde praktisch zum Vorort Narvas.[12]

---

12 *Arnold Soom,* De ingermanländiska städerna och freden i Stolbova 1617 [Die ingermanländischen Städte und der Frieden von Stolbowo von 1617], in: Svio-Estonica. Årsbok utgiven av Svensk-Estniska samfundet vid Tartu universitet 1936 [Svio-Estonica. Jahrbuch, herausgegeben von der Schwedisch-Estnischen Gesellschaft bei der Universität Dorpat 1936], 1936, S. 34–45; *ders.*, Ivangorod als selbständige Stadt 1617–1649, Õpetatud Eesti Seltsi aastaraamat 1935 [Sitzungsberichte der Gelehrten Estnischen Gesellschaft 1935], 1937, S. 215–242, 265–285, 298–302; *Aleksandr Kurbatov* [*Александр Курбатов*], Итоги изучения посада средневекового Ивангорода [Die Ergebnisse der Forschung des Wohngebiets des mittelalterlichen Iwangorods], in: Anatolij Kirpičnikov [Анатолий Кирпичников] (Hg.), Культурное наследие Российского государства. Вып. III: Учёные, политики, деятели церкви об

Nach dem Zusammenschluss der Gemeinden blieb Narva das Handelszentrum. Unter diesen Bedingungen wurde auch der Handel der russischen Kaufleute in der Stadt geregelt. Am 28. Januar 1652 wurde die „Russische Gasthofs-Ordnung“ erlassen, die im Historischen Staatsarchiv Estlands, im Bestand des Narvaschen Magistrats aufbewahrt ist (s. unten). Im überlieferten Text fehlt die Bezeichnung der Behörde, die diese Rechtsquelle erlassen hat. Höchstwahrscheinlich war er der Narvaer Rat. Ein Indiz dafür ist die Tatsache, dass die Urkunde in seinem Archivbestand erhalten ist. Jedenfalls entstand diese Rechtsquelle nicht im Laufe der Tätigkeit des Narvaer Burggrafen, da dieses Amt noch nicht bekleidet wurde. Eine prinzipielle Entscheidung über die Einführung desselben in Narva hat die Königin Christina bereits 1646 getroffen, aber der erste Burggraf (Philip Crusius von Krusenstiern) wurde erst 1653 ernannt.[13] Trotzdem blieb die Verabschiedung dieser Ordnung nicht ohne Kontrolle der schwedischen Staatsadministration, was aus dem Vermerk in einer der Abschriften ersichtlich ist (s. unten).

Die Verabschiedung dieser Ordnung muss im Kontext der Schaffung solcher Gasthöfe auf beiden Seiten der russisch-schwedischen Grenze gesehen werden. Gem. Art. 15 des Friedensvertrags von Stolbowo (1617) wurde der Bau solcher Stellen in Nowgorod, Pleskau und Moskau für die schwedischen Kaufleute vorgesehen. Die russischen Kaufleute sollten wiederum in Reval, Wiburg und Stockholm die Plätze für Unterkunft und Handel erhalten. Später kamen unter den Städten der schwedischen Krone Riga, Narva und Nyen hinzu.[14] Darüber hinaus hatte Narva (zusammen mit Reval und Nyen) eine Sonderstellung in

---

историческом и культурном достоянии [Kulturerbe des Russischen Staates. Lief. III: Die Gelehrten, Politiker, Geistlichen über den historischen und kulturellen Besitz], 2002, S. 76–77; *Erik Amburger*, Ingermanland. Eine junge Provinz Rußlands im Wirkungsbereich der Residenz und Weltstadt St. Petersburg/Leningrad, Teilbd. I., 1980, S. 37–41; *Jarmo T. Kotilaine*, Russia's Foreign Trade and the Economic Expansion in the Seventeenth Century. Windows on the World, 2005, S. 41–42, 383–384.

13 *Enn Küng*, Die Einführung des Burggrafenamtes in Narva und der Magistrat in der Mitte des 17. Jahrhunderts Handelsverhältnisse für Fremde in Narva im 17. Jahrhundert, in: Enn Küng/Helina Tamman (Hg.), Festschrift für Vello Helk zum 75. Geburtstag. Beiträge zur Verwaltungs-, Kirchen- und Bildungsgeschichte des Ostseeraumes, 1998, S. 237–240 (229–258).

14 *Georgij Jenš* [*Георгий Енш*], Московское торговое подворье в Риге в XVII в. [Moskauer Handelshof in Riga im 17. Jh.], in: Вопросы истории [Probleme der Geschichte] 1947, Nr. 11, S. 74–79; *Igor' Šaskol'skij* [*Игорь Шаскольский*], О деятельности Шведского гостиного двора в Новгороде в XVII в. [Über die Tätigkeit des Schwedischen Gasthofes in Nowgorod im 17. Jh.], in: Новгородский исторический сборник [Nowgoroder historischer Sammelband] 2 (1984), S. 188–198; *ders.*, Экономические отношения России и Шведского государства в XVII веке [Die

der Zolltarifpolitik. In diesen Städten wurde die neue schwedische Zollordnung von 1648 eingeführt. Die Einfuhrzölle für Waren wurden dabei abgeschafft; für den Export betrug der Zollsatz 2% des Warenwerts. Diese Maßnahme war ein Bestandteil der neuen schwedischen Handelsstrategie gegenüber Moskau, die von 1648 bis 1654/56 durchgeführt wurde.[15] Narva strebte an, sein Stapelrecht und sein Handelsmonopol zu erhalten. Nicht ohne Grund wiesen die russischen Diplomaten bei den Verhandlungen von 1649 in Stockholm darauf hin, dass es den russischen Kaufleuten unbequem und mitunter nachteilig war, ihre Waren nicht direkt nach Riga, sondern nach Dorpat und Narva zu liefern.[16] All dies (trotz wiederholter russisch-schwedischen Konflikte und Missbrauch von lokalen Behörden) trug zur Wiederbelebung des Handels in Narva bei.

Der genaue Standort des genannten russischen Gasthofs ist nicht bekannt. Man vermutet, dass er bereits unter russischer Herrschaft (1558–1581) in der nördlichen Vorstadt Narvas existierte.[17] Etliche Urkunden, die nach Eroberung Ingermanlands entstanden, beweisen, dass für eine Zeitlang der russische Gasthof in Iwangorod funktionierte. Darüber berichtet u.a. die Relation des Nowgoroder Woiwode aus dem Jahr 1620, die für den Zaren bestimmt war.[18] Am 19. August 1634 baten die Narvenser die schwedische Königin Christina, dass der russische Gasthof aus Iwangorod auf die Narvasche Seite verlegt werden möge. Die Königin versprach, dies (neben den anderen Bitten Narvas) in Erwägung zu ziehen.[19] Aus dieser Quelle ist ersichtlich, dass der russische Gasthof zu dieser Zeit in Narva noch nicht existierte. Möglicherweise öffnete er nach der Abschaffung Iwangorods als selbständige Stadt wieder in der nördlichen Vorstadt Narvas, weil die Mehrheit der ehemaligen russischen Iwangoroder Bewohner

---

Wirtschaftsbeziehungen Russlands mit dem Schwedischen Staate im 17. Jh.], 1998, S. 78–83, 98–101, 110–114, 121, 134–135, 142, 171–172, 183–187, 219–220, 291.

15 Ausführlicher dazu s. *Stefan Troebst,* Handelskontrolle – „Derivation" – Eindämmung. Schwedische Moskaupolitik 1617–1661, 1997, S. 350–355; *Šaskol'skij,* Wirtschaftsbeziehungen (o. Fn. 14), S. 124.

16 *Aleksandr Kan* [Александр Кан], Стокгольмский договор 1649 года [Stockholmer Vertrag von 1649], in: Скандинавский сборник [Skandinavischer Sammelband] I (1956), S. 107 (101–117).

17 *Kočenovskij,* Narva (o. Fn. 8), S. 30.

18 *M. Davydova, Igor' Šaskol'skij/Aleksandr Jucht* [*М. Давыдова, Игорь Шаскольский/ Александр Юхт*] (Hg.), Русско-шведские экономические отношения в XVII веке. Сборник документов [Die russisch-schwedischen Wirtschaftsbeziehungen im 17. Jh. Ein Urkundenbuch], 1960. Nr. 8 (abgesehen von dem russischen Gasthofe in Iwangorod sind auch ähnliche Gasthöfe in Jam und Koporje erwähnt).

19 *Heinrich Johann Hansen,* Geschichte der Stadt Narva, 1858, S. 90.

dorthin übersiedelte. Hier wurde auch eine orthodoxe Kirche gebaut.[20] Es ist zu vermuten, dass die Lage des Gasthofs im überwiegend russisch-orthodoxen Milieu für die ankommenden russischen Kaufleute günstig war.

Nach heutigem Forschungsstand ist schwer festzustellen, wie lange die Ordnung von 1652 galt. Wahrscheinlich dauerte die Tätigkeit des Gasthofes, soweit sie nach den Regeln dieser Ordnung verlief, eine relativ kurze Zeit. Der neue russisch-schwedische Krieg von 1656–1658 konnte für seine Arbeit nicht folgenlos bleiben. Wegen des Krieges wurden die russischen Gasthöfe in Stockholm, Reval, Nyen und Narva geschlossen, die dort gelagerten Waren von den Staatsbehörden konfisziert. Gleiches geschah mit den schwedischen Gasthöfen in Nowgorod und Moskau und mit dem alten deutschen Gasthof in Pleskau, der von den schwedischen Kaufleuten davor benutzt worden war.[21] Das genaue Datum der Schließung des Gasthofes in Narva war leider nicht zu ermitteln; jedenfalls ist es bekannt, dass die unbefestigte Vorstadt während der Kriegshandlungen von 1657 niederbrannte. Die überlebenden russischen Bewohner gingen nach Iwangorod zurück. Für die deutschen Bürger war das Anlass, dieser Bevölkerungsgruppe (unter dem Vorwand seiner präsumtiven Illoyalität) die kurz davor verliehenen Bürgerrechte zu entziehen und den Handel zu verbieten. Die schwedische Regierung strebte jedoch an, die ökonomischen Aktivitäten der russischen Bevölkerung zu erhalten, aber die Privilegien der Narvenser dabei zu bewahren. Zuerst war geplant, die russische Siedlung zu verlegen und als ein Städtchen abseits von Narva neu zu gründen oder die Russen gar in den anderen Orten Ingermanlands (wie etwa Koporje) zu zerstreuen. Auf narwascher Seite durften die Russen nunmehr nur unter der Bedingung des Glaubenswechsels wohnen. Später jedoch wurden diese Pläne nicht verwirklicht, da die russischen Kaufleute Widerstand leisteten und das schwedische Kommerzkollegium die Maßnahme nicht empfahl. Die königlichen Resolutionen von 1666 und 1676 erlaubten den Russen, die Vorstadt von Narva wiederherzustellen und dort (wenngleich mit wichtigen Restriktionen zugunsten der Narvenser) Handel zu treiben.[22] Möglicherweise entstand dort auch der Gasthof für die ankommenden russischen Kaufleute wieder. Ob dabei die Ordnung von 1652 anwendbar war oder ihre Geltung nur eine kurze Episode blieb, muss noch erforscht werden.

Zwar sah der Friede von Kardis von 1661, der den Russisch-Schwedischen Krieg von 1656–1658 beendete, die Neueröffnung der „freien" russischen

20 *Kočenovskij,* Narva (o. Fn. 8), S. 30.

21 *Šaskol'skij,* Wirtschaftsbeziehungen (o. Fn. 14), S. 132–134.

22 *Enn Küng* [*Энн Кюнг*], Русские купцы и граждане Нарвы во второй половине 17 века [Russische Kaufleute und Bürger Narvas in der zweiten Hälfte des 17. Jahrhunderts], in: Сборник Нарвского музея [Sammelband des Narvaer Museums], 2002, S. 7–44.

Gasthöfe in Stockholm, Riga, Reval, und Narva vor. Schweden aber entzog sich der Erfüllung dieser Vertragsklauseln. Nach dem Krieg waren die russischen Kaufleute genötigt, nicht die eigenen, sondern die gemeinen Gasthöfe zu benutzen und hohe Summen dafür zu zahlen. Deswegen war ihre Lage in den erwähnten Städten ungünstig.[23] Im Lichte dieser Angaben scheint die Fortgeltung der alten Ordnung von 1652 in Narva fragwürdig zu sein.

Die nähere Untersuchung der narvaschen Gasthofs-Ordnung im Kontext der russisch-baltischen Wirtschaftsbeziehungen des 17. Jahrhunderts und das weitere Schicksal des Gasthofs müssen Gegenstand künftiger Forschungen bleiben. Gleiches gilt für die vergleichende Analyse derselben mit den ähnlichen Gasthofs-Ordnungen dies- und jenseits der damaligen russisch-schwedischen Grenze. Eine solche Analyse müsste zweifellos die Traditionen der jeweiligen einheimischen Handelsgesetzgebung sowie die frühneuzeitlichen russisch-schwedischen Abkommen berücksichtigen. Es ist jedoch darauf zu weisen, dass die erwähnte narvasche Gasthofs-Ordnung (anders als die Ordnung des russischen Handelshofs in Riga aus dem J. 1663, die von Georg Jensch veröffentlicht wurde[24]) meines Wissens bisher unediert geblieben ist. Sie verdient zweifellos eine Publikation. Mein Hauptziel war, den Text dieser interessanten Rechtsquelle für die Forscher zugänglich zu machen. Deswegen wird hier auf ausführlichen Kommentaren verzichtet. Etliche Ausdrücke und historische Gegebenheiten werden jedoch unten in den Fußnoten erläutert.

Edition

Archäographische Einführung

Original (***A***): nicht überliefert.

Kopien:

1) **EAA, Best. 1646 (Narvascher Magistrat). Fb. 2. Akte 43. Bl. 2r.–4v.** Im Folgenden als ***B*** bezeichnet. Grundhandschrift.

Die Akte 43 besteht aus zwei Blättern, ineinander angelegt. Bl. 1r. enthält die späteren Vermerke (von verschiedenen Händen). In der oberen linken Ecke: unleserliches Wort; darunter mit anderer Tinte: N. 30. Am oberen Seitenrand, in der Mitte, mit Bleistift: „7. Febr. 1652“[25] (das Datum folgt dem Vermerk

23 *Helmut Piirimäe* [*Хельмут Пийримяэ*], Русско-шведские экономические отношения и Нарвская торговля в 1661–1700 гг. Автореферат дисс. … кандидата исторических наук [Die russisch-schwedischen Wirtschaftsbeziehungen und der narwasche Handel in 1661–1700. Autorreferat der historischen Inaug.-Diss.], 1962, S. 12.

24 *Jenš*, Moskauer Handelshof (o. Fn. 14), S. 79.

25 Auf der hellblauen archivalischen Aktenmappe, die vermutlich aus dem 20. Jh. stammt, steht der Vermerk: „Angefangen / Beendet 1. Febr. 1652“. Der Text in der Kopie ***C*** (s. unten) trägt das Datum 28. Januar 1652.

auf dem Bl. 4v.); darunter wieder die Jahreszahl 1652 und Titel: „Russische Gasthofs-Ordnung". Am linken Seitenrand Federproben. Bl. 1v. ist leer. Der Quellentext befindet sich auf den Bl. 2r bis 4v. Der Haupttext ist von einer Hand geschrieben; die Schrift ist ein barocker Kursiv des 17. Jahrhunderts.

Wasserzeichen (auf dem leeren Teil des Blattes 1 gut sichtbar): gekrönter Doppeladler; an der herzförmigen Brust des Vogels ist ein unklar sichtbares Zeichen (?); zwischen Flügeln und Klauen stehen die Buchstaben A (links) und S (rechts) sichtbar. Höhe 6 cm, Breite 6,5 cm, Abstand zwischen den Kettlinien ist 2,2 bis 2,3 cm; die senkrechte Achse des Wasserzeichens fällt mit der Kettlinie zusammen (s. **Abb. 1**).

Abb. 1. Wasserzeichen der Handschrift
EAA, Best. 1646, Fb. 2. Akte 43. Bl. 1
(Lichtbild: Alexander Rogatschewski)

Die genauen Analogen wurden leider nicht gefunden. Papier mit solchen Wasserzeichenformen (gekrönter Doppeladler mit herzförmiger Brust, mit und ohne zusätzliche Elemente) wurde vornehmlich im 17. Jahrhundert produziert. Eine repräsentative Zusammenstellung bei Nostitz zählt 40 Stücke dieser Art aus dem Zeitraum von 1619 bis 1653.[26] Ähnlicher Typ (mit den Buchstaben CH) figuriert bei *Laucevičius,* Nr. 446 (Kedahnen, 1662; Raseinen, 1664).

Die Akte 43 ist erwähnt bei: *Dirk-Gerd Erpenbeck, Roland Seeberg-Elverfeldt,* Narva 1581–1721. Quellen zur Geschichte der Stadt in schwedischer Zeit, 1993. S. 27.

Ein Lichtbild des Bl. 2r. ist im folgenden Buch angeführt: *Küng,* Rootsi majanduspoliitika (o. Fn. 6), Bildtafel vor der S. 97.

2) **EAA, Best. 1646 (Narvascher Magistrat). Fb. 2. Akte 38** (Sammlung der Vorschriften der narwaschen Stadtbehörden aus den Jahren 1641–1728). **Bl. 9 v.–12 r.** Im Folgenden als ***C*** bezeichnet.

Die meisten Texte der Sammlung sind von einer Hand, mit der sauberen Kanzleischrift des 18. Jahrhunderts geschrieben; etliche Textteile am Ende des Urkundenbandes sind von einem anderen Schreiber verfasst.

Das Papier der Handschrift hat zumindest 5 *Wasserzeichen.*

1. „Pro Patria", links davon die Gegenmarke: die gekrönten Buchstaben GR. Die Höhe des Hauptteils des Wasserzeichens ist 9,5 cm, Breite 10 cm, Abstand zwischen den Kettlinien ist 2 cm; die senkrechte Achse des Wasserzeichens fällt mit der Kettlinie zusammen. Dieses Wasserzeichen ist am häufigsten in der Handschrift vertreten.

Ähnliche Typen: *Edward Heawood,* Watermarks Mainly of the 17th and 18th Centuries (MCPHI, Vol. I), Hilversum MCML, No. 3697 (1724–1726); *Henk Voorn,* De papiermolens in de province Noord-Holland (De geschiedenis der Nederlandse Papierindustrie I). [Papiermühlen in der Provinz Nordholland (Die Geschichte der holländischen Paprierindustrie I)] Haarlem, 1969. Nr. 137. P. 244 (Nordholland, 1746); *Laucevičius,* Nr. 2867 (Wilna, 1764).

Mancherorts sind etliche weitere Wasserzeichen auffindbar, und zwar:

2. Amsterdamer Stadtwappen, Höhe 7,5 cm, Breite 10 cm, Abstand zwischen den Kettlinien ist 2 cm; die senkrechte Achse des Wasserzeichens ist parallel zu den Kettlinien.

Fast identischer Typ: *Henk Voorn,* De papiermolens in de province Zuid-Holland alsmede in Zeeland, Utrecht, Noord-Brabant, Groningen, Friesland, Drenthe

26 The Nostitz Papers. Notes on Watermarks Found in the German Imperial Archives of the 17th and 18th Centuries (= MCPHI, Vol. V), Hilversum, MCMLVI, No. 58–97.

(De geschiedenis der Nederlandse Papierindustrie II). [Papiermühlen in der Provinz Südholland, sowie auch in Seeland, Utrecht, Nordbrabant, Groningen, Friesland, Drente (Die Geschichte der holländischen Paprierindustrie II)], 1973. S. 238 (undatiert, mit der Gegenmarke: H C HOISING). Diese Papiermühle war in Groningen in Betrieb; Herman Christiaan Hoisingh besaß sie seit 1754 bis zu seinem Tode in 1781 (Ebda. P. 237). Ähnliche Typen: *Edward Heawood,* Watermarks Mainly of the 17th and 18th Centuries (MCPHI, Vol. I). Hilversum, MCML, Nr. 417, mit Gegenmarke H (unbekannter Ort, 1720); *Tat'jana Dianova* [*Татьяна Дианова*], Филиграни XVII–XVIII вв. «Герб города Амстердама» [Die Wasserzeichen des 17. und 18. Jh. „Amsterdamer Stadtwappen"]. Moskau, 1998. Nr. 417 (Moskau, 1723).

3. Amsterdamer Stadtwappen auf dem barocken Piedestal, darunter Monogramm EP (?). Höhe 11 cm, Breite 8 cm, Abstand zwischen den Kettlinien ist 2 cm; die senkrechte Achse des Wasserzeichens ist parallel zu den Kettlinien. Die genauen Analogen sind nicht gefunden; ein ähnlicher Typ, auch mit dem Monogramm EP, ist in etlichen Moskauer Sammlungen vertreten. Er gehört aber sicher zur älteren Epoche: *Tat'jana Dianova/Ludmila Kostjuchina* [*Татьяна Дианова/ Людмила Костюхина*], Филиграни XVII в. по рукописным источникам ГИМ. Каталог [Die Wasserzeichen des 17. Jahrhunderts nach den handschriftlichen Quellen des Staatlichen Historischen Museums. Katalog], 1988, Nr. 127 (Handschrift aus dem J. 1678); *Dianov*a [*Дианова*], Филиграни XVII–XVIII вв. «Герб города Амстердама» (s. oben bei Wasserzeichen 2), Nr. 361 (Moskau, gedrucktes Buch von 1681). Möglicherweise ist das Papier der relevanten Blätter der Handschrift in der Tat älter als das der meisten übrigen Blätter derselben.

4. Narrenkopf, sehr schlecht sichtbar. Auf dem Hinterkopf ein stilisierter Zopf aus drei (?) Kugeln, mit einem Kreuzchen beendet. Die Narrengugel ist zweizipfelig, jeder Zipfel endet sich mit einer Schelle; zwischen den Zipfeln sind 2 weitere Schellen sichtbar. Unten hat die Narrenkappe 5 Zipfeln, die (mit Ausnahme des mittleren Zipfels) auch mit Schellen beendet sind; eine vertikale Linie verbindet den mittleren Zipfel mit den 3 Kugeln darunter. Höhe des Wasserzeichens ist 10 cm, Breite 6 cm. Abstand zwischen den Kettlinien ist 2 cm; die senkrechte Achse des Wasserzeichens fällt mit der Kettlinie zusammen. 19,5 cm rechts davon die Gegenmarke: das Monogramm: MLI (?) im orthogonalen Rahmen, die Höhe Buchstaben ist 1 cm, die Länge des Monogramms ist 2,5 cm. Äquivalente sind nicht aufgefunden; das Wasserzeichen „Narrenkopf" mit der ähnlichen Gegenmarke MLI ist übrigens in etlichen Handschriften und gedruckten Büchern aus der 2. Hälfte des 17. Jahrhunderts und Anfang des 18. Jahrhunderts vertreten: *Dianova/Kostjuchina* [*Дианова/Костюхина*], Филиграни XVII в. по рукописным источникам (s. oben bei Wasserzeichen 3), Nr. 351, 352,

392–394 (1665–1683); *Tat'jana Dianova* [*Татьяна Дианова*], Филиграни XVII–XVIII вв. «Голова шута». Каталог (Труды Государственного Исторического музея. Вып. 94) [Die Wasserzeichen des 17. und 18. Jahrhunderts „Narrenkopf". Katalog (Abhandlungen des Staatlichen Historischen Museums. Lief. 94)], 1997, Nr. 694 (Moskau, 1706; die Gegenmarke ist ein unleserliches Monogramm aus 3 Buchstaben im rechteckigen Rahmen); *Edward Heawood,* Watermarks Mainly of the 17th and 18th Centuries (MCPHI, Vol. I), Hilversum MCML, Nr. 1950 (ähnlicher Typ, Gegenmarke MLT, ohne Datum).

5. Monogramm: AO, darunter Jahresbezeichnung: 1831, auf dem Bl. 1 (Vorsatz) sichtbar. Höhe 4 cm, Breite 8 cm, Abstand zwischen den Kettlinien ist 2,5 cm; die senkrechte Achse des Wasserzeichens ist parallel zu den Kettlinien.

Das Wasserzeichen gehörte zur russischen Papiermühle von Alexander Olchin in Beloostrow nördlich von Sankt Petersburg. Der Besitzer starb 1815, die Erben benutzten jedoch diese Monogramme auch nach seinem Tode, wobei die Jahreszahl die Produktion des relevanten Jahres gewöhnlich markierte (*Zoya Uchastkina,* A History of Russian Hand Paper-mills and their Watermarks / Ed. by J.S.G. Simmons (MCPHI. IX). Hilversum, MCMLXII. No. 248 (1826, ähnliche Form der Buchstaben AO); *Sokrat Klepikov* [*Сократ Клепиков*], Филиграни на бумаге русского производства XVIII – начала XX века [Die Wasserzeichen im Papier russischer Produktion des 18. bis Anfang des 20. Jahrhunderts], 1978, Nr. 59A, 63, 64; *ders.,* Водяные знаки бумажных фабрик Ольхиных и Кайдановой (1763–1841 гг.) [Die Wasserzeichen der Papierfabriken der Olchins und Kajdanowa (1763–1841)], in: Археографический ежегодник за 1975 год [Archäographisches Jahrbuch für 1975], 1976, S. 89).

Das Papier mit diesem Wasserzeichen wurde also erst bei der Einbindung der ganzen Handschrift im 19. Jahrhundert benutzt.

Die Akte 43 ist erwähnt bei: *Erpenbeck, Seeberg-Elverfeldt,* Narva 1581–1721 (s. oben bei der Beschreibung von ***B***), S. 27.

Die Textwiedergabe nimmt in erster Linie die Abschrift ***B*** in Betracht; die abweichenden Lesarten von ***C*** werden grundsätzlich berücksichtigt, soweit sie inhaltlich sind. Die Schreibweise folgt im Wesentlichen der Schreibweise der Vorlage (vor allem der der Abschrift ***B***). Die Groß- und Kleinschreibung der Substantive, die im Text mancherorts Schwankungen demonstriert, wird bei der Edition jedoch normalisiert. Der Buchstabe „i", soweit er eine Konsonante bedeutet, wird durch den Buchstaben „j" ersetzt. Ähnlich wird Buchstabe „v", der hie und da für die Wiedergabe der Vokale verwendet ist, mit dem Buchstaben „u" ersetzt. Die offensichtlich ausgefallenen Buchstaben sind in den rechteckigen Klammern rekonstruiert. Vorbehaltlos sind auch die Umlaute und sinnfälligen

Interpunktionszeichen wiederhergestellt. Die nicht zu zahlreichen Abkürzungen (mit Ausnahme der allgemeingültigen) der Vorlage sind aufgelöst und *kursiv* geschrieben. Im Quellentext sind einige russische Lehnwörter verwendet, die in der Vorlage nicht mit gotischem, sondern mit dem humanistischen Kursiv geschrieben sind. In dieser Publikation sind die relevanten Wörter mit <u>Unterstreichungen</u> hervorgehoben.

Quellentext

Bl. 2r.

Ordnung
auff dem hiesigen Rus[s]ischen Gasthoffe[27]
in acht zu nehmen, Narva den 28. Januari[i] 652.

1.

Alle frembde Ru[ssi]sche Kauff- und Fuhrleute sollen schuldig seyn, wen sie alhier angelangen, bey dem Teutschen Herberger auf dem Gasthoffe sich anzugeben, und alda ihr Leger zu nehmen, anderwegen aber, weder in der Stadt noch Vorstadt bey Straffe nicht. Und ob woll vielmahls geschiehet, daß frembde Fuhrleute bey ein oder zwey hunderten, mehr und minder, von den Einheimischen bestellet werden, endtweder Güter auß Russland hierzuführen, oder von hier naher[28] Russland abzuholen, und selbige keine Nacht alhie verweilen, sondern die Güter alsobald auff- oder abladen, so sollen solche dem[29] ungeachtet gleichwoll verbunden seyn, sich bey den benandten Teutschen Herberger anzumelden, und ihn ihr Zahl sampt den beyhabenden oder abführenden Gütern zuerkennen geben; welcher auch verbunden ist, solches E. Rathe[30] nach begehren zu entdecken.

2.

Die jetzige[31] beste Stube auff dem Gasthoffe soll den Russischen Kauffleuten zu ihrer Handtierung eingereumet werden; die andere Rockstube aber soll den Fuhr- und gemeinen Leuten, sampt dem Kochen verbleiben. Und soll ein jeder Kauffmann, so woll für sich alß seinen mithabenden Leuten

27 Über das Wort „Gasthoffe" ist die Jahrezsahl 1652 mit späterer Hand mit Bleistift geschrieben.

28 Nachher *C.*

29 Das Wort ist über der Zeile geschrieben.

30 E.E. Rathe *C.*

31 Das Wort ist über der Zeile geschrieben.

und Dienern, wochentlich für jeder (*sic*) Persohn acht rst. K^{mtz}.[32] postojalne[33] zu bezahlen schuldig seyn. Imgleichen auch für jeder (*sic*) Zolani[34] oder Cammer in der Stuben, die er innehat und brauchet wochentlich acht rst.

32 Gemeint ist offensichtlich der schwedische Ausdruck „rundstycke kopparmynt(h)" oder bzw. die deutsche Wortverbindung „Rundstück Kupfermünze" (vgl. unten, § 3 der Ordnung). Rundstück war eine schwedische Kupfermünze, die einem zwölften Teil vom Skilling (des schwedischen Schillings) entsprach. In der Vorlage ist die Schreibweise dieser Abkürzung nicht einheitlich, deswegen wird auf ihre Auflösung in der Publikation verzichtet.

33 Das Wort „postojalne" ist das verderbte russische Wort 'postojaloe', d.h. Zahlung für den Aufenthalt, übernachtungsaufwand.

34 Das Wort „Zolani", das in den beiden Abschriften figuriert, scheint ein verderbtes russisches Wort zu sein. Höchstwahrscheinlich ist es vom russischen Stammwort *'sol"* ('соль', d.h. „Salz") abgeleitet. Ihr Form in der Vorlage lässt vermuten, dass es um das im Plural verwendete substantivierte Adjektiv *soljanoj* („соляной", „Salz-") geht, wie etwa „соляные [амбары]" („die Salzspeicher") oder „соляные [кладовые]" („die Salzkammern"). Für Narva war Salz eine wichtige Ware; im 17. Jh. gehörte der Salzhandel zu den lukrativsten Handelszweigen der narvaschen Kaufmannschaft. Für Russen war das Salz ein Einfuhrartikel. In Narva kauften sie die Produktion der Salinen von Lüneburg, Frankreich, Spanien, Portugal und anderen Ländern und lieferten sie weiter nach Russland (*Friedrich Conrad Gadebusch,* Livländische Jahrbücher, Dritter Theil von 1630 bis 1710. Letzterer Abschnitt von 1660 bis 1710, 1781, S. 147–148; *Hansen,* Geschichte (o. Fn. 19), S. 113, 118, 126; *Helmut Piirimäe* [*Хельмут Прийримяэ*], Торговые отношения России со Швецией и другими странами Европы по материалам нарвского ввоза в 1661–1700 гг. [Die Handelsbeziehungen Russlands mit Schweden und anderen Ländern Europas nach den Angaben des Narvaer Imports von 1661–1700], in: Скандинавский сборник [Skandinavischer Sammelband] VII (1963), S. 65–71 (44–84); *Jeannin,* Le commerce (o. Fn. 6), S. 157, 160–161; *Kotilaine,* Russia's Foreign Trade (o. Fn. 12), S. 154, 157, 166). In der Quelle wird die Wortkombination „Zolani oder Cammer in den Stuben" verwendet. Aus dem Kontext ist nicht ganz klar ersichtlich, ob diese Fachausdrücke als Synonyme benutzt wurden oder unterschiedliche Typen von Lagerräumen bezeichneten. Im Prinzip konnte das Wort „Zolani" diejenigen Magazine bezeichnen, die speziell für Salz bestimmt waren, und die „Cammer" die für die sonstigen Waren. Jedenfalls zeigte die Praxis der schwedischen Gasthöfe in Russland im 17. Jh., dass diese Artikelgruppen eher differenziert behandelt wurden. Der Gebotsbrief des Zaren für die Woiwoden bezüglich der Organisation des schwedischen Gasthofes in Nowgorod (1617) sah vor, dass die „schweren Waren", wie etwa Heringe, Salz, Honig, Blei, Schwefel und Kupfer unter den Schobern und die „weichen Waren" (Textilien und sonstige Waren, die wegen Feuchte und Temperaturschwankungen verderben konnten) in den Speichern gelagert werden mussten. S. *Igor' Šaskol'skij* [Игорь Шаскольский], Восстановление русской торговли со шведскими владениями в первые годы после Столбовского мира

Kupffmt.[35] außkehren. So der Kauffmann auch nur ein oder etliche Tage allda verziehet, soll er für jeden Tage und jeder Persohn (*sic*) ein rst. K. M^{ts}. erlegen. Die Fuhrleute aber so so auff dem Gasthoffe ankom*m*en, sollen für jedes Füder funff rundtstk. polosowoj[36] geben. Führen sie die Wahren hier ab oder zu, für die Einheimischen und kom*m*en nicht auff den Gasthoff[37] zu logiren, sondern kehren alßbald wieder zu rück, geben sie dem Gasthoffe nichts.

Bl. 2v.

3.

Derjenige Einheimische oder Frembder, so eine Ambara[38] auf dem Gasthoffe begehret zu gebrauchen, soll dem Gasthoff für solche wochentlich zwanzig Rundstück Kupf. mts. zahlen. Wer aber sein Guth sonsten aldar auf des Gasthoffs Boden ableget und auffstapelt, soll für die Stelle wochentlich acht Rst. Kupfferm. außkehren. Und wird dem deutschen Herberger obliegen, keine Güter, weder auß den Ambaren oder von des Gasthoffes boden außzulaßen, es sey den, daß der Kauffman erstlich für solche Güter Richtigkeit gemachet.

[Die Wiederherstellung des russischen Handels mit den schwedischen Hoheitsgebieten in den ersten Jahren nach dem Frieden von Stolbowo], in: Скандинавский сборник [Skandinavischer Sammelband] XI (1966), S. 61–62, 65 (61–79).

35 Km *C*.

36 Das russische Wort 'polosowoj' stammt vom Worte '*poloz*', d.h. (Schlitten)kufe. Der Fachausdruck kann wohl etwa als „Kufengeld" übersetzt werden. Diese Bezeichnung war auch in Russland üblich. Es war dort als „polosowoje" (d.h. Durchgangszoll, der je nach der Menge der belasteten Schlitten im Wagenzug entrichtet wurde) bekannt. In der Abschrift *C* ist falsch „posolowoi" geschrieben.

37 Der Wortteil „Gast" ist über der Zeile geschrieben.

38 Ambara stammt aus dem russ. '*ambar*', d.h. „Speicher". In beiden Abschriften hat das Wort eine Femininum-Form; im Russischen hat es jedoch eine Maskulinum-Form, was auch im 17. Jh. zu beobachten war. S. *Stepan Barchudarow* [*Степан Бархударов*] (Hg.), Словарь русского языка XI–XVII вв. [Wörterbuch der russischen Sprache des 11. bis 17. Jh.], Lief. 1 (A-B), 1975, S. 34. Es ist zu vermuten, dass der Verfasser des deutschen Textes das ursprüngliche Fremdwort falsch wiedergeben hat; es ist jedoch nicht auszuschließen, dass es sich um eine Dialektform handelt, was noch zu untersuchen ist. Jedenfalls sind in Pleskauer und Nowgoroder Mundarten die Femininum-Koseformen '*ambarucha*', '*ambaruška*', '*ambarušečka*' (buchstäblich „Speicherchen") in der Tat bekannt. *Boris Larin* [*Борис Ларин*] (Hg.), Псковский областной словарь с историческими данными [Pleskauer Mundartwörterbuch mit den historischen Angaben], Lief. 1: A-Bibiška, 1967, S. 63; *Vera Strogova* (Hg.), Новгородский областной словарь [Nowgoroder Mundartwörterbuch], Lief. 1: A-V, 1992, S. 12 f.

4.

Wie nun der teutsche Herberger verpflichtet seyn soll, für drittehalb rst. KM^{t}. die er für seine Persohn von einem jeden Frembden vor Nacht und Tag zu fordern hat, die Rockstube warm zu halten, und für die frembden Kaufleuten kochen zu laßen; also soll er auch gehalten seyn, den frembden Kaufleuten auf ihr Begehr und Anforderung allerhand Lebensmittel so woll auch Holtz *etc.*[39] so sie nötig haben zu der andern Stuben und dem Feuerherd *etc.* sampt Lichten und andern solchen Dingen mehr, einzuschaffen, und ihm nach dem Marckgange bezahlen zu laßen. Er soll auch schuldig seyn, den Frembden in ihren Gewerben auff dem Schloße, Rathhauße, sowoll auch bey der Bürgerschafft, in der Stadt, für eine guthwillige Gebühr zu dienen und auffzuwarten.

5.

Es ist auch für nötig erachtet, zween puncten auß I. Königl. Mtt. unser allergnedigsten Königinnen a*nn*o 648.[40] publicirten Handelsordnung von Wort zu Wort den Frembden zur Nachricht hierbey zufügen und lauten selbige also: § 6. p.[41] In unsern Städten als Rewall, Narva und Nyen, sollen, wie darüber verabschieden und ordre gestellet, des Großfürsten in Russland Untersaßen, wie auch alle andere frembde Kaufleute, Macht und Freyheit || **(Bl. 3r.)** unther sich selbst, nicht minder alß mit der Bürgerschafft Jahr ein Jahr auß zu handeln, mit allerhand Wahren, selbige zu versteigen[42] und zu verkauffen, wie auch auffzulegen, so lange es ihnen beliebet, oder auch an andere örter zu verführen, außgenom*m*en Getreidig, Saltz und hering, welche Wahren einzukauffen und auf frembde örter zu verführen der Bürgerschafft in obgemeldten Städten allein anstehen soll. 7. p.[43] Es wird auch des groß*fürst*l*ichen* Untersaßen zugelaßen in erwähnten Städten an einen jeden ohn Unterscheidt, wer der auch seyn mag, Frembden oder Einheimischen zu verhandlen[44] und zu verkauffen Zobeln, Marten (*sic*), Saffianen, gemachte Sattell auch andere dergleichen Wahren, nicht allein ins groß, sondern auch stückweiß; doch sollen etliche Höckereyen mit der Seiffe, Handschen (*sic*) und andern sothanen Sorten hierunter nicht verstanden werden.

---

39 In der Vorlage (in den beiden Abschriften) als /: bezeichnet.

40 1648 *C.* über diese Ordnung s. oben, im einleitenden Teil meines Beitrages.

41 Am linken Rande, neben dem Paragraphenzeichen, die ausgestrichene Abkürzung: „Art.“. In der Abschrift *C* fehlt das Paragraphenzeichen.

42 Verstutzen *C.*

43 In der Vorlage vor der Ziffer 7, ausgestrichen: „Art. § 7 p.“

44 Verhandeln *C.*

6.

Damit nun den frembden rus[s]ischen und pohlnischen Kramern auch Goldschmieden der Nothdurfft nach[45] ein wenig mehr[46] gefüget, und auch unsern Bürgern nichts nachtheiliges geschehe, alß sollen die benendte Frembde, so bald sie ankom*m*en sich bey dem Gasthoffs-Inspectoren angeben laßen, welcher sich alsobald nach dem Gasthoffe verfügen soll[47] ihre Wahren zu besichtigen, und darauff den Frembden, das erste Mahl des Jahres zu verstatten vierzehen Tage ihre Wahren, sie mögen Nahmen haben wie sie können, außzufliehen und bey Kleynicheiten (*sic*) zu verkauffen; des Goldschmiedes beyhabendes Gold- oder Silberwerck soll von dem hiesigen Stadts-Goldschmiedes-älterman erstlich probirt werden. Nach diesen vierzehen Tagen aber, und das ganze Jahr durch, sollen solche Kramer und Goldschmiede nicht mehr Macht und Freyheit haben, sothane[48] oder dergleichen Wahren bey Kleynicheiten (*sic*) zu vereusern (*sic*), sondern genzlich gehalten seyn, sich nach höchstgedachter J. K. Mtt. Ordnung zu verhalten und richten.

7.

Es sollen die Frembden auff den Gasthoffe nicht minder alß ander verbunden seyn, wen (*sic*) erstens an Sippollen,[49] Grutz und dergleichen verkauffen, dieser Stadt und nicht ihre eigene Maaß und Gewicht zugebrauchen. Und der Herberger[50] soll Macht haben, wo er frembde Maaß und Gewicht bey einem oder andern versfüret,[51] sie wegzunehmen.

---

45 Die Wörter „der Nothdurfft nach" sind links am Rande geschrieben; in der Abschrift *C* stehen sie im Text.

46 Dann folgt bis zum Zeilenende ein unleserlicher ausgestrichener Text.

47 Dann folgt das ausgestrichene Wort: „solche".

48 Das Wort ist über der Zeile geschrieben, dann folgt das ausgestrichene Wort: solche.

49 Zipollen *C*. Gemeint ist offensichtlich Zwiebel; vgl. das polnische gleichbedeutende Wort 'cebula', russ. Gauwort *'cibulja'*, das u.a. in den westlichen Gebieten Russlands verbreitet war.

50 Das Wort ist über der Zeile geschrieben, darunter ist das ausgestrichene Wort: „Gastgeber".

51 Dieses Wort, das in beiden Abschriften figuriert, konnte leider nicht erklärt werden; sinngemäß bedeutet es wohl „entdeckt" oder „herausfindet".

Bl. 3v.

8.

Es wird zwar einen jeden frembden Rußen verlaubet bey Tage in dieser Vorstadt daherumb zu gehen, und sich des Handelß und der Kauffmanschafft zu[52] erkündigen; er soll sich aber[53] nach acht Uhr des Winters, und des Som*m*ers nach neun sich[54] wieder auf dem Gasthoffe finden laßen, und so er einerhalb der bestimbten Zeit nicht gebührlich sich einstellet, soll der teutsche Herberger nicht[55] desto minder die Pforte zuschließen, und nicht verbunden seyn, solche dieselbe nicht wieder auffzuthun, sondern den außgebliebenen gerichtlich anklagen, alßdan der außgebliebene so woll alß der Wirtt, der ihn beherberget hat, gebührlich abgestraffet werd*en* soll*en*.

9.

Die einheimischen so woll alß frembde Kauffleute, wenn sie ihre Güter von hier wollen abführen laßen, sollen verpflichtet seyn, die Fuhren unseren Stadt-Fuhrleuten erstlich anzubieten, welche auch selbige umb ein billiges nach der Zeit Gelegenheit abzuführen schuldig seyn sollen. Ists den (*sic*) auch Sache, daß die Kaufleute zu einer Zeit mehr Pferde, den (*sic*) unsere Fuhrleute, die noch zur Zeit schwach sich befinden, beybringen können, bedürfftig seyn; alß wird ihnen unverweigert anderweit bey ben ingermanländischen oder übergränzischen Bauren ihr Beförderung zu suchen. So sich aber zuträgt, daß die übergränzischen rus[s]isch*en* Fuhrleute oder Bauren einige Güter herführen und solche hier nicht abzulegen, sondern weiter nach Reval oder anderswohin, strax[56] abzuführen bedungen seyn, soll ihnen von unsern Fuhrleuten solches unverhindert nachgelaßen werden.

10.

Denen Frembden soll auch unverborgen seyn, daß E.^{m} Rathe[57] vorkom*m*en, wie daß etliche üppige Leute sich unterfangen des Abendts, wen[n] sie truncken zu Hause kom*m*en mit dem Feur unachtsamlicher Weiße hin und wieder auf dem Gasthoffe und in die Buden zu lauffen, derowegen wird Unheil und Feurschaden zu verhüten den Kauf- und Handelsleuten, mit fleißiger Verwarnung vorsichtig mit Feur und Licht zu handeln, vergönnet mit einem Licht oder Laterne in seine Bude

52 Das Wort ist über der Zeile geschrieben.

53 Dann folgen einige unleserliche ausgestrichene Wörter.

54 In der Abschrift *C* ist „Uhr" statt „sich" geschrieben.

55 Nichts *C*.

56 Das Wort „strax", das in beiden Abschriften steht, bedeutet wohl „stracks", d.h. „geradewegs", „direkt".

57 E. Ehb. Rathe *C*.

zu gehen; den Fuhrleuten und gemeinem Volcke aber, soll bey Abend- und Nach[t] zeit bey Vermeidung der unausbleiblichen Straffe ganz verbotten seyn, mit Feur, Licht oder Pergell[58] nicht aus dem Hause zu gehen. Wer hierwider handeln oder Schaden verursachen wird, sol[l] solches gerichtlich zu verantworten gehalten seyn.

Bl. 4r.

11.[59]

Es werden auch schließlich die Frembden ermahnet, daß sie sich nicht unterstehen dem teutschen Herberger oder seinen bestellten rus[s]ischen Dwornick[60] sampt seinen Volcke einigerley weise zu bedrengen oder Gewald zuzufügen, viel minder ohn Erlegung des Gasthoffes Gebühr zu verreisen bey vermeidung der Straffe so solchen Verbrechern in den hochlöbl*ichen* schwedischen Rechten überhenget. Urkundt *etc.*

58 In einer Publikation aus dem Ende des 18. Jh., die sich auf die Situation in Russland bezieht, ist die Pergel als „Kienfakkel" erläutert. S. Anzeige der russischen Originalwerke in Словарь Академии Российской [Wörterbuch der Russischen Akademie u.s.w.], Journal von Rußland, Jg. 2. Bd. 1: Julius bis December 1794, 1795, S. 120).

59 Die Paragraphennummer ist nur in der Abschrift *B* angegeben, in der Abschrift *C* setzt sich der Text (wenngleich mit neuer Zeile ohne Absatz) fort.

60 Es handelt sich um das russ. Wort 'dwornik', das vom Worte 'dwor' (der Hof) stammt. In heutiger russischer Sprache bedeutet es gewöhnlich die Person, die für die Reinhaltung eines bestimmten Stadthofes und der Straße davor verantwortlich ist. Im Sprachgebrauch des 16.–17. Jh. bezeichnete es (neben einigen weiteren Bedeutungen) einen Wachmann oder Pförtner sowie auch speziell einen Hausbesorger des Kaufhofes, wie es in Pleskau der Fall war (*Stepan Barchudarow* [*Степан Бархударов*] (Hg.), Словарь русского языка XI–XVII вв. [Wörterbuch der russischen Sprache des 11. bis 17. Jh.], Lief. 4 (G--D), 1977, S. 193). In beiden Abschriften ist dieses Wort nicht mit humanistischer, sondern mit gotischer Kursive geschrieben; möglicherweise ist es ein Indiz dafür, dass dieses Wort (zumindest in Narva) weitbekannt und deswegen nicht als Exotismus empfunden wurde.

Bl. 4v.

(Vermerk, nur in der Abschrift B vorhanden:)
Rußischen (*sic*) Gasthoffs-
Ordnung
D*ie* 7. feb*ruarii* 1652 hat der wollgeb*orene* Her*r* Obrist Nills Gååt[61] in deß H*errn* Generalen des hoch- undt wollgeb*orenen* Graffen Stenbocks,[62] Stelle über[63] dieße Ord*nung* überlesen und solche so recht u*nd* nützlich befunden.

61 Die Lesart des Familiennamens ist mutmaßlich; der erste etwas bizarr geschriebene Buchstabe kann wohl auch als Z gelesen werden. Die Person des erwähnten Vertreters der schwedischen Administration war leider nicht zu identifizieren.

62 Gemeint ist Graf Erik Stenbock (1612–1659), der 1651–1654 Generalgouverneur von Ingermanland, Karelien und Kexholmer Lehn war.

63 Das Wort „über“ scheint verwischt oder ausgestrichen zu sein.

Joachim Rückert

Recht als ökonomischer Faktor – Chancen und Risiken eines Forschungsfeldes

Abstract: Law and Economics – Opportunities and Risks in historical Perspective The relationship between law and economics or economics and law is a frequently discussed topic. Today I am interested in the opportunities and risks of this field of research.
Economy and law create prosperity – this is the motto and goal of our present. But who creates the economy and the law? This question is an aspect of economic history, for which I am unfortunately only a little competent, but also of the history of law, which is nearer to me. The question always had a certain boom. But it was hardly ever worked out systematically. And as far as I can see, neither jurisprudence nor economics have systematically taken care of this no-man's-land between their borders. Yet, at least since the eighteenth century, they both present a whole series of rather bold big theories.
In my article, I first try to give an overview with a fourfold historical typology for the relation of law and economics. At the same time, this provides a certain empirical basis for the second part. In it I describe and discuss the three most prominent big theories, particularly critically. The third part deals with some methodological implications, the fourth discusses three positive examples of handling the topic. A short conclusion sums up the risks and opportunities.

Keywords: History of Law and Economics, liberal theory, Marxist theory, mixed theories, critical approach

Mit dem Thema „Recht als ökonomischer Faktor"[1] greife ich einen Aspekt der Rechtsgeschichte auf, der immer wieder eine gewisse Konjunktur hatte. Er wurde aber so gut wie nie systematisch ausgearbeitet. Weder die Jurisprudenz noch die Nationalökonomie haben sich, ich sehe nur eine Ausnahme,[2] um dieses Gelände zwischen ihren Grenzen systematisch gekümmert. Im Niemandsland tummelt man sich nicht gerne. Es ist dort aber gewiss sehr viel Aufklärung und Erklärung zu finden. Davon hoffe ich hier einiges Wenige vermitteln zu können.

---

1 Dies ist der Text meines Vortrags am 19.5. 2018, er ist deutlicher gegliedert und enthält einige aus Zeitgründen weggelassene Passagen, jedoch nur die nötigsten Belege. Originaltitel im Text sind kursiv.

2 Siehe unten bei Fn. 44 zu Adolph Wagner.

I. Ein Ausgangspunkt – das alte ökonomische Dreieck von Land, Stadt und Handel

Sieht man einmal von der Antike und vom Mittelalter ab, die in ihren Lehren von der „Ökonomik" und vom „ganzen Haus" viel boten,[3] es aber nicht mit dem Jus verbanden, so bleibt immer noch genügend Stoff. Die griechische Oikonomia behandelte offenbar das Recht nicht. Und die römischen Juristen kümmerten sich kaum um die Wirtschaft. Die große Rechtssammlung der Digesten Kaiser Justinians aus dem 6. Jahrhundert enthält i.w. Fälle und deren rechtliche Lösungen. Die führenden Lehrbücher berichten nichts oder nur sehr Allgemeines von Recht und Wirtschaft in ihrem Zusammenhang.[4]

Aber ein erster Zusammenhang lässt sich finden. Ein griechischer *oikos* bedeutete nach dem alten Hesiod: „Ein Haus zu allererst, eine Frau und einen Ochsen zum Pflügen". Es ging um die Landwirtschaft und den Gutsbetrieb, und dabei um Autarkie.[5] Da war wenig Recht nötig, das heißt Koordination und Streitschlichtung durch allgemeine Regeln und Einschaltung neutraler Dritter. Später, seit dem fünften Jahrhundert, kommen der städtische Markt, besonders für Lebensmittel, und ein maritimer Handel mit Geldwirtschaft dazu. Das soll wesentlich politisch bedingt gewesen sein (Perserkriege, Mittelmeerflotte, Mittelmeerhandel). „Perikles verkaufte den Jahresertrag seiner Güter als Ganzes

---

3 Siehe den großen Artikel *Johannes Burckhardt/Otto Gerhard Oexle/Peter Spahn*, Art. „Wirtschaft", in: Otto Brunner/Werner Conze/Reinhart Koselleck (Hg.), Geschichtliche Grundbegriffe. Historisches Lexikon zur politisch-sozialen Sprache in Deutschland, Bd. 7, 1992 (aber i.w. Stand 1983, s. S. 593 f.), S. 511–594.

4 Siehe *Wolfgang Kunkel*, Römische Rechtsgeschichte, 1. Aufl. 1952, ab der 13. Aufl. 2001 von *Martin J. Schermaier*, 14. Aufl. 2010, nur allg. zur wirtschaftlichen und sozialen Entwicklung; *Gerhard Dulckeit*, Römische Rechtsgeschichte, 1. Aufl. 1952, ab 3. Aufl. 1963 von *Fritz Schwarz* bearbeitet, ab 6. Aufl. 1975 von *Wolfgang Waldstein*, ab der 10. Aufl. 2005 zusammen mit *Johannes Michael Rainer*, 11. Aufl. 2014, sagt nur allgemein: „Der wirtschaftliche Aufschwung ist für die Rechtsentwicklung von großer Bedeutung gewesen." (11. Aufl., § 18 Rn. 19); *Max Kaser*, Römisches Privatrecht, 1. Aufl. 1960, ab 17. Aufl. 2003 von *Rolf Knütel*, ab 21. Aufl. 2017 zusammen mit *Sebastian Lohsse*, auch nur ganz allgemein in der Einleitung; nichts bei *Reinhard Zimmermann*, The Law of Obligations. Roman Foundations of the Civilian Tradition, 1990 (und Neudrucke) und *Alfons Bürge*, Römisches Privatrecht. Rechtsdenken und gesellschaftliche Verankerung. Eine Einführung, 1999. Gestreift wird das Thema bei *Marie Therese Fögen*, Römische Rechtsgeschichten. Über Ursprung und Evolution eines sozialen Systems, 2002, S. 142.

5 *Hesiod*, Erga (dt. Übersetzung: Werke und Tage) Zeile 405; siehe Zitat und Erläuterung bei *Burckhardt* u.a., in: Brunner/Conze/Koselleck (o. Fn. 3), S. 517.

und ließ dann alles, was er für den Haushalt brauchte, einzeln auf dem Markt einkaufen".[6] Ausgaben und Einnahmen „wurden nun peinlich genau abgezählt und abgemessen" (nach Plutarch).[7] Und Vorratswirtschaft war nun nicht mehr so wichtig. So hielt es z.B. der berühmte attische Staatsmann Perikles um 500 vor Chr., in der goldenen athenischen Zeit. Wichtig wurde also die Verbindung von Land, Stadt und Handel. Zugleich entstanden damit Märkte. Und das Recht spielte dabei gewiss auch eine bedeutende Rolle; aber welche genauer? Was durfte man und was durfte man nicht? Nach welchen Marktregeln? Ich muss das aber hier mangels Kompetenz und Raum beiseitelassen.

Jedenfalls ist dieses ökonomische Dreieck von Land, Stadt und Handel wichtig und lehrreich, da es sehr lange bestimmend blieb. Jede mittelalterliche Stadt und noch die frühneuzeitlichen Städte zeigen uns einen Hühnermarkt, einen Viehmarkt, einen Fischmarkt, einen Getreidemarkt, einen Fernhandelsmarkt auf eigenen Messen (Gewürze, Leder, Textilien), usw. Das Recht formte und steuerte dabei vielfach, schon durch die ständischen Bindungen der Personen, die jeweils auftreten durften, dann durch die Berufsbindung generell und in den Zünften, durch die Regulierung der Verträge und Märkte mit Qualitätsregeln, Taxen, Luxusverboten, Zinsverboten, durch starke Bindungen des Grundstückswesens an Familien, Haus, Geschlecht, durch Bindungen des Bodens überhaupt usw. Man kann diese Bindungen immer sehr leicht daran erkennen, was später in der berühmten Sattelzeit um 1800 in Deutschland[8] und zuvor schon in England und Frankreich alles explizit abgeschafft wurde (Bayern 1806 ff., Preußen 1807 ff., England 1563 ff., Frankreich mit Turgot 1774/1776, Revolution 1789 ff.).

Rechtshistorisch sieht man dabei drei unterschiedliche europäische Wege: England änderte durch Nonusus besonders bei den Gerichten, etwa des berühmten, sehr scharfen *Statute of Artificers* von 1563, Frankreich machte Revolution „von unten" und diktierte dann von oben durch die „Lois", die umfassenden Gesetze bis etwa 1810; im deutsch-österreichischen Raum griff man vor allem zu Reform „von oben" durch Edikte, Gesetze, Kodifikationen wie seit 1793 (Allgemeine Gerichtsordnung) und 1794 (Allgemeines Landrecht) und 1807 (Oktoberedikte) in Preußen, aber auch sonst (Rheinbündische Reformen

---

6 *Plutarch*, Perikles, 16, 4; zitiert und erläutert bei *Burckhardt* u.a. in: Brunner u.a. (o. Fn. 3), S. 519.

7 *Plutarch*, Perikles, 16, 5; siehe *Burckhardt* u.a. ibidem.

8 Siehe zuletzt die Zusammenfassung zu „Befreiung und Mobilisierung" mit reichen Nachweisen bei *Joachim Rückert,* Das BGB und seine Prinzipien: Aufgabe, Lösung, Erfolg, in: Mathias Schmoeckel/Joachim Rückert/Reinhard Zimmermann (Hg.), Historisch-kritischer Kommentar zum BGB (hier weiterhin: HKK), Bd. 1, 2003, S. 84–86.

seit 1806, bayrische und westfälische Verfassung 1808, österreichisches Allgemeines Bürgerliches Gesetzbuch 1811). Justiz, Revolution oder Reform von oben waren die drei höchst signifikanten Wege, um den Wandel von Recht und *zugleich* der Wirtschaft zu Stande zu bringen.[9] Offensichtlich handelte es sich dabei auch um unterschiedliche oder zumindest unterschiedlich vermittelte Zusammenhänge zwischen Recht (als Gewohnheitsrecht/Justizrecht, Gesetzesrecht, Verordnungsrecht) und Wirtschaft. War dabei das Recht ein ökonomisch bestimmender Faktor? Offenbar verhält es sich so im revolutionären Frankreich, und zwar wirkt dabei das Recht nicht nur neu verbietend etwa gegen Koalitionen (Loi Le Chapelier 1791), sondern auch positiv erlaubend (Code civil 1804; freies Vertragsrecht). Über Kausalitäten und andere Beziehungen überhaupt soll damit noch nichts fixiert sein. Dafür müssen die Zusammenhänge viel genauer erwogen werden.

II. Ein erster Ordnungsversuch

1. Vier historische Typen

Mein erster Zugriff ist ein Ordnungsversuch für die Art des Zusammenhangs von Recht und Wirtschaft. Er setzt beim Recht an – um mit der Seite der Sache zu beginnen, die mir als Rechtshistoriker und Jurist näherliegt. Meine begrenzte Kompetenz bedeutet auch, dass ich vor allem die Rechtsgeschichte in Deutschland als Exempel verwenden muss. Wie und woher wird also bei alledem das Recht, das heißt konkret die Justiz und die Gesetzgebung, gesteuert? Religiös, ökonomisch, politisch, sozial, ideologisch? Direkt, indirekt? Oder steuert das Recht sich selbst, ganz oder teilweise oder spezifisch? Ich kann zu diesen großen Fragen nur versuchen, einige plausible Akzente zu setzen. Dazu skizziere ich vier historische Typen. Solche Typisierungen können Ordnungsversuche stützen, ohne dass sie gleich zu empirisch haltlosen Großtheorien oder Großerzählungen werden dürfen. Und vorbehalten bleiben natürlich die vielen realen Mischungen. Ich versuche jetzt also, einen empirisch-theoretischen Rahmen zu formulieren, der es erlaubt, die Phänomene Recht und Wirtschaft schwerpunktmäßig zu ordnen und in erste Beziehungen zu setzen. Sie betreffen das christliche Europa

9 Dazu immer noch exemplarisch die Fallstudie von *Dieter Grimm*, Soziale, wirtschaftliche und politische Voraussetzungen der Vertragsfreiheit. Eine vergleichende Skizze, in: La Formazione storica dell Diritto moderno in Europa, Bd. 3, 1977, S. 1221–1248; auch in *ders.*, Recht und Staat der bürgerlichen Gesellschaft, 1987, S. 165–191.

seit dem frühen Mittelalter. Gesteuert wird die Wirtschaft durch das Recht mindestens vierfach.

Erstens war die Steuerung vor allem politisch-religiös. Anschaulich zeigen das besonders[10] die Luxusverbote,[11] die Wucher- und Zinsverbote,[12] die Retraktrechte vor allem zum Grundbesitz, die Lehen und die bäuerliche Leihe, die Majorate oder Fideikommisse und das städtische Rentenrecht.[13] Das christlich-religiöse Heilswohl prägte die Ordnung.

Zweitens wurde bewusst staatsökonomisch gesteuert, im Zeitalter des Merkantilismus. Anschaulich zeigt das der Arbeitsmarkt mit Edikten für Arbeitsgebote: „Gesunde und starke Leute, die wohl arbeiten können, sollen nicht mehr das ganze Jahr auf der Bärenhaut liegen, bei den Eltern, bei den Krügern oder anderen in seinem Dorfe Wohnenden" (Kurmärkische Gesindeordnung von 1620). Die Schuster sollten bei ihren Leisten bleiben, und nicht „ihr Handwerk und Hantieren verlassen und dagegen des Procurirens sich unterstehen, allein darum, dass sie die Arbeit fliehen und dahin sehen, wie sie bei guten faulen Tagen bleiben und sich ohne große Arbeit, damit sie sonsten ihr Brot wol zu erwerben, ernehren (sic) mögen" (Sächsisch-Gothaische Landesordnung 1666).[14] Geregelt wird meist direkt eingreifend, manchmal privilegierend, aber auch indirekt. Direkter Zwang erfolgt durch Strafnormen, Drohkulissen, physische Erzwingung, Naturalvollstreckung,[15] Abschlusspflichten oder -verbote für Dienste und Kredite, Zwangs- und Bannrechte. Indirekte Steuerung erfolgt über Gebote und Verbote im weitesten Sinne für die Marktkonstellation, Taxordnungen,

10 Eine gute und zudem alleinstehende Übersicht gibt *Helmut Coing*, Europäisches Privatrecht, Bd. 1: Älteres Gemeines Recht (1500–1800), 1985, Kap. 18: Institute des Mittelalters und des Ancien Régime, S. 348–389.

11 Siehe nur *Michael Stolleis*, Art. „Luxusverbote", Handwörterbuch zur deutschen Rechtsgeschichte (HRG), 2. Aufl., Bd. 3, 2016, Sp. 1110–1113.

12 Siehe nur *Peter Landau*, Art. „Zins", HRG, 1. Aufl., Bd. 5, 1996, Sp. 1707–1713; zuletzt bes. *Franz Dorn*, Zinsen, in: HKK (o. Fn. 8), Bd. II/1, 2007, §§ 246–248, Rn. 2, 10–18.

13 Zu Letzteren näher *Coing*, Privatrecht (o. Fn. 10), S. 348–389.

14 Siehe vorläufig *Joachim Rückert*, Text- und Arbeitsbuch zur Vorlesung Rechtsgeschichte in Deutschland. Teil 5: Geschichte von Privatrecht (Familie, Eigentum, Vermögen, Arbeit), zuletzt Frankfurt a.M. 2014/15, hier Nr. 21–29.

15 Zu diesem Bespiel näher *Joachim Rückert*, Leistungsstörungen und Juristenideologien heute und gestern – ein problemgeschichtlicher Beitrag zum Privatrecht in Europa, in: Jürgen Taeger/Andreas Wiebe (Hg.), Informatik – Wirtschaft – Recht: Regulierung in der Wissensgesellschaft: Festschrift für Wolfgang Kilian zum 65. Geburtstag, 2004, S. 705–744. Die heute zentrale Unmöglichkeitsfrage hängt historisch ab vom Prozess, d.h. von der Möglichkeit von Naturalerfüllung oder *specific performance*.

Zeugnispflichten, Arbeitsbücher, Zunftbräuche, Trucksystem usw. Das wurde erst neuerdings grundlegend untersucht und dargestellt.[16] in diesem zweiten Typ war das weltliche Staatswohl dominant geworden.

Drittens steuert man dann vor allem ideologisch-politisch, nun im Zeitalter des Liberalismus. Bevorzugt werden hier vor allem indirekt ökonomische Wege, also Freigabe unter Grenzsicherungen oder Rahmenbedingungen,[17] etwa grundsätzlich dispositives Zivilrecht für alle Vermögensgegenstände, auch Sachen, freie Ehe und i.w. freie Vererbung (Testierfreiheit), daneben grundsätzlich freier Handel und freies Gewerbe, teilweise auch schon freiheitlich-grundrechtliches Verfassungsrecht, aber auch Freiheitsgrenzen wie *ordre public*, allgemeine Gesetze (z.B.[18] BGB § 134), Sittenwidrigkeitsverbot (BGB § 138), Selbstveräußerungsverbot (*inaliénable*, Präambel der *Déclaration des Droits* 1789), Schenkungsverbote und Verfügungs- und Verpflichtungsgrenzen zum „Vermögen im ganzen" (BGB 1900 §§ 310 f.), auch zum Dienst- und Arbeitsvertrag (BGB § 624, 5 Jahre maximal); aber auch der Numerus clausus im Sachenrecht, die Zulassung nur bestimmter Gesellschaftsformen, das Normativprinzip bei juristischen Personen; schließlich Direkteres wie Berufsordnungen oder Meisterbriefe, Monopolverbote, Kartellverbote, Arbeiterschutzrecht. Es kommt zu einer intensiven Ausdifferenzierung und Mobilisierung, rechtlich wie wirtschaftlich. Aber diese Freigaben gelten alle nur prinzipiell, grundsätzlich. Für ein klares und gerechtes Bild muss man immer die Begrenzungen hinzunehmen. Das ist inzwischen erkannt und gewürdigt.[19] Kaum beachtet wurde es von den traditionellen Stimmen, die diese Geschichte seit dem späten 19. Jahrhundert dauerhaft antiliberal geformt haben. Bis heute zeitigen sie erhebliche Folgen in den Zitaten und

---

16 Dazu jetzt die grundlegenden Arbeiten von *Thorsten Keiser*, Vertragszwang und Vertragsfreiheit im Recht der Arbeit von der frühen Neuzeit bis in die Moderne, 2013, und, für einen bedeutenden städtischen Bereich wie Frankfurt am Main *Thomas Pierson*, Vom Vertrag zum Status. Das Dienstvertragsrecht der Frankfurter Dienstbriefe im alten Reich (ca. 1500–1800), 2020.

17 Dazu die nicht ganz unbefangene, aber immer noch sehr hilfreiche Übersicht bei *Justus W. Hedemann*, Die Fortschritte des Zivilrechts im 19. Jahrhundert. Ein Überblick über die Entfaltung des Privatrechts in Deutschland, Österreich, Frankreich und der Schweiz, Teil 1: Die Neuordnung des Verkehrslebens, 1910.

18 Europäische Belege durchweg bei *Hedemann*, Fortschritte des Zivilrechts (o. Fn. 17), passim.

19 Vor allem durch *Sibylle Hofer*, Freiheit ohne Grenzen? Privatrechtstheoretische Diskussionen im 19. Jahrhundert, 2001; auch *Tilman Repgen*, Die soziale Aufgabe des Privatrechts. Eine Grundfrage in Wissenschaft und Kodifikation am Ende des 19. Jahrhunderts, 2001.

Fortschreibungen aus ihrem wohl prominentesten Zeugen, Franz Wieacker.[20] Jedenfalls ging es immer noch um die weltliche Wohlfahrt, nur mit etwas anderen Zielen und Mitteln.

Im Ganzen kann man sicher von einem Grundsatzwechsel von einem christlich-religiös prinzipiell gebundenen Recht zu einem prinzipiell freien, von Religion, Moral und Politik getrennten Recht sprechen, und parallel von einer nun grundsätzlich freien Wirtschaft und damit von einem eigenständigen dritten Typ. Das ist die normative Seite der unter Historikern seit Koselleck[21] oft beschworenen Sattelzeit um 1800.

Viertens wird nach dieser Grundsatzumstellung erneut ideologisch-politisch gesteuert, nun für ein soziales Zeitalter.[22] Das Wohlfahrtsanliegen wurde mehr und mehr egalitär verstanden. Die Steuerungsstruktur blieb; auch hier geschieht das Steuern teils direkt verbietend und gebietend (im realen Kommunismus und Sozialismus), teils indirekt oder weniger direkt (in den sozialen Marktwirtschaften und freiheitlichen Sozialstaaten). Die Mittel sind neue. Dafür stehen vor allem soziale Hilfen (Genossenschaften, Sparkassen, Arbeiter- und Arbeitsschutz, bis zu „Hartz IV" in Deutschland, Gewerbeaufsicht 1869 ff., Sozialversicherungsrecht 1883 ff., modernes Verbraucherrecht[23] (in Deutschland zuerst durch das Abzahlungsgesetz 1894, dann die korrigierende Rechtsprechung der 1950er Jahre und die Gesetzgebung seit den 1970er Jahren), dann die Aktivierung des Sozialstaatsziels im Grundgesetz (Art. 20) als Sozialstaatsprinzip, also als juristischer Auftrag, der Ausbau der Grundrechte zu Teilhaberechten und Gewährleistungen, usw. Zugleich wird direkt gesteuert, vor allem auf der Finanzseite, durch Abgaben und Umverteilungen, d.h. monetäre Sozialisierungen, und

---

20 Dazu statt aller *Joachim Rückert*, Das Bürgerliche Gesetzbuch – ein Gesetzbuch ohne Chance? in: Juristen-Zeitung 2003, S. 749–760 = *ders.*, Ausgewählte Aufsätze, 2012, Bd. 2, Nr. 23, S. 187–213. Allgemeiner und zur methodischen Seite *Joachim Rückert*, Einführung, in: Joachim Rückert/Ralf Seinecke (Hg.), Methodik des Zivilrechts – von Savigny bis Teubner, 3. Aufl. 2017, Rn. 6–16: Die drei Defizite (insbes. bei Wieacker und Larenz).

21 Siehe seine Einleitung zu „Geschichtliche Grundbegriffe" (o. Fn. 3), Bd. 1, 1972.

22 Das stellt bekanntlich *Friedrich August von Hayek* eindrucksvoll zusammen, s. *ders.*, Die Verfassung der Freiheit, 1971 und öfter (engl. 1960): „Künftige Historiker werden wahrscheinlich die Zeit von der Revolution von 1848 bis ungefähr 1948 als das Jahrhundert des europäischen Sozialismus betrachten" (S. 323), ob nun *pro* oder *contra*.

23 Dazu ausführlich *Mathias Schmoeckel*, Grundlagen der Verbrauchergeschäfte, in: HKK (o. Fn. 8), Bd. II/2, 2007, Vor §§ 312 ff.

völlig neue Steuern seit dem späten 19. Jahrhundert.[24] 1850 erbrachten die Steuern bereits ca. 50% der preußischen Einnahmen.[25] 1891 kam in Preußen die allgemeine Erklärungspflicht.[26] Diese Steuern waren neu nach Umfang und Art. Steuern auf Verbrauch, Gewinne, Einkommen, Erbe waren so allgemein und für alle gleich früher unvorstellbar gewesen. Der „Zehnt", meist Grundlast und seit dem 6. Jahrhundert auch Rechtspflicht, war eine Abgabe an die Kirche, später auch an die Klöster.[27] Er wurde 1789 in Frankreich abgeschafft und sonst allmählich im 19. Jahrhundert im Zuge der sog. Bodenbefreiung. Die weltliche Wohlfahrt wurde auf diese Weise in der Tat für sehr viel mehr Menschen Wirklichkeit.

Fünftens – das wäre die Zukunft. Darüber muss der Historiker schweigen. Auch als rückwärtsgewandter Prophet kann man nur spekulieren, welche Geschichtstendenz, wenn man denn eine plausibel machen kann, vorherrschen wird.

2. Zwischenbilanz

Für mein Thema Recht und Wirtschaft ist nun eine erste Bilanz und Zuspitzung möglich. Rechtlich bedeutet also die generelle Mobilisierung durch Liberalisierung einen wesentlichen Wandel durch Recht und im Recht. Damit ist noch nichts über Zusammenhänge, geschweige denn über Kausalitäten gesagt. Das Recht wurde ausdifferenziert als relativ selbstständiges Element. Es wurde vom fürsorglich steuernden Instrument des guten Hausvaters zur bloßen Rahmenordnung für die eigenständige Entfaltung Vieler. Das schuf riesige, ganz neue Chancen und ebenso neue Risiken. Es ist wohl eine Besonderheit rechtsgeschichtlicher Betrachtung, dass hier ein normativer Grundsatzwechsel viel ernster genommen wird und werden muss als in allgemeinhistorischer Perspektive. In der allgemeinen Geschichte ist dieser Wandel ‚nur' ein Faktor unter vielen. Rechtshistorisch und im gesamten Rechtssystem macht es aber einen Riesenunterschied, welche Regel als Regel gilt und was zur Ausnahme wird. Zugleich ist dieser Unterschied empirisch, in den historischen Normverwirklichungen, nicht leicht zu fassen, denn hier sind die Fakten schwierig und die Übergänge fließend. Ob etwas als Regel befolgt wird oder nur als Ausnahme, sieht man dem bloßen Verhalten nicht leicht an. Man muss dafür eigene Aufmerksamkeit

24 Dazu jetzt ein guter Überblick bei *Mathias Schmoeckel*, Rechtsgeschichte der Wirtschaft seit dem 19. Jahrhundert, 2008, S. 274–310.

25 Ibidem, S. 289.

26 Ibidem, S. 295.

27 Siehe nur *Hans-Jürgen Becker*, Art. „Zehnt", HRG, 1. Aufl., Bd. 5, Sp. 1629–1631.

entwickeln. Rechtshistorikern ist das bekannt aus dem Blick auf Gewohnheitsrecht, besonders, wenn es im Prozess bewiesen werden soll, wie das bis in das 19. Jahrhundert der Fall war.[28]

Seit ca. 1800 entstanden jedenfalls Verhältnisse, die immer mehr der persönlichen, rechtlich allgemeinen und gleichen Rechtsfähigkeit und Freiheit entsprechen; obwohl es zugleich zu Proletarisierungen kam – freilich relativen, gemessen am Zustand zuvor und am Bevölkerungszuwachs. Daneben macht sich in Handel und Wandel Wichtiges bemerkbar: die allgemeine Verkehrsfähigkeit aller Waren und Grundstücke, die allgemeine Testierfähigkeit, die Ausbildung von Eigentum und Vermögen zu ungeteilten, absoluten Verfügungsrechten (*property rights*), auch für geistiges Eigentum im Urheberrecht, Patentrecht, Markenrecht; die Beseitigung des sog. geteilten Eigentums und der vielfachen dinglichen und persönlichen Rechtslasten (Grundentlastung), das Verschwinden der Retraktrechte der Sippen, das freie Recht, Kredit aufzunehmen auch als Vorschuss auf seine Leistung, und diesen auch abstrakt, nicht nur familiär (Mithaftung) oder freundschaftlich (Bürgschaft), zu sichern, etwa durch Grundpfandrechte; überhaupt die nun allgemeine Geld- und Kreditwirtschaft mit Sparkassen und Banken und Zinsen, die Freigabe und Erweiterung der meisten Märkte, die Schaffung von Abgaben- und Zollfreiheit (dt. Zollverein 1834) usw. Das alles wird vielfach schon in Verfassungen fixiert, zuerst und besonders die Handels-, Gewerbe- und Berufsfreiheit, lange noch keine allgemeine Handlungsfreiheit, diese kommt erst 1949 in Deutschland (*Grundgesetz* Art. 2 I), aber schon 1789 in Frankreich (Art. 2 der *Déclaration des Droits*).[29] Wir kennen alle diese gewissermaßen „liberale" Litanei, ob in *pro* oder *contra*.[30] An jeder dieser rechtlichen Veränderungen hängen offensichtlich auch ökonomische Veränderungen.

---

28 Dazu bes. *Peter Oestmann*, Rechtsvielfalt vor Gericht. Rechtsanwendung und partikulares Recht im Alten Reich, 2002, S. 47 ff., 605 ff., 17 zum Wandel; näher auch *Stephan Meder*, Ius non scriptum – Traditionen privater Rechtsetzung, 2009, S. 185 u. ö.; und schon *Joachim Rückert*, Handelsrechtsbildung und Modernisierung des Handelsrechts durch Wissenschaft zwischen ca. 1800 und 1900, in: Karl Otto Scherner (Hg.), Modernisierung des Handelsrechts im 19. Jahrhundert, 1993, S. 19–66, 36–38 zum 19. Jahrhundert.

29 Dazu mit allen Texten zu Deutschland, Frankreich u.a. *Joachim Rückert*, Verfassungen und Vertragsfreiheit, in: Jean-François Kervégan/Heinz Mohnhaupt (Hg.), Gesellschaftliche Freiheit und vertragliche Bindung in Rechtsgeschichte und Philosophie, 1999, S. 165–199.

30 Eine rechtsgeschichtliche Übersicht dazu fehlt, siehe aber meinen Versuch im Art. „Liberalismus", HRG, 2. Aufl., Bd. 3, 2016, Sp. 957–967.

Wirtschaftlich bedeutet dies alles einen unglaublichen Aufstieg nicht nur der Industrie, sondern generell hin zum modernen Wohlfahrtsstaat. Das gilt auch für den vierten Stand der französischen Revolution, das Proletariat des deutschen Vormärz vor 1848 und die viele Verlags-, Heim- und ungelernte Arbeit, sowie zuletzt, das Gesinde in Land und Stadt nach 1870 bis 1914/18. Den Facharbeitern ging es ohnehin immer besser. Den Aufstieg zeigen die Reallöhne. Sie stiegen im langen Verlauf des 19. Jahrhunderts kräftig und vor allem in voller Breite. Ein „Fahrstuhleffekt" (Wehler) trat bis 1914 ein.[31] Hinzu kam eine viel bessere Risikoabsicherung gegen Unfall, Krankheit, Alter und Armut, auch wenn die Beträge noch relativ bescheiden waren.[32] Der Traum vom immer allgemeineren relativen Wohlstand schien in Erfüllung zu gehen. Aber mit dem Ersten Weltkrieg war er für fast zwei Generationen ausgeträumt. Erst gegen 1960 gewann er neue Realität. Signifikant dafür sind etwa die gewaltige Verbesserung der deutschen Rentenversicherung 1957 oder seit 1960 die langsame Freigabe des seit 1914/18 zwangsverwalteten Mietwohnungsmarktes mit seinen sog. schwarzen (reguliert) und weißen (freigegeben) Kreisen.[33]

Weniger beachtet und geläufig sind kleine rechtshistorische Zeichen für an sich evidente, größere ökonomische Veränderungen wie der ganz konkrete Aufstieg des Vertrags und Schuldrechts gegenüber dem Personenrecht und Sachenrecht. Das bedeutet ja zugleich einen großen Aufstieg des wirtschaftlichen Verkehrsrechts. Das Schuldrecht wird nämlich 1888 im BGB-Entwurf bewusst vor das Sachenrecht gestellt als Buch 2 vor Buch 3 – gegen die Tradition und anders als noch im Code civil 1804 und sonst, etwa im Sächsischen BGB von 1865. Zuvor, 1861/64, hatte dies der bayerische BGB-Entwurf vorgesehen und zwar ausdrücklich wegen „der Wichtigkeit desselben [das heißt des

---

31 Siehe statt vieler *Hans-Ulrich Wehler*, Deutsche Gesellschaftsgeschichte, Bd. 3, 1995, S. 707 f. mit genauer Erläuterung. Die *relative* Verschlechterung für die unteren Schichten, d.h. zugleich der relative Mehrgewinn der höheren Schichten, ändert daran nichts hier Relevantes und auch nicht die Tatsache, dass aus heutiger Sicht die Lage in vielem noch ziemlich trostlos war.

32 Überblick jetzt bei *Michael Stolleis*, Geschichte des Sozialrechts in Deutschland. Ein Grundriss, 2003; zur sozioökonomischen Seite näher *Joachim Rückert*, Entstehung und Vorläufer der gesetzlichen Rentenversicherung [von 1889], in: Franz Ruland (Hg.), Handbuch der gesetzlichen Rentenversicherung, 1990, S. 32–35 (1–50).

33 Gesetz über den Abbau der Wohnungszwangswirtschaft und über ein soziales Miet- und Wohnrecht v. 29.6.1960; dazu die Übersicht bei *Peter Oestmann*, Mietvertrag, in: HKK (o. Fn. 8), Bd. III/1, 2013, §§ 535–580a, Rn. 79–85.

Schuldrechts] für den Rechtsverkehr".[34] Das war nicht so neu, denn schon ca. 1845 hatte der angebliche Nurjurist Puchta hellsichtig betont, „im Strudel des Verkehrs gelte das Eigenthum fast nicht mehr als Zweck, sondern nur als Mittel [...] theils vorübergehende Bedürfnisse zu befriedigen, theils des Umsatzes gegen andere Güter". Man müsse begreifen, welche „bedeutende Stelle in einer solchen Zeit der Unruhe dieser Rechtstheil einnehmen muss. Er ist für den täglichen juristischen Verkehr der Wichtigste".[35] Das Vorrücken des Schuldrechts im Privatrechtssystem ist also auch eine rechtliche Reaktion auf ökonomische Veränderungen und hat damit hohe symbolische Bedeutung.

Weitere Momente verstärken dieses Bild eines wesentlichen Wandels. Das traditionelle Personenrecht stand zwar auch noch im BGB am Anfang der Kodifikation in Buch 1, aber es wurde massiv auf natürliche und juristische Personen reduziert. Verschwunden war die ausführliche Standesordnung mit nahezu unendlichen Differenzierungen wie noch im preußischen ALR 1794 und besonders anschaulich im bayerischen Zivilkodex von 1756 in seinem § 3 I 1: „Nach dem Stand, welchen man nicht so viel von Natur als menschlicher Anordnung oder selbstiger Auswahl erlangt, werden zwar die Personen auf unzählige, vornehmlich aber auf folgende Weis betrachtet [...]" – und nun folgen sieben der hauptsächlichsten Differenzierungen (Bürgerstand, Familienstand, Freiheitsstand, Amtsstand, Nahrungsstand, Professionsstand, Religionsstand). Und schließlich verliert das herkömmliche Sachenrecht das ganze Vertragsrecht an das Schuldrecht, während es bis dahin, und noch im Code civil, als bloße Erwerbungsart im Sachenrecht geregelt war. Das waren kleine Zeichen für große Umstellungen. Die ökonomisch beweglichen Verträge rangierten nun vor den ökonomisch trägeren Sachenrechten, bes. Immobilien. Dynamik rangierte vor Statik, Kontrakt vor Status, mit einer geflügelten Wendung des englischen Rechtshistorikers Henry Sumner Maine aus eben dieser Zeit.[36] Offenbar bewegte nun die Wirtschaft das Recht, nachdem das Recht sie zuvor freigesetzt hatte. Wirtschaftlich verliert in dieser Zeit auch der Agrarsektor seine Dominanz (um 1900 bei 50% der Beschäftigten), der Industriesektor überflügelt ihn und der

---

34 Gezeigt von *Ralf Michaels*, Systemfragen des Schuldrechts, in: HKK (o. Fn. 8), Bd. II/1, 2007, Vor § 241, Rn. 18 f.

35 *Georg Friedrich Puchta*, Vorlesungen über das heutige römische Recht, Bd. 2, postum hg. von Adolf August Friedrich Rudorff, 1848, S. 1 f.

36 Siehe *Henry Sumner Maine*, Ancient Law, 1861, nachher viele Neuauflagen, deutsche Übersetzung von *Heiko Dahle*, Das alte Recht „Ancient Law". Sein Zusammenhang mit der Frühgeschichte der Gesellschaft und sein Verhältnis zu modernen Ideen, 1997, hier S. 114, in Kap. 5 am Ende.

Dienstleistungssektor schließt sich bis heute an.[37] Auch das hat eine Reihe von rechtlichen Parallelerscheinungen, die hier nicht weiter verfolgt werden können, z.B. Gewerberecht, Handelsgesellschaftsrecht, Arbeitsrecht, Angestelltenrecht, Sozialversicherungsrecht.[38]

Festzuhalten ist, dass diese Recht und Wirtschaft umstellende und befreiende Linie seit ca. 1800 im dritten Typ immer weiter ausgestaltet wurde bis an die Schwelle des vierten Typs, des nun sozialen Zeitalters seit etwa 1860/70 bis heute. Das gilt trotz aller interventionistischen und illiberalen Bestände, die daneben fortbestehen wie zum Beispiel Biertaxen und Brottaxen bis in die Mitte des 19. Jahrhunderts, auch Fideikommisse bis 1939, oder die neu dazukommen, etwa im neuen Arbeits- und Gewerberecht, im Verwaltungsrecht, usw.

Mit diesen vier historischen Typen sind nun die Beziehungen von Recht und Wirtschaft immerhin in einen gewissen Rahmen mit etwas bestimmteren Zeiten, Faktoren und Relationen gebracht. Aber das Angebot an Phänomenen und Möglichkeiten von Zusammenhängen ist natürlich immer noch sehr umfassend. Es zeigt zunächst nur Gleichzeitigkeiten. Viel weniger wissen wir über die Zusammenhänge der beiden Bereiche, ja eigentlich sehr wenig. Wie sieht es aus mit kausalen, konditionalen, funktionalen, teleologischen Zusammenhängen? Diese erst würden uns die Phänomene aus Gründen erklären und verstehen lassen. Das erst würde wiederum etwas allgemeinere und doch empirisch gefestigte Aussagen über die Entwicklungen, besser: über die Verläufe in Wellen, auch Rückschlägen und Konjunkturen, ermöglichen. Die Betrachtung als Entwicklung führt ja leicht dazu, die Dinge zu organisch zu sehen. Dann wachsen die Dinge eben, und damit gut. Aber warum? Wie bedingt? Wozu? Wohin? – das alles kann bei „Entwicklung" offen bleiben. Freilich ist es schon eine gewaltige Aufgabe auch nur über das Wachsen zu forschen, und erst recht über die Zusammenhänge und Gründe.

Es sind nun zwei Wege verbreitet, über solche Typologie hinaus in Erklärungen nach Gründen zu kommen. Der erste Weg ist ebenso kühn wie verbreitet, der zweite Weg ist ebenso ergiebig wie mühsam. Den ersten Weg beschreiten die beliebten, wie ich sie nennen möchte, Großtheorien. Den zweiten Weg gehen viele Spezialuntersuchungen in sozusagen mittlerer Abstraktionshöhe. Beide Wege wären nun ein gutes Stück mitzugehen und zu reflektieren. Hier muss ich

---

37 Siehe nur *Friedrich-Wilhelm Henning*, Industrialisierung in Deutschland 1800 bis 1914, 9. Aufl. 1995, S. 20 f.

38 Dazu lehrreich der Abschnitt „Das neue Recht" bei *Coing*, Privatrecht (o. Fn. 10), Bd. 2: Das 19. Jahrhundert, 1989, S. 95–248.

aber stark abkürzen und werde deshalb fast nur drei sachlich und methodisch besonders interessante Großtheorien behandeln.

III. Das Problem der Zusammenhänge zwischen Wirtschaft und Recht – die Großtheorien

Die Großtheorien präsentieren Geschichtsbilder, die als Gesamtbilder gelten wollen. Es gibt erstaunlich viele solche Versuche. Sie hängen offensichtlich auch von den skizzierten vier Typen ab. Auf drei besonders wirkungsmächtige Großtheorien gehe ich näher ein, auf einige weitere nur kurz in Schlagworten.

1. Die liberale Großtheorie zu Recht und Wirtschaft

Im 18. Jahrhundert beginnt jedenfalls eine gewisse Konjunktur des Themas Recht und Wirtschaft, Wirtschaft und Recht. Zu nennen sind die französischen Physiokraten (Francois Quesnay; Turgots Edikte 1774 und sechsmal 1776, besonders gegen die Zünfte), die Wohlfahrts-Schotten (David Hume, Adam Smith 1762 ff., besonders 1776 *Wealth of Nations*), die deutschen Merkantilisten (führend Johann Joachim Becher, *Politischer Discurs von den eigentlichen Ursachen des Auf- und Abnehmens der Städt', Länder und Republiken*, Frankfurt a.M. 1668, zuletzt 1759), auch die Policey-Wissenschaft des 18. Jahrhunderts (Joseph von Sonnenfels, Johann H. G. von Justi), usw. Die Assoziationen dazu dürften den Akzent dabei klarmachen. Er liegt von nun an, sagen wir nach 1776, nach Turgot und Smith, für fast ein Jahrhundert, nämlich bis ins späte 19. Jahrhundert, auf dem Interesse für die Mobilisierung aller Kräfte durch Liberalisierung. Und das bedeutete rechtlich garantierte Freiheit, Gleichheit, Privateigentum, gleichen Zugang zur Justiz und Rechtsicherheit der Menschen als den entscheidenden Quellen von Wohlstand. Bei den Autoren dieser Phase kann man viel lernen über die Steuerung der Wirtschaft mit Recht. Das Recht soll die Wirtschaft befreien, gewissermaßen liberal machen. Was dann am Ende die *letzte Ursache* oder *der Wirkfaktor* ist, nähert sich freilich der Frage, ob die Henne vom Ei kommt oder das Ei von der Henne. Diese liberale Strömung dominierte für gut ein Jahrhundert, nämlich bis ins späte 19. Jahrhundert, und sie verschwand nie ganz. Sie legitimierte die erwähnte energische Mobilisierung. Sie legitimierte die Reform und die „Revolution des Geistes“ und durch den Geist. Recht und Wirtschaft waren ihr zentrales Medium, und zwar beide ausdifferenziert in relativer Autonomie. Mit dem Niedergang der ideologisch liberalen Aetas Kantiana nach 1830[39] und der Verdrängung der sog. Freihändler-Schule um 1870 endet diese Phase.[40]

2. Die marxistische Großtheorie

Neben und nach der liberalen Theorie wurde vor allem die marxistische Geschichtsphilosophie geschichtswirksam. Diese zweite Konjunktur des Themas Recht und Wirtschaft entstand nicht schon mit den Grundlagenwerken von Marx und Engels, sondern erst mit dem nun intensiven *sozialen* Interesse nach ca. 1870. Die marxistische Geschichtserzählung stellt bekanntlich den ökonomischen Faktor ins Zentrum und bezieht ebenfalls das Recht stark ein. Karl Marx (1818–1883) als angehender Jurist und Philosoph, dann Journalist, Historiker und Ökonom, skizzierte sie fulminant mit Friedrich Engels im *Manifest der kommunistischen Partei* Anfang 1848. Umfassend entwarf er sie nach 1850 in den erst 1939/41 in Moskau veröffentlichten *Grundrissen der Kritik der politischen Ökonomie* (geschrieben 1857/58) und dann in seinem Hauptwerk *Das Kapital* (seit 1867, Bd. 1). In den *Grundrissen* ordnet er den Stoff in „Epochen ökonomischer Gesellschaftsformation".[41] Diese Großtheorie kulminiert in den drei Worten „in letzter Instanz". Die berühmte Passage lautet

> „eine bestimmte Stufe der Entwicklung der Produktivkräfte der arbeitenden Subjekte… darein löst sich in letzter Instanz sowohl ihr Gemeinwesen auf, wie das auf demselben begründete Eigentum."[42]

Die Geschichte von Wirtschaft und Recht verläuft danach in klaren Stufen und die Produktivkräfte sind irgendwie die letzte Instanz. Weniger forsch steht das dann auch 1867 im Kapital.[43] Jedenfalls bewirken hier „Produktivkräfte" und „ökonomische Triebkräfte" alles, sie sind kausal. Recht und Wirtschaft werden

---

39 Dazu genauer: *Joachim Rückert*, Kant-Rezeption in juristischer und politischer Theorie (Naturrecht, Rechtsphilosophie, Staatslehre, Politik) des 19. Jahrhunderts, in: Martyn P. Thompson (Hg.), John Locke und Immanuel Kant. Historische Rezeption und gegenwärtige Relevanz, 1991, S. 161–165 (144–215) = *ders.*, Ausgewählte Aufsätze in zwei Bänden. I: Grundlagen, Geschichte, Bewältigugen, 2012, S. 139*-210*.

40 Als Überblick immer noch gut *Harald Winkel*, Die deutsche Nationalökonomie 19. Jahrhundert, 1977, S. 38–49.

41 So in der Edition zum 4. Heft in Wikipedia zu Marx-Engels-Werke und „Grundrisse", nicht enthalten in der üblichen Edition von 1974 zu 1939/41.

42 *Karl Marx*, Grundrisse der Kritik der politischen Ökonomie, 1974, S. 395.

43 Dazu *Joachim Rückert*, Zur Erkenntnisproblematik materialistischer Positionen in der rechtshistorischen Methodendiskussion, Zeitschrift für historische Forschung 5 (1978), S. 280 (257–292).

konkret in ein Kausalverhältnis von ökonomischem Unterbau zu auch rechtlichem Überbau gebracht. Das war eine rigide Großtheorie zu Gunsten der vollen Maßgeblichkeit der Ökonomie.

3. Die liberal-soziale Großtheorie

Besonders im deutschen Raum wurden von Nationalökonomen, die durchweg auch Juristen waren, große Grundlagenwerke zum Thema geschaffen, d.h. durch Wilhelm Roscher, Adolph Wagner, Gustav Schmoller, Lujo Brentano, auch Hermann Roesler, also mehr oder weniger von den Koryphäen der historischen Schule der Nationalökonomie. Recht und Wirtschaft werden nun stärker als Wechselbeziehung thematisiert. Systematisch geschieht das, soweit ich sehe nur bei Adolph Wagner (1835–1917) – das ist die eingangs erwähnte Ausnahme. Wagner legte 1894 im Rahmen seiner großen *Grundlegung der Nationalökonomie* als Teil 2 über 500 Seiten über *Volkswirtschaft und Recht*, insbesondere Vermögensrecht,[44] vor; er schrieb also umfänglich direkt zum Thema. Dieses Buch analysiert die Beziehungen von Wirtschaft und Recht systematisch als Wechselbeziehung.[45] Nach den fast monokausalen liberalen und marxistischen Großtheorien entstand also diese liberal-soziale, plurale Kompromisstheorie von Wagner. Es ist bemerkenswert, wie viele wesentliche Elemente der modernen Neuen Institutionenökonomik und insbesondere ihrer neueren behavioristischen Ergänzung hier bereits eingeführt und ausgearbeitet sind. Recht ist hier Institution und zudem auch psychologisch geprägt.

4. Eine gewisse Erschöpfung

Auf die äußerst intensive Diskussion bis etwa 1900 folgte nicht unerwartet eine gewisse Erschöpfung. Eine Generation später bezeugen das Max Weber (1864 bis 1922) als Jurist und Soziologe und Rudolf Stammler (1856–1938) als Jurist und Rechtstheoretiker. Weber begann sein großes Werk *Wirtschaft und Gesellschaft*, das auch seine *Rechtssoziologie* enthält, schon vor 1914. Stammler schrieb seine umfängliche und bald vieldiskutierte Untersuchung *Wirtschaft und Recht nach materialistischer Methode* zuerst 1896. Er sucht gleich auf der ersten Seite eine „grundgesetzliche Einsicht" und betont sofort, „alle exakte Einzelforschung hat

---

44 *Adolph Wagner*, Volkswirtschaft und Recht, besonders Vermögensrecht, oder Freiheit und Eigentum in volkswirtschaftlicher Betrachtung, Buch 1–3, = 2. Teil der „Grundlegung der politischen Ökonomie", in der dritten, wesentlich um-, teilweise ganz neu bearbeiteten und stark erweiterten Auflage, 1894, XVIII und 564 Seiten.

45 S. ibidem den § 14.

nur dann einen wahrhaftigen Wert, wenn sie in abhängigem Zusammenhange mit einer allgemeinen Gesetzmäßigkeit steht und an einer allgemein gültigen Richtlinie der Erkenntnis geleitet ist". Und er stellt die Frage „nach der obersten Gesetzmäßigkeit, unter der das soziale Leben in Abhängigkeit zu erkennen ist"[46] – also noch einmal eine Großtheorie und wieder aus stark philosophischen Voraussetzungen. Auf deren konkrete Gestalt kommt es jetzt freilich nicht an.

Besonders kritisch, d.h. im Wesentlichen methoden- und philosophiekritisch, behandelte Marx' und Stammlers Werk bekanntlich Max Weber, 1904 in seinem sog. Objektivitätsaufsatz. Er resümierte: Es habe eine Periode „grenzenloser Überschätzung der ökonomischen Interpretation des Geschichtlichen", der Annahme einer letzten Instanz, geherrscht.[47] Das war zugleich eine vernichtende Kritik nicht nur dieser Großtheorie.

Am Ende dieser Blütephase für die Analyse von Recht und Wirtschaft herrscht offene Resignation. Ein energischer Optimist und Matador des Themas wie Justus Wilhelm Hedemann, der 1911 in Jena den Verein und die Zeitschrift und Schriftenreihe *Recht und Wirtschaft* gegründet hatte und in Jena viele Seminare dazu veranstaltete, schrieb 1930 resigniert: „Trotz alledem ist es mir nicht gelungen, eine wirklich organische Verschmelzung zwischen Rechtswissenschaft und der Wirtschaftswissenschaft in mir lebendig zu machen, geschweige denn draußen herbeizuführen [...] Schon die Literatur zeigt es [...]."[48]

5. Drei besonders folgenreiche Theorien

In dieser Phase von ca. 1770 bis 1914 wurden diese bis heute wesentlichen Theorien ausgearbeitet. Darin reflektiert und bestätigt sich die sog. Moderne. Es sind Großtheorien von gewaltiger Spannweite, nicht selten über die ganze Weltgeschichte, die als große Erzählungen faszinieren. Die Gegenwart erscheint darin immer als glorreicher Höhepunkt. Die Theorien bieten also zugleich Legitimation. In ihrer Größe verlieren sich die bestimmteren kausalen und anderen Einzelzusammenhänge. Das zeigt die Risiken des Forschungsfeldes.

---

46 Ibidem, S. 6.

47 *Max Weber*, Die Objektivität sozialwissenschaftlicher und sozialpolitischer Erkenntnis, Archiv für Sozialwissenschaft und Sozialpolitik 19 (1904), S. 24–87 = Gesammelte Aufsätze zur Wissenschaftslehre, 1. Aufl., 1922, 4. Aufl. 1973, S. 148–214, in Abschnitt II, hier nach dem Abdruck in *Johannes Winckelmann* (Hg.), Max Weber, Soziologie. Universalgeschichtliche Analysen. Politik, 1973, S. 209.

48 *Hedemann*, Fortschritte des Zivilrechts (o. Fn. 17), Bd. II/1, 1930, Vorwort S. VIII.

Hier sind diese Theorien von Bedeutung, da mit ihnen zumeist das Recht *zugleich* mit der Wirtschaft gemeint ist. Sie haben hier sozusagen ein gemeinsames Schicksal. Bis heute lassen sich dazu noch mindestens zehn ziemlich erfolgreiche und folgenreiche Vorschläge nennen, die Max Weber für Weltanschauungen hielt. Für eine gewisse Anschauung davon erwähne ich nur die Leitideen mit Stichworten.

6. Großtheorien ohne Ende?

Die Beispiele reichen von 1850 bis in die Gegenwart, und sie sind gewiss nicht erschöpfend. Eine Fülle von *letztlich* bestimmenden Faktoren wird aufgeboten. Hier kommt es darauf an, dass Recht und Wirtschaft dabei beide zu abhängigen Faktoren werden. Nach ihrem Verhältnis muss dann nicht mehr eigens gefragt werden.

Ich nenne hier nur einiges in groben Stichworten: das „sittliche Planetensystem" und „die göttliche Weltleitung" beim jungen Jhering,[49] die sich in „Stufen" der „Entwicklung" manifestiert, und beim älteren Jhering den „Zweck des Rechts", d.h. „die Sicherung der Lebensbedingungen der Gesellschaft";[50] bei Gierke spielt diese Rolle der „unsterbliche deutsche Volksgeist";[51] Max Weber operiert vorsichtiger mit einer generellen Rationalisierungstendenz als Idealtyp,[52] die freilich nicht selten als real bestimmender Faktor verstanden wird; Karl Renner erklärt 1904 und erneut 1929 die Rechts- und Wirtschaftsgeschichte aus der „sozialen Funktion" des Rechts;[53] Franz Wieacker sieht die „Epochen der

---

49 *Rudolph von Jhering*, Geist des römischen Rechts auf den verschiedenen Stufen seiner Entwicklung, Bd. 1, 1852, S. 54 f.; zu Jherings Metaphysik dabei *Joachim Rückert*, Rudolf von Jhering (1818 bis 1892) – ein ostfriesischer Niedersachse in den Fesseln der Metaphysik, in: Juristische Studiengesellschaft Hannover (Hg.), Rechtsleben in Hannover. 50 Jahre Juristische Studiengesellschaft, 2016, S. 193–224; fortgeführt in: Das Methodenorakel Rudolf von Jhering (1818–1892), Archiv für die civilistische Praxis 219 (2019), S. 457–487.

50 *Rudolf von Jhering*, Der Zweck im Recht, Bd. 1 und 2, 1877 und 1883, hier Bd. 1, S. 442 (= 345 in der 4. Aufl. 1904).

51 *Otto von Gierke*, Deutsches Privatrecht, Bd. 3, 1917, Vorwort S. VIII.

52 *Max Weber*, Wirtschaft und Gesellschaft, zuerst 1922; bes. betont jetzt bei *Gerhard Dilcher*, Bürgerliche Wissenschaft zwischen Romantik, Realismus und Rationalisierung, in *ders.*, Die Germanisten und die Historische Rechtsschule, 2017, S. 1–88, zu Rationalisierung und Weber bes. 41–47, 61 f, zusammenfassend 88; siehe nun auch meine Miszelle: *Joachim Rückert*, Logik, Berechenbarkeit, Rechtssoziologie – Anmerkungen zu Max Weber und Hubert Treiber (zugleich Rezension zu Hubert Treiber, Max Webers Rechtssoziologie […], 2017), Zeitschrift der Savigny-Stiftung für Rechtsgeschichte. Germanistische Abteilung 135 (2018), S. 408–428.

53 *Karl Renner*, Die Rechtsinstitute des Privatrechts und ihre soziale Funktion, zuerst 1904 pseudonym als *Josef Karner*, dann 2. Aufl. 1929.

Privatrechtsgeschichte jeweils durch methodische Neuansätze des europäischen Denkens hervorgerufen" und „orientiert sich an den Typen des wissenschaftlichen Denkens", an ihrem „Taktschlag";[54] für Hedemann sind große zivilrechtliche Ideen […] durch ganz Europa entwicklungsgeschichtlich am Werke";[55] der philosophisch gebildetere Heinrich Mitteis will dem „Gang der Rechtsidee durch die Geschichte" folgen, wie er sich eben „vollzieht", getreu mit Hegel.[56]

Diese Tendenz zu großen Gesamterklärungen ist nicht erloschen und wird vermutlich auch nicht erlöschen. Denn es gibt ein völlig legitimes metaphysisches Bedürfnis unter den Menschen, das auf Gesamterklärungen dringt. Die Frage ist nur, wie weit es auch Wissenschaft tragen kann. Eine Großtendenz scheint jedenfalls auch in der neueren *Institutionenökonomie* recht deutlich durch, zumal mit der sehr rechtshistorischen Idee der Verfügungsrechte. Der amerikanische Wirtschaftshistoriker Douglass C. North (1920–2015) wurde damit 1993 Nobelpreisträger. Seit dem faszinierenden Entwurf *The Rise of the Western World. A new Economic History* (mit R. P. Thomas) von 1973 bestach diese Darstellung mehr und mehr. North schrieb dort zusammenfassend allgemein, "successful growth (is) dependent on the development of efficient property rights".[57] Als Jurist liest man das durchaus gern und bestaunt die Allgemeinheit der Aussage. Genau genommen wird aber nur das *erfolgreiche* ökonomische Wachstum erklärt und nicht alles Ökonomische und alles Recht oder gar mehr. Verfügungsrechte sind gewiss rechtlich zentral, aber keineswegs das ganze Recht. Ebenso ist die Ökonomie hier fast schon der *pars pro toto* aller Entwicklung. Die neuere Institutionentheorie verallgemeinert damit den Ansatz der älteren ökonomischen Analyse des Rechts. Sie erklärt vieles genau und produktiv, tendiert aber zugleich zu einer Großtheorie der institutionellen Bedingungen durch *efficient property.*

---

54 *Franz Wieacker*, Privatrechtsgeschichte der Neuzeit, 2. Aufl.1967, S. 20 und dort in der Fn.

55 *Hedemann*, Fortschritte des Zivilrechts (o. Fn. 17), Bd. II/1, 1930, Vorwort S. IX; siehe über ihn und sein Werk grundlegend die Arbeit von *Christine Wegerich*, Die Flucht in die Grenzenlosigkeit. Justus Wilhelm Hedemann (1878 bis 1963), 2004.

56 *Heinrich Mitteis*, Vom Lebenswert der Rechtsgeschichte, 1947, S. 131. Die grundlegende vergleichende Analyse zu Mitteis' Prämissen hat *Sten Gagnér* geleistet, siehe *ders.*: Zur Methodik neuerer rechtsgeschichtlicher Untersuchungen, Bd. 1: eine Bestandsaufnahme aus den sechziger Jahren, 1993, hier Kapitel 1.

57 *Douglass C. North*, The Rise of the Western World. A New Economic History, 1973, S. 157.

Die Beispiele können genügen, um zu zeigen, dass diese Großtheorien das Verhältnis von Recht und Wirtschaft entweder auf eine letzte rechtliche oder ökonomische Instanz zurückführen wollen oder es aufheben in noch größeren Erklärungen zum Geschichtsverlauf. Im Ergebnis verschwindet das Problem „Recht und Wirtschaft" damit in den meisten Großtheorien unter empirisch wenig gesättigten, übergreifenden Zusammenhangsbehauptungen.

VI. Methodische Probleme der Großtheorien zu Recht und Wirtschaft

Das führt zuletzt auf methodische Probleme. Die begehrtesten Erklärungen sind Kausalerklärungen. Denn sie können über Vergangenheit *und* Zukunft orientieren. Sie sind aber auch die schwierigsten. Die meisten Großtheorien über Recht und Wirtschaft geben nicht zufällig nur sehr allgemeine Kausalskizzen, eben wegen ihrer ‚Größe'. Auch bei Adolph Wagner und in der Institutionenökonomie werden eigentlich nur Kausalskizzen geliefert. Mit einer Art von Evidenz werden Phänomene hintereinandergestellt und in Kausalbeziehung gesetzt. Das Problem wirklicher Beweisführung sieht man an einem klassischen Kausalexperiment wie dem einfachen Placebo-Experiment oder dem Kartoffeldüngerexperiment. Wachsen die Kartoffeln auch ohne Dünger, so ist Dünger keine Wirkursache und nicht einmal Bedingung. Wächst die Wirtschaft auch ohne Rechtsänderung, so scheidet das Recht als Faktor aus. Wächst sie mit Einführung der Gewerbefreiheit, so kann ein Kausalzusammenhang vorliegen. Eine wirkliche historische Kausalerklärung müsste nun auf ähnliche Weise wie im aktuellen Experiment durch Vergleiche unter annähernden *ceteris-paribus*-Bedingungen oder durch Gedankenexperimente den Wirkfaktor aus den infrage kommenden Faktorenbündeln herausarbeiten. Wenn anderswo die Wirtschaft auch ohne rechtliche Gewerbefreiheit wuchs, würde das diesen Faktor relativieren oder sogar ausschließen – *ceteris paribus*. Zu diesen Fragen gibt es wissenschaftstheoretische Aufklärungen, aus denen klar wird, dass vor allem die Behauptung singulärer, spezieller Kausalzusammenhänge unterschieden werden muss von der Behauptung irgendwie allgemeiner, gesetzmäßiger Kausalzusammenhänge, also etwa der konkrete Satz „Die Ernte wurde durch einen Sturm vernichtet" von dem Satz „Immer wenn es stürmt, wird dadurch die Ernte vernichtet."[58] Offensichtlich ist der letztere Satz viel schwerer zu beweisen. In den Großtheorien werden jedoch

58 Siehe nach wie vor bes. *Wolfgang Stegmüller*, Probleme und Resultate der Wissenschaftstheorie und analytischen Philosophie, Bd. 1: Erklärung. Begründung. Kausalität, 2. erweiterte Aufl. 1983, hier S. 502 f.; auch 391–396 zu historischen Erklärungen.

meist allgemeine Gesetzesbehauptungen aufgestellt oder angedeutet und, wenn ich Recht sehe, nie bewiesen.

Leider wird das Unternehmen auch nicht durch methodische Vorbilder erleichtert. Solche Vorbilder scheint es in der Geschichtswissenschaft nicht zu geben, während konkrete Kausalskizzen zu ihrem Alltagsgeschäft gehören. Darin liegt wahrscheinlich eine wohlbegründete Zurückhaltung gegenüber allgemeinen Kausalbehauptungen. Am Beispiel der vieldiskutierten Ursachenbehauptungen zur Industrialisierung habe ich das einmal genauer durchgearbeitet. Dabei fand sich eine einzige Untersuchung, die das methodische Problem klar gesehen und eine Lösung unternommen hat. Es war der Aufsatz von Richard M. Hartwell, dem Oxforder Wirtschaftshistoriker, über *The Causes of the Industrial Revolution. An Essay in Methodology* von 1965.[59] Er allein diskutiert explizit, welcher Faktor aus sechs Gruppen auf welche Weise als kausal gewichtet werden sollte.[60] Auf diese Gewichtung kommt es in der Tat an. Sie findet in den dargestellten Überlegungen über Recht und Wirtschaft praktisch nirgends statt. Da ein Kausalzusammenhang nicht unmittelbar sichtbar ist, muss man wie im Placebo-Experiment den möglichen Kausalfaktor durch Vergleiche unter *ceteris-paribus*-Bedingungen zu isolieren versuchen. Hartwell destruiert jedenfalls alle Angebote, d.h. „natura non facit saltum", und es bleiben differenzierende, konkretere Aussagen.[61]

Im Blick auf den schönen Vordergrund der rechtshistorischen Gemälde werden diese Großtheorien und Hintergrundmalereien, diese methodischen und mehr oder weniger philosophischen Prämissen, oft nicht genug beachtet. Doch sie strukturieren in der Regel sehr viel auch vom Vordergrund – soweit überhaupt strukturiert und nicht schlicht geschildert wird. Ich lasse nun die oft damit zusammenhängenden Marionettenfäden der Philosophien wiederum ganz beiseite und erinnere nur kurz an Stichworte wie *die* Geschichte als Kollektiv- oder Allsingular, der einzelne Befunde und Tatsachen übergreifend zu einem zusammenhängenden Ganzen bündelt,[62] die „Offenbarung" der Vernunft (Schelling),

59 *Richard M. Hartwell*, The Causes of the Industrial Revolution. An Essay in Methodology, The Economic History Review 18 (1965), S. 164–182.

60 Er nennt als „Forces making for Growth": Capital Accumulation, Innovations (technische und organisatorische), Fortunate Factor Endowments (Kohle, Eisen u.a. Ressourcenfunde), Laissez-faire (in Philosophie, Religion, Wissenschaft, Recht), Market Expansion; Miscellaneus (Kriege, Ernten, Wissensvermehrung […]), S. 167 f.

61 Ibidem, S. 180 f.

62 Dazu lehrreich *Reinhart Koselleck*, Art. „Geschichte", in: Brunner/Conze/Koselleck (o. Fn. 3), Bd. 2, 1975, hier S. 647–653: Die Entstehung des Kollektivsingulars.

die „begreifbare Erscheinung" der Vernunft oder des Geistes in der Wirklichkeit (Hegel, Gans, Jhering), den gewollten „Zweck" (Jhering) oder auch die metamorphosenartige Entfaltung „innerer Notwendigkeiten" im Recht (Savigny) – Marionettenfäden, die bei den Großtheorien meist auch lauern. Dagegen wird man bei erkenntnistheoretisch kritischen Geistern wie Gustav Hugo derlei nicht finden. Ein schönes Beispiel ist seine Theorie des Gewohnheitsrechts im Vergleich zu der Savignys.[63]

Die Großtheorien verdienen jedenfalls Diskussion nicht nur als inhaltliche Erklärungen, sondern auch und vor allem als wissenschaftliche Methode. Denn sie alle stellen bekanntlich erhebliche empirische und methodische Probleme nach den Maßstäben von Wissenschaft. Sie sind zum einen hochriskant und bieten zum anderen auch gerade keine wirklich allgemeinen Kausalerklärungen. Sie verallgemeinern und objektivieren unzulässig. Das wurde um 1900 in intensivster Weise wissenschaftstheoretisch diskutiert – und erledigt durch Max Weber 1904.[64] Reine und allgemeine Objektivität ist nicht erreichbar, weder im Abbilden von geschichtlicher Vielfalt, noch im Aufzeigen von Zusammenhängen. Aber individuelle Erscheinungen lassen sich in ihren konkreten Ursachen bestimmen. Webers Original zu Objektivität und Kausalität lohnt nach wie vor zur Lektüre:[65]

> „Es *gibt keine* schlechthin ‚objektive' wissenschaftliche Analyse des Kulturlebens oder […] ‚der *sozialen* Erscheinungen' *unabhängig* von speziellen und ‚einseitigen' Gesichtspunkten, nach denen sie […] als Forschungsobjekt ausgewählt, analysiert und darstellend gegliedert werden. Der Grund liegt in der Eigenart des Erkenntniszieles einer jeden sozialwissenschaftlichen Arbeit, die über rein *formale* Betrachtung der *Normen* – rechtlichen oder konventionellen – des sozialen Beieinanderseins hinausgehen will. (S. 211)
>
> Die Sozialwissenschaft, die wir treiben wollen, ist eine *Wirklichkeitswissenschaft* […] Wir wollen die uns umgebende Wirklichkeit des Lebens, in welches wir hineingestellt sind, *in ihrer Eigenart* verstehen […] Nun bietet uns das Leben […] eine schlechthin unendliche Mannigfaltigkeit […] von Vorgängen ‚in uns' und ‚außer uns'. Und die absolute Unendlichkeit dieser Mannigfaltigkeit bleibt intensiv durchaus ungemindert auch dann bestehen, wenn wir ein einzelnes ‚Objekt' – etwa einen konkreten Tauschakt – isoliert

63 Siehe *Joachim Rückert*, Idealismus, Jurisprudenz und Politik bei Friedrich Carl von Savigny, 1984, S. 304–308. Unabhängigkeit vom Zufall will Hugo auch hier nicht einräumen, also auch keine „innere Notwendigkeit" von Gewohnheitsrecht.

64 *Weber*, Objektivität (o. Fn. 47), S. 211 f.

65 Ibidem.

ins Auge fassen, sobald wir nämlich ernstlich versuchen wollen, dies ‚Einzelne' *erschöpfend* in allen seinen individuellen Bestandteilen auch nur zu beschreiben, geschweige denn es in seiner kausalen Bedingtheit zu erfassen. [...] (S. 212)

[...] die Kausalfrage ist, wo es sich um die *Individualität* einer Erscheinung handelt, nicht eine Frage nach *Gesetzen*, sondern nach konkreten kausalen *Zusammenhängen*, nicht eine Frage, welcher Formel die Erscheinung als Exemplar unterzuordnen, sondern die Frage, welcher individuellen Konstellation sie als Ergebnis zuzurechnen ist: sie ist *Zurechnungsfrage*. Wo immer die kausale Erklärung einer ‚Kulturerscheinung' [...] in Betracht kommt, da kann die Kenntnis von *Gesetzen* der Verursachung nicht *Zweck*, sondern nur *Mittel* der Untersuchung sein. Sie erleichtert und ermöglicht uns die kausale Zurechnung der in ihrer Individualität kulturbedeutsamen Bestandteile der Erscheinungen zu ihren konkreten Ursachen. Soweit, und nur soweit, als sie dies leistet, ist sie für die Erkenntnis individueller Zusammenhänge wertvoll. Und je ‚allgemeiner', d.h. abstrakter, die Gesetze sind, desto weniger leisten sie für die Bedürfnisse der kausalen Zurechnung *individueller* Erscheinungen und damit indirekt für das Verständnis der Bedeutung der Kulturvorgänge" (S. 220).

Mit Stegmüller, Hartwell und Weber scheinen mir die methodischen Probleme und damit die Risiken, ja Unmöglichkeiten, der Großtheorien geklärt. Ich schließe das ab und springe zuletzt in die Gegenwart.

VII. Ein prominenter neuerer Zugriff und zwei prominente ältere

1. Schmoeckel 2008

Inzwischen gibt es ein interessantes Fazit zum Problem und seinen Risiken und Chancen. Es ist sehr salomonisch und lautet: Es sei „eine dezidiert historische Betrachtungsweise gewählt, die es einstweilen offen lässt, ob jeweils der Wirtschaft oder dem Recht die wegweisende Stellung zukam" – also Historie *einstweilen* ohne Zurechnung und ohne Kausalitäten. Die Zusammenhänge bleiben offen, der Weg wird geschildert, die Wegweisung bleibt ohne Subjekt. So verschwinden einige schwierige Probleme. Das ist keine Kritik, sondern einfach eine Bilanz zum Forschungsstand und zur Literatur. Denn die Passage stammt von Mathias Schmoeckel.[66] Seine *Rechtsgeschichte der Wirtschaft seit dem 19. Jahrhundert* von 2008 ist das umfassendste und fast ganz alleinstehende Werk zum Thema Recht und Wirtschaft.[67] Damit werden natürlich eine Reihe

66 *Schmoeckel*, Rechtsgeschichte der Wirtschaft (o. Fn. 24), S. 17.

67 Vgl. nur dort die Angaben S. 15 Fn. zur Literatur.

von Monographien, die an konkreten Themen Fragen zu Recht und Wirtschaft aufnehmen, keineswegs missachtet.[68] Schmoeckels Darstellung interessiert hier als zusammenfassende Pionierarbeit, die sich genau das Thema Recht und Wirtschaft zur geschichtlichen Aufgabe machte, da es heißt: „Ganz allgemein könnte man als Thema des Lehrbuchs das Verhältnis von Recht und Wirtschaft in seiner historischen Entwicklung bestimmen".[69] Und doch ist gerade hier das Verhältnis lediglich bestimmt als Wechselwirkung ohne Wegweisung, mal wirkt Recht, mal wirkt Wirtschaft – so ist es wahrscheinlich tatsächlich. So gesehen und geschildert landet man aber doch in einem anderen Risiko. Der historische Prozess zerfällt damit in Episoden, für die sich kaum noch Allgemeineres und Übergreifendes an Zusammenhängen ermitteln lässt. Man kann und sollte aber doch gewiss noch fragen, *Warum* mal so, *warum* mal so? Mit welchen Zielen? Unter welchen Bedingungen? Und man könnte hoffen, auf diese Art und Weise zwar nicht rein objektive und universale, aber doch empirisch haltbare allgemeinere Zusammenhänge und Zurechnungen bestimmen zu können. Auch dafür gibt es ein klassisches Beispiel:

2. Montesquieu 1748

Der zum Forscher gewordene Jurist und Baron *Montesquieu* war 1748 in seinem berühmten Werk *De l'esprit des lois* mutig. Er nahm sich vor: „Alle diese Beziehungen will ich untersuchen: sie alle zusammen bilden den Geist der Gesetze".[70] Alle Beziehungen, das hieß: die zum Volk, zur Regierungsform, zur Natur des Landes, zu seinem Klima und Boden, zur Lage, Größe, Lebensweise, dem Grad von Freiheit, der Religion, den Neigungen der Menschen, ihrem Reichtum, ihrer Zahl, ihrem Handel, ihren Sitten und Gebräuchen usw. Entscheidenden Einfluss auf die Gesetze schrieb er den Regierungsformen zu.[71] Die anderen Beziehungen waren für ihn speziellerer Art. Aber seine Folgerung ist nicht monistisch

---

68 Man sieht das nicht immer den Titeln dieser Arbeiten an, z.B. der grundlegenden Untersuchung von *Anja Amend-Traut*, Wechselverbindlichkeiten vor dem Reichskammergericht. Praktiziertes Zivilrecht in der frühen Neuzeit, 2009, vgl. dort die Abschnitte zum wirtschaftshistorischen Gesamtkontext (S. 105 ff.) und zum Wechsel in der Rechtswirklichkeit des Alten Reichs (S. 410 f), oder einfach den 1. Satz: „Der Wechsel nimmt in der wirtschaftlichen Entwicklung des alten Reiches eine zentrale Rolle ein." Eine Bibliografie zu Recht und Wirtschaft historisch fehlt.

69 *Schmoeckel*, Rechtsgeschichte der Wirtschaft (o. Fn. 24), Rn. 15.

70 Nach der Übersetzung von *Ernst Forsthoff*: Charles Louis de Secondat de Montesquieu, Vom Geist der Gesetze, 1951, Bd. 1 S. 16 (Buch 1, Kap. 3 am Ende).

71 Ibidem, S. 17.

im Sinne einer Großtheorie. Nachdem er die Prinzipien seiner drei Regierungsformen ermittelt hat, erklärt er ausdrücklich: „Das bedeutet aber nicht, daß man in jeder Republik tugendhaft ist, sondern nur daß man es sein sollte. Ebenso wenig wird damit bewiesen, daß man in jeder Monarchie Ehre und in jedem einzelnen despotischen Staat Furcht habe, sondern daß man sie haben müsste, weil sonst die Regierung unvollkommen wäre."[72] Er trennte also genau seine verallgemeinernde Phänomenologie von den empirischen Fällen und behauptete keine durchgehende reale Beziehung. Auch im berühmten 14. Buch *Von den Gesetzen in ihrer Beziehung zur Natur des Klimas* widmete er sich nur den konkreten Beziehungen je nach Ort und Zeit und überprüfte den Klimafaktor als Hypothese: „Wenn es wahr ist, daß der Charakter des Geistes und die Leidenschaft des Herzens in den verschiedenen Klimaten außerordentlich verschieden sind, dann müssen die *Gesetze* auf die Unterschiedlichkeit dieser Charaktere Bezug haben."[73] Er ging jeweils von Wechselbeziehungen aus und entwickelte daraus eine politiktheoretische Empfehlung. In seinem 20. Buch *Von den Gesetzen in ihrer Beziehung zum Handel* untersuchte er einerseits die Wirkungen des Handels auf Sitten und Recht, andererseits auch die Beziehung des Handels zur Staatsverfassung (im 4. Kap.). Und er bemerkte auch schon den institutionellen Aspekt: „Die größere Sicherheit des Eigentums, die man in der Republik zu haben glaubt, stärkt den Unternehmensgeist, und weil man sich des Erworbenen sicher fühlt, wagt man es als Einsatz für weiteren Gewinn."[74] Vieles im *Esprit* mag uns heute nicht überzeugen, aber methodisch beeindruckt das Buch immer noch. Es sind empirisch gehaltvolle Versuche, zu bestimmten überschaubaren Fragen kausale Zurechnungen herzustellen und daraus übergreifende Einsichten und Empfehlungen zu ziehen, ebenso fern von bloßer Schilderung und Datenhäufung wie von geschichtsphilosophischen Allgemeinbehauptungen.

3. Max Weber, Idealtypen und Universalgeschichte

Um Missverständnisse zu vermeiden: Nicht hierher gehört das Webersche Konzept der Idealtypen. Damit sind bewusst konstruierte gedankliche Hilfsmittel gemeint, mit denen man die realen Phänomene präziser ordnen und bestimmen kann, ohne ihnen eine solche Ordnung als real existierend und prägend zu unterstellen. Es sind Werkzeuge wissenschaftlicher Ordnung, nicht abstrahierte Abbildungen der Wirklichkeit. So kann man mit Gewinn die antike Stadt von

72 Ibidem, im Rückblick, S. 46 (Buch 3 Kap. 11).
73 Ibidem, S. 310 (Buch 14, Kap. 1, erster Satz).
74 Ibidem, Bd. 2, S. 6 (Buch 20 Kap. 4).

der mittelalterlichen und der modernen unterscheiden, oder das gebundene Privatrecht des Ancien Régime vom grundsätzlich freien Recht der liberalen Phase und vom frei-sozialen Recht der sozialen Phase, usw. Zugleich war aber Max Weber in der Lage, geradezu virtuos vergleichend eine Fülle von gehaltvollen Kausalskizzen zu Wirtschaft und Recht und Recht und Wirtschaft zu liefern. Dafür steht seine immerhin in Vorlesungsnachschriften zum Winter 1919/20 überlieferte, sorgfältig zusammengestellte und 1923 gedruckte *Wirtschaftsgeschichte*, mit dem gehaltvolleren Untertitel *Abriss der universalen Sozial- und Wirtschaftsgeschichte*.

VIII. Bilanz

Das Forschungsfeld Recht und Wirtschaft habe ich nach den Phänomenen, den möglichen und den wie ich meine plausiblen Typen in der Zeit und etlichen Theoriezugriffen geschildert. Was sind nun die Chancen und Risiken in diesem Forschungsfeld?

Die Risiken liegen in den beschriebenen Großtheorien. So beliebt sie sind, schaffen sie doch die Illusion einer Allerklärung, obwohl sie eigentlich gar nichts erklären, sondern nur eine bestimmte Erklärungsweise betreiben. Deren Zusammenhang mit bestimmter Empirie und konkreter Geschichte bleibt aber meist undeutlich. Immerhin bieten die Theorien von Adolph Wagner und in der Institutionenökonomie dank ihrer umfänglichen empirischen Sättigung deutlich mehr als nur allgemeine Zusammenhangsbehauptungen.

Das führt zugleich zu den Chancen. Sie liegen nicht im noch so anschaulichen empirisch-deskriptiven Schildern, so aufschlussreich und unterhaltsam das sein kann. Man braucht auch nicht die alte wissenschaftstheoretische Positivismuskritik aufzunehmen und sich Fliegenbeinzählerei vorhalten zu lassen, wenn man auf Großtheorien verzichten will. Immerhin können solche Theorien sehr anregende Ideen für konkretere Hypothesen liefern. Denn es geht vor allem darum, auch übergreifende Erklärungszusammenhänge zu erforschen und zu benennen. Geschichte lässt sich dann aus Gründen verstehen, zwar nicht aus dem einen großen Grund, der sie wie ein erster Beweger in der Philosophie bewegt. Aber sehr wohl aus Gründen mittlerer Abstraktionshöhe, die uns Verständniszusammenhänge eröffnen. Das können sehr verschiedene Zusammenhänge sein, kausale, genetische, teleologische, konditionale – jeder konkret gezeigte Grund enthält eine Erklärung und führt so über die bloßen Fakten hinaus.

Geschichte möchte auch gerne Kontinuitäten oder eben Brüche zeigen. Sie interessieren als belegbare Erfahrungen und Orientierungshilfe auch noch in der

Gegenwart. Zum Beispiel: Wenn man gute Gründe ermitteln kann, warum es in der ständischen Gesellschaft für die unteren Schichten kaum ökonomische und soziale Chancen gab, kann man diese Hindernisse erkennen und auch unter heutigen Umständen Refeudalisierungen vermeiden. Wenn man gute Gründe ermitteln kann, warum die freisetzenden Mobilisierungen des 19. Jahrhunderts trotz aller Opfer einen unglaublichen Wohlstandsfortschritt gebracht haben, kann man diese Bedingungen erkennen und aufrechterhalten. Wenn Montesquieu seine Phänomene richtig gesehen hat, lassen sich daraus in der Tat nützliche Empfehlungen ableiten. Für solche Erkenntnisse braucht man gerade keine Großtheorien, keine Entwicklungsgeschichte oder Ideengeschichte und dergleichen, sondern konkrete Zurechnungszusammenhänge in mühsamer historischer Kleinarbeit.

Hilfreich dafür kann das Konzept der juristischen Problemgeschichte sein.[75] Sie ermöglicht es, etwa das Problem der Risikotragung im Dienst- und Arbeitsvertrag zurückzuverfolgen bis in die Digesten, wo es ebenfalls schon gestellt wird: Muss der Lohn gezahlt werden, wenn Arbeit nicht möglich ist? Etwas Ähnliches wie die heute so genannte Sphären- oder konkreter Betriebsrisikolösung steht bereits in den Digesten und kehrt immer wieder bis in unsere Zeit. Bei den Lösungen gibt es freilich je nach den historischen Umständen erhebliche Varianten. Teils werden privilegierte Personen noch einmal privilegiert durch Lohnerhalt, teils gibt es eine Art Caritas ohne Rechtspflicht, teils heißt es, ohne Arbeit kein Lohn, teils erscheint der Lohn als Unterhaltssumme, die aus Gemeinwohlgründen erhalten bleiben soll, usw.[76] Ein zweites Beispiel ist die Geschichte des Leistungsstörungsrechts und insbesondere der Unmöglichkeitsdoktrin. Hier hängt sehr viel davon ab, ob es Naturalerfüllungsklagen bzw. *specific performance* gibt oder nicht. Gibt es keine Naturalerfüllung, dann ist die Figur der Unmöglichkeit als Einwand gegen eine Erfüllungsklage juristisch überflüssig, da es nur um Geldersatz geht. Der Prozesszusammenhang muss hier also sehr beachtet werden.[77]

---

75 Dazu kurz die Herausgeber im Vorwort zum HKK (o. Fn. 8), Bd. 1, 2003, S. VI, und näher *Joachim Rückert*, Die Regelungsprobleme und Lösungen seit Rom im Überblick, in HKK (o. Fn. 8), Bd. III/1, 2013, vor § 611 Rn. 10 f., S. 711 f., mit weiteren Nachweisen; zum Konzept näher *ders.* in: Privatrechtsgeschichte der Neuzeit: Genese und Zukunft eines Faches?, in: Okko Behrends/Eva Schumann (Hg.), Franz Wieacker. Historiker des modernen Privatrechts, 2010, S. 113–117 (75–118).

76 Zu alledem ausführlich *Joachim Rückert*, Vergütung bei Annahmeverzug und Betriebsrisiko, in HKK (o. Fn. 8), Bd. III/1, 2013, § 615.

77 Zu diesem Beispiel *Rückert*, Leistungsstörungen (o. Fn. 15).

Von hohem Interesse ist es nun, den Bedingungen nachzugehen, die bei einem stets ähnlichen Problem zu diesen Varianten der Lösungen führen. Auf diese Weise lassen sich dann Kontinuitäten und Brüche erkennen und die juristische Lösung tritt in Beziehung zu den Umgebungsfaktoren. Es ist klar, dass dies eine aufwändige Arbeit ist, da sie deutlich über das dogmengeschichtliche Fundament hinausgehen muss. Aber der Ertrag ist in mehrfacher Hinsicht spannend, als historische Erklärung, als sachliche Orientierung, als juristische Aufklärung über die Probleme, die Lösungen und ihre Bedingungen, die Begriffe und ihre Folgen, und zuletzt über Kontinuitäten und zugleich Unterschiede.[78]

78 Vgl. ausführlich zum hier gewählten Beispiel *Rückert*, Vergütung (o. Fn. 76); zum Konzept näher: *Rückert*, in: Behrends/ Schumann, Franz Wieacker (o. Fn. 75), S. 113–117.

Anton Rudokvas

The Social and Economic Consequences of Possessory Remedies in Imperial Russia

Abstract: The Judicial Statutes of 1864 introduced, in Imperial Russia, a special claim in the jurisdiction of the Justice of the Peace for the restitution of previous possession after its spoliation. This granting of legal protection to anybody who was in possession regardless of the presence of a legal title often resulted in effective spoliation of someone else's property by means of the possessory remedies, because a standard practice was lacking in regard of the understanding of the concept of possession in its practical application, and in many other aspects. The situation provoked a huge increase in the number of crimes of violence, and was seriously harmful for the national economy in the Russian Empire. This bad experience explains why the majority of judges in Imperial Russia resisted the incorporation of possessory remedies in the Draft of the Civil Code of the Russian Empire, which finally failed due to the Revolution of 1917. Probably it was one of the practical reasons why in the Soviet period the possessory remedies were substituted by the application of the rule *qui possidet dominus esse presumitur* for the *rei vindicatio*. The existing Civil Code of the Russian Federation knew only a petitory remedy comparable with the *actio in rem Publiciana* of Roman law as a partial functional substitute for the possessory remedies. The recent new attempt to implement possessory remedies in the Russian Civil Code during the second wave of the post-Communist recodification failed above all because many Russian lawyers are afraid to see those negative practical consequences of the application of the possessory remedies that the Russian Empire had seen.

Keywords: possession, possessory remedies, Imperial Russia, Flor Pavlovich Budkevich

I. Introduction

The main goal of the present text is to observe the negative features of possessory remedies under the legislation of Imperial Russia. The specific character of possessory remedies, which granted legal protection to anybody who was in possession regardless of the presence of a legal title, had serious defects in the legal construction of acquisitive prescription under Russian law. Such a combination often resulted in the application of possessory remedies for the effective spoliation of someone else's property. The situation provoked a huge increase in the number of crimes of violence and damages to the national economy in the Russian Empire.[1]

II. Possessory remedies in the legislation and jurisprudence of Imperial Russia

Despite the presence of some traces of possessory remedies in ancient Russian law, it is generally recognised that a strict distinction between possessory remedies and petitory action (droitural action) had been provided under the legislation of the Russian Empire only from the first half of the 19th century, even if for the first time the protection of possession as such had been granted by the Statute of Provinces of 1775 based on the model of the Lithuanian Statute, which in its turn ascended to the correspondent institution of the Roman law.

The Imperial Senate's decrees of the 1820 and 1823 provided that the local police courts should investigate cases of violent spoliation of possession of manors at the initiative of the victim of such spoliation. Article 531 of Volume X of the Statute Book (*Svod Zakonov*), which was deemed to be an incorporation of old Russian laws and was promulgated in 1832, provided that every possession, including illegal possession, should be protected against violence and arbitrariness unless awarded to another person and the necessary orders under due process of law given. So factual possession had been protected independently of the right of ownership.

Local police courts should restore previous possession without taking into consideration proofs of title, which were to be discussed only in the civil courts as civil evidence of title. The provision under discussion reflected the police remedy, which was an effective administrative method of protection of possession comparable with the *interdictum* of the *praetor* in classical Roman law. It existed along with the self-defence of possession.

However, only the Judicial Statutes of 1864 introduced a special claim in the civil courts for the restitution of previous possession after its spoliation. Jurisdiction over disputes of this kind belonged to the Justice of the Peace. But upon expiry of the six months term the possessory claim transformed into a petitory one and could be brought only in the circuit court of the general jurisdiction.

---

1 *Anton Rudokvas*, "Labour-ownership" contra abstraktes Eigentum; acquisitive prescription in the legal consciousness of the pre-revolutionary Russian peasantry in: Zoran Pokrovac (ed.), Rechtsprechung in Osteuropa. Studien zum 19. und 20. Jahrhundert, 2012, pp. 455–474; *idem*, The Alien. Acquisitive Prescription in the Judicial Practice of Imperial Russia in the XIXth Century, Rechtsgeschichte 8 (2006), pp. 59–69.

A famous Russian academic lawyer called Alexej Guliayev, who was a university professor and a judge of the Supreme Judicial Instance of the Empire (the Civil Department of Cassation of the Governing Senate of the Russian Empire) noted on the subject: "The general character of the possessory remedies and the historical origins of the possessory claim in our law lead to the view that the possessory remedies seem unthinkable beyond the six-month term because the protection of possession as a fact is unallowable beyond the six months, after the expiration of which one should get the aim of the possessory claim already on the grounds of his title, and not of the fact, and that is why the *possessorium* transforms in itself in the *petitorium* for which the competent court shall be the circuit court of the general jurisdiction".[2]

In order to explain his position the same author stated that: "If it is assumed that the possession is a manifestation of title it should be presumed also that the new possession in which the invasion of the previous possession resulted is also a manifestation of title and it is the previous possessor who has to prove his title and not the defendant for whom stands his visible actual possession when the limitation of the possessory action provided by law is expired".[3]

Huge discussions took place on bringing the protection of possession into correlation with the protection of ownership due to the obscurity and incompleteness of the statutory provisions. The doctrine and the jurisprudence of courts inspired by the French, German and other foreign experiences as applied to the interpretation of the domestic statutory provisions produced contradictory solutions on the subject of the permissibility of the possessory remedies for the restitution of the possession of moveables. In the position paper which accompanied the draft of the Judicial Statutes for its enactment the following was written:

> "The Justice of Peace ought to restrict himself to the restitution of property to the party in actual possession of which it was before the spoliation and without entering into discussion on the legal basis of the possession and whether movable or immovable property is concerned. That is why one ought to acknowledge that the protection of possession regardless of the right of ownership covers as movables as real estates".[4]

---

2 *Alexej Guliayev* [Алексей Гуляев], Русское гражданское право. Обзор действующего законодательства, кассационной практики Правительствующего Сената и Проекта Гражданского Уложения. Пособие к лекциям [Russian Civil Law. Overview of the Existing Legislation, The Jurisprudence of Cassation of the Governing Senate and of the Draft of the Civil Code. Manuel], 3rd ed., 1912, p. 127

3 Ibidem.

4 Cited after: *Gabriel Shershenevich* [Габриэль Шершеневич], Учебник русского гражданского права [Textbook of Russian Civil Law], after the 6th ed. 1907 reprinted 1995, p. 160.

Despite this opinion from the legislator, the jurisprudence of the Civil Department of Cassation of the Governing Senate disagreed with him and allowed possessory claims only as far as real estates were concerned.

A standard practice was lacking also in regard of the protection of a mere detention of property, of the admissibility of documents as written evidences of title against the possessory actions, of the understanding of the concept of possession in its practical application, and in some other aspects.

Finally, it was really disputable if the petitory plea could be effectively opposed as a point of defense against the possessory action and if the latter should be precluded by the limitation of actions.

In addition, jurisdiction over the subject matter of the possessory disputes belonged to the justices of the peace. On the other hand, the petitory action was in the exclusive jurisdiction of the district courts of the general jurisdiction. This sometimes led to contradictory decisions despite the basis of the both claims and the evidences provided to support them being identical.

III. The Attitude of the Russian Judiciary to Possessory Remedies and the Draft of the Imperial Civil Code

The majority of judges in Imperial Russia resisted the incorporation of possessory remedies in the Draft of the Civil Code of the Russian Empire (1905), which finally failed due to the Revolution of 1917. We can reveal the judiciary's negative attitude to the protection of possession as such from a special edition of the Drafting Committee for the Civil Code of the Russian Empire which was published in Saint Petersburg in 1891 under the title "Remarks on the Defects of the Civil Statutes Currently in Force". This volume contained the judiciary's opinions on those defects of the good law of the Empire which by the opinion of judges should be eliminated in course of drafting of the Imperial Civil Code.

Let us observe the judges' opinions on the subject.

> "According to a comment by a justice of the peace from the Rostov judicial district [the province of Jaroslavl] litigation concerning real estate were not under the jurisdiction of the justice of the peace unless they were claims for the restitution of possession, which are limited by the term of six months. But the adjudication of these cases doesn't provide the final resolution of the dispute, rather it means only a provisional measure aimed at the prevention of occupation of another person's property, the restoration of the possession, and its protection until the final resolution of the case under general jurisdiction. Thus, cases of this kind cannot be considered precluded by the decision of the justice of the peace. But even more than that, it often happens that the final decision of the court of general jurisdiction contradicts the decision of the justice of the peace. This observation shows that the judgments of the justice of the peace in relation to claims for the

> restitution of the infringed possession satisfy neither the claimants, nor the defendants and do not define their rights in regard of each other. In the meantime, in the majority of cases the occupied real estates that are objects of the litigation are of such little value that it is cumbersome for the litigants to initiate legal proceedings under the general jurisdiction over their occupation. On that subject, there are many small possessors in the cities and in other densely populated areas who are building on their plots and erecting fences around them, and separating themselves by ditches from the neighbours and while doing so they are often intruding into another person's land. In this way they provoke claims by neighbouring possessors against themselves, with the claims sometimes concerning very small parcels of land. Taking into consideration such frequent and inescapable conflicts on the one hand and the small value of most of the objects of claims on the other hand it would be more practical to preclude under the jurisdiction of the justice of the peace all the litigation resulting from the exercising of the right of ownership to the detriment of the neighbouring possessors without limitation of this action by the six-month period. But the amount of such a claim should not exceed the amount in a controversy generally allowed for the jurisdiction of the justice of the peace. In addition to this, the justice of the peace shall not adjudicate on cases only on the basis of the actual possession but should determine both parties' titles based on the deeds of purchase or other formal acts as the court of general jurisdiction does".[5]

Another judge believed it necessary to take into account the fact that in practice the application of the possessory claims under which the possession is to be restored without the preclusion of the case "can never cease the litigation but on the contrary it only escalates fighting which often leads the opponents to criminal offences, scuffles, arbitrariness, violence, etc. All this is happening because the parties are aiming to do as best they can without the court which is beyond the each of them. But if it be the adjudication of court handy they would obey it without objection." He proposed the same way to address the problem as his colleagues: 1) replace the possessory claim to the petitory claim which would preclude the case 2) put the petitory proceedings under the jurisdiction of the justice of the peace.[6]

These proposals were supported by the President of the Belevsk district appeals instance of the justice of the peace. Furthermore the president added that in his own practice he sometimes came across possessory claims aimed exclusively

---

5 Alexandr Gogev [Александр Гожев] (ed.), Замечания о недостатках действующих гражданских законов. Издание редакционной комиссии по составлению проекта Гражданского Уложения [Remarks on the Defects of the Civil Statutes Currently in Force. Edition of the Drafting Committee of the Civil Code], 1891, pp. 286 sq.

6 Remarks on the Defects of the Civil Statutes (supra fn. 5), pp 287 sq.

at creating a nuisance for the owner as the defendant.[7] Other representatives of the judiciary of pre-revolutionary Russia had the same opinion.

Only one district appeals instance of the justice of the peace in Krasnoslobodskij expressed a positive view in regard of the possessory remedies, although this took place in a very doubtful context because the judges wrote that: "In the litigations of such kind the witnesses of both parties are deposing the absolutely contrary. For this reason, the justice of the peace often has to solve a case by voting his conscience and therefore such judgment is not always a sound decision. That is why this extremely useful and necessary legal provision dwindles and is not applied in the cases which it is destined for because of the impossibility of bringing a suit of little value to the district court of the general jurisdiction".[8]

The most prominent attack against the idea of the protection of possession in the drafted Imperial Civil Code was undertaken by the honorary judge Flor Pavlovich Budkevich. Budkevich lived his life as a judge in the Kingdom of Poland, which formed part of the Russian Empire. Referring to his own expertise as a judge with thousands of judgments on civil litigations, Budkevich insisted on the necessity of excluding possessory remedies from codified Imperial law. He reflected his view on the subject in a special book under the title "New Theory of Possession", in which he proposed a doctrinal alternative to the protection of possession. The book was published in Warsaw in 1895. While arguing in it against the theory of possession of Rudolf von Jhering, who was considered an authority by the champions of possessory remedies in the Russian doctrine, Budkevich aimed at the dethronement of Jhering's theory in order to substitute his own. Here he wrote: "It is erroneous, the belief of professor Jhering, that it is impossible to require from the claimant in the possessory remedies to prove his title. It is erroneous because it is very easy to demonstrate such proofs, and it is much easier to prove the claim by documents than by the testimonial evidences. And it is not to mention that the testimonial evidences are imperfect by their nature and are always inferior to the documentation in accuracy. After all it is enough to present the deed of purchase, or the mortgage deed, or another document of title or even a hardcopy of one of such documents to prove the existing title by the documentation. Can it be so difficult?"[9]

To develop the idea in its practical application Budkevich then drafted his own Private Draft of the Civil Code for the Russian Empire and published it

7 Ibidem, p. 288.

8 Ibidem, p. 289.

9 *Flor Budkevich* [Флор Будкевич], Новая теория владения [New Theory of Possession], 1895, p. 38.

in Warsaw in 1901.[10] He proclaimed that his main stimulus for the creation of this draft had been his aspiration to block the implementation of the possessory remedies in the codified Imperial civil law, and that he had been willing to demonstrate the possibility of the modern civil code deprived of the protection of possession as such, which he considered to be a doctrinal misunderstanding resulting in negative consequences. However, this alternative draft was not taken seriously by the Governmental Drafting Committee despite Budkevich trying to promote his ideas and supporting them by developing a serious theoretical background over the course of many years both before and after the year 1901.[11]

Inter alia Budkevich applied directly to the Minister of Justice with a memorandum dedicated to the same topic.[12] He asked the Minister "to bring the position paper to the bottom of the throne of the Landlord of Russia", i.e. the Tsar. But the minister ignored his pleas. Therefore, Budkevich finally decided to appeal to the general public. Therefore, in Warsaw in 1908 he published a public memorandum under the title "The Legislative Error and its Consequences. The Only Way to Correct the Error". When describing the situation of possessory remedies Budkevich wrote: "There exists a greatest error in the Judicial Statutes of 1864 which did enormous harm to the core of the country and to its borderlands [...] This error has provoked artificially hundreds of thousands of crimes and

10 *Flor Budkevich* [Флор Будкевич], Частный проект гражданского уложения Российской Империи (с объяснительной запиской и приложениями) [Private Draft of the Civil Code of the Russian Empire (With the Position Paper and Addendum)], 1901.

11 See: *Flor Budkevich* [Флор Будкевич], Новая система гражданского права [New System of Civil Law], 1897; *idem*, Новая система гражданского права и план гражданского уложения. Проект изменений в процессуальном праве [New System of Civil Law and An Outline of Contents of the Civil Code], 1898; *idem*, Гражданское уложение. Система и план кодификации законов [Civil Code. The System and An Outline of Contents of the Codification], 1905; *idem*, Записка о проекте Гражданского уложения и кодификации законов Ф. П. Будкевича. Представляется в Совет министров, министрам, главноуправляющим, Кавказскому наместнику и генерал-губернаторам, в Государственную Думу и Государственный Совет [Memorandum on the Draft of Civil Code and the Codification of F. P. Budkevich. Presented to the Council of Ministers, Ministers, Supreme Administers, Vicarious Ruler of Caucasus and governor-generals, State Duma and State Council], 1906.

12 *Flor Budkevich* [Флор Будкевич], Записка Ф. П. Будкевича о необходимых изменениях в гражданском праве и судопроизводстве на основании новой теории владения [Memorandum of F. P. Budkevich on Necessary Changes in Civil Law and Legal Procedure on the Grounds of the New Theory of Possession], 1896.

misdemeanours including burnings and murders, inflicted losses calculated in billions, and is continuing to inflict them".[13] Then Budkevich noted: "Those thoughtful judges who had to deal with the so called claims for the restitution of the infringed possession know very well the extremely harmful consequences of the restitution of any previous actual possession of property and the groundlessness or – to put it more precisely – inanity of the reason by which it is required to restore the previous possession not in view of the title which the possessor has to the property which he is bereaved of, and not in view of the lack of such title with the invader, but only because the first one had the property in his actual possession".[14]

In the conclusion to his public announcement Budkevich proclaimed that: "The given error should be corrected immediately because it has already provoked hundreds of thousands of crimes and misdemeanours and inflicted losses calculated in billions to the possessors and usufructuaries (the so called treasury alone, that is the state, suffered losses calculated in hundreds of millions because of the occupation of the oil fields in the outskirts of the city of Baku)".[15] Repeating again his proposal to eliminate the possessory remedies from the law Budkevich insisted that there was no other way to correct the error except what he proposed.

IV. Conclusion

Despite the almost unanimous opposition of the judiciary to the concept of possessory remedies, Budkevich and like-minded people ultimately failed to get the Governmental Drafting Committee round to their way of thinking. Only the Russian Revolution of 1917 put an end to the existence of the possessory remedies in the Russian civil law. The negative practical experience of the application of the possessory remedies in pre-revolutionary Russia resulted in their abandonment during the Soviet period, when possessory remedies were substituted by the application of the rule *qui possidet dominus esse presumitur* for the *rei vindicatio*.[16]

13 *Flor Budkevich* [Флор Будкевич], Законодательная ошибка и ее следствия. Единственный способ исправления ошибки [The Legislative Error and its Consequences. The Only Way to Correct the Error], 1908, p. 10; See also: *Flor Budkevich*, Законодательная ошибка [The Legislative Error], 1902.

14 *Budkevich*, The Legislative Error and its Consequences (supra fn. 13), p. 13.

15 Ibidem, p. 45

16 *Anatolij Venediktov*, La proprietà socialista dello Stato. Traduzione italiana di Vera Dridso e Rodolfo Sacco, 1953, pp. 381–409.

The existing Civil Code of the Russian Federation knew only a petitory remedy comparable with the *actio in rem Publiciana* of Roman law.[17] The recent new attempt to implement possessory remedies in the Russian Civil Code during the second wave of recodification failed because of the imperfection of the proposed draft as it related to possession and possessory remedies,[18] and because of the negative attitude of the majority of lawyers to this idea. The lawyers did not feel the need for possessory remedies in their practice and are also afraid to see again the negative practical consequences of the application of the possessory remedies that were seen in Imperial Russia.

17 See about it e.g. *Anton Rudokvas,* Azione Publiciana nel diritto civile russo vigente, Studia Universitatis Babes-Bolyai, series "Iurisprudentia", 2 (2007), pp. 211–214.

18 See about it e.g. *Anton Rudokvas*, Possession and Possessory Remedies in the Draft of Modifications to the Civil Code of Russian Federation in the Mirror of Jhering's Doctrine of Possession, Transformacje Prawa Prywatnego, 4 (2017), pp. 51–59; *idem*, L'animo possidere e l'animus possidendi come elemento del possesso, in: Letizia Vacca (ed.), Dai giuristi ai codici. Dai codicii al giuristi. Convegno ARISTEC. Roma 20 febbraio 2012, 2016, pp. 5–16.

Frank L. Schäfer

Codices Iuris Lubecensis: A Comparison of Mediaeval Manuscripts*

Abstract: Mediaeval Lübeck Law provided the legal framework for more than 100 cities at the shoreline and hinterland of the Baltic Sea, many of which belonged to the Hanseatic League. Lübeck Law was particularly detailed in private law, which had a very beneficial effect on its distribution in a commercial environment. The present study summarises all preserved legal manuscripts and all those lost in the past centuries. It compares the individual styles of handwriting in order to explain Lübeck Law as a phenomenon of a mediaeval mass production of legal texts. It is argued that the oldest generation of manuscripts in Latin was based only on an orally handed down version in Low German. This changed after the middle of the 13th century with the transition to German legal manuscripts. The Lübeck Chancery Codex, which started in 1282, gives evidence that the German legal manuscripts were based on a master code. However, in this context the term 'codex' does not mean a modern codification. The legal texts were not structured systematically, but chronologically. The scribes therefore added new legal provisions to the old legal provisions without fundamentally changing the existing body of law. This approach is more similar to a computer program that is continually supplemented during operation. Thus the making of mediaeval Lübeck Law differed fundamentally from present legislation.

Keywords: codification, Hamburg Law, Lübeck Law, mediaeval manuscript, Sachsenspiegel, town law

I. Introduction: The Role of Mediaeval Manuscripts

In the Middle Ages in Northern Europe, the Hanseatic League connected east and west, and north and south through the Baltic Sea area. Lübeck was the leading city of the league and also provided the legal framework for the Lübeck Law (German: *lübisches Recht*), the common town law governing urban life and trade. In the Middle Ages, Latin and later German manuscripts, the *codices iuris lubecensis*, were the medium for transferring the Lübeck Law to other cities. These manuscripts contained the core code of Lübeck Law, supplemented by

* My thanks go to Dr. Tiina Kala (City Archives of Tallinn) for important comments. – In principle, the historical city names are used for historical locations and the historical use of Lübeck Law. The present names are added at the first entry for better understanding. The present names are also used for the present location of the manuscripts.

decisions of the central Lübeck Council, which functioned as a court of appeal (*Oberhof*). A specific form of decision found expression in legal pronouncements (*Rechtsweisungen*), which were added to a few codes. The Lübeck Council had a twofold task: It was the lawmaker (with the help of its chancery) and also the highest court in matters of Lübeck Law.

The importance of mediaeval codes can hardly be overestimated. Even with the printing of the official revised edition of Lübeck Law in 1586, mediaeval Lübeck Law still remained in effect in some cities. Statutes for the Duchies of Holstein and Mecklenburg-Schwerin show that it was the mediaeval codes, not the Lübeck Law of 1586, which continued to serve as the binding legal source in modern times.[1]

More than one hundred cities around the Baltic Sea, from Tønder in the west to Narva in the east, received and adopted the Lübeck Law during the Middle Ages through the legal act of dedication (*Bewidmung*), whereas Magdeburg Law governed the interior parts of Central and Eastern Europe. There is no evidence that Lübeck as a 'mother city' transferred its town law to other cities (i.e. 'daughter cities') before the end of the 12th century. The validity of the testimony of 1188/89 regarding the granting of Lübeck Law to Hamburg-Neustadt is under dispute.[2] Even if Hamburg really had adopted the Lübeck Law later in the early 13th century, it quickly discarded it in favour of its own town law (the *Ordeelbook)* in 1270. Instead, the city of Rostock provides the earliest undisputed evidence of receiving Lübeck Law, in 1218.[3] Tønder in Northern Schleswig, Burg on the Isle of Fehmarn,[4] Lauenburg and many smaller cities in Holstein (for example Kiel, Oldenburg in Holstein and Segeberg), Wismar in Mecklenburg (in addition to Rostock) and Pomerania (for example Belgard an der Persante [Białogard], Greifswald, Kolberg [Kołobrzeg] and Stralsund) followed in the 13th and 14th centuries. If we look further northeast, only a few Prussian cities (for example

---

1 *Wilhelm Ebel*, Lübisches Recht, vol. 1, 1971, p. 196; see also *Frank L. Schäfer*, Das einheimische Privatrecht im Usus modernus der Kieler Spruchfakultät, in: idem/ Werner Schubert (Hg.), Justiz und Justizverfassung. Siebter Rechtshistorikertag im Ostseeraum, 3.-5. Mai 2012 Schleswig-Holstein, 2013, pp. 191 sq. (175–198).

2 *Rolf Hammel-Kiesow*, Der Kolberger Kodex und das lübische Recht im Ostseeraum, in: Peter Jancke (Hg.), Der Kolberger Kodex des Lübischen Rechts von 1297: das Kolberger Rechtsbuch, Faksimiledruck der verschollenen Handschrift mit hochdeutscher Übersetzung und Glossar, 2005, pp. 15 sq. (7–24).

3 Verein für Mecklenburgische Geschichte und Altertumskunde (Hg.), Mecklenburgisches Urkundenbuch, vol. 1, 1863, no. 244, pp. 229 sq.

4 In detail: *Schäfer*, in: idem/Schubert, Rechtshistorikertag (supra fn. 1), pp. 189–194.

Braunsberg [Braniewo], Elbing [Elbląg] and Memel [Klaipėda]) and cities or settlements on the territory of the present Estonia (Reval [Tallinn], Wesenberg [Rakvere], Narva) received or adopted the Lübeck Law. Lübeck Law was also used in the Hanseatic counting houses (*Hansekontoren*) and its influence can be seen in the town laws in Scandinavia. However, nearly all Hanseatic metropolises like Danzig [Gdańsk], Hamburg (as previously mentioned) and Riga preferred a different legal regime in the longer term or did not adopt Lübeck Law at all.

Legal historical literature still lacks an updated summary of the known manuscripts,[5] as well as a reassessment of the making of these manuscripts as a 'running code'. An updated comparison of the Latin and German manuscripts is also missing. The following study tries to provide a consolidated and complete list of the known manuscripts and attempts to address some of these issues.

II. Repertory of Mediaeval Manuscripts

1. Overview

Today, we can only assume how many manuscripts of Lübeck Law the mediaeval writers produced. The old manuscript catalogue of the city archives in Lübeck documents at least 13 codes, including various copies of editions published in the 18th century.[6] A detailed study for Elbing counts at least twelve manuscripts from 1240 to the 16th century.[7] We therefore have to assume that other cities, which had adopted Lübeck Law, also owned several of these manuscripts. Since there may have been more manuscripts in the hands of Hanseatic merchants, the number is likely to have been in the hundreds. Most of them were deliberately discarded or got lost after Lübeck issued the reformed code of 1586.

---

5 See *Ebel*, Recht (supra fn. 1), pp. 194–216 (from 1971); *Bernhard Am Ende*, Studien zur Verfassungsgeschichte Lübecks im 12. und 13. Jahrhundert, 1975, pp. 44–88; in addition: *Angelika Lampen*, art. "Lübisches Recht", in: Burghardt Wachinger et al. (Hg.), Die deutsche Literatur des Mittelalters: Verfasserlexikon, vol. 11, 2004, cols. 932–934 (incomplete and with errors); for the 18th century, *Johann Carl Henrich Dreyer*, Einleitung zur Kenntniß der im Geist – Bürgerlichen – Gerichts – Handlungs – Policey – und Kammer-Sachen von E. Hochw. Rath der Reichsstadt Lübeck von Zeit zu Zeit ergangenem allgemeinen Verordnungen, Mandaten, Normalien, Decreten, 1769, pp. 227–241; for the 19th century: *Johann Friedrich Hach*, Das alte Lübische Recht, 1839.

6 City Archives Lübeck, sig. Rep. 81 – Handschriften. In addition, the city archives preserve facsimile reproductions of some lost manuscripts.

7 *Edward Carstenn*, Die Elbinger Handschriften des Lübischen Rechts, Zeitschrift des Westpreußischen Geschichtsvereins 72 (1935), pp. 139–183.

Our present knowledge of the surviving mediaeval manuscripts dates back to the 18th century, during which time Johann Carl Henrich Dreyer (1723–1802), professor at Kiel University and later municipal legal adviser in Lübeck, tried to document some of the known codes. Despite his merits, however, Dreyer used the manuscripts to gain membership in academic societies, which had disastrous consequences. He 'donated' the Danzig Codex to the University Library in Göttingen,[8] the Kiel Codex to the Royal Library in Copenhagen and moved the Chancery Codex from Lübeck to Kiel in exchange for the Kiel Codex.[9] The Second World War caused more relocations and – sadly – many losses. After the allied bomb raid on Lübeck in March 1942, the authorities evacuated the mediaeval Lübeck manuscripts to the salt mines at Bernburg and only left behind later copies from the early modern period. This decision proved to be counterproductive because unidentified people presumably stole the manuscripts in 1945/46, leaving behind the less valuable copies. The Chancery Codex and the Kolberg Codex disappeared as well.

Thanks to fortunate circumstances, the Chancery Codex made its way back to Kiel from Armenia after the end of the Soviet Union. The losses from Lübeck itself were partially recovered. Three less important codes from the 15th and 16th centuries resurfaced in the Moscow State Library, which kindly provided digital images for this study. The most precious manuscript, the Codex Bardewik, was recently found in the Russian city of Yuryevets, Ivanovo Oblast. In summary, more than 40 complete codes and fragments survived the 20th century. These manuscripts have enabled historians and legal historians to not only create editions of specific manuscripts but also summarise the differences between them. Furthermore, they have even tried to compile eclectic editions of the Latin codes.[10] As we will see later, such attempts to distil the 'original' text of the Lübeck Law are very doubtful.

The following repertory arranges the manuscripts by year of origin, city of dedication of the Lübeck Law, the recognised name of the manuscript in parentheses, present location, signature/shelf mark, description and editions. The list includes all known, still accessible mediaeval manuscripts up to the end of the

---

8 *Friedrich Ebel/Renate Schelling*, Das lateinische lübische Recht in der schlesisch-polnischen Fassung des 13. Jahrhunderts, Zeitschrift der Savigny-Stiftung für Rechtsgeschichte, Germanistische Abteilung (ZRG GA) 110 (1993), p. 95 (93–148).

9 *Ahasver von Brandt*, Art. "Dreyer, Carl Henrich", in: Neue Deutsche Biographie, vol. 4, 1959, p. 123.

10 *Am Ende*, Verfassungsgeschichte (supra fn. 5), pp. 52, 229–233; *Ebel/Schelling*, ZRG GA 110 (1993), pp. 112–148, on the basis of the Cracow Code of 1308.

15th century and those that existed at least up to the 18th century, which was when legal historians started to analyse the mediaeval manuscripts. The repertory has two limitations: First, it does not include manuscripts after 1500, although some of them like the Kiel fragment,[11] the Segeberg Codex of 1532,[12] early prints[13] and the "Brokes Primus Codex"[14] also document mediaeval law or translate the Latin codes into German. Second, it focuses on either 'pure' Lübeck Law manuscripts or manuscripts containing Lübeck Law and other separate legal sources (for example Hamburg Law; see the German codex in Göttingen). The repertory does not include codes consisting of a mixed sequence of articles of Lübeck Law and Hamburg Law since this type of code leads directly to the reformed Lübeck Law of 1586. Examples of such mixed codes contained in the prints or manuscripts are:

1. The "Brokes Alter Codex" and "Brokes Tertius Codex" in a print from the 18th century with 314 and 400 artt.[15]
2. Hamburg State Archives, Germany, sig. Hs.-Slg. 507, dated 1454, 282 artt.[16]
3. Lübeck City Library, various manuscripts, sig. Ms. Lub. 4° 588 sqq.
4. State Library Moscow, Russia, sig. Fonds 218, No. 953–1, ex City Archives Lübeck, sig. Hs 741: „Codex des Lübischen Rechts, in 350 artt. Quart. Handschrift des 15t. Jahrhunderts (Hach S. 136). 1942 ausgelagert".[17]
5. State Archives Toruń, Poland, sig. Rkps II, VIII 71, pp. 1–207 Lübeck Law with 354 artt., pp. 207–213 additions, also pp. 287–311 *index articulorum*

11 See *Am Ende*, Verfassungsgeschichte (supra fn. 5), p. 51.

12 *Friedrich Detlef Carl von Cronhelm*, Corpus statutorum provincialium Holsatiae, 1750, pp. 1–88.

13 1. [Without editor's name] Commune incliti Polonie Regni privilegium constitutionum et indultuum publicitus decretorum approbatorumque [Łaski's Statute(s)], printer Johann Haller, Cracow 1506. The print was the first codification in the Kingdom of Poland, named for Polish Grand Chancellor Jan Łaski; 2. Dat Recht der Stadt Lubeke, printer Dietz, Rostock 1509.

14 *Brokes*, Selectae observationes forenses, 1765, appendix, pp. 1–24; manuscript formerly at City Archives Lübeck, Germany, sig. 743, 213 artt., catalogue entry "Dath Lubsche rechte … 1533, Hach S. 80 ff. 1942 ausgelagert".

15 *Brokes*, Observationes (supra fn. 14), pp. 40–78, 79–121 (editions); in detail: *Hach*, Recht (supra fn. 5), pp. 124–142.

16 *Am Ende*, Verfassungsgeschichte (supra fn. 5), p. 50; *Ebel*, Recht (supra fn. 1), pp. 200, 210; http://www.handschriftencensus.de/9829.

17 *Hach*, Recht (supra fn. 5), pp. 136 sq.; http://www.handschriftencensus.de/17551.

juris lubecensis, pp. 313–587 Lübeck Law, extract from Elbing law, pp. 589–593 index.[18]

6. Herzog August Library Wolfenbüttel, Germany, sig. Cod. 684 Helmst, dated 15th century, 343 artt.[19]

The mixed codes share a common feature: Whereas the authentic Lübeck codes stack up less than 260 articles, the said codes easily exceed 300 articles, since they mix legal provisions from two sources. The Elbing code in the State Archives Gdańsk, Poland, sig. 369, 1/4 is no exception, although it only contains Lübeck Law, but counts the articles to no. 313 nevertheless. This code just continues the counting after the last authentic article and adds legal pronouncements for Elbing.

2. Complete Latin Manuscripts

There are 14 complete or nearly complete manuscripts in Latin from the year 1243 to the end of the 15th century at various locations. Several editions and mediaeval translations into Middle German are available.

1. 1243, Tønder: Royal Library Copenhagen, Denmark, sig. Thott 2061 4°, 19 fols., custom roll (toll regulation) plus 90 additional artt. on Lübeck Law (together 104 artt.) fully preserved, missing from end of art. 91 on, modern edition available, missing artt. supplemented with copy sig. Thott 591 8° at the Royal Library Copenhagen, Denmark;[20] also German translation from 16th century published.[21] Ernst Joachim Westphalen (1700–1759) prepared another edition in the 18th century, possibly using not the original manuscript, but the copy sig. Thott 591 8° at the Royal Library Copenhagen, Denmark. Westphalen claimed that he used two other Latin manuscripts from Kiel (1232?) and Oldenburg in Holstein (1235?) to supplement the text.[22]

18 *Ebel*, Recht (supra fn. 1), p. 205; *Ulrich-Dieter Oppitz*, Deutsche Rechtsbücher des Mittelalters, vol. 2, 1990, p. 813 (incomplete description).

19 http://www.handschriftencensus.de/17132.

20 Erik Kroman/Peter Jørgensen (eds.), Danmarks gamle købstadlovgivning, part 1, 1951, pp. 215–232; see also *Am Ende*, Verfassungsgeschichte (supra fn. 5), p. 47; *Ebel*, Recht (supra fn. 1), p. 201 (with wrong number of artt.).

21 *Ludwig Andresen*, Acta Tunderensia, Zeitschrift der Gesellschaft für Schleswig-Holsteinische Geschichte 38 (1908), pp. 371–402 (355–402).

22 *Ernst Joachim von Westphalen*, Monumenta Inedita Rerum Germanicarum Praecipue Cimbricarum Et Megapolensium, vol. 3, 1743, cols. 619–632.

Since the historical existence of these manuscripts is a matter under dispute, his edition has a very limited value for present legal history.

2. 1257, Reval: City Archives Tallinn, Estonia, sig. TLA, f. 230, n. 1, s. Cm 5, 15 fols., 98 artt. fully preserved, art. 99 mostly missing, formerly 103 artt.; full edition from 19th century available, missing artt. supplemented with a synoptic edition of a Middle Low German translation from 1347.[23] The latter translation is not identical with another translation, sig. TLA, f. 230, n. 1, s. Cm 19.[24]
3. 1263 (Danzig Codex, since the code was possibly dedicated to Danzig, but never came into force there): State and University Library Göttingen, Germany, sig. Ms. jurid. 807, 19 fols., 100 artt., full editions from 18th and 19th century available;[25] copy named "Codex juris Lubecensis anno 1266 civitati Dantiscanae communicates" from early modern period in City Archives Lübeck, sig. Hs. 736b.
4. 1306: University Library Wrocław, Poland, sig. BU II F 8, 194 fols., fols. 39r-43v Lübeck Law, 83 artt.[26]
5. 1308: University Library Cracow, Poland, sig. cod. 169, 309 fols., fols. 68r-78v Lübeck Law, 82 artt., full modern edition available, amended with other Latin codes, also as an attempt to reconstruct an 'original' Latin code.[27]
6. 1st half of the 14th century: University Library Cracow, Poland, sig. cod. 170a, 158 fols., fols. 47v-53v Lübeck Law, 82 artt.[28]

---

23 *Friedrich Georg von Bunge*, Die Quellen des Revaler Stadtrechts, vol. 1, 1844, pp. 1–39; see also *Am Ende*, Verfassungsgeschichte (supra fn. 5), pp. 48 sq. (with dissenting, later date); *Ebel*, Recht (supra fn. 1), pp. 201 sq.; *Edda Frankot*, 'Of Laws of Ships and Shipmen' Medieval Maritime Law and its Practice in Urban Northern Europe, 2012, p. 98; Tiina Kala (ed.), Mittelalterliche Handschriften in den Sammlungen des Stadtarchivs Tallinn und des Estnischen Historischen Museums: Katalog, 2007, pp. 143–152.

24 See *Kala*, Handschriften (supra fn. 23), p. 162.

25 *Johann Carl Henrich Dreyer*, Sammlung vermischter Abhandlungen zur Erläuterung der teutschen Rechte und Alterthümer, part 1, 1754, pp. 443–472; *Hach*, Recht (supra fn. 5), pp. 185–216; see also *Am Ende*, Verfassungsgeschichte (supra fn. 5), pp. 47 sq.; *Ebel*, Recht (supra fn. 1), pp. 197, 202; *Ebel/Schelling*, ZRG GA 110 (1993), pp. 94 sq.

26 *Am Ende*, Verfassungsgeschichte (supra fn. 5), p. 50 (dating around 1400); *Ebel/Schelling*, ZRG GA 110 (1993), p. 98; *Oppitz*, Rechtsbücher (supra fn. 18), p. 409.

27 *Ebel/Schelling*, ZRG GA 110 (1993), pp. 95, 112–148; see also *Oppitz*, Rechtsbücher (supra fn. 18), p. 613.

28 *Ebel/Schelling*, ZRG GA 110 (1993), pp. 95 sq.; *Oppitz*, Rechtsbücher (supra fn. 18), p. 614.

7. End of the 14th century: National Library Vienna, Austria, sig. Cvp 14869, 226 fols., fols. 217r-222r Lübeck Law, 76 artt.[29]
8. 1421: National Library Warsaw, Poland, sig. Akc. 9862, 89 fols., fols. 56r-64r Lübeck Law, 81 artt.[30]
9. 1427: Public State Library St. Petersburg, Russia, sig. Lat. Q II 157, 123 fols., fols. 99r-105r Lübeck Law, 81 artt.[31]
10. 1470: National Museum Prague, Czechia, sig. VII D 29, 190 fols., fols. 170v-173v Lübeck Law, 81 artt.[32]
11. 1472: Library of Ossolineum Wrocław, Poland, sig. PAN 1643, 128 fols., fols. 20v-24v Lübeck Law, 80 artt.[33]
12. 15th century: Royal Library Copenhagen, Denmark, sig. Thott 591 8°, copy of Codex Tønder 1243, 22 fols., 104 artt., containing the missing artt. of Codex Tønder; copy named "Tunderae Cimbrorum communicates" from the early modern period in City Archives Lübeck, sig. Hs. 736a, possibly from Westphalen for his edition.[34]
13. 15th century: State Archives Przemyśl, Poland, sig. Hs. 428, 489 fols., fols. 145-r-149r Lübeck Law, 82 artt.[35]
14. End of 15th century: National Library Warsaw, Poland, sig. III 3065, 228 fols., fols. 96v-102v Lübeck Law, 62 artt.[36]

3. Latin Fragments

Four fragments survived until the 21st century, the oldest fragment, the so-called *tristes reliquiae*, is edited.

1. 13th century (*tristes reliquiae*): City Library Lübeck, Germany, sig. Ms. Lub. 2° 583, 2 fols., 4 Latin artt. Lübeck Law, together with German artt., edition available.[37]

---

29 *Ebel/Schelling*, ZRG GA 110 (1993), p. 98.
30 Ibidem, pp. 101 sq.
31 Ibidem, pp. 102 sq.
32 Ibidem, pp. 96 sq.
33 Ibidem, p. 98; *Oppitz*, Rechtsbücher (supra fn. 18), p. 417.
34 *Westphalen*, Monumenta (supra fn. 22), cols. 619–632.
35 *Ebel/Schelling*, ZRG GA 110 (1993), pp. 99 sq.
36 Ibidem, pp. 98 sq.; *Oppitz*, Rechtsbücher (supra fn. 18), p. 824.
37 *Ferdinand Frensdorff*, Tristes Reliquiae, Hansische Geschichtsblätter 1879 (1881), p. 34–48 (31–48); see also http://www.handschriftencensus.de/1495.

2. 1360: Library of the Academia of Sciences St. Petersburg, Russia, sig. No. 143 (XXG/V), 150 fols., fol. 141 Lübeck Law, 7 artt.[38]
3. Approx. 1400: National Library Vienna, Austria, sig. Cvp 14446, 433 fols., fols. 287v-289r Lübeck Law, 16 artt.[39]
4. 1437: National Library Warsaw, Poland, sig. Akc. 9869, 360 fols., fols. 256v-258v Lübeck Law, 43 artt.[40]

4. Lost Latin Manuscripts and Fragments

The very early and thus very important so-called Lübeck Fragment is lost, but documented in two editions. Up to four complete Latin codes and one other fragment are missing as well. Westphalen also claimed to have used a Latin code for Kiel (1232?), but there is no evidence that such a code outlasted the Middle Ages.[41]

1. 1226, Lübeck (Lübeck Draft, formerly so-called Lübeck Fragment): Formerly City Archives Lübeck, Germany, named "Lübeckische Zollrolle nebst Rechts-Aufzeichnungen. O.J. (zwischen 1220 und 1226.)", 7 fols., custom roll plus 50/52 artt. (counting based on different divisions of the manuscript), together 72 artt.;[42] alleged fragment of a complete code, but newer research indicates that the Lübeck Fragment was merely a first draft in several stages ("work in progress").[43] Editions from the 18th and 19th century available.[44]
2. 1235?, Oldenburg in Holstein:[45] Westphalen claimed to have used such a code for his edition of the Tønder Codex.[46] Contrary to the Kiel Codex, there

38 *Ebel/Schelling*, ZRG GA 110 (1993), pp. 100 sq.; *Oppitz*, Rechtsbücher (supra fn. 18), p. 647.

39 *Ebel/Schelling*, ZRG GA 110 (1993), p. 101; dissenting on date *Ebel*, Recht (supra fn. 1), p. 201: after 1240.

40 *Ebel/Schelling*, ZRG GA 110 (1993), p. 102; *Oppitz*, Rechtsbücher (supra fn. 18), p. 823.

41 *Ferdinand Frensdorff*, Das lübische Recht nach seinen ältesten Formen, 1872, pp. 11 sq.

42 The following study relies on *Am Ende*, Verfassungsgeschichte (supra fn. 5), pp. 67–70, with 52 artt.

43 Ibidem, pp. 46 sq.; *Frankot*, Laws (supra fn. 23), p. 92.

44 *Anton Diedrich Gütschow*, Handschrift des lübischen Rechts in lateinischer Sprache, aufgefunden und mitgetheilt, Staatsbürgerliches Magazin 4 (1824), pp. 68–81; Verein für Lübeckische Geschichte (ed.), Urkundenbuch der Stadt Lübeck, vol. 1, 1843, no. 32, pp. 37–43, 766; see also *Ebel*, Recht (supra fn. 1), p. 201; *Frensdorff*, Formen (supra fn. 41), pp. 14–42; *Am Ende*, Verfassungsgeschichte (supra fn. 5), pp. 12, 46 sq., 67–70.

45 *Frensdorff*, Formen (supra fn. 41), pp. 11 sq.

46 *Westphalen*, Monumenta (supra fn. 22), cols. 619 sq.

is at least some indirect evidence that such a manuscript existed. The City Archives in Lübeck contain a copy dated 1745, which Westphalen used: sig. Hs. 747, catalogue entry "Codex iuris Lubecensis saeculi XIII, Oldenburgi Wagriae adservatus ex autentico membrano accurate descriptus".

3. Approx. 1240?, Elbing: Formerly City Library Riga, Latvia, sig. No. 120 ct. iurid. III.b, 36, 165 fols., fol. 110–162 Lübeck Law in Latin, together with German text, Riga Town Law and Richtsteig Landrechts.[47]
4. Approx. 1250, Elbing: Formerly City Archives Lübeck, Germany, sig. Varia 3, "Schultheiss, Rath und übrige Bürger von Elbing ersuchen den Rath zu Lübeck durch eine Gesandtschaft um Vervollständigung des ihnen bei Gründung ihrer Stadt von Lübeck aus mitgetheilten Rechtsbuches O.J. (um 1250.)", fragment, edition available.[48]
5. 1254, Memel: Formerly State Archives Königsberg [Kaliningrad], Germany, sig. Fragm. 2, 6 fols., copy book from the 15th century, originally 88 artt. with 18 added artt., edition available.[49]
6. 1463: Formerly State Library Warsaw, Poland, sig. Lat. F II 124, 144 fols., fols. 7v-86v Lübeck Law together with another legal source.[50]

5. Complete German Manuscripts

18 complete or nearly complete manuscripts in German from the time around 1270 to the second half of the 15th century are located in various archives and libraries. Nearly all writers used the Middle Low German. Some codes from Elbing like the Bardewik-Elbing Codex II use a High Prussian dialect. There are many editions and one modern Estonian translation available.

1. 1270, Elbing: State Archives Gdańsk, Poland, sig. 369, 1/1, formerly City Archives Elbing, 41 fols. left, end of art. 18 to beginning of art. 22 missing, formerly 161 artt., complete edition from the 19th century.[51]

---

47 *Oppitz*, Rechtsbücher (supra fn. 18), pp. 780 sq.; for the German text in this manuscript, see also http://www.handschriftencensus.de/25223.

48 Urkundenbuch (supra fn. 44), no. 165, pp. 151–153; see also *Am Ende*, Verfassungsgeschichte (supra fn. 5), p. 51.

49 *Arthur Methner*, Das Lübische Recht in Memel, Altpreußische Forschungen 10 (1933), p. 280–296 (262–298); see also *Am Ende*, Verfassungsgeschichte (supra fn. 5), p. 48; *Ebel*, Recht (supra fn. 1), p. 201.

50 *Ebel/Schelling*, ZRG GA 110 (1993), pp. 103 sq.

51 *Arthur Methner*, Die älteste deutsche Handschrift des Lübischen Rechts für Elbing, Elbinger Jahrbuch 14,1 (1937), pp. 59–110; see also *Ebel*, Recht (supra fn. 1), p. 203;

2. 1282, Reval: City Archives Tallinn, Estonia, sig. TLA, f. 230, n. 1, s. Cm 6, 29 fols., 168 artt., full editions from 19th and 20th century plus modern Estonian translation.[52] The manuscript at City Archives Lübeck, sig. Hs. 750, catalogue entry "Codex juris Lubecensis Revaliae anno MCCLXXXII communicatus" with 320 artt. is not a copy of this codex, but an independent manuscript from the 16th century, mixing Lübeck and Hamburg law.[53]
3. Approx. 1282, Lübeck (Chancery Codex, also known as Kiel Codex from current location): City Archives Kiel, Germany, sig. 79413, 74 fols. left, counting as fols. 1–59 (articles), 80–93 (table of contents and amendments), initially 169 artt. from first writer, new artt. from another seven writers until the middle of the 14th century, at the end 252 artt. (256 artt. with four deleted artt.); complete ancient and modern editions.[54] Copy from the early modern period at City Archives Lübeck, sig. 737, catalogue entry „Auf Verlangen des päpstlichen Legaten Wilhelm Bischof von Mantua 1240 geschrieben. Quart. Neuere Abschrift", possibly for Westphalen's edition.
4. 1294, Lübeck (Bardewik Codex, named after Lübeck Chancellor Albert [Albrecht] von Bardewik [Bardewick] († 1310), who ordered the production of the code): Museum for Arts and History Yuryevets, Russia, sig. ЮКМ-2010, formerly City Archives Lübeck, sig. Hs. 734, 99 fols., 231 artt. from first writer, finally 256 artt. from other hands until the middle of the 14th century; edition from 19th century;[55] new edition in preparation. A copy is left in Lübeck, sig.

Frensdorff, Formen (supra fn. 41), pp. 51–65; *Gustav Korlén*, Norddeutsche Stadtrechte, vol. 2, 1951, pp. 11 sq; http://www.handschriftencensus.de/1491.

52 *Bunge*, Quellen (supra fn. 23), pp. 40–71; *Tiina Kala*, Der Revaler Kodex des lübischen Rechts 1282: Transkription und Übersetzung, 1998; see also *Frankot*, Laws (supra fn. 23), pp. 98 sq.; *Kala*, Handschriften (supra fn. 23), pp. 146–152; *Korlén*, Stadtrechte (supra fn. 51), pp. 12–14; http://www.handschriftencensus.de/1499.

53 *Ebel*, Recht (supra fn. 1), p. 198 fn. 5, p. 210.

54 *Korlén*, Stadtrechte (supra fn. 51), pp. 83–158; *Westphalen*, Monumenta (supra fn. 22), cols. 637–672; see also *Ebel*, Recht (supra fn. 1), pp. 203 sq.; *Korlén*, Stadtrechte (supra fn. 51), pp. 17–21; *Hans F. Rothert*, Der Kieler Kodex des Lübischen Rechts: Verschlungene Pfade und Rückkehr, in: Renate Paczkowski/Hans F. Rothert/Brigitte Schubert-Riese (eds.), … wird die fernste Zukunft danken. Kiels Geschichte und Kultur bewahren und gestalten: Festschrift für Jürgen Jensen, 2004, pp. 35–43; http://www.handschriftencensus.de/1492.

55 *Hach*, Recht (supra fn. 5), pp. 246–376; see also *Ebel*, Recht (supra fn. 1), p. 204; *Natalija Ganina*, Bardewikscher Codex: Problemstellungen und Perspektiven der Forschung, in: Indo-European Linguistics and Classical Philology – XX proceedings of the 20th Conference in Memory of Professor Joseph M. Tronsky, 2016, pp. 194–203; *Natalija Ganina/Inna Morketsova*, Verschollener 'Bardewikscher Codex' aufgefunden,

Hs. 748, catalogue entry "Codex juris Lubecensis anno MCCXCIV articulis CCLVI absolutus, Alberti de Bardewic conscriptus, quo usae sunt civitates Holsaticae. Ex autographo Lubecensi". Another copy in Lübeck, sig. Hs. 739, is lost and might also refer to the Codex Bardewik: "Codex juris Lubecensis anni 1294. Ex originali, quod in Gewetta adservatur. Abschrift. 1942 ausgelagert".

5. Approx. 1294, Kiel (Kiel Codex, also known as Copenhagen Codex from the current location): Royal Library Copenhagen, Denmark, sig. Cod. Thott. 1003, 4°, 46 fols., 216 artt., two additional articles with local law from the 14th century.[56] Copy at City Archives Lübeck, sig. Hs. 749, "Codex juris Lubecensis saeculi XIII Kilonii adservatus ex autentico membranaceo accurate descriptus", possibly for Westphalens edition, where he used a manuscript dated 1337 to verify the Chancery Codex.
6. 1295, Elbing (Bardewik-Elbing Codex I, since this code for Elbing is a copy of the Bardewik Codex): State Archives Gdańsk, Poland, sig. 369, 1/2, formerly City Archives Elbing, 115 fols., fols. 12–56 Lübeck Law, 217 artt. plus one art. of local law.[57]
7. End of the 13th century, Reval: City Archives Tallinn, Estonia, sig. TLA, f. 230, n. 1, s. Cm 10, 42 fols., fols. 7v-37r Lübeck Law, 167 artt., no exact copy, but many similarities to Reval Codex of 1282, additions from the end of the 14th century.[58]
8. Beginning of the 14th century, Elbing (Bardewik-Elbing Codex II): State Archives Gdańsk, Poland, sig. 369, 1/3, formerly City Archives Elbing, sig. Cod. E 135, 94 pp., 227 artt.[59]
9. 1348 (Tidemann Güstrow Codex I, named after Tidemann von Güstrow (around 1300–1350), major of Lübeck): Royal Library Copenhagen, Denmark, sig. Cod. Ledreborg 13,2°, a nearly identical copy of the Bardewik Codex of 1294, 115 fols., 255 artt.[60]

Zeitschrift für deutsches Altertum und deutsche Literatur 145 (2016), pp. 49–69; http://www.handschriftencensus.de/7580.

56 *Ebel*, Recht (supra fn. 1), p. 204; *Hach*, Recht (supra fn. 5), pp. 75–79; *Korlén*, Stadtrechte (supra fn. 51), pp. 14–17; http://www.handschriftencensus.de/1494.

57 *Carstenn*, Zeitschrift des Westpreußischen Geschichtsvereins 72 (1935), pp. 144 sq.; *Ebel*, Recht (supra fn. 1), p. 205; *Oppitz*, Rechtsbücher (supra fn. 18), pp. 450 sq.; http://www.handschriftencensus.de/1490.

58 *Kala*, Handschriften (supra fn. 23), pp. 153–157; http://www.handschriftencensus.de/16689.

59 *Carstenn*, Zeitschrift des Westpreußischen Geschichtsvereins 72 (1935), pp. 149 sq.; *Ebel*, Recht (supra fn. 1), p. 205; *Oppitz*, Rechtsbücher (supra fn. 18), p. 450; http://www.handschriftencensus.de/2755.

60 *Ebel*, Recht (supra fn. 1), p. 204; *Hach*, Recht (supra fn. 5), p. 66; *Korlén*, Stadtrechte (supra fn. 51), pp. 23 sq.; http://www.handschriftencensus.de/16083.

10. Approx. 1350, Reval: City Archives Tallinn, Estonia, sig. TLA, f. 230, n. 1, s. Cm 19, Middle Low German translation of Reval Codex of 1257, but not identical with the translation from 1347 which Bunge used for his edition;[61] 42 fols., fols. 1r-24r Lübeck Law, 104 artt., additions from the 16th century.[62]
11. Approx. 1400, Oldenburg in Holstein: State Archives Schleswig, Germany, sig. Bestand 400.3 Oldenburg no. 14, 42 fols., fols. 1–25v Lübeck Law, 144 artt., complete historical and modern edition; in addition local by-laws (*Buersprake*).[63]
12. 1404: State Archives Hamburg, Germany, sig. Hs.-Slg. 506, 25 fols., also 144 artt., but not identical with Oldenburg Codex.[64]
13. 1488: Library of the Polish Academy of Sciences Gdańsk, Poland, sig. Ms. 1796, 51 fols., fols. 6r-30r Lübeck Law, 226 artt., together with a mediaeval law book (*Kleines Kaiserrecht*).[65]
14. Early 15th century, Belgard: State Archives Szczecin, Poland, without sig., 27 fols., 215 artt., complete edition available.[66]
15. 1st half of the 15th century: State and University Library Göttingen, Germany, sig. 8° Cod. Ms. jurid. 806, 94 fols., fols. 8v-50v Lübeck Law, 240 artt., complete edition; together with Hamburg Law.[67]

---

61 See *Kala*, Handschriften (supra fn. 23), p. 162.

62 Ibidem, pp. 160–170; http://www.handschriftencensus.de/16690; see also *Ebel*, Recht (supra fn. 1), p. 206.

63 *Wilhelm Ernst Christiani*, Geschichte der Herzogthümer Schleswig und Hollstein, part 2, 1776, pp. 235, 519–551; *Korlén*, Stadtrechte (supra fn. 51), pp. 170–188; see also *Ebel*, Recht (supra fn. 1), p. 206; *Hach*, Recht (supra fn. 5), pp. 98–101; http://www.handschriftencensus.de/15046 (naming old sig. Oldenburg no. 5).

64 See *Ebel*, Recht (supra fn. 1), p. 206.

65 *Carstenn*, Zeitschrift des Westpreußischen Geschichtsvereins 72 (1935), pp. 169 sq.; *Ebel*, Recht (supra fn. 1), pp. 194, 205; *Oppitz*, Rechtsbücher (supra fn. 18), p. 445; http://www.handschriftencensus.de/18783.

66 *Friedrich Ebel*, Eine bislang unbekannte Handschrift des Lübischen Rechts, Zeitschrift des Vereins für Lübeckische Geschichte und Altertumskunde 77 (1997), pp. 226–231 (partial edition); *Carl Klemz*, Das Lübische Recht Belgards, Aus dem Lande Belgard: Monatsblätter der Pommerischen Zeitung für Belgard 4 (1925), pp. 72, 75 sq., 84; 5 (1926), pp. 3 sq., 7 sq., 20, 28, 35 sq., 40, 56, 67 sq., 84, 95 sq.; 6 (1927), pp. 16, 27 sq., 36 (full edition); http://www.handschriftencensus.de/7945.

67 *Hach*, Recht (supra fn. 5), pp. 116–119, 377–450; see also *Ebel*, Recht (supra fn. 1), p. 207; http://www.handschriftencensus.de/18787.

16. 15th century (Uffenbach Codex, named after original owner): State and University Library Hamburg, Germany, sig. Cod. 97 in scrin., 72 pp., pp. 3–63 Lübeck Law, 179 artt.[68]
17. 2nd half of the 15th century, Elbing: State Archives Gdańsk, Poland, sig. 369, 1/4, formerly City Archives Elbing, sig. Cod. C 43, 78 fols., fols. 12–56 Lübeck legal provisions of unknown origin, then Lübeck Law in 259 artt. and legal pronouncements as artt. 260 to 313.[69]
18. 2nd half of the 15th century (Tidemann falsus Codex, since Hach originally believed the code was the Tidemann Güstrow Codex): Russian State Library Moscow, Russia, sig. Fonds 218, No. 953–2, formerly City Archives Lübeck, sig. Hs. 740, catalogue entry "Codex des Lübischen Rechts, in 223 Paragraphen. Quart. Handschrift des 15t. Jahrhunderts. 1942 ausgelagert". 38 fols. The manuscript seems to be the template for three copies which Hach described.[70]

6. Fragments in German Manuscripts

Three fragments in Middle Low German survived. The oldest fragment is edited.

1. 13th century (*tristes reliquiae*): City Library Lübeck, Germany, sig. Ms. Lub. 2° 583, 2 fols., 9 German artt. Lübeck Law, together with Latin artt., edition available.[71]
2. 14th/15th century: City Archives Bad Homburg, Germany, sig. Num. 8, 1 fol., 10 artt.[72]
3. ?: General State Archives Schwerin, Germany, sig. 11.1, Vol. XV, Fasc. 11 Nr. 3, 1 fol., 7 artt.[73]

68 http://www.handschriftencensus.de/18692; see also *Ebel*, Recht (supra fn. 1), p. 207, dating around 1400; *Hach*, Recht (supra fn. 5), pp. 107–110.

69 *Carstenn*, Zeitschrift des Westpreußischen Geschichtsvereins 72 (1935), pp. 162–165; *Ebel*, Recht (supra fn. 1), p. 205; *Oppitz*, Rechtsbücher (supra fn. 18), pp. 449 sq.; http://www.handschriftencensus.de/18782.

70 *Hach*, Recht (supra fn. 5), pp. 105–107; http://www.handschriftencensus.de/23325.

71 *Frensdorff*, Hansische Geschichtsblätter 1879 (1881), pp. 34–48; see also http://www.handschriftencensus.de/1495.

72 *Ulrich-Dieter Oppitz*, Ergänzungen zu „Deutsche Rechtsbücher des Mittelalters und ihre Handschriften", ZRG GA 128 (2011), p. 440 (453); http://www.handschriftencensus.de/23649; www.stadtarchiv-bad-homburg.findbuch.net/.

73 *Oppitz*, ZRG GA 128 (2011), p. 454; http://www.handschriftencensus.de/23825.

7. Lost German Manuscripts and Fragments

Nine complete codes and one fragment are missing, amongst them the very valuable Tidemann Güstrow Codex II and the Kolberg Codex.[74] Despite the loss, the Kolberg Codex is at least accessible as a modern edition.

1. 13th century: Formerly in Słupca, Germany/Poland, fragment, 7 artt.[75]
2. 1297, Kolberg: Formerly Archives of City Council Kolberg, Germany, 56 fols., fols. 1–40 Lübeck Law, 192 artt., legal pronouncements and local Kolberg law up to the 17th century added. Complete facsimile and modern German translation available on the basis of historical photographs.[76]
3. 1347, Reval: Formerly in Reval, 103 artt., edition available. The manuscript seems to be a translation of the Latin Reval Codex 1257 into Middle Low German.[77]
4. 1348 (Tidemann Güstrow Codex II): Formerly City Archives Lübeck, Germany, sig. Hs. 735, catalogue entry "Codex des Lübischen Rechts. 1348 von dem Bürgermeister Tidemann Güstrow angelegt, von dem Domvicar Helmicus Tymmo geschrieben. Folio. 1942 ausgelagert", 110 fols., no copy of Tidemann Güstrow I, but independent system with 256 artt.[78]
5. 1351, Braunsberg: Formerly Library of the City Council Braunsberg.[79]
6. Late 14th century, Elbing: Formerly City Library Elbing, sig. Cod. Qu. 6, 41 fols., approx. 220–230 artt. Lübeck Law and legal pronouncements.[80]
7. 1403, Elbing: Formerly City Library Elbing, sig. Cod. Qu. 3, 58 fols., 220 artt.[81]
8. 1st half of the 15th century, Elbing: Formerly City Library Elbing, sig. Cod. Qu. 84, 96 fols., fols. 1–50 Lübeck Law, 234 artt., together with Prussian and Polish laws.[82]

---

74 For other manuscripts: *Ebel*, Recht (supra fn. 1), p. 207: three copies of Tidemannus falsus from Melle and Dreyer, also p. 207: Codex Stiten.

75 *Paul Laband*, Eine bisher unbekannte Rechtshandschrift, Zeitschrift für Rechtsgeschichte 11 (1873), p. 52 (44–52).

76 *Jancke*, Kodex (supra fn. 2); see also *Ebel*, Recht (supra fn. 1), p. 204; *Korlén*, Stadtrechte (supra fn. 51), pp. 21–23; http://www.handschriftencensus.de/1493.

77 *Bunge*, Quellen (o. Fn. 23), pp. 1–39; see also *Ebel*, Recht (o. Fn. 1), pp. 201 sq.

78 *Ebel*, Recht (o. Fn. 1), p. 204; *Hach*, Recht (o. Fn. 5), pp. 66–75; http://www.handschriftencensus.de/7581.

79 http://www.handschriftencensus.de/7814.

80 *Carstenn*, Zeitschrift des Westpreußischen Geschichtsvereins 72 (1935), pp. 151–153; *Oppitz*, Rechtsbücher (o. Fn. 18), p. 486; http://www.handschriftencensus.de/2043.

81 *Carstenn*, Zeitschrift des Westpreußischen Geschichtsvereins 72 (1935), pp. 153–156; *Oppitz*, Rechtsbücher (o. Fn. 18), p. 485; http://www.handschriftencensus.de/1944.

82 *Carstenn*, Zeitschrift des Westpreußischen Geschichtsvereins 72 (1935), pp. 156–158; *Oppitz*, Rechtsbücher (o. Fn. 18), p. 487; http://www.handschriftencensus.de/4708.

9. 1449, Elbing: Formerly City Library Riga, Latvia, sig. No. 120 ct. iurid. III.b, 36, 165 fols., fols. 40–57 Lübeck Law in German, together with Latin text, Riga Town Law and Richtsteig Landrechts.[83]
10. ?, Braunsberg: "Das culmische und liebische Recht", Formerly Library of the City Archives Braunsberg, sig. A No. 95.[84]

III. The Making of Lübeck Law

1. Production of Manuscripts

The Lübeck Law manuscripts show the development of the Gothic script as the preferred style.[85] The Latin manuscripts of the 13th century use a 'soft' Gothic form. In contrast, the later German manuscripts from 1270 to 1300 show more and sharper angular lines, and therefore come much closer to the ideal Textura. Despite this difference, both groups of early manuscripts share a common feature in terms of richness of decoration. Unlike most of the later manuscripts from the 14th century onward, the opulent decorative style indicates that the manuscripts of the 13th century served not only a normative but also a representative purpose.

A palaeographic study also identifies a centralised production of the manuscripts at the chancery of the city of Lübeck, which delivered them to many cities with their dedication to Lübeck Law. Production during the first seven decades of the 13th century had obviously not reached a high output since the manuscripts do not show any signs of standardisation. Although the Latin manuscripts come from the same source (i.e. the Lübeck Chancery), they do not match. Even the Reval Codex of 1257 and the Danzig Codex of 1263 have a different handwriting. A cursory glance at the initial article in these manuscripts not only reveals a different Latin wording in the heading of each provision and the texts, the Gothic script also differs in letters and key phrases like "hoc est".

Unlike the Latin manuscripts, many early German manuscripts from the same year of production originate from the same writer or at least share the same style. This clearly indicates the mass production of legal texts. Except for a sharper style of the Textura, the German manuscripts from the 1280s and 1290s do not

---

83 *Oppitz*, Rechtsbücher (supra fn. 18), pp. 780 sq.; for the German text in this manuscript, see also http://www.handschriftencensus.de/25223.

84 http://www.handschriftencensus.de/7322.

85 Overview of German manuscripts: *Karin Schneider*, Gotische Schriften in deutscher Sprache, vol. 1 (late 12th century to around 1300), text, 1987, pp. 69 sq., 161 sq., 260–270.

differ fundamentally from earlier ones.[86] In addition, palaeographical examination proves that the handwriting of the first hand of the Chancery Codex and the Reval Codex of 1282 are identical.[87] The database www.handschriftencensus.de claims another match between the Chancery Codex and the Kolberg Codex.[88] A study of the digital image of the Lübeck Chancery Code and the facsimile of the Kolberg Codex does not confirm this assertion. The style of the handwriting in the Kolberg Codex is more in keeping with the manuscripts of the 1290s: A study of the resurfaced Bardewik Codex reveals an identical handwriting for the first hand of this code and the Kiel Codex, both presumably from the year 1294, and the second hand of the older Chancery Codex.[89] This handwriting distinguishes itself from the older handwriting of the 1280s through the angular tops of the letter 'a' instead of rounded ones. A close look at the digital images of the Bardewik-Elbing Codex I of 1295 indicates another similarity between this code and the Bardewik and Kiel codes. The starting strokes at the beginning of some letters of the Bardewik-Elbing Codex I (for example the letter 'w') are a unique feature of this code. However, the writer omits them in the later stages of the manuscript, thus bringing it closer to the style of the two codes from 1294. The Kolberg Codex of 1297 shows a close proximity to the style of the three codes from 1294/95, however, it might not stem from the same writer.[90] Unfortunately, an assessment of the exact proximity is not possible since the Kolberg Codex is lost and the surviving facsimile lacks the necessary quality for a closer look. Last but not least, the manuscripts from around 1348 might be the work of a single writer as well. The literature identifies the cathedral vicar Helmich Thymmo (Timmo, life data unknown) as the writer in four codes (at least the eighth hand in the Chancery Codex Lübeck, the second hand in the Codex Bardewik and as the writer of the Tidemann-Güstrow I and II codes).[91] The Gothic handwriting adds diacritical marks, but the main body of the letters is very similar to the style of the 1290s.

---

86 See *Schneider*, Schriften (supra fn. 85), p. 207.

87 *Korlén*, Stadtrechte (supra fn. 51), pp. 14, 18.

88 http://www.handschriftencensus.de/1493.

89 *Ganina/Morketsova*, Zeitschrift für deutsches Altertum und deutsche Literatur 145 (2016), p. 55, extending *Korlén*, Stadtrechte (supra fn. 51), p. 17.

90 *Korlén*, Stadtrechte (supra fn. 51), p. 22.

91 *Ganina/Morketsova*, Zeitschrift für deutsches Altertum und deutsche Literatur 145 (2016), pp. 55 sq., extending *Korlén*, Stadtrechte (supra fn. 51), pp. 19, 23.

2. Deciphering the Code System

The Lübeck Chancery always sorted the various provisions of Lübeck Law in a logical way.[92] For the Latin codes, legal history even claims a systematic order up to art. 56 Lübeck Draft (including artt. of the custom roll at the beginning), analogous to legal institutions in present codifications.[93] If we analyse the Latin codes, they begin with male legal capacity (art. 21 Lübeck Draft) and add provisions for community assembly (*echtes Ding*, artt. 22 sq. Lübeck Draft) and matrimonial property in conjunction with law of succession as its most important application (artt. 24–43 Lübeck Draft). After provisions on the legality of donations to the church (artt. 44 sq. Lübeck Draft) and the exemption from military duties (art. 46 Lübeck Draft), the Lübeck Draft turns to the jurisdictional competences of the Lübeck Council as a court, which also includes some criminal law (artt. 47–52 Lübeck Draft) as well as provisions on coins (artt. 53–56 Lübeck Draft). This is where the 'systematisation' stops. However, if one compares this sequence with the following articles of the Latin codes, which are said to lack any systematisation, there is little difference. The claim of a continuous systematisation for the early provisions can neither explain the quite accidental mix of the three introductory articles nor the fact that the part after art. 56 Lübeck Draft shows the same pattern of specific topics concentrated in one single provision or a group of provisions. The provisions on the law of succession in conjunction with matrimonial property remain the only bigger outstanding thematic block, which is subdivided into smaller legal units. The codes from the Tønder Codex onward separate the different articles by headings. Furthermore, the Tønder Codex is also the only officially issued code beginning with a custom roll.

In conclusion, the Latin codes do not reveal an overarching or planned systematisation aside from matrimonial property and law of succession. However, there are no random sequences in historical codes. As we will see, mediaeval codes are not the product of a lawmaker who drafts a completely new set of

92 Synopsis of articles: *Am Ende*, Verfassungsgeschichte (supra fn. 5), pp. 229–233 (for various Latin codes and the Chancery Code); *Carstenn*, Zeitschrift des Westpreußischen Geschichtsvereins 72 (1935), pp. 177–183 (for the Elbing codes); *Ebel/Schelling*, ZRG GA 110 (1993), pp. 108–111 (for the Latin codes of the Cracow-Wrocław group, the Latin Reval and Tønder codes and the German Chancery Code); *Ebel*, Zeitschrift des Vereins für Lübeckische Geschichte und Altertumskunde 77 (1997), pp. 227–230 (three German codes); *Korlén*, Stadtrechte (supra fn. 51), pp. 27–32 (for various German codes, including the Bardewik Codex).

93 See *Am Ende*, Verfassungsgeschichte (supra fn. 5), p. 55.

rules, but rather the act of documenting the slow growth of the written town law. Thus, the Lübeck Chancery did not use a system prescribed by a legal institution or even legal principles, but a pragmatic approach where the sequence of the articles mirrors the chronological order of new provisions in the code.

The early German codes before or around the same time as the Bardewik Codex of 1294 (Elbing 1270, Chancery and Reval 1282, Kiel 1294 and Kolberg 1297) plus a few codes from the following centuries (for example the Belgard code) also use a sequence that does not follow a systematic order of codification. The Lübeck Law was developed further through the modification, replacement or deletion of the norms of the Latin codes, which will be discussed in the next chapter. The sequence of the provisions therefore differs in some but not all aspects.[94] The early German codes share a huge block on family law and law of succession at the beginning, starting with dowry (art. 1 Chancery Codex), provost (art. 2 Chancery Codex) and engagement (art. 3 Chancery Codex), and include many more provisions of this kind up to art. 24 Chancery Codex. This sequence is clearly different from the Latin codes. Also unlike the sequence in the Latin codes, the provisions on neighbourhood law (art. 8 Chancery Codex) and safe conduct (art. 15 Chancery Codex) disrupt this block. After this different order, the Latin and German codes run parallel to each other from artt. 44 Lübeck Draft, 38 Tønder Codex, 30 Chancery Codex to the end of the Lübeck Draft and further to the end of the converging parts of the Latin codes (artt. 101 Tønder Codex, 96 Chancery Codex).

With the Bardewik Codex from 1294, the written Lübeck Law came a bit closer to a codification. The new code sorted the existing articles according to their content, but still lacked headings to group the provisions. The system does not resemble any other system in different legal sources like the *Sachsenspiegel*, town laws like the Schleswig Town Law of 1201, the Hamburg *Ordeelbook* of 1270, the Roman Institutions (Iustinian and Gaius) or the division of any present civil code. Remarkably, the Bardewik Codex abandoned the new concept of a systematic order after art. 208 and switched to the chronological sequence of the parallel articles in the Chancery Codex. Despite its preliminary character, the system of the Bardewik Code found its way into the codes of other cities under Lübeck Law: The Bardewik-Elbing Codex I for Elbing copies the system of the Bardewik Codex; the younger Bardewik-Elbing Codex II mixes the old and new layout.[95] This quite unorthodox approach confirms that the attempts to

---

94 See *Am Ende*, Verfassungsgeschichte (supra Fn. 5), p. 56.

95 *Carstenn*, Zeitschrift des Westpreußischen Geschichtsvereins 72 (1935), p. 149.

systematise the various articles of the Lübeck Law did not establish any authoritative binding order, which is very important in present codifications for their systematic interpretation. Instead, the attempts to systematise Lübeck Law had the pragmatic aim of facilitating access to its various norms.

The lost Tidemann Güstrow Codex II from 1348 goes a step further than the Bardewik Codex. This code introduced headings for each legal area, at least in the table of contents, thus bringing it closer to the present codifications. The code uses a different and more refined system for the Lübeck Law. The system of the Tidemann Güstrow Codex II also seems to be independent and is significant enough for a full report in this study. It contained chapters on dowry, estate distribution, marriage, adultery, inheritance, ground rent, guardianship, council membership, judgement, advocacy, town law, legal action, robbery and theft, manslaughter and injury, liens, maritime trade, houses and walls, citizenship, the making and lending of things, testimonies, sales, wrong measures and scales, morning assembly and services, testaments and companies. Although the Tidemann Güstrow Codex II improved the systematisation of the Lübeck Law, it still lacked any binding force. The Oldenburg Codex from 1400, which had only 144 articles, used a different and even more refined system with 36 true headings in the code itself. In addition, the even younger Belgard Codex echoes the traditional sequence of the older German codes like the Lübeck Chancery Code.

3. A Running Code

As we will see, the overall picture of Lübeck Law is not static, but rather represents a highly dynamic legal body. Unlike present codifications, however, mediaeval Lübeck Law did not change its content and structure within a single code, but simply added new provisions and evolved from one generation of codes to another. Using the analogy of the digital age, the lawmaker (the Lübeck Council with the help of its chancery) modified the Lübeck Law like a computer code, by jumping over outdated program lines and adding new ones at the end of the overall code. Far-reaching structural and content-related changes to the existing provisions only occurred in a completely new generation of codes, similar to the move from an old major version number of a computer program to a new major version number. Like the specification for a running computer code, the lawmaker in Lübeck preferred stability over beauty.

a. No Principle of Codification

The emergence of the first codes during the 13th century did not mean that Lübeck switched to the principle of the present codifications where only the provisions of the codes themselves are applicable and most other norms are suspended. The mediaeval Lübeck codes differ from modern codes in major aspects.

First, they did not provide a comprehensive, exclusive set of norms. The Lübeck Council mainly implemented disputed cases[96] and cases in which Lübeck Law should deviate from neighbouring laws.[97] In comparison to the Hamburg *Ordeelbook* of 1270[98] or the *Sachsenspiegel*, the low normative density of the Lübeck codes is most obvious in constitutional and criminal law since they contained far fewer provisions about these important topics than the *Sachsenspiegel* and Hamburg *Ordeelbook*. It must therefore be assumed that the legal unity amongst the cities under Lübeck Law was much stronger in private (including commercial law) and procedural law than in constitutional and criminal law. Second, as has been previously analysed, most of the oldest codes from the 13th century lack a continuous systematic order, which is also essential for a codification. This resulted in very casuistic legal drafting, which resembles many features of judge-made case law.

Despite this deviation from the principle of codification, the provisions on private law in the Lübeck codes appear to be very modern. As Albrecht Cordes pointed out in a seminal study, the Lübeck codes share similarities with model terms in insurance law and modern dispositive statutory provisions on contract law.[99] The ancient provisions in the Lübeck codes established non-binding templates for contractual practice. This practice did not generate binding abstract rules like customary law; however, it did generate contracts as an independent legal source (for example matrimonial contracts between spouses and commercial contracts between merchants), which could alter or completely replace such templates (so-called *Rechtsgewohnheit* instead of *Gewohnheitsrecht*). If the contracting parties did not regulate a certain topic, the corresponding norm in the Lübeck codes filled this gap, possibly as a binding provision. We have to

---

96 *Werner Amelsberg*, Die „samende" im lübischen Recht: Eine Vermögensgemeinschaft zwischen Eltern und Kindern im spätmittelalterlichen Lübeck, 2012, p. 13; *Albrecht Cordes*, Spätmittelalterlicher Gesellschaftshandel im Hanseraum, 1998, p. 52.

97 *Ebel*, Recht (supra fn. 1), p. 174.

98 *Frank Eichler*, Das Hamburger Ordeelbook von 1270 samt Schiffrecht nach der Handschrift von Fredericus Varendorp von 1493 (Kopenhagener Codex): Textausgabe und Übersetzung ins Hochdeutsche mit rechtsgeschichtlichem Kommentar, 2005, pp. 403–412, 431–344.

99 *Albrecht Cordes*, Rechtsgewohnheiten in lübischen Gesellschaftsverträgen, in: Albrecht Codes/Bernd Kannowski (eds.), Rechtsbegriffe im Mittelalter, 2002, p. 36 (29–41); also *idem*, Die Lübecker Ratsherren als Richter, forum historiae iuris, 19.8.2010, rec. 10 (https://forhistiur.de/2010-08-cordes); *idem*, Gesellschaftshandel (supra fn. 96), p. 323.

assume that the binding force of the provisions in the Lübeck codes was stronger in constitutional and criminal matters despite contractual elements like communal agreements (*Einung*) or the man price (*Wergeld*).

b. Source Codes

Since the known codes for Lübeck only date back to 1226, no information is available about the size and content of Lübeck Law during the first decades after the first and second foundation of the German city of Lübeck in 1143 and 1158, respectively. The present legal history denies or at least weakens the classical claim that the mediaeval law of the Westphalian town of Soest served as the first foundation for the young Lübeck Law.[100] Little is known about this period, when Lübeck Law was nothing more than an oral legal culture.

To the extent that the later Lübeck codes of the 13th century and the first half of the 14th century initially provided or later added provisions, these norms stem from a wide range of legal sources. Sometimes they created new law and at others documented the existing legal practice. First, the Lübeck Council integrated the existing privileges, ordinances and bylaws for specific municipal topics into the codes.[101] Second, the Lübeck Council implemented some case law in its function as a court of appeal, mainly through legal pronouncements. Third and as indicated before, the Lübeck codes reflected the contractual practice. Fourth, the codes copied some neighbouring laws or contained similar provisions.[102] A recent study on the Hamburg *Ordeelbook* provides many clues about Hamburg Law and to a lesser extent about the *Sachsenspiegel* (to the limits immediately at the analysis of the gap filling).[103] Other important neighbouring laws like the Holstein Land Law (*Holstenrecht*) might have been important as well, but these ancient oral sources are no longer available. Apart from the sea law (where Hamburg had the leading role), the question remains as to whether the similarities between Lübeck and Hamburg Law are merely accidental, whether one of the

100 *Ebel*, Recht (supra fn. 1), pp. 128–132; *Stephan Dusil*, Die Soester Stadtrechtsfamilie: Mittelalterliche Quellen und neuzeitliche Historiographie, 2007, pp. 313 sq.

101 *Ebel*, Recht (supra fn. 1), p. 171.

102 *Albrecht Cordes*, Kaiserliches Recht in Lübeck: Theoretische Ablehnung und praktische Rezeption, Zeitschrift des Vereins für Lübeckische Geschichte und Altertumskunde 89 (2009), p. 133 (123–145).

103 *Eichler*, Ordeelbook (supra fn. 98); for the specific case of sea law (shipwreck, jettison and ship collision), see also *Frankot*, Law (supra fn. 23), pp. 27–52; outdated *Ebel*, Recht (supra fn. 1), p. 182 denying the influence of the *Sachsenspiegel*.

two legal system served as a model for the other or whether the two legal systems drew on a common source that is now lost.

Examples of similar remedies or even similar wording in Lübeck and Hamburg Law can be found in the law of sales (artt. 86 Tønder Codex, 80, 247 Chancery Codex, F XXXVII Ordeelbook),[104] guarantor's liability for dowry (artt. 172 Chancery Codex, C I Ordeelbook),[105] so-called *Setzen von Geld* in estate distribution (artt. 61 Chancery Codex, A XXII Ordeelbook),[106] succession to a child paid out *inter vivos* (artt. 21 Tønder Codex, 12 Chancery Codex, C II Ordeelbook),[107] action for pecuniary debt (artt. 54 Tønder Codex, 39 Chancery Codex, F XIII Ordeelbook),[108] crime of wrong measure (artt. 33 Chancery Codex, J XXII Ordeelbook)[109] and distribution of pecuniary fines (artt. 100 Tønder Codex, 95 Chancery Codex, J XXVIII Ordeelbook).[110] The similarity between Hamburg and Lübeck Sea Law is even more striking, especially with regard to the distribution of liability after the collision of two ships and jettison.[111]

Similar solutions in Lübeck and Hamburg Law and the *Sachsenspiegel* mainly appear in procedural provisions, such as the oath of cleansing (artt. 242 Chancery Codex, G VII Ordeelbook, Sachsenspiegel Landrecht II 11 § 1)[112] and contempt of court through non-appearance (artt. 210 Chancery Codex, J V Ordeelbook, Sachsenspiegel Landrecht III 39 § 3).[113] Lübeck Law and the *Sachsenspiegel alone* match for the work duty in debtor's prison (artt. 83 Tønder Codex, 76 Chancery Codex, Sachsenspiegel Landrecht III 39 §§ 1 sq.).[114] It should be noted that there is less similarity when the *Sachsenspiegel* comes into play. In the aforementioned examples, the wording between Hamburg Law and the *Sachsenspiegel* is much closer than that between Lübeck Law and the *Sachsenspiegel*.[115] Further studies in the future might connect more dots.

104 *Eichler*, Ordeelbook (supra fn. 98), p. 205.
105 Ibidem, p. 122.
106 Ibidem, p. 105.
107 Ibidem, p. 123.
108 Ibidem, p. 187.
109 Ibidem, p. 285.
110 Ibidem, p. 293.
111 See *Eichler*, Ordeelbook (supra fn. 98), pp. 365, 368; *Frankot*, Law (supra fn. 23), pp. 27–52.
112 *Eichler*, Ordeelbook (supra fn. 98), p. 223.
113 Ibidem, p. 263.
114 Ibidem, p. 274.
115 Ibidem, p. 286 for impunity of a mistaken grip.

Last but not least, Lübeck adopted Roman and Canon Law only to a very small degree. The Lübeck Council incorporated Roman Law into the code to remedy the abuse of guardianship (artt. 206 sq. Chancery Codex). It also acknowledged the jurisdiction of the ecclesiastical court (*Sendgericht*) for religious offences (art. 2 Chancery Codex).[116]

In other instances, the Lübeck codes deliberately deviate from their neighbouring laws to establish a unique solution.[117] In some cases, Lübeck Law alters or amends the neighbouring law. Some examples are the punishment for the subsequent concealment of a mistaken grip (*Missgriff*), that is the mistaken seizure of another's property (art. 129 Chancery Codex, as an amendment to Sachsenspiegel Landrecht III 89) and the alteration of distribution of property belonging to a non-burgher after recovery from a thief or robber (artt. 100 Tønder Codex, 95 Chancery Codex modifying Sachsenspiegel Landrecht II 37). In most cases (for example matrimonial law or law of succession), however, Lübeck Law chooses independent provisions, thereby almost completely and deliberately avoiding any neighbouring law.

Nevertheless, there is still the question of what happened if the Lübeck code did not provide a specific provision to resolve an issue. Due to its intended openness, the codes left room for any possible gaps to be filled with provisions from other legal sources. Most important were the early decisions of the Lübeck Council as a court of appeal, which were not directly incorporated into the codes. In addition to this case law, Wilhelm Ebel qualifies the surrounding land law as a subsidiary legal source. In the case of Lübeck, he refers to the Holstein Land Law and later, from the third decade of the 13th century on, to the *Sachsenspiegel*.[118] Other cities under Lübeck Law might have used their own local land laws, thus weakening the unity of Lübeck Law. This theory makes the most sense in criminal law where the Lübeck codes clearly provided an incomplete catalogue of offences, offering only small tailor-made deviations from common criminal law. Procedural law on the other hand needed the least additions since the legal web of the Lübeck codes was relatively dense. However, this theory must be rejected for private law, and especially for commercial law, since the agrarian and feudal society of the *Sachsenspiegel* stayed far away from the international trade of the Hanseatic

116 See ibidem, p. 415.

117 For Hamburg and partially for the *Sachsenspiegel*, see *Eichler*, Ordeelbook (supra fn. 98), for example pp. 103 sq., 129, 133, 188, 190, 196, 205, 217, 219, 226, 231 sq., 238, 253 sq., 260, 264, 269, 271, 278, 287, 298, 301, 309, 324, 333; also *Ebel*, Recht (supra fn. 1), p. 179.

118 *Ebel*, Recht (supra fn. 1), pp. 134, 179, contradicting p. 182.

League. Either customary law, the adoption of neighbouring town laws or – more likely – contractual practice stepped in. Thus, Lübeck Law as a whole had a wider scope than the Lübeck codes. The last topic, constitutional law, represents a special case because the political conditions in the cities surrounding the Baltic Sea varied greatly. As long as the Lübeck codes did not provide a norm, the cities under Lübeck Law filled the gaps with local law and political practice.

c. First Generation: Latin Codes

As indicated before, the known history of the Lübeck Law begins with the Latin codes. Latin was the language of choice for official documents in Lübeck up to the early 1260s and even for a considerable number of later documents.[119] The Lübeck Draft from 1226 is the oldest document showing the transition from an oral to a more scriptural legal culture and the beginning textualisation of Lübeck Law. In this year, Emperor Frederick II granted Lübeck the status of imperial immediacy (*Reichsfreiheit*). The Lübeck Council (in cooperation with the municipal assembly) received the right to develop the existing law and create new law (*Rechtsbesserung*) through this act. The emergence of the German version of the *Sachsenspiegel* in the 1220s and possibly the earlier making of a Latin original version might have contributed to the textualisation as well. The pre-Accursian gloss and the Decretum Gratiani, on the other hand, cannot be used as models because they are not based on any oral legal culture.

As the literature points out, the Lübeck Draft was not a fragment of a complete applicable code, but more like a draft in several stages in a copybook.[120] The first scribe prepared the custom roll and the following 36 articles, and then the second scribe added the remaining 16 articles up to art. 72, a provision on the pledge in front of the city council.

The oldest preserved, officially issued Tønder Codex of 1243 consists of 90 articles (excluding the custom roll), adding 52 articles with new provisions, with

119 For language: *Natalija Ganina*, Latein im lübischen Recht, in: Indo-European Linguistics and Classical Philology – XXII: Proceedings of the 22th Conference in Memory of Professor Joseph M. Tronsky June 18–20, 2018, pp. 346–354; *Robert Peters*, Die Kanzleisprache Lübecks, in: Albrecht Greule et al. (eds.), Kanzleisprachenforschung: Ein internationals Handbuch, 2012, pp. 347–366; *Albrecht Cordes*, Latin – Low German – High German – Latin: The Language of the Law of Lübeck (1200–1650) (forthcoming).

120 *Am Ende*, Verfassungsgeschichte (supra fn. 5), p. 47; *Frankot*, Law (supra fn. 23), p. 92.

most, but not all, after the end of the last article of the Lübeck Draft.[121] It is very important to underline that the amount of new normative content, not the absolute length of the codes, indicates the steady growth of Lübeck Law.[122] The next two codes, the Reval Codex of 1257 and the Danzig Codex of 1263, already mark the end of the Latin codes that were actually used in the cities around the Baltic Sea. Since they add further articles, both codes provide the longest text with 103 and 100 articles. In comparison to the Lübeck fragment and the Tønder Codex, artt. 86, 88–103 of the Reval Codex and artt. 90, 92 and 96–100 of the Danzig Codex add new provisions to the Lübeck Law.[123] These new articles mainly covered sea law as well as various smaller topics like procedural rules, trespass or the right to hospitality. The Danzig Codex also anticipates the deletion of three provisions on wilful offences (artt. 49–51 Lübeck Draft) and shortened the later completely deleted provisions on duels (artt. 66, 70 Tønder Codex).

Legal history claims that the Lübeck Chancery used one or several lost master codes in Latin to copy the codes for other cities.[124] The underlying logic is based on the observation that the newer codes mainly add new articles to the existing codes instead of changing the existing normative substance. Nevertheless, this theory of a Latin master code collapses if one looks at the linguistic discrepancies in all of the preserved codes of the 13th century (the systematic Bardewik Codex and its successors must be excluded for obvious reasons). The deviations in the German codes are much smaller than in the Latin ones. The research has also identified that in some cases the wording of the German codes comes closer to the Lübeck Draft than the later Latin codes and that the Latin codes contain a small dose of German legal language.[125] All these aspects indicate that the scribes in the Lübeck Chancery used an oral template in Middle Low German for the Latin codes, which they translated anew every time they had to compile a written Latin code.[126] Within this theory, the Lübeck Draft did not serve as a master

121 For a detailed analysis of all changes between the Latin codes, see *Am Ende*, Verfassungsgeschichte (supra fn. 5), pp. 57–70; *Frensdorff*, Formen (supra fn. 41), pp. 19–42; *Hach*, Recht (supra fn. 5), pp. 34–42; also *Ebel*, Recht (supra fn. 1), pp. 144 sq., 147, 153, 174.

122 See *Am Ende*, Verfassungsgeschichte (supra fn. 5), p. 54.

123 *Frensdorff*, Formen (supra fn. 41), p. 21; on the growth of sea law specifically, see *Frankot*, Laws (supra fn. 23), pp. 93 sq.

124 *Am Ende*, Verfassungsgeschichte (supra fn. 5), pp. 66–70.

125 *Frensdorff*, Formen (supra fn. 41), pp. 22 sq.

126 Likewise, *Ganina*, in: Proceedings of the 22th Conference (supra fn. 119), p. 347.

code, but rather was nothing more than an internal first attempt to translate and organise the oral Lübeck Law.

Lastly, it is important to address the Cracow-Wrocław group (manuscript nos. 4–14), which are named after the cities of production.[127] Since these codes were produced long after the Lübeck Chancery had switched to German, they had a different purpose from that of an official law book for the municipal judiciary. Breslau and Cracow did not introduce Lübeck Law as the town law; however, both cities were members of the Hanseatic League. Thus, these younger Latin codes informed the merchants in these cities, who may not have mastered the Low Germany language despite its importance as a *lingua franca* for the Baltic Sea region, about the town law of their trading partners.[128]

d. Second Generation: Early German Codes

The Lübeck Chancery switched from Latin to German codes after the Danzig Codex of 1263. The Elbing Codex of 1270, one of the earliest documents in the Middle Low German language of Northern Germany, is the first preserved evidence of the linguistic change. The exact reasons for the change of language are unknown. There was no recognisable constitutional change in Lübeck.[129] The switch from clerical to secular scribes does also not explain this move since clerics like Thymmo produced the Lübeck codes for the chancery as late as the middle of the 14th century.[130] One possible explanation could be that long-distance trade amongst the cities around the Baltic Sea had intensified, which would have created a need for a uniform and easily comprehensible form of legal communication as well as ways to solve legal disputes.[131] The growing popularity of Lübeck Law in other cities meant that its application was increasingly being carried out by legal practitioners who did not have a basic scholastic education or Latin skills.[132] In addition, the emergence of the *Sachsenspiegel* might have played a role[133] because the German codes frequently stipulated the precedence

127 German Breslau instead of Polish Wrocław for the historical location.

128 *Lampen*, Recht (supra fn. 5), col. 935.

129 See *Ebel*, Recht (supra fn. 1), p. 174.

130 *Peters*, in: Greule, Kanzleisprachenforschung (supra fn. 119), p. 349; different from older study by *Schneider*, Schriften (supra fn. 86), p. 267.

131 See *Alissa Theiß/Jürgen Wolf*, Lübeck, in: Martin Schubert (ed.), Schreiborte des deutschen Mittelalters: Skriptorien – Werke – Mäzene, 2013, p. 302 (283–306).

132 Likewise *Peters*, in: Greule, Kanzleisprachenforschung (supra fn. 119), p. 349, addressing the audience.

133 *Hach*, Recht (supra fn. 5), p. 46.

of a specific set of town laws over land law. The Danzig Codex makes reference to *secundum ius civitatis* only three times, whereas in the final stage of the Chancery Codex reference to *unses stades recht* is found 17 times.[134]

The German codes document a dynamic development. As shown before, the long lifespan of Lübeck Law necessitated modifying the existing content of the codes. In comparison to the Danzig Codex of 1263, the Chancery Codex of 1282 omits 17 articles,[135] and the Reval Codex of 1282 even omitted 23 articles of the Reval Codex of 1257.[136] The German codes removed outdated provisions such as *echtes Ding* as municipal assembly (artt. 2–4 Danzig Codex), the misalliance between a knight and a female citizen (art. 17 Danzig Codex), most of the provisions on coins (artt. 31, 33 Danzig Codex), duels (art. 53 Danzig Codex) and other wilful offences; the last two topics had already been shortened in the Danzig Codex. Some provisions of the Latin codes, which the early Elbing Codex of 1270 omitted, were reintroduced into the codes in the following two decades. Artt. 217 and 238 sq. Chancery Codex even reintroduced artt. 52, 56, 92 Danzig Codex just before 1300.[137] In many other cases, the German codes changed the numbers for measures and taxes as well as the penalties for offences. The change of the content between the Latin and German line of codes was so profound that the new layout for the German codes signalled the obsolescence of the older Latin codes from the 1270s onward.[138] The German codes also added many new provisions such as the much-needed ones on the very important area of company law (first art. 168 Chancery Codex on the distribution of gains and losses in a company).[139]

Legal history rightly assumes that the first German code of Lübeck Law appeared just after the Danzig Codex in or after 1263 with 112 articles.[140] Art. 112 of the German codes secures the legal unity within the realm of Lübeck Law. The provision speaks about the jurisdiction of Lübeck Law and allows appeals against decisions of local municipal courts in other cities to be lodged before the Lübeck Court of Appeal. Therefore, as in the case of the Latin codes, some claim the

---

134 *Ebel*, Recht (supra fn. 1), p. 179.

135 Based on *Am Ende*, Verfassungsgeschichte (supra fn. 5), pp. 229–233.

136 *Kala*, Kodex (supra fn. 52), p. 31.

137 In detail: *Am Ende*, Verfassungsgeschichte (supra fn. 5), pp. 71 sq.

138 For the changes between Latin and German codes, see also *Am Ende*, Verfassungsgeschichte (o. Fn. 5), p. 71; *Ebel*, Recht (o. Fn. 1), pp. 144 sq.; *Frensdorff*, Formen (o. Fn. 41), pp. 48 sq., 58–60; *Hach*, Recht (o. Fn. 5), p. 46.

139 See *Cordes*, Gesellschaftshandel (o. Fn. 96), pp. 80–88.

140 *Frensdorff*, Formen (o. Fn. 41) pp. 62 sq.

existence of a first German master code between 1263 and 1282, which was used to copy the codes for other cities.[141]

The early known and luckily preserved German codes add many provisions after this original end of the German version of Lübeck Law: The Elbing Codex of 1270 closes with 161 articles, the Reval Codex of 1282 with 168, the Kiel Codex with 216 and finally the Chancery Codex with 256 articles. These 256 articles (including four deleted articles) reflect the final form of the mediaeval Lübeck Law in the codes. Prima facie, it seems odd that the Chancery Codex came into existence earlier than the Kiel Codex since the first code is longer. If one looks closely at the different style of handwriting in the Chancery Codex, the apparent contradiction disappears because the code did not emerge in one piece, but rather as a product of different scribes over the period from 1282 to the middle of the 14th century (hand 1 wrote the code in its original length: artt. 1–169 with variations in ink colour; hands 2–8 the rest).[142] This method greatly extended the useful lifetime of the Chancery Codex.

Starting in 1282, the Lübeck Chancery used the Chancery Codex as the master code to spread Lübeck Law across the shores of the Baltic Sea.[143] All later codes from the 13th to the middle of the 14th century copy the complete content of the code, but in its different stages of composition and with minor deviations to develop single provisions of Lübeck Law. In some instances, like the offence of bigamy (art. 64), the Chancery Codex was also changed to synchronise the different codes.[144] The Kiel Codex with 216 articles was copied from the Chancery Codex when the latter code had reached 214 articles.[145] The Kolberg Codex of 1297 with only 192 articles remains an exception. This code only copies the Chancery Codex up to art. 168 and then includes a selection from the Chancery Codex up to art. 237.

We still have to ask what happened to the Lübeck Law in those cities with shorter codes, which were no longer up to date in the middle of the 14th century. Some codes supplemented their own legal provisions to improve their town law: The Kiel Codex added two articles (artt. 217 sq.) of local town law

141 *Am Ende*, Verfassungsgeschichte (o. Fn. 5), p. 71; *Frensdorff*, Formen (o. Fn. 41), p. 66; *Hach*, Recht (o. Fn. 5), pp. 101, 103; *Korlén*, Stadtrechte (o. Fn. 51), p. 33.

142 See *Korlén*, Stadtrechte (supra fn. 51), p. 19; see also *Ganina*, Proceedings of the 20th Conference (supra fn. 55), p. 144.

143 *Hach*, Recht (supra fn. 5), p. 7; *Korlén*, Stadtrechte (supra fn. 51), p. 42.

144 For general differences and changes between the German codes, see *Frensdorff*, Formen (supra fn. 41), pp. 69–79; specifically for the Chancery Codex, see *Korlén*, Stadtrechte (supra fn. 51), p. 26.

145 *Korlén*, Stadtrechte (supra fn. 51), p. 42.

and the Kolberg Codex some legal pronouncements from the Lübeck Court of Appeal. The younger, former Elbing code (Gdańsk, sig. 369, 1/4) even added the legal pronouncements as artt. 260–313. Elbing is also an example of a city with multiple codes of different ages, which were produced partially in the Lübeck Chancery and partially locally, thereby keeping the city up to date on the latest developments of Lübeck Law. Other cities like Kiel also possibly possessed such updated codes as working tools, which were lost due to their inferior artistic quality. This conclusion is of course not compelling, since in the example of Riga manuscripts of simple quality have been handed down to the present day. A third possibility lies in the normative nature of the codes. The codes were not modern codifications and did not abolish the already existing oral legal culture. They left room for amending existing codes through orally transmitted articles of the Chancery Codex, judgements of the Lübeck Court of Appeal and other sources.

e. Third Generation: First Systematic Codes

The Bardewik Codex of 1294 did not replace the Chancery Codex as the master code of the Lübeck Chancery although Elbing received a copy of this code at the stage of 217 articles. In fact, it remained a mere attempt to reformat the Lübeck Law since it returned to the sequence of the Chancery Codex after art. 209. Legal history also points out slight changes in individual articles of the Chancery Codex after the making of the Bardewik Codex, such as the already mentioned sharpening of the sentence for bigamy (compare revised art. 64 Chancery Codex and art. 9 Bardewik Codex).[146]

After the production of the Bardewik Codex, the already growing realm of sea law got its own code with the Lübeck Sea Law of 1299. The lawmaker copied some provisions from the already existing provisions and added new ones, especially for legal issues occurring during the journey and in foreign ports. The new Lübeck Sea Law heavily relied on Hamburg Law.[147] Consequently, their shared similarities surpass those between the general Lübeck codes and the Hamburg Ordeelbook.

f. Fourth Generation: Later Systematic Codes

The final stage of the mediaeval codes came in 1348 with the two Tidemann Güstrow codes. Like the Bardewik Codex before them, they did not create new law, but rather adopted the provisions of the Lübeck Chancery Code in its final

146 *Frensdorff*, Formen (o. Fn. 41), pp. 49 sq.
147 In detail: *Frankot*, Laws (o. Fn. 23), pp. 95 sq., 128–137.

stage. Further research would be needed to identify any modifications. The lost second Tidemann Güstrow Codex is especially valuable because it used a unique new system to structure the provisions of the Lübeck Law. One could argue that this code formed a bridge from the early codes of the 13th century to the Lübeck reformation of 1586.

The Tidemann Güstrow codes also mark the end of new articles in the Chancery Codex. However, one last question remains to be answered: Why did the chancery stop adding new provisions to its Chancery Codex? The answer might lie in the changing nature of the case law. Documents on the legal activities of the Lübeck Court of Appeal for the so-called legal remedy of *Rechtsschelte* date back to the 13th century.[148] It remains unclear when the Lübeck Court of Appeal switched to a written procedure or at least to a written proclamation of its decisions (*Urteilsbriefe*).[149] Wilhelm Ebel claims that, due to their long distance from Lübeck, Elbing and Reval were receiving written judgements since the middle of the 14th century.[150] Another study identifies a written procedure as a permanent modus operandi for Reval at least since the 1420s.[151] Given these indicators, the Lübeck Court of Appeal might have switched from oral to written judgements as early as the middle of the 14th century. This new generation of written judgements might have replaced the addition of new articles to the mediaeval codes to a large extent. If we accept this thesis, the Lübeck Council stayed in charge of the development of Lübeck Law, not as a mediaeval legislator, but rather as a court for appellate judgements.

After the case law of the Lübeck Council took over the development of Lübeck Law, the unity of Lübeck Law became weaker. In order to understand the full scope of this trend, we would need additional studies. What we know from the younger codes of the 15th century is that the writers of these manuscripts intensified the integration of Hamburg Law into the codes. In the 16th century, this hybridisation went so far that the printed code of Lübeck Law of 1586 contained a larger amount of Hamburg Law than the mediaeval codes of the 13th century.

148 For Reval, see *Tiina Kala*, Das Geschriebene und das Mündliche: Das lübische Recht und die alltägliche Rechtspflege im mittelalterlichen Reval, in: Albrecht Cordes (ed.), Hansisches und hansestädtisches Recht, 2008, pp. 102 sq. (91–112).

149 Without any reference *Tobias Kämpf*, Das Revaler Ratsurteilsbuch: Grundsätze und Regeln des Prozessverfahrens in der frühneuzeitlichen Hansestadt, 2013, pp. 212–230.

150 *Ebel*, Recht (supra fn. 1), pp. 119–121; also *Alexander Krey*, art. "Oberhof", HRG, 2nd edition, 25th supply, 2017, col. 48 (44–56).

151 *Kala*, in: Cordes, Recht (supra fn. 148), pp. 103 sq.

The analysis of the exact amount of Hamburg Law contained in the code of 1586 continues to be a rewarding field of research.[152]

IV. Conclusions

Legal historians of our age have better access to the mediaeval sources of Lübeck Law than any other generation after the Second World War. In addition, many of the manuscripts that Wilhelm Ebel thought were lost forever have resurfaced. However, we are still missing two of the most valuable mediaeval legal codes, namely the Kolberg Codex and the Tidemann Güstrow Codex II.

Analysis of the content of mediaeval Lübeck Law reveals that the influence of Hamburg Law was greater than assumed by legal historians in past centuries. Lübeck Law and Hamburg Law not only represented a close relationship in terms of the codes on sea law and the final Lübeck Code of 1586, but also for the earliest making of the codes since the 13th century.

The analysis of the manuscripts, including the resurfaced ones, also reveals striking similarities with regard to the style, which indicates a centralised mass production of these codes in the Lübeck Chancery. The analysis of the manuscripts confirms that the Chancery Codex of 1282 served as the master code for the later codes up to the middle of the 14th century. There is no substantial, convincing historical evidence for a lost Latin master code from 1226 on.

The notion of a master code leads to the nature of the mediaeval codes of Lübeck Law. Mediaeval law had its own logic and principles, sometimes with very modern features. The mediaeval codes of Lübeck Law were no codifications in the present meaning. Rather, they share certain features with computer programs in terms of the way that new program lines are added to older layers of code to preserve the stability of the overarching system and enable modifications without a complete 'reboot'. In a modern sense, the mediaeval codes functioned like a running computer code and the lawmaker acted like the coder responsible for maintaining and developing a computer system, which must not be turned off at any cost. This method enhanced the ability of Lübeck Law to adapt to changing political, social and economic circumstances. Despite its modernity, the Lübeck Council abandoned the concept of a running code around the middle of the 14th century and replaced it with case law, a different concept, still modern today.

152 See *Ebel*, Recht (supra fn. 1), p. 215.

Mathias Schmoeckel

Die Reformation in Livland und die Patronatsrechte*

Abstract: The Protestant Reformation in Livland and the right of patronage The Protestant Reformation delegitimised the traditional ecclesiastical rulers of Livland, namely the Roman-Catholic bishops and the knights of the Teutonic Order. As a result, the remaining parts of the traditional estates, the cities of Livonian with their citizens and the local aristocracy, remained in command. In 1524, in order to win the barons to the Roman-Catholic church, the barons received the patronage rights in their local estates. This is a traditional element of canon law transferring privileges on the nobility. It included the right to introduce the pastor of their parishes, but also to judge minor conflicts among the peasants. Just as the Protestant princes of Europe received power over their churches, the Baltic barons ruled with ecclesiastical and temporal powers as owners and heads of 'their' parishes. The patronage rights and the Protestant reformation, therefore, helped to establish the Baltic government of the barons, which remained to some degree even when the Baltic countries were invaded by Russia and Sweden.
Like in so many other Protestant territories we see that the Protestant Reformation influenced the Protestant states and their governments tremendously, but rather by enhancing pre-existing characteristics than with uniform politics. Danish absolutism, and the independence of the German princes and the Baltic aristocracy could therefore be the political result of the introduction of the Lutheran confession.

Keywords: patronage rights, canon law, Baltic barons, estates of Livland, disciplinary courts, Livland/Livonia.

I. Einleitung

Im Rahmen einer größeren Untersuchung, inwieweit die Reformation jeweils vor Ort ganz unterschiedlich wirkte, soll hier nach den Wirkungen der Reformation im Baltikum geforscht werden.[1] Die europäische Rechtsgeschichte wird durch den Reichtum ihrer verschiedenen Entwicklungen in den Regionen markiert. Dagegen gibt es jedoch auch vereinheitlichende Strömungen. Insbesondere die prägende Kraft der christlichen Theologie wirkte sich immer wieder als

---

* In dankbarer Erinnerung an Mechtild von Holtey (1924–2016).

1 Offenbar keine Rolle spielt die Reformation in der Darstellung von *Ralph Tuchtenhagen*, Geschichte der baltischen Länder, 2016.

verbindendes Element zwischen den Rechtsräumen aus. Dies gilt besonders für die hochmittelalterliche Kirche, aber ebenso für die Reformation, welche verschiedene Gebiete Europas unter diesen neuen Vorzeichen vereinte und modernisierte.[2] Meine Ausgangshypothese war, dass die Entwicklung der typischen Adelsherrschaft im Baltikum während der Reformation insbesondere durch die Verleihung des *ius patronatus* gefördert wurde. Im baltischen Fall bewirkte die Reformation also keine verstärkte Fürstenherrschaft oder einen Absolutismus des Monarchen, sondern eine Verteilung der Macht auf den niederen Adel.

Es wird daher im Folgenden zunächst notwendig sein, die Stellung des Adels um 1500 aus den Informationen zur baltischen Kirchen-, Adels-, Wirtschafts- und politischen Geschichte zusammenzutragen (dazu II.1). Regional geht es vor allem um den Raum des alten Livland, also unter Einschluss des gesamten heutigen Estland. Es handelt sich um die Missionsgebiete nördlich von Preußen, welche ab 1255 zur Kirchenprovinz Riga mit den Bistümern Riga sowie Ösel-Wiek im Norden, Dorpat im Osten und Kurland im Westen verbunden wurden, während Reval zunächst Lund unterstellt war. Sodann ist in die Geschichte der Reformation im Baltikum einzuführen, insbesondere die die Stellung des Adels erklärt (dazu II.2).

Dann ist auf das Recht des Patronats und seine Bedeutung für die baltischen Barone einzugehen. Zunächst ist zu klären, worum es hier im kanonistischen Sinn sich handelt (dazu III.1.) und welche Ausgestaltung es in Livland fand (dazu III.2), bevor diese Situation mit der Lage in Sachsen zu vergleichen ist, um die Besonderheiten des Baltikums zu ermitteln (dazu III.2). Dies ermöglicht dann abschließend einige Schlüsse auf die Situation des Adels vornehmlich aufgrund der baltischen Kirchenverfassung (dazu IV.), bevor im Schluss die Ausgangshypothese noch einmal aufgegriffen wird.

II. Grundlagen der Verfassung in Livland

1. Zeit bis zur Reformation

Das Christentum wurde in Skandinavien und im Baltikum vom Erzbistum Hamburg-Bremen aus verbreitet. Durch die Gründung der Diözesen Lund und Uppsala wurden Dänemark und Schweden jedoch in kirchenrechtlicher

2 Für das Baltikum besonders *Christian Krötzl*, Papsttum, Mission und der Norden. Das Zusammenspiel von Zentrum und Peripherie, in: Anti Selart/Matthias Thumser (Hg.), Livland – eine Region am Ende der Welt? Forschungen zum Verhältnis zwischen Zentrum und Peripherie im späten Mittelalter, 2017, S. 185–207.

Hinsicht im 13. Jahrhundert selbständig.[3] Im Baltikum entstanden die vier großen Bistümer Ösel-Wiek, Reval – allerdings ohne Territorium, Dorpat und Riga. Dieses Gebiet des alten „Livland“ umschreibt etwa den Raum meiner Untersuchung. 1224 wurde der Bischof von Riga zum Reichsfürsten erhoben, 1255 die Diözese zum Erzbistum. Allerdings war damit nicht die Ablösung des Baltikums vom Reich verbunden.[4] Vielmehr wurde diese durch eine weitere deutsche Besiedelung noch weiter verstärkt. Insbesondere aus der Kirchenprovinz Köln kamen die deutschen Siedler für Alt-Livland, während die Händler und Adligen vom Niederrhein und dem Hinterland von Lübeck einschließlich Westfalen stammten. Dies schuf eine dauerhafte auch rechtliche Verbindung des Baltikums zum Reich.

Die Präsenz des Schwertbrüderordens im Baltikum ab 1202 führte allmählich zu einem neuen Machtgefüge im Baltikum sowie dadurch faktisch zu einer Abnabelung dieser Kirchenprovinz von den deutschen Gründern.[5] Der Orden sollte nach einer Entscheidung des päpstlichen Legaten von 1226 von dem eroberten Land ein Drittel zum Lehn erhalten, während die Zehnten und alle geistlichen Rechte den Bischöfen zukommen sollten.[6] Dafür erhielt der Orden die Aufgabe, das Land gegen die Heiden zu verteidigen. Neben die Bischöfe als Herren traten damit die Schwertbrüder als weitere geistliche Herren. Erst 1237 verschmolzen sie mit den „Deutschen Orden“ aus Preußen.[7] Seitdem hing Livland stark vom preußischen Ordensoberen ab. Nur allmählich gelang ihnen eine Vergrößerung ihrer Unabhängigkeit, etwa 1520 durch die freie Wahl ihres Meisters.[8]

Die Macht, die der „Deutsche Orden“ in Preußen hatte, strebte der Orden im Baltikum allerdings vergebens an. Dafür blieb die Stellung der Bischöfe als Landesherren zu stark. Die Gebiete des Ordens waren versprengt in den verschiedenen Diözesen,[9] allenfalls zusammen konnten die beiden geistlichen Herren das Land regieren. Für den Orden wurden die Rechte vor Ort durch die Komture in ihrer Ballei bzw. Provinz wahrgenommen. Dabei gab es in den einzelnen Ausgestaltungen zahlreiche Unterschiede.[10] War nicht der Bischof selbst

---

3 *Errki O. Kuujo*, Die rechtliche und wirtschaftliche Stellung der Pfarrkirchen in Alt-Livland, 1953, S. 20.

4 *Oswald Schmidt*, Rechtsgeschichte Liv-, Est- und Kurlands. Aus dem Nachlaß des Verfassers, hg. von Eugen v. Nottbeck, mit Sach- und Namenregister, 1895, S. 156.

5 *Kuujo*, Stellung der Pfarrkirchen (o. Fn. 3), S. 20–23.

6 Ibidem, S. 29.

7 Ibidem, S. 23 f., 27.

8 *Schmidt*, Rechtsgeschichte (o. Fn. 4), S. 160.

9 *Kuujo*, Stellung der Pfarrkirchen (o. Fn. 3), S. 31.

10 Ibidem, S. 58 f.

für die Verwaltung der Pfarrei verantwortlich, wurde dem Bischof die Person des Pfarrers vorgeschlagen und zweimal pro Jahr wurde in den Gemeinden eine Visitation vorgenommen, im Orden selbst dagegen nur einmal. Erst im 15. Jahrhundert verringerte sich die Bedeutung des Erzbischofs derart, dass dem Orden eine Mitherrschaft in Livland eingeräumt wurde.[11] Livland blieb damit zunächst in der Hand kirchlicher Größen.

Neben den geistlichen Herren gab es die Städte, die allerdings durch die Bischöfe verwaltet wurden. Wegen ihrer Mittlerrolle zwischen Osteuropa und Deutschland wurden sie reich und als Hansestädte mächtig. Es gelang ihnen jedoch nicht, sich zu einem eigenen Städtebund zu verbinden. Immerhin konnten sie sich machtpolitisch von den Bischöfen und dem Orden abgrenzen.[12] Wegen ihrer Beteiligung an der Mission wurden ihnen von den Bischöfen die gleichen Privilegien eingeräumt wie dem Schwertbrüderorden.[13] Sie bildeten eine politisch und wirtschaftlich verbundene Front im Baltikum.[14]

Hinzu trat der aus Deutschland eingeworbene Adel, der aus dem Adel oder ministeriellen Familien stammte und Lehnsverträge mit den Bistümern und dem Orden abschloss.[15] Dafür erhielt er Anteile am Land und an den bäuerlichen Einkünften. Die Zehnte von den bäuerlichen Erträgen sollten unter den Vasallen aufgeteilt werden. Da es nur geistliche Lehnsherren gab und keine großen Territorien ausgegeben wurden, entwickelte sich kein hoher Adel im Baltikum in dieser Zeit.[16] Das Land zerfiel dagegen in Tafel- und Lehngüter. Im Umgang mit den Tafelgütern waren die Eigentümer, die Bischöfe und der Orden, frei, während die Lehngüter nach dem Aussterben der männlichen Linie wieder herausgegeben werden mussten.[17]

---

11 *Friedrich Georg von Bunge*, Einleitung in die liv-, esth- und curländische Rechtsgeschichte und Geschichte der Rechtsquellen, 1849, ND 1971, S. 43 f.

12 *Reinhard Wittram*, Die Reformation in Livland, in: ders. (Hg.), Baltische Kirchengeschichte: Beiträge zur Geschichte der Missionierung und der Reformation, der evangelisch-lutherischen Landeskirchen und des Volkskirchentums in den baltischen Landen, 1956, S. 49 (33–49).

13 *Kuujo*, Stellung der Pfarrkirchen (o. Fn. 3), S. 28.

14 *Heinz von zur Mühlen*, Livland von der Christianisierung bis zum Ende seiner Selbständigkeit (etwa 1180–1561), in: Gert von Pistohlkors (Hg.), Baltische Länder, 1994, S. 128, 130–153 (25–172).

15 *Reinhold von Helmersen*, Geschichte des livländischen Adelsrechts bis zum Jahre 1561, 1836, S. 8 f.

16 Ibidem, S. 8 f.

17 Ibidem, S. 315.

Mit der Mission und der Übernahme weltlicher Verantwortung war die Pflicht zum Bau und zum Unterhalt von Kirchen verbunden. Die Bischöfe und der Deutsche Orden mussten daher über die Anlage und den Bau von Kirchengebäuden entscheiden sowie sie dann unterhalten. Doch auch auf dem Land gab es früh Kirchen und Kapellen auf dem Grund und in der Hand eines Adligen. Mit der Genehmigung des Bischofs konnten sie in den Rang einer Gemeindekirche erhoben werden.[18] Die rechtlichen und wirtschaftlichen Stellungen des Adels waren zunächst sehr verschieden. Die Konzentration auf die Landwirtschaft machte die Grundbesitzer reich und das Land wohlhabend, während zu kleine Höfe aus dem Wettbewerb verdrängt wurden und ihre ehemaligen Eigentümer in die Städte abwanderten. Zum 15. und 16. Jahrhundert entwickelte sich die Gutsherrschaft zur vorherrschenden Form der baltischen Landwirtschaft. Ab dem Ende des 14. Jahrhunderts verfügte der Adel allgemein über Dörfer oder Dorfanteile, in denen sie burgenartige Sitze unterhielten.[19] Allmählich etablierten sie sich damit als politische Gruppe mit dem Recht, an den Ständesitzungen beteiligt zu werden. Damit bildeten sie die vierte Gruppe der Landstände und konnten hier eher homogene Interessen gut durchsetzen.

Als politische Kraft vor Ort bot es sich für die Vasallen an, mit dem Orden gegen die Landesherren vorzugehen, so etwa 1315 im Vertrag zu Segewold.[20] Der Adel einiger Territorien war bei der Verfolgung ihrer Interessen besonders erfolgreich, vor allem die „Harrisch-Wierische Ritterschaft", deren besonderes Privileg 1347 durch den Hochmeister bestätigt wurde. Besonders in der „Jungingenschen Gnade" von 1397 wurde ihnen ein eigenes Erbrecht geschaffen,[21] das in der Familie weitergegeben werden konnte,[22] während die Bindung an die gesamte Hand allmählich verloren ging.[23] Der Adel begann, seine Lehen als Eigentum anzusehen.[24] Andere Ritterschaften nahmen dies zum Vorbild und

---

18 *Kuujo,* Stellung der Pfarrkirchen (o. Fn. 3), S. 38.

19 *von zur Mühlen,* in: von Pistohlkors, Baltische Länder (o. Fn. 14), S. 114.

20 Ibidem, S. 128.

21 *Johannes Götz,* Verbunden mit der Marienburg. Livländischer und preußischer Deutschordenszweig bis zum Ausbruch des Zungenstreits 1438, in: Selart/Thumser, Livland (o. Fn. 2), S. 386 (371–414); *Axel von Gernet,* Die Harrisch-Wirische Ritterschaft unter der Herrschaft des Deutschen Ordens bis zum Erwerb der Jungingenschen Gnade, 1893.

22 *von Helmersen,* Geschichte des Adelsrechts (o. Fn. 15), § 141, S. 348.

23 *Paul Johannsen,* Die Estlandliste des Liber Census Daniae, 1933, S. 760.

24 *Joachim Kuhles,* Die Reformation in Livland – religiöse, politische und ökonomische Wirkungen, 2007, S. 29 f.

suchten ebensolche Rechte zu erhalten. 1454 wurde ein solch erweitertes Erbrecht auch in Dorpat eingeführt, 1457 mit dem Privileg des Erzbischofs Silvester („Silvestersche Gnade“) auch im Erzstift Riga. So glichen sich die Rechtsverhältnisse des Adels im Baltikum allmählich an.[25]

Die vier Kräfte der Bischöfe, des Ordens, der Städte und des Adels bildeten einen spätmittelalterlichen Ständestaat, verbunden vor allem durch die Landstände. Diese entwickelten sich im 14. Jahrhundert zu einer geschlossenen, politischen Kraft. Ab 1422 beschlossen sie, sich jährlich zu versammeln.[26] 1435 wurden die Ritter dann als gleichberechtigte Kraft der Landstände akzeptiert.[27] So entwickelte sich die Ritterschaft als politische Korporation des alten Livlands.[28] Zum 16. Jahrhundert schufen die Landstände ansatzweise eine Klammer zwischen den verschiedenen politischen Kräften Livlands.[29]

Vor der Reformation zeigten sich nur vereinzelt Ansätze einer Unzufriedenheit mit der Situation der Kirche. Die Erneuerungsbewegung der Konzile von Konstanz und Basel erreichte auch das Baltikum, bewirkte jedoch nur wenig Änderungen.[30] Die politische Lage im Baltikum wurde geprägt durch das Duopol zweier geistlicher Größen, die miteinander rivalisierten.[31] Der deutlich zunehmende Reichtum führte dazu, dass auch die Begehrlichkeiten der Nachbarn wuchsen. Zunächst wurde die Zugehörigkeit des Baltikums zum Reich betont. Ab 1492 begann man vom Reich aus, der Kirchenprovinz Riga Reichssteuern abzuverlangen.[32] Die Bischöfe von Kurland und Reval wurden 1520 bzw. 1521 zu Reichsfürsten erhoben. Die Gültigkeit des Reichsrechts in Livland wurde 1522 ausdrücklich betont und 1527 nahmen Vertreter Livlands zum ersten Mal Teil an einem Reichstag; dort beschäftigte man sich in der Folgezeit auch mit

---

25 *von zur Mühlen*, in: von Pistohlkors, Baltische Länder (o. Fn. 14), S. 119; von Helmersen, Geschichte des Adelsrechts (o. Fn. 15), § 133, S. 306.

26 *Leonid Arbusow*, Die Einführung der Reformation in Liv-, Est- und Kurland, 1921, ND 1964, S. 51.

27 Ibidem, S. 33.

28 *Friedrich Georg von Bunge*, Das Herzogtum Estland unter den Königen von Dänemark, 1877, S. 33 ff.

29 Vgl. *Pärtel Piirimäe*, Staatenbund oder Ständestaat? Der livländische Landtag im Zeitalter Wolters von Plettenberg (1494–1535), Forschungen zur baltischen Geschichte 8 (2013), S. 40–80.

30 *Kuujo*, Stellung der Pfarrkirchen (o. Fn. 3), S. 13; *von zur Mühlen*, in: von Pistohlkors, Baltische Länder (o. Fn. 14), S. 134, 136.

31 Ibidem, S. 43 ff., 90 ff.

32 *Mihkel Mäesalu*, Die Steuerforderungen des Heiligen Römischen Reiches an die Kirchenprovinz Riga im 15. Jahrhundert, in: Selart/Thumser, Livland (o. Fn. 2), S. 259–282.

Themen Livlands.[33] Die Geistlichkeit erhielt ihren Nachwuchs aus Deutschland und auch für die einheimischen Kräfte führte die Karriereleiter über Deutschland.[34] Erfolgreich konnte man sich mit Klagen aus dem Baltikum an das Reichskammergericht wenden und auch sonst Rückhalt in der Reichspolitik finden.[35] In der ersten Hälfte des 16. Jahrhunderts erreichten die Strukturen des Reichs das Baltikum damit wie nie zuvor und danach.

2. Die Einführung der Reformation

Die Reformation setzte in Livland besonders früh ein. Die ältere Forschung ist hier allerdings wenig verlässlich, wenn es etwa einmal heißt, die Reformation sei bald durchgesetzt worden, an anderer Stelle jedoch die Undeutschen dagegen fast ein Jahrhundert später als kaum christianisiert bezeichnet werden.[36] Schon 1521 erschien mit Andreas Knöpgen (um 1468- 1539) ein Priester in Riga, der sich für evangelische Forderungen einsetzte.[37] Seine Familie stammte aus Pommern, er wurde in der Nähe von Küstrin geboren.[38] Wie sein Bruder Jakob bekleidete Andreas kirchliche Stellen, 1492 war er bereits Pfarrer in Küstrin. 1508 erscheint er als Vikar der Marienkirche in Treptow, wo auch Johannes Bugenhagen wirkte. Die Brüder wurden hier Schüler Bugenhagens und erscheinen neben ihm in den notariellen Urkunden. Bugenhagen mag den Wunsch nach weitergehenden Studien angeregt haben. Nach 1512 studierte Andreas in Ingolstadt und Frankfurt a.d.O.[39] Dadurch wurde er vom Humanismus erfasst und baute besonders 1520 einen persönlichen Kontakt zu Erasmus von Rotterdam auf.[40] Bereits 1509 wurde Jakob Knöpken Kanonikus des Domkapitels zu Riga, 1517 folgte

33 *Madis Maasing*, Livland und die Reichstage (1520–1555), in: Selart/Thumser, Livland (o. Fn. 2), S. 288, 292, 297 f. (283–314).

34 *Wittram*, in: ders., Baltische Kirchengeschichte (o. Fn. 12), S. 37.

35 *Arbusow*, Reformation (o. Fn. 26), S. 739.

36 *Heinrich Stählin*, Die Verfassung der Livländischen Landeskirche 1622–1832, Zeitschrift der Savigny-Stiftung für Rechtsgeschichte, Kanonistische Abteilung 52 (1932), S. 291 (289–369); zur Forschung aus estnischer Hinsicht dagegen *Juhan Kreem*, Die livländische Reformation im Spiegel der estnischen Geschichtswissenschaft, in: Matthias Asche u.a. (Hg.), Die baltischen Lande im Zeitalter der Reformation und Konfessionalisierung, 2012, S. 99–121.

37 *von zur Mühlen*, in: von Pistohlkors, Baltische Länder (o. Fn. 14), S. 137, 153.

38 *Arbusow*, Reformation (o. Fn. 26), S. 171 ff.

39 *Ralph Ruthenberg*, Die Beziehungen Luthers und der anderen Wittenberger Reformatoren zu Livland, in: Wittram, Baltische Kirchengeschichte (o. Fn. 12), S. 56–76; *Arbusow*, Reformation (o. Fn. 26), S. 175.

40 Ibidem, S. 177.

ihm Andreas dorthin. Bis 1519 übte er dort für seinen Bruder das Predigtamt ohne Befriedigung aus und kehrte danach als Nachfolger von Bugenhagen nach Treptow zurück.[41] Damit war er wieder bei Bugenhagen, als dieser 1520 begann, sich zunächst kritisch mit Luther, dann jedoch mit wachsender Zustimmung zu seiner „de captivate babylonica ecclesiae" auseinanderzusetzen.[42] Bugenhagen wirkte also schon von Treptow aus im Sinne der Reformation, noch bevor er 1521 nach Wittenberg zog und sich damit Luther anschloss.

Nach seinem Weggang aus Treptow kehrte Andreas Knöpgen wieder nach Riga zurück. Offenbar verfügte er bereits über ein Exemplar der „Loci communes" von Melanchthon. Aufgrund seines friedlichen Naturells kehrte so die Reformation mit leisen Worten, aber profunder Argumentation im Baltikum ein. Erst als neben ihn noch der robustere Sylvester Tegetmaier trat und die Massen fanatisierte, entwickelten sich ab 1522 Unruhen und Bilderstürme.[43] Livland zeigte sich zunächst offen für verschiedene Prediger, so konnte auch Melchior Hoffmann (um 1495–1543?), später einer der führenden Widertäufer, 1523 bis 1525 in Dorpat lehren. Dort führte seine Lehre zu Aufständen, dem Dorpater Bildersturm. Doch auch die Gedanken der „12 Artikel" gelangten ins Baltikum und könnten Gedanken des Aufstands verstärkt haben.[44]

1522 wandten sich Balten bereits an Luther und schrieben ihm einen Brief.[45] Nicht vor September 1523 antwortete dieser an seine „auserwählten lieben Freunde, den Christen zum Riga, Reval und Dorpat in Livland.[46] Ab 1524 können Riga, Dorpat und Reval als feste Stützpunkte der Reformation angesehen werden.[47] Besonders im Gegensatz zum eher altgläubigen Land fand die Reformation zunächst in den Städten ihre ersten Unterstützer, gleiches gilt für die anderen Städte an der Nord- und Ostsee. Mehr Kontrollen dieser Kirchen durch Visitationen und Protokolle zeigen ab diesem Zeitpunkt die Tätigkeit der protestantischen Kirchenleitung an. So wurde in Riga die Armenkiste eingeführt, das Äquivalent zum Leisniger „Allgemeinen Kasten", und der Dom wurde

---

41 *Hellmuth Weiss*, Art. „Knopken, Andreas", Neue Deutsche Biographie, Bd. 12, 1980, S. 215 f.

42 *Arbusow*, Reformation (o. Fn. 26), S. 181.

43 *Heinrich Julius Böthführ*, Art. „Tegetmeyer, Sylvester", Allgemeine Deutsche Biographie, Bd. 37, 1894, S. 529 f.

44 *Wittram*, in: Wittram, Baltische Kirchengeschichte (o. Fn. 12), S. 52.

45 *von zur Mühlen*, in: von Pistohlkors, Baltische Länder (o. Fn. 14), S. 138.

46 *Wittram*, in: Wittram, Baltische Kirchengeschichte (o. Fn. 12), S. 39.

47 *Kuujo*, Stellung der Pfarrkirchen (o. Fn. 3), S. 18.

geschlossen.[48] 1527/8 wurden zwei Kirchen dann für den protestantischen Gottesdienst geöffnet. Damit begann die Stadt, den Besitz der Kirche einzuziehen.[49] Die Stadt Riga führte die Reformation damit vor Königsberg, Danzig, Lübeck und Hamburg ein. Auch Ösel-Wiek wurde 1524 protestantisch,[50] während Reval die Entscheidung in der Schwebe ließ. Einige Kirchen wurden hier 1524 dem evangelischen Gottesdienst geöffnet und Dominikaner ausgewiesen, doch der Dom und das Domkapitel blieben bis 1565 römisch-katholisch. Ferner verblieben zwei römisch-katholische Klöster in der Stadt. Erst nach 1530 begann man mit dem Aufbau einer evangelischen Kirchenverfassung unter einem Oberpastor, aus dem sich dann der Superintendent entwickelte.[51] In Dorpat schien bis 1540 noch die Fraktion der Katholiken zu überwiegen. Reformation und Altgläubige hielten sich einstweilen die Waage.

Für die Städte bedeutete die Reformation daher einen maßgeblichen Gewinn an Vermögen und Autonomie.[52] Die Reformation ermöglichte den Städten die Entwicklung einer republikanischen Stadtverwaltung, die zumindest ab 1532 in Riga auch die Aufsicht über die Kirchen beinhaltete.[53] Sie regelten nun insbesondere ihre religiösen Angelegenheiten selbständig.[54] 1533 wurde ein erster evangelischer Superintendent in Riga eingesetzt.[55] 1546 wurde ein geistliches Konsistorium insbesondere für Ehesachen geschaffen, dessen Vorsitz der Bürgermeister innehatte, der von den beiden Pastoren der zwei Hauptkirchen begleitet wurde. Gerade die Errichtung neuer Lehranstalten zeigt auch ihre Hinwendung zu Humanismus und Reformation.

In Verträgen wurde allmählich bilateral die Einführung der Reformation durchgesetzt, z.B. im Vertrag von Markgraf Wilhelm mit Riga zum Erhalt des Evangeliums von 1531.[56] Durch diese Verträge blieben gleichzeitig die bisherigen politischen Akteure einstweilen erhalten, dadurch überlebte einstweilen

---

48 *Wittram*, in: Wittram, Baltische Kirchengeschichte (o. Fn. 12), S. 40; *Kuhles*, Die Reformation in Livland (o. Fn. 24), S. 239 f.

49 *Wittram*, in: Wittram, Baltische Kirchengeschichte (o. Fn. 12), S. 41.

50 Ibidem, S. 52.

51 *Lea Kõiv*, Reval und die Kirchenpolitik Schwedens, in: Norbert Angermann u.a. (Hg.), Die baltischen Länder und Europa in der Frühen Neuzeit, 2015, S. 230 (227–255).

52 *Kuujo*, Stellung der Pfarrkirchen (o. Fn. 3), S. 19.

53 *E. H. Busch*, Ergänzungen der Materialien zur Geschichte und Statistik des Kirchen- und Schulwesens der Ev.-luth. Gemeinden in Rußland, Bd. 2, 1867, S. 761 f.

54 *Stählin*, Landeskirche (o. Fn. 36), S. 293.

55 Zu deren Aufgaben vgl. ibidem, S. 313 f.

56 *von zur Mühlen*, in: von Pistohlkors, Baltische Länder (o. Fn. 14), S. 152.

der mittelalterliche Ständestaat.[57] Ein Superintendent für ganz Livland, den die Landstände 1533 für wünschenswert erklärten, wurde nicht geschaffen.[58]

Mit der Schwächung der geistlichen Herren und angesichts der Rivalität der Städte wuchs der Einfluss des Adels. Zum 16. Jahrhundert hin veränderten sich dessen Lehnverpflichtungen. Der Adel arrondierte sein umfassendes Erbrecht und Dispositionsfreiheit über die Güter.[59] Im Verhältnis zu den Allodialverhältnissen im Reich sah man die Lage der baltischen Adligen sogar schon als vorteilhafter.[60] Die Güter wurden also entweder durch einen Lehnbrief vergeben oder vererbt. In den Formen blieb man damit zwar konservativ.[61] Bei einem Lehn zur gesamten Hand der Familie wurde durch ein Privileg von 1546 festgelegt, dass die Güter selbst streng nach dem Prinzip des Schwertmagens sächsischen Rechts vererbt werden sollten[62]. Das übrige Vermögen konnte frei nach Landrecht unter den nächsten Verwandten nach Kopfteil verteilt werden. Gleichzeitig reduzierte sich die Rechtsstellung der dem Adel unterworfenen Landbevölkerung. Die Bauern wurden zwar nicht mehr *untersaten* genannt, doch waren sie an ihren Wohnort als *glebae adscripta* gebunden. Abgesehen davon waren sie voll rechtsfähig und wurden von ihresgleichen gerichtet.[63]

Mit der Reformation versuchten die altgläubigen Kräfte, den Adel in eine Opposition zu den protestantischen Städten zu ziehen. Deren traditionelles Bündnis sollte gelöst werden, dafür wurden dem Adel privilegial Pflichten und Steuern erlassen und neue Vorrechte gewährt, vor allem das Patronatsrecht.[64] Der Erzbischof von Riga, Johann von Blankenfeld (1471–1527),[65] meinte, damit den Adel dauerhaft an die römische Kirche binden zu können. Bischof Kievel von Ösel-Wiek folgte alsbald diesem Beispiel. Doch das Mächtegleichgewicht in Livland war nachhaltig gestört. Diese Errungenschaften stärkten eher den politischen Appetit des Adels, als dass sie ihn befriedigen konnten.

57 *Wittram*, in: Wittram, Baltische Kirchengeschichte (o. Fn. 12), S. 55.
58 *Stählin*, Die Verfassung der Livländischen Landeskirche (o. Fn. 36), S. 294.
59 *von Helmersen*, Geschichte des Adelsrechts (o. Fn. 15), S. 315 f.
60 Ibidem, S. 318.
61 Ibidem, S. 322.
62 Ibidem, S. 325 f.
63 Ibidem, S. 352 f., nur in Wiek gab es für die Bindung an den Boden eine 30jährige Verjährung.
64 *Kuhles*, Die Reformation in Livland (o. Fn. 24), S. 197–199.
65 *Wilhelm Lenz*, Art. „Johann VII. Blankenfeld", Neue Deutsche Biographie, Bd. 10, 1974, S. 520 f.

Seit der Reformation waren die Landstände nicht mehr die Verbindung der starken politischen Kräfte, darin unterstützten sich vielmehr überwiegend schwache oder angeschlagene Kräfte gegenseitig. Die Reformation delegitimierte zum einen die politische Herrschaft der Bischöfe als auch die des Deutschen Ordens,[66] während die Städte miteinander rivalisierten und der Adel noch nicht stark genug war, um die Herrschaft allein auszuüben. Mit der beginnenden Enteignung der Kirchen wurde deren Ordnungskraft in Livland zudem immer schwächer. Die evangelische Lehre hatte damit in Livland wegen der politischen Lage eine andere Wirkung als in den übrigen Territorien.

Auf der politischen Ebene verlief die weitere Entwicklung jedoch langsam. Der Erzbischof von Riga blieb im Gegensatz zu seiner Bischofsstadt zunächst römisch-katholisch. Er war der Sohn eines Berliner Bürgermeisters, der in Bologna Jura studiert hatte und in Rom als Prokurator des Deutschen Ordens gearbeitet hatte. Gleiches galt auch für den Ordensmeister dieser Zeit, den Westfalen Wolter von Plettenberg (um 1450–1535). Er hielt sich daher zunächst politisch zurück. Doch schon als Koadjutor des Erzbischofs von Riga geriet Johann von Blankenfeld in die Kritik, weil er das Land nicht ausreichend gegen eine russische Invasion schützte.[67] Plettenberg geriet in die Situation, Blankenfeld 1526 gefangen nehmen zu müssen. Obwohl er vorher eine Übernahme Livlands durch den Orden abgelehnt hatte, übernahm er jetzt die Regierung in Livland. Blankenfeld unterwarf sich ihm. Doch war Livland damit weder Eigentum des Deutschen Ordens noch protestantisch geworden. Und aus dem Reich kam 1528 der Befehl an Riga, sich dem Erzbischof zu unterwerfen. Ferner sollte es den kirchlichen Besitz zurückgeben und den katholischen Gottesdienst im Dom wieder zulassen.[68]

Die Reformation wurde auch dadurch nicht in wenigen Jahren, sondern ganz allmählich im Baltikum stärker. Erst für die Zeit nach 1540 kann man etwa davon ausgehen, dass der Adel überwiegend protestantisch war, auch wenn man dort keine vertieften theologischen Kenntnisse erwarten durfte.[69] Zunächst war vor allem die Oberschicht lutherisch.[70] Bis zum Ende des Jahrhunderts herrschte die Sorge um die Reformation der Landbevölkerung, vor allem der „Undeutschen".[71] Damit findet man hier ein Charakteristikum von Livland, nämlich

66 *Arbusow*, Reformation (o. Fn. 26), S. 196.

67 *von zur Mühlen*, in: von Pistohlkors, Baltische Länder (o. Fn. 14), S. 148.

68 Ibidem, S. 151.

69 *Arbusow*, Reformation (o. Fn. 26), S. 803, 815, 823 f.

70 Ibidem, S. 822.

71 *Kuhles*, Die Reformation in Livland (o. Fn. 24), S. 306f.

das Nebeneinander beider Konfessionen für eine lange Zeit. Man spricht von einer „kühlen Toleranz“ zwischen den Konfessionen oder beschreibt pragmatische Positionen, derzufolge die Franziskaner einstweilen als hilfreich angesehen wurden insbesondere bei der Unterweisung bzw. „Pastorisierung“ der Undeutschen.[72] 1525 wurde ein erster Predigtstuhl für Esten eingerichtet.[73] Der protestantische Impuls, in der Sprache der Menschen zu predigen, führte im Baltikum zu einer neuen Beachtung der baltischen „undeutschen“ Sprachen der insbesondere ländlichen Bevölkerung.

Deutlich anders verlief die Entwicklung in Preußen. Hier war Albrecht Markgraf von Brandenburg-Ansbach (1490–1568) der letzte Großmeister des Deutschen Ordens, der seine Ritter auf die Reformation einstimmte,[74] das Territorium säkularisierte sowie in sein weltliches Herzogtum umformte.[75] Sein Einfluss im Baltikum war groß,[76] und einen solchen Schritt erwarteten Freund und Feind auch für Livland. Zu diesem Zweck empfahl Albrecht Johann von Blankenburg seinen jüngeren Bruder Wilhelm von Brandenburg-Ansbach (1498–1563) als Koadjutor. Dabei verheimlichte er dem Erzbischof, dass Wilhelm insgeheim Protestant geworden war. Als Koadjutor war Wilhelm von Brandenburg damit automatisch der Nachfolger des Erzbischofs. Sehr früh begann er mit einer Politik, welche die Säkularisierung des Erzstifts zum Ziel hatte. Doch anders als sein Bruder Albrecht war Wilhelm weniger durchsetzungsstark.[77] Immerhin fand die Reformation nun sogar im Erzbischof von Riga Unterstützung. Doch weiterhin gelang es nicht, den Orden zu säkularisieren.[78]

Mit dem gleichen Ziel wollte Wilhelm von Brandenburg Herzog Christoph von Mecklenburg (1537–1592) als Koadjutor des Ordensmeisters einsetzen.[79] Der Angehörige der mit den Brandenburgern benachbarten und verwandten Familie sollte dort die Reformation und die Säkularisierung einführen. Doch bevor dies realisiert wurde, wurde von der Gegenseite der Plan entdeckt und der katholische Westfale Wilhelm von Fürstenberg zum Koadjutor ernannt, der Wilhelm von Brandenburg und Christoph von Mecklenburg gefangen nahm. Im

72 *Wittram*, in: Wittram, Baltische Kirchengeschichte (o. Fn. 12), S. 52.

73 Ibidem, S. 46.

74 *von zur Mühlen*, in: von Pistohlkors, Baltische Länder (o. Fn. 14), S. 142.

75 Zu ihm vgl. v.a. *Walther Hubatsch*, Albrecht von Brandenburg-Ansbach. Deutschordens-Hochmeister und Herzog in Preußen 1490–1568, 1965.

76 *von zur Mühlen*, in: von Pistohlkors, Baltische Länder (o. Fn. 14), S. 133.

77 Ibidem, S. 152.

78 *Kuhles*, Die Reformation in Livland (Fn. 24), S. 301 ff.

79 *von zur Mühlen*, in: von Pistohlkors, Baltische Länder (o. Fn. 14), S. 157.

Ergebnis wurde Livland nicht einheitlich protestantisch; die beiden geistlichen Leitungen des Landes paralysierten sich gegenseitig. Eine Kirchenordnung von 1558 sollte für Lutheraner und Katholiken gelten und eine Brücke zwischen den Konfessionen schlagen.[80]

Da das Land wegen der längeren Friedenszeit gleichzeitig wohlhabend wurde, wuchs der Neid der Anrainerstaaten. 1558 überfiel Russland Narwa und begann den „livländischen Krieg". Das bildete den Auftakt für Schweden, Dänemark und Polen, sich Teil des alten Livlands zu sichern,[81] das damit zerfiel. Große Teile Estlands wurden schwedisch. Der Süden fiel zunächst an Polen, wo der König mit seinem jesuitischen Beichtvater auf eine Politik der Gegenreformation setzte.[82] Dafür nahm dort der letzte Großmeister Gotthard Kettler (1517–1587) 1559 doch noch die Säkularisation des Ordens vor, dem er als lutherischer Herzog Gottard von Kurland nun vorstand.[83] Der Wegfall des Ordens stärkte noch einmal die adligen Vorrechte, auf dem Land änderte sich wenig.[84] 1635 musste Polen dann den größten Teil des Territoriums an Schweden herausgeben. Schweden bestätigte dabei erneut die Privilegien des livländischen Adels,[85] versuchte jedoch durch Dotationen und Reduktionen von Land die Zusammensetzung des Adels nachhaltig zu verändern.[86] Auch die Patrone sollten um eine Bestätigung ihres Rechts nachsuchen. Doch wurde dies wohl wegen des Ausbrauchs des „Großen Nordischen Kriegs" 1700 bis 1710 nicht vollzogen,[87] in dessen Folge das Baltikum dann an Russland fiel. Als Fiktion blieb Reichszugehörigkeit noch eine Weile in Erinnerung.

III. Bedeutung des *ius patronatus*

1. Kanonistischer Rückblick

Die Rechte von Laien über Kirchen waren grundsätzlich ein Dorn im Auge der Kirche, die seit dem 9. Jahrhundert nach Autonomie strebte. Trotzdem konnte

80 *Kuhles,* Die Reformation in Livland (o. Fn. 24), S. 305.

81 *von zur Mühlen*, in: von Pistohlkors, Baltische Länder (o. Fn. 14), S. 166.

82 Ibidem, S. 183; *Eberhard Treulich*, Die Reformation der kurländischen Kirche unter Gotthard Kettler, in: Wittram, Baltische Kirchengeschichte (o. Fn. 12), S. 77–86.

83 *Kuhles*, Die Reformation in Livland (o. Fn. 24), S. 313.

84 *Tuchtenhagen,* Geschichte der baltischen Länder (o. Fn. 1), S. 38.

85 *Stählin*, Landeskirche (o. Fn. 36), S. 296.

86 *Tuchtenhagen*, Geschichte der baltischen Länder (o. Fn. 1), S. 38, 42ff.

87 *Ernst von der Brüggen*, Der lutherische Kirchenpatron in Livland, Eine rechtsgeschichtliche Skizze, Baltische Monatsschrift 20 n.F. 2 (1871), S. 394 (387–424).

sie nicht verhindern, dass Adlige sich Kirchen und Kapellen bauten und damit wie mit ihrem Eigentum umgingen, auch im Hinblick auf die Einstellung eines Pfarrers. Gegen die Vorstellung eines privaten Eigentums an Kirchen entwickelte die Kanonistik seit Rufinus von Bologna (vor 1130-vor 1192)[88] die Lehre des *ius patronatus*.[89] Er versuchte, die Zugriffsrechte des Herrn mit den Prinzipien der Freiheit der Kirche zu vereinen. Das *ius patronatus* entstand ihm zufolge aufgrund des Besitzes (*possessio*), des Kirchenbaus (*constructio*) sowie dann, wenn der Grund dafür zur Verfügung gestellt werde (*locupletatio*). Wenn nämlich auf „meinem Grund" eine Kirche gebaut werde, dann wäre „ich" automatisch Patron.[90]

In den Dekretalen wurde dazu ein eigener Titel geschaffen (X 3.38 *de iure patronatus*). Aus Dankbarkeit für die großzügige Stiftung solle die Herrschaft der Laien grundsätzlich anerkannt werden. Voraussetzung des Patronatsrechts sei jedoch der Bau bzw. die Ausstattung der Kirche.[91] In der Regel handelte es sich damit um Übertragung von Land, auf der die Kirche gebaut werden sollte, weswegen von der „Fundierung" der Kirche gesprochen wurde. Um die Freiheit der Kirche zu gewährleisten, sollte das Vermögen zunächst der Kirche überschrieben werden; dies war der Erwerb *per fundationem*. Dann konnte die Kirche auf dem Land errichtet werden, in der Regel auf Kosten des Patrons (Erwerb *per constructionem*). Ferner konnte das Patronatsrecht durch eine bedeutende Schenkung an die Kirche erworben werden. Ebenso konnte der bestehenden Kirche durch Schenkung etwas zugewendet werden (Erwerb *per dotationem*). Schließlich konnte es sich um ein Recht des Patrons handeln, das seit unvordenklicher Zeit bestand, dessen Anlass bzw. Begründung also nicht mehr bekannt war.

Beim Patronat sprach man nicht mehr von Eigentum, sondern von Sonderrechten und –pflichten. Zu den anerkannten Sonderrechten der Patrone gehörten:

- dass ihnen Ehre und Dankbarkeit geschuldet werde. Das wurde auch durch besondere Leistungen anerkannt, z.B. durch einen besonderen Sitzplatz in der

88 https://www.deutsche-biographie.de/pnd10096009X.html, http://legalhistorysources.com/1140a-z.htm, beide zuletzt 26.4.2018.

89 *Peter Landau*, Ius Patronatus. Studien zur Entwicklung des Patronats im Dekretalenrecht und der Kanonistik des 12. und 13. Jahrhunderts, 1975, S. 11 ff.; *Andreas Thier*, Art. „Patronatsrecht", Historisches Lexikon der Schweiz, URL: http://www.hls-dhs-dss.ch/textes/d/D9623.php, zuletzt 18.4.2018.

90 *Rufinus von Bologna*, Summa Decretorum, ed. H. Singer, 1902, ND 1963, zu C.16 q.7 c.26, S. 369.

91 Hierzu s. *Landau*, Ius patronatus (o. Fn. 89).

Kirche für den Patron und seine Familie, ebenso eine besondere Begräbnisstätte.

- Im Fall der Verarmung des Patrons hatte dieser das Recht, eine Unterstützung aus dem Kirchenvermögen zu fordern.
- Aus der historischen Einrichtung folgte ferner eine allgemeine Schutzpflicht und die Aufsicht über die Kirche und ihr Vermögen. Bei schlechter Verwaltung durfte der Patron den Bischof informieren und eine entsprechende Anzeige machen. Er hatte dagegen kein Recht, selbst die Verwaltung zu übernehmen.
- Das wichtigste Recht war das Vorrecht der Präsentation des Pfarrers, wenn der Amtsinhaber aus dem Amt ausschied. Vier Monate nach Beginn der Vakanz lang konnte der Patron einen oder mehrere Kandidaten präsentieren; danach riskierte er, dass der Bischof die Angelegenheit übernahm (X 3.38.22 und 27). Damit entschied zunächst der Patron allein über die Neubesetzung. Allerdings gab man der Bevölkerung ein Veto-Recht. Wenn die Bevölkerung einen geeigneten Kandidaten favorisierte, sollte der *maior pars* entscheiden, ansonsten der Bischof (X 3.38.3, III Lateranum, c.17).
- In der Neuzeit wurde die Präsentation allerdings zunehmend nur noch in Absprache mit Kirche oder der Gemeinde möglich. Das Patronatsrecht wurde oft geradezu mit dem Recht eines ersten Vorschlags gleichgesetzt (*Ius Patronatus* als „potestas praesentandi instituendum ad beneficium vacans"). Die Einführung in das Amt und die Pfründe wurde dagegen von dem Ortsbischof vorgenommen oder einem seiner Vertreter.

Das galt nicht nur in den Privatkapellen und -oratorien reicher oder adliger Familien, sondern durchaus auch in öffentlichen Kirchen. Dieses Recht wurde dann innerhalb der Familie vererbt wie das übrige Eigentum; Rufinus wollte das auf die Blutsverwandtschaft begrenzen.[92] Das Patronatsrecht bildete einen Teil des adligen Guts, das mit diesem zusammen verkauft wurde.[93] Allein konnte es nicht übertragen werden (X 3.38.16, Alexander III., JL 13778). Es konnte also nicht allein, sondern nur als „Zubehör" mit dem betreffenden Land übertragen werden. Allerdings konnte man das Recht verlieren, wenn man als Ketzer verurteilt wurde oder sonst gegen die Kirche vorging.

92 *Landau*, Ius Patronatus (o. Fn. 89); *Thier*, Patronatsrecht (o. Fn. 89).

93 *Wilhelm Lenz*, Zur Verfassungs- und Sozialgeschichte der baltischen evangelisch-lutherischen Kirche 1710–1914, in: Wittram, Baltische Kirchengeschichte (o. Fn. 12), S. 112 (110–129).

2. Situation in Livland

Insgesamt galt damit – abgesehen von Privilegien und Sonderrechten – das *ius commune* und damit auch das kanonische Recht auch im Baltikum.[94] Im Bereich der geistlichen Rechtsfragen wie etwa dem Patronatsrecht war damit grundsätzlich das kanonische Recht anwendbar,[95] obwohl es als päpstliches Recht nicht durch einen antiken Ursprung legitimiert werden konnte.[96] Damit galt insbesondere auch das *ius patronatus* in Livland.[97] Gerade weil die Entwicklung des Baltikums mit der Mission verbunden war, gab es auch auf dem Land viele Kirchen bzw. Kapellen, die von Adligen gestiftet worden waren und sich weiter in ihrer Hand befanden. Oft genug waren es die zentralen Kirchen des „Kirchspiels" („Kerkspelsz kerke")[98] oder sie konnten dazu ernannt werden.[99] Der größte Teil der Pfarrkirchen war daher wohl in der Hand von Patronen;[100] entsprechend dem Erbrecht konnte es sich auch um eine Frau handeln.[101] Sicher befanden sich die Patronate nicht nur in der Hand der Bischöfe und des Ordens, später in der Hand der auswärtigen Monarchen,[102] doch die Zahl wird im Verlauf der Geschichte geschwankt haben.[103] Der Landtag von 1522 stellte fest, dass auf dem Grund von Adligen deutlich mehr Kirchen standen als auf anderen Territorien.[104]

---

94 *von Bunge*, Das Herzogtum Estland (o. Fn. 28), S. 179.

95 *von Bunge*, Rechtsgeschichte (o. Fn. 11), S. 170 f.

96 *Iustus Henning Boehmer*, Ius ecclesiasticum protestantium usum hodiernum iuris canonici, Bd. 3, 1763, l.3. XXXVIII, §§ 10 ff., S. 468 ff.

97 *Oswald Schmidt*, Geschichte des Kirchenpatronats, Dorpater juristische Studien, Bd. III, 1894, S. 43 (37–75a); *von Bunge*, Einleitung (o. Fn. 11), S. 170 ff. mit Fn. d.; zur Verwurzelung des *ius commune* in der livländischen Jurisprudenz auch *Heikki Pihlajamäki*, Der frühmoderne Jurist und die Rechtsquellen. Rechtsanwendung in den livländischen Gerichten der schwedischen Zeit (ca. 1630–1710), in: Leopold Auer u.a. (Hg.), Höchstgerichte in Europa. Bausteine frühneuzeitlicher Rechtsordnungen, 2007, S. 79 (63–80).

98 Dazu *Stählin*, Landeskirche (o. Fn. 36), S. 349.

99 *Kuujo*, Stellung der Pfarrkirchen (o. Fn. 3), S. 63 zur Zeit zwischen 1396–1504 mit Beispiel.

100 *Lenz*, in: Wittram, Baltische Kirchengeschichte (o. Fn. 12), S. 112; *Stählin*, Landeskirche (o. Fn. 36), S. 351 f., weitgehend Hupel folgend.

101 *Stählin*, Landeskirche (o. Fn. 36), S. 352.

102 Zu den „Krongütern" vgl. *Stählin*, Landeskirche (o. Fn. 36), S. 354. Hier bestanden auch bereits historisch unterschiedliche Situationen, vgl. *Schmidt*, Geschichte des Kirchenpatronats (o. Fn. 97), S. 42.

103 *Schmidt*, Geschichte des Kirchenpatronats (o. Fn. 97), S. 51 ff.

104 *Kuujo*, Stellung der Pfarrkirchen (o. Fn. 3), S. 38.

Eine Verallgemeinerung erhielt das Institut, als Johann von Blankenberg den Vasallen insgesamt 1524 antrug, das Patronatsrecht der Kirchen auf ihrem Land zu übernehmen.[105] Tatsächlich waren die Ritter zu diesem Zeitpunkt von einigen revolutionären Tendenzen der Reformation insbesondere in der Bauernschaft abgeschreckt und wandten sich gegen die Entwicklung in den Städten.[106] Auch wenn sie bislang also nicht die Kirche nennenswert unterstützt hatten, erhielten sie damit das Aufsichtsrecht über die Kirchen auf dem Land. Das *ius patronatus* lag damit nun außerhalb der Städte allgemein in der Hand des lokalen Adels. Es wurde zu einem Rechtsinstitut, das die allgemeine Lage Livlands charakterisierte.

Man wird in konfessioneller Hinsicht nicht folgern können, dass Livland dadurch protestantisch wurde. Der Erzbischof übertrug dem Adel das Recht, um sie für die altgläubige Seite zu gewinnen. Tatsächlich geht man davon aus, dass die meisten Adligen erst mit einiger zeitlicher Distanz zur Reformation konvertierten.[107] Das *ius patronatus* selbst unterschied sich nicht nach konfessioneller Einstellung. Der Einfluss des Klerus ließ sich unter protestantischen Vorzeichen allerdings weiter reduzieren. Bischof und Erzbischof, aber auch der Ordensmeister, wurden zu rein spirituellen, kirchenrechtlichen Größen, die ihre weltliche Macht verloren. Durch die wirtschaftliche und rechtliche Dominanz der Güter wurde deren Machtbasis spirituell erweitert; der baltische Adel konnte so immer mehr die bestimmende Kraft in Livland werden. Bereits solche Kalküle konnten für eine Konversion zum evangelischen Glauben sprechen. Immerhin war der zumindest periodische Besuch des Gottesdienstes Pflicht, die der Pfarrer unter der Kontrolle des Patrons durchsetzen konnte. Daher geht man davon aus, dass die von den Vasallen angestellten Geistlichen nach 1524 die Reformation allgemein auf dem Land bewirkten.[108]

Es gibt mehrere Untersuchungen zum Patronatsrecht im Baltikum. Allen ging es im Wesentlichen um die Bestätigung der Weitergeltung dieses Rechts. Schon der polnische König Sigismund August hatte dem Adel versprochen, sein Recht vollständig zu erhalten.[109] Ähnliches galt auch in den anderen Territorien. Der erste Historiograph, August Wilhelm Hupel (1737–1817),[110] war ein Aufklärer.

---

105 *Wittram*, in: Wittram, Baltische Kirchengeschichte (o. Fn. 12), S. 53.

106 *Arbusow*, Reformation (o. Fn. 26), S. 435, 440.

107 S.o. Fn. 69.

108 *Wittram*, in: Wittram, Baltische Kirchengeschichte (o. Fn. 12), S. 53.

109 *Jürgen Heyde*, Bauer, Gutshof und Königsmacht, 2000, S. 34, einschränkend unter Sigismund III in § VIII der Landgerichtsordnung von 1630, S. 108

110 Zu ihm vgl. *Indrek Jürjo*, Aufklärung im Baltikum. Leben und Werk des livländischen Gelehrten August Wilhelm Hupel (1737–1819), 2006.

Doch in seiner Darstellung vor allem der schwedischen Kirchenordnung von 1686[111] betonte er die Rechte des Adels und deren Übereinstimmung mit dem älteren livländischen Recht.[112] Dabei betonte er die Übereinstimmung mit dem kanonischen Recht. Doch auch die folgenden Autoren betonten die Übereinstimmung des Rechts im 19. Jahrhundert mit dem Recht des 16. Jahrhunderts. Nicht einmal die russische Herrschaft habe hieran etwas verändert.[113] Es ging darum zu beweisen, dass das Recht immer schon so ausgestaltet gewesen war und daher in vollem Umfang dem baltischen Adel zustand.[114] Erst im 19. Jahrhundert führten Bauernbefreiung und andere Veränderungen dazu, dass das Patronatsrecht allmählich in seiner Bedeutung reduziert wurde. Doch Gesetze veränderten die Lage nicht, während allmählich der Wunsch der Bevölkerung nach Mitbestimmung stieg.[115]

Gerade die Schrift von Hupel betonte dabei die Ehrenrechte des Patrons, die extensiv ausgelegt wurden, wogegen die Pflichten der Patronatsherren reduziert wurden. Grundsätzlich ging man also von einer umfassenden Macht des Patrons aus, an der allerdings auch noch andere teilhaben konnten.[116] Schon nach dem kanonischen Recht konnte man darin ein Bündel an persönlichen und dinglichen Rechten erkennen.[117] Zu den Vorrechten des Patrons gehörten demnach weiterhin

- der besondere Platz im Gestühl,
- die Reparatur der Kirche mit Rat und finanzieller Beteiligung des Patrons.
- Allgemein solle der Patron sich seiner Kirche annehmen und die Gemeinde verteidigen.

111 Zur Genese der Kirchenordnung und der schwedischen Politik in Livland vgl. *Kõiv*, in: Angermann u.a., Die baltischen Länder (Fn. 51), S. 229.

112 *August Wilhelm Hupel*, Ueber das lief- und estländische Kirchenpatronat nebst andern kürzern Aufsätzen, etc. Der nordischen Miscellaneen zweytes Stück, 1781, S. 9–193; *Stählin*, Landeskirche (o. Fn. 36), S. 302 ff., 303 als Kodifikation des älteren Gewohnheitsrechts bezeichnet.

113 *Lenz*, in: Wittram, Baltische Kirchengeschichte (o. Fn. 93), S. 119; *Busch*, Ergänzungen (o. Fn 53), S. 1195.

114 Vgl. *Lenz*, in: Wittram, Baltische Kirchengeschichte (o. Fn. 93), S. 112; *Eduard von der Brüggen*, Das Lutherische Kirchenpatronat im Baltikum, Baltische Monatsschrift 20 (1871), *S. 387–423*.

115 *Schmidt*, Rechtsgeschichte (o. Fn. 4), S. 73a f.

116 *Hupel*, Kirchenpatronat (o. Fn. 112), S. 25 f.

117 Ibidem, S. 62: „personelle und reelle Rechte".

Wie im kanonischen Recht sollte der Bau einer Kirche nur dann zu einem Patronatsrecht führen, wenn

- der Bau oder Umbau der Kirche grundsätzlich mit Rat und Wissen des Kirchenvorstehers und der Gemeinde vorgenommen wurde.
- Doch mussten die Änderungen bzw. der Bau der Kirche nur mit Rat und Wissen des Patrons durchgeführt werden, dies sei viel wichtiger als der Konsens von Kirchenvorsteher und Gemeinde.
- Es musste sich allerdings um eine bedeutende Spende handeln. Nur die Stiftung von Altarparamenten oder eines Taufsteins sollte nicht ausreichen.

Bei einem „Compatronat" mit mehreren Patronen[118] erhalte das Amt, wer die meisten Stimmen erhalte; bei Stimmengleichheit gebe das Votum des Bischofs den Ausschlag (§ 14 KiO 1686). Eventuell ging allerdings das Recht in dem neuen Livland weiter, während in Estland das Patronatsrecht zunächst nur als Vorschlag zu verstehen wurde.[119]

In den Städten gehörten die Pfarrer[120] dem Stadtkonsistorium an, welches von Bischof und Stadt überwacht wurde.[121] Auf dem Land war es dagegen der Adel, der über die Karriere von Klerikern entschied. Man dürfe die Rechte des Patrons zwar nicht mit dem Bischof verwechseln. Wenn ein Pfarramt vakant sei, führe das *ius praesentationis* des Adels dazu, dass dieser das Amt vergeben könne. Sei die Stelle vakant, könnten sich die Kandidaten melden. Der Patron habe sie von der Kanzel predigen zu lassen, damit sie sich vor der Gemeinde vorstellen und ihre Fähigkeiten beweisen konnten. Hier erwartete man offenbar in der Regel eine Probepredigt in deutscher und „undeutscher Sprache".[122] Nur so hätten die Bauern auch eine Chance, ihr ultimatives Veto-Recht geltend zu machen.[123] Doch es bleibe allein das Recht des Patrons, die Einstellung zu beschließen. Da die Ernennung bzw. Wahl in der Hand des Patrons lag, gab es ganz unterschiedliche lokale Gepflogenheiten, wie dies durchgeführt wurde.[124]

---

118 Vgl. ibidem, S. 130; das Compatronat geht zurück auf X 3.38.2 des Konzils von Tribur 895.

119 *Hupel*, Kirchenpatronat (o. Fn. 112), S. 2 5f. Einen Bischof gab es unter schwedischer Herrschaft bis 1691/2, vgl. *Kõiv*, in: Angermann, Die baltischen Länder (o. Fn. 51), S. 254.

120 Zu deren Stellung vgl. *Stählin*, Landeskirche (o. Fn. 36), S. 330 ff.

121 *Hupel*, Kirchenpatronat (o. Fn. 112), S. 28 f.

122 Ibidem, S. 75.

123 *Busch*, Ergänzungen dazu, 1857 II, 1195; *Stählin*, Landeskirche (o. Fn. 36), S. 341 ff. zur Stellung der Gemeinde, 353 zum *ius elegendi vocandi* der Gemeinde.

124 *Lenz*, in: Wittram, Baltische Kirchengeschichte (o. Fn. 93), S. 112.

Wie umfassend das Präsentationsrecht hier ausfiel, zeigen zwei Bemerkungen Hupels. Zum einen erwähnte er ohne Nachweis das Urteil des Obergerichts in einem Streit der Bauern gegen den Patron wegen der Berufung eines Geistlichen. Das Gericht habe den Patron geschützt und dies zeige, wie unnütz Klagen der Bauern wegen ihres Veto-Rechts seien.[125] Zudem wurde dieses Vorrecht auf alle anderen Beschäftigten mit einem erst-recht-Schluss ausgedehnt.[126]

Neben dem Patron kannte das baltische Kirchenrecht wohl erst seit dem 17. Jahrhundert[127] noch „Kirchenvormünder", „-vorsteher" und den „Kirchenkonvent". Doch dies konnte die Macht des Patrons nicht einschließen. Als „Kirchenvormünder" wurden Bürger in der Stadt oder lokale Adlige auf dem Land bezeichnet, die jeweils von ihren Standesgenossen in dieses Amt gewählt wurden. Wo es also keinen Patron gab, wurde ein Ersatz dafür gewählt. In Estland gab es ferner „Kirchenvorsteher", die auf dem Land im Einvernehmen mit dem Pastor vom Gutsherrn ernannt wurden. Es konnte sich dabei um einen Bauern handeln.[128] Dieser war damit für die Ein- und Ausgaben bzw. die allgemeine Verwaltung der Gemeinde zuständig. Hupel wollte dagegen, dass der Patron selbst zum Kirchenvorsteher gewählt wurde. Doch selbst wenn er dazu nicht gewählt wurde, sollte der Patron so wie ein Kirchenvorsteher behandelt werden.[129] Besonders im „Kirchenkonvent" äußerte sich die spirituelle Macht des adligen Patrons. Zwar kam hier die Gemeinde zusammen, um über Fragen der Kirche zu sprechen. Doch nur der Patron entschied, alle anderen durften ihn nur beraten.

Weiterhin sollte der Patron den Pfarrer überwachen. Im Fall des Missbrauchs seines Amtes sollte er ihn beim (Ober-)Konsistorium anzeigen.[130] Dieses Recht durfte jedoch auch die Gemeinde wahrnehmen. Die Kontrolle der Landpfarrer stand damit eher dem Patron als dem Bischof zu. Zwar gab es für Pfarrer-Kandidaten in Estland eine kleine Prüfung durch den Probst, doch das war offenbar schon eine Ausnahme.[131] Wenn Pfarrer ihrem Amt nicht nachkämen, sollte dies dem Bischof gemeldet und die Person ersetzt werden. Der kluge Patron jedoch werde einsehen, dass bei einer divergierenden Entscheidung des Bischofs eher dessen Fachkompetenz zu folgen sei.[132]

---

125 *Hupel*, Kirchenpatronat (o. Fn. 112), S. 33.
126 Ibidem, S. 38; zustimmend *Stählin*, Landeskirche (o. Fn. 36), S. 350.
127 So *Stählin*, Landeskirche (o. Fn. 36), S. 358.
128 *Lenz*, in: Wittram, Baltische Kirchengeschichte (o. Fn. 93), S. 113.
129 *Hupel*, Kirchenpatronat (o. Fn. 112), S. 37f.
130 Ibidem, S. 29, 41.
131 *Lenz*, in: Wittram, Baltische Kirchengeschichte (o. Fn. 93), S. 113.
132 *Hupel*, Kirchenpatronat (o. Fn. 112), S 105.

Zu den weiteren Vorrechten des Patrons gehörte der besondere Sitz in der Kirche.[133] Daraus wurde abgeleitet, dass der Patron das Kirchenarchiv in seinem Schloss lagern durfte. Ebenso hatten Patron und Familie ein Recht auf freies Begräbnis und Geläut[134] sowie auf Fürbitte im Gottesdienst.[135] Ein weiteres, nicht unerhebliches Vorrecht war, dass der Patron für den Fall seiner Verarmung auf die Unterstützung durch seine Gemeinde zählen durfte.[136] Das stand in Übereinstimmung mit der Tradition des *ius commune.*[137]

Auf der Seite der Pflichten wurde demgegenüber recht lapidar aufgeführt,

- dass der Patron sich der Gemeinde annehme und sie verteidigen solle.
- Er müsse sie unterstützen und unterhalten.
- Das Patronatsrecht durfte nicht einträglich sein.[138]
- Der Patron musste Protestant sein. Er verlor sein *ius patronatus* automatisch, wenn er Ketzer wurde.[139]

Daraus wurden keine weiteren Konsequenzen gezogen.

3. Vergleich mit der sächsischen Literatur

Schon im Vergleich von Vorrechten und Pflichten im Reich wird die bevorzugte Stellung der Patrone im Baltikum deutlich. Selbstredend war in der katholischen Literatur der Neuzeit zum einen die Stellung des Bischofs viel stärker, zum anderen gab es für alle noch verbleibenden Zweifelsfälle noch die kirchliche Gerichtsbarkeit.[140] Die Kirche konnte den ungeeigneten Pfarr-Kandidaten abweisen, über die Geeignetheit entschied allein der Bischof.[141] Betont wurde, dass dem Patron kein Eigentum in und an der Kirche zustand,[142] ebenso wenig ein Recht zur Verwaltung, zur Entscheidung etc.[143]

133 § 16 Kirchenordnung, s. ibidem, S. 34.

134 Ibidem, S. 36.

135 *Lenz*, in: Wittram, Baltische Kirchengeschichte (o. Fn. 93), S. 112.

136 *Hupel*, Kirchenpatronat (o. Fn. 112), S. 39.

137 Vgl. *Georg Ludwig Böhmer*, Principia iuris canonici speciatim iuris ecclesiastici publici et privati, 1802, III.IV.XI § 537, S. 439.

138 *Hupel*, Kirchenpatronat (o. Fn. 112), S. 31.

139 Ibidem, S. 99, 129.

140 *Heinrich Canisius*, Summa iuris canonici, 1628, II.29, S. 242.

141 *Arnold Corvinus*, Ius Canonicum methodo institutionum, ed. J. H. Boehmer, 1721, II.33, S. 268.

142 *Corvinus*, Ius Canonicum (o. Fn. 141), II.33, S. 270 n. 19: „Patronus nihil proprii iuris in ecclesia habet".

143 *Henricus Pirhing*, Synopsis Pirhingiana seu SS. Canonum Doctrina, 1859, III.38 sectio II, § 1, S. 546.

Gegenüber der klaren Stimme der römisch-katholischen Kirche unterschieden sich die protestantischen Auffassungen. Doch auch im Vergleich mit der protestantischen Literatur des kurfürstlich bzw. königlichen Sachsens zeigt sich eine Sonderstellung des baltischen Patronats. Dies macht der Vergleich mit der sächsischen Jurisprudenz besonders deutlich. Der Vergleich mit Sachsen bietet sich an zum einen als Mutterland der Reformation, zum anderen wegen der reichen Kirchenrechtsliteratur in der Frühen Neuzeit. Mit dem Ausbau der fürstlichen Herrschaft verfolgte Sachsen allerdings eine ganz andere Politik als der baltische Adel.

Benedikt Carpzov (1595–1666) betonte viel stärker die Aufgabe der Bischöfe. Für Sachsen bezeichnete das entweder die Position der Superintendenten oder die Kompetenz des Fürsten als Inhaber der *iura episcopalis*. Vor allem die Bestimmung der inhaltlichen Lehre oder deren Reform war für Carpzov eine Sache der Bischöfe.[144] Mit deutlichen Worten warnte er davor, dass sich die Patrone nicht trauen sollten, sich in diese Angelegenheiten einzumischen.[145] Der Patron erscheint ihm vor Ort durchaus wichtig, doch niemand solle sich in das *Magistratus officium* einmischen.[146] Das klingt deutlich anders als Hupels Rat, dass jedenfalls der verständige Patron sich nicht mit den Bischöfen in Riga, Reval oder Dorpat anlegen solle. Man gewinnt hierbei den Eindruck, dass solche Einmischungen der Patrone zwar erwartet, doch als Skandal abgelehnt werden.

Johann Schilter (1632–1705) war nach seinem Herkommen, seiner Ausbildung und seiner ersten Karriere in Universität und Verwaltung nach ein sächsischer Jurist aus Jena. Doch durch die offenbar nicht auszuhaltenden Vorwürfe seiner bösartigen Ehefrau flüchtete er 1678 nach Frankfurt a.M., wo er 1686 einen Ruf an die Stadt Straßburg als Ratskonsulent und Professor deren Universität erhielt.[147]

---

144 *Benedict Carpzov*, Opus definitionum ecclesiasticum seu consistorialium, 1665, l.1 tit. 2 def. 20, S. 28 n.9.

145 Ibidem, S. 27 n. 4: „sibi obligare non erubescunt".

146 Zu Carpzovs Verständnis des *ius patronatus* vgl. *Peter Landau*, Carpzov, das protestantische Kirchenrecht und die frühneuzeitliche Gesellschaft, in: Günter Jerouschek u.a. (Hg.), Benedict Carpzov. Neue Perspektiven zu einem umstrittenen sächsischen Juristen, 2000, S. 231 ff. (227–256).

147 *Johann August Ritter von Eisenhart*, Art. „Schilter, Johann", ADB, Bd. 31, 1890, S. 266–268; *Klaus Luig*, Art. „Schilter, Johann", Neue Deutsche Biographie, Bd. 22, 2005, S. 774 f.

Für Schilter waren nur *fundatio* und *dotatio* ausreichend, um das Patronatsrecht zu begründen.[148] Für Justus Henning Boehmer (1674–1749) galt ähnliches, nur ergänzte er vor allem den Grund der „Investitur".[149] Unbeschadet des Patronatsrechts im Grundsatz gab es für Schilter auch Fälle, in denen das Präsentationsrecht dem Patron nicht zustand.[150] Zwar gestand er den Patronen zu, dass das Ernennungsrecht evt. auch für andere Positionen in der ländlichen Kirche neben dem Pfarrer gelten konnte, also insbesondere der Aufgabe des Lehrers.[151] Doch im Fall des Pfarrers folgte er Carpzov und verlangte eine Zulassung des Kandidaten durch den Superintendenten. Der Patron habe daher die Pflicht, vorab den Superintendenten nach einem geeigneten Kandidaten zu fragen. Das Volk müsse zudem seinem Vorschlag zustimmen.[152]

Diese Vorsicht aus theologischen Erwägungen wollte Boehmer auch bei Diakonen angewandt wissen.[153] Den Bauern gestand er ein richtiges Vetorecht bei der Besetzung der Pfarrstelle zu.[154] Bei einem Streit um die Geeignetheit des Kandidaten sollte der Superintendent entscheiden, bei einem Patt zwischen Patron und Bauernschaft dagegen der Landesherr.[155] Boehmer war dagegen großzügiger, was die Konfession des Patrons belangte. Nicht nur unter Protestanten, sogar Katholiken wollte er das Patronatsrecht in lutherischen Kirchen zugestehen.[156] Im Baltikum war das Luthertum des Patrons dagegen unverzichtbar.

Vor allem aber im Vergleich mit der Stellung des Fürsten wird der Unterschied deutlich. Justus Henning Boehmer warnte davor, das Patronatsrecht mit der besonderen Stellung des Landesfürsten zu verwechseln.[157] Dem Fürst bzw. dem

---

148 *Johann Schilter*, Iuris canonici ad ecclesiae vetus et hodiernae statum accomodatae, 1708, S. 125, § 6.

149 *Boehmer*, Ius ecclesiasticum protestantium (o. Fn. 96), § 59, S. 503, zur Definition: „Dominium quoddam directum patrono in suam ecclesiam competens, ex fundatione vel inuestitura vel cessione vel unione, vi cuius a se praesentatum & ab episcopo approbatum & ordinatum ecclesiae praeficit, eundem de bonis eius investit, & praeterea ut dominus directus quaedam iura honorifica & utilia percipit, simul tamen onera nonnulla ferre tenetur".

150 *Schilter*, Iuris canonici (o. Fn. 148), § 10, S. 127.

151 Ibidem, § 19, S. 133.

152 Ibidem, § 10, S. 127; § 26, S. 117; § 24, 144 n.b); § 36, S. 145.

153 *Boehmer*, Ius ecclesiasticum protestantium (o. Fn. 96), § 76, S. 514.

154 Ibidem, § 77, S. 514.

155 Ibidem, § 78, S. 515.

156 Ibidem, § 69, S. 509.

157 Ibidem, § 60, S. 504.

Magistrat stünden die Hoheitsrechte (*status publicum*) zu, nicht dem Patron.[158] Aus diesem Grunde konnte er Hilfe bei römisch-katholischen Autoren suchen, die er schließlich auch edierte. Bei Hupel und den anderen baltischen Autoren wurde dagegen direkt eine Gleichsetzung zwischen Patronat und Krongütern vorgenommen. Das wurde sogar noch einen Schritt weiter entwickelt, indem der Adel jedenfalls im 18. Jahrhundert sogar in Kronlehen ein Vorschlagsrecht für die Neubesetzung der Pfarrstelle in Anspruch nahm.[159]

Für den Sohn von Justus Henning Böhmer, nämlich Georg Ludwig Böhmer (1715–1797), war die Gerichtsgewalt des Patrons über die Gemeinde ebenso undenkbar wie sein Recht, den amtierenden Pfarrer entfernen zu lassen.[160] Beides wurde im alten Livland offenbar jedoch von den Patronen für sich in Anspruch genommen. Die einzige Einschränkung des Patronatsrechts im Baltikum waren mögliche theologische Bedenken, denen sich der Patron nicht verschließen würde. Doch waren das offenbar eher gute Ratschläge als bindende Regeln. Die existierenden Bischöfe und Erzbischöfe im Baltikum waren damit eher auf eine gute Verbindung zum Adel angewiesen, während die sächsischen Superintendenten klar ein Hoheitsrecht des Kurfürsten ausübten.

Der Adel entwickelte damit nicht zuletzt über das *ius patronatus* eine lokale Macht, die seine Stellung über die Bauern zu einer Herrschaft verdichtete. Das *ius patronatus* entwickelte im Baltikum ein eigenes Gepräge, das dem lokalen Adel immer mehr Rechte zuführte. Man wird das Patronatsrecht daher als baltische Besonderheit verstehen können mit Auswirkungen bis in die Verfassung der Territorien. Immer mehr glich die lokale Hoheit der Stellung eines Monarchen, so dass die Angleichung mit den Krongütern vorgenommen werden konnten. Im Ergebnis konnte die Korporation des derart lokal herrschenden Adels sich als Repräsentant des Landes ansehen, während die Herrschaft des auswärtigen Monarchen limitiert blieb.

---

158 *Justus Henning Boehmer*, Ius Parochiale ad fundamenta genuina, 1760, III.1 § 17, S. 200.

159 Vgl. *Gustav Johann von Buddenbrock*, Beytrag zur Kenntniss der Provincial-Verfassung und Verwaltung des Herzogthums Livland ohne die Provinz Oesel: eine Beylage zum ersten Theile des livländischen Magazins, 1804, 1. Hauptstück: Vom Kirchen- und Schulwesen und von milden Anstalten, S. 15 § 4: „Die Besetzung der Pfarren geschieht nach den adelichen Patronatrechten, und bei Kronspfarren haben die adelichen Eingepfarrtem das Recht, die Subjecte vorzuschlagen, aus welchen die Gouvernementsregierung eins auswählt und bestätigt."

160 *Georg Ludwig Böhmer*, Principia iuris canonici speciatim iuris cecclesiastici publici et privati, 1802, III.IV.XI § 537, S. 439.

IV. Die Stellung des Adels in Livland

Das Patronatsrecht stärkte also die dominierende Stellung des Adels auf dem Lande. Jedenfalls ergänzte das *ius patronatus* jene schon existierenden Vorrechte des Adels auf dem Land. Dort konnten sie bereits als Ausfluss des Lehnsrechts für den Orden Gerichte abhalten.[161] Den „Bauerngerichten" saß der Grundherr als Richter vor, außer in Strafsachen und adelsrechtlichen Fragen konnten jedoch Beisitzer aus der ländlichen Bevölkerung die Entscheidung fällen.[162] Auch in den dezentralen „Landgerichten" dominierten die Barone als Richter.[163] Nach einem Aufstand der „Undeutschen" in 1560, den die Barone niederschlugen, verstärkte sich diese Dominanz des Adels.[164]

Zum 17. Jahrhundert hin stieg sogar die Abgabenlast und damit die Abhängigkeit der Bauern von den Baronen.[165] Sie erwarben die Hoheit über Wild und Wald und konnten sich zusätzliches Land sichern; die Bauern wurden deutlicher an die Scholle gebunden.[166] Deutlicher wird in dieser Zeit auch eine Gerichtsbarkeit der Barone, welche als Besonderheit der baltischen Barone angesehen werden kann: Sie hatten das Recht einer umfassenden Disziplinargewalt über die ländliche Bevölkerung, wie es das Standardwerk zur Bewirtschaftung des Landes durch die estnischen Herrenhöfe im 17. Jahrhundert eindrücklich darstellt.[167] Dieses Recht wurde von der schwedischen Zentralmacht noch dann zugestanden, als die Rechtsprechung mehr auf die zentrale Ebene verlegt werden sollte.[168] Im Disziplinarverfahren wurde nicht mehr zwischen weltlichen und geistlichen Aufgaben und Rechten differenziert. Die Disziplinargerichtsgewalt illustriert die umfassende Hoheit des niederen Adels über die Landbevölkerung. Dies untermauert die These, dass das *ius patronatus* die Gewalt auf dem Land abgerundet habe.

Die meisten Autoren stimmen darin überein, dass insbesondere das *ius patronatus* in den Händen des Adels zur Durchsetzung des Luthertums auf dem Land geführt habe.[169] Der Grundsatz „cuius regio, eius religio" des Reichs für die

161 *Heikki Pihlajamäki*, Conquest and the Law in Swedish Livonia (ca. 1630–1710). A Case of Legal Pluralism in Early Modern Europe, 2016, S. 110 ff.

162 *Christoph Schmidt*, Leibeigenschaft im Ostseeraum. Versuch einer Typologie, 1997, S. 58 zu den bäuerlichen Beisitzern.

163 *Pihlajamäki*, Swedish Livonia (o. Fn. 161), S. 259.

164 *Heyde*, Bauer, Gutshof und Königsmacht (o. Fn. 109), S. 28, 33.

165 *Pihlajamäki*, Swedish Livonia (o. Fn. 161), S. 113 mit Fn. 96.

166 *Heyde*, Bauer, Gutshof und Königsmacht (o. Fn. 109), S. 34.

167 Vgl. *Arnold Soom*, Der Herrenhof in Estland im 17. Jahrhundert, 1954, S. 14 ff.

168 *Pihlajamäki*, Swedish Livonia (o. Fn. 161), S. 114.

169 *Stählin*, Landeskirche (o. Fn. 36), S. 294.

Fürsten habe im Baltikum für die Ritter gegolten. Jedes Kirchspiel habe fast eine Kirche für sich gebildet.[170] Demgegenüber kannte die lutherische Kirche Livlands eigentlich nur eine lockere Verbindung zwischen den Ritterschaften, während die Kirche im Dorf wie eine Eigenkirche dem Ritter vollkommen untergeordnet war, der dort nach seinem Gutdünken entscheiden konnte. Man müsse sogar offen lassen, ob die *iura episcopalia* im Baltikum nach 1560 den landesfremden Monarchen oder den Rittern zugestanden hätten.[171] Nicht zuletzt auch über den Pfarrer als maßgebliche Person der kirchlichen Gerichtsbarkeit auf dem Land habe der Adel auch im kirchlichen Bereich Herrschaft ausüben können.[172] In weltlicher Hinsicht sprach man in Estland sogar von einer „monarchia mixta“ zwischen der auswärtigen Krone und dem landsässigen Adel.[173] Teilweise wurde von einer „Adelsdemokratie“[174] gesprochen, was wohl einen Euphemismus für eine klare Aristokratie darstellen sollte.

Selbstverständlich war das *ius patronatus* nur ein Recht des niederen Adels unter vielen. Doch so wie die protestantischen Fürsten Deutschlands und Europas ihre Herrschaft durch die *iura ecclesiastica* nicht nur ausbauten, sondern eher begründeten, so bildete das Patronatsrecht eine Art Schlußstein im Gefüge der Sonderrechte des baltischen Adels über die ländliche Bevölkerung. Dort dominierten sie zum einen durch ihr Eigentum über Land und zunehmend auch über Leute. Das schloß ihre Gerichtsgewalt in den säkularen Angelegenheiten ein.[175] Zusammen mit den anderen Adligen bildeten sie die ländliche Gerichtsbarkeit, die ganz umfassend zuständig war.[176] Bis zur Zeit der schwedischen Herrschaft umfasste dies sowohl die hohe Gerichtsbarkeit an Leib und Leben der Bauern als auch die niedere Gerichtsgewalt.

---

170 Ibidem, S. 295.

171 Ibidem, S. 306.

172 *Lenz*, in: Wittram, Baltische Kirchengeschichte (o. Fn. 93), S. 114.

173 *Tuchtenhagen*, Geschichte der baltischen Länder (o. Fn. 1), S. 39.

174 *von zur Mühlen*, in: von Pistohlkors, Baltische Länder (o. Fn. 14), S. 119 mit Verweis auf *Paul Johannsen*, Liber Census Daniae, 1933, S. 760.

175 Zum Gutsgericht mit einer Diskussion der Quellen s. bereits *Marju Luts-Sootak*, Über die Dynamik in der Justizverfassung im schwedisch beherrschten Estland im 16. und 17. Jahrhundert, in: Frank L. Schäfer/Werner Schubert (Hg.), Justiz und Justizverfassung. Siebter Rechtshistorikertag im Ostseeraum, 3.-5. Mail 2012 Schleswig-Holstein, 2013, S. 111 f. (107–124) mit Hinweis in Fn. 15 auf den mir nicht zugänglichen *Arnold Soom*, Herrenhof (o. Fn. 167), S. 8–10 und zum Verschwinden der Bauern aus der Rechtspflege.

176 *Alexander von Tobien*, Die Livländische Ritterschaft in ihrem Verhältnis zum Zarismus und russischem Nationalismus, Bd. 2, 1930, S. 2.

Dieses Bündel an säkularen Kompetenzen muss man erweitern nun um die Herrschaft über die Kirchen.[177] Dadurch kontrollierten die Adligen nicht nur die Kirche, sondern ebenso deren Rechte über die Bevölkerung. Die Abgaben an die Kirche, die Zehnten, und die Disziplinargewalt wurden schon als eigene Rechte des Adels begriffen, nicht mehr als Rechte der Kirchen.[178] Der Adel blieb dagegen steuerfrei.[179] Der Adel kontrollierte so mittels seiner umfassenden Gerichtsgewalt auch die Leistung der bäuerlichen Abgaben an die Kirchen.[180] Wo sich dagegen in katholischen Gegenden säkulare und geistliche Herrschaft gegenüberstanden oder in Sachsen die Superintendenten gegenüber dem Adel eifersüchtig über ihre bzw. die fürstlichen *iura ecclesiastica* wachten, entwickelte sich der Adel zu einer privilegierten Schicht von Untertanen des Fürsten. Im Baltikum verschmolzen dagegen die verschiedenen Rechte zu einer umfassenden Herrschaft des Adels, also gerade nicht der Fürsten. Dies gilt besonders dann, wenn man die baltischen lutherischen Kirchen der Zeit als Zwangsanstalten begreift, welche eine umfassende Sozialkontrolle über die Bevölkerung ausübten.[181]

Es ist sicherlich schwierig, den Einfluss des *ius patronatus* von den anderen Faktoren zu isolieren und im Hinblick auf die Einführung der Reformation in Livland hin zu bemessen. Man wird jedoch erkennen, dass es die Rolle des Adels in einer Zeit stärkte, in der die anderen Kräfte der Landstände allmählich zerfielen. 1537 wurde ein neues „Ridderrecht" publiziert, das zwar kein Gesetzbuch, wohl aber eine Sammlung des älteren Adelsrecht darstellte.[182] Hartnäckig versuchte der Adel zu dieser Zeit, seine Situation durch wissenschaftliche Darstellungen abzusichern.[183]

V. Schluss

Aufgrund der besonderen Geschichte Livlands gab es im Baltikum zunächst keinen hohen Adel. Stattdessen entwickelte sich flächendeckend auf dem Land eine einflussreiche Schicht von Vasallen, die sich später als „Edelleute" bezeichneten.

---

177 *Stählin*, Landeskirche (o. Fn. 36), S. 297; im Ergebnis ebenso *Kõiv*, in: Angermann, Die baltischen Länder und Europa in der Frühen Neuzeit (o. Fn. 51), S. 230.

178 *Soom*, Herrenhof (o. Fn. 167), S. 184 ff. zum Zehnten; *Heyde*, Bauer, Gutshof und Königsmacht (o. Fn. 109), S. 231.

179 *Schmidt*, Leibeigenschaft (o. Fn. 162), S. 58.

180 *Soom*, Herrenhof (o. Fn. 167), S. 7.

181 *Stählin*, Landeskirche (o. Fn. 36), S. 345.

182 Vgl. *von Bunge*, Rechtsgeschichte (o. Fn. 11), S. 113.

183 Ibidem, S. 121 zu einem Rechtsbuch des Ritterrechts vor 1539.

Ab dem 15. Jahrhundert mussten sie bei den Landständen vertreten sein, mit der Reformation schwanden die Bischöfe, dann der Orden, und die Bedeutung der Städte schwand. Nach der Reformation blieben die Ritterschaften in den Territorien Kurland und Livland – im engeren Sinne etwa Ösel und Estland – die letzte Kraft aus der alten Ordnung. Sie bildeten nun den „Landtag". Sie bildeten die Schicht, die flächendeckend auf dem Land umfassend die Herrschaft über die ländliche Bevölkerung ausübte. Die mit dem *ius patronatus* verbundene Gewalt erweiterte die säkularen Rechte und ließ die Grenzen zwischen den beiden Welten für die Herrschaft des baltischen Adels verschwinden. Insoweit war es konsequent, dass der Adel die Tradition der Landstände in der Neuzeit weitgehend allein fortführte.

Es kann hier nicht darum gehen, die weitere Verfassungsentwicklung darzustellen. Für die These einer weiterhin dominierenden Position des baltischen Adels soll pars pro toto nur noch ein spätes Dokument herangezogen werden. In der unmittelbaren Vorgeschichte der Unabhängigkeit Estlands findet man vielleicht den klarsten Beweis ihrer herausgehobenen Stellung. Es handelt sich um eine Erklärung der „Ritterschaften Est- und Lettlands". Jede Ritterschaft hatte einen Repräsentanten, ab 1600 den „Ritterschaftshauptmann", ab 1634 in Livland „Landmarschall" u.ä. benannt. Auch wenn sich unter der „Ritterhausordnung" der schwedischen Zeit viel veränderte, blieb es dabei, dass jeder Gutsbesitzer Mitglied des Landtags war.[184] So konnten die Adligen ihre dominierende politische Geschichte bis zum 20. Jahrhundert verteidigen. Am 27. Januar 1918 erklärten nun diese „Ritterschaften Est- und Lettlands" mit großem Selbstbewusstsein:[185]

> „Nachdem die russische Regierung wiederholt das Recht der mit Rußland vereinigten nichtrussischen Länder anerkannt hat, ihr politisches Geschick selbständig zu bestimmen, sowie ihre zukünftigen Beziehungen zu Rußland zu regeln, ja ihre völlige Lostrennung von Rußland auszusprechen, erklären die Ritter- und Landschaften von Livland und Estland, als die verfassungsmäßigen Vertreter dieser Provinzen, die Selbständigkeit Livlands und Estlands, indem sie zugleich dem Wunsche Ausdruck verleihen, in freundnachbarlichen Beziehungen zu allen Völkern Rußlands zu bleiben, indem sie für sich das Recht in Anspruch nehmen, mit allen Mächten Verträge jeder Art zu schließen.

184 Zur starken Stellung des Adels in der schwedischen Zeit im Rahmen der „Riddarhusinstitutionen" vgl. *Jan von Konow*, Sveriges Adels Historia, 2005, S. 94.

185 „Die Unabhängigkeitserklärung der Ritterschaften Est- und Lettlands" vom 27. Januar 1918, Anl. 1 (zu S. 236 f.) in: *Tobien*, Die Livländische Ritterschaft (o. Fn. 176), S. 320 f.; Zur Geschichte der Ritterschaften von Livland und Oesel, 1974, S. 17 f.

> Bei dieser Erklärung stützen sich die Ritter- und Landschaften Livlands und Estlands auf folgende historische Tatsachen: Die Ritterschaften von Livland und Estland haben von altersher das Recht ausgeübt, im Namen des ganzen Landes staatsrechtliche Verträge zu schließen. [...]"

Bezeichnend ist hier schon der Gebrauch der deutschen Sprache. Dies indiziert jedoch bereits, warum diese Tradition am Beginn des 20. Jahrhunderts ihr Ende fand. Die Zukunft Estlands und Lettlands lag in ihrer Nationalstaatlichkeit begründet, dies schloss sowohl den Anschluss an das Deutsche Reich als auch die Verwendung der deutschen Sprach aus. Immerhin wurde hiermit der erste Schritt im Hinblick auf die staatliche Unabhängigkeit dieser Völker getan.[186]

Als ein Element unter anderen konnte hier das Patronatsrecht identifiziert werden, das die Stellung des baltischen Adels im Sinne lokaler Herrschaft und korporativer Hoheit festigte. Dabei stellt man nicht nur die selbstverständliche Übernahme des kanonischen Rechts fest, sondern auch die unterschiedliche Ausgestaltung des Patronatsrechts in den europäischen Territorien. Dabei kann man nicht nur konfessionelle Muster ausmachen, sondern auch regionale Unterschiede bzw. Besonderheiten. Für einen Rechtsvergleich in der Frühen Neuzeit wird man künftig nicht nur das konfessionelle Profil berücksichtigen müssen, sondern auch nach den regionalen Besonderheiten fahnden müssen.

---

186 Vgl. *Konrad Maier*, Deutsche im Baltikum, in: Michèle Knodt/Sigita Urdze (Hg.), Die politischen Systeme der baltischen Staaten. Eine Einführung, Darmstadt 2012, S. 46 (35–54).

Werner Schubert

Das Gewerberecht in den Herzogtümern Schleswig und Holstein (Reformprojekte 1844/46 und Einführung der Gewerbefreiheit 1867/69) sowie in Lübeck (Gewerbefreiheit ab 1867)

Abstract: Industrial Law in the Duchies of Schleswig and Holstein (Reform Projects of 1844/46 and Introduction of Freedom of Trade 1867/69) as well as in Lübeck (Freedom of Trade since 1867) This contribution describes the development of trade law in the duchies of Schleswig and Holstein. Under Danish law the execution of a trade was forbidden except by members of a guild or by those with a special concession. Attempts by the Danish government to introduce freedom of trade failed at the resistance of the estates of the duchies in 1844 and 1846. It was only under the Prussian government that the duchies received full freedom of trade when the Industrial Code of the North German Confederation became law.

Keywords: trade regulations of the North German Confederation in 1869, commercial freedom, obligatory guild, estates of Schleswig and Holstein, draft of an industrial order in Schleswig and Holstein (1844–1846)

1869/71 wurde in ganz Deutschland die Gewerbefreiheit eingeführt, soweit sie damals noch nicht bestand. Die „Unterscheidung zwischen Stadt und Land in Bezug auf den Gewerbebetrieb und die Ausdehnung desselben" sollte aufhören (§ 2 der Gewerbeordnung 1869/71). Den „Zünften und kaufmännischen Korporationen" sollte „ein Recht, Andere von dem Betriebe eines Gewerbes auszuschließen", nicht mehr zustehen (§ 3). In Norddeutschland – außer in den preußischen Gebieten Pommern und Ostpreußen, wo die Gewerbefreiheit schon 1811 eingeführt worden war – wurde die Gewerbefreiheit erst in den 60er Jahren des 19. Jahrhunderts eingeführt, in Mecklenburg erst 1869. Hier und in den Herzogtümern Schleswig und Holstein, in Hamburg, Lübeck sowie in Dänemark bestanden erhebliche Einschränkungen der Gewerbeausübung, die zum Teil bis in das Mittelalter zurückreichten. Besonders unübersichtlich war die Rechtslage in Schleswig und Holstein, mit deren Darstellung begonnen werden soll.

I. Das Gewerberecht in den Herzogtümern Schleswig und Holstein und der späteren Provinz Schleswig-Holstein

1. Das Gewerberecht um 1860

In den Herzogtümern Schleswig und Holstein wurde die Gewerbefreiheit zwischen 1867 und 1869 eingeführt. Den bis dahin maßgebenden Gesetzeszustand kennzeichnete der Kieler Publizist Carl Baurmeister 1859 wie folgt: „Wohl in keinem der andern deutschen Lande liegt das Gewerbewesen so im Argen, wie in den Herzogthümern Schleswig und Holstein. An einer eigentlichen Gesetzgebung fehlt es im Grunde hier gänzlich. Alles beruht auf Herkommen, Willkür, Gutdünken, Zufall". Grundsätzlich sollte im Allgemeinen „der in Deutschland gemeinrechtliche Zunftzwang für die Städte und zunftberechtigten Flecken als Regel gelten, jedoch giebt es in dem Gewerbewesen der Herzogthümer keine Regel ohne Ausnahme, oder vielmehr: die Ausnahmen bilden die Regel".[1] Bestimmte Gewerbe mussten in allen Städten und zunftberechtigten Flecken zünftig sein, u.a. die Weißbäcker, Maurer, Schlachter und Tischler. Geschlossene Zünfte bestanden nur in einigen Städten für die Barbiere, die Weißbäcker, die Glaser (in Kiel und Flensburg), die Schlachter (Flensburg), die Tischler (Flensburg und Eckernförde), die Schmiede und Schlosser (Eckernförde). Außer den geschlossenen Zünften existierten in den Städten noch konzessionierte Freimeister.

Weitere Gewerbe waren nur in einigen Städten und Flecken zünftig, z.B. die Färber in Rendsburg, Kiel und Neumünster, während in den übrigen Städten Holsteins sowie in allen Städten Schleswigs die „Zeugfärberei ein freies städtisches Gewerbe" war. Die Lohgerberei war ein freies städtisches Gewerbe (jedoch bestand in Altona eine Lohgerberzunft). Die Klempner waren nur zünftig in Kiel, Glückstadt, Altona und Flensburg, während dies für die Maler nur in Altona und Flensburg galt. Die Kupferschmiede waren zünftig nur in Altona, Kiel und Flensburg (jedoch ohne Bann- und Verbietungsrecht). Aber nicht alle Zünfte hatten ein Zwangsrecht, so dass in mehreren Städten außer den zünftigen Handwerkern auch unzünftige das jeweilige Handwerk betreiben konnten. Daneben waren nicht wenige Gewerbe in den Städten freigegeben (u.a. Tapezierer, Uhrmacher, Grobbäcker, Buchdrucker). Besonders privilegiert waren die Apotheker, Schornsteinfeger und die Stadtmusikanten. Diese drei „konzessionirte(n) Gewerbetreibende(n) sind meistens Sinekuristen" – so *Baurmeister* – „und der Apotheker wie der Schornsteinfeger, von denen es in den kleineren Städten stets

1 Zum Folgenden *Carl Baurmeister*, Zunft oder Gewerbefreiheit?, 1858, S. 45 f.

nur Einen gibt, haben in der Regel kein anderes Geschäft, als Geld zu häufen, oder zu verstreuen". Für diese beiden Gewerbe war eine Lehrzeit von 5–6 Jahren erforderlich; in einer kürzeren Zeit konnte „ein Schornsteinfeger das ‚saubere Handwerk' nicht erlernen".

Für die zünftigen Gewerbe bestanden „Zunftrollen", nach denen das „Meisterrecht" durch den „Bürgerbrief" und das „Meisterstück" erworben wurde, ohne dass jedoch eine Prüfung der Gesellen und Meister erfolgte. Die Lehrzeit betrug 3–5 Jahre; das Meisterrecht konnte grundsätzlich nicht vor dem 25. oder 26. Lebensjahr erworben werden und setzte voraus, dass der künftige Meister fünf Jahre als Geselle gearbeitet hatte. Weitgehend bestand auch eine Wanderpflicht. Die „Härte" dieser Privilegien wurde nach *Baurmeister* „dadurch gemildet, dass der Geselle ‚unter Umständen', d.h. auf Empfehlung des betreffenden Beamten, von den Wanderjahren dispensirt werden" konnte. Wo der Regierung der Zunftzwang „unangenehm war", benutzte sie „ganz ungenirt das ‚Dispensationsrecht' ".

Grundsätzlich durfte entsprechend einer Verordnung vom 8.4.1711 wegen Abstellung der bürgerlichen Nahrung auf dem Lande innerhalb der Bannmeile der Städte (drei Meilen auf der Geest, zwei Meilen in der Marsch) kein Handel und kein sonstiges bürgerliches Gewerbe betrieben werden.[2] Hinsichtlich des Gewerbebetriebs auf dem Land galt der Grundsatz, „dass überhaupt in den Landdistricten Niemand, ohne mit einer kgl. Concession versehen zu sein, ein Handwerk oder bürgerliches Gewerbe treiben darf". Die Gewerbegesetzgebung hinsichtlich der Konzessionen war *„bodenlos"*: „Meistens hängt die Bewilligung von Concessionen vom Eigenwillen des Beamten ab, der sich weder durch entgegenstehende Rechte [...] noch durch Bitten und Klagen beirren lässt. Es werden, mit Ausnahme einiger wenigen Districte außerhalb und innerhalb der Bannmeile so viele und so wenige Gewerbetreibende concessionirt, wie den Beamten gut dünkt, und wem man wohl will, dem legt man zwei, drei, vier Concessionen in die erkenntliche Hand, ungeachtet durch Herkommen und Gesetz die Ertheilung mehrer Concessionen an eine und dieselbe Person verboten ist". Das Minimum und Maximum der für die einzelnen Distrikte zu erteilenden Gewerbekonzessionen war nur in vier Fällen festgelegt; „in allen übrigen ist Beamtenmeinung nur die alleinige Norm". Der konzessionierte Landhandwerker durfte seine Handwerksarbeiten nur in seinem Wohnbezirk vornehmen. Die

2 Hierzu *Otto Kettmann,* Handwerk in Schleswig-Holstein, Geschichte und Dokumentation, 1987; *Fritz Hähnsen,* Die Entwicklung des ländlichen Handwerks in Schleswig-Holstein, 1923.

Haltung von Gehilfen und zünftigen Gesellen war nur unter „ganz besonderen Umständen" erlaubt: So die Regel: „Wie aber keine Regel ohne Ausnahme", so *Baurmeister*, „so geniren sich die Landhandwerker in der Regel wenig, Gehülfen und selbst zünftige Gesellen zu halten". Daneben arbeiteten auf dem Lande zahlreiche nicht konzessionierte Handwerker, gegen die von der Obrigkeit nur selten eingeschritten wurde.

Nach einer Verfügung vom 29.1.1820 konnten die Bürger der Städte und zunftberechtigten Flecken ohne Konzessionierung Fabriken und Manufakturen betreiben, wogegen dies auf dem Lande eine Konzessionierung erforderte. Der Handel galt als städtisches Gewerbe und war in den Landdistrikten innerhalb der Bannmeilen verboten. Jedoch wurden auch für den Handel außerhalb der Städte Konzessionen bewilligt. Der Hausierhandel auf dem Lande war nach dem sog. Hökerpatent vom 14.11.1826 nur für bestimmte Waren gestattet.

2. Petitionen auf Erlass einer Gewerbeordnung

Seit 1835/36 reichten Mitglieder der schleswigschen und holsteinischen Ständeversammlungen Petitionen ein, welche den Erlass einer Gewerbeordnung zum Ziel hatten.[3] 1840 wurde die Petition eines ständischen Mitglieds eines ländlichen Wahlbezirks der Schleswiger Stände – des Rathmanns Hamckens – von einem Ausschuss beraten, über dessen Vorschläge die Ständeversammlung am 8.12.1840 entschied. Die Mehrheit der Ausschussmitglieder befürwortete die Auflösung der bisherigen Zünfte. Für jedes Gewerbe sollte eine neue Gesamtzunft gegründet werden mit Tochterzünften in den einzelnen Regionen. Niemand sollte ein Handwerk betreiben, wenn er nicht einer Zunft angehörte und die Gesellen- oder Meisterprüfung bestanden hatte. Alle Beschränkungen der Handelsfreiheit sollten entfallen. Das Ausschussmitglied Berwald aus Schleswig lehnte in einem Minderheitsvotum die Vorschläge der Mehrheit ab: „Die Freigebung der bürgerlichen Gewerbe auf dem Lande, welche einen jeden Wechselverkehr zwischen Stadt und Land vernichten und demnach unfehlbar den Untergang der Städte und Flecken zur Folge haben würde, legt sich auch durchaus nicht als ein nothwendiges Bedürfniß dar; indem die für die Bedürfnisse des Landmanns notwendigen Gewerke usw. demselben bereits in dem erforderlichen Umfange zuständig sind". Nach seinem Antrag sollten die von

3 Zum Folgenden *Ulrich Lange,* Ordnung und Freiheit. Zur Diskussion über die Einführung der Gewerbefreiheit in Schleswig-Holstein in den 1830er und 1840er Jahren, in: Ingwer E. Mommsen (Hg.), Schleswig-Holsteins Weg in die Moderne, 1988, S. 29–42.

der Mehrheit vorgeschlagenen Grundsätze zu einer Gewerbeordnung „nur unter Erhaltung der den Städten und zunftberechtigten Flecken zustehenden Handels- und Gewerb-Gerechtsame beantragt werden". Der Antrag des Ausschusses wurde mit 34 gegen 6 Stimmen abgelehnt und stattdessen dem Antrag von Dr. Gülich (Abgeordneter von Apenrade) mit 27 gegen 13 Stimmen stattgegeben, den Ständen einen „Gesetzentwurf, betreffend die Freigebung und Regelung der Gewerbe, unter möglichster Berücksichtigung der Bedürfnisse des platten Landes, so wie der Interessen der Städte" vorzulegen. Nach Meinung der Minderheit, die teilweise für geschlossene Zünfte eintrat, sollte die Regierung vor der Aufstellung des Entwurfs die Ständeversammlung in den Stand setzen, „sich über diejenigen Grundsätze auszusprechen, die einem so wichtigen, und in alle bürgerlichen Verhältnisse tief eingreifenden Gesetzes zur Basis dienen müssen".

Die holsteinischen Stände befassten sich in der Session 1842 mit der Präposition des Abgeordneten Diederichsen aus einem ländlichen Wahlbezirk, eine zeitgemäße Gewerbeordnung zu entwerfen und den Ständen vorzuschlagen. Der Ausschussbericht stellte vornehmlich auf die Abschaffung des „Concessionirens und unzünftiger Handwerker" ab. Zünftige Meister und Gesellen sollten sich „überall sich niederzulassen befugt", jedoch auch verpflichtet sein, sich der nächstgelegenen Zunft anzuschließen.

3. Der Entwurf einer Gewerbeordnung von 1844[4]

a) Inhalt des Entwurfs

1844 legte die Regierung den beiden Ständen den Entwurf einer Gewerbeordnung für die Herzogtümer mit insgesamt 104 Bestimmungen und einer ausführlichen Begründung vor. Nach § 1 des Entwurfs sollten aufgehoben werden „die Beschränkung gewisser Gewerbe auf die Städte und Flecken, und das mit Gewerbeberechtigungen, welche Zünften und Innungen zustehen, bisher verbundene Recht, andere von dem gleichartigen Gewerbebetriebe oder von dem Handel mit gewissen Handwerksarbeiten entweder ganz auszuschließen, oder dieselben darin zu beschränken". Das „Hökerreglement von 1826 sowie das Verbot für die Handeltreibenden auf dem Lande, ihre Waren aus dem Auslande zu beziehen, und das Verbot des Bezugs der Jahrmärkte für die Handwerker auf dem Lande" sollten ebenfalls aufgehoben werden (§ 10). Die Gewerbebetriebe „auf

4 Zum Folgenden Zeitung für die Verhandlungen der 5. Schleswigschen Ständeversammlung 1844, S. 1652 ff., 1712 ff., 1872 ff., 2057 ff.; 2149 ff., 2228 ff., 2269 ff.; Beilagenheft 1, S. 23 ff., Beilagenheft 2, S. 345 ff., 725 ff.

dem platten Lande" sollten eine Gewerbeabgabe entrichten, die zur Hälfte den Städten nach Verhältnis ihrer Einwohnerzahl als Entschädigung zugutekommen sollte (§ 5). Die bestehenden Handwerkszünfte sollten weiterhin bestehen können, jedoch war auch die Errichtung neuer Zünfte mit Genehmigung der Regierung möglich (§ 86). Die Beschränkung einzelner Zünfte auf eine bestimmte Zahl von Meistern wurde aufgehoben.

Nach den Gesetzesmotiven war die „Herstellung völlig unbeschränkter Gewerbefreiheit" nicht ratsam, vielmehr sollte die Ausübung der wichtigsten Handwerke abhängig sein von dem Nachweis „der durch eine öffentliche Prüfung bewährten gehörigen Kunde des Handwerks" oder „durch die Erwerbung des Meisterrechts bei der an dem Orte, wo jemand das Handwerk zu betreiben beabsichtigt, etwa vorhandenen Zunft dieses Gewerbes" (§ 27 Abs. 1). Eine Prüfung durch die Zünfte war nicht mehr obligatorisch; vielmehr sollte die Prüfung auch alternativ durch örtliche Gewerbeausschüsse erfolgen können. Die Zulassung zur Meisterprüfung setzte die Vollendung des 24. Lebensjahres voraus. Der sog. Probemeister musste ein Meisterstück anfertigen oder eine Meisterprobe ablegen. Durch den Meisterbrief wurde der Inhaber berechtigt, „selbständig als Meister, oder als Meistergeselle für einen Unternehmer, an seinem Wohnorte, und von da aus auch in den übrigen Städten und Flecken und für deren Einwohner, wie auch überall in den Landdistricten und für deren Bewohner auszuüben" (§ 37 des Entwurfs). Ausführlich geregelt war die Rechtsstellung der Lehrlinge, Gehilfen und Gesellen (§§ 45 ff.). Die Befugnis, diese zu halten, stand jedem zu, der zur „selbständigen Betreibung eines Gewerbes in einer Stadt oder Flecken" berechtigt war. Niemand durfte als Handels- oder Handwerkslehrling angenommen werden, „der nicht konfirmirt, oder wenn er nicht protestantischer Confession ist, 16 Jahre alt ist" (§ 64). Eine Prüfung am Ende der Lehrlingszeit war nicht vorgesehen; auch eine Pflicht zum Wandern sollte nicht stattfinden. Nach § 78 war es Gesellen und Gehilfen nicht gestattet, „besondere Verbindungen und Vereine zu bilden oder Zusammenkünfte zu halten" (§ 78). Besondere Gesellenherbergen waren nur „bei Gastwirthen von erprobter Zuverlässigkeit" zu dulden (§ 79).

b) Die Stellungnahme der schleswigschen Ständeversammlung zum Entwurf von 1844

Nach der Berichterstattung durch einen Ausschuss und einer sehr kontroversen Diskussion der Ständeversammlung kam es zu 102 Einzelabstimmungen. Fast einstimmig waren die Stände (36 gegen 3 Stimmen) der Ansicht, dass es „weder nothwendig noch nützlich sein wird, das Princip des freien Verkehrs auch auf den Waarenhandel, die Hökerei und den Fabrikbetrieb anzuwenden". Das Hökereireglement von 1826 sollte bestehen bleiben, d.h. der Handel auf dem Lande nicht freigegeben werden, mit der Modifikation, dass dem Höker gestattet sein sollte, seine Waren auch vom Ausland direkt zu beziehen und ihm auch „nach Maaßgabe des localen Bedürfnisses, auf Ansuchen auch der Handel mit Caffee, The und Zucker gegen Erlegung der doppelten Recognition zugestanden" werden (35 gegen 6 bzw. 30 gegen 11 Stimmen). Bei der Erteilung von Handels- und Hökereikonzessionen sollte nur das „Localbedürfniß" maßgebend sein. Sollte der Warenhandel, die Hökerei und die Betreibung von Fabriken gänzlich freigegeben werden, so sollten die Gewerbetreibenden, die sich innerhalb einer halben Meile (Bannbezirk) von dem Bezirk einer Stadtgemeinde niederließen, eine höhere Gewerbeabgabe entrichten (35 gegen 6 Stimmen). Anträge, die „öffentliche Musikbetreibung" und die Errichtung von Privaterziehungsanstalten und Lehranstalten freizugeben, wurden abgelehnt (31 gegen 10 bzw. 32 gegen 7 Stimmen). Ebenfalls abgelehnt wurde der Antrag, Gewerbeausschüsse zur Prüfung der Handwerker nur in Flensburg und Schleswig einzurichten (30 gegen 11 Stimmen).

Nicht gebilligt wurde auch der Antrag, zur Meisterprüfung zwei bis drei Meister des jeweils in Betracht kommenden Gewerbes hinzuzuziehen (26 gegen 15 Stimmen). Eine Wanderpflicht der Gesellen wurde mit 31 gegen 10 Stimmen abgelehnt. Sehr umstritten war die Frage, ob die Ablösung bzw. Entschädigung der Inhaber der „Amtsstellen geschlossener Zünfte", die „nach ausdrücklicher Bestimmung der Zunftartikel oder anerkanntem Herkommen verkauft, verpfändet und vererbt werden können" (§ 88 des Entwurfs), vorschussweise vom Staat oder von allen Meistern des jeweiligen Handwerks zu tragen war (so der Entwurf § 90), welch letzteres von der Mehrheit (22 von 41 Ständemitgliedern) gebilligt wurde. Eine Minderheit von 8 Ständemitgliedern wünschte nach dem für den König bestimmten Separatgutachten, den ihrer Ansicht nach noch nicht hinreichend diskutierten Entwurf nicht in Kraft zu setzen und diesen vielmehr den Ständen 1846 nochmals vorzulegen. Eventuell schlugen sie vor, die den Städten in § 5 zugebilligte halbe „Gewerbsabgabe", die auch als „gehässig" angesehen werden könne, durch den Wegfall der sog. „Steinpflugabgabe" voll zu ersetzen. Landhandwerker sollten innerhalb der ersten Viertelmeile rings um die Stadt zur „Verhütung einer bedrohlichen Konkurrenz" nur in der bisherigen Zahl sich niederlassen dürfen. Die vorschussweise Entschädigung der Mitglieder geschlossener Zünfte sollte durch die Staatskasse getragen werden.

c) Die Beratung des Entwurfs durch die holsteinischen Stände 1844

Die holsteinischen Stände begannen mit der Beratung des Entwurfs[5] erst, nachdem die Schleswiger Stände ihre Stellungnahme zum Gewerberecht abgeschlossen hatten. Die Schlussberatung mit der Abstimmung über die eingereichten Anträge erfolgte in der Sitzung vom 20.12.1844, bei der 47 Mitglieder anwesend waren. Abgelehnt wurde der Antrag, den Entwurf auf den Handwerksbetrieb zu beschränken (31 gegen 15 Stimmen). Entsprechend dem Schleswiger Votum sollte der Warenhandel auf dem Lande nicht freigegeben werden (27 gegen 19 Stimmen). Für die Hökerei sollten in erweiterter Fassung das Reglement von 1826 gelten (40 gegen 6 Stimmen) und das Verbot für die ländlichen Handwerker, die Jahrmärkte zu besuchen, aufgehoben werden (39 gegen 7 Stimmen). Die im 17./18. Jahrhundert gegen erhebliche Zahlungen erworbene uneingeschränkte Gewerbefreiheit in Süder- und Norddithmarschen sollte bestehen bleiben; eine Gewerbeabgabe sollte für die ländlichen Gebiete nicht erhoben werden. Wie nach dem Schleswiger Votum sollte der Musikbetrieb nicht freigegeben werden (28 gegen 18 Stimmen). Die Meisterprüfungen durch die städtischen Gewerbeausschüsse, dem auch zwei Handwerker des jeweils in Betracht kommenden Handwerks angehören sollten (26 gegen 20 Stimmen), sollten nur Ostern und Michaelis jeden Jahres stattfinden. Eine Konzentration auf zwei oder sechs Prüfungsausschüsse wurde abgelehnt (25 gegen 21 bzw. 39 gegen 7 Stimmen). Ein Verzeichnis von Probearbeiten für jeden der gedachten Handwerke sollte durch die Regierung aufgestellt werden (so bereits § 20 Abs. 3 des Entwurfs; mit veränderter Fassung mit 45 gegen 1 Stimme angenommen).

Zur Aufnahme eines Handwerkers in eine Zunft sollte es deren Genehmigung bedürfen (41 gegen 4 Stimmen); den Landhandwerkern sollte untersagt werden, in den Städten ihr Handwerk zu betreiben und ihre Waren außerhalb der Jahrmarktszeit in Städten oder Flecken abzusetzen. Statt der in § 48 für Gewerbetreibende, die in der unmittelbaren Nähe von einer Viertelmeile wohnten, vorgesehene doppelte Gewerbeabgabe sollte für Handwerker in dieser Zone ein Niederlassungsverbot gelten (27 gegen 18 Stimmen). Die Rechtsstellung des Lehrlings wurde leicht gestärkt, indem die „richterliche Behörde“ über Schadensersatzansprüche wegen Pflichtverletzungen des Lehrherrn durch Auflösung des Lehrverhältnisses entscheiden sollte (einstimmig). Eine Wanderpflicht für einige Handwerksberufe wurde mit 32 gegen 11 Stimmen abgelehnt. In sämtlichen Landdistrikten sollten Gewerbevereine gebildet werden. Die Inhaber der

5 Zum Folgenden Zeitung für die Verhandlungen der 5. Holsteinischen Ständeversammlung 1844, S. 1647 ff., 1837 ff., 1901 ff., Beilagenheft 1, S. 100 ff.; Heft 2, S. 239 ff., 410 ff.

veräußerlichen Amtsstellen sollten nicht durch die jeweiligen Handwerker und vorschussweise durch die Städte entschädigt werden, sondern allein durch den Staat (40 gegen 4 Stimmen). Als Entschädigung der Städte und haussteuerpflichtigen Flecken sollte diesen der volle Betrag der Gewerbeabgaben aus dem flachen Lande „nach Verhältnis der ihnen gegenwärtig zustehenden Bannrechte" zustehen. Der Entwurf sollte nach den vorgeschlagenen Modifikationen erlassen werden (28 gegen 16 Stimmen), jedoch die Regierung den „endlichen Beschluss über den Gesetzentwurf vorläufig" aussetzen und „der nächsten Ständeversammlung einen in Übereinstimmung mit den gemachten Anträgen veränderten Entwurf zur ferneren Beratung vorzulegen" (26 gegen 18 Stimmen).

4. Der revidierte Regierungsentwurf zu einer Gewerbeordnung von 1846

Die Regierung legte den Ständen 1846 den Entwurf der Gewerbeordnung in abgeänderter Fassung wieder vor.[6] Nach § 2 sollte der Warenhandel mit Ausnahme des Hökereihandels den Städten im bisherigen Umfang vorbehalten bleiben, nicht aber wie gewünscht, der Fabrikbetrieb. Der Hökerhandel sollte allerdings nur eingeschränkt zulässig sein. Den Städten sollte die Hälfte der ländlichen Gewerbeabgaben und nicht, wie beantragt, in voller Höhe zustehen. Den Landschaften Norder- und Süderdithmarschen sollte keine Befreiung von den ländlichen Gewerbeabgaben zustehen. Die Entschädigung der Inhaber der Amtsstellen geschlossener Zünfte, die veräußerlich waren, sollten nicht durch den Staat, sondern durch alle Handwerker, die das betreffende Gewerbe betrieben, erfolgen (§ 93 des Entwurfs). Die von Schleswiger Ständen gewünschte Zulässigkeit des Schrotens von Korn zur eigenen Viehwirtschaft wurde abgelehnt mit der Begründung, dass die „Müllerei" in der Vorlage nicht geregelt werde. Die Bildung besonderer Prüfungsausschüsse wurde abgelehnt, dagegen der ständische Vorschlag, dem festen Gewerbeausschuss jeweils zwei Meister des in Betracht kommenden Gewerbes zuzuordnen, berücksichtigt. Nach der Regelung in § 29 Abs. 1 Ziff. 2 sollte die Zunftprüfung allgemein anerkannt werden. Den Landhandwerkern sollte es entgegen dem Antrag der holsteinischen Stände nicht untersagt sein, „in den Städten ihr Handwerk zu treiben und ihre Waren außerhalb der Jahrmarktszeiten in Städten und Flecken abzusetzen". Der Distrikt um die Städte und Flecken, in denen die Gewerbeabgabe verdoppelt

---

6 Zum Folgenden Zeitung für die Verhandlungen der 6. Schleswigschen Ständeversammlung 1846, 21; Beilagenheft 1, S. 269 ff., Beilagenheft 2, S. 143 ff.

werden sollte, wurde entsprechend dem holsteinischen Antrag auf eine halbe Meile erweitert.

In § 37 Abs. 2 des Entwurfs von 1844 war vorgesehen, dass, wenn ein Meister „später", d.h. nach der Meisterprüfung sich in einer anderen Stadt, wo ein Gewerbeausschuss bestand, zur Ausübung seines Gewerbes niederlassen wollte, die Obrigkeit darüber entscheiden sollte, ob auch dieser sich einer neuen Meisterprüfung durch den Gewerbeausschuss des Orts der beabsichtigten Niederlassung zu unterziehen habe. Mit dieser Regelung sollten die Gewerbeausschüsse kleinerer Städte von zu geringen Prüfungsanforderungen abgehalten werden. Den Ständen erschienen diese Beschränkungen nicht erforderlich bzw. zu weitgehend. Entsprechend dem Antrag der Schleswiger Stände wurde in dem Entwurf von 1846 deshalb die Regelung von 1844 dahin eingeschränkt, dass, wenn ein Meister, „ehe er sein Gewerbe an dem Orte seiner ersten Niederlassung 2 Jahre lang selbständig ausgeübt hat" sich in einer anderen Stadt, in der Gewerbeausschuss bestand, zur Ausübung seines Gewerbes niederlassen wollte, von ihm eine weitere Meisterprobe sollte verlangt werden können.

Diese Übersicht über die Änderungen des Entwurfs zeigt, dass die Regierung den ständischen Wünschen nur zum Teil entgegengekommen war und an den Grundentscheidungen des Entwurfs von 1844 festhielt. Zu einer Begutachtung des Entwurfs kam es nur bei den Schleswiger Ständen, deren Ausschuss die abgeänderten Bestimmungen im Wesentlichen billigte. Allerdings wandte sich der Ausschuss erneut gegen die Freigabe der Fabrikbetriebe und des Hökereihandels, der eingeschränkt werden sollte. Für den Fall, dass die Regierung außer dem Handwerksbetrieb auch den Handel und den Handwerksbetrieb freigab, verlangte der Ausschuss eine höhere Entschädigung in Höhe der vollen Steinpflugabgabe. Zu einer Beratung über den Entwurf kam es nicht mehr, da die Ständeversammlungen wegen der massiven Gegensätze zwischen den Eiderdänen und der Kopenhagener Zentrale und den „deutschen" Schleswig-Holsteinern ein vorzeitiges Ende fanden.

5. Die weitere Entwicklung bis 1864

Die Regierungsentwürfe von 1844/46 zu einer Gewerbeordnung hätten den Fürstentümern trotz einiger temporärer Einschränkungen weitgehend die Gewerbefreiheit gebracht und zugleich mit der Aufrechterhaltung der Zünfte und dem Erfordernis der handwerklichen Meisterprüfung eine Ordnung des Gewerbewesens gebracht, die im Deutschen Reich nach Einführung der vollen Gewerbefreiheit erst mit der Novelle von 1898 zur Gewerbeordnung verwirklicht wurde.[7]

7 Zum Folgenden *Hella Rathmann,* Entwicklung der Gewerbefreiheit in den preuß. Provinz Schleswig-Holstein, 1999; *Ulrich Lange,* Die Einführung der Gewerbefreiheit in

1854 wurde in den Herzogtümern der Mühlenzwang aufgehoben und die Anlage von Mühlen von einer Konzession abhängig gemacht. Grundsätzlich bestand jedoch der rückständige Zustand des Gewerbewesens weiter. Baurmeister stellte am Schluss seines Beitrags von 1859 über das Gewerbewesen in den Herzogtümern folgende Fragen: „Wie verhält sich die Zahl der Gewerbetreibenden zur Volkszahl, der städtischen Gewerbetreibenden zur der ländlichen, der zünftigen Handwerker zu der der unzünftigen, die Zahl der concessionirten Handwerker zur Zahl der Freiarbeiter und Freischleicher? Aus welchen Arbeiterclassen werden vorzugsweise die Armenanstalten recrutirt? In welchen Gewerbeständen herrscht verhältnißmäßiger Wohlstand, in welchen Noth und Elend? Aus welchen gehen verhältnißmäßig die meisten Verbrecher hervor? Wie viele junge Handwerker werden durchschnittlich jährlich durch den Wanderzwang moralisch zugrunde gehetzt, wie viele zur Verzweiflung gebracht, weil die geschlossene Zunft sie von sich stößt?“ Ließen sich diese Fragen beantworten, so würde sich folgendes Bild ergeben: „Ein Augiasstall, mit dessen Reinigung fanatische Zünftler, Concessionsfreunde und Gewerbeordnungsschwärmer sich abmühen, – ein Bild, bei dessen Beschau der Unbefangene ausrufen würde: ‚Eitles Gebahren!‘ Der Misthaufe ist nur zu beseitigen durch den breiten Strom der Gewerbefreiheit!“[8]

6. Die Einführung der Gewerbefreiheit durch Preußen

Die vollständige Gewerbefreiheit wurde in der von Preußen neu geschaffenen Provinz Schleswig-Holstein sukzessive 1867/69 eingeführt, und zwar zunächst durch eine Verordnung vom 23.9.1867.[9] Bereits durch Verordnung vom 29.3.1867 war die Gewerbefreiheit in den Gebieten von Hessen-Kassel und des Königreichs Hannover eingeführt worden. Unter dem 8.4.1867 hatte der preußische Handelsminister Itzenplitz den Oberpräsidenten der Provinz Schleswig-Holstein Carl v. Scheel-Plessen aufgefordert, Vorschläge zur Aufhebung der „lästigen Beschränkungen in der Betreibung der Gewerbe“ zu unterbreiten[10].

Schleswig-Holstein 1867/69, in: Peter Nitsche (Hg.), Preußen in der Provinz: Beiträge zum 1. Deutsch-Polnischen Historikerkolloquium im Rahmen des Kooperationsvertrages zwischen der Adam-Mickiewicz-Universität Poznań und der Christian-Albrechts-Universität zu Kiel, 1991, S. 80–93.

8 *Baurmeister*, Zunft oder Gewerbefreiheit? (o. Fn. 1), S. 53 ff.

9 Preußische Gesetzsammlung 1867, S. 1641 ff.

10 Zum Folgenden Geheimes Staatsarchiv Preußischer Kulturbesitz Berlin-Dahlem, Rep. 84 a, 11334, 11335.

Scheel-Plessen (geb. 1811 auf Gut Sierhagen bei Neustadt/Holstein) hatte hohe Ämter in der dänischen Zeit der Herzogtümer innegehabt und dürfte mit dem zersplitterten und veralteten Gewerberecht der Herzogtümer vertraut gewesen sein. Unter dem 24.7.1867 unterbreitete er dem Innenminister einen detailliert begründeten Gesetzentwurf, nachdem er den Regierungspräsidenten von Schleswig, Constantin v. Cedlitz-Neukirch (1813–1889) gehört hatte, der ebenfalls einen Verordnungsentwurf, „den Betrieb stehender Gewerbe in den Herzogtümern Schleswig und Holstein betr." ausgearbeitet hatte. v. Plessen sprach sich wie v. Cedlitz für eine Aufhebung der gewerbebetrieblichen Beschränkungen im Verordnungswege ohne Einschaltung des Parlaments aus. In seinem Schreiben an den Handelsminister beschäftigte er sich mit drei Fragen:

> „I. Welche Beschränkungen im Gewerbeverkehr erheischen dringend eine baldige Aufhebung?
> II. Inwiefern werden durch diese Aufhebung Privatrechte verletzt und: ob und in welcher Weise würde eine Entschädigung hierfür zu gewähren sein?
> III. Welche anderweitigen Maßnahmen sind im öffentlichen Interesse in Folge der Aufhebung von bestehenden Beschränkungen der Gewerbe- und Handelsbetriebe nothwendig?"

Im zweiten Teil seines Gutachtens stellte v. Plessen fest, dass, wenn die lästigen Beschränkungen des Gewerbebetriebes aufgehoben würden, „nothwendig auch diejenigen Exclusivberechtigungen, anderen die Ausübung eines Gewerbes zu untersagen, welche vollständige Gerechtsame bilden, und die Natur der Immobilien haben, aufgehoben werden müssen". Dies seien „die sog. Amtsstellen geschlossener Zünfte, welche nach ausdrücklichen Bestimmungen der Zunftartikel oder nach anerkanntem Herkommen verkauft, verpfändet oder vererbt werden können". Deren Aufhebung ohne Entschädigung des Inhabers dieser Rechte würde allerdings „durch nichts gerechtfertigt sein".

Über die Notwendigkeit einer bereits in der Gewerbeordnung von 1845 vorgesehenen Entschädigung konnte nach Plessen kein Zweifel bestehen. Für ihn ging es nur noch um die Frage, wie entschädigt werden sollte und wer die Entschädigung aufzubringen hatte. Für die Ermittlung der Höhe der Entschädigung sollten die §§ 7 ff. des Entschädigungsgesetzes von 1845[11] maßgebend sein. Allerdings lehnte er die Regelung dieses Gesetzes insoweit ab, wonach die Entschädigung durch die Gemeinde oder die betreffenden Gewerbe erfolgen sollte. Seines Erachtens musste der Standpunkt des Gesetzgebers in gewerblicher Beziehung „heute in den Tagen des durch Eisenbahnen, Telegraphen und

11 Preußische Gesetzsammlung 1845, S. 79 ff.

freien Vereinbarungen aller Art erleichterten und beschleunigten Verkehrs ein wesentlich anderer sein als es im Jahre 1845, wo zum Theil noch die einfachen Auffassungen patriarchalischer Zustände maßgebend waren". Vom „heutigen Standpunkte" würde die Aufbringung durch das jeweilige Gewerbe selbst eine „schreiende und harte Ungerechtigkeit" sein. Auch eine Entschädigung durch die Städte, größere Distrikte oder die Provinz selbst kam nach Plessen nicht in Frage, da hierzu der Beweis zu führen wäre, dass gerade diese „größere Vortheile" von der Aufhebung der in Rede stehenden Exklusivberechtigungen hätten.

Vielmehr befürwortete v. Plessen eine Entschädigung durch den preuß. Fiskus: „Die Herzogthümer sind Glieder des preußischen Staatskörpers geworden. Die hier in Rede stehenden Maßnahmen berühren nicht bloß die Herzogthümer, sondern sie berühren bei der stattfindenden engen Verschmelzung den ganzen Staat". Deshalb sei es „eine Forderung der Gerechtigkeit, dass der Staat als solcher die Entschädigung übernimmt, welche nothwendig wird durch Maßregeln, welche zum Wohle des Ganzen getroffen werden". In den Herzogtümern würde die Übertragung der Entschädigung auf „andere Schultern als die des Staates" das Rechtsbewusstsein, das Vertrauen zu dem alten bewährten preußischen Wahlspruch: *suum cuique* dauernd schädigen und sich auf eine lange Zukunft hin als nachteilig erweisen. Gleichzeitig mit dem Aufhebungsgesetz sollte ein Entschädigungsgesetz publiziert werden. Anderenfalls – so Plessen – werde den Gegnern der Regierung eine „bequeme Waffe zu Verdächtigungen und Agitationen an die Hand gegeben".

Notwendig waren nach v. Plessen und v. Cedlitz Bestimmungen, welche die Gewerbefreiheit aus polizeilichen Gründen einschränken. v. Cedlitz schlug hierzu als § 7 vor: „Zum Beginn des selbständigen Betriebes eines stehenden Gewerbes ist eine obrigkeitliche Erlaubniß erforderlich, welche jedoch in der Regel nur aus polizeilichen Gründen oder im Interesse der öffentlichen Wohlfahrt zu versagen ist". Nach v. Plessen würde eine solche Bestimmung dem „wohlthätigen Gesetze von vornherein großes Misstrauen bringen". Außerdem würden die Obrigkeiten gar keinen Anhalt haben für „die Verweigerung oder Ertheilung der Erlaubniß". Polizeiliche Gründe „im Interesse der öffentlichen Wohlfahrt" seien so dehnbare Begriffe, dass „die Erlaubnis je nach der subjektiven Auffassung der Obrigkeiten sehr eingeschränkt oder weit ausgedehnt werden kann und dass bei den verschiedenen Auffassungen, die in Wirklichkeit vertreten würden, die Klagen über Willkür bald allgemein werden dürften". v. Plessen hielt in dieser Beziehung bestimmte Normen, die im Interesse der „Allgemeinheit nothwendig" seien, „im Gesetze auszusprechen für unerlässlich", und empfahl hierzu im Wesentlichen die Bestimmungen der Gewerbeordnung von 1845 als zweckmäßig. Nach § 12 des Entwurfs von v. Plessen sollte zum Betrieb der Gast- und Schankwirtschaft oder eines Kleinhandels mit geistigen Getränken „ein Erlaubnißschein der Polizei-Obrigkeit erforderlich“ sein. Es war nach v. Plessen zweckmäßig, für die Städte und Flecken, für welche „die schrankenlose Freiheit des Ausschanks mit geistigen Getränken und die Anlegung von Schank- und Gastwirtschaften kein Segen gewesen ist (bei der Einführung der Gewerbesteuer hat sich herausgestellt, dass in Altona allein 800 solcher Wirtschaften bestehen), eine neue Beschränkung unter Berücksichtigung der obwaltenden Verhältnisse“ einzuführen.

In seinem Antwortschreiben von Ende Juli 1867 gab der Handelsminister zu bedenken, ob es nicht „zulässig“ sein möchte, die entschädigungspflichtigen Gewerbeberechtigungen bestehen zu lassen, bis ein Entschädigungsgesetz vom Landtag verabschiedet worden sei. Auch die Bestimmungen über das Schankgewerbe sollten im Hinblick auf die Revision der Gewerbeordnung von 1845 bestehen bleiben. v. Plessen sandte auf Vorschlag des Handelsministers einen seiner Regierungsräte nach Berlin. In dem umgearbeiteten Entwurf blieb zwar das Erfordernis einer Konzession für das Schankgewerbe bestehen (§ 11). In § 15 des Entwurfs sollte geregelt werden, dass die „auf privatrechtlichem Titel beruhenden Zwangs- und Bannrechte und ausschließlichen Gewerbe-Berechtigungen nicht berührt werden sollten“. Insbesondere sollten bestehen bleiben die Zwangs- und Bannrechte und die „ausschließlichen Gewerbeberechtigungen“ der Inhaber derjenigen Amtsstellen geschlossener Zünfte, die „nach ausdrücklicher Bestimmung der Zunftartikel oder anerkanntem Herkommen verkauft, verpfändet oder vererbt werden können“ (so auch § 15 der erlassenen Verordnung von 1867).

Nach Bismarck sollte der Verordnungsentwurf als Gesetzentwurf im Landtag eingebracht werden. Hiergegen wandte sich der Handelsminister Itzenplitz, der darauf hinwies, dass der Landtag die Vorlage wohl im Hinblick auf die zukünftige Gewerbeordnung zurückweisen würde. Eine „objektive und erfolgreiche“ Erörterung der neuen Gewerbeordnung stehe nur dann in Aussicht, „wenn sich die Verschiedenheiten des Gewerbewesens in den einzelnen Landesteilen wenigstens einigermaßen genähert haben“. Die Gewerbeverfassung der Herzogtümer sei jedoch, wenn die Verordnung nicht ergehe, eine noch so „mittelalterliche“, dass sie mit dem Gewerberecht in den übrigen neuen Landesteilen „nicht in der entferntesten Verwandtschaft zu den anderen Gewerbeverfassungen in der Monarchie steht“. Auch im Hinblick auf die Einführung der Gewerbesteuer in Schleswig-Holstein sei die Einführung der Gewerbefreiheit erforderlich. Wenn Bismarck mit seinem Vorschlag den bevorstehenden Landtagswahlen „ein Agitationsmittel“ entziehen wolle, dann würde das Gegenteil eintreten: „Solange die Ungewissheit dauert, werden die gegenwärtig geschützten Interessen solidarisch für ihre Privilegien eintreten und die kleinern Gewerbetreibenden in den Städten und auf dem platten Lande nicht zu Worte kommen lassen". Itzenplitz versprach sich vom Erlass der Verordnung eher eine „Beruhigung der Gemüther" in Schleswig-Holstein. In der Sitzung des Staatsministeriums am 20.9.1867 einigte man sich dieses dahin, „dass zunächst und vor definitiver Beschlussfassung der Herr Handels-Minister sich mit dem noch hier anwesenden Ober-Präsidenten Baron v. Scheel-Plessen darüber in Korrespondenz setzen soll, welche Einwirkung die fragliche Maaßregel auf die bevorstehenden Landtagswahlen haben dürfte". v. Plessen teilte daraufhin v. Itzenplitz mit, dass nach seiner Überzeugung die geplante Verordnung die Landtagswahlen nicht negativ beeinflussen würde.

Damit war der Weg zur Publizierung der Verordnung zum 23.9.1867 über den Betrieb stehender Gewerbe in den Herzogtümern Schleswig und Holstein frei. Nach § 3 sollte „in keiner Stadt und bei keinem Gewerbe" die Zulassung zum Gewerbebetrieb von dem Besitz des Bürgerrechts abhängig sein. Die Bannrechte der Städte sowie alle ihnen zustehenden gewerblichen Vorrechte wurden aufgehoben (§ 4). In Zukunft sollte jeder Gewerbetreibende „hinfort Gesellen, Gehülfen, Lehrlinge und Arbeiter jeder Art und in beliebiger Zahl halten" dürfen. Gesellen sollten in der Wahl ihrer Meister „unbeschränkt sein" (§ 5). Die Verpflichtung der Handwerkergesellen zum Wandern sollte nicht mehr stattfinden; auch sollten wandernde Gesellen „auf besondere Unterstützung von Seiten der Gewerbegenossen" keinen Anspruch mehr haben (§ 8). Wer einen selbständigen Betrieb eines stehenden Gewerbes anfangen wollte, hatte dies der Gemeinde bzw. der Polizeibehörde mitzuteilen. Diese konnte aus in § 12 aufgezählten Gründen die Erlaubnis des beabsichtigten Betriebs versagen. Die bestehenden Beschränkungen für eine Reihe von Betrieben (Medizinalpersonen, Apotheker, Unternehmer von Privaterziehungs- und Unterrichtsanstalten, das „Preß-Gewerbe", Makler, „Schiffer", Schornsteinfeger und Betreiber von gewerblichen Kornmühlen und Ziegeleien) sollten in Kraft bleiben (§ 13). Bestehen blieben, wie bereits erwähnt, auch die auf privatrechtlichem Titel beruhenden Zwangs- und Bannrechte.

Unter dem 17.3.1868 erging für die neuen Landesteile nach einer längeren und sorgfältigen Prüfung der Interessen das *Gesetz über die Aufhebung und Ablösung gewerblicher Berechtigungen*,[12] das im Wesentlichen die Grundsätze der Gewerbeordnung von 1845 übernahm. Nach § 1 wurden die noch „bestehenden

12 Preußische Gesetzsammlung 1868, S. 249 ff.

ausschließlichen Gewerbeberechtigungen, d.h. die mit dem Gewerbebetrieb verbundenen Berechtigungen, Anderen den Betrieb eines Gewerbes zu untersagen oder sie darin zu beschränken", aufgehoben. Die Zwangs- und Bannrechte, die nach § 1 nicht aufgehoben wurden, waren ablösbar, „wenn die Verpflichtung auf Grundbesitz haftet, die Mitglieder einer Korporation als solche betrifft oder Bewohnern des Ortes oder Districts vermöge ihres Wohnsitzes obliegt" (§ 8 Abs. 1). Waren dem Zwangs- und Bannrechte die Mitglieder einer Korporation als solche unterworfen, so war nur die Korporation in ihrer Gesamtheit zur Ablösung befugt (§ 10). In § 12 war für den Verlust der aufgehobenen Berechtigungen eine Entschädigung vorgesehen, die „in Kapital" zu bestimmen war. Die Entschädigungskapitalien wurden allmählich getilgt; für ausschließliche Gewerbeberechtigungen hatten die Gemeinden 1% und die beitragspflichtigen Gewerbetreibenden 2% des Gesamtbetrags der Entschädigungskapitalien alljährlich aufzubringen (§ 38 Abs. 2). Die Staatskasse war von 1869 an verpflichtet, den Berechtigten auf deren Antrag den Betrag der Entschädigungskapitalien „vorschussweise" zu zahlen (§ 39).

Das *Gesetz* des Norddeutschen Bundes vom 8.7.1868, *betreffend den Betrieb der stehenden* Gewerbe entsprach im Wesentlichen der preußischen Verordnung von 1867. In § 2 war ausdrücklich bestimmt, dass für den Betrieb eines Gewerbes grundsätzlich ein Befähigungsnachweis nicht mehr erforderlich war und die Unterscheidung zwischen Stadt und Land in Beziehung auf den Gewerbebetrieb und deren Ausdehnung aufhöre. – Eine Neuregelung des Gewerberechts brachte die *Gewerbeordnung für den Norddeutschen Bund* von 1869,[13] die daran festhielt, dass ein Zwang der Handwerker zum Eintritt in eine Innung (ab 1881 freie Innungen) nicht stattfinden sollte. Erst nach der *Handwerkernovelle zur Gewerbeordnung von 1897*[14] konnten Zwangsinnungen auf Antrag geschaffen werden. Die neu installierten Handwerkskammern bildeten die Prüfungsausschüsse für die Gesellen- und Meisterprüfung, in denen auch die jeweiligen Innungen vertreten waren.

II. Das Gewerberecht der Hansestadt Lübeck

Seit der Mitte des 13. Jahrhunderts entstanden in Lübeck um die 50 Zünfte (Ämter), die unter Leitung von Älterleuten standen und vom Rat abhängig waren.[15] Lehrlinge, Gesellen und Meister mussten deutschen Ursprungs und

---

13 BGBl. 1869, S. 406 ff.

14 RGBl. 1897, S. 663 ff.

15 Hierzu *Max Hasse,* Zunft und Gewerbe in Lübeck, 1972.

ehelich sein. Die Gesellen, die, wenn sie Meister werden sollten, mussten eine Wanderzeit absolviert und bei einem Meister gewohnt haben. Nach einer dreijährigen Gesellenzeit konnten sie Meister werden, wobei in vielen Ämtern die Zahl der Meister beschränkt war. Im Übrigen war die Erlangung der Meisterwürde mit nicht unerheblichen Kosten verbunden. Erleichterungen zum Zugang zur Meisterwürde bestanden für Meistersöhne; Witwen von Meistern und dessen Töchter konnten das Geschäft weiterführen. Die Ämter waren mit dem kirchlichen Leben durch Brüderschaften eng verbunden. Für einige Gewerbe hatte der Senat auch Freimeister konzessioniert.

1811 wurde in Lübeck, das Teil des französischen Empire wurde und zum Hanseatischen Departement gehörte, das französische Gewerbepatentrecht und damit die Gewerbefreiheit eingeführt. Bereits mit einem *Publicandum vom 29.3.1813* stellte Lübeck das frühere Recht wieder her:[16] Alle diejenigen, „welche nach der vorigen Verfassung hiesiger Stadt zu dem einen oder anderen Gewerbe befugt waren und von dieser Befugniß während der französischen Regierung keinen Gebrauch gemacht haben, weil sie keine Patente gelöset, sollen ohne weiteres in ihre vorigen Befugnisse zurücktreten". Wer ein Gewerbe anfangen wollte, konnte dies nur unter der Voraussetzung tun, „dass er sich den allgemeinen und besonderen Bestimmungen unterwerfe, welche vor dem Eintritt der französischen Regierung gesetzlich waren". Ein Jahr später, unter dem 16.4.1814 erschien ein *Publicandum*, „um die endliche Regulirung dieser Angelegenheit vorzubereiten". Diejenigen, die aufgrund eines französischen Patents ein Handwerk ausübten, hatten sich, wenn sie „dieses Handwerk fortzutreiben gemeinet sind", sich binnen vier Wochen bei dem „Wette-Protocollisten" zu melden. Wer sich nicht binnen dieser Frist meldete, sollte „sofort als unbefugter Arbeiter angesehen und behandelt werden". – Nach einer „weiteren *Notification*" vom 15.6.1814 sollten diejenigen, die „zwar auf Patente gearbeitet, jedoch in vorgedachter Frist" sich nicht gemeldet hatten, „von nun an" als unbefugte Arbeiter angesehen und behandelt werden. Diejenigen, welche binnen einer weiteren Frist von sechs Wochen mit der jeweiligen Innung keine Vereinbarung getroffen hatten, sollten sich sofort nach Ablauf der Frist mit ihren Anträgen an den Rat wenden, „welchem nächst rücksichtlich nach Maaßgabe der Umstände endliche Resolution erfolgen soll".

Erst zum 1.1.1867 führte Lübeck mit dem Gewerbegesetz vom 5.10.1866[17] die Gewerbefreiheit ein. Der hierfür maßgebende Gesetzentwurf stammte von einer

16 Die Publicanda und Gesetze in der Sammlung der Lübeckischen Verordnungen und Bekanntmachungen, ab 1813 ff.

17 Sammlung der Lübeckischen Verordnungen (o. Fn. 16), 1866, S. 76 ff.

gemeinsamen Kommission von Senat und Bürgerschaft, die im März 1865 ihre Beratungen aufnahm und unter dem 27.3.1866 einen Entwurf mit einem Bericht vorlegte, der unter dem 13.6.1866 vom Bürgerausschuss behandelt und von der Bürgerschaft am 19. u. 26.9.1866 beraten und verabschiedet wurde.[18] Nach Meinung der Kommission lag es nahe, „das Zunftwesen zum Ausgangspunkte der Reform zu nehmen, die corporative Verfassung unter Beseitigung einzelner Missbräuche durchweg bestehen zu lassen und nur die bisherige Theilung der Arbeit, unter Aufhebung der gegenseitigen Verbietungsrechte, zeitgemäß einzurichten". Jedoch sprachen ihrer Meinung nach der Kommission überwiegende Gründe dagegen: „Handel, Schiffahrt und Fabriken erfordern principiell die freieste Bewegung, und es lässt sich aus inneren Gründen nicht rechtfertigen, wenn man die Berechtigung zum Betriebe derselben von dem Eintritt in eine zukünftige Corporation abhängig macht". Bei den handwerksmäßig betriebenen Gewerben würde die Beibehaltung der zünftigen Organisation zwar möglich sein. Jedoch würden die „gegenseitigen Verbietungsrechte zwischen der Kaufmannschaft und den Zünften, sowie der letzteren gegen einander, als ein Missstand sowohl von den Nächstbetheiligten, als auch vom Publikum empfunden und deshalb von allen Seiten, und meistens ungestraft übertreten": „Die Kaufleute verkaufen Fabrikate, die sie nicht selbst gefertigt haben; Meister der einen Zunft greifen in die Gerechtsame der anderen ein; einheimische Pfuscher und auswärtige Handwerker innerhalb der Bannmeile arbeiten und verkaufen ihre Erzeugnisse ganz offenkundig. Und gegen alles dieses gewährt das bestehende Zunftwesen nur in den seltensten Fällen ausreichenden Schutz". Selbst die Beseitigung der Verbietungsrechte würde nichts nützen, „denn ohne dieselben sind die Zünfte nur eine leere Form und mit ihnen – es lässt sich nicht leugnen – widerstreiten sie den Anschauungen der Zeit". Das Zunftwesen sei überall, wo man eine Reform begonnen habe, beseitigt, „und in fast allen und namentlich in den industriell fortgeschrittensten deutschen Staaten ist an seine Stelle die Gewerbefreiheit bereits eingeführt". Der Vorteil der bisherigen Meisterprüfungen erschien der Kommission „als mindestens sehr zweifelhaft".

Nach § 1 des Gewerbegesetzes vom 5.10.1866 sollte der „selbständige Betrieb eines oder mehrerer Gewerbe, soweit nicht in diesem Gesetze Beschränkungen enthalten sind, jedem volljährigen oder für volljährig erklärten, dispositionsfähigen Angehörigen des Lübeckischen Freistaats, welcher das Bürgerrecht erworben hat, sowie dessen Ehefrau oder Witwe oder volljähriger Tochter, ohne Beschränkung in der Wahl des Ortes" freistehen. Dem freien Gewerbebetrieb

18 Hierzu Verhandlungen des Senats mit dem Bürgerausschuss und der Bürgerschaft, 1866.

war eine Reihe von Gewerben entzogen mit „Rücksicht auf die naheliegende Möglichkeit, dass durch ihren Betrieb der Gesammtheit oder Einzelnen Nachtheile erwachsen". Hierzu gehörten die Fähranstalten, das Beerdigungswesen, die Heilkunde, Lehr- und Erziehungsanstalten sowie das Gewerbe der Schiffer, Steuerleute und Lotsen. Nicht freigegeben waren auch die mit öffentlichen Funktionen versehenen Tätigkeiten, u.a. der Advokaten (entgegen dem Votum der Bürgerschaft), der Notare und der Makler. Nach Art. 6 hatte derjenige, der selbständig ein Gewerbe anfangen wollte zu betreiben, hiervon der zuständigen Gewerbebehörde unter Nachweis der gesetzlichen Erfordernisse Anzeige zu machen, worüber der Anmeldende eine Bescheinigung erhielt. Die bestehenden Korporationen sollten nur die ihnen bislang zustehenden „ausschließlichen gewerblichen Rechte" verlieren, jedoch „wenigstens vorläufig und für so lange bestehen" bleiben, soweit die Beteiligten selbst ihre Aufrechterhaltung wünschten und „hierin der freiesten Bewegung Rechnung tragend, und diejenige Beschränkung durch eine Aufsicht des Senates festhaltend, welche erforderlich scheint, um den Einzelnen gegen eine Benachtheiligung durch die Mehrzahl zu schützen und um zu verhüten, dass nicht der Versuch gemacht werde, unter der Form freier Genossenschaften das alte Zunftwesen fortzusetzen".

Nach Meinung der Kommission war nicht zu erwarten, dass mit den Zünften „sofort die seit Jahrhunderten, auch durch die Reichsgesetzgebung bekämpften Handwerksmissbräuche, namentlich die Gesellen-Unordnungen, welche meistens in Unzufriedenheit mit den Löhnen wurzeln, ihr Ende finden werden". Jedoch biete zugleich die Gewerbefreiheit, die alle Lohnsätze usw. aufhebe, „die Versuchung, durch gemeinsame *Verabredungen* und durch *Zwang* gegen die widerstrebenden Genossen, wie gegen die Arbeitgeber, zu ertrotzen". Diesem sollte durch Art. 14 begegnet werden: „Verabredungen der Gewerbetreibenden wegen gemeinschaftlicher Herabsetzung der Arbeitslöhne oder wegen Ausschlusses einzelner Arbeiter oder ganzer Classen von Arbeitern, wegen Schließung ihrer Geschäfte usw., sowie Vereinbarungen der Gehülfen zur Erzielung höherer Arbeitslöhne, Niederlegung der Arbeit u. dgl. m. sind nichtig und für die Verabredenden unverbindlich".

Eine „billige Entschädigung" war nur „denjenigen Gewerbetreibenden zu gewähren, welche zur Zeit der Aufhebung der gewerblichen Privilegien sich in dem Besitze eines von ihrer Person trennbaren, mit einem Grundstücke verbundenen oder für sich allein stehenden, der Zahl nach beschränkten, Gewerberechtes befinden, welches als solches verkäuflich oder verpfändbar ist, mithin für sich ein übertragbares Vermögensobject bildet". Keine Entschädigung erhielten die Gewerbetreibenden, die „bisher durch ihren Eintritt in eine Zunft oder Corporation lediglich ein höchst persönliches, übertragbares, auch nicht durch eine geschlossene Zahl von Amtsmeistern oder Arbeitsgenossen gegen Concurrenz gesicherten Erwerbsrecht gewonnen hatten". Im Übrigen lehnte die Kommission es ab, die Entschädigungssummen sukzessiv wieder von den Gewerbetreibenden einzuziehen. Denn – so die Kommission – es würde einen Widerspruch enthalten, „wenn man den Geschäftsbetrieb freigeben will, gewissen Berechtigten sogar eine Entschädigung zuspricht und diese schließlich doch wieder von denselben Gewerbetreibenden durch Abgaben entzieht". Es empfahl sich nach Meinung der Kommission daher, „um die Wohlthat der Gewerbefreiheit nicht wieder durch neue Abgaben zu verkümmern, dass der Staat die zur Einführung derselben erforderlichen, im Interesse der Gesammtheit zu bringenden Opfer auch ganz auf sich selbst übernimmt". Die Kommission hatte die zu zahlenden Entschädigungsbeträge auf 300.000 Taler errechnet. Geregelt wurde die Entschädigungsfrage im Gesetz vom 6.10.1866, „den Fortbestand und die Aufhebung gewerblicher Realgerechtsame, sowie die für aufgehobene Realgerechtssame und Verbietungsrechte von Arbeits-Corporationen zu leistenden Entschädigungen betreffend".

Hesi Siimets-Gross und Thomas Hoffmann

David Hilchen (1561–1610) und das „Kolonenrecht" des *Codex Justinianus**

Abstract: David Hilchen (1561–1610) and the 'law of coloni' of the *Codex Justinianus*
The peasant as ubiquitous worker was one of the main economic factors for the rural economy, but also for the cities. The status of Livonian peasants at the end of the 16th century has been studied in many aspects and by different authors, although less so from a legal perspective. David Hilchen's Land Law Draft (written in 1599), a voluminous work in three volumes, was and is often mentioned in literature as a document that attempts to codify a particularly harsh form of serfdom in Livonia on the basis of Roman law. The question of whether and to what extent the law of slaves from the Institutes of Justinian was used as a model of Hilchen's Land Law draft has already been recently investigated by the authors. However, the question whether Roman law on the peasants who were tied to the land, i.e. the 'coloni' of the Codex Justinianus, served as a model for Hilchen's draft, has not been dealt with so far, and is the endeavour of this contribution. On the basis of this analysis it can be concluded that the term 'Erbbauer' was similar to the term 'colonus' in the Codex Justinianus, but no direct reference can be identified. The severe provisions in this draft derive mainly from earlier legal acts or customary law, but there are also provisions that differ from other contemporary laws and Roman tradition which ascertain for peasants a better legal position.

Keywords: serfdom, coloni, Livonia, Codex Justinianus, David Hilchen, Livonian Land Law draft 1599

I. Einleitung

Der Erbbauer der frühen Neuzeit war – wie die Kolonen der spätrömischen Antike – als allgegenwärtige Arbeitskraft einer der wesentlichen Wirtschaftsfaktoren sowohl für den ländlichen Wirtschaftsraum als auch für die Städte. Im ländlichen Wirtschaftsleben hat sich die Erbuntertänigkeit aller Wahrscheinlichkeit nach schon viel früher entwickelt als rechtliche Regulierungen derselben. Der Status der Bauern in Livland, ihre Vermögensfähigkeit und ihr wirtschaftlicher Einfluss im ausgehenden 16. Jahrhundert ist unter zahlreichen Aspekten und

* Die Forschungen zu diesem Beitrag wurden unterstützt durch die Wissenschaftsagentur Estlands über die Forschungförderungsmaßnahmen PUT1030 und IUT20-50.

von unterschiedlichen Autoren untersucht worden[1], jedoch weniger aus rechtshistorischer Perspektive. Der livländische Landrechtsentwurf David Hilchens "Jus Livonicum Scriptum" (verfasst 1599)[2] – ein umfassendes Werk in drei Bänden – wurde und wird in der Literatur oft als Dokument gehandelt, welches eine besonders harte Ausformung der Leibeigenschaft in Livland auf Basis römischen Rechts zu kodifizieren versuchte und in dieser Eigenschaft als Grundlage für die weiteren Rechtsakte diente, welche die Stellung der Erbbauern verschlechterten.[3]

Die Frage, ob und inwiefern das Sklavenrecht aus den Institutionen des Justinian als Modell des Hilchenschen Landrechtsentwurfs genutzt wurde, haben die Autoren dieses Aufsatzes neulich bereits untersucht.[4] Die Frage aber, ob das „Kolonenrecht" des Justinianschen Codex – d.h. das römische Recht über die schollenabhängigen Bauern – für Hilchen als Vorbild diente, ist bislang nicht behandelt worden.

Unter den frühneuzeitlichen Juristen Europas wurde diskutiert, inwiefern auf Erbbauern auch Bestimmungen des römischen Rechts, darunter des

---

1 Zum Beispiel von *Jürgen Heyde*, Bauer, Gutshof und Königsmacht: Die estnischen Bauern in Livland unter polnischer und schwedischer Herrschaft 1561–1650. Köln u.a. 2000 (Quellen und Studien zur baltischen Geschichte, 16), S. 67–68; *Erich Donnert*, Agrarfrage und Aufklärung in Lettland und Estland. Livland, Estland und Kurland im 18. und beginnenden 19. Jahrhundert. Frankfurt u.a. 2008, S. 13–14; *Marten Seppel*, Die Kreditbeziehungen der leibeigenen Bauern Livlands im 16. Jahrhundert, in: Kadri-Rutt Hahn/Matthias Thumser/ Eberhard Winkler (Hg.), Estnisches Mittelalter: Sprachen – Gesellschaft – Kirche, 2015, S. 145–166; zum Status der Bauern im deutschen Ostseeraum s. *Hans-Georg Knothe*, Zur Entwicklung des Rechts der Gutsherrschaft im deutschen Ostseeraum im Spiegel von Mevius' Abhandlung über die „Bauers-Leute", in: Jörn Eckert/Kjell Å. Modéer (Hg.), Geschichte und Perspektiven des Rechts im Ostseeraum. Erster Rechtshistorikertag im Ostseeraum 8.–12. März 2002, 2002, S. 237–274; zum Begriff der Leibeigenschaft s. *Marten Seppel*, Three definite conclusions on indefinable serfdom, Chronica: Annual of the Institute of History, University of Szeged 9/10 (2011), S. 213–219.

2 Siehe zum Landrecht allgemein *Thomas Hoffmann*, Der Landrechtsentwurf David Hilchens von 1599: Ein livländisches Rechtszeugnis polnischer Herrschaft, 2007, sowie *derselbe*, Livonian Law under Late Polish Rule, in: Marju Luts-Sootak/Frank L. Schäfer/ Sanita Osipova, Einheit und Vielfalt in der Rechtsgeschichte im Ostseeraum, 2012, S. 81–88.

3 Siehe entsprechende Nachweise in *Hesi Siimets-Gross/Thomas Hoffmann*, Der Einfluss der Justinianischen Institutiones auf die Regelung der Leibeigenschaft im Landrechtsentwurf (1599) David Hilchens (1561–1610), Forschungen zur Baltischen Geschichte 13 (2018), S. 9–23.

4 Ibidem.

Justinianischen Codex als subsidiäres Recht direkt anwendbar waren.[5] Nach Hans-Georg Knothe war die Frage, ob schollenpflichtige Kolonen zu den Sklaven oder Freien gehören, einer der wichtigsten Fragen des Personenrechts in der frühneuzeitlichen juristischen Literatur. Knothe ist der Ansicht, dass die Juristen im Nordosten Deutschlands ab Ende des 16. Jahrhunderts generell darüber einig waren, dass Erbuntertänigkeit und Sklaverei insofern miteinander vereinbar seien, als dies im Rahmen der geltenden Rechtsgewohnheiten und Gesetze möglich war.[6]

Dieser Beitrag möchte daher der Frage nachgehen, in welchem Maß die Bestimmungen des „Kolonenrechts" des Justinian, livländisches Recht wie das mittlere Ritterrecht und das *Privilegium Sigismundi Augusti* die Regelungen des Landrechtentwurfs David Hilchens hinsichtlich der Erbbauern beeinflusst haben.

II. Der Hintergrund des Hilchenschen Landrechtsentwurfs

In Livland galt zur Zeit Hilchens auf dem Lande noch das 1537 gedruckte sogenannte mittlere Ritterrecht, eine Verschmelzung der wichtigsten mittelalterlichen Rechtsbücher.[7] In der Hansestadt Riga galt hingegen das nach Vorbild des Hamburger Rechts verfasste Rigische Stadtrecht aus dem 13. Jahrhundert in Form seiner Anfang des 14. Jahrhunderts erfolgten gründlich reformierten Fassung.[8] Die livländische Ritterschaft beabsichtigte bereits in der späten Ordenszeit die Ausarbeitung eines zeitgemäßen Landrechts, und so ließ sich die livländische Ritterschaft im Rahmen der Kapitulation unter polnischer Herrschaft im Jahre 1561 durch König Sigismund August im sog. *Privilegium Sigismundi Augusti* das Recht garantieren, dass ein umfassendes Landrecht für Livland ausgearbeitet

5 Siehe zu Details *Knothe*, Entwicklung des Rechts der Gutsherrschaft (o. Fn 1); *Marion Wiese*, Leibeigene Bauern und Römisches Recht im 17. Jahrhundert. Ein Gutachten des David Mevius, Schriften zur Europäischen Rechts- und Verfassungsgeschichte 52, 2006.

6 *Knothe*, Entwicklung des Rechts der Gutsherrschaft (o. Fn. 1), S. 244–251.

7 Mittleres Ritterrecht, zusammengestellt von *Carl Julius Albert Paucker*, in: Friedrich Georg von Bunge/Carl Otto von Madai (Hg.), Sammlung der Rechtsquellen Liv-, Ehst- und Curlands. Dritte Abteilung: Die Quellen der Ritter-, Lehn- und Landrechte Ehst- und Livlands. Erste Lieferung, 1845.

8 Gerhard Oelrichs (Hg.), Dat Rigische Recht und de gemenen stichtischen Rechte ym Sticht van Ryga geheten dat Ridder-Recht, 1773; Jakob Gottlieb Leonhard Napiersky (Hg.), Die Quellen des Rigischen Stadtrechts bis zum Jahr 1673, 1876, ND 1976.

werde (Art. 4).[9] Dieser Auftrag wurde auch in der zweiten *Ordinatio Livoniae* vom 13. April 1598 bestätigt und als solcher Teil der *Constitutionibus Regni*.[10] Der polnische König beauftragte mit dieser Arbeit im Jahre 1599 schließlich den Syndikus der Stadt Riga und Wendenschen Landnotar David Hilchen (1561–1610),[11] der innerhalb weniger Monate einen entsprechenden Entwurf zusammenstellte. Während Vertreter der livländischen Stände den Entwurf noch bestätigen konnten, kam es jedoch zu keiner Bestätigung oder gar Verabschiedung mehr durch die polnische Krone, da sich in den Folgejahren große Teile Livlands im Rahmen des polnisch-schwedischen Krieges auf die schwedische – und letztlich obsiegende – Seite stellten. Lediglich die prozessrechtlichen Regelungen traten gemäß dem Beschluss Sigismunds III. in wesentlichen Teilen sofort in Kraft.[12]

III. Der Begriff der „Erbpauren" in den livländischen und polnischen Rechten

Die Regelungen zu den leibeigenen Bauern oder Erbbauern gehören bei Hilchen in die Kategorie der Personen, die „eines andern gewalt unterworffen" sind, z.B. neben den unter Vormund stehenden Personen. Titel 11 lautet hierzu: „Von

9 *Privilegium Sigismundi Augusti* von 1561, in: Carl Schirren (Hg.), Die Capitulationen der livländischen Ritter- und Landschaft und der Stadt Riga vom 4. Juli 1710, nebst deren Confirmationen, 1865, S. 8 f. (2–23).

10 Zweite Ordinatio Livoniae, Satz sieben: „Z strony prawam ktorymy się ludzie szlacheckiego stanu sądzię mieli, pozwalamy aby się z sobą znieśli: y z prawa Polskiego, Litewskiego, y Inflantcdawnego, z wiadomomościá Kommissarzow naszych, na iedno prawo zgodili, zostawiwszy approbacyą onego przyszłemu Seymowi.", in: Józef Andrzej Załuski (Hg.), Volumina Legum. Leges, statua, constitutiones et privilegia Regni Poloniae, Magni Ducatus Lithuaniae. Omniumque provinciarum annexarum, a commitiis visliciae anno 1347 celebratis usque ad ultima regni comitia, Bd. II, 1733, S. 377. Die „Ordinationes Livoniae I" meinten die Gesamtheit all jener 21 Livland betreffenden polnischen Reichstagsbeschlüsse von 1589 (ibidem, Bd. II S. 278–280), während die „Ordinatio Livoniae II" von 1598 ein einzelner Reichstagsbeschluss unter dem Titel „Ordynacya Ziemie Inflantckiey" bildete (ibidem, S. 377–378). Zu Details siehe *Bogusław Dybaś*, Die altlivländischen Gebiete im Rahmen der polnisch-litauischen Republik, Zapiski historyzcne, 76 (2011), Heft 4, S. 540.

11 Zur Person David Hilchens siehe Näheres *Kristi Viiding*, Salomon Frenzels schwere Mission in Riga, Neulateinisches Jahrbuch/Journal of Neo-Latin Language and Literature 21 (2019) (im Erscheinen); *Hoffmann*, Der Landrechtsentwurf (o. Fn. 1), sowie *Herta von Ramm-Helmsing*, David Hilchen 1561–1610. Syndikus der Stadt Riga, 1937.

12 Zur Genese des Landrechts siehe im Detail *Hoffmann*, Der Landrechtsentwurf (o. Fn. 1), S. 62–65.

den erbpauren undt wiederforderung derselben, wenn sie verlaufen“. Die Regelungen in diesem Titel waren im Gegensatz zu den vorhergehenden nicht mehr den Institutionen des römischen Kaisers Justinian entnommen und mussten dementsprechend von Hilchen selbst mit dem übernommenen System des Justinianischen Vorbilds in Einklang gebracht werden.[13]

Zum Begriff der Erbbauern war wenig auch aus den livländischen Rechtsquellen zu entnehmen, die zwar Bestimmungen über Erbbauern enthielten, diese aber nicht definierten. Sie werden z.B. als besondere Personengruppe im mittleren Ritterrecht genannt, doch werden sie dort lediglich als Rechtsträger nach Maßgabe des jeweiligen Grundherrn erwähnt, siehe Kap. 234: „Wor ein here ein dorp hefft, dar mach he synen buren geven ein sünderlick recht.“ Auch das *Privilegium Sigismundi Augusti* bestätigt in Art. XXIII, dass ausschließlich der jeweilige Grundherr das „Nutzungsrecht“ an seinen Bauern habe: „Ferner bitten wir alle Vorsorge dafür zu haben, daß die Bauern der Adelichen bloß zu den Diensten für ihren Eigenthumsherrn, wie bisher nach dem alten beobachteten Gebrauch, verpflichtet bleiben, und nicht zu andern Dienstbarkeiten zum Nachteil unserer Freiheiten gezwungen werden.“ Ob in der Praxis eine solche Regelung eine Stärkung der Rechte des Leibeigenen bedeutete, da er lediglich zu Diensten gegenüber einem Grundherrn verpflichtet war, oder ob aber Dienst gegenüber mehreren gleichgestellten Herren nicht sogar eine gewisse Unabhängigkeit des Bauern bewirkt hätte, lässt sich anhand dieser Quelle allerdings nicht abschließend beurteilen.

Während eine diesem Aspekt entsprechende Regelung im Landrecht fehlt, äußert es sich in der Grundnorm der Bestimmungen über die Erbbauern im 2. Buch, Titel 11, § 1 zur Veräußerung über Erbbauern: „Die erbpauren undt welche von ihnen geboren werden, imgleichen ihre haab und güter sindt in ihrer herrschafft gewalt, und können ohne derselben will und volwordt nicht veraußern, oder sich anders wohin begeben“. Es heißt, dass Leibeigene und ihre Kinder samt Eigentum (nach dieser Formulierung sowohl bewegliche als auch unbewegliche Sachen) unter der Gewalt des Gutsherrn standen, und Erbbauern ohne Einwilligung des Gutsherren nichts veräußern oder den Hof dauerhaft verlassen durften. Damit waren sie an Grund und Boden gebunden.

Die Frage, ob die Bauern wirklich kein Recht an beweglichen Sachen hatten, hat Marten Seppel gründlich analysiert. Er kommt zum Ergebnis, dass – obwohl so im Landrechtsentwurf vorgesehen – „im 16. Jahrhundert die bewegliche

13 Siehe dazu: *Siimets-Gross/Hoffmann*, Der Einfluss der Justinianischen Institutiones (o. Fn. 2), S. 9–23.

Habe der Bauern vom Besitz des Gutes getrennt […] [war; dies] wird auch durch vielfältige Kreditbeziehungen bewiesen. In Livland wurde sogar die Ernte, für die der Bauer das Saatkorn vom Gut hatte leihen müssen, als Besitz des Bauern klassifiziert, und der Bauer war verpflichtet, auf eigene Verantwortung und selbständig die betreffenden Schulden zu begleichen."[14] Die Vermögensfähigkeit der Leibeigenen wurde von zeitgenössischen Juristen im Allgemeinen anerkannt, obwohl das Maß stets von lokalen Verhältnissen abhing. So sollten die Leibeigenen nach Johann Stamm (1590/2–1646) in Polen und Russland über Sachen nur zu dem vom Herren gestatteten Zweck verfügen können und waren im Sklavenzustand oder diesem zumindest nahe: „[…] ad servorum conditionem quam proxime accedunt […]".[15]

In Hilchens Landrechtsentwurf scheint sich somit eher eine Wunschvorstellung des Adels widerzuspiegeln als die tatsächliche und – bisherige – rechtliche Wirklichkeit. Dennoch sind die Regelungen des Titels 11 später zumindest in die *Consuetudines Livonicae inveteratae et practicabiles*, einer undatierten zeitgenössischen Aufzeichnung des livländischen Rechts, eingegangen.[16]

IV. „Erbbauern" im Justinianischen Kodex und bei zeitgenössischen Autoren

Die schollenabhängigen Bauern hatten vom ausgehenden 16. bis ins 18. Jahrhundert in Livland noch einen ähnlichen Status wie in Norddeutschland, und die Diskussion der norddeutschen Juristen war bekannt und diente wahrscheinlich auch als Vorbild in Livland.

Das Verbot, Grund und Boden zu verlassen, war in der zeitgenössischen norddeutschen Leibeigenschaftsdiskussion das grundlegende Element, welches den Leibeigenen oder „Erbbauern" von Freien oder Landpächtern unterschied. Es waren sich sowohl die früheren als auch die späteren Autoren der „Leibeigenschaftsfrage" wie Husanus,[17]

14 *Seppel*, Die Kreditbeziehungen (o. Fn 1), S. 160 f.

15 *Johann Hermann Stamm*, Tractatus De Servitute Personali, Lib. III, 1634, Kap. 17, Rn. 7, S. 764–766. Siehe mehr zum Kontext: *Wiese*, Leibeigene Bauern (o. Fn 5), S. 139 f.

16 So Friedrich Georg v. Bunge (Hg.), Livländische Rechtsgewohnheiten aus der Zeit der polnischen Herrschaft. Aus dem Nachlasse Herrmanns' von Brevern, Archiv für die Geschichte Liv-, Est- und Kurlands 5 (1847), S. 284 f. (284–296)

17 Heinrich Husanus (1536–1587) war deutscher humanistischer Jurist, Diplomat, Rechtsprofessor und Gutachter. Er war befreundet mit Hilchens Briefadressaten Johannes Caselius und David Chyrtäus. Vor allem mit Caselius hat Hilchen auch Neuigkeiten

Mevius[18] und Zasius[19] einig, dass Leibeigene den Grund und Boden ohne herrschaftliche Erlaubnis nicht verlassen durften.[20]

Dies hieß aber nicht, dass die Leibeigenen in dieser Diskussion als Sklaven angesehen wurden. Noch in der zweiten Hälfte des 17. Jahrhunderts äußerte sich Böckelmann[21] im Zusammenhang mit dem Wildfangstreit in seiner Widerlegung „Iustitia causae palatinae“ von Boecklers „Vindiciae“[22] zur Leibeigenschaftsfrage. Böckelmann bezeichnete – sich auf als Wildfang gefangen und

---

über erschienene Bücher ausgetauscht. So ist es wohl möglich, dass Caselius Hilchen auch über Husanus' Werke in Kenntnis gesetzt hat, wenn Hilchen nicht über andere Wege davon erfahren hatte. Zum juristischen Humanismus generell und m.w.N. siehe *Franz Wieacker*, Privatrechtsgeschichte der Neuzeit, 1996, S. 145 f. Zu Hilchens Briefwechsel aus der Sicht der Verbreitung der Bücher siehe *Kristi Viiding*, Arranging the learned literary and book culture around the Baltic Sea in the early 17th century: the case of Livonian-Polish humanist David Hilchen, in: Tuomas Lehtonen, Kati Kallio, Ilkka Leskkelä (Ed.). Networks, Poetics and Multilingual Society in the Early Modern Baltic Sea region (= Library of the Written Word) (im Erscheinen).

18 David Mevius (1609–1670) war ein Rechtspraktiker und in Deutschland einer der bedeutendsten Juristen seiner Zeit. Er war lange als Syndikus der Stadt Stralsund tätig, Richter am Wismarer Tribunal und verfasste den *commentarius in ius lubecense* (Kommentar über das Lübische Recht). Außerdem hat er mehrere Schriften über Leibeigenschaft verfasst. Siehe zu ihm m.w.N. *Hans-Georg Knothe*, David Mevius (1609–1670) – Ein herausragender Jurist des Usus modernus Pandectarum, in: Zeitschrift für Europäisches Privatrecht 18 (2010), S. 536–561.

19 Ulrich Zäsy (lat. Udalricus/Huldrichus Zasius; 1461–1535) gehörte zu den bedeutendsten humanistischen Rechtsgelehrten und Professoren seiner Zeit in Deutschland; er war auch als Gutachter und als Autor von Gesetzesentwürfen tätig. Er stand im Briefwechsel mit vielen bekannten Humanisten seiner Zeit, z.B. Amerbach. Siehe mehr m.w.N. *Karl Heinz Burmeister*, Ulrich Zasius (1461–1535). Humanist und Jurist, in: Paul Gerhard Schmidt (Hg.), Humanismus im deutschen Südwesten. Biographische Profile, 2000, S. 105–123.

20 *Wiese*, Leibeigene Bauern (o. Fn. 5), S. 155–158.

21 Johann Friedrich Böckelmann (1633–1681) war seit 1661 kurpfälzischer Rat, seit 1664 Vizepräsident des Hofgerichts und „bis zu seinem Umzug nach Leiden 1671 rechte Hand des Kurfürsten“ – so *Luca Scholz*, Leibeigenschaft rechtfertigen – Kontroversen um Ursprung und Legitimität der Leibeigenschaft im Wildfangstreit, Zeitschrift für Historische Forschung 45 (2018) 1, S. 52 (41–81).

22 Der schwedische Reichshistoriograph Johann Heinrich Boeckler (1611–1672) verfasste diese Anklageschrift 1665 zur Verteidigung der „Reichsfreiheit einiger Kurfürsten und Stände, sowie der unmittelbaren Ritterschaft des Heiligen Römischen Reichs gegen den pfälzischen Wildfang, die Knechtschaft und andere Gewalt“. Hier zitiert aus *Scholz*, Leibeigenschaft (o. Fn. 21), S. 51.

dadurch in die Leibeigenschaft genommene Untertanen beziehend – „mit Knecht (…) den *servus*, die Gruppe der Unfreien im römischen Recht". Als Jurist interpretierte er die Formulierung *homines liberae conditionis* im römischrechtlichen Sinne: mit *conditio* wurde in den Digesten eine grundlegende Unterscheidung zwischen freien und unfreien Menschen getroffen. Im Zusammenhang der pfälzischen Leibeigenen bedeutete es, dass Bockelmann sich weigerte, diese in die Gruppe der Unfreien zu zählen – im Gegensatz zur Mehrzahl der Kommentatoren des zeitgenössischen deutschen Bauernrechts.[23] Dass eine entsprechend breit gelagerte Diskussion in Livland fehlte,[24] ist nicht verwunderlich – es gab in Livland sehr wenig gelehrte Juristen. Die wenigen in Livland ansässigen Juristen, unter anderem David Hilchen, waren aber in Deutschland ausgebildet worden, und so war ihnen die deutsche Diskussion mit großer Wahrscheinlichkeit bekannt.[25] Vor allem hinderte das Fehlen einer lokalen Fachdiskussion nicht die Rezeption des römischen Rechts. Bei der Begründung der Schollenbindung der Bauern ging die zeitgenössische Literatur des Zeitalters des *usus modernus* von verschiedenen Fragmenten, vor allem zu Kolonen, des Justinianischen Codex aus – wie z.B. C. 11, 48, 6; C. 11, 48, 15; oder C. 11, 48, 23.[26] Da diese drei Stellen unterschiedliche Aspekte hervorheben, zitieren wir hier alle drei:

(1) C. 11, 48, 6: *omnes omnino fugitivos adscripticios colonos vel inquilinos sine ullo sexus muneris condicionisque discrimine ad antiquos penates, ubi censiti atque educati natique sunt, provinciis praesidentes redire compellant.* (Ausnahmslos alle entlaufenen adskribierten Kolonen (*adscripticii),* alle Pachtbauern und Dienstverpflichteten (*inquilini*), ohne Unterschied des Geschlechts, der Tätigkeit und des Standes, sind von den Vorstehern der Provinz zu nötigen, an ihren Geburtsort, wo sie eingetragen, erzogen und geboren wurden, zurückzukehren.)[27]

23 M.w.N. siehe *Scholz,* Leibeigenschaft (o. Fn. 21), S. 69.

24 So *Seppel*, Die Kreditbeziehungen (o. Fn. 1), S. 156.

25 Siehe zu Hilchens Studien und Briefkreis der deutschen Humanisten am Beispiel Caselius': *Kristi Viiding*, Rhetorical strategies in the correspondence of Johannes Caselius to the Livonian humanist David Hilchen, in: Acta Comeniana. International Review of Comenius Studies and Early Modern Intellectual History, 2019 (im Erscheinen). Siehe auch o. Fn. 11.

26 *Wiese*, Leibeigene Bauern (o. Fn. 5), S. 156 f.

27 Hier und im Folgenden sind die Übersetzungen in bearbeiteter Form entnommen aus Corpus Juris Civilis. Codex ins Deutsche übersetzt, hg. von Carl Eduard Otto/Bruno Schilling/Carl Friedrich Ferdinand Sintenis, 1832; überarbeitete Übersetzung und Neuübersetzungen von *Rudolf Haller*, Edition Opera Platonis 2012–2018, http://www.opera-platonis.de/CI/Codex.html.

(2) C. 11, 48, 15: *Colonos numquam fiscalium nomine debitorum ullius exactoris pulset intentio: quos ita glebis inhaerere praecipimus, ut ne puncto quidem temporis debeant amoveri.* (Kolonen oder Pachtbauern dürfen im Namen des Fiscus von keinem Steuerbetreiber für irgendeine Schuld in Anspruch genommen werden, denn Wir ordnen an, dass dieselben derart an die Scholle gehalten sein sollen, dass sie zu keinem Zeitpunkt davon getrennt werden dürfen.)
Diese zwei Stellen besagen, dass Kolonen (adskribierte oder andere) mit dem Land verbunden sind, so dass sie in keinem Moment vom Land getrennt sein dürfen und dorthin zurückkehren bzw. zurückgebracht werden müssen, wenn sie entlaufen.

(3) C. 11, 48, 23, 1: [...] *sancimus liberos colonorum esse quidem in perpetuum* [...] *liberos et nulla deteriore condicione praegravari, non autem habere licentiam relicto suo rure in aliud migrare, sed semper terrae inhaereant, quam semel colendam patres eorum susceperunt.* ([...] so verordnen wir hiermit, dass die Kinder der Pachtbauern zwar [...] für immer frei sein sollen, und sie nicht die Belastung tragen sollen, einem niederen Stande anzugehören, aber auch nicht die Befugnis haben sollen, ihre Ländereien zu verlassen, und wo anders hin zu ziehen, sondern sollen stets an das Land gebunden sein, das zu bewirtschaften ihre Väter einmal übernommen haben.)

An dieser dritten Stelle wird auch die persönliche Freiheit der Kinder der Kolonen genannt. Obwohl theoretisch alle drei der genannten Stellen dem Sinn nach Hilchen als Vorbild für den zweiten Teil des LR II.11.1 hätten dienen können, liegt gedanklich dieser Stelle C. 11, 48, 23 am nächsten: Hiernach sollen die Pachtbauern oder Kolonen und ihre Kinder zwar frei sein, aber „nicht die Befugnis haben [...], ihre Ländereien zu verlassen, und wo anders hin zu ziehen, sondern sollen stets an das Land gebunden sein [...]“.

Auf Livland als Teil des Litauisch-Polnischen Königreichs fanden auch die polnischen und litauschen Statuten Anwendung. Unter den litauischen Statuten äußert sich zu Erbbauern vor allem das III. Statut,[28] das am 28. Januar 1558 verabschiedet wurde und sich in Fragen der Erbbauern ebenfalls am römischen Recht orientierte. Wie es Bardach ausdrückte, „war auch das III. Statut vollständig von einer romanistischen Struktur geprägt [...], wodurch die Position des

28 Das gantze Statuten Buch des Groß Fürsten-Thumbs Littawen. Aus dem Polnischen ins Teütsche gebracht und geschrieben. Anno Domini MDCXXXII. Eine Handschrift befindet sich in der Universitätsbibliothek Tartu: Handschriftensammlung, Manuskriptnummer 134, acc. 8478.

befreiten Bauern verbessert wurde, was dem allgemeinen Trend der damaligen Gesetzgebung entsprach, der darauf abzielte, die schwersten Formen der Abhängigkeit zu mildern."[29]

Vermutlich waren diese Codex-Stellen auch Hilchen bekannt. Eine direkte Übernahme oder Rezeption, wie bei den früheren Titeln von den Institutionen, ist jedoch nicht nachweisbar. Das polnisch-litauische Recht sollte gemäß der *Ordinatio Livoniae* bei der Zusammensetzung des Landrechts zwar ausdrücklich als Vorbild dienen – dies jedoch zusammen mit älteren livländischen und litauischen Rechten. Übrigens hat Hilchen selbst in seinen lateinisch verfassten Briefen für die Bauern eben jenen Begriff „*colonus*" für Bauern sowohl in Livland und Polen als auch für westeuropäische Bauern genutzt.[30]

V. Konsequenzen der Flucht von Erbbauern und Rückforderungsrecht

Das Gebot der Schollengebundenheit, das als letzter Teil des Paragraphen bei Hilchen genannt wird ("können […] sich [nicht] anders wohin begeben"), wird zudem ergänzt mit der Erlaubnis für den Grundherrn, den geflohenen Bauern wieder einzufangen. Wenn der Gutsherr des jeweiligen Befindungsorts des Bauern die Herausgabe verweigern sollte, konnte der Anspruch auch gerichtlich unter Androhung der üblichen Säumnisbußen durchgesetzt werden:

> LR II.11.§ 2: „Würde ein pawr und sein sohn, der nicht erlaßen, zu einem hauptman oder vom adell sich heimlich begeben, sein gläubiger soll ihn durch einen landtboten, an welchem ort war er betroffen, frey ungeschewet gefangen nehmen, undt der herrschafft deßselben orts da er betreten, fürstellen, und so wol ihme als seine kinder und güter zu übergeben bieten. Wurde die herrschafft des ortes solcher bitte nicht gerufen, soll er ihn fürs landtgerichte

29 *Juliusz Bardach*, Statuty Litewskie a prawo Rzymskie. Centre for Studies on the Classical Tradition in Poland and East-Central Europe (OBTA), 1999, S. 52 f.; zur „Romanisierung" der litauischen Statuten im allgemeinen s. *Dimitri Steinke*, Die Zivilrechtsordnungen des Baltikums unter dem Einfluss ausländischer, insbesondere deutscher Rechtsquellen, 2009, S. 99 ff. Siehe die Analyse in *Siimets-Gross/Hoffmann*, Der Einfluss der Justinianischen Institutiones (o. Fn. 3), S. 9–23.

30 Z. B. Lib. 3, Brief 7, 1605–07–12 an Nicolai Hals; Lib. III, Brief 67, 1602–11–01 an Herzog Wilhelm von Kurland; Lib. IV, Brief 2, 1601–04–30; Lib. I. Brief 100, 1609–01–04 an Petrus Lavitius-Presbyter; Lib 1., Brief 122, 1608–09–23 an Zurovius etc. Die Briefe befinden sich in zwei Manuskripten in Riga und in Linköping: *David Hilchen*, Epistolae, sex libris digestae ab anno 1600 usque ad annum 1610 in unum volumen redactae, ubi 715 epistolae reperiuntur. (sine anno) Riga LVVA 4038–2–297; Linköping City Library (Stadsbibliotek/Stiftsbiblioteket), Br. 43.

im ersten *termino peremptorie citiren*, undt so oft der *citirte* deßhalben *citiret* undt nicht erscheinet, so offt soll er dem gegentheil 20 Fl Polnisch[31] erlegen, undt soll gleichwoll den verlauffen wiedergeben. Eß were dan sache, daß zehen jahr von zeit der mißenheit[32] verfloßen, dan nach solcher zu recht verwahrten zeit kann er ihn allß verjahret nicht abforderen.“

Das Recht, die Erbbauern vor Gericht als „eigen“ herauszufordern, gestattete dem Grundherren bereits das *Privilegium Sigismundi Augusti* in Art. XXII §§ 1, 2:

„Die Bauern, welche mit Genehmigung des Fürsten oder durch Erbfolge in irgend jemandes Botmäßigkeit sich befinden, müssen von andern nicht als Gefangene aufgenommen oder vorenthalten, sondern auf Aufforderung desjenigen, der an selbige Anspruch machte, ausgeliefert, und nach dem angenommenen Herkommen und den alten gesetzlichen Gewohnheiten Livlands zurückgestellet werden.“

Die im *Privilegium Sigismundi Augusti* erwähnten „angenommenen Herkommen und alten gesetzlichen Gewohnheiten Livlands“ (Art. XXII)[33] wurden im Landrechtsentwurf jedoch nicht separat hervorgebracht, weil das Landrecht als solches bereits auf diesen Quellen basierte.

Die im *Privilegium Sigismundi Augusti* enthaltene Bezeichnung weist aber darauf hin, dass das Zurückfordern mit großer Wahrscheinlichkeit schon 40 Jahre vor Schaffung des Hilchenschen Landrechts üblich war – zumal Kapitulationen wie das *Privilegium Sigismundi Augusti* in jener Zeit grundsätzlich lediglich den *status quo* festschrieben und das Recht auf Wunsch der Unterworfenen nicht fortentwickeln sollten.[34]

In den kaiserlichen Konstitutionen des Justinianischen Codex wird die Flucht von Leibeigenen ausführlich behandelt. Vor allem war es dem Herren erlaubt, flüchtige Bauern mit eigener Gewalt zu ergreifen und sie von anderen zurückzufordern, wie in C. 11, 51, 1 vorgesehen:

---

31 In der Abschrift des Hilchenschen Landrechts in der Misina-Bibliothek (der akademisch-historischen Abteilung der rigaischen Universitätsbibliothek), dort Handschriftenabteilung Inventarnummer R 2686 heißt es „ung. [ungarische] Fl“. Zu Details und Transkription siehe *Hoffmann*, Der Landrechtsentwurf (o. Fn. 2), S. 209.

32 In der Abschrift der Misina-Bibliothek: „Mißenschafft“.

33 Zu Rechtsgewohnheiten als typische Rechtfertigung für Leibeigenschaft in der frühen Neuzeit siehe *Scholz*, Leibeigenschaft (o. Fn. 21), S. 58.

34 Siehe *Marju Luts*, Modernisierung und deren Hemmnisse in den Ostseeprovinzen Est-, Liv- und Kurland im 19. Jahrhundert, in: Tomasz Giaro (Hg.), Modernisierung durch Transfer im 19. und frühen 20. Jahrhundert, 2006, S. 164 (159–200); zum Privilegium als Kapitulation *Jürgen von Ungern-Sternberg*, Europäische Kapitulationsurkunden: Genese und Rechtsinhalt, in: Karsten Brüggemann/Mati Laur/Pärtel Piirimäe (Hg.), Die baltischen Kapitulationen von 1710 – Kontext – Wirkungen – Interpretationen, 2014, S. 27 (17–43).

„[...] *lex a maioribus constituta colonos quodam aeternitatis iure detineat,* [...] *nullus omnino colonorum suo iure velut vagus ac liber exsultet, sed exemplo aliarum provinciarum ita domino fundi teneatur, ut sine poena suscipientis non possit abscedere: addito eo, ut possessionis domino revocandi eius plena tribuatur auctoritas.* ([...] Kolonen dürfen nach dem Gesetz, was von Vorfahren gesetzt ist und sie für eine unbegrenzte Zeit festhält, [...] nicht eigenmächtig, ungebunden und frei umherstreifen, sondern nach dem Beispiel anderer Provinzen auch dort an das Landgut des Herren gebunden sind, so dass sie ohne Strafe nicht wagen dürfen, sich zu entfernen; zudem sind die Grundherren zur Rückforderung uneingeschränkt ermächtigt.)“[35]

Die Flucht der *adscripticii* wurde schon im Codex (11, 48, 23, pr) nach dem Vorbild flüchtiger Sklaven nicht nur als solche geächtet, sondern als Diebstahl angesehen: „*et si se celaverit vel separare conatus fuerit, secundum exemplum servi fugitivi sese diutinis insidiis furari intellegatur* ([…] und wenn er (Dienstverpflichteter) sich zu verstecken oder sich abzusondern gesucht hat, ist er nach dem Beispiel flüchtiger Sklaven so anzusehen, als habe er eine Sache unterschlagen.).“

Dabei konnte nach Cod. 6, 1, 1 auch keine Verjährung oder Ersitzung stattfinden – ebenso wenig, wie es bei Diebstahl der Fall war. Diese Lehre war unter frühneuzeitlichen Juristen im Allgemeinen akzeptiert.[36]

Im Hilchenschen Landrecht war die Qualifikation nicht so eindeutig: Die Flucht wurde als Mißenheit (nach anderer Handschrift als Mißenschafft), d.h. Vermisstsein angesehen, aber nicht ausdrücklich als Diebstahl. Beim Diebstahl war nach römischem Recht die Verjährung nicht zugelassen,[37] und daher war auch bei flüchtigen Kolonen eine Verjährung nicht vorgesehen oder jedenfalls nicht üblich.

35 In dem Sinne schon eine frühere Stelle aus Codex Theodosianus 5,17,1 [332]: *Ipsos etiam colonos [iuris alieni], qui fugam meditantur, in servilem condicionem ferro ligari conveniet, ut officia, quae liberis congruunt, merito servilis condemnationis compellantur implere.* (Bei wem auch immer ein Kolone [fremden Rechts] angetroffen wird, muss nicht nur selbigen an seinen Ursprungsort zurückversetzen, sondern darüber hinaus seine Kopfsteuer für diese Zeit übernehmen.)

36 *Wiese*, Leibeigene Bauern (o. Fn. 5), S. 158.

37 Cod. 6, 1, 1: *Servum fugitivum sui furtum facere et ideo non habere locum nec usucapionem nec longi temporis praescriptionem manifestum est, ne fuga servorum dominis suis ex quacumque causa fiat damnosa.* (Es ist klar, dass ein Sklave, der entläuft, an sich selbst einen Diebstahl begeht, und daher weder Ersitzung noch Ersitzung wegen Ablauf der langen Zeit stattfindet, da die Flucht des Sklaven den Herren auf keine Weise zum Nachteil gereichen darf.) *<a. 286 pp. V id. Dec. Maximo II et Aquilino conss.>*

Da die Flucht von Leibeigenen im Landrecht aber nicht deliktsrechtlich eingeordnet war, waren auch die Folgen milder. Vor allem gab es dem flüchtigen Leibeigenen die Möglichkeit, bei dem gewählten Gutsherrn zu bleiben. In dieser Hinsicht war diese Vorschrift günstiger für den Leibeigenen, als es nach römischem Recht und nach Ansicht frühneuzeitlicher Juristen der Fall war.

Günstiger war auch folgender Teil der Vorschrift LR II.11.§ 2, wonach lediglich der Gutsherr, in wessen Herrschaft der entflohene Leibeigene aufgegriffen wurde, als Strafe „20 Fl Polnisch erlegen, undt gleichwoll [...] den verlauffen wiedergeben [soll]", wenn er nicht auf Ladung (*citatio*) vor Gericht erscheint. Nach mittlerem Ritterrecht war es noch der Bauer, der für die Flucht Strafe in Höhe seines doppelten Lohns zu bezahlen hatte (Kap. 149, § 3): „Entgheit de knecht dem heren mit unwillen, he schal dem heren so vele geven, also de here em gelavet ahdde, unde wat em gegulden ys synes lohns, dat schal he dubbelt wedder geven."

Mevius hat wenig später nach dem Vorbild von Dig. 11, 4, 1, 2[38] für den deutschen Ostseeraum sogar 100 Goldmünzen als Strafe für die Flucht bestimmt. Nach dem ebenfalls zeitgenössisch zitierten Cod. 11, 48, 12, 2[39] war jener Herr, der den Entlaufenen zu sich genommen hatte, nicht nur zur Rückgabe des

38 *Hoc autem senatus consultum aditum etiam dedit militi vel pagano ad investigandum fugitivum in praedia senatorum vel paganorum [...], ut fugitivos inquirere volentibus litterae ad magistratus dentur, multa etiam centum solidorum in magistratus statuta, si litteris acceptis inquirentes non adiuvent. sed et in eum, qui quaeri apud se prohibuit, eadem poena statuta.* (Dieser Senatsbeschluss gewährt auch Soldaten oder Zivilpersonen für die Suche nach flüchtigen Sklaven Zugang zu Grundstücken, die Senatoren gehören oder Landleuten [...], indem er anordnet, dass denjenigen, die nach flüchtigen Sklaven suchen wollen, ein amtliches Schreiben zur Vorlage bei den örtlichen Behörden mitzugeben sei, wobei als Strafe gegen die örtlichen Beamten, die trotz Entgegennahme solcher Schreiben den Nachforschenden ihre Hilfe verweigern, einhundert Goldmünzen festgesetzt sind. Aber auch gegen denjenigen, der Nachforschungen bei sich verhindert, ist dieselbe Strafe festgesetzt.) Übersetzung aus Corpus iuris civilis: Text und Übersetzung: auf der Grundlage der von Theodor Mommsen und Paul Krüger besorgten Textausgaben. Band III, Digesten 11–20. Gemeinschaftlich übersetzt und hrsg. von O. Behrends et al., 1999.

39 *Si quis igitur ex memoratis fugitivis apud quemlibet fuerit repertus, duodecim libras argenti fisco nostro inferat detentator, ipsi autem cuius fuit praeter eundem fugitivum alterum etiam eiusdem aestimationis inferre decernimus.* (Deshalb hat er, so verordnen Wir, bei dem einer der erwähnten Entlaufenen aufgefunden worden ist, diesen zurückzugeben, er hat unserem Fiscus zwölf Libras Silber Schuld abzutragen und außer dem Entlaufenen selbst hat er dessen Herrn einen andern von gleicher Einschätzung zu stellen.)

Entlaufenen verpflichtet, sondern musste zusätzlich dem alten Herren eine weitere Person gleichen Werts überlassen sowie eine Strafe an den kaiserlichen Fiscus zahlen. Die Härte der Sanktion sollte der Annahme flüchtiger Bauern vorbeugen und diesen somit Anreize zur Flucht minimieren.[40]

Vergleicht man die Hilchensche Regelung mit dieser Passage, ist der Hilchensche Ansatz den Leibeigenen gegenüber tatsächlich sehr viel milder – der Landrechtsentwurf gab ihnen doch die Möglichkeit, zu einem anderen, vielleicht besseren Grundherrn zu fliehen, ohne dass eine Strafe drohte oder der neue Grundherr den Leibeigenen zurückgeben musste, wenn dieser bereits zehn Jahre entlaufen war. Man könnte in rechtlicher Hinsicht sogar von einer gewissen Bewegungsfreiheit der Leibeigenen sprechen, wenn auch sehr bedingt.

VI. Befreiung aus Leibeigenschaft und Niederlassung als freier Bauer

Im Landrecht war zudem eine Möglichkeit der allgemeinen Freilassung von Leibeigenen vorgesehen:

> LR 2.11.§ 7. „Eß ist einem jeden frey, welchem er in seiner gewaldt hat, entweder den haußwirth sampt seiner frawen oder auch seine kinder, die ihme allbereit gebohren, oder sie alle sampt oder einem jeden insonderheit zu freyen und zu erlaßen. Und daßelbige kann er entweder für das daß landgerichte oder durch testament, oder mit erlaßungs briefen, wenn sie mit seiner handt undt siegell bekrafftiget und ihm zugestellet worden, ins werck richten."

Eine ähnliche Möglichkeit war im römischen Recht vorgesehen: nämlich den Leibeigenen ganz in die Freiheit zu entlassen, und zwar entweder bei Gericht (in Rom vor dem *praetor*), durch Testament, oder durch bestätigenden Freibrief (mit Siegel und eigenhändig geschrieben).

Mit anderen Worten konnte auch Leibeigenen – wenn auch nicht als Sklaven, sondern als spezifische Personengruppe – sowohl nach dem Hilchenschen Landrechtsentwurf als auch in Rom ein Teil der ihnen entbehrt geblieben Freiheit vom Gutsherrn „herausgegeben" werden.

Trotzdem sollte es nach Hilchen gleichfalls kaum freie Bauern geben: Fall sich ein freigelassener Bauer in die Gewalt eines anderen Grundherrn begab, dort

40 *David Mevius*, Ein kurtzes bedencken über die Fragen, so von dem Zustand, Abforderung und verwiederter Abfolge der Bawrs-Leute zu welchen jemand zuspruch zu haben vermeynet bey jetzigen Zeiten entstehen und vorkommen, 1656, S. 91.

ebenfalls auf Hof und Acker arbeitete und sich nicht innerhalb von drei Jahren aus dieser Stellung emanzipierte, wurde er Leibeigener des neuen Grundherrn:

> LR 2.11.§ 4. „Wenn auch jemand von seinem herren freygegeben und also frey geworden, sich hernacher in eines andern gewalt begiebet undt also ein erbpawr acker undt höffe in besitz annimbt und drey jahr über in dem standt verharret, der soll hierfüro für einen freyen nicht gehalten werden [...].“

Diese bemerkenswerte Regelung, welche Freiheit an die Ausübung einer anderen – unabhängigeren – Betätigung als Ackerbau unter der Gewalt eines Grundherrn knüpft, mag ihren Hintergrund in den desolaten wirtschaftlichen Verhältnissen der livländischen Landwirtschaft in Folge des livländischen Krieges mit dem russischen Zarentum finden, der Livland in ähnlichem Maße entvölkert hatte wie es der dreißigjährige Krieg wenige Jahrzehnte in einigen deutschen Gegenden tat. Ob Hilchen mit dieser Regelung jedoch tatsächlich die eigene wirtschaftliche Betätigung freigelassener Bauern auf dem Lande ermutigen wollte, das Land durch erleichterten Zuzug der Bauern in die Städte sogar zusätzlich schwächen wollte, doch Interessen der Gutsherren oder Fiskus vor Augen hatte oder gar ganz andere Ziele verfolgte, lässt sich weder aus dem Landrechtsentwurf noch aus anderen zugänglichen Quellen lesen.

VII. Fazit

Zusammenfassend ist festzuhalten, dass die „harten“ Vorschriften zu Leibeigenschaft in Hilchens Landrechtsentwurf vornehmlich aus früheren Gewohnheiten, Gesetzen oder anderen Rechtsakten stammen. Das Leibeigenschaftsrecht wurde schon im *Privilegium Sigismundi Augusti* als „alte[...] gesetzliche [...] Gewohnheit [...] Livlands“ genannt. Das Justinianische „Kolonenrecht“ war Hilchen wahrscheinlich bekannt – vor allem ist der Begriff der Erbbauern dem Justinianischen Kolonenbegriff sehr ähnlich, wenn auch eine direkte Übernahme nicht nachgewiesen werden kann. Der Hilchensche Entwurf enthält jedoch eine ganze Reihe an Vorschriften, die vom *Privilegium* und anderen zeitgenössischen Regelungen, vor allem aber auch von der römischrechtlichen Tradition abweichen und die Stellung des Leibeigenen sogar verbessern, wie etwa die Bestimmungen über die Rückgabe flüchtiger Bauern. Diese Normen scheinen beim heutigen Stand der Forschung von Hilchen selbst zu stammen. Die zeitgenössische Rechtsauffassung und deren Vorbilder in der Justinianischen Gesetzgebung sahen für die Flüchtigen harte Strafen vor, was bei Hilchen nicht vorkam. Man darf nicht vergessen, dass die Verschriftlichung der Normen zweifaches bezweckte: Zum einen sollte sie die Rechtslage sichern und somit eine Rechtsgrundlage für entsprechende Ansprüche schaffen. Doch zum anderen sollte auch Missbrauch vorgebeugt werden, die Ansprüche im gesetzlichen Rahmen gehalten und damit Schutz – z.B. auch für Erbbauern – gewährleistet werden. In Fragen der Rechtsstellung Leibeigener hat Hilchen mit seinem Landrechtsentwurf vor allem diesen zweiten Zweck verfolgt.

Petra Skřejpková

The beginning of the Codification of Municipal Law in Bohemia (16th Century)

Abstract: The aim of this paper is to outline the gradual development of municipal law of the Czech Lands during the Middle Ages to its crystallisation into a separate codification at the end of the 16th century. The study of medieval and early modern legal culture provides us with not only new insights into the functioning of the then legal culture, but also into the national development of Czech and Moravian cities and their economic and political transformation until modern times. In the Middle Ages, municipal law in the Czech lands developed under the influence of neighbouring states, especially under the influence of Saxon-Magdeburg law in the northern regions of the country, and the southern regions where Swabian law was influential. As in other countries, during the Middle Ages, the law was drawn up in the form of various law books that were not legally binding. The first, unsuccessful, attempts to codify municipal law were in 1534. The official codification of municipal law, the so-called "Municipal Laws of the Czech Monarchy", was adopted in 1579. This codification, as well as previously used law books, was largely based on Roman law. By way of this codification, Roman law was incorporated into municipal law. The Code was one of the most important legal regulations in Bohemia, Moravia and Silesia until the Enlightenment reforms in the second half of the 18th century, in some parts until the adoption of the General Civil Code of Austria in 1811.

Keywords: municipal law, Czech Lands, codification, Roman law, Saxon-Magdeburg law, law books

I. Introduction

The aim of this paper is to outline the gradual development of the municipal law of the Czech Lands during the Middle Ages to its crystallisation into a separate codification at the end of the 16th century. The study of medieval and early modern legal culture provides us with new insights not only into the functioning of legal culture, but also into the national development of Czech and Moravian cities and their economic and political transformation. What were the characteristics of medieval towns, was there any relationship between free producers based on the production of goods and free trade relations? The high level of legal culture was one of the determining factors affecting their lives and their economic and social development. A direct view of the legal sources should clarify to what extent the lawyers of that time were familiar with the *ius commune*, not only in general but also with the original Roman legal texts. They not only used these texts as sources of inspiration, but they also incorporated them into their own legal texts.

It should be mentioned that since the Middle Ages the Czech lands were among those countries that had a high density of urban agglomeration compared to other Eastern European countries. In approximately the year 1600 there were about 1,000 cities and towns the size of which varied depending on economic and political prosperity. If we are going to deal with municipal law and its development, we should try to define the term 'town'. One of the most distinguished Czech experts in this field, František Hoffmann, emphasises how complex the definition is. Not only because of how it has developed over time, but also due to the limited area in which this structure has existed. He defines a medieval town as a "more highly developed type of human settlement, which performed economic, geographic, building, military, social, political, legal and cultural functions, all of which created a specific structure in every town and distinguished groups of towns as specific types".[1] Czech and foreign experts have recently examined municipal law and its development,[2] as they represent the basis of current private and public law. Through municipal law we try to understand the paths of development of law in the Central European area.[3]

1 *František Hoffmann*, Středověké město v Čechách a na Moravě [The Medieval Town in Bohemia and Moravia], 2009, p. 19.

2 The Institute of Legal History of the Faculty of Law, Charles University, in cooperation with other experts, published a new modern critical edition of the codification of municipal law as a result of a project that was carried out in the years 2009–2013. On this topic Karel Malý/Pavla Slavíčková/Ladislav Soukup/Petra Skřejpková/Jiří Šouša/Jiří Šouša Jr./Jana Vojtíšková/Klára Woitschová (eds.), Práva městská Království českého [Municipal law in the Czech Kingdom], edition with comments, 2013; Karel Malý/Jiří Šouša (eds.), Městské právo ve střední Evropě [Municipal law in Central Europe], collection of papers from the international law conference Municipal Law in the Czech Kingdom held on 19–21 September 2011, 2013.

3 Since 2003, the Saxon Academy of Sciences and Humanities in Leipzig has been working on an extensive project devoted to the influence of Saxon-Magdeburg law in Europe. See Ernst Eichler/Heiner Lück (eds.), Rechts- und Sprachtransfer in Mittel- und Osteuropa. Sachsenspiegel und Magdeburger Recht. Internationale und interdisziplinäre Konferenz in Leipzig vom 31. Oktober bis 2. November 2003, 2008. For further publications see https://www.saw-leipzig.de/de/projekte/das-saechsisch-magdeburgische-recht-als-kulturelles-bindeglied-zwischen-den-rechtsordnungen-ost-und-mitteleuropas/pub_smr.html.

II. Sources of municipal law

In the Czech lands, there was no continuous development from ancient towns or from the weak urbanised beginnings of the Celtic and Great Moravian period, where only isolated settlements could have been remotely compared to towns. The situation in the Czech lands and Moravia was influenced to a large degree by development in neighbouring German and Austrian lands. The main wave of urbanisation in the Czech lands ended at the end of the 13th century, when it more or less copied the development of the Czech state. Medieval towns grew around settlements, convents, and castles, or on a green site (i.e. a previously undeveloped location). The law, which governed life in emerging towns, originated from several sources: firstly, it was domestic law, in particular customary law, along with the sets of legal principles defining the status of settlements of foreign merchants. The document proving the existence of these laws, the so-called *Soběslavova práva pražských Němců* (*Soběslav's Laws of Prague Germans*) of 1174–1178, which derived from older privileges granted by King Vratislav (1061/1085–1092), survived in the Czech environment. The law of the land was another source of law, followed by the newly evolving nobility. Then it was elaborate canon law applied by the church, which preserved Roman law heritage. It regulated mainly procedural and matrimonial law. The decisions of town courts created municipal law. Another source of law was the law brought by German colonists who came to Czech and Moravian towns in particular in the 13thcentury. It was clear from the very beginning that two main legal areas developed in the Czech lands, one influenced by the law of north Germany and the other by the law of south Germany. The law of Hlubčice applied in some Moravian and Silesian towns.

The creation of areas with separate codifications of laws was typical of the growth of municipal laws in which a newly established town took over a complete body of law from another town rather than creating its own. These areas also reflected the geographical situation. In particular, municipal law spread to the territory of the Czech state from Saxony and Silesia (the north German legal area) and from Bavaria and Austria (the south German legal area). In addition to these two principal areas of German law towns were smaller legal areas that adopted the municipal laws of other Czech towns, which, however, had also originally based their laws on German law.[4] Magdeburg law stemmed from Saxony

4 *Karolína Adamová*, Stavební předpisy v Koldínově městském zákoníku [Building Regulations in Koldín's Municipal Code], in: Městské právo v 16.-18. století v Evropě [Municipal Law in Europe in the 16–18 Centuries], 1982, pp. 327–330; *Eichler/Lück*, Rechts- und Sprachtransfer (supra fn. 3); *Miroslav Flodr*, Brněnské městské právo.

law compiled primarily by Eike von Repgow in the *Sachsenspiegel* (the Mirror of Saxony) in the first third of the 13th century. Magdeburg law entailed a body of laws of utmost importance from the area of criminal, administrative and family law. The administrative branch of Magdeburg law featured the existence of two bodies, the body of patriarchs as court members and the body of aldermen as council members. The term of the officers of the court and the village mayor was longer than that of the town council. Under property law, a wife enjoyed a more advantageous position than members of the new family. Litoměřice was the most important town in Bohemia to which this law applied. It was one of

---

Zakladatelské období [Brno Municipal Law. Period of Founders] (-1359), 2001; *idem*, Brněnské městské právo v období po smrti notáře Jana [Brno Municipal Law after the Death of Notary Jan], Časopis Matice moravské 121, No. 1, 2002, pp. 33–46; *Vilém Knoll/Barbara Vykusová*, Zajišťovací instituty městského práva ve světle Koldínova zákoníku [Security in Municipal Law in Light of Koldín's Code] in: Miroslav Frýdek/Jaromír Tauchen (eds.), Soukromé právo v proměnách věků [Private Law in Changing Times], collection of Papers from the Summer School, AUBI – Spisy Právnické fakulty Masarykovy university, vol. 388, 2011, pp. 34–52; *Heiner Lück*, Rechtstransfer und Rechtsverwandtschaft. Zum Einfluss des Magdeburger Stadtrechts im Königreich Böhmen, in: Malý/Šouša Jr., Municipal law in Central Europe (supra fn. 2), pp. 298–317; *idem*, Sächsisches Recht contra Römisch-kanonisches Recht. Ein Sonderweg der „Rezeption der fremden Rechte"? in: Wolfgang Huschner/Enno Bünz/Christian Lübke (eds.), Italien-Mitteldeutschland-Polen. Geschichte und Kultur im europäischen Kontext vom 10. bis zum 18. Jahrhundert, 2013, pp. 211–229; *Karel Malý*, Městské právo v 16.-18. století v Evropě [Municipal Law in Europe in the 16–18 Centuries], collection of papers from the international law conference organised by the Law Faculty of CU on 25–27 September 1979 in Prague, 1st ed., 1982; *Karel Malý*, Dějiny českého a československého práva do roku 1945 [The History of Czech and Czechoslovak Law until 1945], 3rd ed., 2003, pp. 107 sqq.; *Petra Skřejpková*, The incorporation of Roman law into Bohemian municipal law in the 16th century, Zeitschrift für Ostmitteleuropa-Forschung 58 (2009), pp. 344–356; *idem*, Majetková práva [Proprietary Rights], in: Karel Malý (ed.), Práva městská Království českého [Municipal law in the Czech Kingdom], 2013, pp. 695–716; *idem*, Dědění [Succession], ibidem, pp. 716–722; *Petra Skřejpková/Michal Skřejpek*, Einfluss des römischen Rechts auf das Städterecht in den böhmischen und mährischen Ländern am Beispiel eines Manuskripts vom Ende des 14. Jahrhunderts, in: Isabella Piro (ed.), Scritti per Alessandro Corbino, vol. 7, 2016, pp. 39–59; *Ladislav Vojáček/Karel Schelle/Vilém Knoll*, České právní dějiny [Czech Legal History], 2008, pp. 130 sqq.; *Wilhelm Weizsäcker*, Magdeburger Schöffensprüche und Rechtsmitteilungen für den Oberhof Leitmeritz, 1943. For further literature see *Petr Janda/Antonín Lojek/Adéla Peichová/Jiří Šouša Jr.*, Výběrová bibliografie k Právům městským Království českého [Selected Bibliography on Municipal Law in the Czech Kingdom], in: Malý/Šouša, Municipal law in Central Europe (supra fn. 2), pp. 383 sqq.

the oldest towns in Bohemia, with its origins dating back to between 1219 and 1228. The charter of Přemysl Otakar II of 1262, in which the monarch or his deputy promised to respect *ius et consuetudines Maydburgensium* in dispute resolution, proves the application of Magdeburg law. Initially, the collection of the most fundamental provisions of mainly criminal law were understood as Magdeburg law, and more complete legal texts were only gradually adopted.[5] These fundamental texts were the so-called Magdeburg Weichbild law, or the Weichbild Book or "Wikpilda" (Magdeburgisches Weichbildrecht). This collection was created at the beginning of the 14th century (after 1304) from a treatise on law by an unknown author, then from advice given by the patriarchs of Magdeburg to Wroclaw and other towns and from the provisions of Saxon land law. An unknown author wrote a commentary to it in the 14th century. The text of Weichbildrecht was soon translated into Latin and other languages.[6]

In the Czech Lands, either the so-called "Donát" (Distinction Books of Magdeburg Law), or the so-called Meissen Book (*Vermehrter Sachsenspiegel* or *Das Rechtsbuch nach Distinctionen – liber legume secundum distinctiones*) were applied. The legal book which summarised the differences between Saxon land law, Saxon municipal law, Imperial law and canon law was written by an unknown author in Meissen in the second half of the 14th century. This book quickly spread in the territories where Saxon law was applied, and was soon translated into other languages. The law governed by this legal system was quite conservative and adapted rather badly to the needs of the increasingly important production and commerce sectors.[7] South German law, also imprecisely referred to as Nuremberg law, originated from the so-called *Schwabenspiegel* (*the Mirror of Swabia*). South German law is generally considered to be more progressive

---

5 *Lück*, Rechtstransfer (supra fn. 4), pp. 398 sqq.; *Inge Bily*, Neb wykpildske prawo – to gest meistczke prawo [Because Weichbild law is municipal law], in: Malý/Šouša, Municipal law in Central Europe (supra fn. 2), pp. 343 sqq. *Heiner Lück*, art. „Magdeburger Recht", Handwörterbuch zur deutschen Rechtsgeschichte, Bd. 3, 2. Aufl., Sp. 1127.

6 The German and Latin text, with the commentary, was published by *Alexander von Daniels/Franz von Gruben/Friedrich Julius Kuehns*, Rechtsdenkmäler des deutschen Mittelalters, 2 vols., 1858/63; only the German text was published by *Oskar Albert Walther*, Das Sächsische oder Magdeburgische Weichbild-Recht. Nach der Pergament-Handschrift einst der Stadt Orlamünda, jetzt zu Gotha, vom Jahre 1381, 1871.

7 *Libuše Spáčilová/Vladimír Spáčil*, Míšeňská právní kniha. Historický kontext, jazykový rozbor, edice [The Meißen Law Book. Historical context, linguistic anlysus, edition], 2010.

and flexible mainly as a result of its earlier and wider reception of Roman law.[8] The influence of these legal areas is noticeable in the development of Czech and Moravian towns.

Prague, as one of the royal towns, can serve as an example of the complexity of the development of municipal law. Most probably, Prague was not established by a foundation charter or other document providing a list of laws, as was the case for such towns as Jihlava or Brno. The Old and New Town of Prague, and later the Lesser Town of Prague, followed south German law. Gradually, the law, which can be called Czech municipal law from the times of the Hussite movement, specifically Old Town law, prevailed. Subsequently, this law became the basis of codification in the 16th century.

If a town adopted another town's municipal law, then it was legally bound to the mother town and the court of that town served as the court of higher instance to which appeals and applications for guidance were addressed. This practice continued until the reign of Wenceslaus IV who prohibited municipal courts from filing appeals to foreign courts in 1378. However, some towns that followed north German town law exceptionally carried on filing appeals with the distant court in Magdeburg, although Litoměřice, or Olomouc in Moravia, had clearly become the local centres. More relaxed relations and four local, relatively independent areas (Prague, Jihlava, Brno, and Znojmo) were typical of south German town law, so applications for guidance were addressed only to those centres. Finally, only two appeal court towns remained, the Old Town of Prague and Brno.

However, municipal law continued to evolve, in particular through the practice of individual town courts, which was recorded in their legal collections – for example the book of scrivener Jan from Brno. Endeavours to codify and unify municipal law appeared later.

In terms of the reception of Roman law, one legal document written in Latin seems to be fundamental to legal development in Bohemia and Moravia; the document is most often called "The legal book of Brno Scrivener Jan" or sometimes only *Schöffenbuch*. The *Schöffenbuch* was used by legal practitioners for almost three hundred years, which doubtlessly shows the importance of this legal document. Who the author of the *Schöffenbuch* was remains a mystery to this day, although there was an assumption prevailing in the past that the document was drawn up by a famous lawyer of that time called Jan of Gelnhausen.

8 *Dirk Moldt*, Deutsche Stadtrechte im mittelalterlichen Siebenbürgen: Korporationsrechte, Sachsenspiegelrecht, Bergrecht, 2009, pp. 213 sq.

The only information on the author that we have is preserved in the oldest manuscript of the document, which says *dominus Johannes notaries civitatis*. This evidently shows that the author was a male scrivener in Brno acting sometime between 1343 and 1358.

The *Schöffenbuch* itself is dated 1353 and consists of 726 articles. It contains records of the proceedings of the Brno court, which was composed of professional and lay judges. The *Schöffenbuch* is therefore a collection of individual judicial decisions supplemented by commentaries. It is arranged according to subject matter as well as alphabetically and is based upon the rules of Roman and canon law. The application of the *Schöffenbuch* pervaded Moravia at the end of the 14th and beginning of the 15th centuries. The extensive use of the Book is documented by the fact that it was printed at the end of the 15th century, which in turn meant there are several preserved copies of this document. The application of *Schöffenbuch* was not restricted to Moravia. It can be found in Bohemia as early as at the end of the 14th century, Jihlava being the first town to use it. Then gradually other Czech towns started to apply it in the practice of their courts. When working in Jihlava (an important mining town at that time), Jan of Gelnhausen shortened the original text to only 287 articles. During the 15th century, the *Schöffenbuch* was used mainly in the area of *Nuremberg* law. The shortened text was translated into Czech by Vít Tasovský in 1468, the Czech title being "Municipal Laws which are Used by Miners". A closer look at the text of individual articles in *Schöffenbuch* suggests that the author must have been familiar not only with Roman law as such but also had a good knowledge of the text of Corpus Juris Civilis. We can find literal quotations throughout the whole text not only of Digest and Codex but also Novellae[9].

III. The first attempts at codification

The land assembly passed a resolution in 1563 that a code of municipal law should be created. However, reaching this goal was not easy and required a significant amount of time. Initially the land assembly appointed a codification commission headed by Brikcí of Licsko, also called Brikcí Kouřimský.[10] Brikcí

9 Constitutio Imperatoriam maiestatem is quoted once. Institutions are quoted 22 times in various parts of The Book. Digests are quoted 132 times. Quotations from Codex can be found in 20 places and from Novellae in three places. Only a few quotations show negligible or insignificant deviation from the original text.

10 For more details see *Hermenegild Jireček*, Právnický život v Čechách a na Moravě v tisícileté době od konce IX. do konce XIX. století [Lawyers' Life in Bohemia and

was an expert in municipal law not only as a university professor but also due to his work in the town halls of Prague and Kutná Hora. He became a scrivener of the Chamber Court in 1534. In addition to Brikcí, Bachelors Pavel of Odolena Voda and Jan Šatný participated in endeavours to write down municipal law. In 1534, Brikcí of Licsko finished his draft of the "Municipal Law" and published it in Litomyšl two years later complete with two letters, the first addressed to Ferdinand I and the second to the council of the Old Town of Prague.[11] He offered his draft laws to municipal courts for application in those letters. The work consisted of translations of Latin legal texts combined with adapted and edited older sources of municipal law, specifically the Brno legal book by the scrivener Jan. Brikcí also used other sources of Old Prague and Brno-Jihlava law (particularly the collection of decisions of the municipal court in Jihlava) and drew inspiration from Roman law and Roman canon procedural law. He perceived Roman law as general law which could be applied to resolve conflict among individual municipal law areas. Thus he utilised the method connected with the works of Italian commentators Bartolus of Saxoferrato and Baldus de Ubaldis, which has been considered an intellectual source for private international law, and conflict rules generally, ever since. One of the great contributions of Brikcí's work is the attempt at partial systematic classification and the creation of an index of the whole text. However, Brikcí's text suffered from certain imperfections, and was even incomprehensible in places, and therefore it was never recognised as an official codification. Nevertheless it had a relatively strong effect on legal practice, and parties before municipal courts sometimes invoked it as the record of positive municipal law. So it was a special example of a legal book – a legal book *sui generis*. In this transformed form the legal book was used in municipal law until the final codification was adopted at the end of the 16th century.[12]

IV. The final attempt

The best known and most successful collection of municipal law created in the Czech state during the Estates period is the so-called Koldín's codification of

---

Moravia in the Thousand Years from the End of the IX to the End of the XIX Centuries], 1903, pp. 330 sqq.

11 Hermenegild Jireček/Josef Jireček (eds.), Mistra Brikcího z Licska Práva městská [Municipal Law of Master Brikcí of Licsko], Codex Iuris Bohemici, IV., part III, 1880.

12 *František Hoffmann*, Rozšíření Koldínových Práv městských v českých, německých a latinských podobách [Dissemination of Koldín's Municipal Law in Czech, German and Latin], Studie o rukopisech [Studies on Manuscripts] 18, 1979, pp. 49–114.

municipal law. Interest in the unification of municipal law was exhibited not only by towns and cities, but also by the nobility, because the contemporary division of municipal law and the lack of uniform court decisions were a serious obstacle to further development. Members of both higher estates, i.e., the nobility and the clergy were, in some cases, in dispute over property, subject to municipal law and tried by municipal courts. The jurisdiction of towns and cities was established by the *Saint Wenceslaus Contract* of 1517, which terminated disputes between the nobility and towns. The *Saint Wenceslaus Contract* was an instrument signed by the nobility and royal cities after the adoption of the new code of the land in 1500, the so-called Vladislavské zřízení zemské (Wladislaus Land's Constitution), where the nobility enacted its privileged position in the Czech Kingdom.

A new stage in codification endeavours arose after the defeat of the Czech Estates Uprising[13] in 1547 when Ferdinand I considered the codification of municipal law to be a tool for the strengthening of absolutism and control over towns and cities that had been engaged in the defeated revolt. On the other hand, towns and cities considered the codification to be a tool for the strengthening of their political and economic growth. The result of rather complex negotiations held during the land assembly and preparatory work was a draft of "The Municipal Laws of the Czech Monarchy", which was not adopted by the land assembly. It was the following proposal that was adopted with certain delays.

The final codification of municipal law is connected with the name of Pavel Kristián "of Koldín", although his involvement is still the subject of research.[14] Pavel Kristián of Koldín had all the necessary qualifications to fulfil this task. He won recognition both at Prague University, where he held several academic positions, and in the supreme administration of both the most important Prague towns. He was born in 1530 in Klatovy (southern Bohemia) to a burgher family and later studied at the Faculty of Arts at Charles University in Prague where he was awarded a bachelor's degree. He successfully passed the Master's examination in 1552. He then served as a teacher-rector in schools in Prague. Five years

13 The revolt of the Czech estates against the Czech King Ferdinand I Habsburg connected with the Schmalkaldic War (1546–1547), where Czech estates and towns took the side of the Reformation against the Habsburgs, was called the estates' uprising. The revolt was ultimately not successful. The estates were punished only mildly but the power of towns was dramatically reduced.

14 On Pavel Kristián "of Koldín" see also *Jireček*, Lawyers' Life (supra fn. 10), pp. 361 sqq.; *Jiří Pešek*, Pavel Kristián z Koldína – život a kariéra [Pavel Kristian of Koldín: Life and Career.], in: Malý/Šouša, Municipal law in Central Europe (supra fn. 2), pp. 25–62 and *Karel Malý*, Úvod [Introduction], ibidem, p. 28.

later the King raised him to the nobility and awarded him the noble attribute "of Koldín". At the same time he began his career as a professor at the University and was the Dean of the Faculty of Arts between 1551 and 1552. A year later he left the university and became scrivener at the New Town of Prague, then in 1565 he became Chancellor of the Old Town of Prague. In 1584 he became a member of the city council of the Old Town of Prague. He became one of the wealthiest Prague burghers through several marriages and died in 1589.[15]

The draft Code submitted in 1558 contained 321 pages and was based on the laws of the Old Town of Prague. It was implemented by Koldín, who headed a team that prepared the final draft in 1569. During the preparatory work, there were endeavours to unify land law and municipal law, although they bore no fruit. Although the Code was of a high quality it was accepted as late as ten years after it had been finished. This was the result of the rivalry between the two legal areas within municipal law. The towns of Litoměřice and Louny (using Magdeburg law) ordered a counter-draft code called *Extrakt hlavnějších a přednějších artikulov z práv saských aneb magdeburských* (The Extract of More Important and Significant Articles from Saxon, or Magdeburg, Laws), which was submitted to the Emperor in 1571.[16] The Emperor referred the document for comments to the Old Town of Prague where it was rejected, allegedly on Koldín's initiative. However, it had played its role, because the approval of the Code was thus delayed by several years. Finally, the proposal of the Council of the Old Town of Prague was enforced and the King sanctioned Koldín's text on 29th September 1579. The text was printed in the same year, and a year later (1580) the Appellate Court declared the Code to be binding on all courts. Litoměřice continued to resist and refuse the Code; the town changed its approach in 1610 and only then "The Municipal laws" were applied in Bohemia as a whole. The extraordinary nature of this legislative document is substantiated by the fact that it was used also in Moravia as of 1697.

15 *Josef Nuhlíček*, Veřejní notáři v českých městech, zvláště v městech pražských [Notaries Public in Czech Towns, Especially in the Towns of Prague], 1940; *Jireček*, Lawyers' Life (supra fn. 10), pp. 129 sqq.; *Michal Skřejpek* (ed.), Právnický stav a právnické profese v minulosti [Lawyers and Legal Professions in History], 2007, p. 130.

16 Its author was probably Mikuláš z Vorličné.

V. The structure and content of codification of "The Municipal Laws of the Czech Monarchy"

Obviously, the content of the code of municipal law[17] is of importance; it should also be emphasised that the work of the codification commission and Pavel Kristián of Koldín himself is a compilation in nature.

Koldín relied to a large degree on Roman law in his work. Sometimes as a stronger or freer inspiration, at other times the legal regulation was adopted almost without modification, and we even find verbatim citations of Roman sources. The similarity with Roman legislation is distant in other places, and the classification of certain institutes does not correspond, or is even contrary to their Roman model. It is worth mentioning that Koldín not only applies a casuistic approach when he explains legal regulations, just like Roman lawyers, but in several places he even uses examples identical to those found in *Digests*. The influence of Roman law can be seen on many aspects of the codification, not only on the content but also on the outer form of the work.

We can also find some regulations of canon law, Wladislaus Land's Constitution and, naturally, domestic law where a shortened version of "The Legal Books of Brno Scrivener Jan" used in the Old Town of Prague under the name of *Cursus civilium sententiarum* served as background material.

The code is divided into parts (chapters) which are formed by independent articles identified by letters A through to T, each of which is designated by a Roman numeral. Articles are divided into paragraphs which are separately identified by Roman numerals. The Code is subdivided into 58 chapters. The first two are of a general nature and deal with issues of justice and the duties of the town council and councillors. The next 14 chapters focus on the organisation and course of proceedings before municipal courts as well as arbitration procedure. Chapters 17–19 concentrate on the law of people and marriage, while the next six chapters deal with testamentary and intestate succession. Property law covers a major part of the Code and is dealt with in chapters 26–44. One inserted chapter focuses on customs. The rest of the Code – 13 chapters, a relatively large portion of the Code – deals with criminal law. This division of the code enabled it to cover almost all laws relating to early modern age towns.

Koldín begins his treatise with general thoughts about law, its classification, and the relationship between law and justice. The second Article of the Code (Art. II.) states: "The law is nothing but the art and discrimination of good and bad, just and unjust, straight and crooked, moderate and immoderate: it guides

17 Malý et al., Municipal law in the Czech Kingdom (supra fn. 2).

and teaches every person what to abide by and what to avoid." Provisions regulating local municipal authority called "aldermen laws" followed, along with a detailed explanation of municipal civil justice. The individual stages of proceedings, including appeal and enforcement, are dealt with here. The Code provides a very important maxim at the beginning, i.e. *scire leges omnes tenentur*, meaning that all citizens must obey the laws determined in the Code and ignorance of the law will not be accepted as relevant justification in case of a breach of law or during other acts related to law.

The division of law is treated at the very beginning of the Code. Koldín says that private law is composed of *ius naturale*, *ius gentium*, and *ius civile*, along the same lines as Gaius and Justinian in their *Institutes*, and characteristics of these areas of law conform to their ancient model.

The effect of municipal law, the primary aim of which is to provide protection to the monarch and state and only then to the nobility and private property, can be seen in those parts of the Code that protect the burgher's person and property.

Interestingly, the Code distinguishes three types of culpability in criminal law – intentional, that arising out of passion, and that caused by negligence. The preparatory stage of an unaccomplished crime was also punishable. Koldín implored caution in the application of torture. He claimed that (Art. S. XX.) "it is better if the guilty person remains unpunished than if the innocent is unjustly convicted. The law of torture is uncertain wherefore it should not be applied in haste; better release the guilty than convict the innocent"[18]. Similarly, he remarks that, "To torture should be subject such person on whom clear indications and apparent marks would be found, and nothing would be left but his confession to the deed."[19]

The Code divides punishments (fines) into inalterable, those determined by law, *poenae ordinariae*, and those that depended on judicial discretion, specifically *poenae extraordinariae*. Capital punishment could be imposed for 53 crimes, such as robbery. We can also find a very detailed definition of self-defence, as found in Article N. XVI: "Anyone may use violence in protection against all cases of violent and unlawful acts against a person. Thus, when the attacked person kills the assailant he will not be punished for murder by law. Law guarantees that everyone may use his force or violence in protection against violence, so if the attacker is killed only he himself is to be blamed." In this definition

18 *Petra Jánošíková,* Kodifikace městského práva [Codification of Municipal Law], in: Petra Jánošíková/Vilém Knoll/Alena Rundová (eds.), Mezníky českých dějin [Milestones of Czech history}, 2005, pp. 65–74.

19 Brief Summa, Art. S. XX.

we may find the very distinct influence of Roman law. As an example we may compare the text with the provisions of Roman law: "Armed aggression can be repelled by arms"[20] or "For all laws and all legal principles permit persons to repel force by force"[21]. Interestingly, the provision of Article S. XVI. (paragraphs I and II) of the Koldín code states that "A person who protects against violence and causes injury in a fight to another will not be considered guilty."[22] The inclusion of provisions regulating the protection of good reputation *De injuria* (Art. R. I.) and *De famosis libellis* (Art. R. X.-R. XII.) is also interesting. Art. R. provides that "any person who would write, glue, put up, covertly place treacherous notices or would be the reason for such act: every such person is to be quartered without mercy as a traitor."

The regulation of the appropriation of real property by force is in Art. N. XXIV: "If anyone, without the owner's awareness, appropriates rivers, creeks, villages, meadows and woods, and thus prevents the owner from using them or if he takes them in possession." Koldín distinguishes between things that are subject to private ownership, possession, and positive prescription from those that are "common and belong to all people on the grounds of historical use". These things must "neither be inherited, acquired, appropriated by any person, nor may anyone hinder their use"[23]. Koldín further distinguishes movable, immovable, and fungible things. Fungible things are defined and explained in connection with the contract for consumption (Roman *mutuum*) as follows: "things depending on their weight, measure, and number."[24] Another category of things – those bearing fruit, although they are not expressly labelled as such and are mentioned only indirectly – may be found in Art. H XVII "On markets and administration". The last mention of a special category of things is to be found in the regulations relating to sales contracts. However, the wording "what would be fastened with a nail belongs to the buyer" does not look like pertinence, as J. Štěpán assumes, but rather as a component part. More on classifying things is not provided in Koldín.

It is quite clear from the number of Articles devoted to individual types of contract that the greatest attention was given to the sales – or market – contract on which Koldín later focused in much detail in the title *De venditionibus et*

---

20 See *Vim vi repellere licet* (D. 43, 16, 1, 27 – *Cassius* in *Ulpianus* 69 *ad ed.*).

21 *Vim vi defendere omnes leges omniaque iura permittunt* (D. 9, 2, 45, 4 – *Paulus 10 ad sab.*).

22 Brief Summa, p. 633.

23 Art. F. XXXVII, I and II.

24 Art. H. XXXIV.

emptionibus, item de evictionibus, et quaedam de jure praelectionis. Its regulation is classic as the contract is defined as an exchange of a thing (movable or immovable) for money (Art. GXXXV.): "In such purchase and sale performed between parties, agreement is to be achieved on a certain sum or payment, and such payment is to be made in money." Although this contract is principally defined as a consensual contract, in the case of the sale of immovable property the transfer was entered in the town books and a note on the payment of the purchase price was also made there. The notice on the completion of the contract of sale was "returned" to the town council by the seller who covered the relevant fees connected with making the entry. If the subject matter of the contract was a movable thing, then the contract was considered complete at the moment of parting with the subject of the sale, so it had the nature of a real contract. Sometimes the purchaser was obligated to provide the so-called *litkup*, a solemn toast proving that a contract was made.

A penalty generally amounting to 1,500 Czech groschen was provided for in the case of failure to perform by any party; the penalty could be reduced or increased by the town council in relation to the purchase price. The nature of the penalty was mixed as it served not only as a sanction, but also as compensation for damage. One of the duties of the seller was to give notice of possible debts or easements encumbering the subject matter of the contract. Should he fail to do so, the contract remained in force although some compensation might have been owed to the purchaser.

As regards possession, the Code distinguishes direct control over the thing and holding through a serf or through a person authorised by a contract. The transfer of ownership is governed by the principle *nemo plus iuris ad alium transferre potest, quam ipse habuit,*[25] or nobody may transfer more rights than he himself holds. Co-ownership provided that each co-owner could freely dispose of his undivided interest; other co-owners held a pre-emption right which they lost if they were present during the sale and raised no objection. Provisions regulating building rules and neighbours' law constituted an independent and rather voluminous part of the Code. If the subject matter of the contract was a movable thing, it was required that such thing be physically present or otherwise specified in order to perform the transfer of ownership.

The principle of freedom of action on one's own property applied generally but was restricted by some rules. We can find provisions regulating the permitted

25 *Jaromír Štěpán*, Studie o kompilační povaze Koldínových práv městských [Study on the Compilation Nature of Koldín's Municipal Law], 1940, p. 19.

height of construction, the distance between buildings, windows looking onto a neighbour's yard, etc.[26] Neighbours had a duty to maintain a common well or wall under the pain of losing the right to co-ownership.

Servitudes "*De servitutibus*" are classified as real and personal. Both types were connected to immovable property. The difference consisted in their duration; personal servitudes were not transferable and they terminated upon the death of the beneficiary at the latest, while the existence of real servitudes was linked directly to a piece of land.

Interestingly, we can find an exhaustive definition of servitudes in Koldín: "Servitude is a right which binds us to serve someone or another is bound to serve us."[27] Moreover, their essence is explained, too (Art. K. XLI.): "servitude is nothing but a right belonging to us and relating to a thing of another, which makes the owner of such thing suffer and sustain something from us or prohibits him from doing something". In order to avoid any misunderstanding in this respect, Koldín provides an example: "If I had a right against the house of my neighbour Paul that he may not build windows on my side and towards my house, then do not build windows, Paul, without my will and permission, because Paul's house is burdened by servitude to my house." Thus, the basis of servitude is a negative duty of the owner, described as *pati* and *non facere*.

The market, or sales, contract is not defined in the Code. It simply provides that the market price must be determined in money, which represents the distinction between the market and an exchange or "*freymark*". The seller was obliged to give the thing to the buyer in a manner enabling the buyer to acquire its possession. Fruits and damage passed to the buyer at the moment of agreement with the exception of damage caused to the sold goods by the seller. The seller had a duty to declare defects, easements, and claims. It was a crime to voluntarily sell and purchase stolen goods as well as to steal, and the goods had to be returned to the owner for free.

The regulation of promise[28] conformed to Roman law. Koldín clearly determined the invalidity of a promise if it was "against good morals, against law or if the performance was impossible, forced or if it was made by a minor".

The regulation of a company or "journeymen society"[29] or *societas* is interesting from the economic point of view; it is defined as an association of two or more persons for the purpose of carrying out a purchase or another activity

26 Art. K. XIII-XIX.
27 Art. K. XL.
28 Art. J. XXVI – XXX.
29 Art. J. XLVI – XLVIII.

aimed at the simplification of administration of common property or at the increase of profit. Associates owe loyalty to each other and their contribution to the *societas* might have taken just the form of their work, rather than money. Profits and losses were born according to shares which were determined in advance; if there was a dispute the question of "whether such loss was caused by a trickery or lack of industry of one of them" was considered, and such a person then covered the loss.

The Code provided for several forms of corroboration, that is the securing of obligations, specifically a surety, a pledge, earnest money, a financial penalty, or honour and faith. The oath was not regulated in this context. Obligations were also insured by a fine or honour. An important type of guarantee was the pledge, its principal type the contractual pledge belonging among obligations.

The Code provides a relatively detailed regulation of succession in parts XX–XXVI. According to Koldín "Succession is nothing but the gradual entering into all rights or justice which earlier belonged to the person who has left this world."[30] In order to enable the process of succession, the legal title to acquire inheritance by a certain heir or beneficiary must exist. The law of succession distinguishes two titles, first the testament or testamentary disposition, and, second, succession by law. Even Koldín in his code distinguishes testamentary and intestate succession. The testator could not pass more rights than he enjoyed. If there are no heirs, the decedent's estate belongs to the monarch or the ruler of the town as *caduca*. For that purpose the objective time limit of one year from the death of the testator was established within which to make a claim with the town council.

Legal rules providing for so-called forced heirs appeared in Koldín's Code too. Art. E. XLVIII.: "Every burgher…may all his property give or legate…but not disregarding his successors, that means his dutiful children." Thus, the testator had a duty to leave a certain part of his property to his children, although the quantity was not regulated by law. The possibility of disinheritance also existed; the grounds had to be provided and the reasons entered in the town books. Reasons for disinheritance could include the disobedience of a child, a child making an attempt on a parent's life, etc. In the case of intestate succession the decedent's descendants, that is his offspring, came in the first class of heirs with a child born posthumously enjoying the same legal status as children born during the life of the decedent. Should a descendant die before the decedent, then his or her part of the inheritance passed to his offspring (daughters enjoyed the same position in the law of succession as sons according to Koldín). Sons and daughters inherited equal parts, and children born to a previous marriage were

30 Art. F. XVII.

entitled to the same share of the inheritance as children from a later marriage. If the decedent did not have any children, ascendants came in the second class of heirs (according to the principle 'the closer exclude the more remote') along with siblings of the decedent. Again, these people inherited equal parts. The third class included other relatives; there were ten classes in total.

Trial before a municipal court was regulated in much detail in the Code, in particular appellate proceedings. The court of appeal, established by Ferdinand I of Habsburg in 1548, served as the high appellate court for all municipal courts. The influence of Roman law may be seen in provisions governing the violation of the due and peaceful course of court proceedings.

VI. The importance of the Code

The Code was written in Czech and a Czech and Latin table of contents was attached as well as a subject index.[31] The Code was published twenty times, of which twice in German. It was also put into rhyme by Jakub Optalius of Třebnice, a burgher from Rokycany, in the mid-17th century so that individual articles could be better remembered. Koldín himself published a so-called Brief Summary in 1581, which was an abstract of the Code – a short summary of individual provisions serving as an exact interpretation of municipal law. He generally omitted Latin terms and quotations from sources. Paradoxically, even law practitioners used just the extract instead of the complete legislation. Several subsequent publications of the Brief Summary show how popular it was. Koldín's brother Jan Kristián continued the legislative activity as he compiled punishments imposed for individual breaches of municipal law. This summary later formed a part of the Code.

In 1618 the second edition of Koldín's Code was issued with only minor adjustments in the printing house of Adam of Veleslavín. Ultimately, Emperor Ferdinand III, on the basis of a testimonial from the Court of Appeal, determined the Renewed Constitution of the Lands as a subsidiary source of Koldín's Municipal law, and vice versa. The subsidiary applicability of Roman law at a general level was introduced by *Declaratories* and *Novellae* in 1640 as an attachment to the Renewed Constitution of the Lands, i.e., as amendments and explanations to this basic regulation. Emperor Leopold I extended the applicability of Koldín's Code to Moravian towns with his decrees of 1697 and 1709.

---

31 *František Hoffmann*, O překladech a rozšíření Koldínových práv městských [On Translations and Dissemination of Koldín's Municipal Laws], in: Městské právo v 16.-18. století v Evropě [Municipal Law in Europe in the 16th-18th Centuries], 1982, pp. 261 sq.

It should be emphasised that Koldín's work was reflected in the preparatory stage of the outline of Empress Theresa's Civil Code at the end of the 18th century. In the outlines of the original codification the Code served as a basis for considerations of the relationship between the law and custom, the subsidiary force of national Czech law, law loopholes, rules of interpretation, etc.

The criminal parts of the Code were finally changed by criminal codifications in the 18th century and the part dealing with the administration of towns was dramatically changed by the reforms performed by Emperor Joseph II, particularly the so-called regulation of magistrates. The applicability of its private law rules were terminated in part by the publication of the first part of the Joseph's Civil Code in 1786, and definitely by the publication of ABGB in 1811.[32] Koldín's Code was in force for a long time – 232 years in Bohemia and 114 years in Moravia. These facts, among other things, prove the high quality and viability of this work.

VII. Summary

The aim of this paper was to outline the gradual development of the municipal law of the Czech lands during the Middle Ages to its crystallisation into a separate codification at the end of the 16th century. The study of medieval and early modern legal culture provides us with not only new insights into the functioning of the then legal culture, but also into the national development of Czech and Moravian cities and their economic and political transformation until modern times. In the Middle Ages, municipal law in the Czech lands developed under the influence of neighbouring states, especially under the influence of Saxon-Magdeburg law in the northern regions of the country, and Swabian law in the southern regions. As in other countries during the Middle Ages, the law was drawn up in the form of various legal books that were not legally binding. The first, unsuccessful, attempts to codify municipal law came in 1534. The official codification of municipal law, the so-called "Municipal Laws of the Czech Monarchy", was adopted in 1579. This codification, as well as previously used legal books, was largely based on Roman law. By way of this codification, Roman law was incorporated into municipal law. The Code was one of the most important legal regulations in Bohemia, Moravia and Silesia until the Enlightenment reforms in the second half of the 18th century, in some parts until the adoption of the General Civil Code of Austria in 1811.

---

32 *Valentin Urfus*, Koldínův zákoník a příprava osnovy rakouského Tereziánského kodexu [Koldín's Code and the Preparation of the Austrian Theresian Code Draft], in: Městské právo v 16.-18. století v Evropě [Municipal Law in Europe in the 16th-18th Centuries], 1982, pp. 331–341.

Anna Tarnowska

Wie Städter und Bauern zu Bürgern wurden: Von der Nation, der Repräsentation und der Delegation in Polen in der Epoche des Großen Sejm (1788–1792)*

Abstract: How Townspeople and Peasants became Citizens: On the Nation, Representation and Delegation in Poland in the Era of the Great Sejm (1788–1792) The time of the Great Sejm (1788–1792) provided, for the first time in Poland, legal decisions that can be well identified with so-called "modern constitutionalism". With the passing of the Constitution (formally the "Government Statute", Ustawa Rządowa) of May 3, 1791 and important constitutional laws, the perception of the nation changed. The political nation, which remained almost exclusively aristocratic in systemic-political practice, became the conscious representative of all the inhabitants of the state, including the bourgeoisie and the peasantry. At the same time, a restriction of the political rights of a part of the nobility was maintained. With the Law on the Dietines (Pol. Sejmik) adopted in March 1791, their poorest representatives, non-landowners, and owners of estates located within magnates' majorate estates, lost their right to participate in the Dietines; not only the right to co-decide on political matters, but also the right to elect the local officials. With the Law on Royal Free Cities of April 1791, the Sejm formally initiated the emancipation process of townspeople, who for the first time received a subsidiary vote in parliament on an institutional basis. Although the peasants were given a special article (IV) in the May Constitution and they were included in the subjective scope of "the Nation" on the basis of the article on national defence (National Armed Forces, Art. XI), the change of position of this social group in the political system until the mid-19th century was not essential. In the following article, the author attempts to synthesize the question of how the ideas of the nation, the representation and the delegation of power functioning in political literature were translated into the legal situation.

Keywords: Polish May Constitution of 1791, journalism of the end of the XVIII century, emancipation of the bourgeoisie, political nation, delegation of power

---

* Dieser Text bildet eine historische Einführung in die im Rahmen eines Grants des Polnischen Nationalen Wissenschaftszentrums (Narodowe Centrum Nauki) OPUS 11 „Die Legislativdelegation in der repräsentativen Demokratie" (Delegacja prawodawcza w demokracji reprezentatywnej) Nr. 2016/21/B/HS5/00197, durchgeführten Forschungen.

I. Einführung

Die Anfänge der modernen Nationen in Europa werden gewöhnlich in den Modernisierungsprozessen der Staaten unter dem Einfluss aufklärerischer Ideologien sowie der Kriege an der Wende vom 18. zum 19. Jahrhundert gesehen. Diesbezüglich stellt auch Polen, das sich in der zweiten Hälfte des 18. Jahrhunderts in einer besonders schwierigen internationalen Situation befand, keine Ausnahme dar. An immer stärker werdende absolutistische Staaten angrenzend, versuchte sich das Land mit Hilfe tiefgreifender Reformen zu stabilisieren und zu stärken, sowohl im Inland als auch in der internationalen Arena. Die folgenden Bemerkungen sind in diesem Zusammenhang zu sehen, die den Veränderungen im Nationalverständnis[1] und den politischen Funktionen gewidmet sind, welche unter anderem in der Delegierung der Macht auf ein Repräsentationsorgan zum Ausdruck kommt. Der Begriff der gesetzgebenden Delegation im gegenwärtigen Verständnis bedeutet einen Transfer der Macht vom Souverän auf ein oder mehrere ihn repräsentierende Organe. In der Literatur findet sich auch der Begriff der „Delegationskette" – von der Nation (dem Volk) zu der aus Wahlen hervorgegangenen Repräsentation, von der Legislative zur Exekutive, insbesondere der Regierung, und schließlich vom den jeweiligen Administrationsbereich leitenden Organ zu den Beamten.[2]

Elemente dieses Prozesses schälten sich schon früher in der Geschichte der spezifisch polnischen „goldenen Demokratie"[3] und des Parlamentarismus heraus. Den Ausgangspunkt bildet tatsächlich die „Nation", allerdings in einem

1 Völlig berechtigt ist der Standpunkt von Andrzej Walicki, dass dies der Moment ist, an dem die Geschichte der modernen Idee der Nation beginnt. *Andrzej Walicki*, Idea narodu w polskiej myśli oświeceniowej [Idee der Nation im polnischen Aufklärungsdenken], 2000, S. 9 f. Vgl. auch *Richard Butterwick*, Koncepcja narodu w polskim dyskursie końca XVIII wieku. Rozważania nad Konstytucją 3 Maja [Die Konzeption der Nation im polnischen Diskurs des späten 18. Jahrhunderts. Überlegungen zur Verfassung vom 3. Mai], in: Łukasz Adamski (Hg.), O ziemię naszą nie waszą. Ideowe aspekty procesów narodowotwórczych w Europie Środkowej i Wschodniej [Denn unser Land gehört nicht Ihnen. Ideologische Aspekte der Prozesse der nation building in Mittel- und Osteuropa], 2017, S. 135–151.

2 *Kaare Strøm/Wolfgang C. Müller/Torbjörn Bergman*, Delegation and Accountability in Parliamentary Democracies, 2006, S. 20. Vgl auch: *Agnieszka Bień-Kacała/Anna Tarnowska/Wojciech Włoch*, The nation, delegation and constitutional change in Poland, Hungarian Journal of Legal Studies, 2018, 59, No 4, S. 355–377.

3 Deren Nuancen und Evolution widmete sein Werk J. Ekes; *Janusz Ekes*, Złota demokracja [Die goldene Demokratie], 2010.

beschränkten und evolutionären Verständnis.[4] Zugleich bilden die Anfänge eines modernen Konstitutionalismus in Polen keine revolutionäre „Stunde Null", in welcher der Nation die Legitimationsfunktion für die Herrschaft zugeschrieben wird,[5] denn die existierende „politische Nation" – der Adel – vollzog diese Legitimation schon die letzten Jahrhunderte hindurch.

Als ein rein rhetorischer Kunstgriff muss die im Titel enthaltene Formulierung angesehen werden, dass bereits in der Zeit der Adelsrepublik „Bauern zu Bürgern wurden", während dieser Prozess in Wirklichkeit erst viel später stattfand. Im Übrigen ist es nicht möglich, den eigentlichen Moment aufzuzeigen, weil die Aufhebung der Wahlzensus (außer dem Zensus des Geschlechts) in den polnischen Gebieten ja in der Zeit der Teilungen stattfand (allgemeine Wahlen für Männer zum Reichstag im preußischen Teilungsgebiet ab 1871 und zum Abgeordnetenhaus im österreichischen Teilungsgebiet kraft der Wahlordnung von 1907, im russischen Teilungsgebiet fehlte ein Repräsentationsorgan aus allgemeinen Wahlen). Daher hat die These einige Berechtigung, dass die volle politische Emanzipation der Bauern, bestätigt durch gesetzliche Rechtsakte, in Polen erst 1918 Wirklichkeit wurde.[6] Außer eher sporadischen Stimmen in der Publizistik des späten 18. Jahrhunderts existierte das Thema der politischen Subjektwerdung der Bauernschaft in Polen vor der Teilungszeit nicht.

Anders verhielt es sich mit dem Bürgertum. Die Emanzipationsforderungen dieser sozialen Gruppe hatten allgemeineren Charakter; ihre Autoren waren sowohl gebildete Bürger und der mittlere Adel als auch Vertreter der progressiven Aristokratie, die sich in der mittleren Phase des Großen Sejm (1788–1792) im sogenannten Patriotischen Lager um den König Stanisław August Poniatowski

---

4 Die Autorin widmete der Frage der öffentlichen Diskussion über die „Nation" ein ausführliches Kapitel einer Studie: *Anna Tarnowska*, The Sovereignty Issue in the Public Discussion in the Era of the Polish 3rd May Constitution (1788–1792), in: Ulrike Müßig (Hg.), Reconsidering Constitutional Formation I. National Sovereignty. A Comparative Analysis of the Juridification by Constitution, Studies in the History of Law and Justice 6, 2016, S. 215–264 (233–249). Dieses Kapitel entstand im Rahmen der Forschungen des ERC-Grants „Reconsidering Constitutional Formation", geleitet von Prof. Ulrike Müßig, Universität Passau (2014–2018) und war von ihr inspiriert. Unter: http://sources.reconfort.eu/ auch Quellensammlung.

5 Vgl. auch Bemerkungen von *Marek Migalski*, Budowanie narodu. Przypadek Polski w latach 2015–2017 [Eine Nation aufbauen: Der Fall Polen in den Jahren 2015–2017], 2018, S. 63 (65–70).

6 Angefangen vom Dekret über die Wahlordnung zum Verfassungsgebenden Sejm vom 28. November 1918 (polnisches Gesetzblatt: Dziennik Praw Rzeczypospolitej Polskiej Nr 18, poz. 46) bis hin zu den Verfassungen der Zwischenkriegszeit.

sammelten. Der Publizistik folgten reale politische Aktivitäten (Bürgerversammlungen in Warschau, die im November und Dezember 1789 organisierte Demonstration von Vertretern der Städte, die sogenannte Schwarze Prozession[7]) sowie konkrete, wenn auch wegen ihres beschränkten Charakters enttäuschende Rechtsakte.

Der Adel blieb bis zum Untergang der Ersten Adelsrepublik fast der alleinige politische Akteur, der sich als einziger Stand betrachtete, der zur Bestimmung politischer Ziele und deren Verwirklichung in Form der Gesetzgebung berufen sei. Gleichzeitig unterlag das Verständnis des Wesens der Repräsentation oder – um den im Titel genannten Begriff zu verwenden – der gesetzgebenden Delegation einer gewissen Evolution. Infolge der großen Veränderungen des Großen Sejm wurde der Adel zum ausschließlichen Repräsentanten nicht nur der eigenen sozialen Gruppe, sondern Repräsentant der gesamten Nation.

II. Die Adelsrepublik oder *monarchia mixta* und die Frage der Repräsentation

Das politische System in Polen in der zweiten Hälfte des 18. Jahrhunderts lässt sich nicht einfach beurteilen und ist daher im Kreis der Rechtshistoriker ein streitiger Gegenstand. Die formale Ordnung, am treffendsten als gemischtes System bezeichnet, stützte sich auf die Zusammenarbeit des durch Elektion gewählten Monarchen mit der Adelsrepräsentation (den sogenannten Ständen: der im Abgeordnetenhaus versammelten Ritterschaft und der Aristokratie im Senat). Die Nation – in dem in den früheren Betrachtungen besprochenen Verständnis – vollzog also eine Delegation ihrer Macht auf eine politische Repräsentation. Eine besondere Rolle erfüllten in diesem politischen System die Landtage (*Sejmiki*), die lokalen Versammlungen des Adels. Die sogenannten Elektionslandtage wählten die Abgeordneten für den Sejm – formell einstimmig, aber im Falle des Fehlens allgemeinen Einverständnisses wurde auch die Mehrheitswahl akzeptiert. Indem sie ihre Instruktionen für die Abgeordneten vor dem Sejm zum Ausdruck brachten, schufen die Landtage reale Grenzen für ihre Aktivität im Sejm. Die Abgeordneten fürchteten sich, diese Richtlinien zu übertreten und die vereidigte Instruktion zu missachten – eine Art Werkzeug des „allgemeinen Willens" – und sie waren sich bewusst, dass sie auf den sogenannten Berichtslandtagen, auf denen die „Antworten der Nation" auf das Vorgehen des Sejm

---

7 *Krystyna Zienkowska*, Sławetni i urodzeni. Ruch polityczny mieszczaństwa w dobie Sejmu Czteroletniego [Bürgerliche und Adlige. Politische Bewegung der Stadtbürger in der Ära des vierjährigen Sejms], 1976, S. 32–35.

erteilt wurden, Bericht erstatten und sich rechtfertigen mussten. Auf diese Weise wurden auch die Wojewodschaften zum „Subjekt des Einvernehmens im Sejm".[8]

Das war eine spezifisch demokratische Form der Herausbildung und Kontrolle der Legislative, wenn natürlich auch nur auf eine soziale Gruppe beschränkt. Anzumerken ist, dass ca. 8% der Gesellschaft dem Adelsstand zuzurechnen war, der sich beim Vermögen erheblich ausdifferenzierte,[9] das war ein relativ hoher Prozentsatz. Seit den sechziger Jahren des 17. Jahrhunderts deformierte sich diese Adelsdemokratie freilich so, dass das als Magnatenoligarchie bezeichnete politische System entstand. Die reichsten Adligen, die über riesige Besitztümer verfügenden Magnatenfamilien, dominierten das Repräsentationsmodell, indem sie auf die Art der Stimmabgabe ihrer Klientel – den verarmten lokalen Adel – Einfluss ausübten oder auf dem Sejm und bei Elektionen direkt Stimmen kauften.[10] Auf diese Weise kam es zu einer Desintegration des sich formell seiner Gleichheit rühmenden Adels. In der ersten Hälfte des 18. Jahrhunderts verlor der Sejm selbst zugunsten des Hofes und des Senats faktisch an Bedeutung. Gleichzeitig vertiefte sich, besonders zwischen der Mitte des 17. und der Mitte des 18. Jahrhunderts, die Bedeutung der Landtage. Aufgrund der Schwäche, ja faktisch sogar der Erfolglosigkeit der Sejmversammlungen, übernahmen diese nun viele der Exekutivrechte des Sejms, sogar die Aushebung zum Militär. Dadurch kam es zu einer spezifischen „Dezentralisierung der Souveränität".

Schließlich entstand mit dem Einmarsch der russischen Armee im Jahre 1767 in Polen faktisch ein russisches Protektorat. Der Sejm agierte nach dem Willen der Zarin, der direkt durch die russischen Botschafter in Polen oder indirekt durch die in russischem Sold stehenden und amtliche Funktionen ausübenden Magnaten zum Ausdruck gebracht wurde (wie durch Fürst Adam Poniński, den usurpatorischen Marschall des Teilungssejms, der wegen Verrat und Machtmissbrauch in der Zeit des Großen Sejm vor Gericht zur Rechenschaft gezogen

---

8 *Janusz Ekes*, Trójpodział władzy i zgoda wszystkich. Naczelne zasady „ustroju mieszanego" w staropolskiej refleksji politycznej [Die Gewaltenteilung und die Zustimmung aller. Die Leitsätze des „gemischten Systems" in der altpolnischen politischen Reflexion], 2001, S. 82.

9 *Emanuel Rostworowski*, Ilu było w Rzeczypospolitej obywateli szlachty [Wie viele adlige Bürger gab es im Alten Polen]?, Kwartalnik Historyczny [Historisches Vierteljahresbuch] 94 (1987), Heft 3, S. 3–58.

10 Vgl auch *Jerzy Kowecki*, U początków nowoczesnego narodu [Am Anfang einer modernen Nation], in: Bogusław Leśnodorski (Hg.), Polska w epoce oświecenia. Państwo-społeczeństwo-kultura [Polen im Zeitalter der Aufklärung. Staat-Gesellschaft-Kultur], 1971, S. 107–127.

wurde).[11] Von einer realen Adelsrepräsentation konnte keine Rede sein. Darüber hinaus trat auf dem Sejm im Jahre 1768, der nach dem Namen des russischen Botschafters als „Repnin-Sejm“ bekannt wurde, zum ersten Mal anstelle des Sejms ein Organ der Sejmdelegation in Erscheinung, auf das die Rechtsbefugnisse des Sejm übertragen wurden, während der Sejm seine Beratungen *in pleno* vertagte. Gemäß dem Wortlaut der Kardinalrechte (*Prawa kardynalne*), des unter russischem Zwang 1768 verabschiedeten und dann auf dem Sejm 1773/1775 bestätigten Grundgesetzes, wurde die „gesetzgebende Gewalt“ drei Ständen anvertraut: dem des Königs, des Senats und der Ritterschaft – keiner von ihnen konnte sie sich allein aneignen.[12] Theoretisch durften die Kardinalrechte nicht „verändert oder angetastet“ werden.[13] Diese Regelung sollte das bestehende soziale und politische System im Interesse Russlands petrifizieren.

Auch der Teilungssejm 1773 kann kaum als reale Repräsentation angesehen werden, da sich von 236 Abgeordneten nur 111 eingefunden hatten. Viele Elektionslandtage wurden von den Gegnern einer Legitimierung der Übereinkünfte mit Russland abgebrochen. Letztendlich bildete der Sejm unter Verletzung der notwendigen Prozeduren eine Konföderation, was garantieren sollte, dass er nicht aufgelöst würde. Trotz all der Druckmittel und Korruptionsakte war es weiterhin ungewiss, ob die Abgeordneten die Teilung bestätigen würden. Die Botschafter der Teilungsmächte veranlassten in dieser Situation erneut die Einberufung einer Sejmdelegation, was die Eliminierung der Oppositionsstimmen ermöglichte. Trotz des Kampfes der patriotischen Abgeordneten gegen diese Konzeption wurde ein entsprechender Antrag bewilligt, wenn auch nur mit einer Mehrheit von 6 Stimmen.[14] Der Sejm verabschiedete einen Beschluss über ein

---

11 *Zbigniew Szcząska,* Z dziejów polskiego procesu karnego. Proces Adama Ponińskiego przed sądem sejmowym [Aus der Geschichte des polnischen Strafverfahrens. Der Prozess gegen Adam Poniński vor dem Sejmgericht], in: Lex est Rex in Polonia et in Lithuania. Tradycje prawno-ustrojowe Rzeczypospolitej – doświadczenie i dziedzictwo [Lex est Rex in Polonia et in Lithuania. Rechtliche und politische Traditionen der polnisch-litauischen Republik – Erfahrung und Erbe], 2008, S. 219–227.

12 Prawa kardynalne 1768, Art. I, Volumina Legum: Przedruk Zbioru Praw staraniem XX. Pijarów w Warszawie od roku 1731 do roku 1782 wydanego (hier weiter zitirt als: Volumina Legum), 1860, Bd. VII, S. 276–285.

13 Prawa kardynalne 1768: Präambel und Art. XXIV, Volumina Legum, Bd VII, S. 276–285.

14 *Ryszard Łaszewski*, Delegacja sejmowa jako instrument ratyfikacji I i II rozbioru Polski [Sejm-Delegation als Instrument zur Ratifizierung der ersten und zweiten Teilung Polens], Czasopismo Prawno-Historyczne [Rechtshistorische Zeitschrift] XXIII (1971), Heft 2, S. 88–91.

Limit (Vertagung der Beratungen) und verpflichtete sich dazu, dass alles, was die Delegation formuliert und unterschreibt, vom Sejm auf der Plenarsitzung angenommen wird.[15] Die Delegation wurde vom Sejm bevollmächtigt, Gespräche mit den Ministern der Teilungsmächte zu führen und entsprechende Verträge mit Russland, Österreich und Preußen abzuschließen. Für den Fall eines Streites innerhalb der Delegation sollte bei der Abstimmung das Mehrheitsprinzip gelten. Die Delegation zählte etwa 100 Personen, davon waren 62 Abgeordnete des Abgeordnetenhauses, 2 Marschälle der Konföderation, geistliche und weltliche Senatoren. Diese Körperschaft unterschrieb 1773 die vereinbarten Teilungsverträge. 1775 bestätigte der Sejm alle Entscheidungen der Delegation.[16]

Die Teilungsereignisse lösten einen Schock und eine breite öffentliche Debatte über die weiteren Geschicke des Staates aus. Die Publizistik diskutierte eine Reform des Parlaments, die Notwendigkeit einer Stärkung der Exekutive (hier das kontroverse Systemdilemma: Wahl des Königs oder Einführung einer Erbmonarchie) und schließlich auch über die Ausweitung der politischen Basis (Emanzipation der Bürger, ihre Zulassung zur parlamentarischen Repräsentation und eine Verbesserung der Rolle der Bauern). Das seit 1787 in einen Krieg mit der Türkei verwickelte Russland erklärte sich mit der Einberufung eines konföderierten Sejm einverstanden, dessen politische Aktivitäten sich dann aber in einer von Russland unerwarteten Richtung bewegten. Das war der sogenannte Große Sejm (1788–1792).

III. Veränderungen des Bewusstseins in der Publizistik – Bürgertum und Bauernschaft

Die Idee der Ausweitung des Parlaments um eine Repräsentation des Bürgertums machte schon seit Mitte des 18. Jahrhunderts von sich reden. Diesbezüglich kann das Schreiben des Wojewoden Antoni Potocki an die Landtage erwähnt werden, in dem er 1744 die Anerkennung der Städte als besonderer politischer Stand und ein Recht der größten Städte auf Delegierung städtischer Abgeordneter in den Sejm forderte. Das war eine verhältnismäßig weitgehende Idee, denn spätere Projekte setzten nur auf die Teilnahme von Bevollmächtigten der Städte mit einer ausschließlich städtische Angelegenheiten betreffenden Stimme.[17]

---

15 Akt limity, Volumina Legum Bd. VIII, 1860, S. 5 f.

16 *Łaszewski*, Sejm-Delegation (o. Fn. 14), S. 95 f.

17 *Ryszard Łaszewski*, Sejm polski w latach 1764–1793 [Der polnische Sejm in den Jahren 1764–1793], 1973, S. 49.

Das zunehmende Interesse an einer Teilnahme der Bürger an der Gesetzgebung brachte im Schrifttum der Zeit des Großen Sejm reiche Früchte.[18] Zweifellos machten die Ereignisse der französischen Revolution dem Adel bewusst, mit welch einer Macht er es zu tun haben könnte. Der lange Schatten der französischen Ereignisse überlagerte alle Diskussionen und Legislativaktivitäten im Zusammenhang mit der städtischen Frage. Der König selbst bewahrte lange eine recht skeptische Einstellung gegenüber den Forderungen des Bürgertums. Völlig paradox ist, dass z.B. Seweryn Rzewuski auf polnischem Boden seiner Bewunderung für die Aktivität des französischen Pöbels Ausdruck verlieh.[19] In der Zeit des Großen Sejm war er Führer des reformfeindlichen sogenannten Hetman-Lagers, später konspirierte er gegen die Mai-Verfassung und war einer der Anführer der prorussischen Konföderation von Targowica. Einer der Gründe für diesen Standpunkt war seine ablehnende Einstellung gegen die Stärkung der Position des Königs – S. Rzewuski sah nämlich im „dritten Stand" eine Kraft, die zu einer Neutralisierung des Monarchen fähig war. Das ist insofern interessant, als ein anderer, übrigens mit ihm verwandter Schriftsteller, nämlich Adam Wawrzyniec Rzewuski, gewisse Befürchtungen äußerte, dass der König derjenige sei, der „einen Stand gegen einen anderen Stand hetzen, Stand gegen Stand bewaffnen" könnte.[20] Vor dem Bündnis zwischen König und Volk, aber auch zwischen König und Adel gegen die Bauernschaft warnte auch Stanisław Staszic.[21]

---

18 Zu dieser außergewöhnlichen publizistischen Aktivität vgl. vor allem *Anna Grześkowiak Krwawicz*, O formę rządu czy rząd dusz? Publicystyka polityczna Sejmu Wielkiego [Für die Regierungsform oder Seelenregierung? Politischer Journalismus des Großen Sejms], 2000, S. 15–68.

19 [*Seweryn Rzewuski*], Seweryna Rzewuskiego Hetmana Polnego Koronnego o sukcessyi tronu w Polszcze rzecz krótka [Kurze Sache über Thronfolge, von Seweryn Rzewuski, Feldhetman der polnischen Krone], 1790, S. 24 f., 27–29.

20 [*Adam Wawrzyniec Rzewuski*], Adama Wawrzyńca Rzewuskiego, kasztelana witebskiego, o formie rządu republikańskiego myśli [Gedanken über die Form der republikanischen Regierung von Adam Wawrzyniec Rzewuski, Kastellan von Witebsk], 1790, Bd. I, Tl. II, S. 89. Für Adam Rzewuski waren die Städte ein Zentrum der Depravation und des sittlichen Verfalls.

21 [*Stanisław Staszic*], Przestrogi dla Polski z teraźnieyszych politycznych Europy związków z praw natury wypadające przez Pisarza „Uwag nad życiem Jana Zamoyskiego" [Warnungen für Polen aus den heutigen politischen Beziehungen Europas zum Naturrecht, die der Autor der „Bemerkungen zum Leben von Jan Zamoyski" [herausgibt], Dnia 4 Stycznia 1790, S. 312.

Man kann zwei Arten von Forderungen unterscheiden: breitere, die dem städtischen Stand ein Recht auf Repräsentation (z.B. Stadtparlament) zuerkennen wollten, und engere auf Beteiligung der Bürger an der Gesetzgebung. Zu den Publizisten, die sich eindeutig für eine reale Beteiligung des Bürgertums aussprachen, gehörten u.a. Józef Pawlikowski, Stanisław Staszic[22] und an erster Stelle Hugo Kołłątaj.[23] Der erwähnte Adam Rzewuski war der Ansicht, dass nur ausgewählte adlige Abgeordnete das Bürgertum im Einkammerparlament repräsentieren könnten, in einem Verhältnis von zwei Dritteln der die Interessen des Adels repräsentierenden Abgeordneten gegenüber einem Drittel (bemerkenswert ist, was Rzewuski schrieb: „Wie die Nation nur eine ist, soll auch die Nationalversammlung eine sein").[24] Eine umfassendere Analyse der Publizistik ist an dieser Stelle nicht notwendig – das ist eine bekannte und in der Literatur oft untersuchte Angelegenheit. Die Quellen zur Projektentwicklung für die städtischen Belange edierte und veröffentlichte das Team von Janusz Woliński, Jerzy Michalski und Emanuel Rostworowski.[25] Aktuell bleibt auch die der politischen Bewegung des Bürgertums in der Zeit des Großen Sejm gewidmete monographische Arbeit von Krystyna Zienkowska.[26]

Wie bereits erwähnt, waren die Belange der Bauern in der Publizistik unvergleichlich bescheidener vertreten, und selbst wenn, dann eher im Kontext der Modernisierung der Wirtschaft und einer Humanisierung der Praktiken der Leibeigenschaft. Die Quellen wurden in Veröffentlichungen der Ossoliński-Nationalanstalt zusammengetragen: in der Arbeit von Stefan Inglot[27] und in Band

22 *Staszic*, Warnungen für Polen (o. Fn. 21), S. 234, 237–242.

23 [*Hugo Kołłątaj*], Do Stanisława Małachowskiego, referendarza koronnego. O przyszłym sejmie Anonima listów kilka [An Stanisław Małachowski, Großreferendar der Krone. Ein paar Briefe von Anonymus, über den zukünftigen Sejm], vor allem: Bd. 2: O poprawie Rzeczypospolitej. Od dnia 7 października do dnia 7 listopada [Über die Verbesserung Polens. Vom 7. Oktober bis zum 7. November] (Warszawa) 1788 (1789), auch Bd. 3.

24 *Rzewuski*, Form der republikanischen Regierung (o. Fn. 20), Bd. I Teil II, S. 89 f.

25 *Janusz Woliński/Jerzy Michalski/Emanuel Rostworowski*, Materiały do Dziejów Sejmu Czteroletniego [Materialien zur Geschichte des Vierjährigen Sejm], Bd. II, 1959. Vgl. auch die populärwissenschaftliche Arbeit *von Zbigniew Goliński* (Hg), Abyśmy o ojczyźnie naszej radzili. Antologia publicystyki doby stanisławowskiej [Lassen wir uns über unsere Heimat beraten. Anthologie des Journalismus der Stanislaus August-Zeit], 1984, S. 163–202.

26 Vgl. o. Fn 7.

27 *Stefan Inglot*, Próby reform włościańskich w Polsce XVIII wieku. Wybór źródeł [Versuche der Bauernreformen in Polen im 18. Jahrhundert. Auswahl der Quellen], 1952.

I der „Materialien“[28]. Eines der entscheidenden Argumente der konservativen Narration war, die Bauernschaft sei „nicht aufgeklärt“, was ihre Subjektwerdung unmöglich machte. Ein anonymer Autor schrieb: „Das nicht aufgeklärte Volk weiß nicht, was Freiheit bedeutet, wie jedem [Stand] in der Gesellschaft die andere Freiheit anständig ist“.[29] Ähnlich argumentierte Adam Rzewuski in der Sejmdebatte: „Die Freiheit, sage ich, erfordert viel zu viel reines Licht, eine allzu edle Seele, als dass sich unsere nicht aufgeklärten Landwirte sich ihrer schon rühmen könnten“.[30]

Als einer von wenigen erhob Piotr Świtkowski, der Herausgeber der Zeitschrift „Pamiętnik Historyczno-Polityczno-Ekonomiczny“ und Autor vieler dort veröffentlichter Texte, seine Stimme zugunsten ihrer Emanzipation. Er schrieb über die Blindheit des Adels, der sich nicht vorstellen konnte, ohne Leibeigenschaft seine eigene wirtschaftliche Position zu wahren, während es „der Lohn ist, zur Aufklärung der Mitbürger beizutragen“.[31] Für die progressive Publizistik sind ferner die Stimmen von Stanisław Staszic,[32] Jacek Jezierski[33] und Józef Pawlikowski zu nennen.[34] Erwähnenswert ist auch das Projekt von Hugo Kołłątaj, das die Zulassung dreier adliger „Tribune des Pöbels“ (*Tribuni plebis*) zum Sejm vorsah, die aus den während der Provinzialsessionen durchgeführten Wahlen

28 *Woliński Michalski/ Rostworowski*, Materialien (o. Fn. 25), Bd. 1, 1955. Auch: *Goliński*, Anthologie des Journalismus (o. Fn. 25), S. 118–162.

29 NN [*Tadeusz Morski*], Uwagi o chłopach [Bemerkungen über die Bauern], w Warszawie, w Drukarni uprzywilejowanej Michała Grölla, Księgarza Nadwornego J.K.Mci, in: Janusz Woliński/Jerzy Michalski/Emanuel Rostworowski, Materiały do Dziejów Sejmu Czteroletniego, Bd. 1, 1955, S. 106.

30 *Adam Wawrzyniec Rzewuski*, Adama Wawrzeńca Rzewuskiego kasztelana witebskiego Głos w Stanach Rzeczypospolitey Zgromadzonych dnia 31 Października 1791 [Die Aussage von Adam Wawrzeniec Rzewuski, Kastellan von Witebsk, in den Vereinigten Ständen am 31. Oktober 1791], Archiwum Główne Akt Dawnych, SD III 1.

31 *Piotr Świtkowski*, Powody i śrzodki do zniesienia lub słusznego umiarkowania poddaństwa [Gründe und Mittel, um die Leibeigenschaft abzuschaffen oder gerecht zu beschränken], Pamiętnik Historyczno-Polityczno-Ekonomiczny [Historisch- politisch-wirtschaftliches Tagebuch] 1792, April (IV), S. 333–353.

32 *Staszic*, Warnungen für Polen (o. Fn. 21), S. 54–57, 210–230.

33 *Jacek Jezierski*, Wszyscy błądzą. Rozmowa Pana z Rolnikiem. Obaj z błędu wychodzą [Jeder ist falsch. Ein Gespräch zwischen den Herren und den Bauern. Beide aus ihren Fehlern kommen], 1790.

34 *Józef Pawlikowski*, O poddanych polskich [Von den polnischen Untertanen], Roku 1788.

hervorgehen und über die die Bauern betreffende Gesetzgebung wachen sollten.[35] Unter den bestehenden politischen Bedingungen hatte eine solche Konzeption jedoch keinerlei Chancen auf Verwirklichung.

Die Frage der Delegation erscheint in der Publizistik weniger häufig. Anna Grześkowiak-Krwawicz sprach sogar von „einer abwesenden Frage".[36] Wenn überhaupt, betrifft dies mehr die Beziehungen zwischen Landtagen und dem Sejm – wo liegt das Zentrum der Gesetzgebung? Die Antwort fiel zu Gunsten des zentralen Organs und somit für die indirekte Demokratie aus.[37] Im Schrifttum wurde die Überzeugung geteilt, dass die im Sejm versammelten Stände die Träger der höchsten Macht seien, in gewisser Vereinfachung: die parlamentarische Versammlung. Wie ein anonymer Autor schrieb: „Hier ist der Gebrauch unserer ganzen Freiheit. Alle politischen und zivilen Rechte können wir nach unserem Willen beschließen, und die Geschicke des ganzen Vaterlandes, der Besitz und das Leben eines jeden einzelnen Staatsbürgers sind in unserer Macht. Diese Macht übertragen wir den Abgeordneten, und die Abgeordneten beschließen mit dem Senat die Rechte im Sejm."[38] Der Sejm sollte die Stimme der politischen Nation ausdrücken.

IV. Die Nation, die Repräsentation und die Legislativdelegation in den Projekten und Akten zum politischen System

Eine Reform der Gesellschaftsordnung und damit auch des Sejm selbst war aber notwendig und dringend. Darüber waren sich die Abgeordneten im Klaren, die im Sejm eine Deputation zur Regierungsform

---

35 *Kołłątaj*, An Stanisław Małachowski (o. Fn. 23) Bd. 3: O poprawie Rzeczypospolitej. Od dnia 11 listopada do 19 grudnia Roku 1788 [Über die Verbesserung Polens. Vom 11. November bis zum 19. Dezember 1788], 1789, S. 204 f.

36 *Anna Grześkowiak-Krwawicz*, Dyskurs polityczny Rzeczypospolitej Obojga Narodów. Pojęcia i Idee [Politischer Diskurs der polnisch-litauischen Republik. Konzepte und Ideen], 2018, S. 378.

37 Was ist in der Tat eine „gesetzgebende Nation" und was eine repräsentative Abgeordneten-Nation oder eine Voivodschaft. Vgl. *Anna Grześkowiak-Krwawicz*, Regina libertas. Wolność w polskiej myśli politycznej XVIII w. [Regina libertas. Die Freiheit im polnischen politischen Denken des 18. Jahrhunderts], 2006, S. 119–122.

38 Zbiór pism, do których były powodem Uwagi nad życiem Jana Zamoyskiego. Ósme pism. Myśl względem poprawy formy rządu, [Sammlung der Schriften, die auf den „Bemerkungen über das Leben von Jan Zamoyski" basieren. Achte Schrift. Gedanken zur Verbesserung der Regierungsform], 1790, S. 31.

einberiefen.[39] Aber die ersten Versuche des um Ignacy und Stanisław Potocki versammelten fortschrittlichen Lagers, das für ein verändertes Verständnis des Souveräns offen war, erbrachten ein für die Reformatoren enttäuschendes Resultat. Hier sei auf die Projekte von Ignacy Potocki verwiesen, der die Einführung des Begriffs „Nation" auf der Ebene der Gesellschaftsordnung vorschlug. Beim ersten Versuch strichen die oppositionellen Abgeordneten den Begriff „Nation" und ersetzten ihn durch „Adelsrepublik" oder „Adelsstand", und „jeden Staatsbürger" ersetzten sie durch „Einwohner". Potocki hatte zuvor im Dezember 1789 sein Projekt über die „Grundlagen zur Verbesserung der Regierungsform" (*Zasady do poprawy formy rządu*) präsentiert, das die spezifischen Rahmenbedingungen für die Deputation abstecken sollte. Der Abgeordnete Wojciech Suchodolski beschuldigte Potocki geradezu direkt des Verrats, weil er in seinem Projekt den Gedanken anerkannte, „die Städte zur Legislation und zur Vergewaltigung der dem Adel eigenen Privilegien" zuzulassen.[40]

Und die letztendlich im Januar 1791 angenommenen „Kardinalrechte", ein schmaler Ausschnitt aus dem riesigen Verfassungsprojekt, enthielten folgende Regelung: „In den Staaten der Adelsrepublik wird als Recht und Macht nichts angesehen, was nicht aus dem ausdrücklichen Willen der Adelsrepublik auf den Sejmversammlungen hervorging: keine amtliche Macht wird jemandem etwas befehlen oder ihn zur Ausführung solcher Befehlen zwingen dürfen, was die Rechte nicht gebieten; sie wird weder sich noch jemandem etwas erlauben können, was die Rechte verbieten."[41] Der Sejm wurde als Schlussstein der Gesellschaftsordnung bezeichnet, der den Willen der Adelsrepublik zum Ausdruck bringt. Gleichzeitig wurde erneut die vom patriotischen Lager vorgeschlagene Wendung gestrichen („Das Königreich Polen und das Großherzogtum Litauen (…) soll eine freie, unabhängige Nation sein […] und diese Nation […] kann sich nur für sich selbst Rechte zuschreiben"). Sie wurde ersetzt durch „die Republik" (*Rzeczpospolita*), mehr noch: „die aus dem Adelsstand besteht".[42]

Das im April 1791 verabschiedete Städterecht[43] verwirklichte Kołłątajs ehrgeizige Vision nicht, und es entstand kein paralleler städtischer Stand. Zwar

39 Wyznaczenie osób do ułożenia projektów do formy rządu [Benennung von Personen, um Projekte der Regierungsform zuzuordnen], Volumina Legum, Bd. IX, 1889, S. 107 f.

40 *Zienkowska*, Bürgerliche und Adlige (o. Fn. 7), S. 110.

41 Prawa kardynalne niewzruszone [Unverletzliche Kardinalrechte], Volumina Legum, Bd. IX, S. 203 f.

42 Von dieser Session vgl. *Zienkowska*, Bürgerliche und Adlige (o. Fn. 7), S. 117–119.

43 Miasta nasze królewskie [Unsere königlichen Städte], Volumina Legum, Bd. IX, S. 215–219. Der Text des Gesetzes in englischer Sprache wurde vorbereitet im Rahmen des Projekts ReConFort: *Müßig*, Reconsidering (o. Fn. 4), S. 265–273.

wurden die Bevollmächtigten der Städte zur Abgeordnetenkammer und ihren Kommissionen zugelassen, aber sie verfügten dort nur über das Recht, die Desiderate der Städte vorzubringen und beim Marschall das Rederecht in städtischen Angelegenheiten zu beantragen. Der Umfang der persönlichen Freiheiten wurde auf die Bürger ausgedehnt, und dem Adel wurde erlaubt, die Städterrechte ohne Verluste des Adelsstandes anzunehmen. Einige führende adlige Politiker schrieben sich in einer Geste der Solidarität in die städtischen Register ein. Den realen Weg zur Gleichberechtigung sollte jedoch ein breites Programm zur Nobilitierung von Bürgern bilden,[44] z.B. der Bevollmächtigten nach zweijähriger Amtszeit, nicht aber die Erhebung des gesamten Standes.

Auf dem Boden der Verfassung selbst – des im Geheimen redigierten „Regierungsgesetzes“ von 1791 (Mai-Verfassung)[45] – wurde bereits in der Präambel als gesetzgebende Macht der König genannt „zusammen mit den konföderierten Ständen, die in doppelter Zahl die polnische Nation repräsentieren“. Endlich erscheint der Begriff der Nation, die in den konföderierten Ständen repräsentiert ist. „Die Nation“ ist auch ermächtigt, in einer bestimmten Zeit eine Revision der Verfassung vorzunehmen, insofern sie „ihren ausdrücklichen Willen“ äußert, „dass es notwendig ist, irgendeinen Artikel in ihr [d.h. der Verfassung] abzuändern“. Garantiert wurden die Privilegien und Rechte des Adels, wobei dessen Gleichheit unterstrichen wird (Art. II; faktisch jedoch verloren diejenigen Adligen ihr Wahlrecht, die keine Besitztümer besaßen). Art. III verwies auf das Gesetz über die königlichen Städte vom April 1791 und deklarierte es zugleich als Teil der Verfassung.[46] Art. IV war den „Bauern und Landwirten“ gewidmet. Das „Landvolk“ sei „die zahlenmäßig größte Gruppe in der Nation und zugleich die tüchtigste Kraft des Landes“. Gleichzeitig betraf die einzige vorgeschlagene Systemveränderung die Kontrakte, welche die Beziehungen des Dorfeigentümers (Grundherrn) mit den Gemeinden und individuellen Bewohnern detailliert regeln sollten. Dank dieser Verträge sollten die Bauern „unter den Schutz

44 Eine konträre Beurteilung der Massenhaftigkeit dieses Prozesses bei *Kowecki*, Am Anfang (o. Fn. 10), S. 120–127, und *Zienkowska*, Bürgerliche und Adlige (o. Fn. 7), S. 130–147.

45 Ustawa Rządowa, Volumina Legum, Bd. IX, S. 220–226.

46 Zu den Formen der städtlischen Sammlungen vgl. auch: *Grażyna Bałtruszajtys*, „Zgromadzenia ludu miejskiego” według projektów i ustaw Sejmu Czteroletniego [„Sammlungen des Stadtvolkes“ nach den Entwürfen und Gesetzen des Vierjährigen Sejms], in: Katarzyna Iwanicka/Maria Skowronek/ Kazimierz Stembrowicz (Hg.), Parlament, prawo, ludzie. Studia ofiarowane Profesorowi Juliuszowi Bardachowi w sześćdziesięciolecie pracy twórczej [Parlament, Recht, Leute. Studien für Professor Juliusz Bardach zum 60-jährigen Jubiläum der wissenschaftlichen Arbeit dargeboten], 1996, S. 47–54.

des Rechts und der Landesregierung" gestellt werden. Verkündet wurde auch die Ansiedlungsfreiheit für nach Polen kommende oder aus dem Ausland hierher zurückkehrende Personen.

Art. V über „Regierung oder Bezeichnung der politischen Macht" führte das Prinzip der Souveränität ein: „Jede Macht einer menschlichen Gemeinschaft hat ihren Anfang im Willen der Nation." Der Grundsatz der Dreiteilung der Macht sollte dem Gleichgewicht der Integrität des Staates, der staatsbürgerlichen Freiheit und der „Ordnung der Gemeinschaft" dienen. Der nächste Artikel (Art. VI) bezeichnete den Sejm als „Vorstellung der nationalen Allherrschaft". Dem Prinzip der Repräsentation widmete der Gesetzgeber ebenfalls ein entsprechendes Kapitel: „Da die Gesetzgebung nicht von allen ausgeübt werden kann und die Nation sich in diesem Maße durch Repräsentanten aushilft, d.h. durch freiwillig gewählte Abgeordnete, bestimmen wir, dass die auf den Landtagen gewählten Abgeordneten in der Gesetzgebung und in den allgemeinen Bedürfnissen der Nation gemäß dieser Verfassung als Repräsentanten der gesamten Nation angesehen werden sollen, die eine Zusammensetzung des allgemeinen Vertrauens darstellen." Auch in dem der Exekutive gewidmeten Artikel wird daran erinnert, dass die Ermächtigung zur Gesetzgebung und die „Wachsamkeit" über die Exekutivgewalt sowie die Wahl der öffentlichen Beamten, u.a. für die Gerichtsbarkeit, „der freien polnischen Nation" anvertraut wurde. Während man die Gesamtheit der Regelungen auf diese Weise interpretieren kann, dass die so verstandene Nation – oder besser: die politische Nation – weiterhin der Adel bleibt, vertritt Art. XI, der sich auf die „nationale Streitmacht" bezieht, bereits ein breiteres Verständnis. Die Rede ist von der Nation, die es sich schuldig ist, sich gegen Angriffe zu verteidigen und um die Integrität des Staates und „aller Staatsbürger" als „Verteidiger der Gesamtheit und der nationalen Freiheiten" Sorge zu tragen.

Piotr Świtkowski äußerte im Zyklus der im „Pamiętnik" veröffentlichten Kommentare zur neuen Verfassung ein lobendes Urteil über die Gestaltung der Macht, insbesondere über die Trennung von Legislative und Exekutive – die Nation, von der alle Macht ausgeht, muss „die dreifache Macht teilen" und sie verschiedenen Personen anvertrauen. „Die Repräsentanten der Nation erlassen die Gesetze, und der König vollstreckt sie"; „durch Sendung seiner Repräsentanten übt es [das Volk] seine höchste Macht aus, die ihm zur Aufrechterhaltung der öffentlichen Freiheit gewahrt bleiben muss, und die […] gewiss der Quell des höchsten Vorteils ist".[47]

---

47 *Piotr Świtkowski*, Dalszy ciąg uwag względem Konstytucyi dnia 3. Maia zapadłey [Weitere Bemerkungen zur am 3 Mai beschlossenen Verfassung], Pamiętnik Historyczno-Polityczno-Ekonomiczny [Historisch- politisch-wirtschaftliches Tagebuch] 1791, Juli (VII), S. 648–657 (652–656).

V. Zusammenfassung

Die polnische Adelsrepublik bildet einen besonders lohnenden Gegenstand für Untersuchungen zur Herausbildung und Evolution der politischen Repräsentation sowie der rechtsbegründenden Delegation. Das ist eine Geschichte voller Paradoxa – in diesem Staat funktionierte die reale politische Repräsentation breiter adliger Schichten in einer Zeit, als dies in Europa verhältnismäßig selten und in den drei an Polen angrenzenden absolutistischen Monarchien völlig unmöglich war. Selbst unter den Bedingungen der Präsenz russischer Truppen in Polen seit 1767 und des politischen Terrors der Botschafter dieser Mächte waren sich diese nicht sicher, wie sich der Sejm verhalten würde. Letztendlich wurde mit der Bestätigung der von Russland erzwungenen Systemveränderungen und danach der Teilungsverträge eine Sejmdelegation betraut.

Eine der Folgen der Ersten Polnischen Teilung war die Zunahme des gesellschaftlichen und politischen Bewusstseins. Reformen waren notwendig, und die für Polen günstige internationale Situation erlaubte die Einberufung des Sejm im Jahre 1788. Seine Beratungen fanden in einer Atmosphäre publizistischen Fiebers statt. Von den behandelten Fragen gehörten solche wie die Funktion und Reform des Sejm sowie die Rolle des Bürgertums zu den wichtigsten. Die schließlich durchgeführten Reformen, darunter die Verabschiedung der Verfassung als Vorranggesetz für die politische und gesellschaftliche Ordnung, wurden den ambitionierten Postulaten jedoch nicht gerecht. Nicht akzeptiert wurde eine völlig moderne Konzeption der Nation, die mit ihrer tiefen Aufteilung gebrochen hätte; es gab nur beschränkte Zugeständnisse an das Bürgertum. Zugleich aber wurde die „politische Nation", der Adel, als Repräsentant der gesamten Nation anerkannt. Die fundamentale Rolle des Sejms als Legislativ- und Kontrollorgan wurde beibehalten, aber er konnte nicht als eine die wirkliche Nation *in toto* repräsentierende Körperschaft anerkannt werden. Zu einer solchen Repräsentation wurde unter den Bedingungen eines souveränen polnischen Staates erst der aus den Wahlen im Jahre 1918 hervorgegangene Verfassungsgebende Sejm. Der Legislator des wiedergeborenen polnischen Staates knüpfte in der Präambel zur Verfassung von 1921[48], dem voll und ganz demokratischen polnischen Grundgesetz, „an die glänzende Überlieferung der unvergesslichen Konstitution vom 3. Mai" an.

48 Dziennik Ustaw Rzeczypospolitej Polskiej [Polnisches Gesetzblatt], Nr 44, Pos. 267.

Andreas Wacke

Bernsteingewinnung und Bernsteinmonopol im Baltikum: Resümee*

Abstract: Obtaining amber and amber monopoly in the Baltic States Amber fished from the Baltic Sea or picked up on the beach was already much appreciated in antiquity. The main supplier was Samland, the area around today's Kaliningrad. From there it was transported along the Amber Road via today's Slovenia down to Aquileia near Venice on the Mediterranean coast. Since the 14th century, the Knights of the Teutonic Order claimed the amber monopoly for themselves. They leased the right to fish for, or collect, amber to fishermen, who had to hand over their findings to Oliva Abbey near Danzig or to Lochstedt Castle near Königsberg. For this, they received rewards. Foreigners were prohibited from entering the beaches. Amber turners formed guilds in Lübeck and Bruges, later also in the Baltics, producing first of all rosaries. After the Reformation, however, interest in amber fell sharply. The less profitable monopoly was therefore abandoned by the Knights in favour of merchants. With the dissolution of the Teutonic Order, the monopoly fell to the Prussian State, which was dissolved at the end of the Second World War. Land amber has been open-pit mined in quantity since the middle of the 19th century near Königsberg (today's Baltic seaside resort of Jantarny).

Keywords: sea-amber monopoly of the Knights of the Teutonic Order, transport along the Amber Route, privileged amber turners, mining of land-amber in open pit

Schon im Altertum wurde Bernstein sehr geschätzt. Man kannte aber nur den See- oder Strandbernstein. Hauptlieferant war das Baltikum, von den Römern *Mare Suebicum* genannt, insbesondere das Samland, die Halbinsel zwischen Kurischem und Frischen Haff im heute russischen Gebiet Kaliningrad mit der sogenannten Bernsteinküste. Befördert wurde Bernstein zu Lande entlang der Bernsteinstraße; sie führte über das heutige Slowenien zum Verarbeitungszentrum in Aquileia (Venetien).

---

* Um den Sammelband nicht zu sehr anschwellen zu lassen, bringe ich hier nur ein knappes Resümee meines Referats. Dessen vollständige Fassung soll an anderer Stelle veröffentlicht werden (möglichst in der Reihe Signa Ivris). Wegen des (vorwiegend älteren) Schrifttums verweise ich nur auf die Angaben in den soliden und reich dokumentierten Artikeln „Bernstein" und „Bernsteinregal" sowie „Paternostermacher" in Wikipedia (zuletzt aufgerufen jeweils am 19.11.2018).

Anfang des 14. Jahrhunderts beanspruchten die sich in Preußen, besonders im Samland niederlassenden Ritter des Deutschen Ordens das Bernsteinregal. Das Recht zum Sammeln, Stechen und Fischen von Bernstein verpachteten sie an Fischer, die zur Ablieferung ihrer Funde an dazu ermächtigte Sammelstellen verpflichtet waren. Sammelstellen waren vor allem das Kloster Oliva bei Danzig und die Burg Lochstedt bei Königsberg. Die Abliefernden erhielten Entlohnungen. Zur Bekräftigung ihrer Pflichten mussten sie den Strandeid schwören. Ortsfremde durften die Strände nicht betreten. Heimliches Aufsuchen von Bernstein wurde durch spezielle Bernsteingerichte drastisch bestraft. Bernsteinherren überwachten mit ihren Strandreitern die Einhaltung des Monopols. Denunzianten belohnte man mit dem halben Wert des beschlagnahmten Bernsteins.

Bernsteindreher etablierten sich in Zünften im 15. Jahrhundert zu Lübeck und Brügge, später auch in mehreren Städten des Baltikums. Ihr wichtigstes Erzeugnis waren Rosenkränze; deshalb nannte man sie auch Paternostermacher. Deren Absatz ging allerdings nach der Reformation spürbar zurück. Das weniger lukrativ gewordene Handelsmonopol trat deshalb der Orden an Danziger Kaufleute ab. Mit der Auflösung des Deutschen Ritterordens gelangte das Privileg an den preußischen Staat. Ein preußisches Gesetz von 1934 reglementierte noch sämtliche Arten der Bernsteingewinnung. Mit dem Untergange Preußens infolge des verlorenen Zweiten Weltkrieges wurden die Beschränkungen für das Sammeln von Bernstein jedoch obsolet.

Erd- oder Landbernstein wurde mit dem Aufkommen der Dampfbaggerei seit der Mitte des 19. Jahrhunderts auf der Kurischen Nehrung durch das Konsortium Stantien & Becker systematisch abgebaut. Im Tagebau großen Stils wird heute Landbernstein beim Ostseebad Jantarny in der russischen Enklave bei Kaliningrad (bis 1945 Palmnicken bei Königsberg) gefördert. Ein viel kleineres ostdeutsches Abraumgebiet bei Bitterfeld (nördlich von Leipzig) wurde 1993 aufgegeben.